Christopher Robert Hallpike:
Die Grundlagen primitiven Denkens

Klett-Cotta
im
Deutschen
Taschenbuch
Verlag

Die Originalausgabe erschien 1979 unter dem Titel ›The Foundations of Primitive Thought‹ bei Clarendon Press, Oxford.

Aus dem Englischen übersetzt von Luc Bernard

Mai 1990
Deutscher Taschenbuch Verlag GmbH & Co. KG, München
© für die deutsche Ausgabe: 1986 Ernst Klett Verlag für Wissen und Bildung GmbH, Stuttgart
ISBN 3-608-93039-6
Umschlaggestaltung: Celestino Piatti
Gesamtherstellung: C. H. Beck'sche Buchdruckerei, Nördlingen
Printed in Germany · ISBN 3-423-04534-5

Das Buch

Die mannigfachen Versuche, Unterschiede zwischen dem »primitiven« Denken und dem Denken des gebildeten Menschen des europäischen Industriezeitalters systematisch zu erfassen und, wenn möglich zu erklären, sind bislang gescheitert, weil eine klare, einigermaßen verbindliche Theorie des Lernens und Denkens fehlt. Um hier Abhilfe zu schaffen, schlägt Hallpike eine integrierte Erkenntnistheorie, ein empirisch fundiertes psychologisches Konzept vor, das als Gerüst für eine strengere Klassifizierung und für eine Analyse dienen und für terminologische Klarheit und Eindeutigkeit sorgen kann. Vorbild und Ausgangspunkt sind für Hallpike die Arbeiten Jean Piagets und anderer Entwicklungspsychologen, die leicht verändert auf die Probleme, die das primitive Denken stellt, übertragen werden. Dabei ist doppelte Arbeit zu leisten, denn Hallpike weist nach, daß die Unfähigkcit der Anthropologen und Ethnologen, wenigstens die grundlegenden Aspekte des primitiven Denkens zu erfassen, zu einem guten Teil darauf zurückzuführen ist, daß sie die Natur ihres eigenen Denkens nur unzureichend verstanden haben.

Der Autor

Christopher Robert Hallpike, geb. 1938, studierte am Queen's College, Oxford, Philosophie, Politik, Ökonomie und Sozialanthropologie, u. a. bei dem Anthropologen Sir Edward Evans-Pritchard. In den siebziger Jahren war er zu Feldforschungen in Äthiopien und bei den Papuas. Er lehrt heute als Professor für Anthropologie an der McMaster University, Ontario. Veröffentlichungen u. a.: ›The Konso of Ethiopia. A Study of the Values of a Cushitic People‹ (1972); ›Bloodshed and Vengeance in the Papuan Mountains. The Generation of Conflict in Tauade Society‹ (1977).

Inhalt

Vorwort

Das Wort »primitiv« im Titel dieses Buches wird zweifellos bei jenen Anthropologen Ärgernis erregen, die nicht über seine eigentliche Bedeutung nachgedacht haben; es kommt vom lateinischen Adjektiv *primitivus* und bedeutet »dem ersten Zeitalter, der ersten Periode, dem ersten Stadium zugehörig oder entstammend«, es fehlt somit jeder abschätzige Beigeschmack. Andere Anthropologen werden einwenden, weil alle primitiven Gesellschaften, wie unsere eigene, eine Geschichte hätten, sei es nicht statthaft anzunehmen, daß die heutigen primitiven Gesellschaften mit den frühen Stadien der sozialen Entwicklung vergleichbar seien. Beattie zum Beispiel sagt:

Obwohl dieser Begriff noch immer allgemein verwendet wird, ist er dennoch nicht unbedingt geeignet, denn im zeitlichen Sinne kann von keiner bestehenden Gesellschaft gesagt werden, sie sei primitiver als irgendeine andere. Ebensowenig können wir, wie später noch gezeigt werden soll, annehmen, daß die heutigen »primitiven« Gesellschaften, um es mit den Worten von Sir James Frazer zu sagen, »die Anfangsphasen, die frühe und spätere Kindheit menschlicher Gesellschaft« darstellen, derart daß afrikanische Buschmänner oder australische Aborigines, wenn man sie sich selbst überließe, sich möglicherweise zu richtiggehenden Europäern oder etwas ähnlichem entwickeln würden. (Beattie 1963: 4)

Wir haben es jedoch nicht nur mit einer *zeitlichen* Abfolge zu tun. Man muß auch nicht unbedingt vermuten, daß alle Gesellschaften die Tendenz hätten, sich zu etwas wie den Gesellschaften des heutigen Europa zu entwickeln. Dennoch darf man behaupten, daß heutige primitive Gesellschaften in mancher Hinsicht eine Anzahl gemeinsamer Züge (trotz einer ungeheuren Vielfalt in den Einzelheiten) bewahrt haben, die an sich charakteristisch für die frühen Stadien der menschlichen Gesellschaft sind. Kleinräumige Gesellschaften gehen großräumigen voraus; Jagen und Sammeln erscheinen vor dem Ackerbau, der wiederum der Industrialisierung vorangeht; menschliche und tierische Arbeit wird früher genutzt als die Maschine; kleine Dörfer entstehen früher als größere Orte und Städte; Gesellschaften ohne Zentrum früher als zentralistische Gesellschaften; Analphabetismus geht der Bildung voraus, die Arbeitsteilung wird immer komplexer und nimmt nicht etwa ab. In allen diesen und vielen anderen Hinsichten gibt es somit offensichtlich zahlreiche Merkmale menschlicher Gesellschaften, die durch Entwicklungsstadien hindurchgehen. So gesehen sind jene heutigen Gesellschaften, die kleinräumig, schriftlos, in ihrer Arbeitsteilung verhältnismäßig unspezialisiert sind, auf der Muskelkraft von Menschen und Tieren basieren, in kleinen, nicht dauerhaften Siedlungen wohnen, wirklich repräsentativ für das, was man mit vollem Recht als primitive Stadien der sozialen Entwicklung bezeichnen darf. Wenn auch diese Gesellschaften zwangsläufig eine gleich lange Geschichte wie die unseren haben, scheint es dennoch klar zu sein, daß der Übergang von einer schriftlosen und ländlichen zu einer des Lesens und Schreibens kundigen, industriellen Gesellschaft und nicht so sehr beispielsweise vom Jagen und Sammeln zum Ackerbau die wirklich auffälligen Veränderungen in den Denkweisen hervorbringt.

Man wird deshalb den Verdacht nicht los, daß die offensichtlichen Hemmungen aufgeschlossener Anthropologen vor dem Gebrauch des Wortes »primitiv«, außer in Anführungszeichen oder mit einem vorangestellten »vermeintlich«, »sogenannt« und anderen abschwächenden Attributen, nicht so sehr von semantischen oder soziologischen Skrupeln, sondern von ihren inneren Zweifeln über die Natur und den Wert der »Zivilisation« oder »Kultur« herrühren, Begriffe, die mit derselben Geringschätzung für »prmitiv« gehalten werden.

Auch Begriffe wie »einfach« oder »ungebildet« stellen keinen adäquaten Ersatz für »primitiv« dar. Die Anfangsstadien allen menschlichen Bemühens sind üblicherweise durch eine charakteristische Vielfalt, Unregelmäßigkeit und fehlende Systematik gekennzeichnet, während Einfachheit (in zumindest einer wichtigen Bedeutung dieses so schwierigen Begriffs) das Ergebnis von Kunstfertigkeit und bewußter Reflexion ist, bei der Ordnung und Klarheit in der Anlage nur durch große Anstrengung und reifliche Überlegung nach längerem Versuchen und Irren zustande kommen. In solcher Hinsicht ist die primitive Gesellschaft komplex und die industrielle Gesellschaft einfach, denn diese ist ständig bemüht, ihre Werte und Institutionen klarer und logischer zu axiomatisieren. Bildung ist zwar ein höchst bedeutungsvoller Faktor für die Entwicklung des menschlichen Denkens, aber in keiner Weise der einzige: Wir werden noch sehen, daß menschliche Tätigkeiten im Zusammenhang mit der natürlichen Umwelt und die

Typen der Kommunikation mit den in der Gesellschaft aufgewachsenen Mitmenschen mit Sicherheit ebenso bedeutungsvoll für die kognitive Entwicklung sind.

Im Sinne dieses Buches bezeichne ich folglich als »primitive« Gesellschaften solche, die weder das Schreiben noch das Lesen beherrschen, die verhältnismäßig wenig spezialisiert sind, noch keine Industrie haben, kleinräumig und im Alltagsleben durch direkte zwischenmenschliche Kontakte gekennzeichnet sind. Was das Wort »primitiv« im Zusammenhang mit dem Denken alles impliziert, soll im Laufe dieser Darstellung allmählich sichtbar werden.

Das Hauptziel dieses Buches ist es, die Charakterzüge, die für die Denkprozesse primitiver Völker kennzeichnend und vorherrschend sind, so klar und wissenschaftlich streng wie möglich herauszuarbeiten. Dazu stütze ich mich besonders auf das Werk Jean Piagets und anderer Entwicklungspsychologen, die bis jetzt von den Anthropologen fast vollständig übersehen worden sind. Eine solche Gleichgültigkeit einem breiten und hoch bedeutsamen Forschungsgebiet gegenüber, und zwar auf Seiten derer, die den Anspruch erheben, sie untersuchten das Denken, ist unentschuldbar. Ob sich die Anthropologen von der hier dargestellten Theorie der kognitiven Entwicklung überzeugen lassen oder nicht, sie sind – ebensowenig wie die Philosophen – von nun an nicht mehr berechtigt, sich ohne eine empirisch begründete Lern- und Denktheorie mit den Problemen des primitiven Denkens zu befassen. Falls sie mit der Meinung Piagets und anderer Psychologen nicht einverstanden sind, ist es ihre Pflicht und Schuldigkeit, eine bessere Theorie zu entwickeln.

Ich fasse Piagets Analyse der Zahl und des Messens, des Raums und der Zeit, der Kausalität und der Wahrscheinlichkeit in den einschlägigen Kapiteln ziemlich ausführlich zusammen, weil es ebenfalls eine meiner grundlegenden Behauptungen ist, daß es den Anthropologen nicht gelungen ist, einige der signifikantesten Aspekte des primitiven Denkens zu erfassen, weil sie die wirkliche Natur *unseres eigenen* Denkens über diese Aspekte der Realität nur unvollständig begriffen haben. Der Einfluß von Lévi-Strauss insbesondere macht es notwendig, jede Analyse des primitiven Denkens auf sichere psychologische Grundlagen zu stellen: Primitives Denken neigt dazu, für ein bestimmtes Individuum charakteristisch, schwer faßbar, unsystematisch (auf expliziter Ebene), unartikuliert zu sein, und es drückt sich oft in symbolischen Bildern und Metaphern aus. Gerade solche Eigenschaften durchziehen aber das Werk von Lévi-Strauss selbst. Er verwendet oft so entscheidende Begriffe wie »Logik«, »Wissenschaft«, »Vernunft« oder »Abstraktion«, aber er definiert sie nirgends. Trotz häufiger Anspielungen auf den »menschlichen Geist« stützen sich seine diesbezüglichen Behauptungen nur auf philosophische Spekulation und nicht auf irgendeine empirisch begründete psychologische Theorie. Die ganze Grundhaltung in seinen Schriften ist die eines Dichters oder eines Propheten, nicht so sehr die eines Wissenschaftlers. Sein Hauptbeitrag zur Erforschung des primitiven Denkens besteht vor allem darin, daß er dieses zu einem außerordentlich schwierigen Thema gemacht hat, das kaum mehr zu bewältigen ist.

Die Entwicklungspsychologie wird in vielen Kapiteln dieses Buches als Gerüst für eine strengere Klassifizierung und Analyse des primitiven Denkens verwendet, als sie die anerkannten anthropologischen Theorien liefern. Ein solcher Vorsatz involviert unvermeidlich eine Reihe von gleichermaßen grundsätzlichen Streitfragen – die Beziehung zwischen individueller Psychologie und kollektiven Vorstellungen, die Interaktion zwischen Sprache und Denken, die Frage, in welchem Maße geistige Prozesse durch die materiellen Lebensumstände bestimmt oder von ihnen abhängig sind, oder die Relevanz von solchen Begriffen wie »Logik« und »Vernunft« für die Analyse des primitiven Denkens. Dieses Buch will einen Beitrag zu unserem Verständnis dieser zentralen Probleme unseres Themas liefern und soll nicht bloß als ein interdisziplinäres Vorpreschen in das Reich der kognitiven Psychologie aufgefaßt werden.

Ich habe jedoch nicht versucht, mich mit Moral oder Ästhetik zu befassen: nicht weil ich diese Themen für unwichtig halte oder weil keine Arbeiten von Anthropologen oder Psychologen (Piagets *Das moralische Urteil beim Kinde* ist ein bemerkenswertes Beispiel dafür) dazu vorliegen, sondern weil die Probleme, die sie aufwerfen, zu schwierig sind, als daß sie in einem Buch behandelt werden könnten, das in erster Linie rein kognitiven Prozessen gewidmet ist.

Obwohl ich keineswegs behaupten möchte, das primitive Denken sei wie aus einem Guß, läßt es sich im Interesse der Klarheit leider nicht vermeiden, daß man ein Standardmodell, einen Idealtyp des primitiven Denkens vorlegt, von dem jedoch das Denken spezieller Gesellschaften oder Individuen abweichen kann. Der Leser sollte sich deshalb immer vor Augen halten, daß, wenn ich von »primitivem Denken« als Unfähigkeit, eine bestimmte Art von Weltvorstellung zu begreifen, oder als einer typischen Vorstellung der Welt eines bestimmten und nicht eines anderen Typs spreche, damit nicht eine Verallgemeinerung von notwendig umfassender Anwendbarkeit gemeint ist.

Ich muß nicht eigens darauf hinweisen, wie weit gefaßt mein Thema ist: Fast jeder einzelne Gegenstand, mit dem ich mich befasse, würde mit Leichtigkeit ein ganzes Buch füllen. Je weiter meine Untersuchungen gediehen, um so stärker wurde mir beim Lesen jeder neuen Monographie oder Arbeit bewußt, daß sie ein Tor zu unerwarteten Tiefen in den Beziehungen zwischen dem Geist des Menschen und seiner Umwelt öffnen. Wenn ich dieses Buch jetzt der Öffentlichkeit vorlege, soll das nicht heißen, daß ich seine Schlußfolgerungen für endgültig gesichert halte, sondern nur, daß ich mit meinen Schlußfolgerungen so weit bin, daß ich sie jetzt einer strengeren Überprüfung, als sie mir selbst möglich war, aussetzen kann: durch meine Kollegen in der Anthropologie und, so hoffe ich, durch die Psychologen, die Altphilologen, die Mediävisten, die Sinologen, die Ägyptologen, die Philosophie- und Wissenschaftshistoriker und natürlich durch alle jene, die sich für die Entwicklung der menschlichen Intelligenz interessieren. Mit einem Problem hatte ich mich im ganzen Buch auseinanderzusetzen, nämlich mit den fehlenden zuverlässigen Daten zu vielen der erörterten Punkte. Die Fortschritte der interkulturellen Entwicklungspsychologie und das wachsende Interesse der Anthropologen am Erkenntnisproblem in den letzten Jahren ergänzten mein Material, jedoch nur mit Beispielen aus einem ziemlich schmalen Spektrum von Gesellschaften. Dieses Buch gibt hoffentlich den Ethnographen nützliche Hinweise für anzustrebende neue Untersuchungen, die sie durchaus durchführen können, auf die sie jedoch ohne dieses Buch möglicherweise nicht gekommen wären, so wenig ich bei meiner Feldarbeit darauf gekommen bin. Anthropologen sollten sich freilich davor hüten, die hier beschriebenen psychologischen Experimente ohne Mithilfe eines Entwicklungspsychologen anzustellen. Viele Wiederholungen von Versuchen Piagets, vor allem solche, die den Anspruch erheben, seine Auffassungen widerlegt zu haben (etwa Margaret Meads Untersuchungen über den Animismus bei Manus-Kindern [Mead, 1932], sind in ihrer Aussagekraft dadurch beeinträchtigt, daß seine Theorie nicht verstanden und seine Untersuchungsmethoden nicht befolgt worden sind. Daneben gibt es aber einen weiten Bereich, in dem unser Wissen über das primitive Denken mit einer rein ethnographischen Methode verbessert werden kann. Icn wäre an allem Material zu den in diesem Buch diskutierten Problemen interessiert, gleichgültig ob es meine Ansichten stützt oder widerlegt; ich erbitte solche Mitteilungen an meine Adresse: Department of Anthropology, McMaster University, Hamilton, Ontario, Canda.

Abschließend möchte ich folgenden Persönlichkeiten dafür danken, daß sie das Manuskript durchgelesen und mir mit wertvoller Kritik und Verbesserungsvorschlägen geholfen haben: Dr. R. H. Barnes, Dr. Martin Brett, Prof. Rodney Needham, Dr. A. G. Shannon, Dr. Neil Warren, der Clarendon Press und ebenso P. J. Rollings für seine früheren Hinweise und seine Unterstützung. Meiner Frau bin ich für das sorgfältige Lesen der Korrekturen zu großem Dank verpflichtet.

Diptford, South Devon, August 1978   C. R. H.

I. Eine Lern- und Denktheorie

1. Theorien auf der Suche nach dem Geist

Die Geschichte der anthropologischen Bemühungen, Unterschiede zwischen dem primitiven Denken und dem des gebildeten Menschen des Industriezeitalters zu erfassen und die Gründe dafür anzugeben, ist durch das Fehlen jeder klaren Lern- und Denktheorie gekennzeichnet. Ausdrücke wie »Geist«, »Mentalität«, »Logik«, »Abstraktion«, »Vernunft«, »gesunder Menschenverstand«, »praktisches Denken« oder »Wissenschaft« werden häufig und ungenau verwendet, ohne daß man sich bewußt zu sein scheint, daß eine integrierte kognitive Theorie notwendig ist, um solche Begriffe über das Niveau dilettantischer Spekulation herauszuheben. Entwicklungsgeschichtliche Reihen vom primitiven Denken zum Denken des Menschen des Industriezeitalters wie Frazers »Magie – Religion – Wissenschaft«, Tylors »Seele – Geister – Polytheismus – Monotheismus« oder Durkheims Versuch, die frühesten Formen des Denkens im »Totemismus« zu finden – all das hängt von solchen analytisch ungenauen Kategorien wie »Magie«, »Mana« oder »Religion« ab, die, soweit sie abgegrenzt werden können, nebeneinander in denselben Gesellschaften gefunden werden. »Vernunft« und »Wissenschaft« insbesondere haben äußerst komplexe Sinngehalte, was sie für interkulturelle Vergleiche zwischen den Denkweisen der Industrie- und der primitiven Gesellschaft ganz besonders ungeeignet macht.

Weil jede Theorie über das Denken oder die kognitive Entwicklung fehlt, haben Sprachtheoretiker (wie etwa Whorf) folgern können, verschiedene Sprachen brächten verschiedene Denkweisen hervor, oder es könne, wie Lévi-Strauss behauptet, da es grundlegende strukturelle Ähnlichkeiten zwischen allen Sprachen gebe, in denen sich die zugrundeliegende neurale Organisation des Gehirns widerspiegle, keine fundamentalen Unterschiede zwischen dem primitiven und unserem Denken geben. Die Aussage etwa, es gebe eine »primitive Art zu denken«, wird von gewissen Wissenschaftlern als rassistisch abgetan, weil sie angeblich darauf hinausläuft,

Primitive hätten eine andere Art von Gehirn und folglich eine niedrigere angeborene Intelligenz[1] als wir; und diese strittige Frage des primitiven Denkens ist, wie jede andere Humanwissenschaft auch, von politischen Vorurteilen überschattet, von der unkritischen gönnerhaften Herablassung gewisser Viktorianer bis zur fast ebenso unkritischen Entschlossenheit gewisser moderner Akademiker, den Beweis dafür anzutreten, daß unsere unterdrückten Brüder in der Dritten Welt uns intellektuell ebenbürtig oder wenn möglich sogar überlegen[2] seien, auch wenn diesen unsere wissenschaftlichen Kenntnisse abgingen und sie sich nur mit nicht-technologischen Problemen befaßten.

Die in dieser Konfusion vorherrschende Meinung über die Natur des Denkens scheint die empiristische Theorie zu sein, wonach Wissen eine passive Reproduktion von Sinneseindrücken oder eine Erinnerung an diese sei, die durch assoziative oder Reiz-Reaktions-Mechanismen koordiniert würden; wonach Anschauungen und spezielle klassifikatorische Kategorien in der Sprache jeder Kultur enthalten seien und das Denken selbst eine für alle erwachsenen Menschen ähnliche angeborene Funktion sei.

Einige wenige Anthropologen, wie etwa Lévi-Strauss, vertreten eine nativistische Theorie des Geistes. Nach Lévi-Strauss wird der Geist nicht passiv von sozial hervorgebrachten kollektiven Vorstellungen geprägt; er ist vielmehr *ab initio* mit einer ganzen Reihe von angeborenen Strukturen ausgestattet, die nicht auf irgendeine genetische Weise durch Interaktion mit der Umwelt entfaltet werden, sondern bestenfalls in verschiedenen Kulturen selektioniert und stärker spezialisiert werden und sich den Vorstellungen der Wirklichkeit und der Form sozialer Institutionen aufzwingen. Ein solches statisches Modell des Geistes steht, wie übrigens auch das empirische Modell, in scharfem Gegensatz zu der Möglichkeit, daß geistige Strukturen durch den Prozeß der Interaktion und der Äquilibration mit der Umwelt, und zwar insbesondere durch die *Aktivität* des Subjekts, hervorgebracht werden können. Die Nativisten wie auch die Anhänger der empiristischen Theorie müssen folglich den Geist als in jeder Umgebung grundsätzlich gleich betrachten, ohne wirkliches Entwicklungspotential. Im folgenden werde ich die Theorie von Lévi-Strauss kaum mehr erwähnen, nicht weil ich die nativistischen Theorien über den Geist für unwichtig halte, sondern weil es sich als unmöglich erwiesen hat, einigermaßen genau festzustellen, welche Theorie eigentlich hinter den recht allgemeinen Aussagen steht, von gewissen Behauptungen über die Natur des kindlichen Denkens abgesehen, die ziemlich klar, aber auch völlig falsch sind (siehe weiter hinten, S. 54–58). (Für eine nützliche Auseinandersetzung über die Unterschiede zwischen den Theorien von Lévi-Strauss und Piaget sei auf Turner, 1973, S. 370–373, und auf Piaget, 1968 (1973), S. 102–114, verwiesen.)

Die Anthropologen haben also, kurz gesagt, angenommen, das primitive Denken unterscheide sich von unserem nur durch seinen Inhalt, und die gegenwärtige Struktur des Denkens, die kognitiven Prozesse, seien in allen Kulturen dieselben, zum Beispiel: »Das Denken und die Denkprozesse verschiedener Völker in verschiedenen Kulturen unterscheiden sich nicht voneinander ... nur ihre Werte, ihre Anschauungen und die Art, wie sie Dinge klassifizieren« (zitiert in Colby und Cole, 1973, S. 63). Mit den Worten Lurias:

Im Verlauf der Jahrhunderte ist die klassische Psychologie zu der Auffassung gelangt, daß den menschlichen psychologischen Prozessen eine einheitliche, unveränderliche Struktur zugrunde liegt. Von dieser Struktur wird angenommen, daß sie sich auf eine Reihe von scharf abgegrenzten psychologischen Prozessen auswirkt: Empfindung und Wahrnehmung, Aufmerksamkeit und Gedächtnis, Assoziation und logische Relation, Urteil und Folgerung. Von der Struktur dieser Prozesse ist gesagt worden, sie sei unabhängig von sozialhistorischen Bedingungen und bleibe zu jedem besonderen Zeitpunkt der Geschichte dieselbe. (Luria 1971, S. 259)[3]

Und wie Needham gesagt hat:

... es gibt eine Fülle von Annahmen darüber, was die menschliche Natur ausmache, insbesondere über die wesentlichen Fähigkeiten des denkenden Subjekts. Die Sozialanthropologie geht hauptsächlich von der Annahme aus, diese Fähigkeiten seien bereits bekannt und das rationale und psychologische Vokabular der europäischen Sprachen eigne sich gut für das Verständnis und die Analyse von anderen Erfahrungsweisen. In einer Untersuchung allgemein anerkannter Vorstellungen über die angebliche Befähigung zum Glauben (Needham 1972) habe ich zu beweisen versucht, daß es eine solche Gewißheit nicht gibt und daß es eine besondere Aufgabe der Sozialanthropologie wäre, zu ermitteln, ob gewisse absolute Merkmale des Denkens und des Handelns – in Form von natürlichen Ähnlichkeiten durch die ganze Menschheit hindurch – gefunden werden können, die für eine objektive Auffassung vom Menschsein unentbehrlich sind. (Needham 1976c, S. 85)

Das empiristische Modell eignet sich gut für eine sozial-deterministische Theorie, nach welcher der individuelle Geist passiv einem Sozialisierungsprozeß ausgesetzt ist, bei dem die Sprache als der dominierende Einfluß betrachtet wird. Das traditionelle Wissen, die Klassifizierungstypen und die grundsätzlichen Annahmen über die Wirklichkeit, die man in jeder Kultur findet, werden nach dieser Auffassung im Geist des Individuums etwa wie die vorgeformten Stücke eines Puzzles in einem Akkumulierungsprozeß Stück für Stück zusammengefügt. Eine solche Lerntheorie würde die Anthropologen zu der Annahme führen, daß das praktische Können und die Aktionen, die für die Technik und die Ökologie erforderlich sind, keinerlei Beziehung zu den Denkweisen haben müssen, die bei den kollektiven Vorstellungen von Zeit, Raum und Kausalität mitspielen, weil die ersteren nur »gesunder Menschenverstand« oder »praktisches Denken« wären, die angeblich angeboren sind.

Die Annahme, daß der individuelle Geist einfach die »gebrauchsfertigen« Ideen, Anschauungen und Kategorien seiner Gesellschaft akkumuliert, und zwar durch den Erwerb ihrer Sprache und die Teilnahme an ihren Abläufen und Institutionen, paßte auch vortrefflich zur Arbeitsweise der meisten Sozialanthropologen. Als Ethnographen, deren Hauptarbeitsgebiet Gesellschaften ohne Schrift und Bildung sind, waren wir in der Praxis gezwungen, einen großen Teil unserer Feldarbeit darauf zu verwenden, die offiziell und allgemein akzeptierten Anschauungen und Normen der von uns studierten Gesellschaften festzustellen; bei primitiven Gesellschaften, wo keine Fragebögen verwendet werden können, beruhen unsere Schlußfolgerungen über die Wirklichkeitsvorstellungen der Eingeborenen oft auf Interviews mit verhältnismäßig wenig Informanten. Unsere Feldstudien sind demzufolge nicht selten statisch geblieben, sie gehen an den geistigen Prozessen der Individuen, wie der Lösung von Problemen, der Bildung von Begriffen und dem Lernen im allgemeinen, vorbei. Wie der Entwicklungspsychologe Greenfield sagt, beruhen die Analysen und Verallgemeinerungen der Anthropologen »nicht auf einer Analyse des ›Geistes in Aktion‹, auf einer Analyse des Verhaltens in konkreten Situationen« (Greenfield 1966, S. 225).

Als stark von Durkheim beeinflußte Sozialtheoretiker haben wir es für methodisch wichtig gehalten, uns nur mit der Struktur von kollektiven Vorstellungen und ihren Beziehungen zur sozialen Organisation zu befassen. Wir haben angenommen, wie Evans-Pritchard klar formuliert:

[Der Sozialanthropologe] ist an den Schauspielern im Drama nicht als Individuen, sondern als Personen, die gewisse Rollen spielen, interessiert... Für den Psychologen andererseits, der Individuen studiert, sind die Gefühle, die

Motive, die Meinungen der Schauspieler von primärer Bedeutung und die [sozialen] Handlungsweisen und Vorgänge von sekundärer Wichtigkeit. Dieser wesentliche Unterschied zwischen Sozialanthropologie und Psychologie ist der *pons asinorum* beim Studium der Sozialanthropologie. (Evans-Pritchard 1951, S. 46)

Die Anthropologen haben, kurz gesagt, so geschrieben, als ob das Problem des »primitiven Denkens« in der Natur der »Primitivheit« liegen würde, als ob das Denken selbst eine fest umschriebene Fähigkeit wäre, zu der die moderne Psychologie nur wenig von wirklicher Bedeutung zu sagen hätte, und, selbst wenn sie etwas dazu zu sagen hätte, als ob die individuellen Denkprozesse für die kollektiven Vorstellungen der Gesellschaft irrelevant wären. Ich möchte zeigen, daß die Dinge gerade umgekehrt liegen: Das Problem des primitiven Denkens liegt in der Natur des Denkens und in seiner Entwicklung, im Zusammenhang mit der Erfahrung, durch die *Aktivität* des Subjekts. Die allgemeinen Besonderheiten des Lernens und des Denkens bei Individuen sind in hohem Maße relevant für die Typen von kollektiven Vorstellungen, die in jeder Gesellschaft ausgebildet werden. Nur wenn wir verstehen, wie sich das Lernen und das Denken in Beziehung zur gesamten Umgebung entwickeln, können wir hoffen, nützliche Unterscheidungen zwischen Denkweisen und insbesondere die Unterschiede zwischen den für primitive Gesellschaften charakteristischen und den in gebildeten Industriegesellschaften vorherrschenden Denkweisen herauszuarbeiten.

2. Die Prinzipien der Entwicklungspsychologie

In diesem Kapitel referieren wir die wichtigsten Schlußfolgerungen der Entwicklungspsychologie hinsichtlich der Frage, wie die Menschen faktisch in Beziehung zu ihrer natürlichen und sozialen Umwelt lernen. Die Entwicklungs- oder kognitive Psychologie ist das Ergebnis von Forschungen, die hauptsächlich seit den zwanziger Jahren in vielen Ländern durchgeführt wurden. Sie ist verbunden mit Namen wie Piaget, Wygotski, Luria, Werner oder Bruner. Für die Bedürfnisse der Anthropologie stützt man sich am zweckmäßigsten auf das Werk Piagets, denn er hat dieses Forschungsgebiet, insbesondere in seinen interkulturellen Aspekten, nicht nur dominierend beeinflußt, seine Untersuchungen erstrecken sich auch über einen umfassenderen Bereich menschlicher kognitiver Leistungen als die jedes anderen Psychologen, und er hat sich immer damit befaßt, wie sich organisiertes Wissen als Ganzes entwickelt, und nicht nur mit der kognitiven Entwicklung des Kindes. Sein grundlegendes Interesse an der »genetischen Epistemologie« unterscheidet ihn von den anderen Entwicklungspsychologen und verleiht ihm eine besondere Bedeutung für alle jene, die sich mit den Entwicklungsmerkmalen primitiver kollektiver Vorstellungen befassen[4].

Piagets Werk, das auf Untersuchungen mit einem Team von Mitarbeitern während eines Zeitraums von mehr als fünfzig Jahren beruht und in zahlreichen Monographien und Aufsätzen publiziert worden ist, kann kaum kurz zusammengefaßt werden, und zwar nicht nur wegen seiner Vielgestaltigkeit und den zahlreichen Einzelheiten, sondern vor allem auch wegen seines höchst komplizierten Stils und seiner Darstellungsweise. Der Leser, dem die folgenden Abschnitte eher unverständlich vorkommen, wird später sehen, daß die hier dargestellten Prinzipien in den anschließenden Kapiteln ständig wieder erwähnt und durch viele praktische Beispiele geklärt werden, die das Wesen von Piagets Theorie viel besser als eine allgemeine Einleitung herausarbeiten. Ein Verzeichnis der wichtigsten psychologischen Fachausdrücke ist im Anhang zu finden.

Piagets Theorie der kognitiven Entwicklung ist aus seinem frühen Interesse für Biologie (er ist Mollusken-Spezialist) und Erkenntnistheorie herausgewachsen. Er betrachtet das kognitive Wachstum als einen besonderen Aspekt der allgemeinen organischen Anpassung an die Umwelt, wobei in diesem Prozeß weder die Erbmerkmale des Organismus noch die Struktur der Umwelt für sich allein ausreichen, um die Entwicklungsmuster im Organismus zu erklären. Er sieht das Denken als ein sich selbst regulierendes System, das danach strebt, in ein Gleichgewicht mit seiner Umgebung zu kommen, indem es stabile Vorstellungen konstruiert, die die Veränderlichkeit und Schwankungen eben dieser Umwelt überwinden. Seine Theorie ist deshalb ganzheitlich und dialektisch; das geistige Funktionieren ist von einer umfassenden Organisation abhängig, die sich aus einem doppelten Prozeß entwickelt: durch eine *Akkommodation* an die Wirklichkeit und eine *Assimilation* der Erfahrung an die vorhandenen kognitiven Strukturen. Eine grobe Analogie liefert beispielsweise die Verdauung von

Speisen: Diese erfordert vom Organismus eine Akkommodation an die verschiedenen physikalischen Eigenschaften der Nahrung durch eine Vielfalt von Verhaltensweisen wie Beißen, Saugen, Kauen, Lecken und Schlucken je nach Art der Speise, doch die Speise wird umgekehrt auf mannigfache Weise, je nach Organismus, an die vorhandene physikalische Struktur dieses Organismus assimiliert.

Für Piaget ist das Denken somit ein aktiver und selektiver Prozeß, der von einer fortwährenden Interaktion zwischen Akkommodation und Assimilation gelenkt wird, ein Prozeß, bei dem das physische Umgehen mit Objekten einen grundlegenden Anteil an der schrittweisen Koordination der Sinneseindrücke und der Konstruktion der Wirklichkeit beim Kind hat. Eine solche Theorie der kognitiven Entwicklung ist das radikale Gegenteil der empiristischen Theorien, die die kognitive Entwicklung als eine Stück-für-Stück-Akkumulierung von Daten auffassen, derart, daß das kindliche Denken ganz einfach eine rohe Kopie der äußerlichen Wirklichkeit und der Vorbilder der Erwachsenen wäre, durch die allmählich Einzelheiten summiert werden, wodurch eine ständig verfeinerte Anpassung zustandekommt, denn Piagets Theorie legt den Akzent auf die innere Organisation des Wissens als wesentliche Grundlage für Stabilität und Wachstum. Weil diese Theorie konstruktivistisch ist, steht sie auch in grundsätzlichem Gegensatz zu den nativistischen Theorien des Erkennens, welche die grundlegenden kognitiven Prozesse wie das kausale und logische Folgern, das Gedächtnis, die Vorstellungen von Raum und Zeit oder die linguistischen Funktionen als angeboren und allen normalen Menschen gemeinsam ansehen, unabhängig vom sozialen Milieu. Gewisse Denker haben angenommen, es sei für alle normalen Erwachsenen angeborenermaßen evident, daß $5 = (2 + 3)$ oder $(3 + 2)$, daß die kürzeste Entfernung zwischen zwei Punkten die verbindende Gerade sei oder daß, wenn der Mensch sterblich und Sokrates ein Mensch sei, also auch Sokrates sterblich sei; doch wir müssen jetzt zur Kenntnis nehmen, daß solche Wahrheiten Erwachsenen in manchen primitiven Gesellschaften nicht angeboren, ja nicht einmal evident sind. Was für eine angeborenermaßen erkennbare Wahrheit gehalten wurde, ist überhaupt nicht angeboren, sondern muß durch Interaktion mit der sozialen und physischen Umgebung konstruiert werden.

Das kindliche Verhaltensrepertoire ist bei der Geburt auf einige Reflexe wie Saugen, Schreien, Zungenbewegungen, Schlucken und plumpe Körperbewegungen beschränkt, die durch Erfahrung nicht verändert werden und noch nicht koordiniert sind. Es gibt auch eine Reihe angeborener Sinneswahrnehmungen wie Gestalt/ Hintergrund, Bewegung/Stillstand, Licht/Schatten, welche am Anfang ebensowenig verändert und koordiniert werden. Die Koordination dieser verschiedenen Verhaltensweisen und Sinneswahrnehmungen, ihre Ausweitung auf eine immer umfassendere Reihe von Objekten und ihre Umwandlung aus Reflexen (die als starre, unveränderliche Gesamtheiten aktiviert werden) zu Verhaltensweisen, die an die verschiedenen Aspekte der Gegenstände akkommodiert werden, fallen in die ersten achtzehn bis vierundzwanzig Lebensmonate, die »sensomotorische« Periode oder das Stadium 1[5].

Bei der Geburt und noch einige Monate lang sind für das Kind die Gegenstände noch nicht permanent (derart, daß ein hinter einem Schirm versteckter Bleistift weiterhin da ist, auch wenn man ihn nicht mehr sieht). Es weiß auch nicht, daß Objekte eine konstante Größe und Form haben. Es ist noch nicht imstande, den visuellen, den taktilen und den auditiven Raum zu koordinieren. Der Säugling bezieht alle seine Wahrnehmungen auf den eigenen Körper, als ob dieser das Zentrum des Universums wäre, ein Zentrum freilich, das sich seiner selbst nicht bewußt ist. Diese noch fehlende Unterscheidung zwischen Subjekt und Objekt auf der sensomotorischen Stufe wird erst überwunden durch die fortschreitende Koordination von Handlungsmustern oder »Schemata«, die die Grundlage für bewußtes Handeln beim Subjekt einerseits und für die Konstruktion stabiler raumzeitlicher und kausaler Vorstellungen der physikalischen Wirklichkeit andererseits bilden. Am Ende dieses Prozesses, im Alter von etwa achtzehn Monaten, ist sich das Kind bewußt, daß es ein physisches Objekt unter anderen Objekten ist. Dieser »Egozentrismus«, diese Nichtunterscheidung zwischen Subjekt und Objekt, kommt jedoch auf höheren Denkstufen wieder zum Vorschein.

Bei den Reflexen besteht kein Unterschied zwischen Akkommodation und Assimilation. Ungefähr einen Monat nach der Geburt beginnt das Kind aber Verhaltensschemata in Form von erworbenen Akkommodationen zu entwickeln, und zwar als Ergebnis zufälliger Handlungen, beispielsweise indem es entdeckt, wie man den Daumen in den Mund stecken kann, was kein Reflex ist. Ein Schema[6] ist eine kognitive Struktur, die das enthält, was von der ursprünglichen Handlung wiederholbar und verallgemeinerbar ist und im Laufe der Entwicklung auf eine Vielfalt von Gegenständen in verschiedenen Situationen angewendet und folglich mit anderen Schemata kombiniert werden kann. Die Schemata basieren somit auf der Wiederholung von Handlungen, was eine Assimilation der Eigenschaften der Objekte, auf die man einwirkt, voraussetzt. Die Assimilation hat drei Aspekte, die eng miteinander verbunden und für die Ausformung der Schemata grundlegend sind: Wiederholung, Verallgemeinerung und Wiedererkennung oder Unterscheidung. Alle Schemata werden immer und immer wieder auf alle assimilierbaren Objekte in der Umgebung angewandt: Ein Ding wird ständig gesaugt, geschüttelt oder gegen die Wände des Kinderbettchens geschlagen usw. (reproduzierende Assimilation). Die Schemata werden so fortwährend verallgemeinert, das heißt, ihr Anwendungsbereich wird ausgeweitet, so daß neue und andere Gegenstände assimiliert werden:

So beginnt das Kind je nach dem Spiel des Zufalls und den Gegenständen, mit denen es in Berührung kommt, schon in der zweiten Woche an seinen Fingern oder an den Fingern, die man ihm darbietet, an seinem Kopfkissen oder an seiner Bettdecke oder an seinen eigenen Wäschestücken usw. zu saugen. Es assimiliert also diese Gegenstände der Tätigkeit des Reflexes. (. . .) Wir vertreten nur die Meinung, daß das Neugeborene ohne irgendwelches Bewußtsein der Individualität der Gegenstände und der Generalität seines Verhaltens dem globalen Verhaltensschema des Saugens eine ganze Reihe von mehr oder weniger komplexen Gegenständen einordnet und daß sich daraus der Eindruck eines generalisierenden Assimilationsprozesses gibt. (Piaget 1936 [1975], S. 44)

Doch diese verallgemeinerte Assimilation wird zunehmend ergänzt durch eine Unterscheidung, ein Wiedererkennen, daß das Saugen an bestimmten Gegenständen befriedigender ist als an anderen:

Dieses Suchen und Unterscheiden scheint eine beginnende Differenzierung in das globale Saugschema einzuführen. Diese Differenzierung bringt folglich auch ein ansatzweises Wiedererkennen ganz praktischer und rein motorischer Art mit sich, das aber doch ausreicht, um den Terminus der wiedererkennenden Assimilation zu gestatten. (Ibid., S. 46)

Diese charakteristischen Merkmale – Wiederholung, Verallgemeinerung und Wiedererkennung oder Unterscheidung – sind alle unerläßlich und grundlegend für die Ausformung der Schemata. Flavell schreibt etwa:

Wiederholung konsolidiert und stabilisiert es, stellt aber auch die notwendige Voraussetzung für Veränderungen dar. Verallgemeinerung weitet es aus, indem sie seinen Anwendungsbereich ausdehnt. Und die Differenzierung hat zur Folge, daß das ursprünglich globale Schema in mehrere neue Schemata aufgespalten wird, jedes mit einer schärferen, stärker unterscheidenden Einstellung auf die Wirklichkeit. Es ist aber charakteristisch für Schemata, daß sie nicht nur derartige individuelle Veränderungen durchmachen, sondern auch immer komplexere und ineinander verschachteltere Beziehungen zu anderen Schemata ausbilden. Zwei Schemata können sich bis zu einem bestimmten Punkt verschieden entwickeln, beispielsweise die Verallgemeinerung auf neue Gegenstände, die Differenzierung usw., und werden dann in Form eines einzigen übergeordneten Schemas vereinigt. Die hauptsächliche vereinigende Beziehung zwischen zwei bis dahin getrennten Schemata wird »reziproke Assimilation« genannt, das heißt jedes Schema assimiliert das andere. (Flavell 1963, S. 57)

Visuelle Schemata werden etwa schon früh an die Schemata des Hörens assimiliert, aber erst später an die Saugschemata. Und noch länger dauert es, bis sie mit den Schemata des Greifens und des Berührens koordiniert werden:

Diese Koordinationen zwischen verschiedenen Sinneseindrücken und diese zusammenfassende Verarbeitung heterogener Schemata verleihen den visuellen Bildern immer reichere Bedeutungen und entblößen die Assimilation des Gesichtssinnes ihres Selbstzwecks und machen aus ihr ein Werkzeug im Dienst einer umfassenderen Assimilation. Wenn ein Kind mit sieben oder acht Monaten unbekannte Gegenstände zuerst anschaut, bevor es sie ergreift, um sie zu wiegen, darüber zu streichen, sie fallen zu lassen und wieder aufzulesen usw., so schaut es nicht um des bloßen Schauenwollens (rein visuelle Assimilation, in der der Gegenstand eine bloße Nahrung für den Blick ist), es schaut auch nicht, um zu sehen (generalisierende oder wiederholende visuelle Assimilation, bei der der Gegenstand einfach schon erarbeiteten visuellen Schemata einverleibt wird), sondern es schaut, um zu handeln, d. h. um den neuen Gegenstand an die Schemata des Wiegens, des Streichens, des Fallenlassens usw. zu assimilieren. Es existiert jetzt nicht bloß mehr eine Organisation zwischen den visuellen Schemata, sondern auch zwischen diesen und allen anderen Verhaltensschemata. Diese progressive Organisiertheit verleiht den Sehbildern Bedeutung und Festigkeit und ordnet sie in ein umfassendes Weltbild ein. (Piaget 1936 [1975], S. 84 f.)

Die fortschreitende Koordination der Schemata und ihre zunehmende Verallgemeinerung und Unterscheidung stellen die Mittel dar, durch die Akkommodation und Assimilation zur Erwerbung der permanenten Gegenstände differenziert werden. Auf diesem Wege lernt das Kind auch, mit diesen Gegenständen umzugehen.

Verbunden mit diesem Prozeß ist die Entwicklung des überlegten Experimentierens im Gegensatz zum zufälligen Zusammentreffen mit Gegenständen, dem Verhalten, das die Grundlage für die frühesten Schemata des Kindes bildete. Die Absicht nimmt von den ersten Anfängen bei der Koordination vertrauter Schemata bis zum Umgang mit Objekten, der Entwicklung von vermittelnden Handlungen zur Erreichung eines Ziels und dem Suchen nach neuen Erfahrungen zu. Am Ende der sensomotorischen Stufe ermöglicht sie dem Kind, sich die Folgen einer Handlung vorzustellen, bevor diese ausgeführt wird.

Wichtig ist noch die Feststellung, daß die Grundlagen für das spätere Verständnis logisch-mathematischer Relationen durch die frühe Koordination der Handlungen gelegt werden – etwa das Kombinieren von Gegenständen, das Wegnehmen und die gegenseitige Zuordnung von Objekten –, ebenso durch die Fähigkeit, Beziehungen auf der Grundlage dieser Handlungen zu verallgemeinern, wobei solche Beziehungen nicht Eigenschaften der Gegenstände im gleichen Sinne wie Größe oder Gewicht sind. Das geschieht ohne jede Vermittlung durch die Sprache. Wie wir noch sehen werden, ist es ein grundlegendes Prinzip der kognitiven Entwicklung, daß die Organisation des Verhaltens und der Wahrnehmung immer vor der Fähigkeit kommt, sich die eigenen Handlungen und das Verhalten von Gegenständen durch Vermittlung der Sprache vorzustellen.

Für Piaget wird die kognitive Entwicklung des Kindes gefördert durch das Streben nach einem Gleichgewicht zwischen den Erfordernissen für eine Akkommodation an die Umgebung einerseits und den inneren Vorstellungen von dieser Wirklichkeit, an die es diese zu assimilieren versucht, andererseits. Die Entwicklung ist dadurch gekennzeichnet, daß nacheinander verschiedene Strategien bei der Lösung von Problemen gewählt werden, zuerst solche, die sehr einfach sind und eine möglichst geringe Anstrengung erfordern. Jede Strategie löst Widersprüche zur Erfahrung aus, die dann zum Teil dadurch gelöst werden, daß eine neue Strategie angewendet wird, so daß auf Perioden unvollständigen Begreifens der Wirklichkeit Perioden von besserem Verständnis folgen[7]. In seiner Entwicklung gelangt das Kind von einem Zustand geringeren zu einem Zustand größeren Gleichgewichts, das sich in einer umfassenderen Kohärenz und Stabilität der Vorstellung äußert.

Dieser Äquilibrationsprozeß hat drei Aspekte: das Äquilibrationsfeld, dessen Beweglichkeit und dessen Stabilität. Je breiter der Anwendungsbereich eines Schemas ist, um so verschiedenere Phänomene kann es in sich vereinigen und um so geringer ist die Wahrscheinlichkeit, daß es in Unordnung gerät, wenn eine neue Erfahrung hinzukommt. Je breiter jedoch der Anwendungsbereich ist, um so mobiler und flexibler müssen auch die geistigen Operationen sein, mit denen die gesamte begriffliche Struktur koordiniert wird. Die Stabilität einer kognitiven Struktur wird so weit vorangetrieben, daß sie neue Elemente assimilieren kann, ohne daß ihre allgemeine Organisation gestört wird. Stabilität und Mobilität sind folglich nicht entgegengesetzte, sondern wechselseitig notwendige Eigenschaften, und wir werden noch sehen, daß die starren Denkstrukturen, die auf dem äußeren Erscheinungsbild der Dinge beruhen, in Wirklichkeit am wenigsten stabil sind, weil sie eben gerade eine neue Erfahrung nicht auf koordinierte, mobile Weise assimilieren können.

Diese allgemeinen Äquilibrationsprinzipien gelten auf allen kognitiven Stufen. Das Kind gelangt von der Stufe der Handlung über das Stadium des inneren Bildes zur rein verbalen Vorstellung und Analyse; ein Gleichgewicht, das auf einer dieser Stufen anfänglich befriedigend und verhältnismäßig stabil ist, wird unter dem Druck einer neuen Erfahrung brüchig und muß dann auf einer höheren kognitiven Stufe rekonstruiert werden.

Am Ende der sensomotorischen Periode beispielsweise, im Alter zwischen 18 Monaten und zwei Jahren, beginnt das Kind durch einen Nachahmungsprozeß die Wahrnehmung von Dingen in Form von inneren, symbolischen Bildern zu verinnerlichen; gleichzeitig zeigen sich erste Ansätze zur Sprache, symbolische Gesten und eine aufgeschobene Nachahmung, mit deren Hilfe das Kind seine Handlungen verinnerlichen kann, ohne daß es mit den Gegenständen umgehen muß, so daß es sich von jetzt an aufeinanderfolgende Handlungen gleichzeitig vorstellen kann. Diese Entwicklung der symbolischen Vorstellung stellt das Kind vor neue Probleme und verleiht ihm ein unvergleichlich wirksameres Vorstellungsvermögen als durch die Handlung allein. Diese Fähigkeit zur bildhaften (oder »ikonischen« in der Terminologie Bruners) Vorstellung markiert den Beginn des »präoperativen« oder »präoperatorischen« Denkens[8].

a) Das präoperative Denken

Die sensomotorische Intelligenz beschränkte sich von Natur aus auf die Handlungen des Subjekts an der physischen Wirklichkeit und hatte als solche keinen wirklich *vorstellungsmäßigen* Inhalt; sie konnte deshalb nur nacheinander mit vorhandenen Gegenständen operieren und die Beziehungen zwischen diesen nicht zu gleichzeitig wahrgenommenen Gesamtheiten koordinieren, während die vorstellungsmäßigen Eigenschaften des Bildes dem Kind die Möglichkeit geben, koordinierte Vorstellungen von Relationen zu konstruieren, die nicht auf das gleichzeitige Umgehen mit ihnen angewiesen sind. Das sensomotorische Denken ist deshalb an die Gegenwart gebunden, während das vorstellungsmäßige Denken zur Imagination künftiger Zustände und zur Reflexion über vergangene Zustände vorstoßen kann. Und während Vorstellungen in Form von Worten, konkreten Symbolen und Gesten, die von anderen Menschen gelernt werden können, mitteilbar sind, ist das sensomotorische Denken seinem Wesen nach privat, es kann nicht Grundlage für ein sozialisiertes Denken sein.

Die Befähigung zu symbolischen Vorstellungen verwickelt jedoch das Kind in grundlegend neue Schwierigkeiten bei der Konstruktion der Wirklichkeit. Die Handlungen und ihre Koordination sind noch immer von zentraler Bedeutung für seine kognitive Entwicklung, aber jetzt müssen diese Schemata in das innere Bild integriert werden. Auf der Stufe des Bildes muß zudem dieselbe explizite Unterscheidung zwischen den eigenen Vorstellungen und der physischen Wirklichkeit vollzogen werden, die schon früher auf der Stufe der Handlungen verwirklicht wurde, als es dem Kind gelang, sich als ein autonomes Objekt in einer Welt anderer Objekte zu begreifen. Kaum ist ihm die Permanenz der Gegenstände und die Konstanz von Größe und Form auf der Stufe der Wahrnehmung und der Handlung vertraut geworden, muß es diese Konstanzen zusammen mit der Konstanz der Menge, der Länge, des Gewichts, des Volumens usw. auf der Stufe der bildhaften Vorstellung und des verbalen Ausdrucks wiederfinden, was mehrere Jahre beansprucht und beim durchschnittlichen europäischen Kind erst im Alter von sieben bis acht Jahren abgeschlossen ist, wobei die schwierigeren Aneignungen mehr Zeit benötigen.

Es sei noch besonders hervorgehoben, daß das »Bild« im Sinne Piagets nicht die Abbildung auf der Netzhaut ist, die bei der Wahrnehmung zustande kommt, auch wenn es im weitesten Sinne davon herrührt; ebensowenig sind damit die rein visuellen Bilder gemeint, die beim Tagträumen oder bei der Evokation der äußeren Erscheinung von Gegenständen auftreten. Der für Piaget signifikanteste Bildtyp resultiert aus der Nachahmung der *Aktionen* von Objekten. Seine verschiedenartigen Experimente zeigen, daß das innere Bild nicht einfach eine »photographische« Reproduktion dessen ist, was sich das Kind in Erinnerung ruft, sondern von seiner Fähigkeit abhängig ist, seine Wahrnehmungen und seine Handlungen zu analysieren.

Wenn man zum Beispiel ein Kind der präoperativen Stufe auffordert, die verschiedenen Stadien bei der Streckung eines gebogenen Drahtes zu zeichnen, so stellt es sich diesen Vorgang so vor, als würden die beiden Enden des Drahtes gleich weit auseinander bleiben, wie Abbildung 1 zeigt.

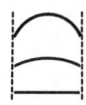

Abbildung 1

Solche Zeichnungen geben den tatsächlichen Vorgang nicht genau wieder, denn in Wirklichkeit liegen natürlich die Enden zuletzt weiter auseinander; sie bringen das *Bild* zum Ausdruck, welches das Kind sich vom ganzen Ablauf macht, und in diesem Fall zeigt sich in ihnen, daß es noch nicht imstande ist, einen physikalischen Prozeß in seine Komponenten zu zerlegen.

Die bildhafte Vorstellung des Kindes ist am Anfang »global«, insofern es eine Figur nicht in ihre Elemente zerlegen kann, die wahrgenommene Konfiguration bleibt statisch und wird innerlich nicht koordiniert. Die Zerlegung und Wiederzusammensetzung wahrgenommener Konfigurationen wird im weiteren Verlauf zur Grundlage des operativen Denkens. Die Unbeweglichkeit des kindlichen Bildes vom Verhalten der Objekte ist eine Folge davon, daß die Akkommodation, in Form der Nachahmung, die Assimilation noch überwiegt. Der Gegenpol dazu ist die bildhafte Vorstellung im Spiel und im Traum, wo die Beweglichkeit und die Instabilität darauf zurückzuführen sind, daß die Assimilation die Akkommodation überwiegt. Während einer Reihe von Jahren schwankt dieses kindliche Bild zwischen einer starren und globalen Vorstellung von Gegenständen und der instabilen und von Affektionen beherrschten Bilderwelt seines Spiels und seiner Träume, in denen das konkrete Symbol eine zentrale Rolle spielt.

Die kindlichen Vorstellungen sind auch deshalb instabil, weil sie auf nur eine Dimension oder einen Aspekt der Figur gleichzeitig »zentriert« sind. Die Koordination der Relationen zwischen den Dimensionen und das Verständnis dafür, daß sie *Systeme* von Relationen sind – derart daß beispielsweise eine Zunahme in der einen Dimension durch eine Abnahme in einer anderen kompensiert wird –, ist entscheidend für das operative Denken. Das Kind der präoperativen Stufe ist noch nicht zur Erhaltung der Länge, der Zahl, der Menge, des Gewichts, der Fläche, des Volumens usw. gelangt, weil es gleichzeitige Veränderungen in zwei Dimensionen nicht miteinander koordinieren kann. Wenn zum Beispiel im Fall von Mengen zwei gleiche Becher präsentiert werden, die bis zur selben Höhe mit einer farbigen Flüssigkeit gefüllt sind, und nun der Inhalt des einen Glases in ein anderes umgegossen wird, das höher, aber schmaler ist, so konzentriert sich das Kind ganz auf das Faktum, daß die Flüssigkeit im zweiten Glas *höher steht* als im ersten, ohne zu berücksichtigen, daß dafür der *Durchmesser* des zweiten Glases kleiner als der des ersten ist. Wenn der Inhalt des einen Glases in zwei kleinere und der des zweiten Glases in vier kleinere umgegossen werden, so nimmt das Kind an, daß in den vier Gläsern mehr Flüssigkeit ist. Wenn zwei gleiche Reihen von Perlen gezeigt werden, die Stück für Stück miteinander korrespondieren, und dann die Perlen der einen Reihe weiter auseinandergerückt werden, so sagt das Kind, daß die längere Reihe jetzt mehr Perlen enthalte, weil es die größere Länge der Reihe nicht zur geringeren Dichte der Perlen in ihr in Beziehung setzen kann.

In allen diesen Fällen ist das Kind nicht imstande einzusehen, daß eine Zunahme in der einen Dimension durch eine Abnahme in der anderen kompensiert wird. Die Erhaltung ist somit abhängig vom Begreifen der Reversibilität, von der Erkenntnis, daß der ursprüngliche Zustand durch eine Umkehrung der Handlungen beim Experiment wiederhergestellt werden kann. Während aber das Kind durchaus dazu fähig ist, solche Handlungen praktisch auszuführen, kann es sich den gegenwärtigen Zustand der Dinge und den ursprünglichen Zustand nicht *gleichzeitig* vorstellen. Es bleibt deshalb an das konkrete Aussehen der Dinge gebunden, bis es sie in ihre verschiedenen Dimensionen zerlegen und statische Konfigurationen durch dynamische Transformationen ersetzen kann, die die Relationen unverändert lassen, im Gegensatz zu den statisch wahrgenommenen Eigenschaften.

Die Klassifizierungen der Kinder dieser präoperativen Stufe spiegeln diese Probleme bei der Vorstellung wider. Der früheste Klassifizierungstyp ist der »Haufen«, bei dessen Konstruktion das Kind seine eigenen subjektiven Assoziationen für wirkliche Relationen hält, eine folglich durch und durch auf die eigene Person zentrierte und unstabile Konstruktion. Daran schließen verschiedene Typen von Komplexen an, Gruppen, deren Elemente durch objektive Faktoren bestimmt sind, etwa das Aussehen, die Verwendbarkeit, den inneren Zusammenhang, die Funktion; zum Beispiel ein Vogel, ein Strauch, ein Haus und ein Wagen, weil der Vogel auf dem Strauch sitzt und pfeift, der Strauch neben dem Haus ist, weil eben neben Häusern Sträucher wachsen, und der Wagen vor dem Haus steht, weil der Hausbesitzer einen Wagen benötigt. Im Gegensatz zu logischen Begriffen oder »Klassen« basieren solche Komplexe eher auf einer Relation der »Zusammengehörigkeit« als auf gleichen Kriterien, und sie bestehen deshalb nicht aus Elementen, die alle mindestens ein gemeinsames Kriterium aufweisen. (Die Farbe ist eine Ausnahme, denn man findet sie oft in solchen »komplexiven« Klassifikationen, weil sie eine einfach wahrzunehmende Eigenschaft, unabhängig von der Dimension und anderen physischen Attributen, ist.)

Dieses Überwiegen der komplexiven Klassifikation verhindert das Begreifen der Klassen-Inklusion auf der präoperativen Stufe. Das Kind kann die Inklusion Teil-Ganzes verstehen, wenn sie ihm in konkreten Beispielen präsentiert wird, doch die Inklusion der Klassen impliziert, daß jemand begreift, daß ein Element gleichzeitig zu zwei Klassen, unabhängig von ihren raumzeitlichen Beziehungen, gehören kann. Werden dem Kind zwölf Perlen gezeigt, zehn rote und zwei blaue, und fragt man es »sind hier mehr rote Perlen oder mehr Perlen?«, so lautet die Antwort: mehr rote Perlen, zum Teil weil das Kind nicht gleichzeitig denken kann, daß es Perlen sind und daß sie auch rot im Gegensatz zu blau sind, aber auch weil es die reversible Relation »wenn $A + A' = B$, dann gilt auch $A = B - A'$« noch nicht begreift.

Im präoperativen Stadium kann das Kind auch das Prinzip der *Transitivität* von Relationen noch nicht begreifen, beispielsweise daß »wenn $A > B > C$, dann gilt auch $A > C$«, falls ihm das Problem etwa in der Form »Marie ist blonder als Edith, und Jane hat dunklere Haare als Edith, welches der Mädchen ist am blondesten?« gestellt wird; eine solche Fragestellung impliziert, daß die *Relativität* der Haarfarbe von Edith verstanden wird, die sowohl dunkelhaariger als Marie, aber auch blonder als Jane ist. Wenn man dem Kind zwei Stäbe $A < B$ gleichzeitig und anschließend das Paar $B < C$ vorlegt, so schließt es daraus nicht, daß $A < C$, solange es nicht alle drei Stäbe gleichzeitig nebeneinander sieht.

Das Kind der präoperativen Stufe hat, auf *verbaler Ebene*, die Logik der Inklusion der Klassen, die Transitivität, die reversiblen und kompensatorischen Relationen und vieles andere noch nicht im Griff; sein explizites Denkmuster ist transduktiv – das heißt es schließt vom Besonderen auf das Besondere – und nicht induktiv, vom Besonderen auf das Allgemeine, und ebensowenig deduktiv, vom Allgemeinen auf das Besondere. Transduktives Denken vernachlässigt entweder das Ganze zugunsten der Teile (Juxtaposition) oder die Teile zugunsten des Ganzen (Synkretismus), denn das Kind ist noch nicht dazu fähig, die Teile als abgegrenzte Dinge und gleichzeitig die Relationen, die diese Dinge in größeren Gesamtheiten untereinander verbinden, zu denken. Es vermag nur eine Abfolge von beziehungslosen Ereignissen oder ein zusammengewürfeltes Ganzes zu sehen. Die Analyse von Veränderungen bei einem Ablauf bereitet deshalb dem Kind erhebliche begriffliche Schwierigkeiten:

Das präoperative Denken ist somit statisch und unbeweglich. Es ist eine Art von Denken, das sich aufgrund von Eindrücken und sporadisch auf diesen oder jenen momentanen, statischen Umstand konzentriert, aber es kann nicht eine ganze Reihe von aufeinanderfolgenden Umständen adäquat zu einer integrierten Totalität verknüpfen, indem es die Transformationen berücksichtigt, die sie zu einer Einheit verbinden und sie logisch kohärent machen. Und wenn das Kind seine Aufmerksamkeit den Transformationen zuwendet, hat es erhebliche Schwierigkeiten; am Ende assimiliert es sie eher an seine eigenen Handlungsschemata, als daß es sie in ein kohärentes System von objektiven Ursachen hineinnimmt. (Flavell 1963, S. 57 f.)

Das Kind des präoperativen Stadiums ist somit begrifflich ein Realist – das heißt, es ist sich der vermittelnden Funktion des Geistes bei der Übersetzung von Sinneserfahrungen in geistige Vorstellungen noch nicht bewußt, weil es nicht über seine eigenen Denkprozesse nachdenken kann, die immer noch vom Bild, von konkreten Assoziationen und von der Handlung beherrscht werden. Es weiß zwar schon, auf der Ebene der Handlung, daß es ein von anderen Objekten verschiedenes, eigenständiges physisches Objekt ist, aber es kann seinen eigenen Gesichtspunkt und seine eigenen Meinungen noch nicht von denen anderer Menschen unterscheiden und nimmt automatisch an, daß die Leute aus seiner Umgebung es verstehen. Nur indem es die Schwierigkeiten bei der Kommunikation und Zusammenarbeit persönlich erfährt, lernt es, sich psychisch von den anderen zu lösen, und gleichzeitig lernt es, zwischen den eigenen Sinneseindrücken von Gegenständen und deren wirklichen Eigenschaften zu unterscheiden.

Die Namen werden materiell den Dingen zugeordnet; die Träume sind kleine materielle Bilder, die man im Zimmer betrachtet, das Denken ist eine Art Stimme (»der Mund, der hinter meinem Kopf ist und zu meinem vorderen Mund spricht«). Der Animismus entsteht aus derselben Nichtunterscheidung, aber im umgekehrten Sinn; alles, was in Bewegung ist, ist lebendig und bewußt, der Wind weiß, daß er bläst, die Sonne weiß, daß sie sich bewegt usw. (Piaget und Inhelder 1966 (1972), S. 114 f.)

Das Kind dieses Stadiums betrachtet die kausalen Eigenschaften nicht als eine Reihe von Beziehungen zwischen den Gegenständen, sondern als ein Erwachen oder ein Sichtbarwerden von latenten und selbständigen Kräften, die zu den Gegenständen gehören. Von seinem begrifflichen Realismus her leitet es den Begriff der Kraft von seinen eigenen Muskelreaktionen gegenüber Gegenständen ab, ohne sich bewußt zu werden, daß die eigene Muskelanstrengung nicht vom Gegenstand ausgelöst wird, den es bewegt; Steine zum Beispiel haben eine Kraft in sich selbst. Durch diesen begrifflichen Realismus kommt das Kind dazu, den Gegenständen Willen und Bewußtsein zuzusprechen und ihr Vorhandensein und Verhalten durch ihre Bedeutung und Nützlichkeit für den Menschen zu erklären: »Noch gegen das Ende des präoperativen Stadiums zu ist immer noch eine Dynamik in den Dingen, Kräfte und Absichten, die ihre Aktivität erklären« (Piaget 1972). Es muß jedoch betont werden, daß der *aktuelle* Umgang des Kindes mit den Gegenständen, sein Verhalten in der realen Welt, besser entwickelt sind als seine Fähigkeit zur Analyse und seine Vorstellungen von den Vorgängen und Beziehungen in der Welt.

Die Handlung ist der sprachlichen Vorstellung immer voraus. Während des präoperativen Stadiums leitet das Kind überdies weiterhin logisch-mathematische Strukturen durch »reflexive Abstraktion« von seinen eigenen Handlungen ab:

Um herauszufinden, daß 3 + 2 = 2 + 3, muß es eine gewisse Ordnung in die Gegenstände hineinbringen, mit denen es umgeht (Steine, Murmeln usw.), indem es zuerst drei und dann zwei oder zuerst zwei und dann drei hinlegt. Es muß diese Gegenstände auf verschiedene Art und Weise zusammenlegen – 2, 3 oder 5. Dabei entdeckt es, daß die Summe unabhängig von der Reihenfolge gleich bleibt; mit anderen Worten, daß das Ergebnis der Handlung des Zusammenbringens unabhängig von der Handlung des Ordnens ist. Das ist tatsächlich (auf dieser Ebene) eine experimentelle Entdeckung, aber sie ist nicht von Bedeutung für die Eigenschaften der Gegenstände. Hier rührt die Entdeckung von den Handlungen des Kindes und von seinem Umgang mit den Gegenständen her; später aber, wenn diese Handlungen zu Operationen verinnerlicht sind, wird das Handeln überflüssig; das Kind kann dann diese Operationen mit Hilfe von rein deduktiven Verfahren kombinieren, und es weiß, daß es nicht Gefahr läuft, durch eine widersprüchliche physische Erfahrung widerlegt zu werden. (Piaget und Inhelder 1969b, S. 124)

Wir haben festgehalten, daß die Handlungen und ihre Koordination der Vorstellung der Wirklichkeit durch das Bild und die Sprache voraus sind und daß die Fähigkeit des Kindes, solche grundlegenden Eigenschaften wie die räumliche und zeitliche Reihenfolge herauszuarbeiten, Koordinationen zu finden, Schemata hierarchisch ineinander zu verschachteln und kausale Relationen von seinen Handlungen abzuleiten, die Grundlage für das spätere Begreifen der logisch-mathematischen Relationen legt. Im präoperativen Stadium hinkt die Vorstellung durch das Bild und die Sprache der Fähigkeit, eine Bedeutung durch Handlung wiederzugeben, hinterher, so daß Kinder, wie Wygotski hervorhebt, die Bedeutung eines ihnen gezeigten Bildes durch Handlungen darstellen und nachahmen können, aber auf der verbalen Ebene nur dazu imstande sind, eine statische und nicht koordinierte Liste der Elemente, aus denen das Bild besteht, jedes für sich, aufzustellen. Wie Piaget und Inhelder sagen:

Man kann die kognitiven Funktionen in zwei umfassende Kategorien einteilen, je nachdem ob der »figurative« oder der »operative« Aspekt der Erkenntnis vorherrscht.

Die figurativen Aspekte gehen von der statischen Wirklichkeit und ihren beobachtbaren Konfigurationen aus. In diese Kategorie gehören die Wahrnehmung (auch wenn eine Bewegung erfaßt wird, von der die gesamte Form oder Gestalt festgehalten wird), die Nachahmung (zuerst die direkte sensomotorische Nachahmung, dann die aufgeschobene Nachahmung eines Gegenstandes, der aus dem Blickfeld weggenommen wurde, aus der sich die semiotische Funktion entwickelt) und das innere Bild (verinnerlichte Nachahmung).

Die operativen Aspekte hingegen gehen von der Transformation eines Zustandes in einen anderen aus und schließen folglich Aktionen und Operationen ein, die beide auf das Unbeobachtbare abzielen (da wir die Ergebnisse von Transformationen und einige ihrer Zwischenstadien wahrnehmen oder »uns vorstellen«, nicht aber die Transformation als solche, die eher durch die Intelligenz »begriffen« als wahrgenommen oder bildlich vorgestellt wird). (Piaget und Inhelder, 1969b, S. 138)

Gegen das Ende des präoperativen Stadiums, im Alter von etwa fünf bis sechs Jahren, beginnt das Kind beträchtliche Fortschritte bei der Äquilibration der figurativen und operativen Aspekte des Erkennens zu machen, und zwar durch das, was Piaget als »artikulierte Intuition« bezeichnet, die die wesentliche Grundlage für die konkreten Operationen, aber noch nicht quantitativ ist. Bei Erhaltungsproblemen erfaßt jetzt das Kind die qualitative Identität von Substanzen, die eine andere Form mit anderen Dimensionen annehmen, aber es kann diese Erkenntnis noch nicht in Form einer gegenseitigen Kompensation der betroffenen Dimensionen darstellen. Es unterscheidet zwischen dem einzelnen Element und der Klasse, zu der es gehört, und kann eine räumliche Anordnung in ihre Elemente zerlegen und zwischen der Anordnung und ihren Teilen unterscheiden, im Gegensatz zu den nicht zerlegten globalen Konfigurationen im frühen präoperativen Stadium. Doch es kann noch nicht Intension und Extension auseinanderhalten, um wirkliche logische Klassen zu bilden. Die Wörter »alle« und »einige« sind noch nicht quantifiziert. Deshalb begreift das Kind die reversible Relation, daß $A < B$ impliziert: $A = B - A'$, noch nicht, ebensowenig die Erhaltung der ganzen Klasse B, sobald der Teil A vom komplementären Teil A' abgetrennt wird. Auch die Transitivität wird noch nicht verstanden: wenn dem Kind zwei Stäbe $A < B$ und anschließend das Paar $B < C$ vorgelegt werden, so schließt es daraus nicht, daß $A < C$, es sei denn, man präsentiere ihm alle drei Stäbe gleichzeitig.

Die Klassifizierung dieses »anschaulichen« Unterstadiums kann über das Bild hinausgehen, gelangt aber noch nicht zum wirklichen Begriff. Gedacht wird noch immer in Form von Prototypen oder »Pseudo-Begriffen« (Wygotski) oder »Vor-Begriffen« (Piaget):

. . . impliziert der Vorbegriff das Bild und bleibt teilweise durch das Bild bestimmt, während der Begriff sich gerade durch seine Allgemeinheit vom Bild befreit hat und es lediglich als Illustration gebraucht... Im Gegensatz hierzu ist der Vorbegriff Assimilation an ein privilegiertes Objekt ohne Akkommodation, die auf alle Objekte ausgedehnt wäre. Die Akkommodation an dieses privilegierte Objekt wird also notwendigerweise als Bild mitgeführt, wenn sich das Denken auf die anderen Gegenstände bezieht. Das Bild ist eine notwendige Stütze für die Assimilation, es ist privilegiertes Zeichen und teilweise ein Substitut. (Piaget, 1959 [1975], S. 291)

Der Vorbegriff stellt jedoch einen ausgeprägten Fortschritt in Richtung Dezentrierung dar: das Kind kann jetzt eine systematische Stück-für-Stück-Korrespondenz zwischen beispielsweise den Elementen von zwei Reihen von Gegenständen aufstellen, aber nur wenn es die Reihen vor Augen hat; und die Äquivalenz ist noch nicht dauerhaft: wird die räumliche Anordnung der beiden Reihen durch eine Umstellung der einen gestört, so nimmt das Kind keine Äquivalenz in bezug auf die zweite Reihe mehr an. Es kann also eine nach der Größe der Elemente geordnete Reihe von Gegenständen konstruieren anstatt nur kleine Gruppen von Objekten ohne Zusammenhang untereinander. Doch bei diesen systematischen Zuordnungen und Anordnungen handelt es sich

um eine Figur und nicht um ein operatorisches System, und zwar um eine Figur, die an die Akkommodation der projektierten Handlung gebunden ist, im Gegensatz zum beweglichen Symbol einer reversiblen Operation, die zu jeder Zeit gedacht werden kann (insbesondere auch nach der Zerstörung der wahrnehmbaren Konfiguration). Der einzige Unterschied zwischen dieser anschaulichen Figur und dem Bild des vorhergehenden Stadiums ist der, daß sie eine komplexere figürliche Struktur darstellt, d. h. eine Konfiguration und nicht nur ein einfaches individuelles Bild. (Piaget 1959 [1975], S. 360 f.)

Es ist noch keine operative Konstruktion, denn was noch fehlt und dazu gehören würde, ist »sich von allen Bildern zu befreien und das Denken nicht nur den statischen Gestaltungen, sondern auch den möglichen Transformationen anzupassen« (Piaget 1959 [1975], S. 361)

b) Konkrete und formale Operationen

Das artikuliert anschauliche, präoperative Denken geht über in das Stadium der konkreten Operationen. In Piagets Theorie ist eine »Operation« nicht einfach eine Aktion, sondern eine verinnerlichte Handlung, die ein Teil eines vollständigen Systems von potentiellen Handlungen ist. Voraussetzung dafür ist, daß die Reversibilität und die Kompensation begriffen sind, was wiederum voraussetzt, daß das Kind imstande ist, zwei Vorstellungen gleichzeitig im Kopf zu haben – den gegenwärtigen Zustand einer Konfiguration und einen vergangenen oder zukünftigen Zustand beispielsweise, auf die diese Relationen der Reversibilität und der Kompensation anwendbar sind. Das Attribut »konkret« hebt die Tatsache hervor, daß das kindliche Denken noch immer darauf angewiesen ist, daß die physischen Gegenstände und Ereignisse aktuell vorhanden sind, auch wenn es sich abwesende Gegenstände und ihre Stellung im Raum schon so vorstellen kann, als ob sie gegenwärtig wären, und künftige Zustände dieser Gegenstände oder Konfigurationen bereits zu antizipieren vermag.

Der Übergang von der präoperativen Stufe zum Stadium der konkreten Operationen ist folglich dadurch gekennzeichnet, daß das Kind stabile, auf den mobilen Relationen der Reversibilität und der Kompensation basierende Systeme von Relationen konstruieren kann; der Begriff der relativen Eigenschaften löst die den Dingen innewohnenden absoluten Eigenschaften ab; die Zentrierung, das eindimensionale Denken, und die Widersprüche, die mit den auf dem Bild beruhenden Vorstellungsweisen verbunden sind, werden vermieden. Die Kausalität wird fortschreitend objektiviert, wozu gehört, daß die Vorgänge zerlegt und nur noch auf den physischen Relationen zwischen den Dingen beruhende Erklärungen verwendet werden. Das ist etwas ganz anderes als die psychomorphistische Kausalität des begrifflichen Realismus, der sich die kausalen Beziehungen in Form von Willensäußerungen und vitalen Essenzen vorstellte, als mit den Dingen verbundene absolute Eigenschaften, die durch Interaktionen eher geweckt als ausgelöst werden. Die Stufe der konkreten Operationen ist auch dadurch gekennzeichnet, daß die Relationen zwischen den Dimensionen durch Veränderungen im Erscheinungsbild der Dinge hindurch unverändert bleiben – etwa beim Experiment mit den verschiedenen Flüssigkeitsständen, wenn der Inhalt eines Bechers in einen anders dimensionierten Becher umgegossen wird. Aus diesen Gründen stellt die operative Kausalität Prozesse nicht mehr als Abfolgen von statischen Zuständen, sondern als integrierte Systeme von Transformationen dar. Und im Falle der Klassifizierung kann das Kind jetzt die logischen Implikationen der Klassen-Inklusion begreifen.

Die Relationen der Reversibilität und der Kompensation sind für das operative Denken entscheidend. Es kann aber gar nicht genügend betont werden, daß der wichtigste Grundzug dieser Art von Denken die Ausformung *integrierter Systeme von Beziehungen* ist. Ein schönes Beispiel liefert die Hierarchie von Klassen (Abbildung 2, S. 37).

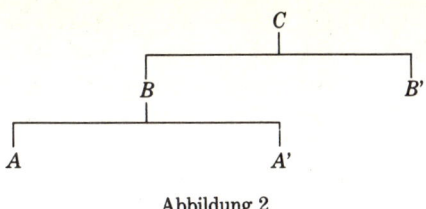

Abbildung 2

Aus diesem Schema kann eine ganze Reihe voneinander abhängiger, logisch notwendiger Relationen abgeleitet werden, die ein geschlossenes System bilden, das durch neue Erfahrungen nicht durcheinander gebracht werden kann, nämlich:

$A < B < C; A < C$

$C > B > A; C > A$

$B \begin{cases} < C \\ > A \end{cases}$

$A + A' = B$, woraus folgt $A = B - A'$, $A' = B - A$

Jedes B ist irgendein C

Irgendein B ist alle A

$A + A' + B = B$, oder $B + B = B$[9]

Wir sind uns vielleicht nicht voll und explizit aller dieser Relationen bewußt, wenn wir erkennen, daß die Elemente einer Klasse A Elemente einer übergeordneten Klasse B sind, aber es ist evident, daß ein operatives Begreifen der Klassen-Inklusion das implizite Bewußtsein dieser Relationen einschließt. Wie Flavell es formuliert:

Man kann den Begriff der (logischen) Klasse nicht wirklich begreifen, ohne verstanden zu haben, was ein Klassifizierungssystem nach sich zieht, denn die einzelne Klasse ist nur eine Abstraktion vom totalen System. Das ist der zentrale Sinn von Piagets Holismus im Bereich der kognitiven Operationen: die einzelne Operation kann nie die eigentliche Einheit einer Verlegung sein, denn sie erhält ihren ganzen Sinn vom System, von dem sie ein Teil ist. Eine gegebene Operation, die *hic et nunc* auf einen konkreten Effekt angewandt wird, setzt immer ein strukturiertes System voraus, das andere, mit ihr in Beziehung stehende Operationen einschließt, die im Augenblick latent und inaktiv sind, die aber ständig potentiell aktualisierbar und vor allem immer eine Kraft sind, die die Form und das Wesen der momentan eingesetzten Operation bestimmt. (Flavell, 1963, S. 167)

Die konkreten Operationen sind nicht auf Anhieb ausgebildet. Wie Bruner festhält, besteht eine »Tendenz, daß neu gefundene Strukturen und Strategien schrittweise auf eine Menge miteinander zusammenhängender Aufgaben verallgemeinert werden«. Die Erhaltungsprobleme etwa werden innerhalb eines bestimmten Zeitraums in der Reihenfolge ihrer Schwierigkeit gelöst: Zahl und Menge bleiben vor der Fläche erhalten, das Volumen ist als letzte Dimension an der Reihe. Diese »Verzögerungen« oder »Aufschübe« bei der Erwerbung der Kenntnisse, die nur verschiedene Aspekte desselben Problems sind, wurden als »horizontale Aufschübe« bezeichnet. Ein »vertikaler Aufschub« liegt vor, wenn ein Kind beispielsweise imstande ist, ein Problem auf der Ebene der Handlung zu lösen, das es noch nicht verbal formulieren kann – also ein Auseinanderklaffen zwischen zwei verschiedenen Denkebenen.

Auf der Stufe der konkreten Operationen ist das Kind somit noch an die aktuellen Relationen und Eigenschaften der physischen Objekte gebunden; es kann noch keine potentiellen oder angenommenen, schon gar nicht den Tatsachen widersprechende Hypothesen in Betracht ziehen. Es berücksichtigt insbesondere nicht einmal alle Möglichkeiten einer Situation, das gesamte System der Beziehungen, bevor es nicht entdeckt hat, was im Augenblick geschieht.

Sobald das konkret-operative Denken des Kindes häufiger angewandt, genauer und in sich geschlossener wird, beginnt es, so scheint es, auf fehlende Zusammenhänge, Lücken und Komplikationen zu stoßen, die in den früheren Stadien eben dieses konkret-operativen Denkens nicht so offensichtlich waren. Die konkreten Operationen werden durch dieselbe Art von begrifflichen Unzulänglichkeiten angespornt, die schon in den späteren Phasen des präoperativen Denkens wirksam geworden waren. Weil die konkreten Operationen auf integrierten Systemen von notwendigen Klassen-Relationen, Relation und Zahl, basieren, bilden sie die Grundlage, auf der das Kind beginnen kann, alle möglichen Relationen in seine Überlegungen einzubeziehen, bevor es entdeckt, was gerade in diesem Augenblick geschieht. (Es sei daran erinnert, daß beim Übergang vom sensomotorischen zum präoperativen Denken die Entwicklung des Bildes dem Kind in gleicher Weise ermöglicht hat, verinnerlichte Vorstellungen von künftigen Zuständen und Zielen zu konstruieren, bevor diese tatsächlich verwirklicht wurden.) Dank der besseren Beherrschung der Sprache wird es überdies dem Kind möglich, die Ergebnisse der konkreten Operationen aufzunehmen, sie in eine verbale Form zu kleiden und

38

aus den daraus resultierenden Aussagen neue Operationen abzuleiten. Weil jetzt sein Denken auf der Ebene der reinen Aussagen funktionsfähig wird, ist es von den Zwängen der konkreten Wirklichkeit befreit. Das Kind kann nun hypothetisch-deduktiv denken, und zwar allein auf der Grundlage der logischen Implikationen von Aussagen, die von den Zwängen der Erfahrung völlig frei sind. Das ist das Stadium der formalen Operationen.

In diesem Stadium erkennt das Kind die Konventionalität der Sprache und der sozialen Regeln, es kann klar zwischen dem Wort und dem von diesem bezeichneten Ding, zwischen dem Denker und dem Ding, über das er nachdenkt, zwischen dem Psychischen und dem Physischen unterscheiden. Der begriffliche Realismus ist völlig verschwunden. Konkrete Bilder werden zwar auf der Ebene der formalen Operationen noch verwendet, aber nur zur Illustrierung. (Das heißt nicht, daß ein Mensch, weil er imstande ist, formales Denken anzuwenden, immer oder auch nur üblicherweise so denkt; es sei doch darauf hingewiesen, daß auch elementarere Denkweisen im selben Individuum durchaus fortbestehen.)

Die Fähigkeit, Operationen über Operationen, »Operationen in zweiter Potenz«, wie Piaget sie nennt, auszuführen, ist zusammen mit dem Denken in Aussagen der wichtigste Aspekt des formalen Denkens. Dank diesen Erwerbungen kann das Kind von jetzt an schlagkräftigere logische Werkzeuge auf die Probleme anwenden, mit denen es konfrontiert ist – die Proportionen, doppelte Bezugsysteme und verschiedene Typen von Gleichgewichten und Wahrscheinlichkeiten zum Beispiel, aber auch explizit logische Prinzipien wie die Implikation, die Disjunktion, die Exklusion, die reziproke Implikation usw. Der Heranwachsende kann beispielsweise zur Lösung wissenschaftlicher Experimente folgender Art eine erschöpfende kombinatorische Analyse durchführen:

Man präsentiert dem Kind vier gleiche Flaschen mit ungefärbten, geruchlosen, wahrnehmungsmäßig identischen Flüssigkeiten, die folgendermaßen numeriert werden: 1 = verdünnte Schwefelsäure, 2 = Wasser, 3 = Wasserstoffperoxid, 4 = Thiosulfat. Eine weitere Flasche mit Tropfenzähler, wir wollen sie *g* nennen, enthält Kaliumiodid. Wasserstoffperoxid oxidiert bekanntlich in saurer Lösung das Kaliumiodid zu Iod. Die Mischung *1 + 3 + g* wird somit gelb gefärbt. Das Wasser *(2)* ist neutral, es ändert also, wenn es hinzugefügt wird, nichts an der Färbung. Das Thiosulfat *(4)* hingegen entfärbt das Gemisch *(1 + 3 + g)*. Der Experimentator präsentiert dem Prüfling zwei Gläser, das eine mit *(1 + 3)*, das andere mit *(2)*. Vor dem Prüfling gießt er einige Tropfen *g* in die beiden Gläser, worauf er die verschiedenen Reaktionen feststellen läßt.

Dann fordert man das Kind auf, die gelbe Farbe selbst herzustellen, indem es nach freiem Ermessen die Flaschen *1*, *2*, *3*, *4* und *g* verwendet. (Inhelder und Piaget 1955 (1977), S. 110)[10]

Um eine befriedigende Auskunft über die verschiedenen Funktionen dieser Flasche, insbesondere 2 und 4, zu erhalten, muß das Kind offensichtlich imstande sein, alle kombinatorischen Möglichkeiten der Situation in geordneter und systematischer Weise auszuschöpfen und aus der Kombination von jeweils drei Flüssigkeiten die richtigen Schlußfolgerungen zu ziehen. Dieser Typ von Denken ist grundlegend für jede Tätigkeit, die man »wissenschaftlich« nennt. Es dürfte deshalb unwahrscheinlich sein, daß man es ohne weiteres bei Kindern findet, die nicht mehrere Jahre lang eine Schule besucht und sich Bildung erworben haben. Weil das formale Denken auch von einer vollständigen Beherrschung der konkreten Operationen abhängig ist, läßt sich nicht ohne weiteres einsehen, wie es sich bei Menschen entwickeln könnte, deren Denken noch immer hauptsächlich präoperativ ist. Ich habe in den kollektiven Vorstellungen von primitiven Gesellschaften keine Belege für formales Denken finden können, und es gibt gewichtige Gründe für die Annahme, daß es sich auch bei Individuen in solchen Gesellschaften nicht entwickelt, weil eine Anzahl Schul- und Ausbildungsjahre Voraussetzung dafür zu sein scheinen. Es ist tatsächlich möglich, daß ein nicht geringer Teil der Bevölkerung sogar in unserer Gesellschaft nicht bis in das Stadium des formalen Denkens gelangt, was dafür spricht, daß man es bei ungebildeten primitiven Völkerschaften noch weniger häufig antrifft. Aus diesem Grunde will ich hier nicht weiter auf die formalen Operationen eingehen, denn dieses Buch befaßt sich hauptsächlich damit, in welchem Ausmaße kollektive Vorstellungen (und, so weit dies überhaupt festgestellt werden kann, individuelle Denkprozesse) in primitiven Gesellschaften konkret operativ oder präoperativ sind. Wenn wir eine spezielle kollektive Vorstellung in einer primitiven Gesellschaft nehmen, etwa ein Klassifizierungsschema, eine räumliche Vorstellung oder eine Theorie über das Wesen des Schattens, so kann man sich fragen, ob sie von einem Menschen im präoperativen Stadium verstanden werden kann oder ob das Verständnis ein operatives Denken der konkreten oder der formalen Stufe erfordert. (Ich bin mir durchaus bewußt, wie außerordentlich schwierig es ist, kollektive Vorstellungen von der Individualpsychologie her zu beurteilen, doch das soll im nächsten Kapitel im einzelnen erörtert werden.)

Wir werden sehen, daß das Muster der späteren Stadien des präoperativen Denkens (artikulierte Anschauung) im allgemeinen am besten zum primitiven Denken paßt, auch wenn sich unter günstigen Umständen konkrete Operationen entwickeln[11].

Für Piagets Theorie ist es kennzeichnend, daß sie zwar die Rolle der Sprache für eine klare Formulierung eines Problems, die Speicherung und die Reaktivierung einer Erinnerung anerkennt, aber die Sprache dennoch nicht als die Grundlage des gesamten Denkens betrachtet:

Gewisse philosophische Schulen, zum Beispiel der logische Positivismus, haben die Bedeutung der Sprache für die Strukturierung des Wissens überschätzt. Es ist jedoch klar, daß das Wissen mit seiner logisch-mathematischen und physikalischen Doppelpolarität auf der Ebene der Handlung selbst gebildet wird, und zwar indem die Handlungen koordiniert werden, und Subjekt und Objekt beginnen sich durch die fortschreitende Verfeinerung der verbindenden Strukturen voneinander zu differenzieren. Doch diese Strukturen sind immer noch physischer Natur, denn sie werden durch Handlungen konstituiert, und sie können erst nach einem langen Entwicklungsprozeß in Form der Operationen verinnerlicht werden. (Piaget, 1972, S. 24)

Es gibt somit drei Wege zum »Wissen« – durch Handlungen und deren Koordination, durch Bilder und konkrete Symbole und durch konventionelle Zeichensysteme, für die die Sprache das wichtigste Beispiel ist. Jede dieser Erkenntnisweisen hat ihre charakteristischen Eigenarten. Es ist unbedingt festzuhalten, daß das Kind zuerst der Welt (abgesehen von den wahrnehmungsmäßigen Unterscheidungen, die von Geburt an vorhanden sind) durch die Koordination der Handlungen und nicht durch das Mittel der Sprache eine Ordnung aufzwingt. Die Sprache wird im Laufe der kognitiven Entwicklung immer wichtiger, aber sie kann nicht mit dem Denken selbst gleichgesetzt werden, sondern sie ist nur eine besondere Äußerung dieses Denkens. Ob die Sprache eine angeborene Fähigkeit genetisch anderer Herkunft als andere Aspekte des Denkens ist, steht nicht fest, doch Piaget und Inhelder weisen auf die Parallelen zwischen den grundlegenden Koordinationen von Aktionen, die im sensomotorischen Stadium vollzogen werden, und Chomskys Beschreibung der inneren Struktur der Sprache hin:

Bevor das Kind sprechen kann, kann es, im Alter von 18 Monaten, zeitlich und räumlich einordnen; es kann durch Handeln klassifizieren, das heißt es kann eine Kategorie von Gegenständen für dieselbe Handlung verwenden oder verschiedene Handlungsmuster auf ein und dasselbe Objekt anwenden; und es kann Gegenstände zu Gegenständen und Handlungen zu Handlungen in Beziehung setzen. Die sprachlichen Gegenstücke zu solchen Fähigkeiten sind die Verkettung, die Kategorisierung und die Funktion, wobei Kategorisierung die höheren Kategorien (substantivischer Satz, verbaler Satz usw.) und Funktion die grammatikalische Beziehung (Subjekt von, Objekt von) meint. Das sind die wichtigsten Operationen, die der syntaktischen Komponente zugrunde liegen, die ein klar abgegrenztes Bündel von elementaren Strukturen charakterisiert, von denen aus aktuelle Sätze durch Transformationsregeln konstruiert werden. Diese grundlegenden Regeln haben darüber hinaus eine besondere formale Eigenschaft, nämlich daß sie das ursprüngliche Symbol »S« (Satz) in eine Abstammungsreihe einführen, so daß Satz-Erzeuger in andere grundlegende Satz-Erzeuger eingefügt werden können. Eine psychologische Parallele zu dieser sogenannt notwendigen Grundeigenschaft kann in der Einschließung von Handlungsmustern ineinander gefunden werden, die ihrerseits auf die einfachen Zirkulärreaktionen eines viel früheren Stadiums zurückgeführt werden kann. (Piaget und Inhelder 1969b, S. 48)

Inhelder sagt jedoch klar, daß Piagets Theorie nicht impliziert, die grundlegenden sprachlichen Strukturen würden notwendig von den im sensomotorischen Stadium entwickelten Strukturen *abstammen*:

Unsere Hypothese beinhaltet die Existenz paralleler *Mechanismen*, paralleler konstruktiver *Prozesse* in der kognitiven Entwicklung und beim Erwerb syntaktischer Strukturen... Das Kind muß Koordinationen von sensomotorischen Schemata erwerben, die sich später zu operativen Strukturen entwickkeln, die auf einer vorstellungsmäßigen Ebene neu konstruiert werden, bevor es beginnen kann, syntaktische Strukturen zu begreifen und hervorzubringen; und die Prozesse, die bei der Erwerbung der sprachlichen Strukturierung mitwirken, scheinen parallel zur Strukturierung von Handlungsschemata zu verlaufen, die viel früher stattgefunden hat. (Inhelder 1969, S. 151 f.)

Das Kind konstruiert, mit anderen Worten, die Sprache nach denselben Grundprinzipien, durch die es die Handlungen koordiniert, und es formt seine Sprache nicht nach der Syntax der Erwachsenen, wie unvollkommen auch immer. Bei der Entwicklung der syntaktischen Strukturen wird folglich dasselbe Entwicklungsmuster wie beim übrigen Denken befolgt. Das Problem der Sprache und ihrer Beziehung zum Denken wird im nächsten Kapitel genauer untersucht, doch es sei hier noch hervorgehoben, daß, wie Bruner betont, die strukturelle Organisation der grammatikalischen Konstruktionen des Kindes (wie die Intersektion, die Modifikation, die Hierarchisierung von Klassen und die Einschachtelung von Kategorien und Prädikaten) seine anderen kognitiven Aktivitäten bald hinter sich zurückläßt, weil die syntaktischen Strukturen abstrakt sind, während Wahrnehmung und Handlung eine Unmittelbarkeit und Konkretheit haben, die einer Eingliederung in die logische Struktur der Syntax während Jahren widerstehen. Bruner meint, es sei vielleicht die Hemmung der motorischen Aktivität durch die Fähigkeit zur Vorstellung auf der Grundlage des Bildes, die das Auftreten einer syntaktischen Struktur in der Sprache ermögliche. Ob das zutrifft oder nicht, es scheint, daß die Erfahrung in nichtsprachlicher Form vorbereitet und organisiert sein muß, bevor die Sprache darauf angewandt werden kann, daß

... eine Vorbereitung der Erfahrung und der geistigen Operationen notwendig ist, bevor die Sprache benutzt werden kann. Sobald die Sprache angewandt *wird*, ist es möglich, indem man die Sprache als Werkzeug gebraucht, höhere Stufen zu erklimmen. Sobald wir einmal die Erfahrung in Sprache umgesetzt haben, können wir grundsätzlich (aber wir *tun* es nicht notwendigerweise) aus der Erfahrung mehr Sinn ablesen, indem wir die in die Sprachregeln eingebauten Implikationen benützen.

Bis zu dem Zeitpunkt, da dieses »mehr Sinn« von unserer sprachlichen Kodierung der Erfahrung abgelesen wird, bewahren Sprache und Erfahrung eine beträchtliche Unabhängigkeit voneinander. (Bruner, 1966b, S. 51)

Und ... wenn man symbolische [sprachliche] Vorstellungen verwendet, um das Schauen oder das Handeln zu lenken, so hängt der Erfolg dieses Bemühens davon ab, in welchem Ausmaß die Sphäre der Erfahrung oder der Handlung darauf vorbereitet worden ist, sie in eine gewisse Übereinstimmung mit den Erfordernissen der Sprache zu bringen (Ibid., S. 55).

Wenn wir die allgemeinen Stadien der kognitiven Entwicklung noch einmal insgesamt überblicken, muß hervorgehoben werden, daß das Alter, in dem diese Stadien oder Stufen erreicht werden, ein Durchschnittswert ist, den man bei normal entwickelten europäischen Schulkindern feststellt. In der Praxis wird dieses Alter stark von der angeborenen Intelligenz des jeweiligen Kindes und von Umweltfaktoren beeinflußt. Die einzelnen Stadien sind auch nicht klar voneinander getrennt, selbst wenn das Kind in gewissen Abständen besonders rasche Fortschritte zu machen scheint; ein Kind kann zum Beispiel bei einer bestimmten kognitiven Aufgabe eine Leistung erbringen, die der Stufe der konkreten Operationen entspricht, aber bei einer anderen Aufgabe noch im präoperativen Stadium bleiben (der vertikale Aufschub). Es gibt deshalb keine klaren, völlig eindeutigen Grenzlinien, die in bestimmten Abständen sichtbar würden; charakteristisch ist allein die Reihenfolge der

Stadien; die Entwicklung kann unter widrigen Umweltbedingungen verzögert oder völlig unterbunden sein, aber Entwicklungsstadien können nicht umgestellt oder ausgelassen werden.

c) Faktoren der kognitiven Entwicklung

Bis jetzt habe ich kaum etwas über die Faktoren gesagt, die für die kognitive Entwicklung verantwortlich sind. Die Harvard-Schule glaubt, die Theorie Piagets halte diese Entwicklung für angeboren und durch biologische Faktoren gelenkt. Greenfeld beispielsweise schreibt:

In [Piagets] Betrachtungsweise erscheint die kognitive Reifung als eine biologisch determinierte und allgemein verbreitete Abfolge. Piaget räumt zwar ein, daß Umwelteinflüsse eine Rolle spielen, doch das ist ein *pro forma*-Zugeständnis, und die Experimente, mit denen er die Entwicklung untersucht, wurden nur mit amerikanischen und europäischen Kindern durchgeführt, die zudem in der Regel der Mittelklasse angehören. (Greenfield 1966, S. 226)

Piaget ist sich jedoch durchaus bewußt, daß kulturelle und vergleichbare Umweltfaktoren eine große Bedeutung für die Verzögerung oder die Beschleunigung der kognitiven Entwicklung haben, und er weiß auch, daß es notwendig ist, seine Experimente interkulturell in primitiven Gesellschaften zu wiederholen (vgl. zum Beispiel Piaget 1974). Seine historischen Studien über die Entwicklung der Wissenschaften in Europa sind ein weiterer Beweis für seine Vorbehalte gegenüber dem biologischen Nativismus wie auch gegenüber einem nur durch die Umwelt bedingten Determinismus. Inhelder schreibt:

Meinem Gefühl nach schreibt Bruner Piaget fälschlicherweise eine einseitig genetisch gefärbte Erklärung zu. Eine solche hat Piaget nie gegeben und wäre ein eher bedenkliches Mißverständnis. Piaget [1936, 1975] hat nicht nur immer auf die Unzulänglichkeiten der empiristischen und der lamarckistischen Erklärungsversuche hingewiesen, er hat auch ebenso vehement und konsequent die Irrtümer kritisiert, die aus einem *aprioristischen* Präformismus erwachsen. In seinem Buch *Biologie und Erkenntnis* (1967) entwickelt er eine Haltung, die über eine solche Dichotomie hinausgeht und eine dritte Möglichkeit aufzeigt: Das besondere daran ist, daß Piaget den *notwendigen* Charakter der Ergebnisse der kognitiven Entwicklung zu erklären versucht, ohne sich auf irgendeine Vorausbestimmung zu stützen. Er versucht zu zeigen, daß die Konzeption eines Konstruktionsprozesses, der die Ursache neuer (nicht vorgeformter) Wirklichkeiten ist, diesen Notwendigkeitscharakter erklären kann. In diesem konstruktiven Prozeß spielen die fortwährenden Äquilibrationen, d. h. die Selbstregulierungen, die wichtigste Rolle.

In ihrer am Ende erreichten Form haben somit die logischen Strukturen einen Notwendigkeitscharakter, ohne deshalb vorausbestimmt zu sein. Trotz seines Interesses für Mollusken hat Piaget nie an permanente Strukturen geglaubt, nicht einmal in der Zoologie. Der Begriff der Äquilibration, und Bruner hat dies nicht wirklich begriffen, erklärt die Notwendigkeit einer Erkenntnisform, ohne daß diese Form im voraus bestimmt wäre.

Das Funktionieren der selbstregulatorischen Mechanismen und nicht ihre Programmierung ist in der Entwicklung der kognitiven Funktion angeboren. (Inhelder 1969, S. 183 f.)

Piaget anerkennt also mit aller Klarheit, daß die kognitive Entwicklung ein dialektischer Prozeß ist, dessen wesentliche Komponenten der aktive Umgang mit Gegenständen, das Verlangen nach Kommunikation, Schlußfolgerungen, Zusammenarbeit bei Aufgaben, die Rekonstruktion der Kenntnisse auf den verschiedenen Stufen der Handlung, Bilder und die verbale Vorstellung sind.

Man muß aber auch sehen, daß Piaget seine Untersuchungen ausschließlich mit europäischen Kindern durchgeführt hat, die die Schule besuchen: Die einzigen Faktoren, die bei solchen Experimenten variiert werden können, sind das Alter und die Intelligenz, während die Arbeit einer interkulturellen Entwicklungspsychologie ein breiteres Spektrum von Umweltfaktoren einschließt, die für ungebildete Gesellschaften ohne formale oder spezialisierte Schulung, ohne die Erzeugnisse der modernen Technik kennzeichnend sind. In solchen Gesellschaften herrschen auch ganz andere Formen der zwischenmenschlichen Interaktion als in unserer Gesellschaft vor. Solche Entwicklungspsychologen (wie Bruner, Greenfield, Cole, Gay, Dasen und andere) gehen deshalb, nach eigenen Aussagen, mit der Meinung Piagets über die für die kognitive Entwicklung verantwortlichen Faktoren gar nicht einig, auch wenn sie im allgemeinen seine experimentellen Befunde für unsere gegenwärtige Gesellschaft akzeptieren. Diese offensichtliche Meinungsverschiedenheit ist jedoch meiner Meinung nach weniger grundsätzlich, als die beiden Parteien selbst glauben. Die Untersuchungen der interkulturellen Psychologie ergänzen eher die Theorie Piagets, als daß sie zu ihr in Widerspruch stehen. Doch der Leser muß wissen, daß es solche Meinungsverschiedenheiten gibt und daß insbesondere die Experimente, die Cole, Gay und andere bei den Kpelle in Liberia durchgeführt haben, mit denen Piagets nicht streng übereinstimmen. Solche Meinungsverschiedenheiten sind jedoch hauptsächlich für die Psychologen interessant. Für die allgemeine Theorie der kognitiven Entwicklung, die das Anliegen dieses Buches ist, haben sie keine wirkliche Bedeutung.

Es stimmt auch, daß sich Piagets Interessen im Laufe seiner Untersuchungen gewandelt haben. In seinem ersten Buch erörtert er noch breit die Beziehungen zwischen dem Lernen und den Umweltfaktoren, später analysiert er vor allem die logische Struktur der kognitiven Prozesse. An der Kritik, daß er bisweilen den Erfordernissen der Logik größeres Gewicht als den rein psychologischen Prozessen einräume, mag etwas Wahres sein. Wie Lunzer gesagt hat: »Aus der logischen Interdependenz gewisser Begriffe auf ihre psychologischen Beziehungen zu schließen, ist ein gefährliches Vorgehen« (Lunzer 1960, S. 202)

Substantiell anderer Meinung als Piaget bin ich selbst nur im Hinblick auf seine mangelnde Aufmerksamkeit für die Rolle der Phantasie und des kreativen Denkens im allgemeinen für die kognitive Entwicklung, einen Faktor, den er fast vollständig übersieht, des weiteren auf seine Behandlung des Symbolismus als einer grundsätzlich privaten Angelegenheit, ohne beträchtliche innere Möglichkeiten als Grundlage für öffentliche, soziale Vorstellungen, sowie auf seine offensichtliche Überzeugung, daß die konkreten Operationen ein notwendiges Stadium in der kognitiven Entwicklung für Individuen in allen Gesellschaften seien. Doch diese Fragen sollen in den einschlägigen Kapiteln genauer behandelt werden.

(Besonders in den Kapiteln über den Symbolismus und die Klassifizierung müssen wir auch auf das Werk von Psychologen wie Osgood und Rosch zu sprechen kommen, die, so wie ich es sehe, in keiner Weise Entwicklungspsychologen sind; da sich dieses Buch mit den Grundlagen des primitiven Denkens befaßt, besteht überhaupt kein Grund dazu, sich auf die Entwicklungspsychologie zu beschränken, wenn andere Richtungen dieser Disziplin etwas Wesentliches beizutragen haben.)

Bruner und seine Mitarbeiter gehen also weiter als Piaget, indem sie die Sprache als einen wichtigen Koordinator und Integrator der Erfahrung betrachten. Nach ihrer Meinung sind jene Faktoren, durch die die kognitive Entwicklung vorangetrieben oder verzögert wird, am wichtigsten, die eine Übertragung zwischen den drei grundlegenden Wegen der Erkenntnis erfordern, nämlich zwischen Handlung, Bild und Sprache:

Im Laufe unserer Arbeit ist uns immer klarer geworden, daß es wichtige Institutionen und Zwänge gibt, die sich innerhalb von Gesellschaften des technischen Typs entwickeln und die zum Bedürfnis nach Bestätigung zwischen den drei Arten des Erkennens führen. Wenn immer ein Lernen außerhalb des Kontexts, [in dem] es gebraucht wird, außerhalb der Kette von Ereignissen, die direkt durch Wahrnehmung faßbar oder indirekt durch Folgerung verfügbar sind, stattfindet, kommt die Sprache als ein Mittel ins Spiel, um den Inhalt der Erfahrung und der Handlung zu übertragen. Unter diesen Umständen ist es häufig notwendig, daß sich eine Zuordnung zwischen dem, was wir tun, was wir sehen und was wir sagen, entwickelt, und zwar häufiger notwendig als nicht notwendig. Eine solche Zuordnung spielt besonders auffällig beim Lesen und Schreiben, beim »schulischen Lernen« und bei anderen abstrakten Vorgängen mit. In technischen Kulturen ist der Anstoß zu hierarchischen Konnexionen stärker als in den weniger technisierten Gesellschaften. Dieser Hypothese liegt die Annahme zugrunde, daß es in einer weniger technischen Gesellschaft auch weniger zwingende Gründe gibt, die Ereignisse mit etwas zu verbinden, das über den unmittelbaren Rahmen hinausginge, etwa mit dem Geldwert, mit einer abstrakten Ursache-Wirkung-Beziehung oder mit der verwikkelten einförmigen zeitlichen Festlegung von Arbeitsperioden (Bruner 1966d, S. 321 f.).

Nicht daß jemand »besser« sieht oder sich »besser« vorstellt, was man in gewohnten Mustern gelernt hat, oder »besser« spricht oder sprachlich denkt. Es scheint eher so zu sein, daß ein gewisser Drang besteht, alle diese Systeme ineinander zu verweben, wobei im Endeffekt die Übertragbarkeit zwischen ihnen allen zunimmt (Ibid. S. 325).

Wie wir noch sehen werden, sind Bildung und Schulung zwei der wichtigsten Erfahrungen, die zu einer kognitiven Entwicklung führen, und es ist tatsächlich einigermaßen erstaunlich, daß Anthropologen und auch Philosophen beim Versuch, die Unterschiede zwischen dem gebildeten industriellen und dem primitiven Denken zu erklären, den unübersehbaren Punkt außer acht gelassen haben, daß Leute, die einige Jahre zur Schule gehen, Lesen und Schreiben und den Umgang mit Zahlen lernen, wahrscheinlich auf eine ziemlich andere Art denken als solche, denen diese Erfahrung fehlt.

Neben der Schulbildung, die spezielle kognitive Effekte[12] hervorbringt, sind nach Bruners Meinung noch andere Faktoren in den Erfahrungen während der Kindheit für die unterschiedliche kognitive Entwicklung ausschlaggebend: daß die Kinder in einer modernen städtischen Umgebung in besonderem Maße von menschlichen Artefakten umgeben sind; daß sie in hohem Maße abseits von der übrigen Gemeinschaft erzogen werden und die

Schulbildung von ihrem Inhalt her eine Welt für sich ist, ein Faktor, der seinerseits davon abhängig ist, in welchem Grad das Gesamtwissen einer Kultur die Fähigkeit einer einzelnen Person, es aufzunehmen, übersteigt; und daß die Kinder in hohem Maße die Regeln ihrer Gesellschaft verbal und explizit von Erwachsenen mitgeteilt erhalten, anstatt sie implizit durch Teilnahme am Leben der Gemeinschaft zu lernen.

Auch wenn man die Bedeutung der Bildung und Schulung für die kognitive Entwicklung in keiner Weise herabmindern will, spürt man doch, daß Bruner und seine Kollegen die Bedeutung der nicht-verbalen Interaktion mit der physischen Welt, besonders im Hinblick auf die Zerlegung in die Dimensionen und das quantitative Messen, das in einer technischen Umgebung wichtig ist, unterschätzen. In Gesellschaften, wo die heranwachsenden Kinder nur von den organischen Prozessen in der Natur umgeben sind und nie mit mechanischen Geräten oder Maschinen umgehen, sind überdies die Umstände für eine Entwicklung der späteren Operationen des konkreten Stadiums, besonders solche, bei denen die Kausalität mitspielt, bedeutend weniger günstig. Das ist zum Teil darauf zurückzuführen, daß in solchen Gesellschaften das Messen und die Quantifizierung nur wenig entwickelt sind, aber auch darauf, daß die organischen Prozesse in der Natur irreversibel sind, nicht leicht in ihre Komponenten zerlegt werden können und sich im allgemeinen nicht wie Maschinen für diese Art von erfahrungsmäßiger Logik eignen. Das Organische ist auch voller potentieller konkreter Symbole und affektiver Bedeutungen, vor allem weil man darin viele Parallelen zum menschlichen Lebenslauf finden kann.

Dieses Buch befaßt sich mit der besonderen Umwelt der primitiven Gesellschaft und mit deren Auswirkungen auf die Denkweisen, aber ich möchte betonen, was bis dahin schon klar geworden sein dürfte, daß ich nicht die Meinung vertrete, der Geist werde passiv von seiner Umwelt geformt. Im Gegenteil, die aktive Rolle des Geistes beim Finden eines Gleichgewichts mit der Umgebung sollte nie vergessen werden. Diese aktiven kognitiven Prozesse sind bei fast allem, was auf diese einleitende Darstellung folgt, zwangsläufig vorausgesetzt, auch wenn ich mich auf die veränderlichen Umweltfaktoren konzentriere. Das könnte bisweilen den Eindruck erwecken, ich stünde auf dem Boden der Umwelttheorien, was mir völlig fern liegt.

Diese Umwelt- und viele andere Faktoren werden im Kapitel

III im einzelnen untersucht. Hier möchte ich noch zwei Hypothesen vorlegen. Da die kognitive Entwicklung das Ergebnis der Interaktion zwischen Individuen und ihrer Umwelt und nicht ein rein endogen ausgelöster, zwangsläufiger und spontaner Vorgang ist, folgt daraus erstens, daß die kognitive Entwicklung der Menschen einer primitiven Gesellschaft, weil deren Milieu kognitiv anspruchsloser als unsere Umwelt ist, entsprechend zurückbleibt und sich auf einer Stufe unterhalb des formalen Denkens stabilisiert. Das Verständnis der primitivsten kollektiven Vorstellungen von Raum, Zeit, Kausalität, Zahl und Klassifizierung setzt anscheinend tatsächlich keinerlei operatives Denken voraus. Um es mit Greenfield kurz zu sagen: ». . . traditionelle nicht-technische Gesellschaften verlangen nur die Vervollkommnung und Weiterentwicklung der ursprünglichsten Art und Weise, die Welt zu betrachten« (Greenfield *et al.* 1966, S. 318).

Ich behaupte deshalb, daß die kollektiven Vorstellungen einer Gesellschaft in ihren grundlegenden kognitiven Aspekten die Stufe der kognitiven Entwicklung der großen Mehrheit der erwachsenen Glieder dieser Gesellschaft (von einigen spezialisierten Kenntnissen abgesehen, die einer intellektuellen Elite vorbehalten sind, etwa eine besondere Geschicklichkeit in der Seefahrt oder bei der Zeitbestimmung) widerspiegeln oder sichtbar machen müssen.

Als zweites darf zusätzlich zu dieser kausalen Hypothese behauptet werden, daß die Konzepte und allgemeinen Modelle über das Lernen und Denken, die von der Entwicklungspsychologie erarbeitet worden sind, weit präziser, theoretisch kohärenter und solider auf empirischer Forschung aufgebaut sind als die vagen und verwirrenden Begriffe, die bisher von den Anthropologen und Philosophen in ihren Diskussionen über das primitive Denken verwendet worden sind und auf die wir schon in der Einleitung zu diesem Kapitel hingewiesen haben.

3. Grundsätzliche Denkunterschiede

Die von Piaget aufgestellten Kriterien für die kognitive Entwicklung sollen also dazu benutzt werden, um die Vorstellungen von Raum, Zeit, Kausalität usw. zu beurteilen, die Ethnographen bei einer Anzahl primitiver Gesellschaften festgestellt haben. Bisher gab es eine ausgeprägte Tendenz, wenn man auf primitive Vorstellungen von derart grundlegenden Kategorien wie Raum und Zeit stieß, sich auf einen relativistischen Standpunkt zu stellen und solche Vorstellungen als zwar verschieden von denen gebildeter Europäer, aber diesen ebenbürtig, aufzufassen: Wir werden zum Beispiel sehen, daß eine offensichtliche Eigenart der primitiven Vorstellungen von der Zeit darin besteht, diese als »verräumlicht« anzusehen, wobei übliche und sich wiederholende Abfolgen von Ereignissen in einer irreversiblen und unveränderlichen Beziehung zueinander stehen, etwa wie die Grenzsteine auf einem Stück Land des Familienbesitzes. Wir werden aber auch sehen, daß diese verräumlichte Auffassung der zeitlichen Abfolge weder qualitativ verschieden noch das kognitive Äquivalent von Vorstellungen gebildeterer Gesellschaften ist, daß sie vielmehr klare Bezüge zum Entwicklungsmuster im präoperativen Stadium zeigt. Die Entwicklungspsychologie liefert einen wichtigen methodologischen Beitrag zur Widerlegung der Hypothese von völlig verschiedenen Denkweisen, die nicht in eine allgemeine Theorie der kognitiven Prozesse eingeordnet werden können und keine Beziehung zu uns vertrauten Denkweisen haben.

Die Entwicklungspsychologie zeigt auch, daß unsere eigene gebildete, industrielle Denkweise nicht auf die Wissenschaft zurückzuführen ist, sondern auf die kognitiven Erfordernisse unserer Umwelt, daß sie also komplizierter ist, als man annehmen würde. Die Entwicklungspsychologie ermöglicht es uns insbesondere auch, verallgemeinernde Gegensätze zwischen »wissenschaftlichem« und »primitivem« Denken zu überwinden. Vom Problem abgesehen, wie man »Wissenschaft« definieren soll, können solche kognitiven Erkenntnisse wie die Erhaltung oder die Konstruktion des euklidischen und projektiven Raums, auch wenn sie für das wissenschaftliche Denken notwendig sein mögen, nicht mit diesem identifiziert werden, denn sie sind für viele alltägliche Tätigkeiten in unserer industriellen Gesellschaft, die von fast allen Gliedern dieser Gesellschaft ausgeübt werden, grundlegend. Anstatt den primitiven Menschen mit dem europäischen Wissenschaftler und Logiker zu vergleichen, wäre es angemessener, ihn dem Mechaniker, dem Klempner, der Hausfrau in der Küche gegenüberzustellen. Bis zum letzten Kapitel vermeide ich deshalb grundsätzlich solche Begriffe wie »Vernunft« und »Logik« – ausgenommen im Sinne von formaler Logik –, denn sie lösen, wie »Wissenschaft«, mehr Mißverständnisse aus, als sie beseitigen.

Es sollte nun klar geworden sein, daß keine Rede von einem primitiven Denken sein kann, das an sich verschieden von dem des gebildeten industriellen Menschen wäre, denn es ist ein grundlegendes Postulat der Entwicklungspsychologie, daß wir alle, auch wenn wir zum formalen Denken befähigt sind, auf einer ganzen Reihe verschiedener geistiger Stufen operieren können. Besteht auch, wie wir gesehen haben, die kognitive Entwicklung in einer fortschreitenden Loslösung des Denkens von den *hic et nunc* konkreten, phänomenalen Aspekten der Wirklichkeit in Richtung einer Fähigkeit, rein begrifflich, ohne raum-zeitliche Zwänge zu operieren, so impliziert dennoch jede spätere Stufe des Denkens eine *Rekonstruktion* der früheren Stufe mit einem höheren Grad von begrifflicher Beweglichkeit, Allgemeinheit und umfassenderer Ausgewogenheit; diese früheren Stufen des Denkens sind im Subjekt noch immer vorhanden und können bei ungewohnten Problemen wieder aktualisiert oder in kognitiv weniger anspruchsvollen Situationen wieder hervorgekehrt werden. Diese Aussage ist in keiner Weise widersprüchlich. Kognitiv wie affektiv haben wir in unserer Gesellschaft, unabhängig vom Bildungsstand, immer wieder die Neigung, auf elementarere Denkstufen zurückzufallen, wenn wir im kreativen Denken mit schwierigen Problemen ringen oder emotional an der Lösung interessiert sind.

Werner formuliert es so:

Auch wenn solche Zustände des Bewußtseins wie der Traum außer acht gelassen werden, arbeitet der normale Mensch nicht immer auf der gleichen Stufe geistiger Aktivität. Ein und dasselbe normale Individuum kann, weil es von inneren oder äußeren Umständen abhängig ist, durch ganz verschiedene Entwicklungsstufen charakterisiert sein. Genetisch betrachtet ist seine Denkweise nicht dieselbe, wenn es völlig entspannt oder wenn es in einem Zustand perfekt organisierter Konzentration ist. Sie verändert sich, wenn es von einer nüchternen wissenschaftlichen oder praktischen Arbeit zu einer emotionalen Beschäftigung mit Menschen oder Dingen übergeht. Man kann sagen, daß das geistige Leben verschiedene Ebenen hat. Einmal verhält sich der Mensch »primitiv«, ein anderes Mal ist er verhältnismäßig »kultiviert« oder »zivilisiert«. Die Entwicklungspsychologie versucht somit ganz allgemein aufzuzeigen, daß beim normalen Erwachsenen primitive Verhaltensweisen nicht nur unter außergewöhnlichen Bedingungen sichtbar werden, sondern, als Grundlage allen geistigen Seins, ständig da sind; und sie sind von vitaler Bedeutung als Träger der höchsten Formen von Geistigkeit. (Werner 1948, S. 4)

Das gilt besonders für das kreative und das imaginative Denken, das in seinen Anfängen in hohem Maße autistisch ist; der Philosoph

Collingwood zum Beispiel beschreibt die Entwicklung philosophischer Ideen in seinem eigenen Bewußtsein folgendermaßen:

[Als Kind] gab es keine speziellen Fragen, die ich mir selbst stellte, keine speziellen Objekte, denen ich meinen Sinn zuwandte; da gab es nur eine form- und ziellose intellektuelle Unruhe, als würde ich gegen einen Nebel kämpfen.
Ich weiß jetzt, daß dies immer geschieht, wenn ich in einem frühen Stadium bei der Bearbeitung eines Problems bin. Solange das Problem seiner Lösung nicht ein gutes Stück nähergekommen ist, weiß ich nicht, was es ist; ich bin mir nur dieser unklaren Unruhe in meinem Geist, dieser Empfindung, von ich weiß nicht was geplagt zu sein, bewußt. (Collingwood 1939, S. 4 f.)

Die verschiedenen Stufen der kognitiven Entwicklung und die jeweils besonderen Eigenarten der Handlung, des Bildes und der sprachlichen Vorstellung stellen verschiedene Möglichkeiten für das Verständnis der Welt bereit; jedes Stadium entwickelt sich aus dem vorhergehenden, und alles Denken basiert auf einer Interaktion zwischen diesen drei Darstellungsweisen der Wirklichkeit. Das formale Denken ist in mancher Hinsicht vom Denken in konkreten Operationen verschieden, und dieses wiederum unterscheidet sich vom präoperativen Denken; aber gleichermaßen wichtig sind die Kontinuitäten, die sich daraus ergeben, daß jede Denkstufe die Rekonstruktion der Vorstellungen einer früheren Stufe impliziert. In diesem Prozeß sind die funktionellen Invarianten Assimilation, Akkommodation und Äquilibration konstante Faktoren; und dasselbe Ringen, den Schwankungen der Sinneseindrücke eine Permanenz aufzuzwingen, Subjekt und Objekt auseinanderzuhalten, und die Notwendigkeit, Handlung und Bild in eine verbale Form zu bringen und die Zentration zu überwinden, beherrschen das Denken auf allen Stufen.

Ich werde die Meinung vertreten, daß die kollektiven Vorstellungen primitiver Gesellschaften üblicherweise den Kriterien des präoperativen Denkens entsprechen und daß, so weit unsere beschränkten Unterlagen gehen, ein beträchtlicher Prozentsatz der Individuen solcher Gesellschaften die Stufe der konkreten Operationen nicht zu erreichen scheint. Selbst wenn das zutreffen sollte, ist das offensichtlich kein Grund für die Annahme, daß das primitive Denken an sich irgendeine fremdartige Spielart von Denken sei, das vom unsrigen völlig verschieden wäre. Das primitive Denken in seinen kollektiven Aspekten stellt eher eine ausgefeilte Systematisierung von Kenntnissen mit Hilfe einfacherer kognitiver Prozesse dar, als sie üblicherweise von gebildeten Gliedern unserer Gesellschaft, insbesondere in offizieller Rolle, gebraucht werden.

Weil diese geistigen Prozesse in unserer Gesellschaft durch Erziehung, Bildung und technisches Denken überholt worden sind, kommen sie uns heute fremdartig vor und müssen durch eine gewaltige geistige Anstrengung erhellt werden, aber sie sind noch in allen von uns vorhanden, auch wenn sie jetzt nur noch bei Kindern und ungebildeten Menschen deutlich sichtbar werden.

Wenn ich die Kontinuität zwischen dem primitiven und unserem Denken betone, so soll das nicht heißen, daß es nicht sehr signifikante qualitative Unterschiede zwischen dem präoperativen Denken auf der einen und den konkreten und insbesondere formalen Operationen auf der anderen Seite gebe. Eben gerade solche Unterschiede haben die Analyse des primitiven Denkens derart schwierig gemacht. Der wesentliche Punkt ist der, daß das primitive Denken in seinen grundlegenden Eigenarten unserem eigenen nicht völlig fremd ist, es ist in seiner typischen Form nur elementarer, entwicklungsmäßig gesprochen. Ob das in einem absoluten Sinne als »Unterschied« anzusprechen sei, ist folglich letztlich eine terminologische Streitfrage und kein wirklich substantielles Problem.

Unsere bisherige Diskussion der Theorien Piagets war naturgemäß auf die *kognitive* Entwicklung konzentriert. Piaget betont jedoch, daß in der Praxis jedes Denken unlösbar mit affektiven Assoziationen und Motiven verquickt ist, welche es beflügeln, aber auch behindern, und daß die Assimilation selbst durch unbewußte Verfahren vor sich geht. Daß die konkreten und formalen Operationen erworben sind, ist deshalb an sich noch keine Garantie dafür, daß der Denkprozeß richtig ausgeführt wird, insbesondere weil die Anwendung oder Verallgemeinerung einer Strategie auf neue Probleme von Natur aus das Risiko eines Mißlingens einschließt. Da jedoch die größere Flexibilität und das durchdringendere analytische Vermögen des formalen Denkens direkt mit seiner Loslösung vom konkreten Bild und von den Zwängen der wirklichen Welt zusammenhängen, ist damit auch die Möglichkeit intellektueller Selbsttäuschung gegeben, die jenen Menschen abgeht, deren Denken auf der präoperativen oder konkreten Stufe stehenbleibt und die sich nur mit den Illusionen der imaginativen Phantasie und den Trugbildern im phänomenalen Aussehen der Dinge abfinden müssen. Im Schlußkapitel wollen wir auf dieses melancholische Thema zurückkommen, daß Theorie und formales Denken im allgemeinen ebenso blind wie klarsichtig sein können.

4. Das Kind und der Primitive

Ein immer wieder gehörter Einwand der Anthropologen gegen die Anwendung der Ergebnisse der Entwicklungspsychologie auf das primitive Denken (abgesehen davon, daß sie eine Psychologie ist), beruft sich darauf, daß deren Untersuchungen auf den intellektuellen Leistungen von Kindern beruhen. Die weniger scharfsinnigen Viktorianer taten primitive Völker als »kindlich« und ihr Denken als »in den Kinderschuhen der Vernunft steckend« ab, eine grobe Übersimplifizierung, welche die Anthropologen mit Recht dazu veranlaßte, den außergewöhnlich praktischen und feinen Sinn, mit dem sich Primitive an ihre Umgebung anpassen, die Kohärenz, die ihrem Glauben an Zauberei und Magie zugrunde liegt, und den Reichtum und die Feinheiten ihrer kosmologischen Systeme und Kategorien hervorzuheben. Die Anthropologen erinnerten uns auch daran, daß viele der übernatürlichen Überzeugungen, die von den Rationalisten belächelt werden, wenn sie sie in einer primitiven Gesellschaft antreffen, bis in jüngster Zeit auch noch von sehr gebildeten und intelligenten Europäern vertreten wurden[13]. Es ist offensichtlich wahr, daß es primitive Kinder und primitive Erwachsene, wie in unserer eigenen Gesellschaft, gibt, so wie es primitive Geisteskranke und gebildete Geisteskranke gibt, und daß der Weise dem Primitiven oft als ebenso kindlich vorkommt wie dieser den nicht so klar sehenden Gliedern unserer Gesellschaft.

Lévi-Strauss geht noch weiter, indem er behauptet, es gebe in keiner Gesellschaft kognitive Unterschiede zwischen Kindern und Erwachsenen, der einzige geistige Unterschied beruhe auf den Kenntnissen und der Erfahrung. Laut Lévi-Strauss unterscheidet sich die kindliche von der erwachsenen Denkart durch ihren Polymorphismus – womit gemeint ist, daß sie gleichzeitig alle möglichen Sprach- und Denkstrukturen enthält, zu denen der menschliche Geist befähigt ist; der einzige Beitrag des Sozialisierungsprozesses bestehe darin, daß er die Auslese bestimmter Strukturformen und die Ausschließung anderer erzwingt, von der Erwerbung faktischer Kenntnisse und praktischer Fertigkeiten selbstverständlich abgesehen. Da noch viele Anthropologen, auch solche, die im übrigen nicht viel für die Theorie Lévi-Strauß' übrig haben, so argumentieren, lohnt es sich, diese Auffassung etwas genauer zu prüfen.

Im Kapitel »Die archaische Illusion« seines Buches *Die elementaren Strukturen von Verwandtschaft und Ehe* schreibt er:

Jedes neugeborene Kind ist ansatzhaft mit der Gesamtsumme von Möglichkeiten ausgestattet, aber jede Kultur oder historische Periode bewahrt und entwickelt nur einige wenige ausgewählte von ihnen. Jedes neugeborene Kind wird in Form angedeuteter geistiger Stukturen mit all den der Menschheit je zur Verfügung stehenden Mitteln ausgestattet, um seine Beziehungen zur Welt im allgemeinen und seine Beziehungen zu anderen Menschen zu umreißen. Doch diese Strukturen sind exklusiv. Jede von ihnen kann nur gewisse Elemente von allen angebotenen integrieren. Folglich stellt jeder Typ von sozialer Organisation eine Auswahl dar, welche die Gruppe aufzwingt und fortdauern läßt. Im Vergleich zum erwachsenen Denken, das gewählt und verworfen hat, wie die Gruppe verlangte, ist das kindliche Denken eine Art universelles Substrat, dessen Kristallisation noch nicht stattgefunden hat und in dem eine Kommunikation zwischen unvollständig verfestigten Formen noch möglich ist. (Lévi-Strauss 1969, S. 93)

Diese Aussage kann so ausgelegt werden, daß damit einfach gemeint sei, das Kind sei *potentiell* imstande, die Sprache, die Überzeugungen und die Gebräuche jeder Gesellschaft zu lernen, in die hinein es geboren wird. So interpretiert ist sie völlig einwandfrei und sogar trivial. Lévi-Strauss zitiert (1969, S. 91) zustimmend eine Aussage des Entwicklungspsychologen Basov, die eine solche Interpretation zu stützen scheint:

Mit anderen Worten, niedrigere Strukturen aus den ersten Anfängen dienen für die Ausformung höherer . . . Doch [das] . . . schließt nicht die Möglichkeit aus, daß solche niedrigeren Strukturen als solche gebildet werden und ohne jede Veränderung diese Form bewahren. Wenn die Umwelt das Kind nicht in Bedingungen hineinstellt, die höhere Strukturen erfordern, ist es vielleicht nur gerade imstande, diese niedrigeren Strukturen hervorzubringen. (Basov 1929, S. 288)

Das entspricht substantiell der Haltung Piagets, aber Lévi-Strauss realisiert dies nicht und bringt zusätzliche Verwirrung in die Problemstellung, indem er voller Enthusiasmus die Meinung der Kinderpsychologin Susan Isaacs unterstützt, wonach das »kognitive Verhalten der Kleinkinder, auch in diesen frühen Jahren, alles in allem dem unsrigen sehr ähnlich« sei (Isaacs 1930, S. 57).

Lévi-Strauss behauptet, daß »Reifung« laut Piaget ein von der Erfahrung unabhängiger kognitiver Entwicklungsprozeß sei, daß die Fähigkeit des Kindes, sich dem Standpunkt anderer anzupassen und sich seiner eigenen geistigen Prozesse bewußt zu werden, das Ergebnis einer unerklärten Manifestation »sozialer Instinkte«

im Alter von sieben bis acht Jahren sei, daß die Unterschiede im Alter, in dem die Begriffe erworben werden, Piagets Schema der fundamentalen Stadien in der kognitiven Entwicklung entkräfte und daß Piaget, weil er gewisse Ähnlichkeiten zwischen dem Kausalitätsbegriff der sieben- bis zehnjährigen Kinder in unserer Gesellschaft und dem der Vorsokratiker sehe, diesen Philosophen folglich unterstelle, sie seien intellektuell auf der Stufe von sieben- bis zehnjährigen Kindern.

Aus der vorangehenden Darstellung von Piagets Untersuchungen geht ohne weiteres hervor, daß diese Kritik nicht von einem wirklichen Verständnis dieses Werks getragen ist[14], während für die angebliche »polymorphistische« Denkweise von Kindern kein Beweis geliefert wird. Daß Lévi-Strauss nicht imstande ist, Piaget zu verstehen, scheint darauf zurückzuführen zu sein, daß er seine Meinung nicht auf Piagets eigene Werke, sondern auf die Aussagen von Susan Isaacs (1930) über die frühesten Werke Piagets stützt. Er übersieht die Tatsache, daß Isaacs ihr Buch in einer frühen Periode der Geschichte der Entwicklungspsychologie geschrieben hat und in ihrem Werk einige gravierende Fehlinterpretationen Piagets zu finden sind – sie hat insbesondere nicht einmal realisiert, daß seine Hinweise auf das Alter, in dem die Entwicklungsstadien erreicht werden, auf dem geistigen und nicht auf dem chronologischen Alter basieren. Ihre eigenen Untersuchungen führte sie überdies an einer kleinen Kindergruppe in einer speziellen Schule mit einem durchschnittlichen Intelligenzquotienten von 131 (Isaacs, S. 14) durch, deren Eltern zum großen Teil in Cambridge promoviert hatten, während Piaget mit durchschnittlichen schweizerischen Schulkindern gearbeitet hatte. Es spricht für sich, daß Lévi-Strauss' Beurteilung Piagets, obwohl sie schon zum Zeitpunkt ihrer Niederschrift völlig falsch und ebenso völlig überholt war, ohne jede Berichtigung, vier kleinere Änderungen in der Wortwahl ausgenommen, in der revidierten Auflage von 1967 wiederholt wurde. In der Zwischenzeit war schon allein Piagets Werk, von anderen Entwicklungspsychologen gar nicht zu reden, an Breite und Umfang beträchtlich angewachsen. Eine interkulturelle Ausweitung war ebenfalls hinzugekommen. Daß Lévi-Strauß eine solche Materialanhäufung übersieht, spricht für seine Auffassung von der Verantwortung des Wissenschaftlers gegenüber abweichenden Standpunkten.

Es ist einer der großen Fehler der Anthropologen im 19. Jahrhundert wie heute, daß sie annehmen, es bestehe ein Widerspruch zwischen der Aussage, die kognitiven Prozesse des primitiven Menschen seien kindlicher als die des gebildeten Menschen, und der Feststellung, der primitive Mensch könne eine komplexere und tiefere Vorstellung von der Wirklichkeit erlangen, als sie Kindern zugänglich sei. Der Irrtum liegt darin begründet, daß man den Unterschied zwischen den kognitiven Prozessen auf der einen und Wissen und Erfahrung auf der anderen Seite übersicht. In unserer Gesellschaft ist die kognitive Entwicklung, etwa die Beherrschung der logischen Relationen, beim durchschnittlichen Kind mit etwa 16 Jahren abgeschlossen, während sich das intelligentere Kind noch länger weiterentwickelt und die Entwicklung weniger begabter Kinder schon vor 16 Jahren aufhört. Vom Kognitiven her gesehen kann man sagen, der Erwachsene in unserer Gesellschaft habe die Denkweise eines Adoleszenten. Doch das Wissen, die Kenntnisse, die Reife des Urteils entwickeln sich während einer unbeschränkt langen Zeitdauer weiter, und diese Erwerbungen unterscheiden den Erwachsenen in jeder Gesellschaft vom Kind und vom Heranwachsenden. Weil der Anstoß zu kognitivem Wachstum durch die soziale und natürliche Umgebung in primitiven Gesellschaften geringer ist, behauptet die Entwicklungspsychologie, daß die kognitive Entwicklung hier früher aufhört und daß insbesondere das formale Denken und die höheren konkreten Operationen nicht ausgeformt werden. Um die Terminologie zu verbessern, können wir mit Piaget unterscheiden zwischen dem kognitiven Wachstum als der »vertikalen« Entwicklung und der Zunahme an Erfahrung und Urteilsfähigkeit als der »horizontalen« Entwicklung. Während die »vertikale« Entwicklung je nach Umwelt variiert, wird die »horizontale« Entwicklung, das Sammeln von Erfahrung und Weisheit, immer das Denken des Erwachsenen von dem des Kindes unterscheiden, in primitiven wie in industriellen Gesellschaften. Es wäre eine außerordentlich beschränkte Bewertung des Menschen, wenn Weisheit, Erfahrung und emotionale Reife im Vergleich zur Fähigkeit, Mengen zu erhalten oder logische Inklusionen zu begreifen, nichts zählen würden. Man kann also nicht behaupten, daß die Erwachsenen in primitiven Gesellschaften intellektuell nur den Kindern in unserer Gesellschaft entsprächen. In primitiven Gesellschaften werden vielmehr diejenigen kognitiven Fähigkeiten, die vorwiegend präoperativer Art sind, zu einem höheren Fertigkeitsgrad entwickelt und ergänzt durch das Sammeln von Erfahrung und Weisheit während des ganzen individuellen Lebens.

Kollektive Vorstellungen können überdies zu einem Reichtum und einer Komplexität entwickelt werden, die weit über die kreativen Fähigkeiten des Individuums hinausgehen. Eine reiche und komplexe Ausgestaltung der Mythen, der Rituale und der Kosmologie ist jedoch möglich, ohne daß man die höheren kognitiven Funktionen der konkreten und formalen Operationen erworben hat. Die Feststellung, daß die kollektiven Vorstellungen einer Gesellschaft komplex und subtil seien, aber nichtsdestoweniger auf präoperativen Denkweisen beruhten, ist nicht widersprüchlich.

Bevor wir untersuchen können, wie das primitive Milieu die kognitive Entwicklung beeinflußt, müssen wir einige immer wieder vorgebrachte anthropologische Einwände gegen die Verwendung psychologischer Theorien zur Erklärung kollektiver Vorstellungen genauer untersuchen. Detaillierter zu beurteilen ist auch die kognitive Funktion der Sprache bei der Entwicklung des Denkens. Vielleicht trifft es zu, daß Unterschiede in der Sprache grundlegende Unterschiede im Denken hervorbringen können, die von der Entwicklungspsychologie nicht beachtet worden sind.

II. Kollektive Vorstellungen und die Denkprozesse von Individuen

1. Soziologische kontra psychologische Erklärungen für soziale Fakten

Es ist eine Binsenwahrheit, daß zwar die menschliche *Fähigkeit* zum Denken das Ergebnis der genetischen Ausstattung der Art ist, daß aber die Entwicklung dieser Fähigkeit beim Individuum erfordert, daß dieser Mensch einer Gesellschaft angehört. Er ist in eine bestimmte Kultur hineingeboren, erwirbt deren Gebräuche, Sprache und Weltvorstellungen, die bleibend und in einem gewissen Sinne verbindlich sind, insofern sie fundamental, unterhalb der Stufe des artikulierten Denkens, sind und keine mit ihnen konkurrierende Alternativen bestehen. Damit eine Gesellschaft den Zusammenhang wahrt, damit ihre Glieder zur Zusammenarbeit fähig sind und sich ihren Mitmenschen verständlich machen können, ist es selbstverständlich notwendig, daß ihre Angehörigen eine gemeinsame Sprache, gemeinsame Werte und ein gemeinsames Spektrum von Vorstellungen teilen, was alles durch soziale Prozesse entwickelt wird.

Durkheims Schule geht weiter und schließt daraus, daß die Kultur bezogen auf das einzelne Individuum früher da ist, das Individuum sei passiv dem Sozialisierungsprozeß ausgeliefert. Wie Gluckman es formuliert:

Von frühester Kindheit an wird jedes Individuum von der Kultur der Gesellschaft geformt, in der es geboren wurde. Alle menschlichen Wesen sehen, aber wir wissen zum Beispiel, daß die Art, wie sie Formen und Farben sehen, bis zu einem gewissen Grade durch diesen Formungsprozeß bestimmt ist.[1] Mehr als das, ihre Fähigkeit, ihre Wahrnehmungen zu beschreiben, ist von den in ihrer jeweiligen Sprache vorhandenen Kategorien abhängig. *A fortiori* rühren die emotionalen Reaktionen eines Individuums und seine komplexen Vorstellungen über den Umgang mit seinen Mitmenschen und mit der Natur von seiner Kultur her. (Gluckman 1949–50, S. 73 f.)

Er nennt als Beispiel die romantische Liebe in der westlichen Kultur, ein Ideal, das afrikanischen Gesellschaften völlig fremd ist.

Dieses Modell des Individuums, das passiv den Werten und Vorstellungen seiner Gesellschaft ausgeliefert wäre, führt Gluckman, möglicherweise zwangsläufig, zur Annahme, daß solche Vorstellungen im jetzigen Zeitpunkt überhaupt nicht von individuellem Denken herrührten:

Wahrnehmungen, Emotionen, Vorstellungen von gut und böse, über die Ursachen von Ereignissen – kurz gesagt, die ganzen Systeme des Denkens und Fühlens – existieren transzendental, unabhängig von den Individuen, in denen sie sichtbar werden. Es sind, wie die französischen Soziologen sie nennen, *kollektive Vorstellungen*, die von Generation zu Generation weitergegeben werden, im Verhalten gelernt werden, in Sprichwort und Gebot, in Technik, Konvention und Ritual sowie, mit der Entwicklung der Schrift, in Büchern enthalten sind. Die Psyche eines Menschen ist sozial, nicht organisch. Ein Londoner Säugling, der in einem afrikanischen Stamm aufgezogen wird, wird folglich Afrikaner sein und ein afrikanischer Säugling, der in London bei Londonern aufwächst, ein Londoner. (Ibid., S. 75)

Dieses Modell ist somit das einer Kultur auf der einen Seite, mit einem gewissen Inhalt von in ihrer Sprache verkörperten Vorstellungen und Kategorien, mit einer Technik, Gebräuchen, Ritualen usw., die im Geist des Individuums auf der anderen Seite rekonstruiert werden, etwa wie die vorgeformten Stücke eines Zusammensetzspiels, die an den richtigen Platz gelegt werden. Gluckman nimmt offensichtlich nicht an, das Individuum *habe* persönlich keine Ideen, *empfinde* keine Gefühle oder *verstehe* die technischen Vorgänge nicht; er meint eher, es *erfinde* sie nicht, sie hätten in ihrem Inhalt und in ihrer Organisation allein in der Gesellschaft ihren Ursprung als ein Ergebnis kollektiver Prozesse, also aus sich selbst heraus ein transzendentales Leben.

In dem, was Gluckman gesagt hat, ist eine gewisse Wahrheit. Die Fähigkeit, als ein Lozi oder ein Londoner zu handeln, ist im Erbgut nicht programmiert. Vererbt werden die Fähigkeit, menschliche Kultur zu erwerben, nicht aber die Details irgendeiner besonderen Kultur. Soziale Prozesse werden überdies von Prinzipien gelenkt, die nicht auf solche der Psychologie zurückgeführt werden können – wirtschaftliche zum Beispiel oder politische Konstellationen –, und insofern Institutionen wie Rituale, Magie und Zauberei oder Technik nach solchen Prinzipien sozialer Interaktion entwickelt werden, wäre es völlig falsch zu versuchen, sie auf reine Manifestationen der individuellen Psychologie zurückzuführen. In dieser Hinsicht hat Durkheim die psychologischen Theorien über das primitive Denken, wie sie von Anthropologen wie

Tylor und Frazer (die »intellektualistische Schule«, wie Evans-Pritchard [1965] sie genannt hat) vorgeschlagen wurden, mit Recht abgelehnt. Diese hatten angenommen, der primitive Mensch denke gleich wie wir und nur der Mangel an Wissen und die fehlenden Gelegenheiten zu Experimenten hätten ihn daran gehindert, wirkliche wissenschaftliche Kenntnisse zu erwerben, die (in Frazers Betrachtungsweise) sich langsam durch eine Versuch-Irrtum-Methode, wozu auch das Durchlaufen der frühesten Stadien der Magie und der Religion gehörte, entwickelt hätten. Für Tylor war der primitive Mensch ähnlich ein aktiver Fragender, der im Laufe der Zeitalter auf der Grundlage seiner Erfahrungen in Träumen und Trancezuständen eine umfassende animistische Theorie aufgebaut hatte, die die grundlegenden Begriffe der Seele und des Geistes lieferte. Für die »Intellektualisten« ist somit der Primitive einfach ein untauglicher Wissenschaftler, »der ständig Fragen stellt und sich die falschen Antworten darauf gibt«, wie Raglan diese Haltung parodistisch formuliert hat. Für diese Anthropologen sind die sozialen Manifestationen des Denkens einfach die Summe der Ideen der Glieder einer Gesellschaft durch die Generationen hindurch, eine in ihrem Wesen individualistische und atomistische Erklärung der sozialen Denksysteme.

Zwei von Durkheims Argumenten für die Ablehnung dieses Individualismus sind von dauerhafter Bedeutung und Gültigkeit. Das erste hält fest, daß verschiedene Stufen der Wirklichkeit verschiedene Eigenschaften und Verhaltensweisen aufweisen: Die Eigenschaften des Wassers können nicht von denen der Wasserstoff- und der Sauerstoffatome, unabhängig von denen des Wassermoleküls, abgeleitet werden, ebensowenig die Eigenschaften lebender Materie aus denen ihrer unbelebten Bestandteile. Der zweite, damit zusammenhängende, Punkt besagt, daß das Ganze nicht als die Summe seiner Teile erklärt werden kann; der Versuch, eine Gesellschaft als die Summe des Verhaltens ihrer individuellen Glieder zu erklären, wäre ein ebenso großes Mißverständnis, wie wenn man die geistigen Funktionen von den individuellen Nervenzellen her erklären wollte: »Wir müssen somit Phänomene, die das Ergebnis des Ganzen sind, durch die charakteristischen Eigenschaften des Ganzen erklären, das Komplexe durch das Komplexe, soziale Fakten durch die Gesellschaft, vitale und geistige Fakten durch die *sui generis*-Kombinationen, aus denen sie resultieren.« (Durkheim 1953, S. 29)

Wie wir sehen werden, lassen sich diese Argumente nicht auf die

Wirkungen der *allgemeinen* Charaktereigenschaften der Individuen auf die Natur der kollektiven Vorstellungen anwenden, und Durkheims Argument, besondere individuelle Eigenschaften würden sich gegenseitig aufheben, ist unbefriedigend, weil wir uns mit solchen Charaktereigenschaften befassen, die allen Gliedern einer Gesellschaft gemeinsam sind:

... Gesellschaft hängt nicht von der Natur der individuellen Persönlichkeit ab. In der Verschmelzung, aus der sie hervorgeht, haben alle, ihrer Definition nach divergierenden, individuellen Eigenarten einander neutralisiert. Nur die allgemeineren Eigenschaften der menschlichen Natur überleben, und wegen ihrer äußersten Allgemeinheit können sie nicht für die spezialisierten und komplexen Formen, die kollektive Fakten charakterisieren, verantwortlich sein. Das will nicht heißen, daß sie für die Resultate überhaupt nicht zählen, aber sie sind nur ihre mittelbaren Voraussetzungen. Ohne sie würde das soziale Faktum nicht entstehen, aber sie bestimmen es nicht. (Ibid., S. 26)[2]

Durkheim bezieht sich hier auf die Eigenschaften der Persönlichkeit, doch das Argument ist ebenso wenig überzeugend, ob wir die *allgemeinen* Züge der Persönlichkeit oder der kognitiven Prozesse betrachten: der springende Punkt der ganzen Sache ist der *Grad* dieser Allgemeinheit, und es ist eine reine Annahme von Durkheim, daß die gemeinsamen Eigenschaften der Individuen als Ganzes von von derart *äußerster* Allgemeinheit seien, daß sie keine Bedeutung für die Form spezifischer Institutionen oder kollektiver Vorstellungen hätten.

Ich möchte jedoch zeigen, daß Durkheims Modell auf mindestens fünf Irrtümern oder Verwechslungen beruht. Der erste, bereits im letzten Kapitel genannte ist die Annahme, Lernen sei etwas Passives, die Kategorien und Vorstellungen einer Kultur könnten fix und fertig durch einen einfachen Nachahmungsprozeß, ohne Assimilation, vom Individuum aufgenommen werden. Der zweite ist die Folgerung, weil das Denken eines einzelnen Individuums die kollektiven Vorstellungen seiner Kultur nicht beeinflussen könne, habe das Denken der Individuen *ganz allgemein* keine Auswirkungen auf die kollektiven Vorstellungen.

Der dritte Irrtum unterläuft ihm bei der Betrachtung der Interaktion zwischen den allgemeinen kognitiven Prozessen von Individuen und den kollektiven Vorstellungen ihrer Gesellschaft: Er unterläßt es, zwischen kurz- und langfristigen Wirkungen zu unterscheiden. Innerhalb einer einzelnen Generation ist die Möglichkeit, daß kognitive Veränderungen in der Bevölkerung die kollektiven Vorstellungen beeinflussen, offensichtlich ziemlich gering, doch diese Begrenzung verliert an Bedeutung, je größer die Zahl der Generationen in der Zeit wird.

Der vierte Irrtum ist die Verwechslung zwischen dem Geist als einer bestimmten *Menge* von Überzeugungen und Vorstellungen und dem Geist als einem System von kognitiven *Prozessen*. Der fünfte Mangel ist die fehlende Unterscheidung zwischen den besonderen und eigentümlichen Formen von kollektiven Vorstellungen in verschiedenen Gesellschaften, etwa den verschiedenartigen Typen der Wahrsagung, und den zugrunde liegenden Ähnlichkeiten und allen gemeinsamen Annahmen, etwa den Begriffen von Schicksal und Glück.

Durkheim befindet sich erstens mit dieser Ablehnung der Möglichkeit, daß individuelle Denkprozesse irgendeine Wirkung auf kollektive Vorstellungen (in *primitiven* Gesellschaften) hätten, in einem unlösbaren Dilemma. Wenn kollektive Vorstellungen das individuelle Denken in der Weise determinieren, wie Gluckman annimmt, müßte eine vollständige Übereinstimmung zwischen den kollektiven Vorstellungen und diesem Denken bestehen, derart daß es möglich sein sollte, die Vorstellungen, Werte und Denkweisen aller erwachsenen Glieder einer Gesellschaft von deren kollektiven Vorstellungen her abzuleiten (eine Folgerung, die jede Veränderung in den kollektiven Vorstellungen eher unverständlich macht). Wenn wir nun als Ethnographen auf der anderen Seite tatsächlich feststellen, daß es Zweifler, Zauberer und Irre gibt, dazu Unterschiede in den Meinungen und verschiedene Versionen von Mythen bei unseren Informanten, wie kann man dann noch darauf bestehen, daß kollektive Vorstellungen diese total transzendentale Natur aufweisen, die für sie gefordert wird? Gluckman war als Ethnograph erfahren genug, um die erste Lösung für dieses Dilemma abzulehnen. Nach einer langen Erörterung des Zauberglaubens in Afrika schreibt er:

Diese kurze Zusammenfassung der Anschauungen über Zauberei, Orakel und Magie zeigt nachdrücklich, daß wir die Denkweise von Individuen innerhalb einer primitiven Gesellschaft nicht direkt von den sozialen Vorstellungen und Haltungen dieser Gesellschaft ableiten können. (Ibid., S. 87)

Und:

Ich hoffe gezeigt zu haben, daß die Überzeugungen nicht strenge und feste Regeln sind, die mechanisch angewandt werden können. Sie sind, wenn sie schematisch dargestellt werden, oft widersprüchlich. Doch die einzelnen Menschen machen je nach Situation von den verschiedenen Überzeugungen Gebrauch, *denn im aktuellen Leben werden solche Überzeugungen in der Handlung, nicht als Vorstellungen im Geist der Leute bedeutungsvoll.* (Ibid., S. 88, Hervorhebung von mir.)

Man muß sich an diesem Punkt fragen, welche Belege es für die Existenz »kollektiver Vorstellungen« auf irgendeiner transzendenten Stufe gibt, *es sei denn* als besondere Äußerungen dessen, was besondere Menschen in besonderen Situationen tun und denken. Da wir uns nie zweimal in derselben Situation befinden, sind offensichtlich alle Angehörigen einer Gesellschaft, zumindest laut Gluckman, genötigt, ihre Überzeugungen entsprechend ihrem individuellen Wissen und Können aktiv zu interpretieren. Kollektive Vorstellungen sind folglich ideale Konstruktionen, die der Ethnograph nie in reiner Form antrifft; er erfährt vielmehr eine Reihe von konkreten und besonderen Variationen über ein latentes Thema.

Die Auffassung, daß eine Handlung stattfinden kann, ohne daß das Denken dabei eine Rolle spielt, die Gluckman an der eben zitierten Stelle antönt, war für die Soziologen Durkheimscher Observanz ein wichtiger Kunstgriff, um bei der Meinung zu bleiben, daß kollektive Vorstellungen eine transzendentale Existenz ohne jede Grundlage in den Denkprozessen von Individuen haben, denn Handlungen können als mit einer autonomen sozialen Organisation aus sich selbst ausgestattet betrachtet werden. Wie Radcliffe-Brown sagt,

. . . wird manchmal behauptet, Begräbnis- und Trauerriten seien das Ergebnis eines Glaubens an eine über den Tod hinaus weiterlebende Seele. Wenn man schon von Ursache und Wirkung sprechen will, so würde ich eher den Standpunkt vertreten, daß der Glaube an eine fortlebende Seele nicht die Ursache, sondern die Wirkung der Riten sei. In Wirklichkeit ist eine Ursache-Wirkung-Analyse irreführend. Es ist vielmehr so, daß die Riten und die Begründung oder die rationale Erklärung für die Glaubensinhalte sich gleichzeitig als Teile eines kohärenten Ganzen entwickeln. In dieser Entwicklung ist es eher die Handlung oder das Bedürfnis nach Handlung, die den Glauben beherrscht oder bestimmt, nicht umgekehrt. Die Handlungen selbst sind symbolische Ausdrücke von Gefühlen. (Radcliffe-Brown 1952, S. 155)

Darin folgt er der Auffassung von Robertson Smith über die alten Religionen:

. . . ist es von erstrangiger Bedeutung, daß man sich von Anfang an unmißverständlich klar macht, daß Ritual und praktischer Brauch, streng genommen, der Inbegriff alter Religionen sind. Die Religion war ursprünglich nicht ein

Glaubenssystem mit praktischen Anwendungen; sie war eine Gesamtheit fest-
stehender traditioneller Praktiken, an die sich jedes Glied der Gesellschaft
völlig selbstverständlich anpaßte. (Robertson Smith 1907, S. 20)

Mary Douglas schreibt in gleicher Tonart:

Es ist irreführend, wenn jemand von Vorstellungen wie Schicksal, Zauberei,
Mana, Magie annimmt, sie seien Teile einer Philosophie oder auch nur syste-
matisch durchdacht. Sie sind nicht nur mit Institutionen verbunden, wie
Evans-Pritchard festhält, sondern sie sind Institutionen – so sehr wie die
Habeas-corpus-Akte oder der Abend vor Allerheiligen. (Douglas 1966, S. 89)

Sie argumentiert weiter, daß diese Überzeugungen das Ergebnis
der dringlichen praktischen Auseinandersetzungen mit den Problemen des sozialen Alltagslebens seien:

Dieses eindringliche Verlangen nach Erklärungen (für spezielle Sorgen) ist
ausgerichtet auf das Interesse des Individuums an sich selbst und an seiner
Gemeinschaft. Wir wissen jetzt, was Durkheim wußte, und was Frazer, Tylor
und Marrett nicht wußten. Solche Fragen werden nicht primär dazu gestellt,
um die menschliche Neugierde in bezug auf die Jahreszeiten und die übrige
natürliche Umgebung zu befriedigen. Sie werden gestellt, um ein bedrücken-
des soziales Anliegen zu befriedigen, nämlich das Problem, wie man sich in der
Gesellschaft gemeinsam organisiert. Sie können, das stimmt, nur in Form der
menschlichen Stellung in der Natur beantwortet werden. Doch die Metaphysik
ist gleichsam ein Nebenprodukt der vordringlichen praktischen Belange.
(Ibid., S. 90 f.)

Eine solche Auffassung von »Religion«, »Ritual«, »Zauberei«,
»Magie« »*Mana*« usw. scheint davon auszugehen, daß das Denken
aus bewußtem, explizitem Philosophieren und Spekulieren bestehe, daß man, wenn jemand keine verbale Auslegung eines Brauchs
oder einer bestimmten Handlungsweise geben kann oder wenn
solche Erklärungen, wie sie gegeben werden, ungereimt oder irrelevant sind, nicht weiter nach zugrunde liegenden Voraussetzungen kognitiver Natur zu suchen habe und daß diese Bräuche, Riten
und Glaubensinhalte überhaupt keinen kognitiven Gehalt hätten,
sondern einfach aus Handlungen und üblichen Redensarten be-
stünden, die ihrerseits von organisierten Gefühlen herrührten.

Es ist eine der Aufgaben, die sich dieses Buch stellt, zu zeigen,
daß dieser rationalistische Gegensatz, diese Kluft zwischen Denken und Handeln, wie sie von Anthropologen wie den eben zitierten angenommen werden, falsch sind; daß das Ritual in konkreten
Symbolen ausgedrückt wird, die nicht in Worte gefaßt werden
können, oder daß Aussagen über Zauberei, Magie und andere Vor-

stellungen auf der verbalen Stufe unzusammenhängend sind, gibt uns nicht das Recht anzunehmen, sie ließen sich einfach vom sozialen Verhalten herleiten. Nicht-verbales Denken, das auf Handlungen und Bildern basiert, ist ein fundamentaler Aspekt kognitiver Prozesse; will man die primitive Gesellschaft verstehen, dann besteht das entscheidende Problem darin, solches nicht-verbales, auf Bildern beruhendes Denken in eine verbale Form zu übersetzen. Völlig verfehlt wäre aber die Annahme, die fehlende Fähigkeit, Gedanken in Worte zu fassen, bedeute ein Fehlen jeder Form von Denken, wie in den impliziten Voraussetzungen, die dem gewohnten Verhalten und den konkreten Symbolen zugrunde liegen. Zieht man Überzeugungen in Betracht, die in Worte gefaßt werden können, wie etwa die Meinungen zu Zauberei und Magie, so ist es offensichtlich absurd anzunehmen, solche Auffassungen könnten von einem Menschen zum anderen weitergegeben werden, ohne daß irgendeine Form von Denken daran beteiligt wäre, und zwar ein Denken, das auch noch Douglas und andere Durkheimianer als solches anerkennen würden. Die Meinung, ein Problem könne, nur weil es »praktisch« sei, allein auf der Grundlage von Handlung und Motivation gelöst werden, ohne spezifische kognitive Fähigkeiten und grundlegende (wenn vielleicht auch implizite) Annahmen über die Welt und die Stellung des Menschen in ihr (so wie »Kerle auf dem Meeresboden, die gemeinsam vorwärtskommen« in der besten Tradition des britischen Pragmatismus), ist tatsächlich ein verzweifelter Ausweg, um eine Theorie der sozialen Determiniertheit des Denkens zu retten.

Es scheint offensichtlich unmöglich zu sein, *spezielle* kollektive Vorstellungen in denk-sicheren Abschottungen aufzubewahren, die für die geistigen Prozesse der individuellen Glieder der betreffenden Gesellschaft immun sind. Soziales Handeln und soziale Beziehungen sind ein integrierender Bestandteil des Denkens. Im Falle der fundamentalsten Kategorien des Denkens, Klassifizierung, Raum, Zeit und Kausalität, kann man jedoch argumentieren, daß gerade diese Begriffe wegen ihrer Allgegenwart, ihrer Allgemeinheit und ihrer Notwendigkeit für alle Aspekte des Denkens am wenigsten als Ergebnis rein sozialer Faktoren dargestellt werden können. Durkheim beharrt jedoch wie bekannt eben auf dieser Haltung:

Der Weltraum ist ursprünglich nach dem Modell des sozialen Raums konstruiert worden, das heißt nach dem Gebiet, das die Gesellschaft bewohnt, und so, daß die Gesellschaft sich selbst darin abbildet; die Zeit bringt den Rhythmus der kollektiven Zeit zum Ausdruck; die Idee der Gattung *(genus)* war ursprünglich nichts anderes als ein anderer Aspekt der Idee einer menschlichen Gruppe; die kollektive Macht und ihr Druck auf das Bewußtsein dienten als Vorbild für den Begriff der Kraft und der Kausalität. (Durkheim 1913, S. 36)

Diese Theorie über den Ursprung der Grundkategorien ist 1973 von Mary Douglas pflichtschuldigst reproduziert worden:

Die Gesellschaft war nicht einfach ein Modell, welchem das klassifikatorische Denken folgte; ihre eigenen Unterteilungen dienten als Muster für das System der Klassifikationen. Die ersten logischen Kategorien waren soziale Kategorien; die ersten Klassen von Dingen waren Klassen von Menschen, in welche diese Dinge integriert wurden. Weil die Menschen gruppiert waren und sich selbst in Form von Gruppen dachten, gruppierten sie in ihren Vorstellungen andere Dinge. Der Mittelpunkt des ersten Schemas der Natur ist nicht das Individuum: sondern die Gesellschaft. (Douglas 1973, S. 12; *das ist eigentlich ein unverändertes Zitat aus Needhams Übersetzung von Durkheim und Mauss (1963), was aber von Douglas nicht angegeben wird.*)

Folglich haben die grundlegenden Kategorien in der Theorie Durkheims einen sozial-institutionellen Ursprung; sie durchdringen das Denken der Individuen wegen ihrer Allgemeinheit, ihrer Kohärenz und ihrer Notwendigkeit für alles Denken – Eigenschaften, die laut dieser Theorie der sinnlichen Erfahrung von Individuen abgehen:

Wenn diese *sui generis*-Begriffe, die Kategorien genannt werden, nicht nur sozialen Ursprungs, sondern auch in ihrem Inhalt sozial sind, so ist das darauf zurückzuführen, daß sie überragende Begriffe sind: sie beherrschen und umschließen alle anderen Begriffe … Eine Zeit, die jede partikuläre Dauer einschließt, ein Raum, der alle individuellen Ausdehnungen umfaßt, eine totale Gattung *(genus)*, die alle bekannten Dinge enthält, können nichts anderes sein als die Zeit, der Raum und die Gesamtheit der Dinge, die durch ein Subjekt verkörpert werden, das aus der Gesamtheit der partikulären Subjekte gebildet ist und diese übersteigt. (Durkheim 1913, S. 36 f.)

Leider ist diese Theorie über den Ursprung der Kategorien (davon abgesehen, daß sie dem widerspricht, was wir heute dank der Entwicklungspsychologie wissen) nicht imstande, die Tatsache zu erklären, daß sich soziales Leben so lange überhaupt nicht hätte entwickeln können, als der Mensch noch keinerlei Art von klassifikatorischer Fähigkeit und gewisse Vorstellungen von Raum, Zeit und Ursache erworben hatte, und zwar auf nicht-soziale Art. Durkheim und Douglas verwechseln in Wirklichkeit zwei Aspekte des Geistes: den Geist als eine Menge von aus der Kultur abgeleiteten Vorstellungen und den Geist als ein System kognitiver Prozesse:

Daß diese wesentliche Unterscheidung nicht gemacht wird, hat vor fast 50 Jahren Gehlke im Zusammenhang mit *Les Formes élémentaires de la Vie réligieuse* festgestellt, wenn er sagt, daß Durkheim die Kategorien »eher als einen Inhalt des Geistes denn als eine Fähigkeit des Geistes« angesehen habe und daß dies »völlig mit Durkheims Auffassung vom Geist als einem System von Vorstellungen und nicht so sehr als einem funktionierenden Ganzen übereinstimmen« würde [1915, S. 53]. Einige Jahre später arbeitet Dennes diesen Kommentar zu einer ausführlichen Kritik an Durkheims Arbeiten über die Religion aus, die sich mit derselben entkräftenden Wirkung auch auf das Hauptargument von Durkheim und Mauss [in *Primitive Klassifizierung*] anwenden läßt. Er schreibt, »Durkheims Theorie über den Ursprung der Kategorien hängt mit seiner zweideutigen Auffassung vom Geist zusammen« [Dennes 1925, S. 39]. Wenn der Geist als ein System kognitiver Fähigkeiten aufgefaßt wird, ist es absurd zu sagen, die Kategorien hätten ihren Ursprung in der sozialen Organisation: der Begriff des Raums muß zuerst vorhanden sein, bevor man auf soziale Gruppen stoßen kann, in deren Vorstellungen irgendwelche räumlichen Relationen sichtbar werden, die dann auf das Universum angewandt werden könnten; die Kategorien für Mengen müssen zuerst vorhanden sein, damit ein individueller Geist das Eine, das Viele und das Ganze in den Unterteilungen seiner Gesellschaft überhaupt erkennen kann; der Begriff der Klasse muß der Einsicht vorausgehen, daß soziale Gruppen, gleich wie natürliche Phänomene klassiert werden, ebenfalls klassifiziert werden können. Mit anderen Worten, am sozialen »Modell« selbst muß man zuerst erkennen können, daß es die notwendigen Eigenschaften besitzt, um bei der Klassifizierung anderer Dinge nützlich zu sein, doch das ist nicht möglich ohne eben diese Kategorien, die Durkheim und Mauss vom Modell ableiten. (Needham 1963, S. XXVI f.)

Wegen diesem von Grund auf unklaren Begriff des »Geistes« hatte Durkheim große Schwierigkeiten zu erklären, daß es kognitive Fähigkeiten gibt, die sich im Menschen offensichtlich *unabhängig* von sozialen Institutionen entwickeln, so daß er postulieren mußte, der Mensch verfüge über gewisse angeborene begriffliche Fähigkeiten, die sowohl die praktische Intelligenz als auch die Klassifikation umfaßten:

. . . es gibt keine Periode in der Geschichte, in der die Menschen in chronischer Verwirrung und dauerndem Widerspruch gelebt haben (Durkheim 1947, S. 487).

Und:

Wahrscheinlich hat der Mensch die Dinge, unter denen er lebte, entsprechend den Mitteln, die er anwandte, um sie zu bekommen, immer mehr oder weniger klar klassifiziert: zum Beispiel Tiere, die im Wasser, in der Luft oder auf dem Boden leben. Doch zuerst wurden solche Gruppen nicht miteinander verbunden oder systematisch geordnet. Es gab Unterteilungen, Unterscheidungen von Ideen, nicht Klassifizierungsschemata. Darüber hinaus ist es evident, daß diese Unterscheidungen eng mit praktischen Belangen verknüpft sind, von denen sie lediglich gewisse Aspekte zum Ausdruck bringen. Aus diesem Grunde haben wir von ihnen in diesem Werk nicht gesprochen, in dem wir vor allem versucht haben, etwas Licht auf die Ursprünge des logischen Verhaltens zu werfen, das die Grundlage wissenschaftlicher Klassifizierung ist. (Durkheim und Mauss 1963, S. 81 f., Anmerkung)

Weshalb die Klassifizierung nach dem Standort kein Klassifizierungsschema sein soll, ist alles andere als einleuchtend, und eine solche »praktische« Klassifizierung ist selbstverständlich grundlegend für die Sprache, ohne die eine Gesellschaft nicht möglich wäre.

Lévy-Bruhl[3], der Durkheim folgend die kollektiven Vorstellungen ebenfalls als völlig durch soziale Prozesse und Institutionen bestimmt betrachtete, befand sich im Hinblick auf den Status der praktischen Intelligenz in einem ähnlichen Dilemma. Auf der einen Seite behauptete er, daß »alles im geistigen Leben des Menschen, was nicht nur die Reaktion des Organismus auf die empfangenen Reize ist, notwendig einen sozialen Charakter aufweist« (1926, S. 15), doch er mußte andererseits einräumen, daß ein großer Anteil des Denkens, und zwar nicht nur Reaktionen auf Reize, in allen Gesellschaften derselbe sei:

Als Individuum betrachtet, fühlt, argumentiert und handelt der Primitive, insofern er, wo möglich, unabhängig von diesen kollektiven Vorstellungen denkt und handelt, üblicherweise so, wie wir es von ihm erwarten würden. Die Folgerungen, die er zieht, sind dieselben, die uns unter gleichen Umständen als vernünftig vorkommen würden. Wenn er zum Beispiel zwei Vögel abgeschossen hat und nur einen von ihnen findet, so fragt er sich, was mit dem anderen geschehen sei, und sucht nach ihm. Wenn er vom Regen überrascht und belästigt wird, so sucht er ein Obdach. Wenn er einem wilden Tier begegnet, so tut er sein möglichstes, um ihm zu entkommen usw. Doch wenn auch Primitive bei solchen Gelegenheiten wie wir denken, auch wenn sie einen Weg ähnlich dem wählen, den wir nehmen würden (und den auch, in den allereinfachsten Fällen, die intelligentesten unter den Tieren nehmen würden), so folgt daraus dennoch nicht, daß ihre geistige Tätigkeit immer denselben Gesetzen wie die unsrige unterliegt. (Ibid., S. 78 f.)

(Während Lévy-Bruhl und andere diese Praxisbezogenheit und die »mystischen« Aspekte des primitiven Denkens als polare Gegensätze gesehen haben, haben sie in Wirklichkeit dieselbe Wurzel, nämlich die Dominanz der sensomotorischen und symbolischen, auf dem Bild basierenden Schemata über die explizite verbale Analyse und das operative Denken.)

Wie können, wenn wir das Problem noch allgemeiner angehen, soziale Determinismen die Tatsache erklären, daß die Kategorien des Raums, der Zeit, der Zahl und der Kausalität und die Klassifikationen, die man spontan bei Kindern in der modernen, gebildeten Industriegesellschaft antrifft, den Kategorien von primitiven Völkern sehr ähnlich sind, und zwar trotz aller Unterschiede in der Organisation und in den Institutionen zwischen der Industriegesellschaft und einer primitiven Gesellschaft? Wie will Durkheim die weltweiten Ähnlichkeiten in den Stadien der kognitiven Entwicklung der Kinder in allen Gesellschaften erklären, die zur Folge haben, daß Kinder desselben Entwicklungsstadiums in Westafrika, Iran, Aden, Hongkong und Genf fast identische Antworten auf die ihnen gestellten Probleme geben? Wie kann er erklären, weshalb sich das kindliche Denken in unserer Gesellschaft systematisch von den Modellen unterscheidet, die diesen Kindern von den erwachsenen Lehrern vorgelegt werden?

Wir haben bereits gesehen, daß das Begreifen der Klassen-Inklusion, die Transitivität, die Teil-Ganzes-Beziehungen, die logischen Begriffe »alle« und »einige« weder dem menschlichen Geist angeboren sind noch passiv aus den kollektiven Vorstellungen der Gesellschaft übernommen werden. Sie werden im individuellen Bewußtsein konstruiert: als Ergebnis der aktiven Rekonstruktion der koordinierten Handlungen und der Bilder auf der verbalen Stufe und durch die kindliche Erfahrung mit natürlichen Gegenständen und seine Beziehungen zu diesen. Wir haben auch den Unterschied zwischen komplexiven und logischen Klassen kennengelernt; wir wissen, daß die komplexiven zuerst entwickelt werden und daß in primitiven Klassifizierungssystemen die komplexiven mit viel größerer Wahrscheinlichkeit angetroffen werden als die logischen Klassen. Die Annahme, soziale Hierarchien von Gruppen seien das Äquivalent zu logischen Hierarchien von Klassen, ist willkürlich und, wie wir sehen werden, unbegründet, denn man kann die sozialen Beziehungen als eine ineinander verschachtelte Menge von Gruppen auffassen, ohne diese als eine Menge von Inklusionsrelationen zwischen Klassen und Unterklassen zu konzeptualisieren. Überdies gibt es, wie auch Durkheim festgestellt hat, in der Natur Diskontinuitäten, beispielsweise zwischen Wasser, Himmel und Erde, die die natürlichen Standorte für eine Vielzahl von Pflanzen und Tiere bilden und folglich eine Grundlage für die Klassifizierung von Dingen in Funktion ihres Standorts, ihrer Morphologie, ihrer Verwendung und für von der sozialen Organisation völlig unabhängige Assoziationen liefern. Ob natürlichen Taxonomien ein symbolischer Wert gegeben wird und ob sie zu den Gruppen und den Institutionen der Gesellschaft in Beziehung gesetzt werden, ist kontingent und in keiner Weise notwendig (vgl. beispielsweise Morris 1976).

Als Durkheim den begrifflichen Realismus des primitiven Denkens erkannte und ihn auf die fehlende Unterscheidung zwischen den Wörtern und die diese Wörter verwendenden Menschen und zwischen dem Wissenden und dem Gewußten zurückführte, realisierte er ebenfalls nicht, daß dies einem allgemeinen Stadium der kognitiven Entwicklung entspricht, das nicht von der sozialen Organisation abgeleitet werden kann.

Wir werden auch sehen, daß primitive Raumvorstellungen auf Mittelpunkt und Peripherie, Seitlichkeit und Grenzen basieren, die topologisch – also durch die Relationen Nähe, Trennung, Einschließung und Reihenfolge bestimmt – sind, und nicht etwa auf euklidischen und projektiven Relationen. Primitive Zeitvorstellungen sind statisch und »verräumlicht«; sie enthalten keine Koordination der Dauer, der Abfolge und der Gleichzeitigkeit; doch dieser Aspekt der primitiven Zeitvorstellung kann nicht einfach auf die *Formen* der rituellen Zyklen und Kalender zurückgeführt werden. Die primitive Kausalität ist essentialistisch, nicht-probabilistisch und psychomorphistisch, doch diese Eigenschaften hängen nicht mit der Erfahrung der Autorität in den menschlichen Beziehungen zusammen. In allen diesen Fällen liegen den spezifischen Zügen der kollektiven Vorstellungen von einzelnen Gesellschaften gewisse fundamentale und universelle Annahmen und Denkprozesse zugrunde, die für das präoperative Denken kennzeichnend sind.

Die Theorie Durkheims ist somit offensichtlich nicht nur nicht imstande, eine zusammenhängende Unterscheidung zwischen dem Denken von Individuen und spezifisch kollektiven Vorstellungen durchzuhalten, sie kann auch die allgemeinsten und grundlegendsten begrifflichen Kategorien nicht aus den institutionellen Formen der Gesellschaft herleiten. Wie ihre Anhänger zugeben, können kollektive Vorstellungen nicht einem transzendentalen Bereich angehören, da sie von den Individuen, die einer Gesellschaft

71

angehören, ständig im Alltagsleben angewandt werden, und ein großer Anteil der Denkvorstellungen weist universelle Eigenarten auf, die von den Institutionen und kollektiven Vorstellungen der Gesellschaft unabhängig sind.

Die Theorie bleibt also bei einem scheinbaren Gegensatz zwischen dem einzelnen Individuum – eigentlich dem einzelnen Kind – auf der einen und den umfassenden Mitteln der Gesellschaft, in die es hineingeboren wurde, auf der anderen Seite stehen. Auf den Gegensatz folgt der triumphierende Ausruf, weil etwas so Klägliches und Ohnmächtiges wie ein einzelnes Individuum keinen Einfluß auf die kollektiven Vorstellungen seiner Gesellschaft haben könne, sei zu folgern, daß individuelle Denkprozesse als solche für die Typen von kollektiven Vorstellungen, die entwickelt wurden, irrelevant seien. Der Trugschluß wird durch die Annahme gekrönt, das Lernen sei ein passiver Vorgang, bei dem die Inhalte der kollektiven Vorstellungen einfach in den Geist von Individuen projiziert werden, wie Bilder auf eine Leinwand oder auf einen photographischen Film. Dieser Trugschluß läßt sich am besten durch einen Vergleich mit einem Universitätsstudenten illustrieren, der mit dem Studium einer neuen Disziplin beginnt, sagen wir einmal Sozialanthropologie. Am Anfang befindet er sich in der Situation des Durkheimschen Menschen, ein einsames Individuum, intellektuell unbeschrieben, in eine Kultur – sein Studienfach – geboren, die er nicht gemacht hat und die in ihrer Spannweite viel größer ist, als irgendein einzelner Geist erfassen kann. Doch kein einziger Hochschuldozent wird annehmen, dieser Student nehme den Inhalt von Büchern und Vorlesungen auf, so wie ein Film Bilder aufnimmt. Lernen ist ein aktiver Prozeß, in den das Individuum mannigfaltige Fähigkeiten einbringt; das Gelernte muß bei diesem Vorgang neu gedacht werden, so daß es ein Teil der eigenen Denkweise über anthropologische Fakten und Theorien wird. Niemand würde eine papageienhafte Wiederholung dessen, was der Student gehört hat, als ein erfolgreiches Lernen betrachten, und unter Universitätsdozenten ist überdies bestens bekannt, in welch wunderbarer Vielfalt der Inhalt ein und derselben Vorlesung von den Zuhörern aufgenommen und verstanden wird. Wenn dieser Student ein professioneller Anthropologe wird, so wird er wahrscheinlich einige Veränderungen in den kollektiven Vorstellungen dieser Wissenschaft auslösen, denn wenn auch die Sozialanthropologie einen Kern von grundlegenden und anerkannten Theorien enthält, so ist es doch eine historische Tatsache, daß auch dieser Kern sich durch Akkommodation an die ethnographische Erfahrung verändert. Weil Lernen ein aktiver Prozeß ist, der sich ständig vor die Notwendigkeit gestellt sieht, sich an die Erfahrung zu akkommodieren und diese Erfahrung an bestehende begriffliche Strukturen zu assimilieren, kann es eben, auch in seinen sozialen Aspekten, nicht einfach eine Sache der passiven Sozialisierung und Aufnahme von empfangenen Wahrheiten und Gebräuchen sein. Und weil jede wissenschaftliche Disziplin aus realen Menschen besteht, ist es folglich grundsätzlich falsch, den Kern von Fakten und Theorien, die zusammen ihre kollektiven Vorstellungen bilden, als außerhalb des Einflusses individueller Denkprozesse stehend anzusehen. Solche kollektiven Vorstellungen, nehmen wir als Beispiel den strukturellen Funktionalismus, sind das Ergebnis der sich anhäufenden Arbeiten einer großen Zahl wirklicher Menschen; ihr Denken und ihre Anstrengungen haben diese Disziplin zu dem gemacht, was sie ist, und diese kollektiven Vorstellungen geschaffen. Wenn dem nicht so wäre, so könnten kollektive Vorstellungen sich nie verändern; sie haben sich aber in der rund hundertjährigen Geschichte unserer Disziplin in einem solchen Maße verändert, daß von den frühen Theorien kaum mehr etwas übriggeblieben ist.

Eine wissenschaftliche Disziplin ist selbstverständlich keine Gesellschaft und schon gar nicht eine primitive Gesellschaft. Sie ist eingebettet in eine größere Gesellschaft und nimmt nur einen Teil des Denkens und Handelns ihrer Repräsentanten in Anspruch; mit Lernen hat sie nur in einem schmalen Bereich – schriftlich festgehaltenes, verbales Wissen – zu tun, und sie ist nur beschränkt pädagogisch und experimentell. Während sie sich in allen diesen entscheidenden Hinsichten von einer Gesellschaft unterscheidet, hat sie, weil eine solche Disziplin ein dauerhafter sozialer Prozeß mit grundlegenden Traditionen ist, die durch die sozialen Beziehungen des akademischen Lebens weitergegeben werden, an die sich die Neuhinzukommenden zuerst anpassen müssen, dennoch mit einer Gesellschaft als Ganzem einige grundlegende Eigenschaften gemeinsam, die den Status des kollektiven Denkens im Vergleich zum Denken von Individuen, wenn auch stark beschleunigt und intensiviert, erhellen.

Weil Durkheim von der Dauerhaftigkeit, der Zwangsläufigkeit und der Unentrinnbarkeit der kollektiven Vorstellungen im Vergleich zur Geschmeidigkeit des individuellen Bewußtseins derart besessen war und von einem empiristischen Modell des Geistes, wonach Wissen durch passive Aufnahme und Anpassung erworben würde, beherrscht wurde, vermochte er nicht zu sehen, daß gewisse Vorstellungsweisen der Wirklichkeit in *allen* oder auch nur einer Mehrheit der Glieder einer Gesellschaft als das Ergebnis von allgemeinen Umweltfaktoren hervorgebracht werden, so daß solche Denkweisen in den grundlegenden Eigentümlichkeiten, in den zugrunde liegenden und impliziten Annahmen sichtbar werden müssen, auf denen spezifische kollektive Vorstellungen beruhen. Ihre besondere Form, etwa die Eigenschaften des Zauberers, die Methoden der Wahrsagung, die Anlässe und der Inhalt von Ritualen, die symbolischen Assoziationen zwischen Orten und Orientierungen, die soziale Rolle des Priesters und Wahrsagers, sind das Produkt von kollektiven, sozialen Prozessen physischer Natur und können nicht, wie Durkheim richtig feststellte, auf die Denkprozesse von Individuen zurückgeführt werden, können aber dennoch von solchen beeinflußt werden.

Obwohl die sozialen Prozesse, die kollektive Vorstellungen hervorbringen, von den Gliedern dieser Gesellschaft oft nicht begriffen oder nicht einmal vermutet werden, beruhen diese Vorstellungen, außer sie würden rein mechanisch ausgeformt, notwendigerweise auf bestimmten Annahmen und geistigen Prozessen im Denken von Individuen, auch wenn solche Annahmen von Mensch zu Mensch und Generation zu Generation weitergegeben werden. Weil man Vorstellungen nur weitergeben kann, wenn man sie verstanden hat, ist es unvermeidlich, daß die kognitiven Fähigkeiten des durchschnittlichen Angehörigen einer solchen Gesellschaft die Art der kollektiven Vorstellungen, die diese Gesellschaft entwikkelt, beeinflussen müssen. *Sich anpassen* bedeutet somit, kurz gesagt, notwendig auch *umformen*.

Man findet zum Beispiel, daß in einer primitiven Gesellschaft ein Schatten nicht einfach als eine Fläche mit fehlendem Lichteinfall in einer projektiven Beziehung zu einem Gegenstand und einer Lichtquelle betrachtet wird, sondern als etwas Dingliches, das insbesondere von Menschen ausgeht. Diese Annahme über die Natur der Schatten ist die Grundlage für eine breite Vielfalt von kollektiven Vorstellungen über Schatten und Seele, die Verwundbarkeit von Schatten durch Magie, ihre Fähigkeit, Nahrungsmittel zu verderben usw.; doch diese mannigfaltigen, sozial entwickelten Vorstellungen über den Schatten beruhen alle auf der Tatsache, daß der durchschnittliche Angehörige einer primitiven Gesellschaft das Problem »Schatten« nicht operativ behandelt, sondern diesen fehlenden Lichteinfall für eine wirkliche Emanation einer Person hält. Und insofern Schatten auf diese präoperative Weise verstanden werden, kann kein soziales Bemühen diese kollektiven Vorstellungen in solche eines projektiven Typs transformieren. Kollektive Vorstellungen wurzeln, kurz gesagt, in gewissen grundlegenden Annahmen über die Wirklichkeit, die nicht für die Konso, die Azande, die Tikopia oder die alten Ägypter spezifisch sind, sondern die von der Art und Weise herrühren, in der Menschen in einem primitiven Milieu infolge ihrer Interaktion mit sowohl ihrer physischen als auch ihrer sozialen Umgebung denken.

Einer der auffälligsten Mängel von Durkheims Theorie ist der, daß sie das an der Interaktion des Menschen mit seiner gesamten Umgebung beteiligte Denken nicht in seiner Beziehung zum übrigen menschlichen Denken berücksichtigt. Die Produktionsweisen und die technischen Probleme, das Fehlen von Maßeinheiten und Quantifizierung, die Strategien beim sozialen Umgang, die kognitiven Auswirkungen der fehlenden Bildung und die Erziehungsmethoden, die Art zu reden und die den sozialen Situationen in einer primitiven Gesellschaft angepaßten Sprachformen, alle diese Aspekte werden fast vollständig übersehen. Die Liste könnte verlängert werden. Alle diese Belange sind jedoch vitale Aspekte menschlicher Anpassung an die Umwelt und menschlicher Denkart über diese Umwelt; solche Faktoren müssen zwangsläufig eine tiefe Auswirkung auf die Vorstellungen von Raum und Zeit, Ursache und Wirkung, auf die Klassifizierung und die Unterscheidung zwischen Mensch und Natur, die sie nach sich ziehen, haben.

Einer der Gründe für diese Auslassungen ist darin zu suchen, daß Durkheim ein Salontheoretiker ohne praktische Erfahrungen mit dem Leben in einer primitiven Gesellschaft war. Lévy-Bruhl wurde oft belächelt, weil er angeblich den primitiven Menschen als in einer Welt seiner mystischen Phantasie verloren beschrieben habe. Doch Durkheims Auffassung vom Primitiven, der in einer Welt von kollektiven Ideen und Institutionen versinkt, von seiner angeborenen Fähigkeit zu wahrnehmungsmäßigen Unterscheidungen abgesehen, ist eine vergleichbare Karikatur der lebendigen Wirklichkeit.

Ein Anhänger Durkheims würde vielleicht erwidern, die verschiedenen für die kognitive Entwicklung entscheidenden Faktoren, beispielsweise Schulbildung und die Fähigkeit zu lesen und zu schreiben, die Freiheit des Kindes, Fragen zu stellen, die Verfügbarkeit von Maschinen und mechanischen Erfindungen (etwa

Fahrrädern) für eine kausale Analyse, das Vorhandensein von Maßeinheiten und Zahlwörtern, die eine Zerlegung in die Dimensionen erleichtern, der Grad an experimenteller Geschicklichkeit und Innovation, der von der Technik gefordert werde usw., diese Faktoren also seien lauter kollektive Phänomene, und die Erkenntnisse der Entwicklungspsychologie würden somit Durkheim in Wirklichkeit bestätigen. Doch das stimmt nicht. Erstens wirken sich diese Faktoren auf die kognitive Entwicklung von *Individuen* aus, deren geistige Prozesse für Durkheim die Folgen von kollektiven Vorstellungen sind und auf die sie, mindestens auf der Stufe der primitiven Gesellschaft, keinen formenden Einfluß haben können. Zweitens glaubt Durkheim, daß soziale Beziehungen und Institutionen – Sippe und Einteilungssysteme, Autoritätsbeziehungen, kalendarische und rituelle Zyklen, die Anlage der Lagerplätze usw. – die Grundlage für die begrifflichen Kategorien und die kollektiven Vorstellungen im allgemeinen seien. Die Umweltfaktoren, die die Entwicklungspsychologen als für die kognitive Entwicklung entscheidend betrachten, sind aber gerade nicht solcher Ordnung: Ein Fahrrad mag ein soziales Phänomen sein, aber es ist sicher nicht eine Institution im Sinne Durkheims oder eine soziale Beziehung.

Hat man einmal erkannt, daß zu den sozialen Faktoren, die die Entwicklung der individuellen kognitiven Prozesse beeinflussen, die Gesamtheit der Beziehungen zwischen dem Individuum und seinen Mitmenschen und seiner physischen Umgebung gehört, so befindet man sich nicht mehr in der intellektuellen Welt von Durkheim, sondern in der von Vico und Marx. Diese haben wie Durkheim anerkannt, daß es kollektive Vorstellungen gibt, die nicht nur vom individuellen Denken, sondern auch von sozialen Prozessen herrühren, sie haben aber auch gesehen, daß die *Tätigkeit* des Menschen einen vitalen und tiefen Einfluß auf sein Verständnis der Welt ausübt. Die traditionelle anthropologische Theorie geht jedoch vom Modell eines Menschen aus, dessen Hände gewissermaßen auf dem Rücken gefesselt sind und der seine Vorstellungen von der Wirklichkeit durch passives Hinsehen und Zuhören in sich aufnimmt.

Der Einbezug der Erkenntnisse der Entwicklungspsychologie in die Untersuchung des primitiven Denkens führt somit nicht zu einem Konflikt mit der soziologischen Analyse, sondern bereichert diese eher; man erkennt dadurch die Bedeutung einer ganzen Reihe von Faktoren, die von den Prämissen der traditionellen anthropologischen Theorie her gesehen für das Verständnis des primitiven Denkens unerheblich sind, die aber zeigen, wie die kognitive Entwicklung von *Individuen* durch deren allgemeine Umgebung beeinflußt wird.

Gegen die Meinung, daß die kollektiven Vorstellungen einer Gesellschaft durch individuelle Intelligenzen gefiltert weitergegeben und an die vorhandenen kognitiven Strukturen assimiliert werden, ließe sich jedoch der Einwand geltend machen, daß sogar gebildete Glieder unserer eigenen Gesellschaft in kognitiv anspruchslosen Situationen oft verhältnismäßig elementare Denkweisen anwenden. Könnte es nicht sein, müßte man etwa sagen, daß die Angehörigen primitiver Gesellschaften kognitiv ebenso entwickelt wie wir sind, daß sie aber, weil die Ansprüche ihrer Gesellschaft sehr viel geringer als die der unsrigen sind, weil es vor allem um persönliche Beziehungen und nicht so sehr um die Technik oder den stark verbalisierten Ausdruck geht, daß sie also die konkreten oder formalen Operationen weder in ihren kollektiven Vorstellungen noch beim Lösen ihrer Von Tag zu Tag-Probleme anwenden müssen, obwohl sie zu solchem Denken durchaus befähigt wären? In einer primitiven Gesellschaft gibt es zum Beispiel unsere verallgemeinerten sozialen Begriffe oder die logische Analyse der erzählenden oder den Satzbau der formalen Grammatik nicht.

Auf diese Frage gibt es nur eine empirische Antwort. Wenn wir als Ethnographen herausfinden, daß die Angehörigen primitiver Gesellschaften zum Beispiel durchaus imstande sind, uns in abstrakten Begriffen allgemein darzustellen, wie ihre Gesellschaften funktionieren und was ihre Institutionen bezwecken, zwischen den logischen und den erzählerischen Elementen in ihren Mythen zu unterscheiden, mit uns logische Mängel in ihren Argumenten zu diskutieren und die Struktur ihrer Syntax zu analysieren, auch wenn sie es nicht gewohnt sind, untereinander auf solche Weise zu sprechen, dann müssen wir daraus richtigerweise schließen, daß primitives Denken nichts anderes als eine Antwort auf die örtlichen Umstände sei und mit den kognitiven Fähigkeiten der Individuen nichts zu tun habe. Es zeigt sich aber eben gerade, daß Primitive sich nicht auf solche Weise mitteilen können, und daraus ergibt sich folglich der Schluß, daß das primitive Denken nicht einfach eine Manifestation besonderer Ansprüche und Interessen, sondern ebensosehr der individuellen Veranlagungen ist.

Wenn nun aber der durchschnittliche Angehörige oder die große Mehrheit der Angehörigen einer primitiven Gesellschaft auf der

Stufe des präoperativen Denkens stehenbleiben, so folgt daraus dennoch nicht, daß wir allein aus der Evidenz der kollektiven Vorstellungen einer Gesellschaft ableiten dürfen, *alle* Individuen dieser Gesellschaft könnten nur auf der Stufe solcher kollektiver Vorstellungen denken. Die intelligenteren Personen oder Leute, die mit kognitiv anspruchsvolleren Situationen zu tun hatten, sind sehr wahrscheinlich imstande, einige der kollektiven Vorstellungen ihrer Gesellschaft zu übersteigen – wieviele solcher Leute und in welchem Maße müßte empirisch untersucht werden. Kollektive Vorstellungen einer hohen kognitiven Stufe werden vielleicht vom durchschnittlichen Angehörigen der Gesellschaft, der auf einer *niedrigeren* Verständnisstufe stehengeblieben ist, verstanden. Statistische Operationen werden beispielsweise von vielen Gliedern unserer Gesellschaft rein mechanisch durchgeführt, ohne daß die zugrunde liegenden mathematischen Prinzipien begriffen worden wären. Aus einer gegebenen Menge von kollektiven Vorstellungen können wir somit weder schließen, daß die kognitive Entwicklung *einiger* Angehöriger nicht darüber hinausgehe, noch folgern, daß die kognitive Entwicklung einiger anderer nicht auf einer tieferen Stufe stehengeblieben sei. Das gilt für die Rituale so gut wie für die Mathematik.

Kollektive Vorstellungen sind somit, kurz gesagt, Phänomene mit zwei Seiten: unter dem einen Gesichtspunkt sind sie in ihren allgemeinsten Eigenschaften Manifestationen der kognitiven Prozesse des durchschnittlichen erwachsenen Gliedes der Gesellschaft; unter einem anderen Gesichtspunkt sind sie aber soziale Phänomene, die eine Umwelt bilden, mit der jedes Individuum in Interaktion tritt, eine Umwelt, die für das kognitive Wachstum eine Hilfe sein kann, die es aber auch verzögern kann.

Cole und Scribner machen geltend, es sei »nicht möglich, gültige Folgerungen über Denkprozesse – das heißt über die spezifischen Mechanismen, die ein besonderes Verhalten oder eine spezielle Überzeugung hervorrufen – nur auf der Grundlage von Belegen über Überzeugungen von Gruppen oder Individuen zu ziehen« (Cole und Scribner, 1974, S. 143). Insofern es äußerst voreilig wäre, irgendwelche Folgerungen über die Denkprozesse eines bestimmten Bongo-Bongo-Informanten zu ziehen, der *nur* gerade sagt, das, was »wir, die Bongo-Bongo, sagen, ist die Ursache des Donners«, haben Cole und Scribner offensichtlich recht, denn dieser Informant könnte dazu fähig sein, Gründe für die Ablehnung der orthodoxen Meinung zu dieser Frage herauszufinden. Doch das ist nicht alles. Im Laufe dieses Buches werden wir a) eine dialektische, interaktionistische Theorie über die Entwicklung der Vorstellungsweisen über die Welt, wie sie von Piaget und anderen ausgearbeitet worden ist, b) die für diese Theorie der kognitiven Entwicklung relevanten Verhältnisse des primitiven Lebens und c) die *allgemeinen* Eigenarten der primitiven Vorstellungen von Raum, Zeit, Zahl und Maß, Klassifizierung, Kausalität usw. untersuchen. In dem Maße, wie Denkweisen nicht angeboren sind, sondern durch die Aktivität des Subjekts in bezug auf seine Umgebung (die Anforderungen an das explizite, verbale Denken, das Ausmaß, in dem Bild und symbolische Vorstellung für die Kommunikation ausreichen usw.) entwickelt werden, ist es jedoch vernünftig, einen gewissen Grad von Kongruenz zwischen dem Typ von Vorstellungen über Raum, Zeit, Kausalität usw., die für eine primitive Gesellschaft *allgemein* gelten, und den Verhältnissen des primitiven Lebens auf der einen und der Entwicklungstheorie auf der anderen Seite zu erwarten. Das will nicht heißen, daß begabte Individuen oder Leute mit spezieller kognitiver Erfahrung, etwa in Schiffahrt, Landvermessung oder in anderen spezifischen Kunstfertigkeiten, nicht imstande seien, die kollektiven Vorstellungen ihrer Gesellschaft zu übersteigen. Die Möglichkeit einer solchen Kongruenz abzulehnen, würde jedoch, so scheint es, einen Rückgriff auf angeborene kognitive Strukturen bedeuten, für die es kaum Beweise gibt und für die auch Cole und Scribner nicht eintreten würden.

Wir gehen von folgender Arbeitshypothese aus. Völlig abseits der institutionalisierten Aspekte einer Gesellschaft konstruieren Individuen durch ihre täglichen Interaktionen mit der physischen und sozialen Umwelt Vorstellungen über die Wirklichkeit, die selbst nicht institutionalisiert werden, die aber Antworten auf die Erfordernisse realer Situationen sind. Einige dieser Situationen kommen überall vor, denn alle Gesellschaften und alle natürlichen Umwelten haben zumindest einige gemeinsame Züge. Diese Interaktion ist die Grundlage für das kognitive Wachstum, das durch Gesetzmäßigkeiten gelenkt wird, die für die Menschen in allen Gesellschaften gelten, und zwar derart, daß alle normalen Individuen eine Reihe von Entwicklungsstadien durchlaufen, die auf der Stufe der formalen Operationen enden. Solche Menschen können jedoch diese Denkstufe nicht erreichen, wenn die Umweltbedingungen nicht anspruchsvoll genug sind. Mit anderen Worten, gewisse Vorstellungsweisen sind elementarer als andere und treten

folglich in der Entwicklung jedes Individuums vor den fortgeschritteneren Vorstellungen auf. In Gesellschaften wie der unsrigen reichen diese elementaren Vorstellungsformen für eine Akkommodation an die soziale und physische Umwelt nicht aus, so
daß das Individuum gezwungen ist, sie auf einer höheren Stufe des
geistigen Funktionierens zu rekonstruieren. In primitiven Gesellschaften ist jedoch das präoperative Denken völlig adäquat, um
mit den Erfordernissen des Alltagslebens fertig zu werden; es
kommt nicht in Konflikt mit der Wirklichkeit, so daß auch die
Notwendigkeit dahinfällt, es auf der Stufe der konkreten oder formalen Operationen zu rekonstruieren.

Die kollektiven Vorstellungen *nicht-spezialisierter, nicht-ge-
schichteter* Gesellschaften können folglich keine kognitiven Prozesse in sich aufnehmen, die über die Auffassungskraft einer signifikanten Minderheit ihrer Glieder hinausgehen; und die kollektiven
Vorstellungen von spezialisierten und geschichteten Gesellschaften werden von den gebildeten und den ungebildeten Angehörigen
jeweils verschieden verstanden (wie groß die Anteile etwa sein
müssen, kann ohne weitere Untersuchungen nicht gesagt werden).
In Situationen, wo die natürliche und kulturelle Umgebung einer
Gesellschaft die kognitive Entwicklung ihrer Glieder hemmt, so
daß nur ein Teil der Leute die Lösung bestimmter Probleme begreifen kann, beispielsweise die Mengenerhaltung, sind die kollektiven Vorstellungen einer solchen Gesellschaft nicht erhaltungs-
fähig.

Untersuchungen an traditionsbewußten Erwachsenen ohne
Schulbildung in Papua-Neuguinea und Australien (Kelly 1971, Da-
sen 1974) haben beispielsweise gezeigt, daß weniger als 50% der
Bevölkerung zur Mengenerhaltung befähigt sind.

Nehmen wir an, daß in einer bestimmten Gesellschaft nur 50%
der Leute die Mengenerhaltung beherrschen (Abbildung 3):

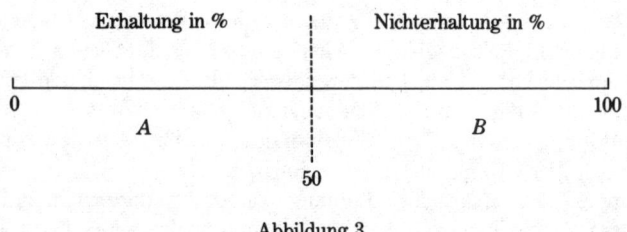

Abbildung 3

80

Nehmen wir weiter an, bei sozialen Interaktionen zwischen zwei Leuten, für die die Mengenerhaltung ein relevantes Problem ist, sei die Wahrscheinlichkeit, daß sie entweder zu A oder zu B gehören, jeweils gleich groß. Leute, die zu A oder B gehören, treffen dann mit folgender Wahrscheinlichkeit zusammen:

(1) $A \leftrightarrow A$ 25%

(2) $A \leftrightarrow B$ 25%

(3) $B \leftrightarrow A$ 25%

(4) $B \leftrightarrow B$ 25%

Nur im Fall 1 verstehen die beiden Gesprächspartner einander bei diesem Erhaltungsproblem (25% der möglichen Begegnungen). In den Fällen 2 und 3 kommt es zwischen den beiden Partnern zu Mißverständnissen und Meinungsverschiedenheiten, und im Fall 4 wird beiden Partnern nicht einmal bewußt, daß es sich um ein Problem handelt. Daraus ergibt sich mit aller Evidenz, daß weit mehr als 50% der Erwachsenen ein bestimmtes begriffliches Problem beherrschen müssen, damit die Lösung in die kollektiven Vorstellungen der Gesellschaft aufgenommen wird.

Man kann jedoch mit Recht argumentieren, wenn man keine kollektiven Vorstellungen finde, in die die Mengenerhaltung aufgenommen worden sei, so könnte das darauf zurückzuführen sein, daß eine solche Operation im Kontext dieser Gesellschaft unnötig sei; viele Individuen dieser Gesellschaft könnten folglich die Fähigkeit zur Erhaltung haben, doch diese zeige sich im privaten Denken und nicht so sehr in den kollektiven Vorstellungen. Flavell und Wohlwill (1969) stützen sich auf Chomskys Unterscheidung zwischen Kompetenz und Performance, um die Tatsache zu erklären, daß Angehörige traditioneller Gesellschaften kognitive Erwerbungen wie die Erhaltung rasch lernen, sobald sie geschult werden. Das deutet auf eine latente Fähigkeit hin, die durch ihre Kultur nicht entwickelt wurde. Dasen sagt:

Wiederholt hat es Anzeichen dafür gegeben, daß die erste Antwort, die ein Kind [oder ein Erwachsener] auf eine Aufgabe von Piaget gibt, nicht seine wirkliche Denkstufe, d. h. die zugrunde liegende Struktur oder Kompetenz, widerspiegelt. In einigen Fällen scheinen solche Kinder mit sehr wenig »Hilfe« (weitere Fragen, zusätzliche Prüfungssituationen, andere operative Fragestellungen, Übungsverfahren) imstande zu sein, die latente Struktur zu »aktualisieren«. (Dasen 1977, S. 172)

Die Untersuchungen Bovets an erwachsenen algerischen Bauern ohne Schulbildung haben beispielsweise bei Experimenten zur Erhaltung des Gewichts gezeigt, daß sie in Gesprächen mit dem Experimentator die Erhaltung rasch begreifen:

Diese Reaktionen von Erwachsenen scheinen in gedrängter Abfolge die bei Kindern festgestellten Entwicklungstrends zu wiederholen, bei denen eine anfänglich nicht-operative Erhaltung am Ende, in einem späteren Stadium, zu einem expliziten Erhaltungsurteil wird. (Bovet, 1974, S. 325)

Der Grund für das Fehlen der Erhaltung in *dieser* Kultur ist sicher darin zu suchen, daß sie für praktische Zwecke nicht benötigt wird; sobald jedoch die Bedürfnisse sich ändern, zum Beispiel durch die Einführung moderner Technologien, wird das latente Verständnis der Gewichtserhaltung bei den Erwachsenen rasch sichtbar. Weiter unten werden die Probleme bei der Interpretation der von Luria bei den Usbeken gesammelten Daten diskutiert, wobei ethnographische Fakten über Sprache und Kultur dieses Volkes nicht vorhanden sind.

Doch der Begriff der »Kompetenz« ist schon an sich vage, und zwar in einem Kernpunkt – wieviel »Spezialtraining« hat der Psychologe, der den Versuch durchführt, durch seine Anwesenheit mitgegeben? Viele Vorstellungen sind nämlich durchaus evident, sobald man sie einmal dargelegt hat, etwa die kartesischen Koordinaten, doch das heißt nicht, daß sie von jedermann entdeckt werden können. Durch ausreichendes Einüben, vielleicht während Wochen oder Monaten, können selbstverständlich Heranwachsende und Erwachsene in jeder Gesellschaft vermutlich die Erhaltung lernen. Ist aber daraus in allen solchen Fällen die Folgerung zu ziehen, daß die Fähigkeit dazu latent vorhanden gewesen sei und daß man den betreffenden Menschen nur dieser speziellen Trainingssituation habe aussetzen müssen, um »die latente Struktur zu aktualisieren«? Und was heißt überhaupt »latent« in einer solchen Situation?

Das Argument, wo immer in einer Gesellschaft das Bedürfnis nach einer bestimmten kognitiven Fähigkeit allgemein werde, würde dieses Bedürfnis gestillt, scheint ebenfalls untauglich zu sein. Auf Neuguinea habe ich beispielsweise mit Erstaunen feststellen müssen, daß die Tauade keine Wörter für Zahlen größer als »zwei« kennen, obwohl die Verteilung der Schweinefleischstücke bei Zeremonien durch ein System von Zahlwörtern beträchtlich erleichtert würde. Es zeigt sich auch, daß die Tauade gerade aus diesem Grunde die Zahlwörter des Pidgin-Englisch zu übernehmen beginnen. Und H. Gladwin (1970) zeigt in einer Studie über die Fischvermarktung in Ghana, daß die Fähigkeit, die Nachfrage auf den verschiedenen Märkten durch eine exakte Wahrscheinlichkeitsrechnung abzuschätzen, wirtschaftlich von großem Vorteil wäre, daß aber die Unternehmer diese Fähigkeit nicht haben und sich mit groben Schätzungen behelfen. Daß es eine Gesellschaft schafft, mit den vorhandenen Mitteln ihres kollektiven kognitiven Könnens durchzukommen, ist für sich allein noch kein Beweis dafür, daß diese Mittel den Bedürfnissen völlig angemessen wären oder daß die kognitive Nachfrage durch kognitives Angebot befriedigt wird.

Die Tatsache, daß eine Gesellschaft nicht in einem großen Teil einer Bevölkerung eine besondere kognitive Fähigkeit entfaltet, ist wahrscheinlich durch zwei Faktoren bedingt – nämlich daß diese Fähigkeit infolge der allgemeinen Umweltbedingungen nicht in vielen Leuten entwickelt wird und daß sie für diese Gesellschaft nicht relevant ist, obwohl »Relevanz«, wie wir eben gesehen haben, alles andere als leicht zu definieren ist. Für uns als Anthropologen ist es jedoch nicht von Belang, ob eine Fähigkeit latent vorhanden ist, wenn die Mittel für ihre Entfaltung (etwa eine spezielle Unterweisung durch Psychologen) normalerweise in dieser Gesellschaft nicht vorhanden sind. Wie Dasen sagt, messen die experimentellen Aufgaben

... den spontanen Gebrauch der Begriffe; die Ergebnisse können als Maß für die Wahrscheinlichkeit angesehen werden, mit der diese speziellen Begriffe in Alltagssituationen angewandt werden, und sind deshalb bedeutungsvoll. Sie sind nicht notwendigerweise ein Maß für die kognitive »Kompetenz«, die involvierten Begriffe oder konkrete Operationen im allgemeinen benutzen zu können. (Dasen 1977, S. 195 f.)

Wenn wir ein von der Entwicklungspsychologie abgeleitetes Erkenntnismodell akzeptieren, müssen wir noch ein weiteres grundlegendes Element der Theorie Durkheims grundsätzlich neu überdenken, nämlich die soziale Funktion der Religion für die Erhaltung der sozialen Solidarität.

Angesichts der ihm zufolge offensichtlichen Absurditäten in vielen primitiven Glaubensvorstellungen und Praktiken hat Durkheim zu erklären versucht, wie solche plumpen Irrtümer es trotz allem fertiggebracht hätten, auch in einer modernen Gesellschaft frisch und fröhlich weiterzuleben. Er hatte zwei Antworten zur Hand. Die eine basierte auf seinem linearen Kausalmodell, wonach die Gruppengefühle des Menschen natürliche Tatsachen seien, die soziale Gruppen hervorbrächten, die wiederum die Grundlage der kollektiven Vorstellungen wären. Kollektive Vorstellungen wären somit letztlich Widerspiegelungen natürlicher Fakten und folglich in einem gewissen Sinne »wahr«. (Lévi-Strauß argumentiert ziemlich ähnlich: Weil das Gehirn ein natürliches Phänomen sei und die Struktur der Sprache auf der Gehirnstruktur beruhe, die auch die Grundlage für die kognitive Organisation sei, müsse folglich die Struktur des Denkens ein Spiegelbild der Struktur der Natur sein.) Dieses Argument ist offensichtlich falsch, denn, wie Chomsky aufzeigt, ein Computer könnte unschwer so programmiert werden, daß sein Output in völligem Gegensatz zu den Prinzipien stünde, die die Grundlage für seine Konstruktion geliefert haben.

Ein überzeugenderes Argument für die soziale Funktion der Religion ist folgendes:

. . . ist es ein wesentliches Postulat der Soziologie, daß eine menschliche Institution nicht auf einem Irrtum oder einer Lüge beruhen kann . . . Wenn sie nicht in der Natur der Dinge begründet wäre, würde sie in den Fakten auf einen Widerstand gestoßen sein, den sie nie hätte überwinden können. Wenn wir also die primitiven Religionen zu studieren beginnen, so sind wir sicher, daß sie sich an die Wirklichkeit halten und diese zum Ausdruck bringen . . . Man muß wissen, wie man über das Symbol hinter die Wirklichkeit kommt, die es darstellt und die ihm seinen Sinn gibt. Die barbarischsten und die phantastischsten Riten und die merkwürdigsten Mythen bringen irgendein menschliches Bedürfnis, irgendeinen Aspekt des – individuellen oder sozialen – Lebens zum Ausdruck. (Durkheim 1947, S. 14)

Es gibt als erstes keine sichtbare Beziehung zwischen menschlichen Bedürfnissen und den Lebenstatsachen. Es ist eine alltägliche Beobachtung, daß politische Ideologien und religiöse Glaubenssysteme fast im gleichen Maße emotional befriedigend sind, wie sie phantastische Elemente enthalten. Dazu kommt als zweites, daß wir den Tatsachen nicht direkt begegnen: wir deuten sie von unseren vorhandenen Überzeugungen und kognitiven Strukturen her, so daß man sich kaum vorstellen kann, was man unter »Widerstand« seitens der Fakten, vor allem in einer primitiven Religion, verstehen soll. Wenn man darüber hinaus zeigen kann, daß die primitive Religion andererseits nur ein Aspekt der in ungebildeten Gesellschaften entwickelten kognitiven Prozesse ist, wenn Magie, Mythen, Rituale, »Animismus«, die psychomorphistische Kausalität usw. die spontanen Erzeugnisse des in einer bestimmten Umwelt befindlichen menschlichen Geistes sind, dann stellt sich die ganze Frage nach dem grundlegenden sozialen Wert der Religion und der Magie, so wie sie von Durkheim aufgeworfen worden ist, in ganz neuer Form. Wenn die Religion und die mit ihr verbundenen Rituale, mit Magie und Zauberei, die *Wirkung* haben können, daß sie soziale Bande zementieren, so ist diese angebliche »Funktion«, das darf man jetzt sagen, eher der Ausdruck eines noch grundlegenderen Hangs des menschlichen Geistes, in religiösen und magischen Begriffen zu denken, falls er sich in einer bestimmten Umwelt befindet. Wenn es solche Wirkungen geben soll, dann müssen sie empirisch bewiesen und nicht als ein Axiom vorausgesetzt werden; jedenfalls haben sie keinerlei Erklärungswert, was immer sie auch darüber sagen mögen, weshalb religiöse und magische Überzeugungen in primitiven Gesellschaften allgemein verbreitet sind.

(Soziale Zusammengehörigkeit scheint oft eine *Vorbedingung* für rituelle Zusammenarbeit und nicht so sehr ihre Folge zu sein; im Falle der Magie und der Zauberei ist auch kaum einzusehen, weshalb der Glaube, daß viele menschliche Leiden von menschlicher oder übernatürlicher Bosheit herrührten, den Pegel der sozialen Spannung nicht *erhöhen* sollte, auch wenn sich diese Spannung eher durch magische Heilmittel als durch Gewalt abbauen läßt.)

Rationalistische Philosophen und Soziologen wie Durkheim, Frazer und Lévy-Bruhl haben die übernatürlichen Überzeugungen nicht nur als besonders charakteristisch für den primitiven Geist, sondern auch als eines der wichtigsten Hindernisse für dessen Verständnis behandelt. Dieser letzte Punkt scheint mir reichlich unsinnig zu sein. Übernatürliche Glaubensüberzeugungen findet man in allen Gesellschaften, primitiven wie anderen, und sie sind eines der besten Zeugnisse für die fundamentale Gleichheit des menschlichen Geistes; als Ethnograph war ich immer der Meinung, daß der ursprüngliche Glaube an Gott, Kulturheroen, Gespenster, Geister und Hexen weitaus geringere begriffliche Probleme als die grundlegenden klassifikatorischen Kategorien aufgeworfen hat. Die wirkliche Schwierigkeit beim primitiven Denken liegt darin, daß vieles in Handlungen und konkreten Symbolen ausgedrückt wird und in soziale Institutionen und Gebräuche eingekleidet ist – daß es, kurz gesagt, nicht artikuliert ist.

Was die Richtigkeit oder Unrichtigkeit von übernatürlichen Überzeugungen und ihren Gegensatz zu den »Fakten« betrifft[4], so muß man grundsätzlich unterscheiden zwischen dem, woran geglaubt wird, und auf welche Weise solche Überzeugungen zustande gekommen sind und begründet werden. Daß Durkheim die

Form der kollektiven Vorstellungen derart betont und die Art und Weise, wie sie von den Individuen begriffen werden, vernachlässigt hat (in Einklang mit seiner Vorstellung vom Geist als einem passiven Behälter für vorgeformte Ideen), läßt das Überleben der Religion in der modernen Gesellschaft sehr viel schwerer verständlich erscheinen, als wenn er anerkannt hätte, daß das, was nach außen derselbe Glauben ist, auf verschiedenen kognitiven Stufen verstanden werden kann. Weil kollektive Vorstellungen nicht passiv aufgenommen werden, sondern in einer dynamischen und ständig wechselnden Beziehung zu den kognitiven Prozessen der Individuen stehen, entwickelt sich die Kultur auf dieser Basis, wobei Umwelt- und technische Veränderungen mitspielen; und deshalb können Überzeugungen, die Symptome für frühe Kulturstadien zu sein scheinen, auch in fortgeschritteneren Stadien fortbestehen – doch überhaupt nicht mehr als dieselbe Art von Überzeugungen. Auch wenn unter Primitiven übernatürliche Überzeugungen und Kräfte eine viel wichtigere Rolle spielen und diese Glaubensinhalte ihre Gebräuche und Institutionen stärker durchdringen als in unserer Gesellschaft, so ist dies noch kein Grund für die Annahme, daß, wie Durkheim groteskerweise glaubt, zum Beispiel der Glaube an die Transsubstantiation ein Überrest jener Nichtunterscheidung zwischen den Spezies sei, die er den australischen Aborigines zuschrieb. Der christliche Glaube eines irischen Bauern und eines Theologen aus dem Jesuitenorden hat offensichtlich gewisse gemeinsame Grundzüge, wird aber von den beiden auf einer ganz anderen kognitiven Stufe begriffen und begründet.

Im Kapitel X wollen wir die Gründe prüfen, die dazu führen, daß man gewisse übernatürliche Glaubensinhalte als auf psychosomatischen und paranormalen Phänomenen beruhend betrachten kann. Insofern es eine empirische Bestätigung für einen solchen Glauben gibt, die einen Angehörigen unserer Gesellschaft ebenso überzeugen würde wie einen Primitiven, ist es offensichtlich völlig falsch, einen Glauben an übernatürliche Wesen als ein Symptom *an sich* für präoperatives Denken anzusehen.

2. Sprache und Denken

Die Sprache, sowohl als wichtigstes Ausdrucksmittel des Denkens (zumindest in seinen fortgeschritteneren Formen) wie auch als kollektive Vorstellung, die sich am wenigsten auf individuelle Denkweisen zurückführen zu lassen scheint, muß in einem Kapitel, das zeigen will, wie falsch konventionelle anthropologische Theorien über die Beziehung zwischen kollektivem Denken und individuellen Denkprozessen sind, für sich und ausführlich diskutiert werden.

In einer Diskussion über die Beziehung zwischen Sprache und Denken muß man grundsätzlich zwischen Sprache *(language)* und Rede *(speech)* unterscheiden; unter Sprache wollen wir die Gesamtheit der syntaktischen Formen und Regeln, zusammen mit dem Wortschatz, der dazu gehört, verstehen, unter Rede den tatsächlichen Gebrauch, den die Leute in ihren alltäglichen Äußerungen von der Sprache machen.

Auf der Stufe der Rede lassen sich große Unterschiede erwarten, und man findet sie auch tatsächlich, wenn gebildete und ungebildete Sprecher mit derselben Sprache umgehen, ebenso zwischen den Primitiven und uns, wenn wir ihre Sprache reden; das gilt beispielsweise für Missionare. Für die Unterschiede in den Denkmustern relevante Redeeigenarten sind die Länge der Sätze, der Gebrauch von Nebensätzen, eine stockende Sprechweise, der Gebrauch von stereotypen Sätzen, der Einbezug von Gesten, Gesichtsausdrücken, Tonhöhe, Klang und Lautstärke, Verlaß auf den impliziten Kontext der Situation anstatt auf eine explizite verbale Formulierung. Man darf damit rechnen, daß die Bildung und insbesondere der Schulunterricht, aber auch bestimmte Typen von sozialen Beziehungen, beispielsweise solche, die nicht so sehr die Gruppenzusammengehörigkeit, sondern die individuelle Entwicklung fördern, Beziehungen affektiver Art insbesondere, beträchtliche Auswirkungen auf die Redemuster haben; in dieser Hinsicht wird es einige Ähnlichkeiten zwischen primitiven Leuten im allgemeinen und wenig redegewandten, vor allem manuell arbeitenden Menschen in unserer Gesellschaft geben. Bernstein (1971) zum Beispiel hat aufgrund von Studien über die verschiedenen Redemuster, die von Heranwachsenden der Grundschicht und der Mittelschicht in der britischen Gesellschaft verwendet werden, zwei Redeweisen beschrieben, die er als ausgearbeiteten *(elaborated)* und beschränkten *(restricted)* Code oder als formales und volkstümliches *(public)* Reden bezeichnet.

Der beschränkte Code (der für das ungewandte Reden der Grundschicht typisch ist) zeichnet sich durch kurze, grammatikalisch einfache Sätze aus, durch eine Vorliebe für eine aktive Stimme, eine einfache und sich wiederholende Verwendung von Konjunktionen, häufige kurze Aufforderungen und Fragen, einen starren und begrenzten Gebrauch von Adjektiven und Adverbien, den spärlichen Gebrauch von unpersönlichen Pronomina als Subjekt, eine Symbolik von geringer Allgemeinheitsordnung und ein Vertrauen auf implizite Bedeutungen, ebenso durch eine große Zahl von charakteristischen stereotypen Sätzen und einen mit Wiederholungen durchsetzten Dialog, der die affektiven Elemente in den Beziehungen betont und die Analyse erschwert. Die einfache verbale Struktur kann die Möglichkeiten des Sprachgebrauchs im Ausdrucksprozeß einschränken. Die Konjunktionen werden nicht als wichtige logische Hilfsmittel für die Darstellung von Bedeutungen und Abfolgen verwendet, was zu einer groben sprachlichen Wiedergabe von logischen Klarstellungen und Akzentuierungen führt. Der beschränkte und starre Gebrauch von Adjektiven und Adverbien schwächt die individuelle Qualifizierung von Objekten (Substantive) und von Veränderungen bei Vorgängen (Verben) erheblich ab.

Einige dieser Eigenarten des beschränkten Code sind kulturell möglicherweise für Großbritannien spezifisch. Sie treffen aber allgemein für die Sprachmuster der Konso und Tauade zu, wie ich aus eigener Erfahrung sagen kann, und es gibt gute Gründe für die Annahme, daß man sie bei primitiven Völkern ganz allgemein verbreitet antrifft, auch wenn weitere Forschungen notwendig sind, um den Grad dieser Allgemeinheit festzustellen.

Doch solche Unterschiede in den Redemustern sind oberflächlich im Vergleich zur zugrundeliegenden Grammatik der Sprache. Wie Chomsky sagt:

Als Angehörige einer bestimmten Kultur sind wir uns natürlich der großen Unterschiede in der Fähigkeit, die Sprache zu gebrauchen, in der Kenntnis des Vokabulars usw. bewußt, die sich aus Unterschieden in der angeborenen Fähigkeit und aus Unterschieden in den Bedingungen des Spracherwerbs ergeben; natürlicherweise schenken wir den Ähnlichkeiten und den Kenntnissen, die allen gemeinsam sind, viel weniger Aufmerksamkeit, da wir diese als selbstverständlich hinnehmen. Aber wenn es uns gelingt, die erforderliche psychische Distanz einzunehmen, wenn wir die generativen Grammatiken, die für verschiedene Sprecher derselben Sprache postuliert werden müssen, tatsächlich vergleichen, können wir feststellen, daß die Ähnlichkeiten, die wir so einfach annehmen, durchaus markant sind und daß die Divergenzen geringfügig und marginal sind. (Chomsky 1980, S. 130 f.)

Die Existenz und die Natur der *Sprache*, als einer einzigartigen Manifestation des menschlichen Geistes und des wichtigsten Werkzeugs, durch das Gedanken mitgeteilt werden, wirft somit eine ganze Anzahl von grundlegenden Problemen bei der Erörterung des primitiven Denkens auf. Man könnte argumentieren, insofern die Sprache für das menschliche Denken grundlegend sei (*falls* sie es ist) und die fundamentalen Eigenschaften der Sprache, wie zum Beispiel Chomskys »universelle Grammatik«, bei allen Völkern gefunden würden, sei implizit auch gesagt, daß der Geist durchwegs grundsätzlich gleich sei und daß das Entwicklungsmodell folglich falsch sein müsse. Wenn es andererseits in der kognitiven Entwicklung Stadien gibt, dann müßten sich diese in verschiedenen Sprachtypen äußern, und wenn es verschiedene Sprachtypen gibt, dann müßten diese wiederum verschiedene Denktypen hervorbringen. Allen diesen Theorien liegt eine gemeinsame Annahme zugrunde, daß nämlich die kognitiven Prozesse, die bei der Problemlösung, beim Lernen und ganz allgemein bei unserer Interaktion mit Leuten und Dingen angewandt werden, ihrem Wesen nach linguistisch seien. Wie wir aber im ersten Kapitel gesehen haben, ist diese Annahme weitgehend falsch, weil die Sprache nur ein Aspekt des Denkens ist und selbst in den verschiedenen Entwicklungsstadien für verschiedene kognitive Zwecke verwendet werden kann.

Jespersen (1922) lehnt die bei Linguisten verbreitete Überzeugung ab, daß es so etwas wie eine primitive Sprache nicht gebe; er schlägt eine Anzahl Kriterien vor, durch die beurteilt werden könne, in welchem Maße sich eine Sprache vom primitiven Zustand wegentwickelt habe. Phonologisch ist eine Tendenz festzustellen, die Aussprache zu erleichtern, indem die Muskelanstrengung verringert wird; zu einem schrittweisen Verschwinden der Ton- und Klangakzente; zu einer schwindenden Modulierung der Satzmelodie. Grammatikalisch »zeigt die Entwicklung der Sprache eine zunehmende Neigung von untrennbaren, regellosen Konglomeraten zu frei und geregelt kombinierbaren kurzen Elementen« (Jespersen 1922, S. 429). Die zunehmende Differenzierung zwischen Wort und Satz ist von besonderer Bedeutung:

Es ist ein charakteristischer Zug in den frühen Stadien der Sprachstruktur, daß jede Form eines Wortes (ob Verb oder Substantiv) mehrere Nebenbedeutungen enthält, die in den späteren Stadien getrennt (wenn überhaupt), das heißt durch Hilfsverben oder Sätze, ausgedrückt werden. (Ibid., S. 421)

Dazu gibt er als Beispiel die lateinische Vokabel *cantavisset* = (1) »singen«, (2) Plusquamperfekt, (3) Konjunktiv, (4) aktiv, (5) dritte Person, (6) Singular.

Mit der Differenzierung und Spezialisierung werden Morphologie und Syntax zunehmend geregelt – »es zeigt sich mehr und mehr die Tendenz, dasselbe Ding in jedem Fall mit demselben Mittel zu bezeichnen...« (Ibid., S. 425). Immer mehr werden auch allgemeine Ausdrücke verwendet.

Falls diese evolutionären Merkmale zutreffen, so stimmen sie klar mit dem Modell der Entwicklungspsychologie überein und weisen sie auch einige Parallelen mit anderen Denkbereichen auf. Doch auch in einer Sprache wie dem Latein, das aufgrund dieser Kriterien als verhältnismäßig primitiv eingestuft werden muß, läßt sich das Denken auf einer formalen Stufe ausdrücken – Newton hat schließlich seine *Principia* zuerst in lateinischer Sprache publiziert. Die frühe Entwicklung der griechischen Philosophie in Ionien wiederum war offensichtlich nicht eine Nachwirkung sprachlicher Veränderungen, sondern das Ergebnis sozialer Faktoren wie der Erfahrung anderer Philosophien und Glaubenssysteme (aus Skythien, Persien, Babylonien und Ägypten), der sozial heterogenen Natur der Gemeinschaften, des phonetischen Alphabets, das Bildung leichter zugänglich machte, und eines Rechtssystems, das nicht nur in öffentlichen Gesetzbüchern festgehalten war, sondern mit Zustimmung der Gemeinschaft in den Dienst klar umrissener Ziele gestellt wurde.

Während es also sprachliche Entwicklungsmerkmale gibt, die mit der Theorie Piagets in Einklang stehen, bedeutet die Fähigkeit der Benützer dieser Sprache, diese Beschränkungen zu überwinden und ihre Sprache an jede Denkstufe anzupassen, daß das Vorhandensein solcher Merkmale nichts Eindeutiges über die Denkstufe aussagt, mit der die Benützer der Sprache umzugehen verstehen.

Lévy-Bruhl ist für die Anthropologen typisch, die glauben, daß die Vorstellungen, die Kategorien und die Kenntnisse einer Gesellschaft in der Sprache eingeschlossen seien und fix und fertig in den Geist des Kindes aufgenommen würden, sobald dieses diese Sprache erwirbt:

Relationen werden erst dann durch Urteile ausgedrückt, wenn die Nahrung für das Denken zuerst einmal richtig verdaut worden ist, und unterliegen einer Ausarbeitung, Differenzierung und Klassifizierung. Ein Urteil geht von Vorstellungen aus, die klar definiert worden sind, und diese sind ihrerseits der Nachweis und das Ergebnis von früheren logischen Prozessen. Diese Vorarbeit, bei der viele aufeinanderfolgende Analysen und Synthesen mitspielen und registriert werden, wird *fix und fertig* (von mir hervorgehoben) von jedem Individuum in unserer Gesellschaft aufgenommen, wenn es sprechen lernt, und zwar durch die Erziehung, die untrennbar mit seiner natürlichen Entwicklung verknüpft ist; weil dies so offenkundig ist, haben gewisse Philosophen an einen übernatürlichen Ursprung der Sprache geglaubt. (Lévy-Bruhl 1926, S. 107)

Darin stimmte er mit Durkheim überein:

Es kann kein Zweifel daran bestehen, daß die Sprache und folglich das System von Begriffen, das sie übersetzt, das Ergebnis einer kollektiven Erarbeitung sind. Was sie zum Ausdruck bringt, ist die Art und Weise, wie sich die Gesellschaft als Ganzes die erfahrungsmäßigen Tatsachen vorstellt. Die Ideen, die den verschiedenen Elementen der Sprache entsprechen, sind folglich kollektive Vorstellungen. (Durkheim 1947, S. 482)

Leach hat eine ähnliche Vorstellung von der Priorität der sprachlichen Kategorien in bezug auf das Denken der einzelnen Menschen:

Ich postuliere, daß die physische und soziale Umwelt eines Kleinkindes als ein Kontinuum wahrgenommen wird[5]. Sie enthält keinerlei eigentlich getrennte »Dinge«. Dem Kind wird zu gegebener Zeit beigebracht, diese Umwelt mit einer Art Unterscheidungsraster zu überziehen, der dazu dient, die Welt als aus einer großen Zahl voneinander verschiedener Dinge zusammengesetzt zu erkennen, von denen jedes mit einem Namen etikettiert ist. Diese Welt ist eine Vorstellung unserer Sprachkategorien, nicht umgekehrt. Weil Englisch meine Muttersprache ist, scheint es selbstverständlich zu sein, daß *Sträucher* und *Bäume* verschiedene Arten von Dingen sind. Ich würde nicht so denken, wenn mir nicht beigebracht worden wäre, daß es so sei.

Da nun jedes Individuum seine eigene Umwelt auf diese Weise zu konstruieren lernen muß, ist es von entscheidender Bedeutung, daß die grundlegenden Unterscheidungen klar und eindeutig sein sollten. Es darf absolut keinen Zweifel über den Unterschied zwischen *ich* und *es*, zwischen *wir* und *sie* geben. Wie kann aber eine solche Sicherheit in der Unterscheidung erworben werden, wenn unsere normale Wahrnehmung nur ein Kontinuum zeigt? Ein Diagramm mag das Verständnis erleichtern. Unsere nicht behinderte (nicht trainierte) Wahrnehmung erkennt ein Kontinuum (Abbildung 4):

Abbildung 4: Die Linie ist eine schematische Darstellung der Kontinuität in der Natur. Es gibt keine Unstetigkeiten in der physischen Welt.

Man bringt uns bei, daß die Welt aus »Dingen« besteht, die durch Namen unterschieden werden; deshalb müssen wir unsere Wahrnehmung darauf trainieren, die Umwelt als diskontinuierlich zu erkennen (Abbildung 5):

Abbildung 5: Schematische Darstellung dessen, was in der Natur mit einem Namen versehen wird. Viele Aspekte der physischen Welt werden in natürlichen Sprachen nicht benannt.

Wir erwerben diese zweite Art von trainierter Wahrnehmung durch den gleichzeitigen Gebrauch von Sprache und Tabu. Die Sprache gibt uns Namen, um die Dinge zu unterscheiden; Tabus verhindern das Erkennen jener Teile des Kontinuums, die die Dinge voneinander trennen (Abbildung 6):

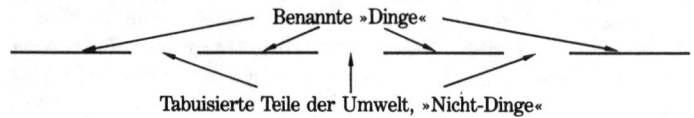

Benannte »Dinge«

Tabuisierte Teile der Umwelt, »Nicht-Dinge«

Abbildung 6

(Leach 1964, S. 34 f.)

Wir haben bereits gesehen, daß Kinder in keiner Weise die Welt als ein Kontinuum wahrnehmen, sondern daß sie die Erhaltung des permanenten Gegenstandes und die Größen- und Formkonstanz am Ende der sensomotorischen Periode (im Alter von etwa 18 Monaten) erreichen, während Figur/Hintergrund- und Ruhe/Bewegung-Unterscheidung grundlegende Wahrnehmungsprinzipien sind. Diese Fähigkeit, zwischen Gegenständen zu unterscheiden, dasselbe Objekt und ihm ähnliche wiederzuerkennen und Wahrnehmungsmerkmale zu abstrahieren, wird ohne irgendeine sprachliche Hilfe erworben. In den frühen Stadien des Spracherwerbs sind die Wörter nämlich noch äußerst vage und unstabil den wahrgenommenen Objekten zugeordnet. Die Erkenntnis, daß die Welt voller Diskontinuitäten und voller stabiler Gegenstände, diskreter Eigenschaften und diskreter Umwelttypen ist, steht anfänglich in keinem Zusammenhang mit der Sprache; sie wird von allen Tieren ebenfalls gewonnen und ist natürlich für ihr Überleben grundlegend.

Wenn wir nur zwischen Dingen zu unterscheiden gelernt haben, weil uns unsere Muttersprachen beigebracht wurden, so kann man, von den Annahmen Leachs ausgehend, den Ursprung der Sprache überhaupt nicht mehr erklären. Weil die Sprache wie alle kollektiven Vorstellungen langsamer als die individuellen Vorstellungen auf die Erfahrung reagiert, kann nicht der geringste Zweifel daran bestehen, daß der Wortschatz (im Gegensatz zur Syntax) letztlich das Ergebnis der Art und Weise ist, wie die Sprechenden untereinander und mit ihrer Umwelt in Interaktion treten. Englischsprechende unterscheiden deshalb nicht zwischen »Baum« und »Strauch«, nur weil es sich zufällig so getroffen hat, daß die englische Sprache zwei verschiedene Wörter für diese Arten von Dingen hat; die beiden Wörter selbst haben schließlich die Bedeutung erlangt, die sie heute haben, weil Sträucher und Bäume eine Anzahl verschiedener Eigenschaften haben, beispielsweise ihre Eignung als Brennholz, als Baumaterial, Unterschiede in der Wachstumsgeschwindigkeit, von morphologischen Merkmalen, etwa ob ein Hauptstamm vorhanden ist oder nicht, was für die Arbeit der Bauern, Gärtner oder Pflanzenliebhaber von Bedeutung sein kann, gar nicht zu sprechen. Die ethnographische Literatur kennt zahlreiche Beispiele von ausgearbeiteten terminologischen Klassifizierungen für bestimmte Phänomene, etwa die Farbenterminologie der Nuer für das Vieh, die Kategorien der Eskimos für den Schnee oder die der Beduinen für die Pferde. Solche Unterscheidungen sind die sprachliche Reaktion auf den Gebrauch, den diese Völker von ihrer physischen Umwelt machen, und auf die Unstetigkeiten in dieser Umwelt, die sich derart oft wiederholen und von solcher Bedeutung sind, daß sie verschiedene Bezeichnungen rechtfertigen. Leachs Theorie der Wirklichkeit als eines durch die kultur-induzierten sprachlichen Kategorien künstlich zerteilten Kontinuums ist einer der Grundpfeiler des Kulturrelativismus und der vorherrschenden Meinung, wonach kollektive Vorstellungen die Denkprozesse der Individuen transzendieren würden und von diesen unabhängig wären.

Lévi-Strauss geht weiter und behauptet, die von de Saussure,

Jakobson und Trobetzkoy hinsichtlich der Phonologie aufgeklärten Strukturprinzipien seien allgemeine kognitive Prinzipien des Geistes überhaupt, so daß zu erwarten sei, sie würden sich in einer Vielzahl von sozialen Institutionen und Klassifizierungsweisen widerspiegeln:

... das Material, aus dem die Sprache aufgebaut ist, ist vom selben Typ, aus dem die gesamte Kultur aufgebaut ist: logische Relationen, Gegensätze, Wechselbeziehungen und ähnliches. Es sieht unter diesem Gesichtspunkt so aus, als würde die Sprache eine Art Fundament für die komplexeren Strukturen legen, die den verschiedenen Aspekten der Kultur entsprechen (Lévi-Strauss 1963, S. 68 f.)

Und weiter:

... es muß eine Art von Beziehung zwischen Sprache und Kultur geben, weil die Sprache Tausende von Jahren für ihre Entwicklung benötigt hat und weil die Kultur Tausende von Jahren für ihre Entwicklung benötigt hat, und beide Prozesse haben nebeneinander im gleichen Geist stattgefunden. (Ibid., S. 71)

Falls diese Wechselbeziehung zutrifft:

... ist der Weg offen für eine vergleichende Strukturanalyse der Gebräuche, Institutionen und akzeptierten Verhaltensmuster. Wir wären imstande, grundlegende Ähnlichkeiten zwischen Formen des sozialen Lebens, etwa der Sprache, der Kunst, der Gesetze und der Religion, zu verstehen, die sich oberflächlich gesehen stark voneinander zu unterscheiden scheinen. (Ibid., S. 65)

Doch auf der biologischen Stufe sieht es so aus, als sei die Fähigkeit zu sprechen genetisch von anderen Äußerungen der Intelligenz ziemlich verschieden. Lenneberg (1964) schreibt: »... die Fähigkeit, verstehen und sprechen zu lernen, ist mit dem gemessenen IQ des Menschen wenig korreliert« (S. 78). Er bezieht sich auf eine nicht publizierte Studie von Brewer (1963) über die Literatur zur Häufigkeit von Sprachbehinderungen in bestimmten Familien und aufs Brewers eigene Untersuchungen über eine ganze Familie mit angeborenen Sprachschwierigkeiten. Brewer konnte zeigen, daß andere Bereiche der Intelligenz üblicherweise nicht betroffen sind, daß aber der zur Diskussion stehende spezifische genetische Zug eine Kombination von bestimmten Mängeln hervorbrachte, u. a. ein deutlich verschobener Sprechbeginn, eine schwache Artikulierung bis in die Teenagerjahre hinein, eine kaum ausgebildete Bevorzugung der einen Hand, ausgeprägte Leseschwierigkeiten, dazu eine entweder vollständige Unfähigkeit oder auffällige Schwierigkeiten beim Erlernen von Fremdsprachen. Lenneberg weist auch darauf hin, daß ebenso eine vollständige Beherrschung der Sprache bei Leuten möglich ist, deren allgemeine intellektuelle Funktion ausgesprochen subnormal ist:

Kinder, deren IQ mit 12 Jahren 50 und mit 20 Jahren ungefähr 30 beträgt, beherrschen ihre Sprache vollständig, auch wenn sie vielleicht nur schwach artikulieren und hin und wieder einen grammatikalischen Fehler machen.

Eine erheblich behinderte Intelligenz muß sich folglich nicht auf die Sprache auswirken; ebenso wenig vermindert das *Fehlen* der Sprache notwendigerweise die kognitiven Fähigkeiten (bis zu einer bestimmten Stufe). Kinder, die von Geburt an taubstumm sind, haben beispielsweise in vielen Teilen der Welt virtuell keine Sprache, bevor sie in der Schule entsprechenden Unterricht erhalten. Wenn man solchen Kindern im Vorschulalter nicht-verbale Tests über die Begriffsbildung vorlegt, so erreichen sie dasselbe Niveau wie ihre gleichaltrigen Kameraden, die hören können (Furth, 1961; Rosenstein, 1960; Oléron, 1957). Aus diesen Beispielen geht hervor, daß Sprache und Intelligenz zumindest bis zu einem gewissen Grade voneinander unabhängige Eigenschaften sind. (Ibid., S. 80)

Während die Sprache eine Besonderheit des Menschen ist, kommt Denken, im Sinne von Probleme lösen und über gegebene Informationen hinaus zu neuen Folgerungen vorstoßen, bei zahlreichen anderen Arten ebenfalls vor. Beim Menschen selbst läßt sich zeigen, daß die Sprache nicht die einzige Äußerung der Intelligenz ist und daß ihr tatsächlicher Gebrauch nicht einfach mit anderen Aspekten der Intelligenz korreliert ist. Jedermann kann selbst die Erfahrung machen, daß viele menschliche Fähigkeiten mit der Sprache nichts zu tun haben. Wygotski etwa hält fest:

Wir können uns Denken und Sprache schematisch als zwei sich überschneidende Kreise vorstellen. Im überlappenden Bereich fallen Denken und Sprache zusammen; sie bringen das hervor, was man verbales Denken nennt. Verbales Denken schließt jedoch in keiner Weise alle Formen des Denkens oder alle Formen des Sprechens ein – ein weiter Bereich des Denkens hat keine direkte Beziehung zur Sprache. Das Denken, das sich im Werkzeuggebrauch äußert, gehört zu diesem Bereich, wie überhaupt der praktische Intellekt im allgemeinen. (Wygotski, 1962, S. 47)

Wenn Denken und Sprache nicht zwei verschiedene Dinge wären, könnte man sich beispielsweise kaum vorstellen, wie man einen komplizierten Satz vervollständigen könnte, denn die Auswahl der ersten Wörter im Satz hängt bis zu einem gewissen Grade von der Kenntnis dessen ab, was der Satz am Ende sein wird, und die

Form *dieser* Kenntnis kann selbst nicht verbal sein, ohne die Sprechenden in eine nicht endende Kette von Präzedentien zu involvieren. Offensichtlich sind wir durchaus imstande, den Einwand gegen irgendein Argument zu »sehen«, und zwar vor jeder verbalen Formulierung dieses Einwands, sogar wenn er gegen uns selbst gerichtet ist. Und wir können auch ohne weiteres erkennen, daß zwei sprachlich völlig voneinander verschiedene Aussagen nichtsdestoweniger »dieselbe Idee« zum Ausdruck bringen.

Die Mathematik und die musikalische Komposition müssen zwar durch den Gebrauch von Wörtern gelernt werden, aber sie können nicht auf dieselbe Weise wie die Sprache begriffen werden; es ist eine Binsenwahrheit, daß es eine besondere Funktion der mathematischen Formalisierung ist, die Sprache so weit wie möglich aus den geistigen Prozessen zu eliminieren. Die graphische Vorstellung, deren Beherrschung für viele höhere kognitive Tätigkeiten grundlegend ist, ist gleichermaßen ihrer Natur nach nicht-sprachlich. Auf elementareren Stufen der kognitiven Tätigkeit kennen wir alle, wie Wygotski sagt, die Erleuchtung, die auf den wirklichen Umgang mit einem Werkzeug oder einem Apparat folgen kann, nachdem verbale Erklärungen über deren Gebrauch eher Verwirrung gestiftet hatten. Dieser letzte Punkt illustriert einmal mehr dieses Grundprinzip der Entwicklungspsychologie, wonach die Fähigkeit, etwas in Worte zu fassen, später ausgeformt wird als die Fähigkeit, irgendeinen Aspekt der Welt durch aktives Handeln oder in Form innerer Bilder zu begreifen. Der Gebrauch der Sprache ist somit nicht nur ein Anheften von Etiketten an die Gegenstände; man muß vielmehr lernen, durch Tun erworbene oder auf Bildern beruhende Vorstellungen auf der Stufe des verbalen Denkens zu rekonstruieren. Die von Piaget untersuchten Kinder zum Beispiel, denen es gelingt, mit konkreten Operationen umzugehen, zeigen keine größeren sprachlichen Fähigkeiten als während des präoperativen Stadiums, indem sie etwa die *Wörter* besser verstünden; ihre kognitive Entwicklung hat auf der höheren Stufe der begrifflichen Koordination stattgefunden.

Das Reden und die Beherrschung der Sprache sind wesentlich für die Entwicklung des Denkens, aber laut Piaget, Wygotski und anderen Entwicklungspsychologen haben die Sprache und das Denken nicht dieselbe Wurzel in ihrer Entwicklung, so daß es in der Sprache ein vorbegriffliches Stadium und im Denken ein vorsprachliches Stadium gibt. Das Kind beherrscht im Laufe seiner Entwicklung die Grammatik viele Jahre vor der formalen Logik (falls es, durch seine Erfahrungen in seiner Ausbildung, überhaupt so weit kommt). Wygotski hebt hervor, daß grammatikalische Formen und Strukturen richtig verwendet werden, bevor das Kind die logischen Operationen begreift, für die sie stehen, z. B. »weil«, »wenn« oder »deshalb«, und lange bevor es kausale, konditionale und implikative Relationen erfaßt. »Es beherrscht die Syntax des Redens vor der Syntax des Denkens.«

Die Wortbedeutungen sind nicht statisch, sondern verändern sich im Laufe der Entwicklung entsprechend der Erfahrung, wie Piaget in seinem ersten Buch, *Sprechen und Denken des Kindes,* gezeigt hat. Wygotski formuliert es so:

Die Beziehung vom Denken zum Wort ist kein Ding, sondern ein Prozeß, eine fortwährende Hin- und Herbewegung vom Denken zum Wort und vom Wort zum Denken. In diesem Prozeß macht die Beziehung vom Denken zum Wort Veränderungen durch, die als Entwicklung im funktionalen Sinne betrachtet werden können. Das Denken wird nicht nur in Worten ausgedrückt; es kommt durch sie ins Dasein. (Ibid., S. 125)

Die Beherrschung der Sprache ist mit anderen Worten ein Entwicklungsprozeß, der die gesamte Erfahrung des Individuums einbezieht, in dem Akkommodation und Assimilation ständig am Werk sind, und nicht etwa ein Aufzwingen von gebrauchsfertigen Kategorien in sprachlicher Form durch die Kultur in den Geist des Individuums. Wie Bruner sagt, ist die Aufgabe, das auf Handlung und Bildern beruhende Denken in Sprache zu übersetzen, fortwährend zu leisten und nie abgeschlossen. Der »Sinn« von Wörtern ist fließend, ist die Summe aller psychologischen Ereignisse, die durch das Wort in unserem Bewußtsein wiedererweckt werden. Er ist ein dynamisches, fließendes, komplexes Ganzes; die Bedeutung ist nur die stabilste Zone des Sinnes, und der Sinn verändert sich je nach dem Kontext:

Wie wir gesagt haben, erzeugt jedes Denken eine Beziehung, es erfüllt eine Funktion, es löst ein Problem. Der Fluß des Denkens ist nicht von einer gleichzeitigen Entwicklung der Sprache begleitet. Die beiden Prozesse sind nicht identisch, und es besteht keine strenge Korrespondenz zwischen den Denk- und den Spracheinheiten. Das zeigt sich besonders deutlich, wenn ein Denkprozeß mißlingt, wenn, wie Dostojewski es formuliert, ein Gedanke »nicht in Worte eingehen will«. (Ibid., S. 149)

Wygotski vergleicht einen Gedanken mit einer Wolke, die einen Schauer von Worten ausgießt:

Gerade weil das Denken nicht automatisch durch Wörter ergänzt wird, führt der Übergang vom Denken zu den Wörtern durch die Bedeutung. In unserem Reden ist immer der verborgene Gedanke, der Subtext. (Ibid., S. 150)

Und:

Ein gedankenleeres Wort ist etwas Totes, und ein Gedanke, der nicht in Worte gefaßt wird, bleibt ein Schatten. Die Beziehung zwischen den beiden ist freilich nicht vorgegeben und nicht konstant. Sie erscheint im Laufe der Entwicklung und entwickelt sich selbst. Auf das »Im Anfang war das Wort« der Bibel läßt Goethe seinen Faust entgegnen »Im Anfang war die Tat«. Damit soll der Wert des Wortes herabgesetzt werden. Man kann jedoch diese Version akzeptieren, wenn man den Satz anders betont: Im *Anfang* war die Tat. Das Wort war nicht der Anfang – die Aktion kommt zuerst; es ist das Ende der Entwicklung, die Krönung der Tat. (Ibid., S. 153)

Die Biologie und die Entwicklungspsychologie liefern somit kaum eine Stütze für die Vorstellung, die Sprache sei nur die Einkapselung der Kategorien einer Kultur, eine transzendentale Karte des Denkens, oder es bestehe eine Homologie zwischen der Struktur einer Sprache und anderen kognitiven Prozessen und kulturellen Phänomenen (auf diesen Punkt kommen wir in der Auseinandersetzung mit Whorf zurück). Diese Behauptung wird durch Chomsky von der linguistischen Theorie her gestützt. (Als Anthropologe habe ich nicht die Kompetenz zu sagen, ob Chomsky recht hat; da er aber auf seinem Gebiet eine führende Autorität ist, kommt seiner Ansicht ein beträchtliches Gewicht zu.)

. . . scheint es kaum eine brauchbare Analogie zu geben zwischen der Grammatiktheorie, die jemand internalisiert hat und die die Grundlage für seinen normalen, kreativen Sprachgebrauch liefert, und irgendeinem anderen kognitiven System, das bisher isoliert und beschrieben worden ist; gleichermaßen gibt es kaum eine brauchbare Analogie zwischen dem Schema der universalen Grammatik, die wir, wie ich glaube, dem Geist als ein angeborenes Charakteristikum zuschreiben müssen, und irgendeinem anderen bekannten System mentaler Organisation. Es ist durchaus möglich, daß das Fehlen von Analogien eher unsere Unkenntnis anderer Aspekte mentaler Funktion dokumentiert als die absolute Einzigartigkeit sprachlicher Struktur; aber die Lage ist so, daß wir im Augenblick keinen objektiven Grund für die Vermutung haben, daß dies der Fall sei. (Chomsky 1981, S. 148)

Chomsky bleibt auch vom Versuch Lévi-Strauss' unbeeindruckt, die Prinzipien der phonologischen Linguistik auf andere Bereiche des Denkens und der Kultur anzuwenden[6]; im Hinblick auf *La Pensée sauvage* sagt er:

. . . Doch sehe ich nicht, welche Konsequenzen sich aus seinem Material ergeben könnten außer der, daß das wilde Denken versucht, der physikalischen Welt irgendeine Ordnung aufzuprägen – also daß Menschen klassifizieren, wenn sie überhaupt mentale Akte ausführen. Besonders die bekannte Kritik des Totemismus von Lévi-Strauss scheint auf kaum mehr als auf diese Schlußfolgerung hinauszulaufen. (Ibid., S. 123)

Die Gründe, die er gegen die Anwendung der linguistischen Strukturen auf die Kultur anführt, sind a), daß sich die phonologischen Prinzipien, die durch die strukturelle Linguistik festgestellt worden sind, auf nur eine begrenzte Anzahl von Daten anwenden lassen, und b), was unter linguistischem Gesichtspunkt wirklich signifikant sei, das seien die generativen Regeln, die Bedeutung, Syntax und Phonetik miteinander verknüpfen, und die tiefen und sichtbaren Strukturen der Sprache, nicht die abstrakte Natur der Muster auf der Stufe der Sprache allein:

Zum einen ist die Struktur eines phonologischen Systems als Formalobjekt nur wenig interessant; es gibt, vom formalen Standpunkt aus, über eine Menge von ungefähr 40 Elementen, die vermittels der kreuzweisen Kombination von acht oder zehn Merkmalen klassifiziert sind, nichts Signifikantes zu sagen. Die Bedeutung der strukturalistischen Phonologie, wie sie von Trubetzkoy, Jakobson und anderen entwickelt wurde, liegt nicht in den formalen Eigenschaften eines phonemischen Systems, sondern in dem Umstand, daß eine ziemlich kleine Anzahl von Merkmalen, die in absoluten, von den Einzelsprachen unabhängigen Begriffen spezifiziert werden können, die Basis für die Organisation aller phonologischen Systeme zu bilden scheint. (. . .) Aber wenn wir von der spezifischen, universalen Menge von Merkmalen und von dem Regelsystem in dem sie fungieren, abstrahieren, bleibt wenig übrig, das signifikant ist. (Ibid., S. 124)

Die von Jakobson und anderen entdeckten Strukturmuster, die Lévi-Strauss als Grundstrukturen des Geistes betrachtet, sind in Wirklichkeit die Epiphänomene noch grundlegenderer Regelsysteme:

Weiterhin wird auch die Idee einer mathematischen Untersuchung der Sprachstrukturen, auf die Lévi-Strauss gelegentlich anspielt, nur dann sinnvoll, wenn man Regelsysteme mit infiniter generativer Kapazität in Betracht zieht. Es gibt nichts über die abstrakte Struktur der verschiedenen *patterns* zu sagen, die auf verschiedenen Ableitungsstufen auftreten. Wenn das richtig ist, kann man nicht erwarten, daß die strukturalistische Phonologie als solche ein praktikables Modell für die Erforschung anderer kultureller und sozialer Probleme liefert. (Ibid., S. 125)

Als Anthropologe möchte man hinzufügen, auch wenn Lévi-Strauss' Programm eine solidere Grundlage in der Linguistik hätte, würde es sich doch nur auf einen außerordentlich kleinen Bereich des primitiven Denkens anwenden lassen, weil es sich fast ausschließlich mit der Klassifizierung und insbesondere mit dem Begriff der binären Gegensätze und deren Transformationen befaßt. Es sagt kaum etwas über kognitive Prozesse aus, die Kausalitäts-, Raum-, Zeit-, Zahlenvorstellungen oder den begrifflichen Realismus hervorbringen, und nichts über die verschiedenen Arten von Umweltfaktoren, die mit dem primitiven Denken oder der Problemlösung und dem Lernen im allgemeinen verbunden sein könnten.

Kognitive Strukturen, geschweige denn kollektive Vorstellungen, können nicht auf die Formen der Grammatik zurückgeführt werden; andernfalls wäre jede entwicklungsmäßige Veränderung in unseren Begriffen über die Stufe hinaus, die jemand erreicht hat, der die Grammatik seiner Sprache beherrscht, ausgeschlossen. Auffassungen können sich in ihrem Reichtum und in ihrer Mannigfaltigkeit, in ihrem Abstraktionsgrad und in ihrer Allgemeinheit, in ihrer Koordinierbarkeit unabhängig von jeder rein sprachlichen Entwicklung der Fähigkeiten entwickeln, auch wenn die höheren Stufen des Denkens zunehmend vom verbalen Ausdruck abhängig werden. Umgekehrt ist es kein Widerspruch, wenn man feststellt, daß die Syntax einer primitiven Sprache so komplex wie die einer europäischen Sprache sein kann, daß aber die Gedanken, die in dieser Sprache tatsächlich ausgedrückt werden, die Stufe des formalen oder auch nur des konkreten Denkens nicht erreichen. Das bedeutet nicht, eine primitive Sprache *eigne* sich *nicht* dazu, auf diesen höheren Stufen des Denkens gebraucht zu werden, sondern nur, daß derjenige, der sie spricht, nicht imstande ist, sie so zu gebrauchen. Es mag Wörter geben, die wir mit »deshalb«, »weil«, »wahrscheinlich«, »einige« und so fort übersetzen, aber daraus folgt nicht, daß diese Wörter für Eingeborene dieselben Implikationen enthalten, die sie für uns hätten, wenn wir sie beispielsweise in der formalen Logik verwenden.

Wir werden sehen, daß viele Vorstellungen und Annahmen, kosmologische Kategorien und Klassifizierungsprinzipien in Handlungen, soziale Beziehungen und Institutionen eingebettet sind, und zwar derart, daß es Gliedern solcher Gesellschaften äußerst schwer gemacht wird, solche Vorstellungen, Kategorien und Annahmen explizit, verbal zu analysieren und daß diese deshalb in vielen Fällen unterhalb der Stufe des artikulierten Bewußtseins der Angehörigen dieser Gesellschaft stehen bleiben. Wir haben gesehen, daß das operative Denken, vor allem auf der formalen Stufe, von der Artikulierung des Denkens in Worten oder in einem kognitiven Äquivalent von Worten abhängig ist, beispielsweise mathematischen Ausdrücken oder graphischen Darstellungen. Beim primitiven Denken, das sich in konkreten Symbolen, Institutionen, Ritualen und geregelten Bräuchen verliert, sind diese Voraussetzungen der Artikulierbarkeit nicht gegeben. Das heißt nicht, wie Anthropologen von Robertson Smith bis Radcliffe-Brown und Mary Douglas angenommen haben, daß die Riten und Bräuche in Wirklichkeit den *Vorrang* vor dem Denken hätten – so etwas wäre unmöglich –, sondern nur, daß viel primitives Denken, weil es in Handlungen und konkrete Symbole eingeschlossen ist, *nicht-sprachlich* ist und sich überhaupt nicht von den besonderen Formen der Sprache dieser bestimmten Kultur ableiten läßt. So grundlegende Kategorien wie Reinheit/Unreinheit, Ordnung/Unordnung, Kultur/Natur, sakral/säkular, männlich/weiblich usw. sind aus der Erwägung der totalen Erfahrung des Volkes hervorgegangen, so wie sie in dessen Institutionen, Bräuchen und Symbolen verkörpert ist. Was die Leute über ihren Glauben und ihre Institutionen *sagen*, ist deshalb oft absurd, sinnlos oder unerheblich, wenn es als verbale Aussage für sich genommen wird, auch wenn die sprachliche Bedeutung der Äußerungen an sich einfach ist.

Die Annahme, die Sprache sei an sich der bevorzugte Träger von kulturell definierten Begriffen und Kategorien, läßt sich ohne weiteres durch die offensichtliche Tatsache in Frage stellen, daß beim Gebrauch der Sprache im sozialen Umgang die Bedeutung von Äußerungen nie nur im sprachlichen Gehalt dieser Äußerungen enthalten, sondern vom *gesamten* Kontext abhängig ist, in dem die Sprache gebraucht wird. Malinowski formuliert das Wesen der Sache folgendermaßen:

Eine Aussage, die im wirklichen Leben gemacht wird, läßt sich nie von der Situation lösen, in der sie geäußert wurde. Denn jede verbale Aussage eines Menschen hat den Zweck und die Funktion, einen Gedanken oder ein Gefühl auszudrücken, die in diesem Augenblick und in dieser Situation gerade aktuell sind und die aus diesem oder jenem Grund einer anderen Person oder anderen Personen unbedingt zur Kenntnis gebracht werden müssen – sei es um eine gemeinsame Handlung vorzuschlagen oder rein soziale Beziehungen herzustellen oder auch um den Sprechenden von heftigen Gefühlen oder Leidenschaften

zu befreien. Ohne irgendeinen imperativen Augenblicksreiz kann es keine ge-
sprochene Aussage geben. In jedem Fall sind somit Äußerung und Situation
unlösbar miteinander verquickt, und der Kontext einer Situation ist für das
Verständnis der Worte unerläßlich. Gleich wie in der Wirklichkeit der gesprochenen oder geschriebenen Sprachen ein Wort ohne *sprachlichen Kontext*
nichts als eine Hülse ist und, für sich allein genommen, für nichts steht, so hat
eine Äußerung in der Wirklichkeit einer gesprochenen lebenden Sprache keinen Sinn außer im *Kontext der Situation.* (Malinowski 1923, S. 307)

Im Kontext des primitiven Lebens funktioniert folglich die Sprache nicht als Träger des Denkens – das tut sie nur in den niederge-
schriebenen Reflexionen von Gelehrten wie Philosophen oder Ethnographen. Malinowski sagt:

Die Art und Weise, wie ich sie jetzt, beim Niederschreiben dieser Worte,
gebrauche, die Art und Weise, wie der Verfasser eines Buches, eines Papyrus
oder einer Steinritzung sie gebrauchen muß, ist eine sehr weithergeholte und
abgeleitete Funktion der Sprache. Darin wird die Sprache ein verdichtetes
Stück Reflexion, eine Aufzeichnung von Tatsachen oder Gedanken. Beim ursprünglichen Gebrauch funktioniert die Sprache als ein Bindeglied in der aufeinander abgestimmten Tätigkeit der Menschen, als ein Stück menschlichen
Verhaltens. Sie ist eine Handlungsweise und nicht ein Werkzeug der Reflexion. (Ibid., S. 312)

Wie wir im Schlußkapitel noch diskutieren müssen, ist insofern die
Art von Aussagenanalyse, der die Philosophen im Hinblick auf das
primitive Denken frönen, ein völliges Mißverständnis. Es wäre
jedoch auch ein Mißverständnis, wenn man meine Meinung so aus-
legen würde, als könnten wir darüber hinweggehen, was die Eingeborenen sagen, und uns allein darauf stützen, was sie tun –
damit würde eine Absurdität durch eine andere ersetzt. Meiner
Meinung nach muß man als Tatsache zur Kenntnis nehmen, daß die
Sprache nur eine Manifestation des Denkens ist, daß sie folglich
nicht als eine Karte *schlechthin* dieses Denkens, weder des individuellen noch des kollektiven, aufgefaßt werden kann, und daß die
Art, in der die Sprache innerhalb einer Kultur in den Dienst der
verbalen Kommunikation gestellt wird, viel wichtiger ist als alle
syntaktischen Merkmale, die sich in ihr finden lassen (etwa das
grammatikalische Geschlecht oder die Unterscheidung zwischen
Wort und Satz). Weil nun die kollektiven Vorstellungen und Institutionen unter den Bedingungen der primitiven Gesellschaft nicht
einer kritischen Analyse und Argumentation unterzogen werden
und nicht kodifiziert, verallgemeinert oder diskutiert werden mußten, wahren sie viele charakteristische Eigenschaften des präope-

rativen Denkens, beispielsweise daß sie zusammenhangslos, widersprüchlich und dogmatisch absolutistisch sind, nicht durch explizite und klare Ziele bestimmt werden, eng mit konkreten Bildern verknüpft, in ihrer Haltung affektiv und Außenstehenden in hohem Maße nicht-mitteilbar sind. Sie verstärken deshalb das präoperative Denken der Individuen und stellen ein zusätzliches Hindernis gegen die Entwicklung der konkreten und formalen Operationen dar.

Wir haben uns bis jetzt nicht im einzelnen mit den Konsequenzen der Theorie Whorfs[7] befaßt, wonach die strukturellen Formen[8] der Sprache in einer bestimmten Kultur einen zwingenden Einfluß auf das Denken hätten, so daß die Angehörigen einer solchen Kultur genötigt seien, die Welt auf eine bestimmte Art aufzufassen, während andere Auffassungen ausgeschlossen seien. Diese Theorie läßt sich am besten mit einigen spezifischen Beispielen darstellen, wie Whorf sie auf die Struktur der europäischen Sprachen und des europäischen Denkens auf der einen und auf die Sprache und das Denken der Hopi auf der anderen Seite angewandt hat. (Die Hopi sind nordamerikanische Indianer der Pueblo-Kultur in Arizona.)

Eine der Grundeigenarten des, wie er es nennt, *Standard Average European* (SAE), womit er praktisch die englische Sprache meint, besteht darin, daß es zwischen Substantiven und Verben unterscheidet, wodurch ein polarer Gegensatz zwischen Dingen und Handlungen geschaffen wird. (Whorf läßt freilich die Tatsache ungesagt, daß man selbstverständlich eine solche Unterscheidung in vielen Sprachen findet, auch in solchen, die von primitiven Völkern gesprochen werden.) Wenn aber »schlagen«, »drehen«, »laufen« Verben sind, weil sie zeitliche oder kurz dauernde Ereignisse und Handlungen bezeichnen, weshalb ist dann »Faust« ein Nomen? Dieses Wort bezeichnet ebenfalls ein zeitliches Ereignis. In der Hopi-Sprache sind »Blitz«, »Welle«, »Flamme« usw. Verben, weil diese Indianer nach der Dauer klassifizieren; Ereignisse von notwendigerweise kurzer Dauer müssen in ihrer Sprache immer Verben sein. Die SAE-Unterscheidung zwischen Substantiv und Verb ist in einem allgemeineren Sinne, laut dieser Theorie, für die Subjekt-Prädikat-Logik, für die Begriffe Handelnder und Handlung, für Dinge und Relationen zwischen ihnen, für Objekte und ihre Attribute grundlegend; »... wurzelte sich die Auffassung ein, die eine der beiden Klassen, die der Substantive, bezeichne selbständige, an sich existierende Dinge, während die Klasse der Verben sich auf Gegenstände beziehe, die nicht allein für sich existieren können, sondern eines ›Dinges‹ ... bedürfen, an dem sie hängen wie an einem Pflock« (Whorf 1956, S. 429)[9]. Wir SAE-Sprechenden sind deshalb gezwungen, fiktive handelnde Entitäten in die Natur hineinzulesen, nur weil unseren Verben ein Substantiv vorangestellt werden muß, z. B. »ein Licht leuchtete auf« im Gegensatz zur Hopi-Formulierung »aufleuchten (ereignete sich)«.

Die SAE-Grammatikregeln »machen es oft erforderlich, für die Benennung eines physischen Dinges binomische Bezeichnungen zu verwenden, die das, was sie bezeichnen, in formloses Etwas plus Form aufspalten« (Whorf, S. 81 f.), z. B. »eine Tasse Kaffee«. In der Hopi-Sprache implizieren »die Substantive selbst je passende Körper oder Behälter. Man sagt daher nicht ›ein Glas Wasser‹, sondern *ke.yi*, ›ein Wasser‹ ... Die Hopisprache bedarf keiner Analogien, die zur Bildung einer Auffassung des Seienden als einer Vereinigung von formlosem Etwas und Form führen könnten. Auf Formloses bezieht man sich in ihr nicht mit Hilfe von Substantiven, sondern mit anderen Symbolen« (Whorf, S. 82). Die Struktur der SAE-Sprachen bringt somit die sie Sprechenden dazu, in einer Substanz zu denken, die formlos ist und sich von ihren Manifestationen in besonderen Gestalten unterscheidet. »Bei SAE-Völkern sind somit die philosophischen Begriffe ›Substanz‹ und ›Materie‹ ursprüngliche Vorstellungen; sie sind ohne weiteres akzeptierbar, ‹gesunder Menschenverstand‹.« (S. 81) (Whorf liefert jedoch überhaupt keinen Beweis dafür, daß gewöhnliche SAE-Sprechende die philosophischen Begriffe »Substanz« und »Materie« für ohne weiteres akzeptierbar halten.)

Daß die SAE-Sprachen Substantive und Verben verschieden behandeln, ist nach dieser Theorie der Grund für die Objektivierung oder Verräumlichung der Erfahrung, die insbesondere für unsere Zeit-Vorstellungen bezeichnend ist. In unserer Sprache und Kultur verlieren

... die Begriffe von der Zeit den Kontakt mit der subjektiven Erfahrung des »Später-Werdens« und werden als gezählte *Quantitäten* vergegenständlicht, insbesonders als Längen (Zeitspannen), die aus Einheiten bestehend gedacht werden, so wie eine Streckenlänge sichtbar in Zentimeter aufgeteilt werden kann. Eine »Zeitspanne« wird wie eine Reihe von Flaschen oder anderen Einheiten vorgestellt.

Im Hopi liegen die Sachen anders. Der Plural und die Kardinalzahlen werden nur für Dinge benutzt, die eine gegenständliche Gruppe bilden oder bilden

können. Es gibt keinen imaginären Plural. An seiner Stelle werden Ordinal-
zahlen, verbunden mit dem Singular, verwendet. Einen Ausdruck wie »zehn
Tage« gibt es nicht. Die dazu äquivalente Aussage ist eine operationale und
erreicht einen bestimmten Tag durch passende Zählung: »Sie blieben zehn
Tage« wird zu »sie blieben bis zum elften Tag« oder zu »Sie gingen nach dem
zehnten Tag weg«. Statt »Zehn Tage sind mehr als neun Tage« erhalten wir
»Der zehnte Tag ist später als der neunte«. Unsere »Zeitspanne« wird nicht
als eine Lange betrachtet, sondern als eine Relation des Späterseins zwischen
zwei Ereignissen. Während unsere Sprache die Vergegenständlichung jener
Gegebenheit des Bewußtseins, die wir Zeit nennen, fördert, gibt es im Hopi
kein Strukturschema, welches das Wesen der Zeit, das subjektive »Später-
Werden«, verdeckt. (S. 80)

Laut Whorf wandeln die SAE-Sprachen Dauern in Dinge um: Wir
sagen »*bei* Sonnenuntergang« oder »*im* Winter«, so wie wir »*bei*
einer Ecke« oder »*in* einem Garten« sagen. So wie unsere Sprache
die Grundlage für formlose Begriffe wie »Substanz« und »Materie«
liefert, haben wir auch einen formlosen Gegenstand »Zeit«:

Dies geschah, indem wir »eine Zeit«, d. h. eine Gelegenheit oder Phase, nach
dem Schema eines Materialsubstantivs gebrauchten. Der gleiche Vorgang
macht aus »ein Sommer« nach dem Schema der Materialsubstantive »Sommer«. Mit unserer binomischen Formel können wir »a moment of time, a
second of time, a year of time« (ein Augenblick, eine Sekunde, ein Jahr) sagen
und denken. Lassen Sie mich nochmals darauf hinweisen, daß hier einfach das
Schema von »a bottle of milk« (eine Flasche Milch) oder »a piece of cheese« (ein
Stück Käse) vorliegt. Das befördert uns in der Vorstellung »ein Sommer« ent-
hielte tatsächlich eine so und so große Quantität »Zeit« oder bestünde aus ihr.
Im Hopi sind dagegen Phasenbegriffe wie »Sommer, Morgen« usw. durch-
wegs keine Substantive, sondern etwas, was am ehesten einem Adverb im
SAE entspricht. Die Phasenbegriffe bilden im Hopi einen eigenen formalen
Redeteil, der von Substantiven, Verben und selbst von anderen »Adverbien«
verschieden ist. Es handelt sich nicht um Kasus-Formen wie unser »des
Abends« oder um ein lokatives Muster wie »am Morgen«. Die Wörter für die
Phasen-Begriffe im Hopi enthalten keine lokativen Morpheme, wie das bei
unseren Bildungen »im Haus« oder »am Baum« der Fall ist. Sie haben die
Bedeutung »wenn es Morgen ist« oder »während sich die Morgenphase ereig-
net«. Diese »temporalia« werden weder als Subjekte noch als Objekte noch
überhaupt als Substantive gebraucht. Man sagt nicht, »Es ist ein heißer Sommer« oder »Der Sommer ist heiß«, denn der Sommer ist nicht heiß, Sommer ist
es, *wenn* es heiß ist, *wenn* Hitze erscheint. Hier gibt es keine Verdinglichung
der erlebten Dauer im Sinne eines Abschnitts, einer Spanne, einer Quantität.
Die Begriffe der Zeit enthalten hier das ständige »Späterwerden« und weiter
nichts. Daher gibt es im Hopi keine Basis für ein formloses Etwas nach der Art
unserer »Zeit«. (S. 83 f.)

[Demzufolge haben die Hopi] keine allgemeine Anschauung der Zeit als eines gleichmäßig fließenden Kontinuums, in dem alle Teile des Universums mit gleicher Geschwindigkeit aus einer Zukunft durch eine Gegenwart in die Vergangenheit wandern oder in dem – um das Bild umzukehren – der Beobachter mit dem Strom kontinuierlich von der Vergangenheit fort in die Zukunft getragen wird. (S. 102)

Sieht man von der jungen und ganz anderen Metaphysik in der Relativitätstheorie der modernen Physik ab, so drückt die Metaphysik, die in unserer eigenen Sprache, Denkweise und modernen Kultur liegt, dem Universum zwei große *kosmische Formen* auf: Raum und Zeit. Es sind ein statischer, dreidimensional unendlicher Raum und eine kinetische, eindimensional gleichförmig und ewig fließende Zeit – zwei völlig getrennte und unverbundene Aspekte der Realität. Die fließende Linie der Zeit ist ihrerseits noch Gegenstand einer dreifachen Unterteilung in Vergangenheit, Gegenwart und Zukunft. (S. 104)

Das Hopi-Universum hat zwei kosmische Formen: 1. die manifestierte oder objektive und 2. die potentiell sich manifestierende oder subjektive Form.

[Die erste] umfaßt alles, was den Sinnen zugänglich ist oder war, das ganze historische physische Universum, ohne Andeutung eines Unterschieds zwischen Vergangenheit und Gegenwart, aber mit völligem Ausschluß all dessen, was wir Zukunft nennen. Die Zukunft wird vollständig von dem Subjektiven oder Manifestierenden umfaßt. *Aber nicht nur sie.* Das Subjektive oder Manifestierende schließt ebenso und ununterscheidbar auch alles ein, was wir bewußt nennen – alles, was im Bewußtsein erscheint oder existiert. Der Hopi würde statt »im Bewußtsein« allerdings lieber »im Herz« sagen und damit nicht nur das des Menschen, sondern auch das der Tiere, Pflanzen und Dinge und dahinter – in allen Formen und Erscheinungen der Natur – das Herz der Natur meinen . . ., das innerste Herz des Kosmos selbst . . . [Das Nichtmanifeste] ist das Reich von Erwartung, Wunsch und Zweck, des aktivierenden Lebens, der wirkenden Ursachen, der sich selbst aus einem innersten Reich (dem Herz) in die Manifestation denkenden Gedanken. (S. 104 f.)

[Die Hopi sehen] diese keimtreibende Aktivität im Wachsen der Pflanzen, in Wolken- und Regenbildung, in der sorgfältigen Vorbereitung der kommunalen Tätigkeiten der Landwirtschaft und des Bauens, in allem menschlichen Hoffen, Wünschen, Streben und Nachdenken und ganz besonders konzentriert im Gebet. (S. 107)

Räumlich gesprochen wird das Subjektive oder Nichtmanifeste eng mit dem Vertikalen und Innerlichen assoziiert, das Objektive oder Manifeste mit dem Horizontalen und Äußerlichen. Die objektive Form ist die große kosmische Form der Ausdehnung. Unter sie fallen alle extensionalen Aspekte des Existierenden, alle Intervalle und Distanzen, alle Reihungen und die Zahlen. Distanz schließt hier auch die zeitlichen Beziehungen zwischen Ereignissen ein, die schon vergangen sind . . . Das zeitliche Moment ist daher, sofern die

Operationen auch irgendwelche räumlichen Momente haben, von diesen nicht getrennt. (S. 108)

Was in einem fernen Dorf wirklich (objektiv) geschieht, also nicht nur vermutet wird, kann »hier« erst später gewußt sein. Wenn etwas nicht »an diesem Ort« geschieht, geschieht es nicht »zu dieser Zeit«; es geschieht an »jenem« Ort und zu »jener« Zeit. (S. 108)

[Demzufolge kennt die Hopi-Kultur] die psychologische Zeit, die der »durée« Bergsons ähnelt; aber diese »Zeit« ist etwas ganz anderes als die mathematische Zeit, t, unserer Physiker. Eine der Eigentümlichkeiten der Hopi-Zeit ist: sie wechselt mit jedem Beobachter, erlaubt keine Gleichzeitigkeit und hat 0 Dimensionen, d. h. man kann ihr keine Zahl zuteilen, die größer als 1 ist. Die Hopis sagen nicht, »Ich blieb fünf Tage«, sondern »Ich ging am fünften Tage weg«. (S. 15)

Die Verben der Hopi-Sprache unterscheiden nicht zwischen Gegenwart, Vergangenheit und Zukunft des Ereignisses selbst, sie müssen aber immer angeben, welchen Gültigkeitstyp der *Sprechende* seiner Aussage geben will. Sie können unterscheiden zwischen momentanen, andauernden und sich wiederholenden Ereignissen und den tatsächlichen Ablauf von dargelegten Ereignissen anzeigen. Somit kann das Universum ohne Zuhilfenahme eines durch Dimensionen geprägten Zeitbegriffs beschrieben werden. Ebenso gibt es kein Wort, das wirklich unserem »rasch« oder »schnell« entspräche. Solche Ausdrücke werden üblicherweise durch ein Wort umschrieben, das »stark« oder »sehr« bedeutet und jedes Verb der Bewegung begleitet. Wir müßten einen Begriff wie »Stärke« einführen, um »Geschwindigkeit« oder »schnell« aus der Hopi-Sprache zu übersetzen.

Ich habe Whorfs Beschreibung der Hopi-Begriffe von Zeit, Raum, Ursache und Materie ziemlich ausführlich dargelegt, um dem Leser einerseits eine ausreichende Kenntnis der Unterlagen zu verschaffen, die Whorf für bedeutungsvoll hält, um die Wirkungen der Sprache auf die Denkmuster einer Kultur zu beweisen, aber auch um die Tatsachen darzustellen, die der Leser als einen lehrbuchmäßigen Fall von präoperativem Denken identifizieren wird. Die Hopi-Zeit beispielsweise wird als nicht-universell dargestellt – ihr Maß variiert von Ort zu Ort, es fehlt jede Vorstellung von einer potentiellen Gleichzeitigkeit der Ereignisse an verschiedenen Orten; daß sie gleichmäßig abläuft, wird nicht gesehen, denn ihr Betrag variiert entsprechend der subjektiven Erfahrung jedes Beobachters; sie ist auch nicht homogen, denn sie verändert sich je nach Beobachter. Whorf nimmt irrtümlicherweise an, die

»psychologische« Zeit, der subjektive Eindruck des Individuums von der Dauer, sei das Wesen der Zeit; wie wir im Kapitel VIII sehen werden, ist das jedoch nur ein Aspekt der Zeit, und zwar der ursprünglichste. Die Hopi befassen sich mit der Qualität von Ereignissen – mit ihrer Kontinuität, ihrer Wiederholung oder mit der Abfolge der einzelnen Phasen –, aber sie können die Geschwindigkeit nicht begrifflich erfassen und interessieren sich offensichtlich nicht für den Vergleich und die Koordination verschiedener Dauern bei verschiedenen Geschwindigkeiten oder gleicher Geschwindigkeiten bei verschiedenen Entfernungen oder Dauern. In dieser Hinsicht ist der Hopi-Begriff der Zeit von unseren westlichen Zeitbegriffen gar nicht so verschieden, aber er ist ein ausgezeichnetes Beispiel einer präoperativen Zeit.

Auch bei den Auffassungen über die Kausalität findet man, daß sie im wesentlichen die Form von Wünschen, Vorsätzen und Absichten und nicht so sehr von objektiven Interaktionen, die teilweise zufällig und unwillentlich sein können, oder von mechanistischen Ursachen haben. Auch das ist ein klarer Fall von psychomorphistischer Kausalität, die mit dem präoperativen Verständnis der Zeit in Einklang steht.

Das Denken der Hopi paßt zu den Modellen, die sowohl von der Entwicklungspsychologie als auch von der vergleichenden Ethnographie festgestellt worden sind (denn diese Zeit- und Kausalitätsbegriffe sind typisch für das primitive Denken im allgemeinen), bei denen die sprachliche Struktur der Gruppen von untersuchten Personen gleichgültig ist. Man kann somit unmöglich geltend machen, bestimmte charakteristische Züge der Hopi-Sprache seien für diese Eigenheiten ihres Denkens verantwortlich, denn solche Besonderheiten findet man in völlig verschiedenen Sprachen wieder.

Wenn Whorf recht hätte mit seinen Auswirkungen der Sprachstruktur auf das Denken – und das ist das entscheidende Kriterium für seine Hypothese –, müßten überdies die Kinder in unserer Gesellschaft zu, wie er es nennt, »wissenschaftlichem« Denken über Zeit, Kausalität, Quantifizierung, Zahl, Abläufe befähigt sein und die Besonderheiten der Subjekt-Prädikat- und der Substanz-Akzidens-Beziehung verstehen, sobald sie die Elemente der englischen, französischen oder deutschen Sprache beherrschen. Es ist bekannt, daß dies nicht der Fall ist. Man hätte auch herausfinden müssen, daß dieses »wissenschaftliche« Denken in der Geschichte der Völker mit indo-europäischer Sprache universell verbreitet ist, und zwar auf jeder Kulturstufe. Wir wissen aber, daß es in Wirklichkeit ein fortgeschrittener begrifflicher Prozeß ist, der geschichtlich nur unter günstigen Umständen erreicht wird und, was das formale Denken betrifft, von langjähriger Schulung und Ausbildung abhängig ist. Einer der Mängel der Whorfschen Theorie besteht darin, daß sie »Wissenschaft« mit konkreten Operationen verwechselt und übersieht, daß solche Denkweisen nur die Grundlage der Wissenschaft sind, die bei einem Teil der Bevölkerung fest verankert sein müssen, bevor wirkliche Wissenschaft daraus hervorgehen kann.

Noch grundsätzlicher irrt sich Whorf mit der Annahme, daß jede Sprache den sie Sprechenden ein starres System von begrifflichen Zwängen aufnötige, während die Erkenntnisse der Entwicklungspsychologie zeigen, wie Kinder die Sprache der Erwachsenen an ihre eigenen, andersgearteten begrifflichen Strukturen assimilieren. Eine bestimmte Absicht kann deshalb leicht die Fesseln der Syntax und des üblichen Wortsinns sprengen, wie beispielsweise der Erfolg von Bibelübersetzungen durch Missionare zeigt und wie jeder Ethnograph aus Erfahrung bestätigen kann, der seine Informanten in Diskussionen über ihnen unvertraute Ideen verwickelt hat. Cohen hält fest,

... falls sich die Frage nach Unterschieden in den Möglichkeiten verschiedener Sprachen überhaupt stellt, dann wäre es die, wie leicht oder wie wenig sie sich dazu eignen, andere Ideen auszudrücken, und nicht die der permanenten Möglichkeiten und Unmöglichkeiten, deren Existenz Whorf behauptet. Wenn Hobbes fragt, ob es in einer Sprache, in der eine Aussage eher durch das Nebeneinanderstellen von Subjekt und Prädikat als durch eine Kopula ausgedrückt wird, irgendwelche Begriffe für »Entität«, »Essenz«, »essentiell« oder »Essentialität« überhaupt geben könne, so kann man ihm antworten, es sei in einer solchen Sprache verhältnismäßig schwieriger, ein solches Vokabular zu entwickeln, aber unmöglich sei es nicht. (Cohen, 1966: S. 86 f.)[10]

Und Feuer hält zum Zeitbegriff fest:

Viele Sprachen... haben kein Futurum und greifen stattdessen zu solchen Kunstgriffen wie dem Gebrauch des Präsens, um die Zukünftigkeit auszudrücken. Nichts weist darauf hin, daß die Völker, die solche Sprachen verwenden, deshalb in einem metaphysischen Sinn die Gegenwart mit der Zukunft verwechselt hätten. (Feuer, 1968: S. 413).

Im Blick auf das Geschick, mit dem Philosophen die scheinbaren syntaktischen Beschränkungen der Sprache überwinden, sagt er weiter:

Die aristotelische Metaphysik ist nicht ausschließlicher Besitz der indo-europäischen Sprachen gewesen. Es wird oft übersehen, daß sie, noch bevor sie von den mittelalterlichen christlichen Philosophen übernommen wurde, von arabischen und hebräischen Denkern aufgegriffen und stark weiterentwickelt worden war. Die Syntax der semitischen Sprache unterscheidet sich markant von der der europäischen Sprachen, doch die semitischen syntaktischen Regeln stellten kein unüberwindliches Hindernis gegen die Formulierung der aristotelischen Ideen dar. Wörter wurden erfunden, um die neuartigen metaphysischen Ideen auszudrücken. Die Talmudisten waren spekulativen Begriffen besonders abgeneigt, doch die mittelalterlichen jüdischen Philosophen ersannen die notwendigen Formen, um die fremdartigen Ausdrücke zu übertragen. (Ibid., S. 414)

Es hilft Whorf auch nichts, wenn er argumentiert, das Denken der Hopi unterscheide sich einfach vom westlichen Denken, und:

Was wir »wissenschaftliches Denken« nennen, ist eine spezielle Entwicklung des westlichen indoeuropäischen Sprachtypus. (S. 46)
Solche Sprachen (wie das Hopi) zeichnen nicht im selben Maße wie das Englische und verwandte Sprachen das Universum als eine Kollektion separater Objekte. Sie verweisen uns damit auf Möglichkeiten neuer Typen der Logik und auf mögliche neue Bilder vom Kosmos. (S. 41)

Verschiedene Arten von Geometrie oder von Logik sind nämlich nur möglich, weil es abstrakte axiomatische Systeme ohne empirischen Inhalt gibt. Es ist nicht so, daß Logiker, die auf Boolesche Logik spezialisiert sind, unfähig wären, die aristotelische Logik zu begreifen, oder daß Physiker, die in klassischer Newtonscher Physik ausgebildet wurden, Einstein nicht verstehen könnten. Max Black sagt es so:

Dennoch [trotz seines Relativismus] schafft es Whorf schließlich, seine Philosophie zu formulieren. Wenn er die »tieferen Bewußtseinsprozesse« beschreibt, über denen die Sprache »eine oberflächliche Ausschmückung« (S. 239) ist, so widerlegt er seine eigene Behauptung, daß »kein einziger Mensch frei ist, die Natur mit absoluter Unvoreingenommenheit zu beschreiben« (S. 239). Wir stehen vor dem bekannten Paradoxon, daß jede allgemeine Theorie über die Relativität der Wahrheit sich selbst als befangen oder falsch brandmarken muß. (Black 1968, S. 436 f.)

Wenn es um Weltbilder, um Vorstellungen, wie die Dinge wirklich sind, geht, so dürfen wir bei jeder Alternative zu unseren eigenen Vorstellungen mit Recht fragen: »Ist sie empirisch verifizierbar?«, »Erfaßt sie eine ebenso breite Vielfalt von Phänomenen wie unser Weltbild?« und »Ist sie in sich selbst kohärent?«. Man kann legitimerweise behaupten, das *Denken* der Hopi berücksichtige gewisse paranormale Einflüsse, die in der Welt am Werk sind, die aber von unserer traditionellen Wissenschaft bis in jüngster Zeit als Aberglaube abgelehnt worden seien; in diesem Sinne kann man durchaus sagen, es könnte dazu imstande sein, unsere Ansichten über die Natur der Dinge zu korrigieren; doch auch in dieser Hinsicht ist das Hopi-Denken nicht von den besonderen Eigenarten der Hopi-Sprache abhängig, denn viele andere Kulturen mit völlig anderen Sprachen haben eine ähnliche Philosophie. Insofern das Denken der Hopi nicht imstande ist, physikalische Prozesse zu analysieren und die Beziehungen von Zeit und Raum zu koordinieren, insofern es der Kausalität gegenüber eine begrifflich realistische, psychomorphistische Haltung einnimmt, ist es jedoch begrifflich offensichtlich weniger erfolgreich als unsere Denkweisen.

Whorf schwankt unsicher zwischen der zurückhaltenden Behauptung, die Sprachstrukturen und folglich auch die Klassifizierungsweisen seien verschieden, und dem extremen Standpunkt, daß »die Sprachstrukturen verschieden und deshalb die Denkweisen verschieden sind, und alle sind gleich berechtigt, und einige sind gleicher berechtigt als andere«; beispielsweise sind

... alle Menschen, so verschieden ihre sprachlichen Systeme auch sein mögen, in der Ordnung, Harmonie und Schönheit dieser Systeme, *in ihren verschiedenen Feinheiten und in der Tiefe ihrer Analyse der Wirklichkeit* gleichwertig ... Dieser Sachverhalt ist unabhängig vom Entwicklungsstand der materiellen Kultur, der Zivilisation und der Moral oder Ethik usw. Das ist für den kultivierten Europäer eine überraschende, schockierende Sache – eine bittere Pille! (S. 66, Hervorhebung von mir.)

Whorfs Sprachbegriff ist in dieser Hinsicht verwirrend, er ebnet die unzweifelhaft vorhandenen strukturellen Feinheiten aller bekannten Sprachen phonetisch und syntaktisch ein, ebenso auch die besonderen Arten von Ideen, die in diesen verschiedenen Sprachen ausgedrückt werden können. Der Kern dieser Verwirrung scheint sein Begriff des »Kryptotyps« zu sein. Der Kryptotyp

... ist eine unter der Oberfläche der Worte liegende, subtile, schwer faßliche Bedeutung, die keinem wirklichen Wort korrespondiert und die doch durch die linguistische Analyse als funktionell wichtiges Element in der Grammatik aufgezeigt werden kann. Zum Beispiel: Die englische Partikel *up* mit der Bedeutung »completely, to a finish« (vollständig, bis zur Erreichung des Endergebnisses der betreffenden Tätigkeit) wie in »break it up«, »cover it up«, »eat it up«, »twist it up«, »open it up« (brechen, verdecken, essen, verdrehen/zwirnen/flechten, öffnen) kann auf jedes Verbum mit ein oder zwei Silben, deren erste betont ist, angewendet werden – *ausgenommen* Verben, die zu vier besonderen Kryptotypen gehören. Deren erster ist der Kryptotyp der Dispersion (Zerstreuung, Verteilung) ohne Grenze; daher kann man »spread it up«, »waste it up«, »spend it up«, »scatter it up«, »drain it up« oder »filter it up« (ausbreiten, verschleudern, vergeuden, ausstreuen, ablassen/-leiten, filtrieren) nicht sagen. Als zweiten Kryptotyp finden wir den der Oszillation ohne Bewegung von Teilen; wir sagen nicht »rock up a cradle«, »wave up a flag«, »wiggle up a finger«, »nod up one's head« (schaukeln, schwenken, wackeln, nicken) usw. Der dritte Kryptotyp ist der der nichtständigen Einwirkung und der psychologischen Reaktion: töten, kämpfen usw.; daher gibt es keine Verbindungen wie »whack it up«, »tab it up«, »stab it up«, »slam it up«, »wrestle him up«, »hate him up« (prügeln, Takt schlagen, stechen, zuschlagen, balgen, hassen). Der vierte Kryptotyp umfaßt die Verben gerichteter Bewegung, »move, lift, pull, push, put« (bewegen, heben, ziehen, stoßen, setzen/stellen/legen) usw., mit denen zusammen *up* die Bedeutung von »aufwärts« oder einer Ableitung davon hat (und zwar selbst dann, wenn diese Bedeutung im Widerspruch zu der des Verbums steht und so eine Absurdität entsteht wie in »drop it up« [tropfen!]). Außerhalb dieser Gruppe von Kryptotypen kann *up* im vervollständigenden und intensivierenden Sinn mit transitiven Verben nach Belieben verbunden werden. (S. 116)

Whorf wendet diesen Begriff des Kryptotyps bei der Analyse von Hopi-Vorstellungen an, etwa im folgenden Fall, wo es darum geht, ob die Hopi glauben, daß die Wolken beseelt seien.

Nehmen wir einmal an, ein Ethnologe entdecke, daß die Hopis in ihren Regengebeten etc. über Wolken so sprechen, als seien sie lebendig. Der Ethnologe wird dann natürlich wissen wollen, ob das nur eine Metapher oder eine spezielle religiöse oder zeremonielle Redefigur ist oder ob man über Wolken ganz allgemein in dieser Weise spricht. Das ist ein Beispiel für eine ganze Gruppe von Problemen, für die wir eine sinnvolle Antwort durch Erforschung der Sprache finden können. Wir wenden uns also der Sprache zu und fragen, ob sie ein Gattungssystem enthält, das lebende und unbelebte Dinge unterscheidet. Enthält sie ein solches System, so ist die nächste Frage, worunter eine Wolke klassifiziert wird. Wir stellen fest, daß die Hopisprache überhaupt keine Gattungen unterscheidet. Das hätte die traditionelle Grammatik vor Boas als eine Antwort angesehen und sich damit zufriedengegeben. Die richtige Antwort kann aber nur durch eine Grammatik gegeben werden, die neben der äußerlich faßbaren Struktur und Bedeutung auch die verdeckte analysiert. Die Hopisprache unterscheidet nämlich doch eine Klasse von Substantiven für belebte Objekte. Diese Klasse ist aber ein *Kryptotyp*. Das entscheidende Kriterium seiner Auffindung ist die Art und Weise seiner Pluralbildung. Wenn zum Beispiel von den Mitgliedern der Flöten-Gesellschaft einfach als von »Flöten« gesprochen wird, dann wird der Plural dieses (verdeckt) zur Klasse des Unbelebten gehörigen Substantivs so gebildet wie bei den Substantiven des Belebten. Das Wort *ʔo.mâw* »Wolke« wird dagegen immer in der Weise der Substantive des Belebten pluralisiert; es gibt dafür keinen anderen Plural, also gehört es definitiv zum Kryptotyp des Belebten. Auf diese Weise erhält die Frage, ob die Behandlung der Wolken als Lebewesen eine bloße Redefigur ist oder ob sie aus einem tieferen und nur leise durchdringenden Unterstrom des Denkens stammt, eine Antwort oder wenigstens eine ganz neue Bedeutung. (S. 125 f.)

Das eigentliche Problem besteht jedoch darin, ob ein Kryptotyp, auch wenn gezeigt werden kann, daß es ihn in einer Sprache gibt, von mehr als rein linguistischer Natur ist. Whorf zeigt nicht, ob die Kryptotypen »Zerstreuung ohne irgendeine Grenze«, »Oszillation ohne Bewegung von Teilen« und »der nicht ständigen Einwirkung und der psychologischen Reaktion« irgendeine wirkliche Existenz außer als linguistische Phänomene haben – mit keinem dieser Verben kann »up« in der Bedeutung von »Ergänzung« gebraucht werden, weil keines von ihnen ein Verb ist, das mit dem Begriff der Ergänzung oder der Beendigung verträglich wäre. Immerhin haben wir keinen Grund zur Annahme, daß solche Kryptotypen in anderen Denkbereichen individuell erkennbar seien. Wie Black sagt:

Die Hauptschwierigkeit liegt in der Behauptung, daß die Kryptotypen für den unverbildeten eingeborenen Sprechenden eine *Bedeutung hätten*. Whorf spricht von »einer Art gewohnheitsmäßigem Bewußtsein« (S. 69), von »einer unterschwelligen, subtilen und schwer erfaßbaren Bedeutung« (S. 70), von einer »formlosen Idee« (S. 71), einem »Aufsteigen zu vollerem Bewußtsein . . . im Knüpfen von Verbindungen« (S. 69) und so fort. Es ist jedoch kaum anzunehmen, daß sich der gewöhnliche Sprechende einer grammatikalischen Klassifikation bewußt ist, die die ganze Virtuosität eines Whorf voraussetzt, um entdeckt zu werden. Ich bezweifle, daß der gewöhnliche Englischsprechende realisiert, die Partikel *»un«* könne nur transitiven Verben mit einer »bedeckenden, einschließenden und an der Oberfläche haftenden Bedeutung« vorangestellt werden (S. 71), die einen Prototyp [sic! – Kryptotyp] darstellt. Whorf selbst muß den Begriff beherrschen, da er ihn mit Erfolg anwendet; doch der Mann von der Straße in England verwendet *»un-«* schlicht in glücklicher Unwissenheit. Hier erliegt Whorf meiner Meinung nach dem *Linguisten-Trugschluß*, daß er seine eigene intellektuell begründete Haltung dem Sprechenden zuschreibt, den er studiert. Der heuristische Wert des Begriffs Kryptotyp zeigt sich in seiner Eignung zu verifizierbaren Voraussagen (vgl. die Diskussion des imaginären Verbs *to flimmick* auf S. 71); der Rest ist mythische Psychologie. (Black 1968, S. 433)

Greenberg befaßt sich selbst mit diesem Problem, »Meinungen« – die er »Ethnoseme« nennt – aus Sprachformen – »Linguisemen« –

zu erschließen; bei diesem Folgerungsprozeß ist eine Kenntnis des nichtlinguistischen Verhaltens tatsächlich entscheidend für den Erfolg.

Das Problem besteht folglich darin herauszufinden, unter welchen Umständen Ethnoseme, im Gegensatz zu Linguisemen, in der Sprachforschung abgegrenzt werden können. Wir können nicht a priori entscheiden, daß Situationen, die in unserer Kultur nicht durch eine geläufige Verhaltensbezeichnung ausgedrückt werden, in einer anderen Kultur nicht eine solche haben können. Unsere Belege müssen sich aus der ethnographischen Beobachtung des Verhaltens der Sprechenden ergeben, wobei sich zeigt, ob solche Elemente von ihrem Verhalten her festgelegt werden können. Nehmen wir als Beispiel die zentralen Algonkin-Völker mit ihrer Unterteilung der Substantive in zwei Klassen, die wir, neutral, mit I und II bezeichnen wollen. Die Klasse I hat im Singular die Endung -a, im Plural -aki (Bloomfield 1946, S. 94). Klasse II hat den Singular -i, den Plural -ali, wozu andere Unterschiede bei den Pronomina kommen. Wenn wir die gesamte Bedeutung der Morpheme -a, -aki (außerhalb der Ethnoseme der Zahl) spezifizieren wollen, müssen wir die folgenden Tatsachen in Betracht ziehen. Zu den Substantiven der Klasse I gehören der Mensch, die Tiere, Geister und große Bäume, Tabak, Mais, Apfel, Himbeere (nicht aber Erdbeere), der Unterschenkel des Beins (nicht aber der Oberschenkel), Magen, Speichel, Feder, Vogelschwanz, Horn, Kessel, Pfeife zum Rauchen, Schneeschuh und einiges andere. Die Klassifizierung »beseelt« paßt zu einem großen Teil dieser Klasse, aber wie steht es mit dem Rest? Falls nicht das tatsächliche Verhalten der Algonkin bei allen diesen Beispielen gemeinsame Züge aufweist, so daß wir mit Hilfe dieser Information die Zugehörigkeit zur Klasse I voraussagen könnten, müssen wir auf eine rein linguistische Charakterisierung zurückgreifen. Sollte es sich zum Beispiel herausstellen, daß die Algonkin ein Heiligtum für die Himbeere haben und sie wie einen Geist behandeln, während die Erdbeere der profanen Sphäre angehört, und sollten sich in bezug auf andere Wörter ähnliche Tatsachen anführen lassen, so wäre eine Definition der Affixe der Klasse I unter Berücksichtigung der nichtlinguistischen Verhaltens der Algonkin möglich. Ich glaube nicht, daß die ethnographischen Tatsachen über diese Völker eine solche Abgrenzung zulassen. Da alle Personen und Tiere in der Klasse I sind, haben wir mindestens ein Ethnosem, aber die meisten anderen Bedeutungen können nur durch ein Linguisem definiert werden.

Tautologische Aussagen über die Ähnlichkeit auf der Grundlage eines gültigen Ethnosems, das üblicherweise mit einer grammatikalischen Etikette beschrieben wird, werden bisweilen gemacht. Wenn wir beispielsweise die Klasse I »beseelt« und die Klasse II »unbeseelt« nennen, dann ist die Aussage, daß die zentralen Algonkin-Völker Kessel als beseelt auffassen, nur eine tautologische Darstellung des grammatikalischen Sachverhalts. (Greenberg 1954, S. 15 f.)

114

Whorfs Argument, die Pluralform für »Flöten« zeige, daß die Hopi Wolken als beseelt auffassen, weil »Flöten«, wenn sie auf menschliche Wesen bezogen werden, in den Plural gesetzt würden, was auch für Personen und vermutlich für Tiere gelte, ist somit eine unzureichende Begründung für die Folgerung, die »Beseeltheit« sei das einzige und zureichende Kriterium für den Gebrauch der »beseelten« Pluralform. Es könnte zum Beispiel sein, daß alle Substantive in den »beseelten« Plural gesetzt werden, wenn sie in einem metaphorischen Sinn gebraucht werden; es ist logisch unzulässig anzunehmen, wie Greenberg gezeigt hat, es gebe ein einziges und eindeutiges Kriterium für den Gebrauch einer speziellen sprachlichen Form. Wenn man wissen will, ob die Hopi sich die Wolken als beseelt denken – was durchaus möglich wäre (siehe Whorf, S. 107) –, dann besteht das ethnographisch korrekte Verfahren darin, ihre Überzeugungen zu untersuchen und sie direkt auf diese anzusprechen. Insofern wir jedoch sprachliche Strukturen nicht als endgültige Kriterien oder Anzeichen kognitiver Strukturen benutzen können, sondern auch das Verhalten, einschließlich selbstverständlich der Aussagen zu den Überzeugungen, einbeziehen müssen, gibt es keinen Grund, den Schluß zu ziehen, daß sprachliche Strukturen den Denkstrukturen eindeutig zugeordnet seien.

Black hebt hervor, daß Whorfs Sprach- und Denktheorie auf einer Metaphysik der Wirklichkeit als eines Kontinuums oder eines Fluxus beruhe, das bzw. der durch die Sprache willkürlich zerlegt würde, so daß die Denkmuster jeder sprachlich selbständigen Kultur »so gut wie« die jeder beliebigen anderen seien:

Whorf steht im Banne der Auffassung von einer »Roh-Erfahrung« (S. 102), die »grundlegender als die Sprache« ist (S. 84), in der alles Bewegung und Unbeständigkeit ist und sogar der Gegensatz zwischen Vergangenheit und Gegenwart erst entstehen muß: »Wenn wir in unser Bewußtsein blicken, finden wir keine Vergangenheit, Gegenwart und Zukunft, sondern eine komplexe Einheit. ALLES ist im Bewußtsein, und alles im Bewußtsein IST und ist zusammen« (S. 84). Und die »wirkliche Zeit« des Bewußtseins ist ein *Werden:* »Die wirkliche Zeitlichkeit im Bewußtsein bedeutet, daß dies alles ›später wird‹, in unumkehrbarer Weise seine Beziehungen verändert« (S. 84). Nun, es ist zwecklos, Argumente gegen dieses Bild vorzubringen: An der Betonung der Kontinuität und des Fließens des Bewußtseins ist nichts zu bemängeln, aber sie führt zu nichts, denn nichts Vorstellbares wird abgestritten; doch es ist ein gewagter Sprung zur Behauptung, die übliche Bezugnahme auf Zeitintervalle und zeitliche Relationen habe eine Verfälschung zur Folge.

Wenn Whorf behauptet, »falls ›zehn Tage‹ als eine Gruppe betrachtet würden, so müßten sie als eine ›imaginäre‹, im Geist konstruierte Gruppe angesehen werden« (S. 139), so muß er auf die Logik des Zählens zurückgreifen, um die gleichzeitige Existenz der gezählten Dinge zu fordern. (Black 1968, S. 436)

Es ist dieser Begriff der Wirklichkeit als eines Kontinuums, auf den sich Leach in seiner Theorie beruft, wonach die Sprache eben diese Wirklichkeit in kulturell determinierte Kategorien zerlege. Black hält fest, daß diese »Metzgerei«-Theorie der Sprache auch für Whorfs Haltung grundlegend sei:

[Er] spricht von der »Segmentierung der Natur« (S. 40) und dem »künstlichen Zerhacken des kontinuierlichen Raums und Fließens der Existenz« (S. 52); er sagt »wir zerlegen die Natur« (S. 13, 14) und »zerschneiden« sie (S. 13), wenn wir sie »in Begriffen organisieren« (S. 13), und das alles in hohem Maße deshalb, weil wir »durch unsere Muttersprache zu einer Vereinbarung gekommen sind, es so zu tun, nicht weil die Natur selbst gerade so segmentiert wäre, daß alle es sehen würden« (S. 40)...

Das Operationssaal-Vokabular (»zerschneiden«, »zerlegen«, »zergliedern«, »segmentieren«) ist fehl am Platz; sprechen bedeutet nicht schlachten, ohne Bergson und anderen Kritikern der vernünftigen Analyse nahetreten zu wollen. Wenn man einen Frosch seziert, dann zerstört man ihn, wenn man aber über den Regenbogen redet, so ändert sich an diesem nichts... Er stimmt, bewußt oder unbewußt, in den alten metaphysischen Klagegesang ein, wonach beschreiben *notwendigerweise* verfälschen bedeute. Die nicht sehr geistreiche, unbefriedigende Antwort lautet, daß Whorf, wie noch viele andere, der nebelhaften Vorstellung erlegen ist, die Sprache habe die Funktion, die Realität wiederherzustellen. Doch das beste Rezept für Apfelkuchen kann nicht aufgegessen werden, aber es wäre eher seltsam, wollte man das als einen Mangel ansehen. (Ibid., S. 433 f.)

Wir wollen unsere Folgerungen a) zur Frage der Sprache als des grundlegenden Werkzeugs aller kognitiven Prozesse, b) zu den Mitteln, durch die der Wirklichkeit eine stabile begriffliche Form gegeben wird, und folglich c) zum »transzendenten« Grundmuster des Wissens, das vom Denken der einzelnen Menschen unabhängig und seiner Natur nach rein sozial wäre, kurz zusammenfassen.

1. Aus der Entwicklungspsychologie ergibt sich, daß die Sprache für die Enkodierung oder Beschreibung der Erfahrung nur gebraucht werden kann, wenn diese Erfahrung bereits durch nichtsprachliche Mittel, durch die Koordination der Aktion und der Vorstellung, organisiert worden ist. Wenn das Kind die Sprache zu verwenden beginnt, hat es seine Welt schon auf der sensomotorischen Stufe organisiert; taubstumme Kinder ohne Schulbildung

erbringen bei nichtverbalen Aufgaben mindestens bis zum sechsten Lebensjahr ähnliche Leistungen wie normale Kinder.

2. Die Sprache erhält auf den höheren Stufen des Denkens, etwa bei den konkreten und formalen Operationen, fortschreitend eine größere Bedeutung für das Verständnis, aber auch hier gibt es viele Beispiele für nichtsprachliches Denken – Mathematik, Musik, graphische Darstellungen und mechanische Relationen.

3. Die Beherrschung der Grammatik einer Sprache sagt an sich wenig über die Stufe aus, die ein bestimmter Mensch bei seinen kognitiven Funktionen erreichen kann. Wenn es auch charakteristische Entwicklungsmerkmale der Sprache zu geben scheint, derart, daß etwa das Latein als verhältnismäßig primitiv eingestuft werden kann, so ist es dem individuellen Denken dennoch immer möglich, die rein sprachlichen Beschränkungen zu übersteigen.

4. Es ist unbestreitbar, daß bestimmte Sprachen sowohl von der Syntax als auch vom Wortschatz her das Ausdrücken bestimmter Vorstellungen erschweren und gewisser anderer Ideen erleichtern können. Es geht jedoch erstens um ein *Erschweren* oder ein *Erleichtern* und nicht um ein *Verhindern* oder ein *Determinieren*; die Whorfsche Hypothese ist somit beschränkt akzeptierbar, doch sie läßt sich, zweitens, nicht auf die grundlegendsten Denkstufen anwenden, und nichts spricht dafür, daß die verschiedenen Typen von natürlichen Sprachen eine Überprüfung der Entwicklungsstufen Piagets erforderten.

5. Es ist deshalb grundsätzlich falsch anzunehmen, daß es eine signifikante Homologie zwischen begrifflichen und sprachlichen Strukturen gebe; laut Chomsky gibt es letztere ausschließlich in der Sprache, und sie geben kein Modell für andere kognitive Strukturen ab.

6. Wirklich bedeutungsvoll für die Art des Denkens, die in einer Gesellschaft vorherrscht, ist nicht, ob die Sprache in ihrer Grammatik Genera unterscheidet und für die Verben ein Futurum kennt, sondern in welchem Ausmaß diese Sprache als ein Mittel zur Analysierung der Erfahrung verwendet wird und die Leute sich explizit bewußt sind, daß sie ein Phänomen ist, das sich von den tatsächlichen Äußerungen realer Leute in einem bestimmten Kontext unterscheidet.

III. Das primitive Milieu und die kognitive Entwicklung

Die wichtigsten Einwände gegen die Verwendung der Entwicklungspsychologie für die Analyse des primitiven Denkens sind damit behandelt, so daß wir uns jetzt überlegen können, wie die charakteristischen Besonderheiten des primitiven Milieus die kognitive Entwicklung beeinflussen. Dabei geht es im wesentlichen um die folgenden Faktoren: inwieweit in dieser Umwelt das symbolische Bild im Denken Vorrang vor der expliziten verbalen Analyse und der Verallgemeinerung hat; in welchem Maße die Objektivierung der sinnlichen Erfahrung und die Zerlegung in die Dimensionen, wie sie in den konkreten Operationen angewandt wird, notwendig sind; in welchem Maße das überlegte Experiment und die Innovation regelmäßige Bedürfnisse sind, so daß man signifikant andere Vorstellungen von der Welt antreffen kann; und in welchem Maße allgemein bewegliche, reversible, transformative Denkstrukturen im Gegensatz zu statischem, an den Kontext gebundenem, von der Handlung und dem Bild beherrschtem Denken hervorgebracht werden.

Zuerst befassen wir uns mit der Interaktion zwischen den Menschen und ihrer physischen Umwelt – wie die Leute gezwungen sind, deren Eigenschaften zu analysieren, wie sie experimentieren und quantifizieren, ihre Handlungen im Hinblick auf physische Aufgaben planen – und mit den Konsequenzen, die sich aus dem Fehlen von Maschinen und von technologischen Prozessen im allgemeinen für die kausale Analyse ergeben. Ein zweites Hauptthema unserer Untersuchung sind die Lehrmethoden, mit denen Kinder unterrichtet werden, die Haltung gegenüber der Befragung, der Wert, der in solchen Gesellschaften der reinen Intelligenz zuerkannt wird, der Zwang zur Konformität und die Unterdrückung individueller Meinungen und ihrer Formulierung. Dann wollen wir uns der Frage zuwenden, in welchem Maße primitive Institutionen diskutiert und in Frage gestellt werden, inwieweit sie durch klare Zielvorstellungen gelenkt sind und in welchem Grade Angehörige solcher Gesellschaften substantiell heterogenen Erfahrungstypen und Glaubenssystemen sowohl in ihrer Gemeinschaft als auch im

Kontakt mit Fremden ausgesetzt sind. Abschließend wollen wir die Folgerungen der Entwicklungspsychologen aus interkulturellen Vergleichen über die Auswirkungen der Schulung und Ausbildung auf die Denkweisen in der primitiven Gesellschaft untersuchen, ein Unterfangen, das ein wertvolles neues Licht auf die sozialen Faktoren wirft, die die kognitive Entwicklung stimulieren.

1. Denken und physische Interaktion mit der Umwelt

Wir müssen unsere ganze Vorstellungskraft aufwenden, wenn wir die Welt um uns herum ohne die begrifflichen Strukturen denken wollen, die sich im Laufe unserer Erziehung in einer gebildeten technologischen Gesellschaft entwickelt haben.

Im primitiven Milieu, wo der Durchschnittsmensch sein Leben in einem geographisch eng begrenzten Gebiet verbringt, werden die auffälligen physischen Kennzeichen der Umwelt leicht zu absoluten und statischen Relationen, die in wahrnehmungsmäßig vertrauten, aber begrifflich nicht analysierten und irreversiblen Anordnungen miteinander verknüpft werden. Die Stämme an der Südwestküste von Papua-Neuguinea zum Beispiel leben in einem Gebiet, wo die zentralen Bergketten scharf von Nordwest nach Südost verlaufen; gewohnheitsmäßig sehen sie deshalb die Sonne über diesen Bergen aufgehen und auf dem Meer untergehen. Als während des Zweiten Weltkriegs Männer aus diesem Gebiet für die Regierung als Träger auf dem Kokoda-Trail von Port Moresby nach der Nordküste arbeiteten, entdeckten sie zu ihrer Verwunderung, daß auf der anderen Seite der Berge die Sonne über dem Meer auf- und auf den Bergen unterging, eine völlige Umkehrung der für sie feststehenden natürlichen Beziehung zwischen Sonne, Meer und Bergen. Wie wir bei der Untersuchung der primitiven räumlichen Klassifizierungen sehen werden, wird der geographischen Perspektive von den Angehörigen jeder Gesellschaft stillschweigend eine absolute Qualität zuerkannt; bestimmte Richtungen, etwa Ost und West, erhalten einen absoluten Status, der mit religiösen Werten wie Geburt und Tod verknüpft wird; solche Vorstellungen werden durch ein relativistisches Erdmodell, die Erde als Kugel, völlig zerstört.

Wie die räumliche Welt des Primitiven in Richtung einer statischen Struktur aus stabilen konkreten und symbolischen Assoziationen tendiert, wird auch seine Erfahrung der Dauer um eine fixierte Abfolge von Ereignissen und Tätigkeiten herum konstruiert, deren gegenseitige Beziehungen ebenso unquantifizierbar, qualitativ verschieden und statisch wie die der räumlichen Vorstellungen sind.

Sein Alltagsleben ist verknüpft mit den organischen Abläufen in der Natur, die denen seines eigenen Körpers und der ganzen Gesellschaft entsprechen – der Zyklus von Wachstum und Zerfall, von neuem aus altem Leben, die ähnlichen Rollen und Temperamente der Geschlechter bei Tieren und Menschen, die Befruchtung der weiblichen Tiere, der Frauen und der Erde mit Samen, die Mondphasen und der weibliche Menstruationszyklus, kurz gesagt, eine Welt von Ähnlichkeiten und Analogien, die eine sichtbare Grundlage für die universelle Überzeugung liefern, daß das Wohlbefinden der Gesellschaft und der Natur in enger Beziehung zueinander stehen.

Organische Prozesse können nicht wie Maschinen in einzelne Teile zerlegt werden; sie können auch nicht ohne fortgeschrittene wissenschaftliche Kenntnisse experimentell verändert werden; sie können nicht umgekehrt werden, sie werden nicht vom Menschen erfunden, und ihr Funktionieren ist im allgemeinen wissenschaftlich viel schwieriger zu analysieren als Abläufe in der unbelebten Natur. Sie sind auch, wie der Mensch selbst, offene, zielstrebige Systeme, in denen sich ein inneres Leben und eine innere Zweckmäßigkeit zu offenbaren scheinen. Selbst wenn wir keine Wissenschaftler sind, ist der tägliche Umgang mit Problemen, z. B. herauszufinden, weshalb der Automotor nicht anspringen will oder weshalb ein Heizkörper im Zentralheizungssystem nicht heiß werden will, typisch für tausende von prosaischen Handlungen zur Lösung von Problemen, die unsere Zivilisation jedem von uns abverlangt. Durch das Hantieren mit vom Menschen geschaffenen Gegenständen, Maschinen und Systemen, durch das Verstehen solcher Objekte lernen wir eines der grundlegenden Prinzipien der Erhaltung von Relationen und der Kausalität, doch seltsamerweise haben sich solche verhältnismäßig einfachen Kausalsysteme durch die Wechselfälle der Geschichte als letzte entwickelt. Der primitive Mensch sollte die unendlich viel komplizierteren Systeme und Beziehungen des biologischen und sozialen Bereichs verstehen, die auch heute noch dem vereinten Bemühen von professionellen Wissenschaftlern widerstehen. Die komplexesten Erfindungen des Primitiven sind bloß Fallen, Webstühle und Segelschiffe. Wir haben den unschätzbaren Vorteil, daß wir in einer Kultur aufwachsen, in der wir unsere Kausalanalyse an Artefakten einüben können, die viel einfacher zu verstehen sind, wenn wir sie auseinandernehmen oder verkehrt ablaufen lassen. Die Mechanik, die Hydraulik und die geometrische Optik zum Beispiel gehören zu den Wissenschaften, in denen, zusammen mit der Astronomie, am Anfang die größten Fortschritte gemacht wurden: Ihre Untersuchungsobjekte sind so regelmäßig und vergleichsweise einfach wie Maschinen. Es verdient auch festgehalten zu werden, daß Aristoteles, der als erster eine umfassende philosophische Analyse der Kausalität ausarbeitete, seine Beweisführung in hohem Maße auf die Natur von Artefakten[1] und auf technische Abläufe stützte.

Das Fehlen von Maschinen und anderen technischen Einrichtungen in der primitiven Gesellschaft hat aber noch tiefere Auswirkungen auf die Denkweisen als nur auf die Kausalitätsbegriffe allein. Indem wir beobachten, wie Dinge auf andere Dinge einwirken, werden wir dazu fähig, ihre Eigenschaften zu objektivieren, anstatt sie nur dadurch zu interpretieren, wie sie unsere Sinne und unseren Körper beeinflussen. In unserer Gesellschaft beispielsweise lernen wir das »Gewicht« durch Gegenstände denken, die miteinander ins Gleichgewicht kommen, etwa auf einem Paar Waagschalen oder auf einer Schaukel, oder die mit verschiedener Kraft auf die Stellung eines Hebels und eines Angelpunktes einwirken, was sich in der Verformung von Seilen, Balken und Achsen äußert. (Auch das gewöhnliche Wagenrad ist eine komplexe Koordination von strukturellen Besonderheiten, durch die eine Vielfalt von Kräften aus verschiedenen Richtungen aufeinander abgestimmt werden.) Doch für einen primitiven Menschen, der normalerweise überhaupt kein Wort für Gewicht, sondern höchstens für »schwer« und »leicht« kennt, ist ein Gegenstand dann schwer, wenn er sich, nachdem man ihn ein gewisses Stück weit getragen hat, in Rücken- und Schulterschmerzen äußert oder wenn er von einem Kind nicht und von einer Frau nur mit Mühe aufgehoben werden kann. Weil das Gewicht sinnlich wahrgenommen wird, scheint »Schwere« eine Eigenschaft, ein Ding, zu sein, die Gegenstände wie Steine in einem absoluten Sinne haben, im Gegensatz zu Flaschenkürbissen oder Binsenmatten, die an sich leicht sind. Dem primitiven Menschen sind Zugkräfte auf Taue[2], die Notwendigkeit, Gewichte über eine größere Fläche zu verteilen, und viele andere Beispiele, bei denen die Reaktion von Dingen auf andere *Dinge*, und nicht auf den menschlichen Körper, analysiert werden müssen, unvertraut. Wenn Holz hart ist, so bedeutet das hart für das Beil, mit dem man es spaltet, oder daß sich damit eine gute Abschrankung für die Schweine herstellen läßt – es gibt keine andere Vorstellung von Härte als durch den unmittelbaren Gebrauch, den der Mensch von diesem Material macht, und durch die physische Wahrnehmung. Wärme und Kälte haben, wenn sie vom menschlichen Körper sinnlich wahrgenommen werden, ganz verschiedene physiologische Auswirkungen (zum Beispiel Schüttelfrost und Gänsehaut im Gegensatz zu Schweißausbrüchen und Durst), und sie lassen sich deshalb besser als polare Gegensätze denn als Punkte längs eines skalaren Kontinuums darstellen; historisch ist bekanntlich das Thermometer erfunden worden, um die Temperatur von nichtmenschlichen Phänomenen zu messen. Einem primitiven Menschen würde es seltsam vorkommen, wenn jemand ihm sagte, daß »warm« und »kalt« etwas Gemeinsames hätten, daß sie nämlich nur Variationen einer einzigen Eigenschaft seien; das wäre für ihn etwa dasselbe, wie wenn man andeutete, »Wildheit« und »Sanftmut« seien nur verschiedene Grade ein und derselben Eigenschaft. Das gleiche gilt für »schwer« und »leicht«, die ebenfalls wegen ihren völlig verschiedenen physiologischen Auswirkungen Manifestationen von gegensätzlichen und nicht miteinander in Einklang zu bringenden Eigenschaften zu sein scheinen. Die Tatsache, daß die Mittelpunkte, die mittleren oder normalen Stellungen vieler skalarer Eigenschaften, sinnlich nur schwierig auszumachen sind, hat offensichtlich zur Folge, daß sie übersehen und in Form von polaren Gegensätzen vorgestellt werden.

In seiner Erfahrung der Dauer wird sich der primitive Mensch, der über Bergpfade, durch Flüsse und über Abgründe gegangen ist, seiner Muskelanstrengung und seiner mehr oder weniger großen Müdigkeit bewußt; seine Empfindung, wieviel Zeit verflossen ist, wird stark durch diese Faktoren beeinflußt, aber auch dadurch, ob der Weg neu oder vertraut ist, aber kaum durch irgendeinen Vergleich dieses Weges mit einer linearen Distanz, die, was noch seltener vorkommen dürfte, in irgendwelche Zeiteinheiten unterteilt wäre. Diese durchaus natürliche Betonung der eigenen Empfindungen macht Zaubersprüche für die Verkürzung des Weges so verständlich: der Fuyughe oder Tauade, der ein Zauberwort sagt, damit sein Ziel rascher in Reichweite rückt, macht sich keine Gedanken darüber, ob dieses bewirkt, daß sich seine Füße rascher bewegen oder daß der Weg sich plötzlich zusammenzieht – das würde implizieren, daß er Zeit und Wegstrecke operativ koordiniert. Eben weil er keine Möglichkeit hat, seine Empfindungen und Handlungen mit Hilfe von Meilen oder Stunden zu objektivieren, kann er sich zwanglos auf seine persönlichen Gefühle und Wahrnehmungen konzentrieren, die für ihn in einer solchen Situation realer und zwingender sind als Vergleiche zwischen dem zurückgelegten und dem noch zurückzulegenden Weg oder Zeit-Geschwindigkeit-Berechnungen.

Dasselbe gilt für alle anderen Dimensionen der physischen Welt. Lineare Strecken werden allgemein auf den menschlichen Körper bezogen, etwa bei den Saulteaux-Indianern:

Ein alter Mann erzählte mir beispielsweise, beim Bau einer Fallgrube für Bären habe sein Vater die vorbereitenden Messungen folgendermaßen vorgenommen: Nachdem das Grundgerüst der Falle gesetzt war, kniete er darauf, beugte sich nach vorn und streckte, mit dem Rücken parallel zum Boden, seine Hände so weit aus, wie er nur konnte. Wo sie den Boden berührten, war die Grenze des »Käfigs«. Der Fallbaum würde dann mit Sicherheit die richtige Stelle am Rückgrat des Bären treffen. Um die Höhe des Einschnitts nach oben zu bestimmen, wo das andere Ende des Hebels hinzuliegen kommt, hob er ein Knie. (Hallowell 1942, S. 67 f.)

Alle Größen-, Längen-, Höhen-, Mengen- oder Zeitschätzungen beschwören somit sogleich sinnliche Bilder oder Assoziationen an vertraute Tätigkeiten und Verhaltensformen, an Verfahrensmethoden und herkömmliche Koordinationsweisen herauf, sie stimulieren oder erfordern jedoch keinerlei quantitative Analyse oder Abstraktion der Dimensionen. Die Sinnesempfindungen Größe, Dauer, Gewicht und Wärme, um nur einige wenige zu nennen, werden folglich in der primitiven Erfahrung notwendigerweise subjektiviert. Ohne Maßeinheiten und Quantifizierung ist es kaum möglich, spezielle Dimensionen auszuschließen und Gegenstände nur durch sich selbst miteinander zu vergleichen oder Kompensationsrelationen zwischen verschiedenen Dimensionen herauszufinden. Maßeinheiten sind also nicht einfach handliche Kniffe für eine fortgeschrittene Technologie, die im primitiven Milieu eigentlich nicht benötigt werden; sie sind die kulturellen Krücken oder Verstärker für die Abstraktion der Dimensionen, den Vergleich und die Kompensation.

Interkulturelle Untersuchungen zeigen zwar, daß einige Individuen in primitiven Gesellschaften zur Erhaltung gewisser Dimensionen gelangen, doch ohne kulturell standardisierte Maßeinheit muß die Erhaltung ein unentwickelter Aspekt im Denken des Durchschnittsangehörigen einer Gesellschaft bleiben. In einer Welt von Kürbisflaschen, Töpfen, Bambusrohren, Körben, ausgehöhlten Baumstämmen, geflochtenen Taschen und zusammengenähten Tierhäuten, die für den Transport und die Lagerung, nicht aber für das Messen von Dingen gebraucht werden, ist es alles andere als leicht, Mengen- oder Flächenveränderungen und -erhaltungen genau festzustellen. Auch eine so einfache Fragestellung wie die Zahl der Teetassen, die man mit dem Inhalt eines Krüges füllen kann, drängt sich im Kontext des primitiven Lebens nicht von selbst auf, weil nur selten Trinkgefäße verwendet werden.

Man kann allgemeiner sagen, daß eine quantitative Zerlegung in die Dimensionen in durch Material-, Zeit- und Geldmangel gekennzeichneten Situationen und für Genauigkeit und Vorausplanung erforderlich ist. Die Probleme beim Hausbau zeigen dies deutlich. In unserer Gesellschaft sind die Kalkulationen bestimmt durch die Zwänge der Gesamtkosten, durch die Notwendigkeit, verschiedene Materialien von spezialisierten Lieferanten zu beziehen und die Arbeit von Fachkräften zu koordinieren, durch die künstlerischen Ansprüche an das Material, durch technische Neuerungen in den Bauplänen: Kaum zwei Häuser sind deshalb je völlig gleich, und oft sind verschiedene Bautechniken notwendig. Andererseits sind wir technisch imstande, sozusagen alles zu bauen, was wir bauen möchten, wodurch die Qual der Wahl, was wir tatsächlich bauen *wollen*, entsprechend vergrößert wird.

In einer primitiven Gesellschaft kann ein Mensch, der sich ein Haus bauen möchte, diese Arbeit oft selbst leisten, er wendet dafür seine eigene Zeit auf – vielleicht nimmt er sich einen Monat oder mehr dafür, so wie es ihm gerade paßt – und benützt Materialien, die in unerschöpflicher Fülle verfügbar sind. Er muß nicht bewußt abwägen, ob er von seinem Budget mehr Geld für die Verstärkung der Mauern und weniger für das Dach oder umgekehrt aufwenden will; oder ob er mehr Arbeiter anstellen soll, damit das Bauwerk rascher fertig wird, oder mit weniger Leuten auskommen und dadurch eine Verzögerung in Kauf nehmen will. Seine Rohmaterialien erhält er in gebrauchsfertiger Größe und Qualität – verändern muß er üblicherweise nur gerade die Länge der Holzbalken –, die Verwendbarkeit der einzelnen Materialtypen – Strohhalme oder Blätter für das Dach, Bambus für die Dachsparren, Luftwurzeln des Schraubenbaums (Pandanus) als Schnüre, Baumstämme für die Wände und Baumrinde für die Fußböden – ist für ihn durch die natürlichen Eigenschaften des Materials selbst vorgegeben. Er baut nach bewährten überlieferten Prinzipien, die er nicht an besondere Verhältnisse anpassen und mit denen er nicht experimentieren muß. Er benötigt keine Pläne, die gezeichnet werden müssen, bevor die Arbeit beginnen kann, er muß auch keine Belastungsgrenzen für Fensterstürze und Türpfosten oder die notwendige Dicke für Balken, etwa in einem Getreidespeicher, damit sie eine bestimmte Last tragen können, berechnen. Die Größe der Öffnungen, der Abstand der Balkone vom Boden, die Bodenfläche werden nach der Größe des menschlichen Körpers und den gewohnten Tätigkeiten festgelegt, und die Begrenztheit der Technik ist Gewähr dafür, daß sich ihm gar keine architektonischen Probleme stellen können, die fortgeschrittenere begriffliche Vorstellungen als früher erfordern. Es muß auch nicht besonders betont werden, daß sich in einer nichtmonetären Volkswirtschaft die Gelegenheit oder die Notwendigkeit für quantitative Analysen, die den Kalkulationen der Häuserbauer in unserer Gesellschaft zugrunde liegen, überhaupt nicht ergibt.

Was Primitive über die Eigenschaften von physischen Objekten wissen, beruht somit nicht auf quantitativer, dimensionaler Analyse, sondern läßt sich nicht von der subjektiven Erfahrung der sinnlich wahrnehmbaren Eigenschaften von Dingen trennen; dazu kommt der Kontext ihrer praktischen Verwendbarkeit, so wie die Sprache nur als Reden erfahren wird, das gleichfalls an praktische Situationen und Gespräche zwischen realen Menschen gebunden ist, und nicht so sehr als objektiv beschreibbares Phänomen. Daß signifikante Relationen zwischen Objekten und anderen Objekten, im Gegensatz zu Interaktionen zwischen Objekten und Menschen, im primitiven Milieu allgemein fehlen, trägt unvermeidlich dazu bei, daß eine egozentrische, undistanzierte Beziehung zwischen dem Menschen und der physischen Welt, was die begriffliche, operative Analyse ihrer Eigenschaften betrifft, erhalten bleibt.

Selbst wenn grundlegende Erfindungen wie der Hebel bekannt sind, werden sie derart unterschiedlich angewandt, daß allgemeine Prinzipien nicht ohne weiteres ableitbar sind. Das Hebelprinzip wird von zahlreichen Völkern beim Bau von Fallen verwendet, wo es für Auslösemechanismen notwendig ist: Ein leichtes Antippen des Köders setzt ein schweres Gewicht in Bewegung. Im umgekehrten Sinne wird das Prinzip in Form von Grabstöcken ausgenützt, so daß schwere Gewichte wie Felsbrocken durch verhältnismäßig leichtes Ziehen gehoben werden können. Es wäre interessant zu untersuchen, ob irgendeine allgemeine Beziehung zwischen diesen beiden Anwendungen des Hebelprinzips von primitiven Völkern im weitesten Sinne begriffen wird.

Weil die primitive Technik im Vergleich zu unserer nur sehr beschränkt Probleme löst und weil sich diese Technik nur langsam verändert, können sich Primitive voll auf eine *ad hoc*-Erfahrung von geringem Allgemeinheitsgrad stützen, die sich im Laufe von Generationen angesammelt hat, kaum veraltet und in fast allen Situationen angewandt werden kann. H. Gladwin (1970) berichtet zum Beispiel, daß die Frauen auf dem Fischmarkt in der ghanesischen Stadt Cape Coast den Fischern pro hundert Fische eine bestimmte Anzahl Schillinge bezahlen. Werden nun die Fische auf dem Markt in kleineren oder größeren Mengen weiterverkauft, so müssen diese Frauen den Preis für die verschieden großen Mengen berechnen können. Offenbar werden diese Beträge von den einzelnen Frauen nicht ausgerechnet: sie haben vielmehr ein System, das alle Preise berücksichtigt und von Mutter zu Tochter weitervererbt wird, im Gedächtnis. Offensichtlich hat irgend jemand irgendwann diese Berechnungen angestellt; die grundlegende Stabilität des Marktsystems und die beschränkten Probleme, die zu lösen sind, haben es ermöglicht, daß dieses Preissystem nur im Gedächtnis kodifiziert und übermittelt werden konnte.

Damit soll nicht gesagt werden, daß der primitiven Gesellschaft das Experimentieren fremd sei. Intelligentes Leben impliziert, von den ersten Tagen der sensomotorischen Periode an, immer auch das Experiment, und die technischen Entdeckungen aller primitiven Gesellschaften sind sicher das Ergebnis von tastendem Probieren. Es ist jedoch kaum anzunehmen, daß es sich um ein überlegtes und kontrolliertes Experimentieren gehandelt hat, wovon wir im Kapitel I ein Beispiel kennengelernt haben; wenn eine Technik sich nur langsam verändert, kann eine Entdeckung, die einem Mitmenschen gelungen ist, hinterher von den anderen durch bloße Beobachtung und Nachahmung angewandt werden[3].

Alle Kenntnisse, die die Seefahrer von Puluwat auf den Karolinen benötigen, stammen aus früheren Erfahrungen von Generationen, und die Tatsache, daß

. . . alle Inputs von Informationen und Outputs von Entschlüssen sozusagen vorverpackt oder vorausbestimmt sind, hat zur Folge, daß im Schiffahrtssystem nur wenig Platz oder Bedürfnis für Neuerungen vorhanden ist. Die Schiffahrt erfordert keine Lösung von Problemen ohne Präzedenzfall. Der Seefahrer muß überlegt und scharfsichtig sein, aber er ist nie genötigt, neue

Ideen zu entwickeln, die Dinge auf neue Weise miteinander zu verbinden. (T. Gladwin 1970, S. 220)

Man findet bei Primitiven oft den Glauben, ihr Wissen sei angeboren oder fix und fertig erschaffen worden. Etwa ».. . vom ganzen Wissensschatz wurde angenommen, er sei so endlich wie die kosmische Ordnung, in der er seinen Platz hat. Er kam als fertiges Ganzes und gebrauchsfertig in die Welt; durch menschliches intellektuelles Experimentieren konnte er nicht vergrößert werden, sondern nur durch weitere Offenbarungen alter oder neuer Gottheiten« (Lawrence 1964, S. 33). Doch sogar auf Neuguinea, wo diese Haltung der Neuerung und Entdeckung gegenüber vermutlich die Norm ist, kann jemand zufällig die Möglichkeiten des Lernens durch Ausprobieren oder durch Versuch und Irrtum entdekken. Die folgende Sage der Yagwoia Kukukuku ist unüblich; sie berichtet von einer Entdeckung (in diesem Fall wie man Steinbeile herstellt) durch Versuch und Irrtum, die zur Herstellung von Steinkeulen führte:

Einmal vor langer Zeit hatten die Leute keine Steinäxte, um ihre Gärten zu säubern. Sie machten alles mit bloßen Händen. Sie fragten sich, »Warum tun wir die Dinge nur so?« Ein Mann sah einen scharfen weißen Stein in einem Fluß; er hob ihn auf und sah sich nach einem Baum um, den er damit fällen könnte. Er schliff ihn zuerst, dann befestigte er ihn an einem Griff. Das erstemal machte er ihn lose am Griff fest, und der Stein fiel zu Boden. Dann befestigte er ihn mit einer Weinranke, und er hielt einmal, dann fiel er wieder zu Boden. Dann sah er einen Rohrstock und befestigte den Stein mit dem Rohrstock am Griff. Er hielt fest daran. Alle säuberten ihre Gärten mit der Steinaxt und fällten den ganzen Wald. Sie sagten: »Früher hatten wir keine Steinaxt, und jetzt können wir gut mit ihr arbeiten.« Und sie machten viele Steinäxte und schickten sie in alle Dörfer. Danach machte der Mann eine Steinkeule ... (Fischer 1967, S. 377)

Man kann ganz allgemein sagen, daß technische Probleme unlösbar mit dem gesamten Leben der Gesellschaft verbunden sind und nicht als rein intellektuelle Probleme angesehen werden:

Der Reisanbau ist im Leben der Kpelle nicht eine analysierte, für sich bestehende technische Tätigkeit. Was westliche Kulturen fein säuberlich im Fach technische Wissenschaften klassieren, verwebt die Kpelle-Kultur mit dem ganzen Existenzgefüge. Die maßgebliche Frage ist nicht »Wie baust du Reis an?«, sondern »Wie lebst du?« (Gay und Cole 1967, S. 21)

2. Soziale Beziehungen und die Lernsituation in primitiven Gesellschaften

Carothers (1953, S. 101) argumentiert, weil das afrikanische Kleinkind eine sehr enge Beziehung zu seiner Mutter habe, bevor es entwöhnt werde, indem es überallhin mitgenommen werde, und weil die Entwöhnung hinausgeschoben werde, bis das Kind zwei oder drei Jahre alt sei, so daß es während dieser ganzen Zeit davon abgehalten werde, seine Umwelt aus eigenem Antrieb zu erforschen, sei eben diese Umwelt kognitiv anspruchslos. Das europäische Kind hingegen sei stärker auf sich selbst gestellt und freier, seine Umwelt zu explorieren. Es darf mit Bällen spielen, mit Klötzen Häuser bauen, es erhält die verschiedensten mechanischen Spielzeuge. Carothers meint deshalb, das europäische Kind lebe von frühester Kindheit an in einer kognitiv stimulierenderen Umwelt. Spätere psychologische Untersuchungen wecken nun aber Zweifel an dieser Interpretation, wonach die traditionelle afrikanische Umwelt ein Hindernis für die kognitive Entwicklung des Kindes sei. Studien mit Baoulé-Kindern an der Elfenbeinküste von Dasen *et al.* und Bovet *et al.* (siehe Dasen 1977, S. 157–166) haben gezeigt, daß die Kleinkinder mindestens einer traditionellen afrikanischen Gesellschaftsform, in der die Kinder auf die von Carothers beschriebene Art erzogen werden, im allgemeinen in den Unterstadien der sensomotorischen Periode zwischen sechs und vierundzwanzig Monaten dieselben Fortschrittsraten aufweisen wie französische Kleinkinder in Paris.

Zu den Tests gehörten Aufgabenstellungen wie: an einem Stück Tuch mit einem Gegenstand darauf ziehen, um den Gegenstand näher zu sich heran zu bringen; einen Gegenstand mit Hilfe eines Spielrechens aus Plastik und eines Lineals heranholen; mit einem kleinen Spiegel und einer Streichholzschachtel hantieren; ein kleiner Gegenstand wurde in ein Stück Papier eingewickelt und derart in ein Plastikrohr gesteckt, daß er mit den Fingern nicht herausgeholt werden konnte, die Kinder mußten ihn mit dem Griff des Plastikrechens hinausstoßen; die Kinder mußten eine kurze Kette aus Büroklammern durch die Röhre hindurchbringen.

Dasen folgert aus diesen Tests:

... die qualitativen Charakteristika der sensomotorischen Entwicklung sind bei französischen und Baoulé-Kindern trotz beträchtlicher Unterschiede in der kulturellen Umwelt ziemlich ähnlich oder sogar gleich. Nicht nur die strukturellen Eigenarten der einzelnen Stadien und folglich die Reihenfolge, in der sie auftreten, sind in den beiden Gruppen identisch, sondern auch die Handlungen und die Schemata, ebenso wie diese allmählich zu komplexeren Handlungsmustern aufgebaut werden, die das Kind schließlich dazu befähigen, schwierigere Probleme zu lösen, scheinen identisch zu sein. (Dasen 1977, S. 165)

Es sieht so aus, als würden die traditionellen Methoden der Kindererziehung in dieser primitiven Gesellschaft nicht die kognitiven Mängel hervorrufen, die Carothers und andere angenommen haben:

Der Baoulé-Säugling und seine Mutter bleiben die ersten zwei Wochen nach der Geburt im Haus; anschließend nimmt die Mutter wieder ihr normales Leben auf, wobei sie das Kind auf dem Rücken trägt. Im Vergleich zu einem Kind, das fast den ganzen Tag über in einem Bettchen liegt, nimmt somit das afrikanische Kleinkind eine Fülle von propriozeptiven, taktilen und visuellen Reizen auf, die seine psychomotorische und posturale Entwicklung fördern. Das Kind nutzt vielleicht diese motorische Frühreife, um seine Umwelt zu erforschen und die Schemata aufzubauen, die solche sensomotorischen Intelligenzstrukturen auslösen, wie wir sie studiert haben.

Das Baoulé-Kind wird, immer wenn es danach verlangt, mit Muttermilch ernährt, bis es mit etwa 18 Monaten entwöhnt wird. Das Kind scheint bei diesem Vorgang eine sehr aktive Rolle zu spielen; sein Bedürfnis wird gestillt, sobald es schreit; wir haben aber auch bei vielen Gelegenheiten beobachtet, daß es die Mutterbrust aktiv gesucht hat. Auch wenn es auf dem Rücken der Mutter festgebunden ist, zappelt es so lange, bis es von der Seite her die Brust erreichen kann. Solche frühen Erfahrungen beim aktiven Suchen der Brust und die Entdeckung, daß es Bewegungsschemata aufbauen kann, die eine Befriedigung seiner Bedürfnisse bringen, könnten zumindest teilweise die Frühreife bei der Permanenz der Objekte und beim Hantieren mit Objekten, die leicht zu erreichen sind, erklären. (Ibid., S. 162)

Hoch interessant ist auch die Feststellung, daß das bei den Tests verwendete Experimentiermaterial, das für ein Baoulé-Kind etwas völlig Ungewohntes ist, keine sichtbaren Schwierigkeiten ausgelöst hat. Man hat schon den Einwand gehört, die Vertrautheit oder Unvertrautheit mit dem Testmaterial habe einen wichtigen Einfluß auf die Testergebnisse (vgl. Price-Williams 1962, Cole und Scribner 1974, S. 114–118), doch das scheint für die sensomotorische Stufe nicht zu gelten.

. . . die letzte Serie der Casati-Lézine-Reihe (Kombination eines Rohrs mit einer kurzen Kette) ist auf den ersten Blick eine ziemlich unmögliche Aufgabe. Wie soll das Kind auch nur einen inneren Drang verspüren, diese beiden Gegenstände miteinander zu kombinieren? Ebensogut könnte es durch die Röhre schauen, sie über den Tisch rollen, die Kette um seine Finger wickeln oder dem Experimentator an den Kopf werfen. Doch nach dem Stadium 5A beginnt sozusagen jedes Kind nach einer Möglichkeit zu suchen, wie es die Kette durch die Röhre hindurchschieben könnte. Wenn diese Aufgabe einem Baoulé-Kind gestellt wird, nimmt sich der Versuch noch lächerlicher aus, denn der Prüfling hat nie zuvor ein Plastikrohr oder Büroklammern gesehen. Doch das Kind nimmt diese beiden seltsamen Gegenstände und kombiniert sie genau wie die Kinder im Pariser Tagheim; es kommt nicht nur auf die Idee, sie zu kombinieren, es tut dies auch in denselben Schritten und mit denselben Fehlern, und es findet nacheinander dieselben, immer angemesseneren Lösungen. (Dasen 1977, S. 165)

Offensichtlich lassen sich somit keinerlei Hinweise auf funktionelle Unterschiede bei den kognitiven Prozessen von Primitiven auf der sensomotorischen Stufe finden; erst auf den höheren Stufen, bei denen das Bild und die sprachliche Vorstellung mitwirken, werden solche Unterschiede sichtbar, die, wie sich zeigen läßt, aus spezifischen sozialen und Umweltfaktoren resultieren.

Auf diesen höheren Stufen der geistigen Funktion, die in unserer Gesellschaft mit der verbalen Unterweisung des Kindes durch die Erwachsenen zusammenhängen, spricht jedoch vieles für die Hypothese, daß das primitive Milieu die kognitive Entwicklung nicht so stark fördert wie das unsere, denn die sozialen Beziehungen zwischen Kindern und Erwachsenen spornen das artikulierte verbale Fragen und kritische Lernen der Kinder nicht an. Die Untersuchungen von Fortes über den Erziehungsprozeß bei den Tallensi zeigt dies gut.

In dieser (ghanesischen) Gesellschaft kommt spezialisiertes Wissen kaum vor, sieht man von gewissen Gewerben und dem mit dem Ahnenkult und den heiligen Hainen verbundenen Ritual und Glauben ab. »Zwischen Erwachsenen und Kindern besteht in der Tale-Gesellschaft innerhalb der sozialen Sphäre nur hinsichtlich der relativen Fähigkeiten ein Unterschied« (Fortes 1938, S. 9). Hier ist keine Rede von Gegensätzen zwischen den Interessen der Kinder und denen der Erwachsenen oder davon, daß den Kindern beigebracht werden sollte, die Sozialordnung in Frage zu stellen. Das Lebensideal besteht darin, »Verstand« – *yam* – zu erwerben; so wie wir

. . . von einem »verständigen Menschen« oder von »gesundem Menschenverstand« sprechen. So wie die Tallensi das Wort gebrauchen, spielt es auf die Eigenschaft »Einsicht« an. Der Anwendungsspielraum ist groß. Wenn von jemandem gesagt wird *u mar yam pam*, »er hat eine große Menge Verstand«, so beinhaltet dies, daß dieser Mensch Weisheit hat oder intelligent ist oder in Geschäften erfahren oder einfallsreich ist. (Ibid., S. 14)

Diese Einstellung zum richtigen Gebrauch des Intellekts ist in primitiven Gesellschaften weit verbreitet. Wober schreibt zum Beispiel in einer Arbeit über traditionelle afrikanische Auffassungen von Intelligenz:

Die verfügbare Literatur legt nahe, daß sich die Vorstellungen von Intelligenz oder menschlichen Fähigkeiten im östlichen und südlichen Zentralafrika von westlichen Modellen tatsächlich unterscheiden. Barbara Levine (1963) schreibt über die Gusii in Kenia: »Das gute Kind ist das gehorsame Kind – Klugheit und Aufgewecktheit an sich sind keine hoch eingeschätzten Eigenschaften, und die Auffassung der Nyasongo von Intelligenz schließt die Achtung vor den Eltern und kindliche Ehrfurcht als natürliche Ingredienzen ein.« Margaret Read (1959) zeichnet von den Ngoni in Malawi ein ähnliches Bild. Sie schreibt: »Erwachsene Ngoni... faßten die Ziele der Kindererziehung in einem Wort, ›Respekt‹, zusammen. Sie hatten auch den Wunsch, Weisheit einzuschärfen, im Gegensatz zu ›Klugheit‹, wobei zur Weisheit auch Wissen, gute Urteilsfähigkeit, Fähigkeit, die Menschen zu leiten und den Frieden unter ihnen zu wahren, Fertigkeit im Gebrauch der Sprache gehört«. (Wober 1974, S. 271)

Die Puluwatanesen betrachten ihre Seefahrer nicht als mit besonderer Intelligenz ausgestattet – »richtig denken« bedeutet für sie wie für die Afrikaner, Verständnis und Weisheit zu zeigen:

Sie achten [die Seefahrer], weil diese ihr Handwerk verstehen, weil sie ein Kanu sicher von einer Insel zur anderen lenken können. Es gibt, das stimmt, ein Paluwat-Wort, das man mit »intelligent« übersetzen kann, und in diesem Sinne werden die Seefahrer als intelligent angesehen, doch etymologisch bedeutet das Wort nur »ein gutes Gedächtnis haben«. Es gibt außerdem viele andere nützliche Möglichkeiten für den Gebrauch des Geistes, als nur das Memorieren technischer Information. Ein Paluwatanese, den man auffordert, Leute zu nennen, die gut denken und ihren Geist nützlich gebrauchen, wählt wahrscheinlich solche aus, deren Entscheidungen weise sind, die im Gespräch gemäßigt und staatsmännisch sind, nicht aber Techniker. (T. Gladwin 1970, S. 219)

Kinder haben deshalb, zumindest bei den Tallensi, den sehnlichsten Wunsch, so rasch wie möglich in das Leben der Erwachsenen aufgenommen zu werden, und die Erwachsenen setzen diesem Drängen keinen Widerstand entgegen:

Größeres Geschick und größere Reife bringen deshalb größere Verantwortung und, verbunden damit, größere Belohnung mit sich – das heißt eine stärkere

Integration in das Zusammenarbeits- und Reziprozitätssystem, das der Hauswirtschaft der Tale zugrunde liegt. Die Einheit der Sozialsphäre, das Interesse der Kinder an den Tätigkeiten der Erwachsenen und die Promptheit, mit der jeder Fortschritt in der Erziehung sozial nutzbar gemacht wird, bilden gesamthaft einen Ansporn, der den Eifer erklären kann, mit dem die Tale-Kinder erwachsen werden und ihren vollen Platz im Leben der Erwachsenen einnehmen. (Fortes 1938, S. 33)

Die Annahme, das sei ein atypisches Bild für die Kind-Erwachsenen-Beziehungen in primitiven Gesellschaften ganz allgemein, ist unbegründet (auch wenn es einige Ausnahmen zu geben scheint, etwa die Manus, vgl. Mead 1930). Das erklärt auch, weshalb eine solche Art von kritischer Haltung den Institutionen der Erwachsenen gegenüber, wie sie bei westlichen Kindern gefördert wird, in primitiven Gesellschaften sich überhaupt nicht entwickeln kann.

Die praktische Erziehung der Tale-Kinder umfaßt Landwirtschaft, Viehpflege, Jagen, Fischen, Hausbau, die Anfertigung von Strohdächern, Kochen, Haushalt, Gartenbau und spezielle Techniken. Soziales Wissen schließt die Kenntnis der verwandtschaftlichen Beziehungen, der Rituale und Zeremonien, der wirtschaftlich und medizinisch nützlichen Pflanzen und Wurzeln, von Gesetz und Brauchtum, der Regeln beim Kaufen und Verkaufen ein.

Es ist aber auch unbedingt festzuhalten: Nicht durch explizite verbale Untersuchung werden diese Fertigkeiten gelernt und dieses Wissen erworben, sondern durch Beobachtung bei der Ausübung und durch Teilnahme an den realen sozialen Aktivitäten:

Einer meiner Freunde, ein Hutmacher, erzählte mir, wie er sein Gewerbe als junger Mann von einem Dagban gelernt hatte, indem er diesem aufmerksam bei der Arbeit zusah. Als er jung war, erklärte er, hatte er »sehr gute Augen«. Diese Auffassung von Geschicklichkeit ist in einer Gesellschaft verständlich, in der Lernen durch Zuschauen und Nachahmen der üblichste Weg ist, sich Fertigkeit in einem Handwerk und in den manuellen Tätigkeiten des Alltags zu erwerben. (Ibid., S. 13)

Das Lernen durch Beobachtung ist jedoch nicht auf die manuellen Belange beschränkt:

. . . die Tallensi kennen nicht die Methode, eine Fertigkeit oder einen Brauch aus der gesamten Realität herauszulösen und ein Kind nach einem Lehrplan auszubilden, so wie wir beispielsweise ein Kind im Tanzen, im Multiplizieren oder im Katechismus trainieren. Die Erziehungsmethode der Tale kennt den Drill als eine fundamentale Technik nicht. Sie arbeitet aus der Situation heraus, die ein Stück der sozialen Realität ist, an der Erwachsene und Kinder gleichermaßen Anteil haben. (Ibid., S. 27)

Wie Gay und Cole bei den Kpelle beobachtet haben:

Das Kind wird schrittweise in das volle Leben eines Erwachsenen eingeführt. Ihm wird sozusagen nie auf eine explizite, verbale oder abstrakte Weise gesagt, was es zu tun habe. Man erwartet von ihm, daß es zuschaut, durch Nachahmung und Wiederholung lernt. Die Erziehung ist konkret und nicht-verbal, auf praktische Tätigkeit und nicht auf abstrakte Verallgemeinerung ausgerichtet. Es gibt nie einen Vortrag über Ackerbau, Häuserbau oder Weben. Das Kind verbringt seine ganze Zeit mit Zusehen, bis ihm schließlich gesagt wird, es solle sich an der Tätigkeit beteiligen. Macht es einen Fehler, so wird ihm einfach gesagt, es solle es noch einmal versuchen. (Gay und Cole 1967, S. 16)

Da ständig ein normales Verhalten erwartet wird, scheut sich niemand, ein Kind oder einen Erwachsenen, das bzw. der sich aus Unkenntnis ungehörig benimmt, zurechtzuweisen, und der Tadel wird im allgemeinen bereitwillig und ruhig aufgenommen. Wenn Kindern gestattet wird, bei den Tätigkeiten der Erwachsenen dabeizusein, dann wird als selbstverständlich angenommen, daß sie interessiert sind und verstehen, was gesagt und getan wird. Niemand würde ein Gespräch oder eine Tätigkeit unterbrechen, weil Kinder dabei sind oder eine Information vorenthalten, von der die adäquate soziale Anpassung eines Kindes abhängig ist, weil dieses für zu jung gehalten würde. (Fortes 1938, S. 27)

Als eine Folge dieser Erziehungsform stellen Kinder den Erwachsenen nur selten direkte Fragen, wie sie es in unserer Gesellschaft tun, wo das kindliche »Warum«? von den Entwicklungspsychologen für die Norm gehalten wird:

Die Eingeborenen sagen, kleine Kinder würden oft Fragen über die Leute und Dinge rings um sie herum stellen. Als ich jedoch kindlichen Gesprächen im Hinblick auf »Warum«-Fragen zuhörte, stellte ich mit Erstaunen fest, wie selten solche vorkommen; und die wenigen Beispiele, die ich aufzeichnete, bezogen sich auf Gegenstände oder Personen außerhalb des normalen Umfeldes des Tale-Lebens. Möglicherweise müssen Tale-Kinder so selten »Warum« im Hinblick auf Leute und Dinge in ihrer normalen Umwelt fragen, weil sie so viel in realen Situationen lernen. (Ibid., S. 30)

Die Frage »Warum« kann sogar in bestimmten Gesellschaften als eine mögliche Kritik an der Autorität und Tradition betrachtet werden, etwa bei den Kpelle:

Das Kind soll nie ältere als es fragen. Wenn ihm gesagt wird, eine Hausarbeit sei auf eine bestimmte Weise zu machen, so muß es sie so und nicht anders machen. Wenn es »warum« fragt oder auf eine von der Tradition nicht sanktionierte Weise handelt, dann wird es wahrscheinlich geschlagen. Es muß darüber hinaus wissen, was von ihm erwartet wird, ohne daß man es ihm ausdrücklich beibringt. Eine Verletzung von nicht festgeschriebenen Regeln ist so schlecht wie eine Nichtbefolgung von klaren Befehlen. (Gay und Cole 1967, S. 16)

Vermutlich gibt es erhebliche kulturelle Unterschiede bei der Beurteilung solcher kindlichen »Warum« als ausgesprochene Herausforderung der Autorität, doch die Mißbilligung solcher Fragen und die Verärgerung darüber, wie sie von den genannten Forschern berichtet wird, ist ein bei ungebildeten Leuten weit verbreitetes Phänomen. In der klassischen Trilogie *Lark Rise to Candleford* erzählt die britische Schriftstellerin Flora Thompson von einer ähnlichen Haltung der Dorfbewohner in Oxfordshire um 1880. Sie und ihr Bruder waren hochintelligente Kinder mit einer erheblich besseren Vorbildung als die Kinder der Arbeiter in der Nachbarschaft:

Als sie größer wurden, fragten die beiden älteren Kinder [die Autorin und ihr Bruder] nach allem und jedem, ob die Leute bereit waren, eine Antwort zu geben oder nicht. Wer hat den Hahnenfuß gepflanzt? Warum hat Gott es zugelassen, daß der Weizen verfault ist? Wer hat vor uns in diesem Haus gelebt, und wie haben deren Kinder geheißen? Wie sieht das Meer aus? Ist es größer als der Cottesloe-Weiher? *Warum* kann man nicht im Eselskarren in den Himmel fahren? Ist er weiter weg als Banbury? . . .

Solche Fragen ärgerten ihre Mutter und machten sie bei den Nachbarn unbeliebt. »Kleine Kinder sollte man sehen und nicht hören«, wurde ihnen zu Hause gesagt. Außerhalb bekamen sie oft zu hören »Frage nicht, dann erzählt man dir keine Lügen«. Eine alte Frau gab dem Mädchen einmal ein Blatt von einer Topfpflanze auf ihrem Fenstersims. »Wie heißt sie?«, lautete die unvermeidliche Frage. »Sie heißt ›kümmere dich um deine eigenen Dinge‹«, war die Antwort; und: »Ich hätte besser deiner Mutter einen Ableger davon gegeben, damit sie ihn für dich in einen Topf pflanzt«. (Thompson 1948, S. 18 f.)

In vielen primitiven Gesellschaften erhalten die Kinder vor der Initiation in die Gebräuche ihrer Gemeinschaft eine besondere Unterweisung, die jedoch mit dem Schulunterricht für europäische Kinder nicht viel gemein hat – sie ist, neben anderem, sehr kurz. Bei den Kpelle zum Beispiel leben die Kinder, nach Geschlechtern getrennt, während Monaten im Busch, wo sie den größten Teil der Zeit mit praktischen Beschäftigungen wie Landwirtschaft und Hüttenbau verbringen:

Bevor die Unterweisung mit der Enthüllung der Geheimnisse abgeschlossen wird, werden keine besonderen Kenntnisse außer einer gewissen sexuellen Aufklärung vermittelt. Geheimnisse gibt es anscheinend nicht sehr viele: Die

135

Natur des »Wald-Wesens« oder maskierten Geistes, die Art von Musik, die das Erscheinen des »Wald-Wesens« begleitet, das rituelle Verhalten, an dem die Mitglieder [der Geheimgesellschaft] einander erkennen, die Todesdrohung, falls die Geheimnisse weitererzählt werden, die Technik der Hautritzung und die Kenntnis spezieller Medizinen und Zaubertränke. (Gay und Cole 1967, S. 17)

Fassen wir zusammen. In der primitiven Gesellschaft findet Erziehung im Kontext des realen Lebens statt, durch Vorbild und Beobachtung, ohne viel verbale Unterweisung oder irgendeine spezielle Trainingssituation. Das Ziel der Erziehung ist nicht Klugheit oder die Fähigkeit, Fragen zu stellen und Experimente anzustellen, selbständig zu denken, sondern gesunder Menschenverstand, Weisheit und die Fähigkeit, als guter Bürger bei der Arbeit und in den sozialen Beziehungen mitzuwirken. Das Kind ist in hohem Maße dazu motiviert, sich anzupassen; was grundsätzlich gelernt werden muß, ist nicht auf Dinge oder Ideen ausgerichtet, sondern auf Menschen, insbesondere die ihm sozial am nächsten stehenden.

Die Erziehung eines europäischen Kindes fördert ganz andere geistige Fähigkeiten. Ein wesentlicher Aspekt der Sozialisierung in unserer Gesellschaft ist die »Individualisierung«, das wachsende Bewußtsein der Einmaligkeit der eigenen Erfahrung und der Gebrauch der Sprache, um diese auszudrücken[4]. Persönliche Initiative, Selbsthilfe und Wettbewerb, die Förderung des persönlichen Empfindungsvermögens durch öffentliche staatliche Einrichtungen sind Aspekte einer von der Voraussetzung ausgehenden Gesellschaft, daß das Erwachsenwerden die Entwicklung und gegenseitige Anpassung voneinander abweichender Gesichtspunkte bedingt.

In vielen primitiven Gesellschaften mag der Wettbewerb zwischen den einzelnen Gliedern recht stark sein, aber es fehlt diese Absonderung des Individuums, die für unsere Gesellschaft typisch ist, in der das Kind, weitgehend ohne stützende Führung durch die Erwachsenen seine eigenen Regeln für den Erfolg im Leben zu entdecken oder zwischen widersprüchlichen Verhaltens- und Glaubensnormen zu wählen hat. Das Kind in der primitiven Gesellschaft wird durch das Vorbild und den Druck der sozialen Beziehungen im Alltag, die nicht explizit auf einer verbalen Stufe formuliert werden müssen, in bewährte Verhaltensmuster eingeführt. Die Sozialisierung kann somit auf einer viel tieferen begrifflichen Stufe, als Piaget sie als Norm nimmt, stattfinden und ist viel weniger von der Sprache abhängig als bei europäischen Kindern.

Selbstverständlich sind sich Primitive ihrer selbst durchaus als Individuen bewußt, aber diese Individualität ist auf der kognitiven Stufe viel weniger ausgeprägt als in unserer Gesellschaft. Eine Folge davon ist, daß die gegenseitige Anpassung der verschiedenen Gesichtspunkte auf der Stufe der Handlung und der gemeinsamen Erfahrung stattfinden und mit konkreten Symbolen ausgedrückt werden kann, und zwar auf eine Weise, die in unserem Gesellschaftstyp undenkbar wäre. Man kann sagen, daß die Umstände des primitiven Lebens in vielerlei Hinsicht tatsächlich diese Konkordanz der Gesichtspunkte bewirken, die europäische Kinder der präoperativen Stufe fälschlicherweise stillschweigend für tatsächlich vorhanden *annehmen*[5].

Nach der Lernsituation wollen wir jetzt die in der Gesellschaft der Erwachsenen am stärksten verlangten kognitiven Fähigkeiten betrachten. Es ist zunächst einmal klar, daß in kleinen, durch direkten menschlichen Kontakt gekennzeichneten Gesellschaften, in denen jeder jeden kennt und alle in hohem Maße dieselben Erfahrungen haben, die wichtigsten und grundlegendsten Erfahrungsmaßregeln und -kategorien für die überwiegende Mehrheit nicht in eine explizit formulierte Form gebracht werden müssen, ausgenommen auf der moralischen Ebene. Ethnographen machen ganz allgemein die Erfahrung, daß die Angehörigen solcher Gesellschaften, auch wenn sie über die praktischen Kenntnisse verfügen, die für das Funktionieren ihrer Institutionen notwendig sind, üblicherweise nicht imstande sind, ihre Tätigkeiten als Ganzes zu sehen und zu beschreiben, die allgemeinen Prinzipien ihres Tuns zu formulieren oder, beispielsweise beim Geschichtenerzählen, zwischen logischer und erzählender Ordnung zu unterscheiden und so fort. Solche kognitive Fähigkeiten werden nur für die seltenen Fälle von unwissenden, aber ungewöhnlich wißbegierigen Außenseitern wie Anthropologen benötigt. In unserer »offenen« Gesellschaft ist ein beträchtlicher Teil unserer sehr verallgemeinerten und/oder abstrakten Kommunikationsformen nur notwendig, weil die einander sich Mitteilenden, etwa Bauern, Polizisten, Piloten und Bergleute, keine gemeinsamen Erfahrungen haben. Aufgrund solcher gemeinsamen Erfahrungen innerhalb einer begrenzten und stabilen physischen Umwelt und aufgrund der umfassenden Kenntnisse, die allen Angehörigen der Gruppe gemeinsam sind, kann die Kommunikation in primitiven Gesellschaften viel stärker als bei uns von Allegorien, Bildern, Andeutungen und konkreten Symbolen Gebrauch machen, die von der intimen spezifischen Kenntnis des Kontexts der Äußerungen abhängig sind. Solche Kommunikationstechniken sind für soziale Zwecke höchst wirksam, für Außenstehende aber im allgemeinen undurchschaubar.

Ich bringe einige Beispiele von Sprichwörtern und Redensarten, um das eben Gesagte zu illustrieren. Die folgenden Sprichwörter stammen von Samoa:

»Nur die Leute von Neiafu schimpfen auf den *to-elau*« (den Nordwest-Passat).

Dazu ist folgende Erklärung notwendig: Es wird erzählt, daß auf Neiafu zwei Krüppel ständig auf den Nordwestpassat schimpften, weil dieser Wind nicht die unreifen Kokosnüsse von den Bäumen herunterschüttelte, auf die sie nicht zu klettern vermochten. Sie hatten den Westwind lieber, der die Nüsse zum Fallen brachte, auch wenn sie noch nicht reif waren. Mit diesem Sprichwort wird auf Menschen abgezielt, die das Gute geringschätzen und das Böse vorziehen oder die lieber eine wertlose Sache wie eine unreife Kokosnuß besitzen, als daß sie sich der Mühe unterziehen, sich etwas Gutes zu verschaffen. (Radin 1957, S. 161 f.)

»Der Federn blasende Lavea«:

Lavea war das Oberhaupt einer Familie auf Safotu. Sein Familiengott galt als im Huhn gegenwärtig, so daß die Familie diesen Vogel nicht essen oder verletzen durfte. Als Lavea und seine Familie den christlichen Glauben annahmen, wurde dieser Brauch abgeschafft, und zum Beweis für die Aufrichtigkeit seiner Bekehrung sollte Lavea ein Huhn töten und aufessen, womit er einverstanden war. Er fürchtete sich jedoch noch immer vor der Familiengottheit. Als Kompromiß blies er die Federn als eine Gabe an den Gott fort und aß das Huhn.

Mit diesem Sprichwort werden drei Dinge verbildlicht: Die Torheit, es allen recht machen zu wollen, eine nur verbale Ergebenheit und der unschöne Charakterzug, daß man das Beste für sich behält und das Wertlose verschenkt.

»Galues Leib wurde umsonst geschunden«:

Galue war ein Mann, der bei der Aufteilung eines Besitzes unbedingt die beste feine Matte für sich haben wollte. Er bemühte sich derart darum, daß er, um seinen guten Willen und seinen Respekt vor der Familie im voraus zu bezeugen, sich auf die Steine niederwarf und arg geschunden wurde. Die ersehnte Matte wurde schließlich trotz allem einem anderen Mann zugesprochen. (Ibid., S. 163)

Diese Art von Sprichwort-Weisheit ist in einer primitiven Umwelt, die kaum Verallgemeinerungen und leicht an wirklich neuartige Erfahrungen anpaßbare koordinierte begriffliche Strukturen erfordert, sehr wirksam. Weil Sprichwörter so gut an spezielle wiederkehrende Situationstypen angepaßt sind, in denen mit Nachdruck auf moralische oder praktische Aspekte des Verhaltens hingewiesen werden muß, lassen sie sich kaum zu koordinierten umfassenderen Kommentaren zu sozialen Angelegenheiten kombinieren. Damit meine ich, daß es keine Möglichkeit gibt, den Sinn von »Der Federn blasende Lavea«, »Galues Leib wurde umsonst geschunden« und »Nur die Leute von Neiafu schimpfen auf den *toelau*« zu einem Ganzen zusammenzufassen, das seinerseits sprichwörtlich wäre. Man müßte sich auf eine viel höhere Stufe der Analyse und Verallgemeinerung bemühen und von unzufriedenen Leuten sprechen, die ihren eigenen Interessen zuwiderhandeln, indem sie nach Wertlosem streben oder gegenseitig sich ausschließende Verpflichtungen miteinander in Einklang zu bringen versuchen und so fort.

Einige wenige hochintelligente Informanten in primitiven Gesellschaften sind zu Erklärungen und Argumenten auf dieser Ebene imstande, doch das ist meiner Meinung nach eine ausgesprochen ungewöhnliche Fähigkeit, für deren Ausbildung Schulung und Bildung wahrscheinlich von großer Bedeutung sind. Cole und seine Mitarbeiter haben, wie wir noch sehen werden, herausgefunden, daß die Kpelle in Liberia sich zwar der Gründe völlig bewußt sind, weshalb sie den Anbau von Wasserreis im Tiefland ablehnen und dem herkömmlichen Anbau von Trockenreis in den Bergen den Vorzug geben, aber sie sind nicht imstande, diese Einwände zu einer in sich geschlossenen Argumentierung zusammenzufassen. Der Gebrauch von Sprichwörtern ist an sich kein Beweis für eine mangelnde Fähigkeit, den Sinn solcher Sprichwörter auf einer höheren Allgemeinheitsebene auszudrücken, doch, und das ist der springende Punkt, wegen seiner spezifischen konkreten Anspielung ist jedes Sprichwort gewissermaßen ein atomistisches »Wahrheits«element, das kaum mit anderen zu einem verallgemeinerten und kohärenten Ganzen verknüpft werden kann. Die Konso verfügen über einen reichen Schatz an Rätseln (die den Sprichwörtern sehr nahe stehen). Meine Informanten konnten mir durchaus sagen, was die einzelnen Wörter bedeuten, aber sie waren überhaupt nicht imstande, den Sinn in allgemeineren Ausdrücken zu erklären. Wenn man die Reden untersucht, die bei den Zeremonien der Konso gehalten wurden, so findet man ebenso eine zusammengewürfelte Mischung von konkreten Andeutungen im Sprichwortstil, die kein kohärentes oder verallgemeinertes Argument bilden. Die Konso haben ein strikt geordnetes Sozialsystem mit einer Fülle von symbolischen Kategorien und einer klar formulierten Wertordnung. Die Reden sind eine Gelegenheit, diese Werte und die traditionellen Verhaltensnormen auf einer ganz allgemeinen Ebene wieder in Erinnerung zu rufen, aber mit sehr speziellen und konkreten Ausdrücken, die nur für die Konso selbst verständlich sind.

Die folgende Rede wurde zusammen mit anderen, gleichartigen Ansprachen während einer Zeremonie gehalten, die als *Ĥora Dehamda*, »Klärung und Aussprache« bekannt ist, und zwar in der Konso-Stadt Büso. Solche Zeremonien werden von Zeit zu Zeit abgehalten, um soziale Unzulänglichkeiten und schlechtes Verhalten in der Stadt kritisch unter die Lupe zu nehmen. Wer besonders unangenehm aufgefallen ist, wird von den Ältesten aufgefordert, eine öffentliche Buße zu bezahlen. Weil die Konso glauben, daß zuviel Streit mit Dürre bestraft wird, hat diese Zeremonie eine stark rituelle und religiöse Komponente, wozu auch die rituelle Läuterung der Menschen gehört. Aus diesem Grunde sind die Reden mit feierlichen Segenssprüchen verbunden. Zum Abschluß der Zeremonie werden die Teilnehmer auf einem der öffentlichen Plätze versammelt, wo die führenden Krieger und Ältesten das Wort an sie richten. Die Krieger gehören zur Ĥrela-Altersklasse, deren traditionelle Funktion die Bestrafung von Verbrechern auf Anordnung der Ältesten und die militärische Verteidigung der Stadt ist. Die Ältesten gehören zur Kada- und Orshada-Klasse und sind traditionellerweise für politische Entscheidungen und Segenssprüche verantwortlich. Sauwe Ĥambiro, Stadtrat und Ältester, wendet sich an die versammelten Männer:

Gott segne [?] euch mit Milch-Kürbissen. Hört, weshalb klären euch eure Ĥrela, eure Ältesten? Es ist so, damit ihr wahrhaftig sein mögt, aus diesem Grund klären sie euch, damit ihr den Boden bebauen mögt, deshalb strafen sie euch. Und deshalb, denkt darüber nach, weil dieser Mensch im Lande Blut vergießt, weil jemand voll von Getränk ist und nicht auf seiner Matte schlafen kann, so daß seine Kraft von ihm genommen wird, und bei Tag versteckt [?] er sich. Die Ĥrela haben das gesehen. Hört, und deshalb [werdet ihr bestraft], denkt darüber nach, nach dem hier [dieser Versammlung] ist es mit Garfura [das Flußtal mit vielen Wiesen unterhalb Büso] gut [wörtlich: schläft Garfura]. So daß wir an den Brüsten der sieben Priester saugen können; wenn ihr daran saugt, geht es euch gut. [Damit sind die sieben wichtigsten Priesterfamilien gemeint, deren Segnungen für das Wohlergehen der Stadt wesentlich sind.] Dieses Gras [für Strohdächer] ist hoch gewachsen, um Unterkünfte zu bauen. [Doch] die Leute verkaufen es nach Bakaule, nach Bakaule, und Väter verkaufen es für Getränk [?], und morgen werdet ihr leiden, und die Ältesten werden euch bestrafen, und die Krieger werden euch bestrafen. [Damit wird auf die schädliche Gewohnheit angespielt, daß Gras für die Hausdächer verkauft wird, ebenso *mida*, Blätter eines sukkulenten Baumes, die mit Hirse zusammen gegessen werden, und sogar die Felder, also lauter Dinge, von denen das traditionelle Leben abhängig ist; verkauft werden diese Dinge nach Bakaule, der Stadt mit der regionalen Regierung, in der viele Amhara leben.] Die Frauen sind dorthin [nach Bakaule] gegangen, mit Riemen [mit denen die *mida*-Bündel getragen werden], und wenn sie gegangen sind, kaufen sie Salz, und die *mida* der Kinder [?] geben sie weg. Jetzt gibt es nichts an den Brüsten der sieben Familien zu saugen, [aber] bei ihnen wird es euch gut gehen. Nehmt die Sicheln und schlagt die *mida* ab, schaut, so [mit einer Geste wird das Abschlagen der Blätter angedeutet], und die H̓rela schauen mir zu, wie ich das mache [?]. Und deshalb wegen solchen [Fehlern] werdet ihr bestraft, und der Vater auf seiner Matte kann in der Nacht nicht schlafen, und die H̓rela können nicht schlafen. Laßt alles das fern von mir sein, und die H̓rela haben mich beobachtet. (Nach Hallpike 1972, S. 84 f., adaptiert.)

Dieser Rede liegt als grundlegendes Prinzip, von der Notwendigkeit, in der Stadt den Frieden zu bewahren abgesehen, die Abneigung des Konso-Volkes gegen den Handel zugrunde, der als zerstörerisch für die soziale Harmonie angesehen wird, welche idealerweise durch Zusammenarbeit mit Nachbarn und Verwandten aufrechterhalten wird. Die Rede läßt auch die Feindschaft gegenüber den Amhara durchblicken, die als Ausbeuter der Konso betrachtet werden, indem sie, in diesem speziellen Fall, das zusammenkaufen, was für das Wohlbefinden der eigenen Kinder zurückbehalten werden sollte. Solche Haltungen und Werte sind den Konso dermaßen vertraut, daß sie vorausgesetzt werden können; der eigentliche Inhalt besteht aus Hinweisen auf besondere Verhaltensweisen, ausgedrückt in einer Sprache, die nicht nur konkret ist, sondern auch, damit man sie versteht, die Kenntnis vieler lokaler Fakten bedingt, wie durch meine zahlreichen Kommentare illustriert wird. Allegorien und Symbole, die für Außenstehende, die mit der Lebensart der Konso nicht vertraut sind, unverständlich sind, werden reichlich eingestreut. Ein späterer Redner zum Beispiel, der betonen möchte, daß man nicht Zwietracht säen sollte, indem man durch rücksichtsloses Verhalten das Eigentum anderer Leute beeinträchtigt, sagt: »Ein Junge sagt ›chehe‹ zu seinen Ziegen vor sich, und wenn er sie so treibt, dann fressen sie nicht die Früchte auf den Feldern anderer Leute. [Doch wenn] der Junge Steine wirft, dann ist er ein richtiger Narr, Steine zu werfen«, d. h. wenn man die Ziegen mit Steinwürfen treibt, so geraten sie in Angst und werden verscheucht.

Der Stil ist gedrängt, die behandelten Dinge folgen nicht in logischer Ordnung aufeinander, es wird nicht zuerst ein allgemeines Thema angeschnitten und dann ausführlich dargelegt. Man stellt einen starken Hang, abzuschweifen und denselben Punkt mehrmals aufzugreifen, fest. In anderen Reden (Ibid., S. 84 ff.) ist keine logische Verbindung zu erkennen; die Themen werden oft wiederholt, jeder Redner folgt seinem eigenen Gedankengang, wohin er ihn auch führen mag. Keiner der Redner verweist beispielsweise auf das, was seine Vorredner gesagt haben.

Dieselbe Unfähigkeit, das Denken auf der Ebene der expliziten verbalen Darstellung zu koordinieren, zeigt sich auch in einem anderen Wesenszug primitiver Völker, nämlich in der fehlenden Unterscheidung zwischen logischer und erzählerischer Abfolge. Die älteren Männer kennen viele Geschichten, aber sie können, zumindest nach meinen Erfahrungen in Äthiopien und Neuguinea, die Themen der Geschichten und die Beziehungen zwischen diesen Themen außerhalb der tatsächlichen Abfolge der Ereignisse in der Erzählung nicht diskutieren. Laut den Feststellungen Piagets ist das einer der Wesenszüge von Kindern im präoperativen Stadium:

Wenn ein Erwachsener eine Geschichte erzählt, so beachtet er gewohnheitsmäßig zweierlei Reihenfolgen: Die natürliche, die durch die Tatsachen selbst gegeben ist, und die logische oder pädagogische. In hohem Maße wegen unserer Sorge um Klarheit und unseres Wunsches, Mißverständnisse bei anderen zu vermeiden, stellen wir Erwachsenen unseren Stoff in einer bestimmten logischen Reihenfolge vor, der mit der natürlichen Abfolge der Dinge übereinstimmen oder nicht übereinstimmen kann. Das Kind aber, das, wenn es seine Gedanken darlegt, glaubt, es werde von seinen Zuhörern unmittelbar verstanden, hat keinerlei Hemmungen, seine Ausführungen lieber in dieser als in jener Reihenfolge anzuordnen. Vom Zuhörer wird angenommen, daß er die natürliche Reihenfolge kennt, die logische Reihenfolge wird für nutzlos gehalten. (Piaget 1959, S. 108)

Diese Analyse des erzählerischen Stils von Kindern im präoperativen Stadium läßt sich in einem entscheidenden Punkt nicht auf den der Primitiven anwenden – die Erzählungen Primitiver sind sich der zeitlichen Reihenfolge voll bewußt, »der natürlichen Reihenfolge, die durch die Tatsachen selbst gegeben ist«; während jedoch die Informanten in der Regel Fragen, weshalb eine bestimmte Person in der Geschichte etwas Bestimmtes getan habe, beantworten können, sind sie kaum oder überhaupt nicht imstande, von der zeitlichen Abfolge der Ereignisse abzusehen und sie durch eine Analyse der Ereignisse in einem logischen Zusammenhang zu ersetzen. Wenn wir beispielsweise jemandem eine Abfolge von Ereignissen eines Typs, der ihm nicht vertraut ist, beschreiben, so stellen wir dem Bericht eine Analyse der hauptsächlichsten Eigenschaften der Ereignisse voran, die sich über deren tatsächliche Abfolge zugunsten einer logischen Reihenfolge hinwegsetzt, etwa: »Das ist ein Beispiel dafür, welch tragische Folgen daraus entstehen können, daß die handelnden Personen ihre eigenen Beweggründe nicht kennen und keinen Nutzen aus der Erfahrung ziehen können.« Ich habe nie bei einem meiner Informanten eine solche Analyse eines Mythos oder einer anderen Erzählung angetroffen, in der die zeitliche durch eine logische Reihenfolge ersetzt worden wäre.

Damit soll freilich nicht behauptet werden, Primitive seien allgemein nicht dazu imstande, aus Mythen und Erzählungen spezielle Einzelheiten herauszuarbeiten. Bateson berichtet zum Beispiel von den Iatmül:

Eine Besonderheit ihrer Kultur verdient erwähnt zu werden, weil sie vermutlich höhere Prozesse als nur das bloße Gedächtnis fördert. Gemeint ist die Technik der Streitgesprächführung. In einem typischen Streitgespräch beanspruchen zwei sich streitende Sippen einen Namen oder eine Reihe von Namen als ihr totemistisches Eigentum. Das Recht auf den Namen kann nur durch die Kenntnis der esoterischen Mythologie bewiesen werden, mit der der Name zusammenhängt. Wird jedoch der Mythos dargelegt und öffentlich bekannt, so wird sein Wert als Beweismittel für das Recht der Sippe auf diesen Namen zerstört. Daraus entwickelt sich ein Wortstreit zwischen den beiden Sippen, wobei jede behauptet, sie kenne den Mythos, und herauszufinden versucht, wieviel davon die Gegenpartei tatsächlich kennt. In diesem Kontext wird der Mythos von den Rednern nicht als eine zusammenhängende Erzählung behandelt, sondern als eine Reihe von unbedeutenden Einzelheiten. Ein Redner spielt in einem bestimmten Augenblick auf eine Einzelheit an – um seine eigenen Kenntnisse über den Mythos unter Beweis zu stellen –, oder er fordert die Gegenpartei heraus, ihrerseits eine Einzelheit preiszugeben. So wird meiner Meinung nach eine Tendenz gefördert, eine Geschichte nicht als eine zeitliche Abfolge von Ereignissen, sondern als eine Reihe von Einzelheiten von jeweils unterschiedlichem Geheimhaltungsgrad zu denken – eine analytische Haltung, die der bloßen Erinnerung zumindest direkt entgegengesetzt ist. (Bateson 1958, S. 224).

Wenn auch die Iatmül offensichtlich imstande sind, Mythen in diskrete Elemente zu zerlegen, so bedeutet dies jedoch an sich noch nicht, daß sie eine von der erzählerischen unabhängige *logische* Reihenfolge konstruieren könnten, die darin bestünde, daß die Elemente zu einer anderen Struktur oder zu einem anderen Muster als dem des Mythos selbst *neugeordnet* werden.

143

Das Problem der logischen Analyse einer Erzählung führt uns natürlicherweise zur Frage, inwieweit die Fähigkeit zum logischen Argumentieren im allgemeinen in der primitiven Gesellschaft entwickelt sei. Cole und seine Mitarbeiter (1971) haben gezeigt, daß die Kpelle ihre Argumente gegen den Anbau von Wasserreis im Tiefland anstatt der herkömmlichen Kultivierung von Trockenreis in den Bergen nicht formulieren können. Wasserreis hat den Vorteil, daß er bei geringerem Arbeitsaufwand nach dem ersten Jahr bessere Ernten liefert; derselbe Boden kann immer wieder bebaut werden, ganz im Gegensatz zum Trockenreis, der nach der Schlag- und Brenn-Methode kultiviert wird. In den überschwemmten Feldern für den Wasserreis können gleichzeitig Fische als Protein-Lieferanten gezüchtet werden. Nachteilig am Wasserreis ist für die Kpelle, daß sie ihn geschmacklich minderwertig finden; sie können keine anderen Nutz- und Futterpflanzen wie beim Trockenreis zusammen mit ihm anbauen; das Ausroden des Buschwaldes, das Anpflanzen und Ernten von Trockenreis sind fröhliche Gemeinschaftsarbeiten, begleitet von Gesang, wo die Männer bei der Arbeit ihre Kraft und Ausdauer zeigen können. Die Arbeit im überschwemmten Acker wird umgekehrt als schmutzig und unkoordiniert angesehen, sie ist im wesentlichen Frauensache; wenn die Männer Höfe im sumpfigen Tiefland anlegen, sind sie dafür verantwortlich, daß sie den Anspruch auf das Land der Vorfahren in den Bergen verlieren. Das sind alles vernünftige und überzeugende Gründe für eine Ablehnung des Wasserreis-Anbaus, doch die traditionsbewußten Männer sind nicht imstande, sie *zusammenhängend* zum Ausdruck zu bringen, so daß sie ihnen durch viele Fragen entlockt werden mußten.

Dieselbe Unfähigkeit mitzuteilen, was man weiß, wurde mit einem nach Piaget abgewandelten Experiment bei traditionsbewußten, aber ungebildeten Erwachsenen gefunden. Zur Durchführung der Aufgabe werden auf einem Tisch zwei Reihen mit jeweils zehn Stöcken von verschiedenem Aussehen und aus verschiedenen Holzsorten, die gleich angeordnet sind, ausgelegt, je eine Reihe an den beiden Tischenden, mit einer Trennwand in der Mitte. Die beiden Versuchspersonen sitzen an den beiden Tischenden, so daß sie nur die eigenen Stöcke sehen können. Der Experimentator nimmt der Reihe nach jeweils einen Stock in die Hand; die eine Versuchsperson muß nun den Stock beschreiben, den der Experimentator in der Hand hat, so daß die andere Versuchsperson den entsprechenden Stock aus der zweiten Reihe herausnehmen kann, wobei sie sich nur auf die verbale Beschreibung stützt. Für den Versuch wurden selbstverständlich nur Stöcke ausgewählt, die den Versuchspersonen aus dem Alltagsleben vertraut waren.

Das Ergebnis – Tabelle 1 gibt ein Beispiel wieder – zeigt, daß der durchschnittliche ungebildete Kpelle nur über dürftige Mittel verfügt, um sich in einer Situation mitzuteilen, in der sein Zuhörer nicht denselben Bereich überblickt.

Dieses dürftige Ergebnis ist nicht die unvermeidliche Konsequenz gewisser Mängel der Kpelle-Sprache oder des fehlenden Verständnisses der Versuchsperson dafür, was von ihr erwartet wird. Das geht aus einem weiteren Versuch hervor, bei dem ein Kpelle mit College-Bildung als Sprechender mitwirkte. Hier machte die zweite Versuchsperson nur wenige Fehler beim Herausgreifen der richtigen Stöcke, womit bewiesen war, daß die wahrnehmungsmäßige Unterscheidung in der ersten Kolonne der Tabelle für einen Kpelle durchaus einen Sinn hat. Die Kpelle können Situationen wie einen Gerichtsfall adäquat wiedergeben, aber sie sind nicht imstande, Situationen, in denen normalerweise nur eine Handlung wirksam ist, in ihre Sprache zu übersetzen, so daß sie

Tabelle 1

| richtige Beschreibung | Beschreibung durch die Kpelle | |
	erste Befragung	zweite Befragung
dickster gerader Holzstock	einer der Stöcke	einer der Stöcke
mittlerer Holzstock	kein großer	einer der Stöcke
hakenförmiger Stock	einer der Stöcke	Stock mit einer Gabel
gegabelter Stock	einer der Stöcke	einer der Stöcke
dünner gebogener Bambusstock	Bambusstück	gebogener Bambus
dünner gebogener Holzstock	ein Stock	einer der Stöcke
dünner gerader Bambusstock	ein Bambusstück	dünner Bambus
langer dicker Bambusstock	einer der Bambusstöcke	dicker Bambus
kurzer Stock mit Dornen	einer der dornigen Stöcke	hat einen Dorn
langer Stock mit Dornen	einer der dornigen Stöcke	hat einen Dorn

(aus Cole und Scribner 1974, S. 179)

145

Kenntnisse sensomotorischer oder bildlicher Natur nicht leicht in Worte fassen können.

Bei verbal-logischen Problemen zeigt sich ebenfalls, daß sich solche Menschen nicht zur Erkenntnis durchringen können, solche Probleme könnten gelöst werden, ohne daß man andere Wörter als die in der Fragestellung tatsächlich verwendeten benötigt. Der russische Entwicklungspsychologe Luria, ein Wygotski-Schüler, fand bei Untersuchungen unter ungebildeten bäuerlichen Usbeken in Zentralasien[6], daß diese sich weigerten, logische Probleme rein hypothetisch – im Gegensatz zu Problemen, die nur auf der Grundlage tatsächlicher Erfahrungen der Versuchsperson gelöst werden können – zu behandeln. Luria legte das folgende Beispiel einer deduktiven Schlußfolgerung einem 37 Jahre alten ungebildeten Kaschgaren aus einem abgelegenen Dorf vor (aus den Protokollen von Luria sind alle Kommentare des Experimentators weggelassen):

Frage: Im hohen Norden, wo es Schnee hat, sind alle Bären weiß. Nowaja Semlja ist im hohen Norden, und es hat dort immer Schnee. Welche Farben haben dort die Bären?

Antwort: Es hat dort verschiedene Arten von Bären.

F.: [Der Syllogismus wird wiederholt.]

A.: Ich weiß es nicht; ich habe einen schwarzen Bären gesehen, ich habe nie andere gesehen. Jeder Ort hat seine eigenen Tiere; wenn es weiße sind, dann sind alle weiß; wenn es gelbe sind, sind sie gelb.

F.: Welche Arten von Bären gibt es aber in Nowaja Semlja?

A.: Wir reden immer nur von dem, was wir sehen; wir reden nicht von dem, was wir nicht gesehen haben.

F.: Was bedeuten aber meine Worte? [Der Syllogismus wird wiederholt.]

A.: Nun, es ist so: Unser Zar ist nicht wie eurer, und eurer ist nicht wie unserer. Ihre Worte können nur von jemandem beantwortet werden, der dort war, und wenn eine Person nicht dort war, kann sie nur von Ihren Worten aus nichts sagen.

F.: Doch können Sie aus meinen Worten – im Norden, wo es immer Schnee hat, sind die Bären weiß – schließen, welche Art von Bären es in Nowaja Semlja gibt?

A.: Wenn ein Mann sechzig oder achtzig Jahre alt wäre und einen weißen Bären gesehen und darüber gesprochen hätte, könnte man ihm glauben, aber ich habe nie einen gesehen, und deshalb kann ich es nicht sagen. Das ist mein letztes Wort. Die, welche sahen, können darüber sprechen und die, die nicht gesehen haben, können nichts sagen. [An dieser Stelle erlaubt sich ein junger Usbeke die Bemerkung: »Aus Ihren Worten geht hervor, daß dort die Bären weiß sind.«]

F.: Welcher von Euch beiden hat nun recht?

A.: Was der Hahn weiß, wie man es tun muß, das tut er. Was ich weiß, sage ich, und nichts weiter. (Luria 1976, S. 108 f.)

Das fehlende Verständnis für die Wechselbeziehung zwischen Obersatz und Untersatz im Syllogismus zeigt sich treffend im folgenden Protokoll (die Versuchsperson ist ein 37 Jahre alter ungebildeter Bauer):

F.: [Der folgende Syllogismus wird vorgelegt:] Es gibt keine Kamele in Deutschland. Die Stadt B. ist in Deutschland. Gibt es dort Kamele oder nicht?

A.: [Die Versuchsperson wiederholt den Syllogismus Wort für Wort.]

F.: Also, gibt es Kamele in Deutschland?

A.: Ich weiß es nicht, ich habe nie ein deutsches Dorf gesehen.

F.: [Der Syllogismus wird wiederholt.]

A.: Vermutlich gibt es dort Kamele.

F.: Wiederholen Sie, was ich gesagt habe.

A.: Es gibt keine Kamele in Deutschland, gibt es Kamele in B. oder nicht? Vermutlich gibt es also welche. Wenn es eine große Stadt ist, sollte es dort Kamele geben.

F.: Worauf lassen aber meine Worte schließen?

A.: Vermutlich gibt es welche. Da es dort große Städte gibt, sollte es Kamele geben.

F.: Wenn es aber in ganz Deutschland keine Kamele gibt?

A.: Wenn es eine große Stadt ist, dann dürfte es dort Kasachen und Kirgisen haben.

F.: Ich sage aber, daß es keine Kamele in Deutschland gibt, und diese Stadt ist in Deutschland.

A.: Wenn dieses Dorf in einer großen Stadt ist, dann hat es wahrscheinlich keinen Platz für Kamele. (Ibid., S. 112)

Die folgende Problemstellung hat bei den Kpelle ähnliche Antworten ausgelöst:

F.: Wenn Flumo oder Yakpalo Zuckerrohrsaft trinken, ärgert sich der Stadtchief. Flumo trinkt keinen Zuckerrohrsaft, Yakpalo trinkt Zuckerrohrsaft. Ärgert sich der Chief?

A.: Die Leute ärgern sich nicht über zwei Personen.

F.: [Wiederholt die Fragestellung].

A.: Der Chief ärgerte sich nicht an diesem Tag.

F.: Der Chief ärgerte sich nicht? Aus welchem Grund?

A.: Der Grund ist, daß er Flumo nicht gern hat.

F.: Er hat Flumo nicht gern? Fahre fort mit den Gründen.

A.: Der Grund ist der, wenn Flumo trinkt, dann wird es eine harte Zeit. Und deshalb ärgert sich der Chief, wenn er Zuckerrohrsaft trinkt. Doch manchmal, wenn Yakpalo Zuckerrohrsaft trinkt, dann gibt es keine harte Zeit für die Leute. Er legt sich nieder und schläft. In diesem Fall ärgern sich die Leute

nicht über ihn. Doch Leute, die trinken und dann Streit beginnen – der Chief
kann sie nicht gerne in der Stadt haben. (Cole und Scribner 1974, S. 163)

Als Anthropologe möchte man sagen, die Kpelle-Versuchsperson
sei hier eher der bessere Psychologe gewesen, denn sie hat sich
geschickt vor dem Kern des Problems gedrückt. Die logische
Übung wird in einen praktischen Kommentar zu tatsächlichem sozialen Verhalten abgewandelt, indem Flumo und Yakpalo als tatsächlich existierende Menschen, die man kennt, behandelt werden.
Mit Hilfe der zusätzlichen Prämissen, a) daß man nicht über zwei
Personen gleichzeitig verärgert sei (weshalb nicht?), die jedoch,
weil Yakpalo ein harmloser Trinker ist, für die Beweisführung unerheblich ist, und b) daß man nur über aggressive Trinker ungehal-
ten sei, wird der Schluß gezogen, weil Flumo, der aggressive Trinker, gerade nicht trinke, habe der Chief keinen Grund, sich zu
ärgern. Offensichtlich handelt es sich hier nicht um eine Unfähigkeit, aus einer vom Experimentator dargelegten imaginären Situation eine Schlußfolgerung zu ziehen, sondern die Schlußfolgerung
wird allein auf die Erfahrungen der Versuchsperson mit den tatsächlichen sozialen Beziehungen abgestützt. Ebenso haben sich
auch Lurias Versuchspersonen geweigert, irgendwelche Schlüsse
über die Farbe der Bären auf Nowaja Semlja oder das Vorhandensein von Kamelen in der deutschen Stadt B. zu ziehen, weil sie nie
dort gewesen waren. Es kann also keine Rede davon sein, daß
Primitive nicht fähig oder nicht gewillt seien, in Form von auf der
Realität fußenden hypothetischen Aussagen zu denken. Ein Ethnograph kann beispielsweise durchaus eine Frage wie »Wenn eine
Frau ihrem von den Feldern heimkehrenden Mann keine Mahlzeit
bereitet, was wird er dann tun?« stellen. Antwort: »Er gibt ihr
Schläge.« Die Eingeborenen selbst verwenden Bedingungssätze
wie »Wenn dein Schwein wieder in meinen Garten einbricht, er-
schieße ich es«. Worauf sie nicht vorbereitet sind, ist das Denken
auf der Grundlage von Aussagen, welche Kenntnisse voraussetzen, die sie nicht haben oder die unvereinbar mit ihren Erfahrungen sind. Wenn wie im Kpelle-Fall das Problem eine bekannte
Situation betrifft, so werden Einzelheiten aus der eigenen Erfahrung hinzugefügt, damit man eine Schlußfolgerung ziehen kann,
die vor der Erfahrung und nicht nur vor der Logik Bestand hat.
Zweitens sind diese Menschen offensichtlich nicht imstande, Aussagen als reine Aussagen, losgelöst vom Kontext des Gesprächs
und Status des Gesprächspartners zu betrachten. Drittens sind sie

148

nicht imstande, den Syllogismus als *ein System von miteinander in Beziehung stehenden Aussagen* zu verstehen, wobei der Zusammenhang zwischen Obersatz und Untersatz entscheidend ist; sie betrachten ihn eher als eine bloße Folge von beschreibenden Angaben, die in beliebiger Reihenfolge abgegeben werden können. Dieser Punkt ist offensichtlich für die Unfähigkeit, zwischen logischer und erzählerischer Reihenfolge zu unterscheiden, von Bedeutung. Schließlich fehlt jedes Verständnis für logische Quantifikatoren, für »einige«, »alle« und »keine«, so daß die usbekischen Versuchspersonen die logischen Implikationen von »alle« in »Im hohen Norden... sind *alle* Bären weiß« oder »keine« in »Es gibt *keine* Kamele in Deutschland« nicht begreifen.

Ähnliche Aufgaben wurden den Kpelle im Zusammenhang mit volkstümlichen Erzählungen gestellt, wobei die handelnden Personen logische Probleme zu lösen hatten. Die traditionsbewußten, ungebildeten Versuchspersonen erbrachten dasselbe Ergebnis wie bei den hypothetischen Problemen: »... die Versuchspersonen neigten dazu, die beschränkte Anzahl möglicher Lösungen abzulehnen, wenn das Ergebnis irgendeine Norm der sozialen Wahrheit verletzte« (Cole und Scribner 1974, S. 168). Gay und Cole berichten auch, daß die Kpelle in ihren Diskussionen über Rechtsprobleme keine formalen Techniken der logischen Schlußfolgerung benützen:

Die wichtigste Methode, um einen Gerichtsfall zu gewinnen, scheint darin zu bestehen, daß man eine Behauptung aufstellt, die Einklang mit der Tradition beweist und auf die die andere Partei keine Antwort findet. Man wird bewundert für sein Geschick im Überlisten eines Mitmenschen durch eine solche Beweisführung. Die Behauptung muß nicht unbedingt durch die Tatsachen gestützt und logisch folgerichtig sein. Wichtig ist, daß die andere Partei auf die Aussage bestenfalls mit einer lahmen und unbefriedigenden Antwort replizieren kann. Es geht eher um eine Prüfung der Gewitztheit und des Verständnisses für die Traditionen der Kpelle als um ein Ringen um Wahrheit und Gerechtigkeit. Die obsiegende Partei muß die Mehrheit davon überzeugen, daß sie klüger als die Gegenpartei ist. (Gay und Cole 1967, S. 24 f.)

(Selbstverständlich müßte über die Methode der Beweisführung in der primitiven Gesellschaft viel mehr, als in diesem kurzen Abriß dargelegt wurde, gesagt werden, doch das Thema würde bei angemessener Behandlung ein ganzes Buch für sich füllen.)
Grammatikalische und syntaktische Probleme bieten Ungebildeten Schwierigkeiten, wenn sie sich nicht im tatsächlichen Gespräch stellen. Aus eigener Erfahrung kann ich sagen, daß den Konso die

Konjugation von Verben außerhalb des Kontexts sehr viel Mühe bereitet hat, wenn sie nicht praktische Redewendungen zu Hilfe nahmen. Als ich ihnen zum Beispiel nach längeren Erläuterungen, daß weder ich noch jemand anderer tatsächlich irgendwohin gehen würde, sondern daß es nur um das richtige Sprechen gehe, das Präsens von »gehen« (to go) mit Erfolg beigebracht hatte, ging ich zu »ich werde gehen« über. »Wohin wollen Sie gehen?«, war die verdutzte Antwort. Während jedoch ungebildete Konso, die kaum je zuvor Papier und Geschriebenes gesehen hatten, nach kurzer Übung mühelos so weit waren, in Diktiergeschwindigkeit mit mir zu reden und auf Verlangen das eben Gesagte wortwörtlich zu wiederholen, konnten auch die intelligentesten Tauade, selbst nach monatelanger Erfahrung, nicht so weit gebracht werden. Man konnte deshalb unmöglich Stichproben ihrer Sprache aufzeichnen, weil sie immer zu rasch sprachen, und wenn man sie bat, das eben Gesagte zu wiederholen, eine andere Formulierung wählten. Sie begriffen offensichtlich nicht, daß nicht das, was sie gesagt hatten, sondern die Unmöglichkeit, es in geschriebener Form darzustellen, mein Problem war. Die Konso sind auch imstande, etymologische Erklärungen für bestimmte Wörter zu geben; wahrscheinlich ist somit die Fähigkeit ungebildeter Völker, zwischen der Form einer Äußerung und ihrem Gebrauch beim wirklichen Sprechen zu unterscheiden, je nach Kultur verschieden ausgeprägt. Vermutlich sind Volksetymologien und Wortspiele ein Hinweis auf ein elementares Bewußtsein der Sprache als eines Phänomens, das sich vom Reden unterscheidet. Im allgemeinen muß man aber wohl sagen, daß die Fähigkeit, explizite verbale Erklärungen für herkömmliches Verhalten geben zu können, eine Reihe von Gründen für eine Verhaltensweise oder eine Haltung koordinieren und logische oder linguistische Probleme außerhalb ihres sozialen und praktischen Kontexts behandeln zu können, kognitive Fertigkeiten sind, die bei Ungebildeten nicht entwickelt sind und in hohem Maße durch die Schulbildung beeinflußt werden[7].

Der primitive Mensch lebt in einer Gesellschaft, deren grundlegende Institutionen oft nicht mit der rationalistischen, kausalen, utilitaristischen Terminologie erklärt werden können, die für die Erfassung unserer Institutionen, etwa der Banken, der Versicherungsgesellschaften, der Fabriken und ihres Standorts, der Gewerkschaften, der Universitäten, der Krankenhäuser usw. durchaus angebracht ist. Als ich bei den Konso lebte, die in neun exogame Clans väterlicher Linie unterteilt sind, fragten sie mich, wie viele Clans es in England gebe. »Wir haben in meinem Land keine Clans.« »Was! Wie wissen Sie denn, wen Sie heiraten können?« Die Herkunft der Clans ist für sie unklar, von vagen Überlieferungen über die unterschiedliche Abstammung ihrer Vorfahren abgesehen. Es sind Grundinstitutionen, die nicht in Frage gestellt werden können und ohne die ihre Gesellschaftsform, so wie sie sie kennen, keinen Bestand mehr hätte.

Sie leben in von Mauern umgebenen Städten mit durchschnittlich etwa 1500 Einwohnern; diese Siedlungen sind vermutlich vor mehreren Jahrhunderten entstanden. Eine solche Siedlungsform ist in Ostafrika äußerst unüblich, und für ihre Entstehung gibt es keine zwingenden Gründe. Die Konso selbst behaupten, sie seien in Städten zusammengekommen, weil sie zu viele Streitigkeiten hatten, als sie noch in zerstreuten Dörfern lebten, doch das ist eine vage und ziemlich unwahrscheinliche Erklärung; wenn überhaupt, so waren Kriege durch die Zusammenfassung des Volkes in großen, traditionellerweise autonomen Städten schwieriger zu vermeiden, und sie dürften auch schwerere Verluste bewirkt haben, als wenn die Leute in zerstreuten Siedlungen gelebt hätten. Der Hang der Konso, in großen Siedlungen zu leben, ist offensichtlich ein nicht wegzudenkender Teil ihrer Idealvorstellung von sozialem Leben und hängt nicht notwendigerweise mit Verteidigung und Kriegführung zusammen. Dieselbe dichte Besiedlung trifft man in anderen Teilen des Konsolandes an, wo es keine Schutzmauern gibt, und die Burji, die kulturell mit den Konso verwandt sind, haben ebenfalls ähnliche Siedlungsformen. Etliche Meilen nordwärts, an einem Berghang zwischen dem Shamo- und dem Margheritasee, leben die Otschollo in einer einzigen Stadt mitten unter den Dorse, die die für Äthiopien typischen zerstreuten Heimstätten bewohnen. Ein Ethnograph, der bei den Dorse arbeitet, hat mir mitgeteilt, daß die Otschollo von den Konso abzustammen glauben.

Die Städte der Konso sind in zwei benannte Bezirke unterteilt; ein Mann, der im einen Bezirk zur Welt gekommen ist, darf nie im anderen leben, kann aber eine Frau aus dem anderen Bezirk oder aus einer anderen Stadt heiraten. Die Leute konnten keine andere Erklärung für diese Unterteilung geben, als daß die ersten Menschen, die in ihren Städten gelebt hätten, aus verschiedenen Orten gekommen seien; damit wird jedoch weder erklärt, weshalb diese Unterteilung noch immer besteht, noch wie die damit verbundene Wohnsitzregelung zustande gekommen ist.

Die Konso-Gemeinschaft ist wie die der Galla und einiger anderer Völker der ost-kuschitischen Sprachengruppe nach einem Generationsklassen-System gegliedert, nicht nach dem üblichen Altersklassen-System, das man bei vielen primitiven Völkern antrifft; ein Sohn wird eine festgelegte Anzahl Grade tiefer eingestuft als sein Vater, gleichgültig, wie alt er ist, so daß zahlreiche Brüder und Vettern zur selben Klasse gehören, auch wenn altersmäßig ein großer Unterschied besteht. Diese Gradsysteme regeln das Heiratsalter, so daß ein Mann im Extremfall 35 Jahre alt werden muß, bis er sich eine Frau nehmen kann; es besteht nur ein flüchtiger Zusammenhang zwischen dem Alter der Angehörigen einer Generationsklasse und ihrem theoretischen Status in der Gesellschaft – Knabe, Krieger, Ältester. Die Systeme sind kompliziert und faktisch weniger leistungsfähig als die üblichen Altersklassen-Systeme, was die Regulierung der sozialen Beziehungen zwischen Ältesten und Kriegern oder die Zusammenfassung von Stadtbewohnern zu militärischen Zwecken betrifft. Sie haben einen rituellen und moralischen Sinn, denn die Konso glauben, daß ohne sie die Feldfrüchte nicht gedeihen. Ein praktischer Grund, weshalb die Ahnen ein solches System errichtet haben, ist jedoch nicht ersichtlich, und die Leute können keine genauere Erklärung dafür geben. Wie die Clans sind auch die Gradsysteme unanfechtbare und integrierende Bestandteile der Gesellschaft, ohne die das soziale Leben, so wie man es kennt, nicht fortbestehen könnte.

In allen primitiven Gesellschaften könnten Parallelen zu diesem Beispiel gefunden werden. Daß es solche sozialen Institutionen ohne ersichtlichen Nutzen gibt, hat funktionalistische Anthropologen bewogen, eigene Erklärungen dafür zu erfinden und diese den Eingeborenen anzuhängen. Es ist nicht meine Absicht, mich hier über den Funktionalismus lustig zu machen. Ich möchte jedoch betonen, daß das Hineingeborensein in eine Gesellschaft, in der die grundlegenden Institutionen einfach und widerspruchslos als die einzig richtigen akzeptiert werden und oft auf dem Wort und auf symbolischen Grundlagen beruhen, in weiten Bereichen des sozialen Lebens ein starkes Hemmnis gegen die Entwicklung kritischer, analytischer und generalisierender Fähigkeiten ist. Man muß nur an die ständigen Auseinandersetzungen über Regierungsformen denken, die seit der Vertreibung des Tarquinius Superbus aus Rom ein Kennzeichen der westeuropäischen Zivilisation sind oder auch an die Theorien der Griechen über Politik und Verfassung, um die Tragweite dieses Unterschieds zu würdigen. In

Stammesgesellschaften mag es Rebellionen geben, nie aber Revolutionen (wie Gluckman gesagt hat), denn eine Rebellion akzeptiert widerspruchslos die Institutionen und will nur die Leute an der Spitze auswechseln.

Niemand wird behaupten, alle primitiven Institutionen gehörten zu diesem Typ. Die Konso beispielsweise haben Bezirks- und Stadträte, öffentliche Ausrufer, organisierte Arbeitstrupps und Märkte von praktischem, für die Leute selbst ersichtlichen Nutzen. Doch in allen primitiven Gesellschaften haben die grundlegenden sozialen Institutionen und Kategorien eine moralische und kosmologische Bedeutung, die nicht in Worten ausgedrückt und von den Angehörigen dieser Gesellschaften nicht in Form allgemeiner Prinzipien, von Regeln und Zweckbestimmungen formuliert werden kann, denn die Klassifizierung und der Symbolismus primitiver Gesellschaften enthält, wie wir in den folgenden Kapiteln im einzelnen sehen werden, ein konkretes, nicht-verbales, sublinguistisches Element von Assoziationen, die von vereinter sinnlicher Erfahrung und gemeinsamen Tätigkeiten herrühren.

Das Fehlen expliziter Zwecke hängt in vielen primitiven Gesellschaften eng mit der fehlenden Differenzierung zwischen Bereichen zusammen, die wir als Gesetzgebung, Politik, Wirtschaft und religiöse Institutionen unterscheiden; dazu kommen charakteristische Eigenarten in der Organisation, Inkonsequenzen und die Durchdringung der Institutionen mit Symbolen und moralischen Werten. Weil die primitive Technik und Ökologie so einfach sind, können sie auf sehr verschiedene Arten bewältigt werden, die alle das Überleben gewährleisten. Eine Industrie-Gesellschaft hat jedoch von ihrer Natur her zwingenden Erfordernissen hinsichtlich ihrer organisatorischen Effizienz gerecht zu werden, die mit einer Organisation auf der Grundlage moralischer Werte und von Symbolen nicht vereinbar sind:

Da die Effizienz das primäre Erfordernis ist, hat keine Komponente eines Geschäftsunternehmens irgendeinen absoluten Wert über ihren Beitrag zum Erfolg der gesamten Organisation hinaus. Es zeigt sich jedoch oft, daß Gruppen und Kategorien in traditionellen Gesellschaften einen absoluten oder symbolischen Wert haben, und zwar ohne Rücksicht auf irgendeinen mutmaßlichen Beitrag zur Effizienz der gesamten Gesellschaft. Handwerker werden in vielen Gesellschaften Äthiopiens beispielsweise verachtet, obwohl sie für ihre Gastgesellschaften unentbehrlich sind. Das Fehlen eines absoluten Wertes von Gruppen und Kategorien hängt eng mit einer anderen Eigenart der industriellen Organisation zusammen, nämlich mit der Ersetzbarkeit des Personals je nach den wechselnden Ansprüchen, die an die Organisation gestellt werden. Ein größeres Unternehmen könnte unmöglich effizient aufgezogen werden, wenn bestimmte Arbeitsplätze für Angehörige einer speziellen Kaste, einer Familie, einer Altersklasse, eines Geschlechts oder einer bestimmten Gesellschaftsklasse reserviert wären. Die Folge davon ist, daß die Aufgaben innerhalb der Organisation und der Personenkategorien, aus der die Organisation ihre Mitglieder rekrutiert, ihres absoluten Wertes und ihrer symbolischen oder moralischen Bedeutung völlig entblößt werden müssen... (Hallpike 1977, S. 283)

Mit anderen Worten, Gesellschaften, deren Ordnung auf dem Status und nicht auf Verträgen beruht, sind von konkreten Symbolen und moralischen Werten durchdrungen, die dafür verantwortlich sind, daß es umgekehrt äußerst schwierig ist, die Ziele der Institutionen explizit in Worten zu verallgemeinern und Inkonsequenzen aufzudecken und zu erklären.

Horton macht mit Recht darauf aufmerksam, daß in primitiven Gesellschaften mit ihren homogenen Vorstellungen, wo sich die einzelnen Angehörigen kaum bewußt sind, daß es signifikant andere Denkweisen und Weltanschauungen gibt, eben dieses Fehlen von Vergleichsmöglichkeiten ein bedeutendes Hindernis für allgemeinere und analytische Denkweisen ist:

... der traditionsbewußte Denker kommt, weil er nicht imstande ist, sich mögliche Alternativen zu seinen etablierten Theorien und Klassifikationen vorzustellen, nie so weit, verallgemeinerte Denk- und Wissensnormen zu formulieren. Denn nur wo es Alternativen gibt, kann es eine Wahl geben, und nur wo es eine Wahl gibt, kann es Normen geben, die diese bestimmen. (Horton 1967, S. 162)

Angehörige primitiver Gesellschaften treffen zwar oft mit Angehörigen anderer Gesellschaften zusammen, häufig aber nur zu besonderen und beschränkten Zwecken, etwa zum Warenaustausch, von dem Horton sagt:

... Handelspartner aus unterschiedlichen Kulturen bleiben grundsätzlich in den verschiedenen Gemeinschaften verwurzelt, aus denen sie vor dem Handel aufgebrochen sind und in die sie anschließend zurückkehren. Infolge dieser Abgrenzung bleibt die Konfrontation mit fremden Weltanschauungen Stückwerk. Der Händler begegnet dem Denken seiner fremden Partner auf der Ebene des gesunden Menschenverstandes, jedoch üblicherweise nicht auf der Ebene der Theorie. Da die Welt des gesunden Menschenverstandes verglichen mit der Welt der Theorien im allgemeinen sehr geringe Unterschiede aufweist, reichen solche Begegnungen nicht aus, um den Sinn für Alternativen entscheidend zu schärfen. (Ibid., S. 182)

Viele Gründe fördern somit im primitiven Milieu ein Denken, das kontextgebunden, konkret, nicht-spezialisiert, affektiv, ethnozentrisch und dogmatisch und deshalb alles andere als verallgemeinerbar, spezialisiert, abstrakt, unpersönlich, objektiv und relativistisch ist. Doch einer der wichtigsten Faktoren für die Zählebigkeit dieser verbreiteten Eigenschaften des primitiven Denkens ist die fehlende Schulung und Bildung. Jetzt wollen wir untersuchen, welchen Einfluß solche Erfahrungen auf das Denken haben.

3. Die Wirkung von Schulung und Bildung auf die kognitive Entwicklung

Wie wir gesehen haben, lernen in einer primitiven Gesellschaft die meisten Kinder durch Beobachtung und Teilnahme an realen Lebenssituationen. In einer gebildeten Gesellschaft, betont Bruner, ist die Situation völlig anders:

. . . das Wissen und die Kenntnisse in einer Kultur gehen weit über das hinaus, was das einzelne Individuum weiß. Und deshalb entwickelt sich bei der Ausbildung der Jugend immer stärker eine ökonomische Technik, die hauptsächlich darauf beruht, daß etwas eher außerhalb des Kontexts *gesagt* als im Kontext *gezeigt* wird . . . Deshalb ist die Schule eine schroffe Abwendung von der Praxis der Eingeborenen. Sie stellt das Lernen . . . außerhalb des Kontextes der unmittelbaren Handlung, und zwar schon nur dadurch, daß sie es in eine Schule verlegt. Dieses eigentliche Herausschneiden bewirkt, daß das Lernen zu einer Kunst an sich wird; es ist losgelöst von den unmittelbaren Zielen der Handlung, es bereitet den Lernenden auf die Verknüpfung von Urteilen ohne Rücksicht auf das Ergebnis vor, was eine Voraussetzung für die Formulierung komplexer Gedankengänge ist. (Bruner 1965, S. 1009)

Was insbesondere die Bedeutung und die Wirkung der Bildung für und auf das Kind betrifft, vertreten die Anthropologen üblicherweise die Meinung, Bildung sei nur eine Hilfe für den Kommunikationsmechanismus. Goody zum Beispiel sagt:

1970 besuchte ich für kurze Zeit noch einmal die Lo Dagaa in Nordghana, die hauptsächlich durch die Eröffnung einer Primarschule in Birifu im Jahre 1949 mit Bildung in Kontakt gekommen waren. Bei der Untersuchung ihrer mathematischen Operationen zeigte sich, daß Knaben ohne Schulbildung sehr geschickt im Zählen großer Mengen von Kaurimuscheln (die als Geld verwendet werden) waren; diese Aufgabe erledigten sie deshalb oft rascher und genauer als ich. Im Multiplizieren zeigten sie weniger Geschick. Der Begriff der Multiplikation fehlte nicht vollständig; vier mal fünf Kaurimuschel-Häufchen ergaben zwanzig. Sie hatten jedoch keine fix und fertige Tabelle im Kopf (die »Tabelle« ist hauptsächlich ein schriftliches Hilfsmittel für das Kopfrechnen), mit der sie schwierigere Zahlen berechnen konnten. Der Kontrast war bei der Subtraktion und der Division noch ausgeprägter; Subtraktionen konnten im Kopf durchgeführt werden (Gebildete würden freilich zu Bleistift und Papier greifen, um schwierigere Rechnungen auszuführen), das Dividieren ist grundsätzlich eine Technik der Gebildeten. *Der Unterschied ist nicht so sehr ein Unterschied im Denken oder in den geistigen Fähigkeiten, sondern einer im Mechanismus der kommunikativen Akte.*(Goody 1973, S. 7; Hervorhebung von mir.)

Goody übersieht nicht nur die Tatsache, daß Tabellen in westlichen Schulen oft auswendig beherrscht werden und daß bestimmte mathematische Aufgaben schwieriger als andere sind, weil sie das Verständnis höherer logischer Begriffe[8] voraussetzen, er übersieht auch den wesentlichen Punkt, daß die kognitiven Anforderungen des schriftlichen Ausdrucks an sich ganz verschieden sind von denen der mündlichen Kommunikation, denn bei der geschriebenen Sprache gibt es keinen Gesprächspartner, und das ist für das Kind eine neue Situation[9]. Beim mündlichen Ausdruck ist

. . . jeder Satz durch einen Beweggrund veranlaßt. Wunsch oder Bedürfnis zeitigen Bitten, Fragen lösen Antworten aus, Verwirrung zieht Erläuterungen nach sich. Die wechselnden Beweggründe der Gesprächspartner bestimmen jederzeit die Wendungen, die ein Gespräch nimmt. Dieses muß nicht bewußt gelenkt werden – die dynamische Situation ist dafür besorgt. Die Beweggründe für den schriftlichen Ausdruck sind abstrakter, intellektualisierter, weniger von den unmittelbaren Bedürfnissen beeinflußt. In der geschriebenen Sprache sind wir genötigt, die Situation zu schaffen, sie uns vorzustellen.

Der schriftliche Ausdruck setzt auch seitens des Kindes ein überlegtes analytisches Handeln voraus. Beim Sprechen ist es sich kaum der Töne bewußt, die es erzeugt, und die geistigen Operationen, die es ausführt, entziehen sich ganz seinem Bewußtsein. Beim Schreiben muß es sich mit der Tonstruktur jedes einzelnen Wortes befassen, es muß diese Tonstruktur analysieren und die einzelnen Töne als alphabetische Symbole reproduzieren, die es vorher studiert und gelernt haben muß. Auf dieselbe überlegte Art muß es Wörter in eine bestimmte Reihenfolge bringen, um einen Satz zu formen. (Wygotski 1962, S. 99)

Diese Feststellungen werden von Greenfield und Bruner folgendermaßen weiterentwickelt:

Die geschriebene Sprache forciert virtuell, wie Wygotski (1962) hervorhebt, bei dem, der sie benutzt, den Abstand von dem, worauf er sich bezieht. Man kann die Betonung nicht als Ausdrucksmittel verwenden; man kann sich auch nicht auf einfache Bezeichnungen verlassen, die mit dem jeweiligen Kontext zusammenhängen, um verständlich zu machen, worauf sich die Bezeichnung bezieht. Das Schreiben ist somit ein Training im Gebrauch von sprachlichen Kontexten unabhängig vom unmittelbaren Bezug. Die Einbettung einer Bezeichnung in eine Satzstruktur zeigt deshalb an, daß sie weniger an ihren Situationskontext gebunden ist und stärker mit ihrem sprachlichen Kontext zusammenhängt. Diese Tatsache hat erhebliche Folgen für die Manipulierbarkeit; sprachliche Kontexte können leichter als reale in jeder Richtung abgewandelt werden; diese Unabhängigkeit der Sprache vom Kontext, die durch bestimmte grammatikalische Formen bewirkt wird, könnte die bei Schulkindern beobachtbare Entwicklung von kontextunabhängigeren übergeordneten Strukturen begünstigen. (Greenfield und Bruner 1966, S. 104)

Die Untersuchungen von Cole und seinen Mitarbeitern (1971) über die Auswirkungen der Schulung und Bildung bei den Kpelle in Liberia sind die bisher umfangreichsten Arbeiten von Entwicklungspsychologen auf diesem Gebiet. Es hat sich gezeigt, daß Kinder, die die Schule besucht und Bildung erworben haben, den traditionell ungebildet gebliebenen gegenüber in ihrer Fähigkeit, ihre Gründe für eine bestimmte Entscheidung in Prüfungssituationen verbal zu erklären, klar überlegen sind. Ungebildete, Erwachsene eingeschlossen, auch wenn sie ein richtiges Urteil abzugeben vermögen, können entweder dieses Urteil nicht verbal begründen oder geben, falls sie den Versuch wagen, offensichtlich absurde Gründe oder solche des Typs »Ich habe es getan, weil mein Gefühl es mir so eingab«, an. Bei Klassifizierungsexperimenten hat sich ergeben, daß die Verbalisierung um so größere Schwierigkeiten bereitete, je allgemeiner die Klasse von Gegenständen war. Ungebildete Prüflinge konnten zum Beispiel bei den beiden allgemeinsten Klassen nur in 10 % der Fälle die Lösungsgrundlagen beschreiben, hatten aber bei speziellen Klassen in 25 % der Fälle Erfolg.

Eine zweite auffällige Besonderheit der durch Bildung und Schulung hervorgebrachten Denkweise ist die Verwendung taxonomischer Kategorien, z. B. »Werkzeug«, »Gefäß«, »Landwirtschaftsgeräte« usw., was also Piaget »logische Klassen« nennen würde, anstelle von wahrnehmungsmäßigen, assoziativen und funktionellen Kategorien bei klassifikatorischen Aufgaben. Wahrnehmungsmäßige Eigenschaften sind Farbe, Größe, Aussehen usw.; mit assoziativen Eigenschaften ist der Kontext gemeint, in dem Dinge gewöhnlich angetroffen werden; funktionelle Eigenschaften sind Dinge, die etwas tun können oder der Gebrauch, der üblicherweise von Dingen gemacht wird. Nicht gebildete Prüflinge und Kinder, die nur kurze Zeit die Schule besucht hatten, klassifizierten hauptsächlich durch »funktionelle Übertragung«.

Gegenstände wurden paarweise derart ausgewählt, daß der erste zum zweiten paßt oder auf diesen einwirken kann. Eine Kartoffel und ein Messer wurden zum Beispiel nebeneinander gelegt, weil »man das Messer nimmt und die Kartoffel schneidet«. Sehr selten wurde eine große Gruppe gebildet, und wir erhielten praktisch nie eine Klassifizierung, die mit dem Aussehen der Dinge oder mit ihrer gemeinsamen Zugehörigkeit zu einer taxonomischen Kategorie begründet wurde. (Cole *et al.* 1971, S. 79)

Eine taxonomische Klassifizierung beruht auf verallgemeinerbaren Eigenschaften einer Klasse, die alle Elemente einer Klasse aufweisen und die diese von Elementen einer anderen Klasse unterscheiden. Ungebildete können zwar die taxonomische Klassifizierung anwenden, aber es fällt ihnen nicht so leicht, und sie tun es nicht im gleichen Umfang wie Leute, die die Schule besucht haben[10].

Die praktische Erfahrung mit Schule und Bildung scheint auch das Suchen von Regeln für die Lösung der Probleme und das Bewußtsein der eigenen geistigen Operationen zu fördern:

. . . Schulbesuch regt offensichtlich dazu an, klassifikatorische Aufgaben auf eine Weise anzupacken, die das Suchen nach einer Regel – nach einem Prinzip, aus dem die Antworten hervorgehen – als wesentliches Merkmal enthält. Gleichzeitig scheint die Schulung das Bewußtsein der Tatsache, daß alternative Regeln möglich sind, zu fördern – man könnte dies ein formales Angehen der Aufgabe nennen, wobei das Individuum aus verschiedenen Möglichkeiten eine Regel für die Lösung sucht und auswählt. Bis jetzt haben die Untersuchungen schließlich unzweideutig ergeben, daß Schulung (und nur Schulung) die Art und Weise beeinflußt, in der die Leute ihre eigenen geistigen Operationen beschreiben und erklären (Cole und Scribner 1974, S. 122).

Man kann deshalb sagen, daß Bildung und Schulung bei Menschen, denen sie zuteil werden, im Vergleich zu den ungebildeten, traditionell aufwachsenden Leuten, denen sie nicht zuteil werden, die folgenden allgemeinen Wirkungen zeitigen: Bildung spornt Kinder dazu an, die Sprache als ein Ding für sich, als vom Kontext ihres Gebrauchs im Alltagsleben loslösbar zu behandeln, als etwas, das

158

man unabhängig von der praktischen Bedeutung analysieren und mit dem man beliebig spielen kann. Dadurch lassen sich verbale Probleme, insbesondere logische, wie wir sie weiter oben betrachtet haben, je nach der speziellen Fragestellung und ohne Rückgriff auf tatsächliche Erfahrungen völlig selbständig lösen. Ebenso können hypothetische und konditionale Aussagen bewertet und untersucht werden, ohne daß man ihre tatsächliche Wahrscheinlichkeit oder Vertrautheit berücksichtigt.

Bildung und Schulung befähigen zunehmend dazu, allgemeine taxonomische Klassifizierungsweisen anzuwenden und verständlich anzugeben, was sie bedeuten, wenn sie in die Klassifizierung eingeführt werden. Solche taxonomischen Kriterien können auch immer besser auf immer mehr unvertraute Phänomene angewandt werden, besser als es Ungebildeten möglich ist, und dieselben Phänomene oder Objekte können auch nach anderen Kriterien neu klassifiziert werden. Gleichzeitig werden Regeln gesucht, die es ermöglichen, mehrere miteinander zusammenhängende Probleme zu lösen und entwickelt sich die Fähigkeit, explizit eine Auswahl aus einer Vielfalt von möglichen und alternativen Regeln zu treffen.

Gebildete sind besser dazu imstande, Wahrgenommenes auf der verbalen Ebene in Komponenten zu zerlegen. Das ist vermutlich ein Grund für die verstärkte Tendenz, Gegenstände eher nach ihrer Form als nach ihrer Farbe zu klassifizieren, wobei die Erfahrung mit geschriebenen Schriftzeichen, die nur an ihrer Form und nicht an ihrer Farbe erkennbar sind, wahrscheinlich ebenfalls von großer Bedeutung ist. Gebildete neigen auch dazu, sich eher auf das, was sie sehen, als auf das, was sie wissen, zu stützen – was ebenfalls eine Facette dieser Fähigkeit ist, Wahrnehmungen zu analysieren und zwischen verschiedenen Perspektiven und Gesichtspunkten in bezug auf einen Gegenstand zu unterscheiden, was ein Wesensmerkmal der konkreten Operationen ist.

Bewußtsein der Sprache als eines Dings für sich, die Fähigkeit, Aspekte der Erfahrung, die üblicherweise nicht in Worte gefaßt werden, zu erklären und wirksam mitzuteilen und das Vermögen, aus der begrenzten Perspektive der eigenen besonderen Erfahrung in die Welt des Hypothetischen und des Deduktiven vorzustoßen, sind charakteristische Merkmale des gebildeten Geistes, die man bei Ungebildeten im allgemeinen nicht antrifft. Bei alledem bildet die Schulung offensichtlich die Grundlage für die im Kapitel I diskutierten formalen Operationen.

Doch Cole und seine Mitarbeiter (1971) warnen vor der zu einfachen Meinung, ungebildete Angehörige von primitiven Gesellschaften könnten nicht begrifflich denken:

Es trifft *nicht* zu, daß der Afrikaner ohne Schulbildung zu einem auf Begriffen fußenden Denken nicht imstande wäre oder nie untergeordnete Elemente koordinieren würde, um für ein Problem eine allgemeine Lösung zu finden. Man kommt vielmehr zum Schluß, daß er allgemeine, auf Begriffen basierende Lösungsweisen in anderen Situationen als sein gebildeter Altersgenosse anwendet und daß er dies vielleicht seltener tut. (Cole *et al.* 1971, S. 225)

Die Bildung ist auch nicht ein magischer Talisman, durch den das präoperative Denken überstiegen werden kann. Das hängt vom Gebrauch ab, den man von der Bildung macht. Wenn die Menschen, die sich Bildung erwerben, gezwungen sind, sie nur für das Auswendiglernen von heiligen Texten, etwa aus dem Koran oder den Ge'ez-Schriften in Äthiopien zu verwenden, wobei sie oft nicht einmal die Bedeutung dessen, was sie lesen, verstehen, so kann offensichtlich keine kognitive Entwicklung von irgendwelcher Bedeutung erwartet werden. Oder wenn »Bildung«, wie in vielen unterentwickelten Ländern, nur gerade bedeutet, daß man seinen eigenen Namen schreiben und die Schlagzeilen auf der Titelseite einer Zeitung mühsam entziffern kann, wobei die Zeitung häufiger zum Zigarettendrehen als zum Lesen benutzt wird, dann ist kein großer Nutzen zu vermuten. Geschriebene Buchstaben erhalten unter solchen Umständen denselben Status wie andere konkrete Symbole, etwa wie Stellen aus den heiligen Texten als Amulette verwendet oder auf Papier geschrieben werden, das dann verbrannt und mit Wasser zusammen getrunken wird. Der eigentliche Sinn von »Bildung« ist der gewohnheitsmäßige Gebrauch der Schrift, um damit Ideen auszudrücken.

Kurz, gebildete Prüflinge sind so also imstande, eine taxonomische Klassifizierung auf eine Vielfalt von Dingen anzuwenden, Gegenstände neu zu klassifizieren, verbale Probleme, die nicht mit ihrer eigenen Erfahrung zusammenhängen, zu lösen und allgemeine Regeln zu suchen, durch die eine ganze Reihe von Problemen gelöst oder durch die Nebenprobleme als Elemente eines einzigen umfassenderen Problems behandelt werden können, lauter Fähigkeiten, die ungebildeten traditionell aufgewachsenen Prüflingen abgehen. Diese *können* zwar die taxonomische Klassifikation verwenden, sie können in bestimmten Situationen nach anderen Kriterien neu klassifizieren, aber sie sind stärker der eigenen

Erfahrung verhaftet und haben Schwierigkeiten, durch Regeln mit breitem Anwendungsbereich zu verallgemeinern. Der Gebildete verfügt über eine kognitive Strategie, die es ihm ermöglicht, Probleme innerhalb eines breiteren Bereichs von Umständen als denen zu lösen, die dem nach bewährten Traditionen erzogenen Ungebildeten vertraut sind.

4. Schlußfolgerungen

Dieses Kapitel hat gezeigt, daß der verbalen Analyse der Erfahrung, des sozialen Verhaltens und des Brauchtums in Gesellschaften, wo jedermann, grob gesagt, dieselben Erfahrungen macht, wo das Verhalten in hohem Maße durch das Brauchtum bestimmt ist und wo die Institutionen ein Teil einer nicht in Frage gestellten Sozialstruktur sind, geringe Bedeutung beigemessen wird. Nur wenn wir unsere Erfahrung und unsere Lebensweise Fremden verständlich darzulegen haben, müssen wir auf die verbale Analyse und die Verallgemeinerung zurückgreifen. In der primitiven Gesellschaft gibt es jedoch keine Fremden, zumindest keine intellektuell neugierigen.

Die Verallgemeinerung ist eine Voraussetzung für Aufgaben außerhalb eines bestimmten Kontexts, für Vergleich und Analyse, für den Ausgleich gefühlter Widersprüche zwischen verschiedenen Lebensaspekten oder verschiedenen Vorstellungsweisen (wenn wir uns beispielsweise mit Musik- oder Kunstkritik befassen), für Planung und überlegtes Experimentieren. Wie wir gesehen haben, erwachsen aus den Umständen des primitiven Lebens im allgemeinen keine Probleme, die eine Verallgemeinerung erfordern. Die Sprache ist in diesen Gesellschaften kein Werkzeug für begriffliche Analyse, sondern das grundlegende Medium für soziale Interaktion, für die Übermittlung von Information, für Überzeugungsversuche, für abgestimmtes Handeln; »Aussagen« werden nicht aus dem Kontext der Äußerung oder der »Sprache« als eines vom »Reden« verschiedenen Phänomens herausgelöst.

Die Verallgemeinerung wird somit in der primitiven Gesellschaft verhindert, weil deren Institutionen und Bräuche im Verhalten und im Affektiven verwurzelt, in den Kontext der Handlung eingebettet, in einer von der Wahrnehmung beherrschten konkreten Symbolik in hohem Maße nicht zweckgerichtet, idiosynkratisch, undifferenziert und unveränderlich sind.

Die spezifischen Besonderheiten der primitiven Gesellschaft, die wir in diesem Kapitel betrachtet haben und die für die Entwicklung der konkreten und formalen Operationen besonders hinderlich sind, lassen sich folgendermaßen zusammenfassen:

1. Eigenschaften der natürlichen Umgebung werden starr zu »globalen« Assoziationen zusammengefaßt.

2. Natürliche und menschliche Zyklen, aber auch Lebensprozesse ganz allgemein werden miteinander verknüpft.

3. Natürliche und soziale Prozesse bleiben einer kausalen Analyse von mechanistischem Typ verschlossen, insbesondere weil es keine Maschinen und keine mechanischen Geräte gibt, an denen diese Art von Analyse gelernt werden könnte.

4. Die natürliche Welt wird nur insofern erfahren, als sie für den Menschen von Bedeutung ist, nicht in bezug auf andere Objekte; folglich werden ihre Eigenschaften nur subjektiv und an sinnlich wahrnehmbare Kennzeichen gebunden erfahren.

5. Explizites Planen, Experimentieren oder Messen, notwendige Voraussetzungen für die meisten Aufgaben, sind nur selten anzutreffen.

6. Technische Probleme treten nur in sehr beschränktem Maße auf und lassen sich mit traditionellen Mitteln lösen.

7. Die Technik ist in die übrigen sozialen Beziehungen integriert, so daß ein technisches Problem kaum als *reines* Problem gedacht werden kann.

8. Die Erziehung geschieht durch Teilnahme, im Kontext realer Aufgaben und nicht so sehr durch verbale Belehrung außerhalb des Kontexts.

9. Fragen und Nonkonformismus werden unterdrückt.

10. Die Individualisierung der Erfahrung ist spärlich entwickelt, es besteht eine allgemeine Homogenität der Gesichtspunkte.

11. Alltagsprobleme gibt es hauptsächlich bei der mitmenschlichen Interaktion, wofür das präoperative Denken völlig ausreicht.

12. Die für alle gleiche Erfahrung und die Tatsache, daß alle einander kennen, ermöglichen es, daß konkrete und spezifische Symbole, Sprichwörter, Anspielungen usw. in vielen Bereichen benützt werden können; die Verallgemeinerung wird dadurch gehemmt.

13. Insbesondere Sprichwort-Weisheit kann kaum verallgemeinert werden.

14. Die Argumentation ist nicht-formalisiert und zusammenhanglos; für rein formale logische Schlußfolgerungen fehlt jedes Verständnis; das Denken auf der Grundlage von Annahmen, die nichts mit der individuellen Erfahrung zu tun haben, wird abgelehnt.

15. Viele Institutionen haben keine klare Zweckbestimmung, beruhen mehr auf »Status« als auf »Vertrag« und sind von moralischen und symbolischen Werten durchsetzt, die der Effizienz und dem Planen entgegenwirken.

16. Eine detaillierte Erfahrung alternativer Glaubenssysteme und Möglichkeiten sozialer Organisation fehlen.

17. Die fehlende Bildung verunmöglicht, daß sprachliche Formen als distinktes Phänomen mit eigenen Gesetzen außerhalb des Kontexts der Äußerung analysiert werden.

18. Die Schulung fördert das verallgemeinernde, taxonomische, klassifikatorische Denken, das Suchen von Regeln, die Antworten auf eine Vielfalt von Problem ermöglichen, das Bewußtsein, daß es verschiedene Regeln gibt, die Fähigkeit, die Gründe für ein Urteil in Worte zu fassen und hypothetisch, ohne Rücksicht darauf, wie die Dinge wirklich sind, zu denken und das Bewußtsein der eigenen geistigen Prozesse.

19. Widersprüche in den Vorstellungsweisen gibt es nicht – so wie sie beispielsweise ein Ethnograph zwischen der symbolischen Bedeutung und der verbalen Darstellung dieser Bedeutung sieht.

20. Hochintelligente Menschen mit intellektuellen Interessen haben selten Gelegenheit, miteinander zusammenzukommen und zu diskutieren.

Es ist sehr bezeichnend, daß die meisten dieser sozialen und umweltbedingten, die individuelle kognitive Entwicklung beeinflussenden Faktoren von der Theorie her gesehen für das Denken völlig irrelevant sind; jene hatte institutionelle Formen wie die Arbeitsteilung und bürokratische Regelungen für die Entwicklung des Denkens verantwortlich gemacht (Douglas zum Beispiel verweist auf »dreifach auszufüllende Formulare ... Genehmigungen und Pässe und Funkwagen der Polizei« [1966, S. 92]). Das ist darauf zurückzuführen, daß die hier aufgelisteten Faktoren primär durch ihren Einfluß auf Individuen wirksam sind, deren Denkprozesse, wie wir gesehen haben, von der Durkheimschen Soziologie als für die Ausbildung der kollektiven Vorstellungen bedeutungslos abgetan werden. Die Entwicklungspsychologie hat jedoch gezeigt, daß viele soziale und umweltbedingte Eigenschaften eine stark retardierende Wirkung auf das begriffliche Denken der verbalen Stufe in der primitiven Gesellschaft hat. Wenn man zwischen den allgemeinen Eigenarten des präoperativen Denkens auf der einen Seite und den spezifischen Elaborationen dieses Denkens durch rein soziale Prozesse in den Kosmologien, den symbolischen Strukturen und den offiziellen religiösen Vorstellungen bestimmter Gesellschaften auf der anderen Seite unterscheidet, läßt sich unser Verständnis der Beziehungen zwischen Gesellschaft und kollektiven Vorstellungen tatsächlich vertiefen. Weil die Durkheimsche Soziologie das Wesen des Lernens und Denkens auf der individuellen Ebene nicht in ihre Überlegungen einbezieht, hat sie sich selbst den Weg dazu verbaut, die Bedeutung einer breiten Vielfalt von sozialen und umweltbedingten Faktoren für die Ausbildung der kollektiven Vorstellungen zu erkennen.

IV. Symbolismus

In den vorausgehenden Kapiteln haben wir gesehen, daß die Sprache in der primitiven Gesellschaft eher als ein integrales Element der sozialen Beziehungen denn als ein Werkzeug der begrifflichen Analyse oder ein unabhängiger Träger der Kategorien der Gesellschaft funktioniert. Die meisten primitiven Gesellschaften unterscheiden sich von unserer durch die größere Bedeutung nichtsprachlicher symbolischer Vorstellungen, die auf dem Bild und der von allen vorgenommenen Assoziierung alltäglicher Gegenstände als Ergebnis kooperativer Tätigkeit beruhen, im Gegensatz zur sprachlichen Vorstellung. In diesem Kapitel wollen wir untersuchen, in welchem Maße der Symbolismus das Medium für eine sozial definierte Bedeutung sein kann und gleichzeitig einen Teil seiner Bedeutung den Interaktionen zwischen den Menschen und ihrer physischen Umwelt und nicht so sehr einem rein kulturell bedingten Ursprung verdankt, aber auch, in welchem Maße der Symbolismus die Grundlage für nicht-sprachliche Kategorien der sozialen Organisation und der Kosmologie sein kann. Zu diesem Zweck müssen wir uns außer mit Piaget auch mit Psychologen wie Asch und Osgood befassen, die den Symbolismus nicht unter einem genetischen Gesichtspunkt behandelt haben.

Bevor wir uns jedoch mit dem Unterschied zwischen Sprache und Symbolismus beschäftigen, müssen wir zuerst zwischen »privaten« und »sozialen« Bedeutungsträgern und zusätzlich zwischen Anzeichen, Symbol und Zeichen unterscheiden[1]. Das *Anzeichen*, ein gutes Beispiel dafür ist der Fußabdruck eines Menschen, den wir in der weichen Erde eines Fußwegs entdecken, oder die hohe Körpertemperatur bei einer Infektionskrankheit, weist auf eine kausale, physische Beziehung zum Ereignis hin. Das *Symbol* hingegen kann nicht auf eine kausale, folgernde Weise in Beziehung zu dem gebracht werden, wofür es steht; es kann eine physische oder wahrnehmungsmäßige, ebensogut aber auch, wie wir sehen werden, eine affektive Beziehung zwischen dem Symbol und seinem Gegenstand geben, doch diese Assoziation ist zum Teil willkürlich und veränderlich, so daß man das Symbol nicht allein durch induktive Folgerung seinem Gegenstand zuordnen kann. Steine beispielsweise können Symbole für Beständigkeit, für Macht und Kraft oder für Unbelebtheit sein; welche dieser Assoziationen gemeint ist, wenn ein Stein in einem sozialen Kontext als Symbol verwendet wird, kann nicht allein aus der Tatsache, daß ein Stein verwendet wird, mit Sicherheit abgeleitet werden. Symbole sind darüber hinaus ganz anders als die Wörter »begründet«: sie haben eine inhärente Beziehung zum bezeichneten Gegenstand, die den Wörtern abgeht. Wörter sind *Zeichen* – d. h. unbegründete Bedeutungsträger, die nur durch Konvention auf den bezeichneten Gegenstand bezogen sind; in diesem Sinne sind sie vollumfänglich soziale Erfindungen für die Darstellung einer Bedeutung, ganz anders als das Symbol, das, wie wir sehen werden, viel von seiner Bedeutung nicht-sozialer Erfahrung verdankt. Das soll nicht heißen, Wörter könnten nicht ebenfalls einen symbolischen Wert haben, vor allem auf der phonologischen Stufe[2], und das *Aussprechen* eines Wortes oder von Wörtern in einer realen Situation könne nicht auch ein Anzeichen, zum Beispiel von Wut oder Schmerz usw., sein. Die Deutung von Anzeichen ist selbstverständlich etwas, was im Machtbereich aller Tiere liegt, sie ist sogar eine Notwendigkeit für ihr Überleben; die Anwendung von Symbolen und Zeichen ist jedoch eine unterscheidende Manifestation des menschlichen Denkens, von einigen bescheidenen Ansätzen bei höheren Primaten abgesehen.

1. Symbolismus und präoperatives Denken

Der Symbolismus erscheint am Ende der sensomotorischen Periode, wenn das Kind die Permanenz des Gegenstandes erworben hat und Bilder von physisch nicht gegenwärtigen Dingen und Ereignissen formen kann, wobei das Bild eine verinnerlichte Nachahmung, eine Art von Schema oder Zusammenfassung des permanenten Gegenstandes ist. Das Bild hat die Funktion eines Symbols, wenn es dazu verwendet wird, nicht gegenwärtige Wirklichkeiten zu evozieren. Es stellt folglich eine Fortsetzung der Akkommodation an die physische Welt dar, die im Schema, das Piaget von den Dingen entwirft, von Natur aus mit einer Assimilation verbunden ist, deren Tendenz es ist, die Wahrnehmung äußerlicher Gegenstände und Ereignisse in die bestehenden Schemata einzuverleiben. Bis ins Stadium der konkreten Operationen schwankt die kindliche Vorstellung zwischen einem Primat der Akkommodation, in Form der Nachahmung, und dem Primat der Assimilation, in der Form von Spiel und Träumen.

Doch das Vorstellungsbild ist nicht ein Derivat der reinen Wahrnehmung, vielmehr ist es das Produkt einer nachahmungsmäßigen Akkommodation, die von einer Aktivität zeugt, die zwar über den Wahrnehmungen und motorischen Bewegungen, aber unterhalb der Grenze des reflektierenden Denkens liegt. (Piaget, 1975 [1959], S. 101)
[In den Mechanismen der Wahrnehmung gibt es zwei verschiedene Ebenen:] Einerseits gibt es eine direkte Erfassung der wahrnehmungsmäßigen Beziehungen, was zu Strukturen führt, die relativ unabhängig vom Alter sind. So sind z. B. geometrische Illusionen dem Erwachsenen, dem Kind und selbst den Tieren sehr verschiedener Entwicklungsstufen gemeinsam ... Andererseits gibt es aber auch eine »Wahrnehmungsaktivität«, die in Vergleichen, Analysen, Antizipationen usw. besteht und die Quelle für Korrekturen und Regulationen ist und die in Funktion mit dem Alter anwächst. (Ibid., S. 101)
[Wenn man ein geistiges Bild einer früher wahrgenommenen visuellen Szene konstruiert, geschieht folgendes:] Man zerlegt, man vergleicht, man wandelt um, und zwar mittels einer Aktivität, deren Wurzeln einfach in der wahrnehmungsfähigen Regulierung und dem wahrnehmenden Vergleich zu finden sind, die aber andererseits in ein Spiel der Begriffe integriert wird, das es ermöglicht, den Elementen Bedeutung zu geben und ebenso den so analysierten Beziehungen. Und es ist diese Wahrnehmungsaktivität und nicht die Wahrnehmung als solche, die das Vorstellungsbild erzeugt, das Bild, das eine Art Schema oder geraffte Kopie des wahrgenommenen Objektes ist ... (Ibid., S. 103)

... und das so konstruierte Bild wird sofort als ein »Bedeutungsträger« in die begriffliche Intelligenz integriert.

Im Alter zwischen zwei und sieben Jahren beruht die Nachahmung auf einer Wahrnehmungsaktivität, die tendenziell noch nicht analysieren und vergleichen, antizipieren und transponieren kann, so daß das Kind sich dem, was es wahrnimmt, gegenüber kognitiv passiv verhält; seine Bilder sind noch undifferenziert und starr. Mit sieben bis acht Jahren, wenn es allmählich fähig wird, Einzelheiten nachzuahmen und die Vorlage zu zerlegen und zu rekonstruieren, beginnt es das Nachgeahmte von seinem eigenen Ich zu unterscheiden (den begrifflichen Realismus zu überwinden) und zu differenzieren. Die Nachahmung wird überlegt und reflektierend, sie wird von der Intelligenz als Ganzes beherrscht, während vorher der begriffliche Realismus zu unbewußter Nachahmung führen kann.

Piaget betrachtet die Nachahmung von Mitmenschen als einen konsolidierenden Faktor des Soziallebens, auch wenn sie

vom Standpunkt der interindividuellen Beziehungen aus immer nur ein Vehikel, niemals aber eine Antriebskraft ist; letztere ist entweder zu suchen im Zwang, in der Autorität und im einseitigen Respekt (Quellen der Nachahmung des Überlegenen durch den Unterlegenen) oder auch in der intellektuellen und moralischen Reziprozität sowie im gegenseitigen Respekt, was Quelle der Nachahmung unter Gleichrangigen ist. (Ibid., S. 98)

Im Spiel und in den Träumen ist die Assimilation stärker als die Akkommodation:

Im Gegensatz zum objektiven Denken, das sich an die Erfordernisse der äußeren Realität anzupassen versucht, stellt das Spiel der Phantasie in der Tat nur eine symbolische Transposition dar, die die Dinge der eigenen Aktivität unterordnet, und zwar ohne Regel oder Beschränkungen. Das Spiel ist so fast reine Assimilation, d. h. es ist Denken, das ausgerichtet ist durch das vorherrschende Bedürfnis nach individueller Bedürfnisbefriedigung. Als einfache Entfaltung von Verhaltenstendenzen assimiliert das Spiel freizügig alle Dinge an alle Dinge und alle Dinge an das Ich. Wenn also auf dem Niveau der Anfänge der Darstellungsschemata der Aspekt der Kopie, den das Symbol als Zeichen hat, nur die Nachahmung fortführt, können die Bedeutungen selbst, nämlich die bezeichneten Dinge, zwischen einer adäquaten Adaption, wie sie der Intelligenz eigen ist (Assimilation und Akkommodation sind äquilibriert), und der freien Befriedigung (die Assimilation überwiegt die Akkommodation) schwanken. Schließlich, mit der zunehmenden Sozialisierung des Kindes, werden dem Spiel Regeln gegeben, oder es paßt die symbolische Darstellung mehr und mehr den Gegebenheiten der Realität an, und zwar in der Form von Konstruktionen, die zwar spontan sind, aber die Wirklichkeit nachahmen. (Ibid., S. 117 f.)

Einige Symbole sind somit nur egozentrische Assimilation, während am Gegenpol andere Symbole, weil ihre Vorstellung akkommodatorisch ist, sich dem begrifflichen Zeichen nähern, ohne daß man sie mit diesem identifizieren könnte, und deshalb die Grundlage für sozialisierte Kommunikation und kulturell bedingte Bedeutungen sein können. Ein Beispiel dafür ist die Wappen-Symbolik, die allgemein bekannt ist und durch Vorschriften geregelt wird, während der Symbolismus durch egozentrische Assimilation von Natur aus »privat« ist und keine Grundlage für eine sozialisierte Kommunikation sein kann.

Das innere oder geistige Bild ist, als verinnerlichte Nachahmung, von der Wahrnehmung abgeleitet; die Bedeutung, für die das Bild gebraucht wird, beruht hingegen nicht auf Nachahmung, sondern auf Assimilation, was auch für die Veräußerlichungen von Bildern, etwa zu symbolischen Gesten oder bei der Wahl von konkreten Objekten, mit denen andere symbolisch dargestellt werden, gilt. Weil das Bild von der Wahrnehmung abgeleitet und deshalb »ausgelöst« ist, eignet es sich von Natur aus als Bedeutungsträger für Gefühle und konkrete Erfahrungen, und zwar im Gegensatz zur Sprache, die, weil sie von ihrem Ursprung her willkürlich und kollektiv ist, das notwendige Medium für allgemeine und unpersönliche Ideen ist. Der Symbolismus wird vor der Sprache ausgebildet und ist unabhängig von ihr, aber die Sprache selbst hat am Anfang die Funktion eines Symbols und nicht eines Zeichens.

Obwohl die symbolische Funktion auf individuellen geistigen Prozessen beruht und die assimilatorischen Aspekte des individuellen Symbolismus ihrer Natur nach »privat« und unstabil sind, macht die Theorie Piagets dennoch auch den Gebrauch des Symbolismus als ein Mittel sozialer Kommunikation verständlich. Während das Zeichen, d. h. das Wort, immer sozial ist, »bleibt bei jedem sprachlichen und begrifflichen Denkakt eine Spur von bildhafter Vorstellung bestehen, die es dem Individuum ermöglicht, gleichsam für sich selbst die allgemeine Idee zu assimilieren, die allen gemeinsam ist« (Ibid., S. 210). Es gibt wiederum viele symbolische Vorstellungen, die man bei Kindern wie bei Primitiven antrifft, etwa die Vorstellung, Wasser und Wind seien der Ursprung des Lebens: diese Idee entstammt persönlichen Wahrnehmungsbildern, die aber als Erfahrung so vielen Menschen gemeinsam sind, daß sie die Grundlage für kollektive Vorstellungen werden können. In anderen Fällen rühren die kollektiven symbolischen Vorstellungen einer primitiven Gesellschaft von gemeinsamen Erfahrungen mit einer besonderen Gruppe von physikalischen Phänomen her, so daß die vielen persönlichen Bilder konvergieren: die persönlichen Symbole können dadurch koordiniert und als eine Grundlage für die Kommunikation gebraucht werden.

Es gibt somit eine Anzahl funktioneller Äquivalente zwischen sozialem und »privatem« Symbolismus. Eine erste allgemeine Ähnlichkeit ergibt sich aus der Tatsache, daß das persönliche symbolische Denken nicht an die Wirklichkeit assimiliert ist und deshalb nicht bewußt, absichtlich verbal formuliert werden kann. Im Falle allgemeiner Symbole ist das darauf zurückzuführen, daß der Prozeß ihrer Assimilation unterhalb der bewußten Ebene des individuellen Denkens stattfindet, im Falle des sozialen Symbolismus darauf, daß sich die Individuen nicht bewußt sind, wie die besonderen symbolischen Konventionen in ihrer Gesellschaft zustande gekommen sind.

Der Symbolismus ist zweitens unabhängig von der Sprache, und der symbolische Gegenstand, der ein wirklicher Ersatz für das, was er repräsentiert, ist, verleiht dem symbolisierten Gegenstand eine Aktualität, wie sie das verbale Zeichen niemals erreicht. Die affektiven Schemata, die ein inhärenter Aspekt des Symbolismus sind, erlangen darüber hinaus nicht denselben Grad an Verallgemeinerung und Abstraktion wie die logischen Schemata (ausgenommen der eine Fall, wo sie durch reversible Reziprozitätsoperationen reguliert werden und dadurch zu moralischen Schemata werden).

Das symbolische Denken ist drittens nur eine Facette des präoperativen Denkens, dessen Vorstellungen die Form von konkreten Bildern haben (im Gegensatz zu denen des operativen Denkens); die logischen Klassen fehlen, ihre Stelle wird durch das Bild, und zwar nicht nur als Illustration, sondern als Prototyp, eingenommen. Die durch konkrete Symbole dargestellten Vorbegriffe sind halb-allgemeine, halb-individuelle Schemata, für die Wörter oder andere kollektive Zeichen noch immer unzureichend sind. Das Bild des Vorbegriffs bedeutet diesen Vorbegriff, weil das Bild einen teilweisen Ersatz für das bezeichnete Ding darstellt, und zwar durch eine Art »Adhärenz zum Zeichen«, die für alle primitiven Symbole typisch ist. Wie wir bei den primitiven Vorstellungen von Raum und Zeit sehen werden, beruht die artikulierte Anschauung auf vorstellungsmäßigen Konfigurationen,

. . . die durch eine einfache Gesamtanordnung verbunden sind; eine Konfiguration ist noch ein Bild: es ist also nicht mehr das Bild eines Objektes, aber es ist ein Bild des Schemas und ein Bild, das im anschaulichen Denken für das Bestehen des Schemas notwendig ist (genauso wie das Bild eines individuellen typischen Objektes notwendig für die Existenz des Vorbegriffs ist). So bleiben in den anschaulichen Seriationen, den anschaulichen Inklusionen, den verschiedenen kardinalen oder ordinalen Formen der anschaulichen Entsprechungen usw. die Wahrnehmung oder das Bild der Konfiguration unentbehrlich für das Denken . . . Erst auf der operativen Stufe findet man Akkommodationen, die für alle möglichen Situationen dieselben sind[3] . . . Die Operation bleibt unabhängig von jeder gewählten besonderen figürlichen Darstellung des Systems . . . Die Figur ist also nur noch eine Illustration, die das operative Schema begleiten kann. (Ibid., S. 308 f.)

Symbolisches Denken ist eng mit transduktivem Schließen verbunden, dem die Reversibilität innerhalb einer Klassen- und Relationenhierarchie abgeht. Solche Schlüsse sehen oberflächlich wie logische Denkakte aus, indem spezielle Fälle in allgemeine Klassen oder Aussagen integriert werden, doch die Verallgemeinerungen sind in Wirklichkeit in keiner Weise operativ, weil sie noch immer zentriert und irreversibel sind, auch wenn die Methode in einigen Fällen zu durchaus richtigen Schlußfolgerungen führen kann.

Es sei jedoch festgehalten, daß die »Anhäufung« und »Verlagerung« von Symbolismen funktionelle Äquivalente zur Verallgemeinerung und Abstraktion im operativen Denken sind. »Anhäufung« heißt, daß einer Anzahl verschiedener Objekte eine gemeinsame Bedeutung gegeben wird, und die »Verlagerung« im Bereich der Bilder und der affektiven Assimilation entspricht der Abstraktion.

Piaget schließt somit die Möglichkeit, daß der Symbolismus ein Vehikel kulturell bedingter Bedeutungen sei, nicht aus, aber er betrachtet das »sozialisierte Denken« grundsätzlich als das Produkt der sprachlichen Kommunikation. Da seine Versuchspersonen Kinder aus einer Industriegesellschaft waren, in der sozial bedingter Symbolismus im Vergleich zur primitiven Gesellschaft nur einen kleinen Raum einnimmt, hatte er zweifellos gewichtige empirische Gründe, um den Symbolismus als einen von Natur aus »privaten« – und nicht so sehr gemeinschaftlichen – Aspekt des Erkennens zu betrachten. Die Möglichkeit stabiler sozialisierter Vorstellungssysteme unterhalb der Stufe der konkreten Operationen scheint er nicht zu berücksichtigen, weil für ihn die Akkommodation an das Denken anderer durch das operative Denken mindestens der konkreten Stufe so wichtig wie die Akkommodation an die physische Wirklichkeit ist:

Die für die Objektivität des Denkens erforderliche Bedingung ist die, daß die Assimilation der Wirklichkeit an das System der angepaßten Begriffe sich im permanenten Gleichgewicht mit der Akkommodation dieser gleichen Begriffe an die Dinge und an das Denken anderer Menschen befindet. Doch versteht es sich von selbst, daß nur die Elaboration der logischen Operationssysteme (Reversibilität der Transformationen) des Denkens, der moralischen Systeme (Stabilität der Wertungen), der raum-zeitlichen Systeme (reversible Organisation der elementaren physikalischen Begriffe) zu einem solchen Gleichgewicht führen kann, weil nur die operatorische Reversibilität dem Denken die Möglichkeit gibt, seine Begriffe durch die Fluktuationen der Wirklichkeit und über die Verwirrung durch unvorhergesehene neue Ereignisse zu bewahren. (Ibid., S. 214)

Das mag für die gebildete Industriegesellschaft richtig sein. Ich möchte aber behaupten, daß es nicht unbedingt für das primitive

Milieu zutrifft, wo die Erfahrung sowohl mit Menschen als auch mit Dingen viel stabiler ist und viel weniger Unvorhergesehenes enthält, als Piaget für normal annimmt. Insofern können Erkenntnisweisen – insbesondere der Symbolismus –, die Piaget als egozentrisch betrachtet, für die Akkommodation an die soziale und natürliche Wirklichkeit auf der Ebene sowohl der individuellen als auch der kollektiven Vorstellungen durchaus zureichend sein. Piaget läßt auch die Tatsache unberücksichtigt, daß in der primitiven Gesellschaft insbesondere die Anforderungen hinsichtlich der Akkommodation an die physikalische Wirklichkeit bedeutend geringer als in unserer technologischen Gesellschaft sind.

Um diesen möglicherweise kontroversen Punkt zu illustrieren, wollen wir einen Mythos der Yagwoia Kukukuku betrachten, wonach die Sonne ein Mann und der Mond eine Frau, nämlich die Frau der Sonne, sei. Der Tau ist der Harn des Mondes, und die Sonne ist am Morgen rot, weil sie sich der Ausscheidungen ihrer Frau schämt und diese durch ihre Hitze rasch trocknet (Fischer 1968, S. 384). Diese »Erklärung« für den Tau und die Röte der Sonne ist offensichtlich eine symbolische Assimilation, die sich ihrer Natur nach nicht vom Spiel- und Traumsymbolismus allgemein unterscheidet, denn sie fußt nicht auf einer systematischen Beobachtung des Taus und der Sonnenröte und unterläßt die Akkommodation an die unübersehbar nicht-menschlichen Eigenschaften von Sonne und Mond, die viel zahlreicher sind als die vom Mythos berücksichtigten »Ähnlichkeiten«. Weil diese Beurteilung der Sonne und des Mondes zweifellos auf dem Überwiegen der Assimilation beruht, ist sie vor einer Widerlegung durch die Erfahrung gefeit, denn die »Erfahrung« der Kukukuku reicht nicht bis zu einer systematischen Beobachtung und Koordination des Auftretens von Tau und der Rötung der Sonne am Morgen, also beispielsweise daß kein Tau zu sehen, die Sonne aber dennoch rot ist, oder daß zwar Tau auf dem Boden liegt, die Sonne aber nicht rot ist. In der Umwelt der Kukukuku sind Tau und Sonnenröte für das Überleben völlig belanglos. Diese Menschen können deshalb ihrer Phantasie in bezug auf die Natur dieser Himmelskörper und des Taus nach Lust und Laune freien Lauf lassen. Meteorologen und Astronauten kann dies hingegen nicht gleichgültig sein.

Ein weiterer Mangel der Symbolismustheorie Piagets, von der Anthropologie her gesehen, rührt von einem Grundmerkmal seiner Entwicklungstheorie her – diese berücksichtigt die imaginativen, nicht-logischen Prozesse nicht; Piaget sagt nur gerade, daß der Assimilationsprozeß anders als die Akkommodation unterhalb der Ebene des Bewußtseins stattfindet. Wir haben aber schon früher (S. 50 ff.) festgehalten, daß nicht-logische, autistische Denkprozesse offensichtlich eine Komponente der höchsten Denkebenen sind. Die meisten Psychologen haben bis vor kurzem (vgl. Vernon 1970) wie Piaget den akkommodatorischen Aspekten der Phantasie und Einbildungskraft keine Beachtung geschenkt. Die positiven Verdienste Piagets werden dadurch in keiner Weise geschmälert, doch seine Theorie geht an solchen Aspekten des primitiven Denkens wie Mythologie und Kosmogonie vorbei, bei denen die Phantasie sicher ein wichtiges Element ist; doch auch diese Aspekte verdienen es, als kreative und imaginative Vorstellungen von den Beziehungen zwischen dem Menschen und der Welt um ihn herum betrachtet zu werden, genau gleich wie etwas wahrnehmungsmäßig Neues.

Aus diesen Gründen haben Piagets Theorien dem Anthropologen verhältnismäßig wenig über die kulturellen Möglichkeiten des Symbolismus zu sagen. Was noch wichtiger ist, Piaget beachtet nicht, daß universelle Wahrnehmungsfaktoren, die allen Menschen nicht nur aus physiologischen Gründen, sondern weil alle in derselben physischen Welt leben, gemeinsam sind, gewisse sehr allgemeine symbolische Assoziationen auslösen können, insbesondere solche zwischen-sinnlichen Verbindungen wie Farbe/Stimmung oder Ton/Form, die als »Synästhesie« bekannt sind.

Bevor wir uns aber überlegen, wie die menschliche Physiologie und die Interaktion mit der physischen Welt symbolische Bedeutungen hervorbringen können, die weitgehend unabhängig von bestimmten Kulturen sind, müssen wir den hauptsächlichsten Unterschied zwischen Sprache und Symbolismus und die kognitiven Schranken bei der Artikulierung von Denkprozessen betrachten.

2. Sprachliche und symbolische Bedeutung

Das wesentliche Merkmal der Sprache im Gegensatz zum Symbolismus ist, daß sie zwei Ebenen hat – die phonologische und die semantische. Auf der phonologischen Ebene hat die Sprache eine Struktur, aber keine Bedeutung, nicht einmal symbolische Assoziationen (einige Ausnahmen werden im Kapitel IX diskutiert).

Die Strukturierung der Tonmuster ist willkürlich und deshalb außerordentlich reich an kombinatorischen Möglichkeiten, vergleichbar mit denen geschriebener Zeichen. Weil die Sprache deshalb von konkreten und affektiven Assoziationen frei ist, kann sie eine ganze Reihe von Zuständen und Beziehungen ausdrücken, die nichts mit der physischen Welt zu tun haben – die Feststellung, daß etwas wahr oder falsch sei, hypothetische und konditionale Aussagen, Aussagen, daß es etwas gibt oder nicht gibt, Hinweise auf Zeit, Modus und Handlungsqualität durch Verben. Durch die Sprache kann man auf die Zuverlässigkeit von Aussagen hinweisen, mittels der inklusiven und exklusiven Pronomina zwischen dem Sprechenden und dem Zuhörenden unterscheiden. Was am wichtigsten von allem ist, sprachliche Aussagen können Ausgangspunkte für andere sprachliche Aussagen werden.

Die Symbole hingegen gehören von Natur aus zu den Dingen oder Ereignissen, mit denen sie assoziiert werden, auch wenn Mehrfach-Assoziationen möglich sind, so daß man selten mit Sicherheit voraussagen kann, welche Assoziationen »Haare schneiden« oder »rot« in einer bestimmten Kultur oder in einem gegebenen symbolischen Kontext innerhalb dieser Kultur haben. Weil symbolische »Aussagen« keine Propositionen[4] sind, können sie nicht umschrieben und analysiert werden (woran Sperber [1975] erinnert hat); zu den Symbolen gehört die Homologie, nicht die Paraphrase, die Korrespondenz, nicht die Tautologie, die Opposition, nicht die Kontradiktion; und ihre Begründungen sind absolut nicht verallgemeinerbar. Symbolische Relationen sind nicht syntaktisch, sondern beruhen auf den Relationen zwischen materiellen Objekten – Nachbarschaft, Ähnlichkeit, wahrnehmbar, einsichtig, nahe oder entfernt, synchronisch, diachronisch, statisch und dynamisch. Sie sind Mittel, um die Erfahrung zu *organisieren*, aber nicht um sie zu beurteilen, zu kommentieren, zu erklären, auf begriffliche Prinzipien und allgemeine Gesetzmäßigkeiten zurückzuführen – die Ndembu nennen die Symbole »chijkijilu«, »Marksteine«.

Symbole haben keine Bedeutung, sondern eher Assoziationen; sie sind deshalb durch ihre konkreten Assoziationen im Alltagsleben und in der Alltagserfahrung begründet; aber sie haben »Signifikanz«; damit meine ich folgendes: wenn sie in einem bestimmten Kontext von bestimmten Leuten unter bestimmten Umständen verwendet werden, so werden eine oder einige ihrer Assoziationen als relevant ausgewählt und andere übergangen. Signifikanz ist in diesem Sinne selbstverständlich auch eine Eigenschaft von *Aussagen*, denn diese werden zu einem bestimmten Zeitpunkt an einem bestimmten Ort von einer bestimmten Person gemacht und können dann wie physische Objekte und Ereignisse symbolische Eigenschaften erhalten.

Die kombinatorischen Eigenschaften geben zusammen mit ihrer Begründung den Symbolen die Kraft, die Kategorien der Gesellschaft auf eine strukturierte Weise darzustellen, und zwar viel wirksamer als die Sprache, was die emotionelle Durchschlagskraft, die Prägnanz und die Immunität gegen Widerlegung und Widerspruch angeht, obwohl man sich bewußt sein muß, daß auch die Sprache ein Vehikel für symbolische Aussagen sein kann – in der Magie, im Ritual, in den Mythen und in Traumerzählungen. Wenn man einen Gedanken in Worte faßt, macht man ihn dadurch oft affektiv unwirksam; wenn man etwas explizit darlegt, setzt man es Kontroversen und Mißverständnissen aus; ein konkretes Symbol dagegen hat oft eine Kraft, die dem flüchtigen Wort völlig abgeht.

Als Ausdruck der grundlegenden sozialen und kosmologischen Kategorien hat der Symbolismus in der primitiven Gesellschaft einen Umfang und eine Bedeutung, die in unserer Gesellschaft verloren gegangen sind. Unsere Symbole haben keinen Zusammenhang mehr untereinander, weil unsere Gesellschaft ihre offiziellen Kategorien – damit meine ich gesetzliche, verfassungsmäßige, politische und wirtschaftliche – durch bewußt-zielstrebige Absprache artikuliert hat. Unsere Lebensart hat Manifestationen der natürlichen Welt aus dem offiziellen Bewußtsein weitgehend verdrängt, was dazu geführt hat, daß Symbole für uns die Funktion von Metaphern und Illustrationen haben, nicht von kraftvollen Wesenheiten, die aus sich selbst Bestand haben und Teil eines ganzheitlichen Vorstellungssystems sind. Der primitive Symbolismus ist kollektiv, in seinen Assoziationen konventionell und systematisch, und in dieser Hinsicht hat er kaum etwas mit dem spielerischen Symbolismus des Kindes zu tun; wie der spielerische Symbolismus steht er aber zweifellos im Dienste von Zielen und Zwecken, denen die Sprache nicht gewachsen ist. Er ist möglich dank der allen gemeinsamen Erfahrung in einer homogenen, wenig gegliederten Gesellschaft, die in engem Kontakt mit der Natur lebt, so daß die individuellen Bilder viel stärker als bei den Angehörigen unserer Gesellschaft konvergieren. Auf der Grundlage von Zusammenarbeit und kollektiver Erfahrung kann deshalb ein kollektiver

Symbolismus aufgebaut werden, der von der Sprache in hohem Maße unabhängig ist.

Da der Symbolismus sehr eng mit den Klassifikationsweisen verquickt ist, dürfte er vor allem in solchen Gesellschaften anzutreffen sein, wo eine auf Komplexen basierende nicht-taxonomische Klassifikation die Norm ist. Es wird sich zeigen, daß das symbolische Denken grundsätzlich statisch und in seinen Bildern starr ist, daß es von prototypischen Bildern und wahrnehmungsmäßigen Konfigurationen abhängig ist, daß es irreversibel und nicht operativ koordiniert ist, ohne Zerlegung in die Elemente und ohne Vergleich, ganz anders als die beweglichen und verallgemeinerbaren Transformationen des operativen Denkens, und daß in ihm die Assimilation die Akkommodation überwiegt.

Weil diese symbolischen kollektiven Vorstellungen einige der grundlegenden Eigenarten aller Symbolismen bewahren – sie sind z. B. assimilatorisch, motiviert und prototypische Bilder und Konfigurationen – und weil sie die oft implizierten Kategorien der Gesellschaft darstellen, können sie nicht in Frage gestellt, analysiert oder als in sich selbst widersprüchlich aufgezeigt werden. In dieser Hinsicht sind sie nicht an die Wirklichkeit akkommodiert; sie mögen Stabilität bewirken, aber sie führen nicht zu einer Äquilibration zwischen Akkommodation und Assimilation, wie wir beim Sonnen- und Mondmythos der Kukukuku gesehen haben; Kluckhohn hat die Mythen als kollektive Träume der Gesellschaft bezeichnet.

Primitive symbolische Systeme bringen Kohärenz und Ordnung zustande, und zwar auf einer sub-sprachlichen Ebene, sie sind jedoch nur begrenzt für Erklärungen verwendbar und können nicht einer empirischen Überprüfung unterzogen werden. Solche symbolischen Systeme können immer reicher und komplexer werden; weil sie sich aber nicht an die Wirklichkeit akkommodieren und von Natur aus vorbegrifflich sind, können sie sich nie in gleicher Weise wie die operativen Wirklichkeitsvorstellungen entwickeln.

Der Symbolismus in der primitiven Gesellschaft geht jedoch nicht einfach aus einer Kollektivisierung der individuellen Bilder hervor – eine Gesellschaft mit ärmlichen sozialen und kosmologischen Kategorien hat auch einen verarmten sozialen Symbolismus. Ein schönes Beispiel dafür sind die Tauade, bei denen die Individuen und die besonderen Beziehungen zwischen ihnen im Mittelpunkt stehen. Die Tauade-Gemeinschaft ist extrem amorph und atomistisch; es gibt zwar einige Symbole, doch sie beschränken sich auf Vorstellungen von Macht – Bilder für Höhe und Gewicht – und Dauerhaftigkeit – Steine. Es wäre völlig verfehlt, anzunehmen, weil der Symbolismus für das präoperative Denken besonders charakteristisch sei, würde er in allen primitiven Gesellschaften sich notwendig entwickeln und üppig auswuchern. Damit dies geschieht, sind soziale und kosmologische Kategorien als vermittelnde Triebkräfte notwendig.

Weil der Symbolismus seiner Natur nach sub-sprachlich ist, kann ein Ethnograph nie völlig sicher sein, daß er den Sinn eines bestimmten Symbols wirklich begriffen hat; in vielen Fällen kann er nur hoffen, daß seine Vermutungen begründet seien. Insoweit das primitive Denken symbolisch ist, bleibt es deshalb dem europäischen Forscher intellektuell verschlossen, und zwar nicht wegen eines angeborenen Unterschieds zwischen dem primitiven und unserem Denken, sondern ganz einfach weil es zur Natur des Symbolismus gehört, daß er nicht in Worte übersetzbar ist, mindestens nicht vollständig und mit Sicherheit.

Weil religiöse Überzeugungen und kosmologische Kategorien nichtverbal, in konkreten Symbolen, ausgedrückt werden können, lassen sich die wichtigsten sozialen Kategorien nicht formulieren; die Evidenz für ihr Vorhandensein kann durch eine Vielzahl von Verhaltensregeln verschüttet sein.

Ein schönes Beispiel dafür ist die Baum-Symbolik der Umeda am Sepik, einem Fluß in Neuguinea, die von Gell (1975) beschrieben worden ist. In der Umeda-Kosmologie spielen drei Baumarten eine Rolle: die Kokospalme *(Cocos nucifera)*, die Betelpalme *(Areca catechu)* und die Brennpalme oder Wilder Sago *(Caryota urens)*. Die Betelpalme ist *pul*, was auch »Zaun« bedeutet und dem Namen des Kulturheros Pul-Tod, »Betelnuß-Mensch« oder »Menschenwesen«, zugrunde liegt.

Betelpalmen werden rings um den äußeren Rand des Weilers und anderer bewohnter Siedlungen angepflanzt. Der innere Teil des Weilers wird durch die kreisförmig angeordneten Häuser und die schattenspendenden Kokospalmen abgegrenzt; ein nicht scharf abgegrenzter äußerer Ring besteht aus Betelpalmen-Pflanzungen ... Von der räumlichen Anordnung her gesehen ... stehen die in der nicht klar abgegrenzten Zone zwischen der eigentlichen Siedlung und dem sekundären Buschgürtel angepflanzten Betelpalmen zur Siedlung in der gleichen Beziehung wie der Zaun zum Garten, d. h. sie markieren die Grenze. (Gell 1975, S. 125)

Ein Umeda-Dorf ist in zwei Hälften unterteilt, *edtodna* und *agwatodna*, die symbolisch asymmetrisch sind. *edtodna* ist männlich und mit den »ersten« Ahnen der Umeda, den »Eingeweihten«, die aus dem Berg hervorgegangen sind, auf dem die Weiler liegen, mit dem Kulturheros Toag-tod und mit der Kokospalme assoziiert, die ein Symbol für die Kultur ist; die *agwatodna*-Hälfte ist weiblich: Ihre Ahnen waren die ersten Frauen der ursprünglichen Umeda, und sie wird mit dem Urwaldmenschen, Naimo-tod, und der Brennpalme (Wilder Sago), mit der ungebändigten Natur ganz allgemein, assoziiert.

In der Umeda-Mythologie hatte der erste Mensch, Toag-tod (Kokosnußmann), der *edtodna*-Ahn, einen jüngeren Bruder, Pul-tod (Betelnußmann), den er später adoptierte. Daraus ergibt sich die folgende Relation:

$$\left.\begin{array}{c} \text{Toag-tod} \\ \\ \text{Kokosnuß} \end{array}\right\} : \left\{\begin{array}{c} \text{Pul-tod} \\ \\ \text{Betelnuß} \end{array}\right\} :: \left\{\begin{array}{c} \text{äB} \\ \\ \text{V} \end{array}\right\} : \left\{\begin{array}{c} \text{jB} \\ \\ \text{S} \end{array}\right.$$

Im Vergleich zur Kokospalme sieht die Betelpalme wie deren jüngere Version aus:

Die Kokospalmen zeichnen sich gegenüber den meisten anderen Palmen durch ihren höheren Wuchs und ihr langsames Wachstum aus. Insgesamt entspricht ihr Lebenszyklus annähernd dem eines Menschen. In den späteren Jahren nehmen sie ein knorriges, uraltes Aussehen an. Die Betelpalmen sind in dieser Hinsicht alles das, was die Kokospalmen nicht sind: schmächtig, biegsam, rasch wachsend, mit grüner Rinde und schnell Frucht tragend. Eine ausgewachsene Betelpalme erreicht etwa zwei Drittel der Höhe einer ausgewachsenen Kokospalme, sie ist schlank und gerade gewachsen und hat eine Krone aus saftigen, grünen Wedeln. Eine ähnliche Beziehung gilt für die Früchte der beiden Palmenarten; die Betelnuß ist gewissermaßen eine saftige, schalenlose Miniatur-Kokosnuß; sie gleicht tatsächlich einer unreifen Frucht der größeren Palme. (Ibid., 125)

Dazu kommt ein weiterer räumlicher Zusammenhang zwischen Betelpalme, Jugendlichkeit und »Randständigkeit«. Die älteren Männer kommen tagsüber in ihrem Alltagsleben im Zentrum des Weilers zusammen, wo ihre jüngeren Söhne mit ihnen spielen. Sobald die Söhne älter werden, werden sie aus dem Zentrum des Weilers an dessen Peripherie vertrieben, wo sie sich zu Gruppen von Gleichaltrigen zusammenschließen.

In der Formel jB = Sohn = Betelpalme wird die klare Parallele zwischen der räumlichen Anordnung der beiden Palmenarten (Kokospalme = zentral / Betelpalme = peripher) und der ähnlichen räumlichen oder gebietsmäßigen Beziehung zwischen den sozialen Gruppen, für die die Palmen Symbole sind (erwachsene Männer = zentral / junge Männer (jüngerer Bruder und Söhne) = peripher), sichtbar. Und diese Beziehungen entsprechen dem Schema . . ., wobei *pul* in der doppelten Bedeutung von »Zaun« und »Betelpalme« der Vorstellung von »Randständigkeit« entspricht. (Ibid., S. 127)

Pul-tod, der Betelnuß-Mann, ist selbst eine randständige Gestalt in den Mythen – er tötet seinen Vater und heiratet seine Mutter, wird symbolisch entmannt und »wandert im Urwald herum, meidet die Gesellschaft (vor allem die weibliche) und ist, wie ein Informant betont, ›kein wirklicher Mensch‹« (Ibid., S. 128).

Die Brennpalme ist *naimo*, sie hängt eng mit dem Urwald, mit den Frauen und mit der weiblichen Hälfte, *agwatodna*, zusammen.

[Es] ist eine wildwachsende Palmenart, die auf Pidgin-Englisch »wilder Sago« (wailsaksak) genannt wird, obwohl sie in Wirklichkeit mit einer echten Sagopalme *(Metroxylon)* überhaupt nichts zu tun hat. *Naimo* kann zerstoßen werden, damit man an die Stärke in ihrem Mark herankommt, aber die Umeda greifen nur in schlimmsten Notfällen auf diese Nahrung zurück. Die Palme wird in der Regel als Spender eßbarer Insektenlarven *(namos)* genutzt, wobei sie gefällt wird, damit die Larven sich im Stamm entwickeln können . . . Aus einer *naimo*-Palme ist Naimo-tod, der Ahn der *agwatodna*-Hälfte, hervorgegangen, zusammen mit seinen beiden Töchtern, die sich der *edtodna*-Ahn zu Frauen nahm. (Ibid., S. 128)

Weshalb nimmt diese Palme im Symbolismus der beiden Hälften diesen besonderen Platz ein? Semantisch ist *naimo* aus zwei Elementen, *nai* und *mo*, zusammengesetzt.

Für sich allein hat *nai* die Bedeutung »Rock«, während *mo* »Schlund« (und im übertragenen Sinne »Wort«, »Sprechen«), aber auch »Kehlkopf«, »Adamsapfel« heißt. Während das zweite Element *(mo)* auf den ersten Blick eher rätselhaft erscheint, gibt es für *nai* einen unmittelbaren Anhaltspunkt: Rock. Und zwar ist dieses *nai* nicht nur ein Symbol für Weiblichkeit und verwandtschaftliche Beziehungen mütterlicherseits ganz allgemein – die Verwandten der mütterlichen Linie heißen *naina*, »von der Rockseite« (wie es im Englischen den Ausdruck »on the distaff side«, »von der Spinnrockenseite«, gibt), im Gegensatz zu den Verwandten väterlicherseits, den *pedana*, »von der Penishülsen-Seite«. *Nai* erklärt zu einem guten Teil, weshalb die Brennpalme und nicht irgendeine andere wilde Palme als Ursprung der »weiblichen Hälfte« der Gesellschaft betrachtet wird. (Ibid., S. 129)

Die Begründung dafür hängt mit den visuellen Eigenarten der Brennpalme und ihrer Frucht zusammen. Es besteht »eine auffallende Ähnlichkeit zwischen dem herabbaumelnden Fruchtstand der Brennpalme, der für diese Art besonders charakteristisch ist (während beispielsweise die Sagopalme anders aussehende Früchte hat), und den von den Umeda-Frauen getragenen Faserröcken. Die Fruchtstände *(agwoi)* und die Frucht *(mov)*, also der für die Fortpflanzung verantwortliche Teil der Bäume, werden tatsächlich als eigentlich weiblich angesehen». . . *(Ibid.*, S. 129), und Gell kommt zum Schluß, daß *nai* in *naimo* aufgrund dieser Ähnlichkeit wahrscheinlich die Bedeutung von »Rock« hat. Es gibt jedoch auch eine physische und semantische Beziehung zwischen »Rock« und »Sago«:

Die Frauenröcke *(nai)* werden aus Fasern unreifer Blätter der Sagopalme *(na)* hergestellt; da sie aus Sagofasern bestehen, hängen Röcke und Sago innerlich miteinander zusammen. Deshalb neige ich zur Ansicht, daß die enge Beziehung zwischen den Segmenten *na* und *nai* kein zufälliges Phänomen ist. Es bereitet auch keine Schwierigkeiten, den Zusammenhang zwischen diesen beiden Wörtern und *na*, Bruder der Mutter, zu sehen; wir haben gesehen, daß die Verwandten mütterlicherseits *naina*: »von der Rockseite«, sind, und die Verwandtschaft mütterlicherseits besteht einfach aus der Klasse der Brüder der Mutter und deren Nachkommen. Daraus ergibt sich ein folgerichtiges Bündel von Beziehungen: das *nai* in *naimo* ist gleichzeitig auf verschiedenen Ebenen begründet, d. h. durch die wirkliche Palme mit ihren rockähnlichen Fruchtständen, aber auch durch die mythologische Rolle der Palme als angenommener Ursprung der weiblichen Hälfte der Gesellschaft. Mythologisch gesprochen ist nämlich die Beziehung zwischen den beiden Hälften, dem männlichen »Dorf« *edtodna* und dem weiblichen »Urwald« *agwatodna*, eine Hypostasierung des grundlegenden Schemas der Eheschließung, bei der die einzelnen exogamen Dörfer ihre Frauen aus anderen als der eigenen Gruppe holen und mit diesen Verbindungen mütterlicherseits eingehen; unter dem Gesichtspunkt eines männlichen Ich sind das »seitliche« oder periphere Gruppen »im Urwald«. Dieser strukturelle Gegensatz zwischen der Achse des Ich und seiner Verwandten väterlicherseits, die mit dem ständigen Wohnsitz zusammenfällt, *und* dem peripheren Bereich, dem Urwald, dem Standort des Sago, den fremden Dörfern, aus denen die Ich-Gruppe die Frauen erhalten hat und mit denen die Gruppe in einer Verschwägerungs- und matrilateralen Verwandtschaftsbeziehung steht, erklärt die identischen Wörter für den Sago einer- und den Bruder der Mutter andererseits. Die Brennpalme, die als eine Abart der Sagopalme *(na)* betrachtet wird, ist ein Teil dieser Assoziation zwischen mütterlichen und mutterseitigen Beziehungen. Nicht nur der rockähnliche Fruchtstand entspricht somit dem *nai* in *naimo*, sondern auch der charakteristische Standort (Urwald im Gegensatz zum Dorf) und die Assoziation mit der Sagopalme, die umgekehrt das botanische Analogon zum Bruder der Mutter ist. (Ibid., S. 131 f.)

Ein ähnliches analytisches Verfahren ermöglicht eine Bezugsetzung zwischen dem Wortglied *-mo* in *naimo* und dem Grundthema Frucht und Weiblichkeit:

mo	Schlund, Adamsapfel
mo-tod	Tochter, weibliches Kind
mol	Mädchen, Tochter
mol	Vulva
mov	Frucht *(movwi)*
mov	Vulva (gewählter), außerdem *amoi*, kleines Mädchen, Tochter, Vulva
amov	Termiten (vgl. *namos*, Insektenlarven)

In der Liste der mit *mo* gebildeten Wörter wird eine Reihe von Analogien sichtbar, die mit dem Umeda-Vokabular eng zusammenzuhängen scheinen, nämlich zwischen Körperteilen (Schlund, Vulva), Baumteilen oder Pflanzenstruktur (Früchte in diesem Fall) und einer sozialen Rolle (Tochter, Mädchen). (. . .) Die *naimo*-Palme ist der mythologische Ursprung der Töchter *(mo-tod)*, d. h. der heiratsfähigen Mädchen. Mädchen *(mol)* werden mit Frucht *(mov)* gleichgesetzt, und (. . .) *naimo* ist charakterisiert durch eine wirklich unzählbare Menge von Einzelfrüchten *(movwi)* – ein Merkmal, das *naimo* klar von den örtlich kultivierten Sagopalmen unterscheidet, die fast immer steril sind, also gar keine Früchte bringen. (Ibid., S. 132 f.)

3. Universelle Aspekte des Symbolismus und ihre nicht-kulturellen Wurzeln

Leach behauptet: »Die Anzeichen [Symbole] in nicht-verbalen Kommunikationssystemen haben, wie die Klangelemente in der gesprochenen Sprache, keine Bedeutung für sich allein, sondern nur als Glieder einer Reihe. Ein Zeichen oder Symbol erhält nur eine Bedeutung, wenn es von einem anderen, gegensätzlichen, Zeichen oder Symbol unterschieden wird.« (Leach, 1976, S. 49) Wie wir beim Baum-Symbolismus der Umeda gesehen haben, lenken die *Gegensätze* zwischen den drei Palmenarten, durch ihre physischen Eigenarten, ihren Standort und die Assoziationen zu sozialen Kategorien, die Aufmerksamkeit auf die unterscheidenden Merkmale jeder Baumart, und sie heben diese hervor; man würde aber zu weit gehen, wenn man behaupten wollte, die Betelpalme könne im Zusammenhang mit »Randständigkeit« nur im Vergleich mit der Kokospalme gedacht werden. Zweifellos heben die entgegengesetzten Merkmale der Kokospalme das Besondere an der Betelpalme deutlicher hervor, doch die Umeda könnten die Betelpalme ohne weiteres auch dann als Symbol für Randständigkeit benützen, wenn es bei ihnen keine Kokospalmen und kein anderes spezifisches Symbol für »Im-Mittelpunkt-Stehen« oder »Eingeweihtsein« gäbe. Die spezifischen physischen Eigenschaften eines Symbols, nicht die Beziehung zu anderen Symbolen, sind fundamental; wie wir gesehen haben, unterscheiden sich Symbole von Zeichen eben gerade dadurch, daß sie *begründet* sind und ihre Bedeutung nicht von Beziehungen wie bei den syntaktischen Strukturen der Sprache herrührt. Wenn Leach recht hätte, wäre es darüber hinaus kaum verständlich, weshalb man so viele Beispiele für gleichwertige Symbole durch mehrere Kulturen hindurch findet, etwa weiß = rein, gut, schwarz = unrein, böse oder Stein = Kraft, Dauerhaftigkeit usw. Leachs Argumentation würde die Symbole auf einen durch und durch kulturell bedingten Relativismus einengen; man kann aber ohne weiteres zeigen, daß die Allgemeingültigkeit der symbolischen Assoziationen von den physischen Beziehungen des Menschen zu seiner Umwelt und von der metaphorischen Eignung einiger dieser Assoziationen für soziale Beziehungen und kulturelle Werte herrührt. Damit soll freilich nicht gesagt sein, die physischen Assoziationen der Symbole hätten notwendig eine Einheitlichkeit in der Interpretation zur Folge. Das würde nicht einmal innerhalb ein und derselben Kultur gelten. Innerhalb jeder Kultur ist zu erwarten, daß Symbole zweideutig sind. Turners Feststellungen über den Farbensymbolismus bei den Ndembu in Sambia sind ein gutes Beispiel dafür.

Für die Ndembu hat die Farbe Weiß sowohl glück- als auch unglückverheißende Aspekte. Glückverheißend wird sie mit Brustmilch, Sperma und Maniokmehl assoziiert; hier steht sie für Leben, Gesundheit, Fruchtbarkeit, die Kontinuität der mütterlichen Linie, für Kraft und Nahrung; sie wird mit Licht allgemein und mit der Sonne und dem Mond verbunden, »Weiß als Licht, das der Gottheit entströmt, hat im hier betrachteten Sinne die Eigenschaften Glaubwürdigkeit und Wahrhaftigkeit, weil die Ndembu glauben, was klar zu sehen sei, könne als gültige Grundlage für Wissen angenommen werden«[5] (Turner 1967, S. 76). Weiß wird assoziiert mit Sauberkeit und Reinheit; obwohl die Ndembu Schwarze sind, unterscheiden sie dennoch Hautfarben nach einem Schwarz-Weiß-Gegensatz, und Schwärze wird mit Schmutz assoziiert. Weiß gehört mit grauem Haar und folglich mit Reife und

Weisheit zusammen; und mit der hellen Farbe der Zähne, wenn jemand lacht und seine Zähne entblößt, so daß Weiß ein Zeichen von Offenheit und Ehrlichkeit ist. Turner faßt die glückverheißenden Bedeutungen des Weißseins folgendermaßen zusammen: »Hinter der Symbolik des Weißseins stehen die Vorstellungen von Harmonie, Kontinuität, Reinheit, des Offenbaren, des Öffentlichen, des Schicklichen und des Rechtmäßigen« (Ibid., S. 77). Doch das Weiße hat auch eine andere Seite, und hier möchte ich einen längeren Ausschnitt aus Turners Arbeit zitieren, wo er Beziehungen zum symbolischen Wert des Weißseins in Melvilles *Moby Dick* aufzeigt:

Die Ndembu nehmen wie Melville dem Weißen gegenüber eine zwiespältige Haltung ein. In ihrer Lepra-Therapie auf pflanzlicher Grundlage zum Beispiel wird die weiß gefleckte Rinde eines bestimmten Baumes als sympathetisches Heilmittel gegen die durch diese gefürchtete Krankheit hervorgerufenen weißen Hautmale verwendet. Der weiße Milchsaft des *kapumbwa*-Baums und gewisse weiße Wurzeln stellen den bei Geschlechtskrankheiten entstehenden Eiter dar. Weiß steht auch für die zerstörerische Kraft des Blitzes. In Jagdritualen hat das Weiße ebenfalls schreckenerregende und todbringende Assoziationen. *Mundeli* zum Beispiel ist der Name für eine Art von geistigem Leiden, das in Träumen in Form eines Europäers erscheint. Früher hatte man geglaubt, die Europäer lebten unter dem Südatlantik, und ihre Haut sei wegen des langen Liegens im Salzwasser so leichenhaft blaß. Ein anderer Geist, der nach dem Glauben der Ndembu den Jägern nachstellt, *Mukala*, wird im Ritual dieses Namens durch weiße Symbole wie weiße Perlen und weiße Lehmkugeln dargestellt, weil er die Form von Moorlichtern (die als »weiß« beschrieben werden) annimmt, die die Jäger zu ihrem Verderben in Sümpfe führen. Als Blitz und als Irrlicht tritt das Licht feindselig in Erscheinung. Hier wäre auf eine weitere Parallele zu »Moby Dick« hinzuweisen (vgl. Kapitel CXVIII), nämlich die Lichter, welche vom unheilverkündenden Elmsfeuer auf den Blitzableitern der *Pequod* erzeugt werden: »drei himmelhohe Kerzen; Gottes flammende Hand auf dem Schiff«, »die weiße Flamme leuchtet uns zum weißen Wal«. Es ist auch bezeichnend, daß nur *Chihamba* (der Weiße Geist) und *Mukala*, als einzige unter allen Geistern, nach dem Glauben der Ndembu die Macht haben, den Tod und nicht nur Unglück zu bringen. Es sei auch festgehalten, daß solche »weiße« Wesen wie Häuptlinge und Ahnengeister die Macht haben, jene, die ihnen nicht gehorchen, zu bestrafen. Sie werden von den Jüngeren und Untergebenen gefürchtet. Nicht weniger als Ismael empfinden die Ndembu weiße Dinge als »entsetzlich«. (Turner 1962, S. 90)

Weiß wird auch mit Zerstörung, Blässe, fehlendem Leben, Strafe und Trockenheit verknüpft. Im Hinblick auf die Ambivalenz von Weiß und von *Kavula*, der Gottheit, deren hauptsächliches Symbol

sie ist, hebt Turner hervor, daß die Ndembu diesen Gott als Verkörperung sowohl der Zerstörung als auch der Wiederherstellung,
der Strafe und der Heilung begreifen:

Wie alle primitiven und bäuerlichen Gemeinschaften haben sie ein geschärftes
Bewußtsein für zyklische Abläufe, für das Nacheinander von Trockenheit und
Regen, von Hitze und Kälte, von Hunger und Überfluß. Weil sie die für das
menschliche Wohlergehen ungünstigen Phasen verdrängen zu können glauben, fühlen sie sich im Ritual dazu ermutigt, die Demütigung, die Armut und
den Tod ihrer rituellen Gestalten in Symbolen auszudrücken. Und gerade indem sie die Tiefen ausloten, hoffen sie die Höhen wiederzugewinnen. Kavula
stellt gewissermaßen in einem aufleuchtenden Blitz den ganzen Zyklus dar.
Und deshalb sind seine Attribute derart ambivalent. (Turner 1962, S. 94)

Obwohl das Weiße bei den Ndembu zahlreiche symbolische Facet-
ten hat und die glückverheißenden Aspekte in bestimmten Kontexten evidenter sind als in anderen, wo die unglückverheißenden
hervorgehoben werden, wäre es falsch, zu sagen, die »Bedeutung«
des Weißen hänge allein vom Kontext ab. Der Kontext wählt aus
einer Reihe von Bedeutungen aus, doch diese Reihe wird nicht
durch den Kontext festgelegt, sondern durch die stabilen unsteti-
gen Merkmale der physischen Welt, wie sie in der Kosmologie der
Ndembu geordnet sind. In dieser Hinsicht sind die Bedeutung des
Weißen, seine Tragweite und seine assoziative Verästelung vom
Kontext unabhängig. Es sind die stabilen Eigenschaften der Dinge, die sie für symbolische Mitteilungen verwendbar machen. Ein
symbolisches System (im Gegensatz zur Sprache), in dem die Symbole nicht primäre Verbindungen herstellen würden und in dem
ihre Bedeutung völlig relativ und vom Kontext abhängig wäre, wie
bei Phonemen, wäre infolgedessen nicht möglich.

Ein schönes Beispiel für die allgemeine Verbreitung symbolischer Bedeutungen durch verschiedene Kulturen hindurch ist das
symbolische Thema der Haare und des Haareschneidens im Zusammenhang mit Ritualen (eine ausführlichere Darstellung findet
man in Hallpike 1969).

Pflanzen und Haare wuchern im natürlichen Zustand ungeord-
net, falls sie nicht durch andere natürliche Kräfte zurückgebunden
werden. Das Schneiden der Haare ist jedoch, wie das Kochen der
Nahrung, ein durch die menschliche Kultur bedingtes Tun und eine
Äußerung dieser Kultur. Man versteht deshalb, daß der rituelle
Haarschnitt als Symbol für die Sozialisierung, daß langes Haar als
Symbol für ein in gewisser Weise Außerhalb-der-Gesellschaft-Ste-
hen verwendet werden kann und daß kurzes Haar die durch die

Gesellschaft auferlegten Einschränkungen symbolisiert. Die Tiere wiederum sind stark behaart, während der Mensch verhältnismäßig unbehaart ist, und dieser Gegensatz ist ein weiteres Thema. Haare bieten auch vielerlei Möglichkeiten für Manipulationen, denn sie können schmerzlos abgeschnitten und auf verschiedenste Weise frisiert werden; und Haare können schließlich für magische Zwecke oder für Selbstverstümmelungen als *pars pro toto* des ganzen Körpers verwendet werden.

Deshalb sind Mönche, Soldaten und Häftlinge, die sich der Disziplin eines institutionalisierten Lebens unterziehen (müssen), in vielen Gesellschaften an ihrem kurzgeschnittenen Haar zu erkennen. Die Bibel liefert eine ganze Reihe von Vergleichen zwischen Behaarung = (moralisch, geistig, physisch) außerhalb der Gesellschaft und Haarschnitt = soziale Kontrolle, Aufnahme in die Gesellschaft:

Behaarung	= Jäger (Esau)
Behaarung	= grausamer Mensch (Nebukadnezar)
Behaarung	= Körperkraft (Samson)
Behaarung	= Auflehnung (Absalom)
Behaarung	= Askese (Elia, Johannes der Täufer)
lange Haare	= Abwendung von der Gesellschaft und Hinwendung zu Gott (Nasiräer)
Schneiden der Haare	= Rückkehr in die Gesellschaft oder Unterordnung (Nasiräer, geheilte Aussätzige, weibliche Gefangene, die durch Heirat in die Gesellschaft aufgenommen werden)
Bedecken der Haare	= Disziplin (Akzeptierung der Autorität des Gatten durch die Frau)

Der Gegensatz langes Haar/kurzes Haar vereinigt selbstverständlich eine ganze Reihe verschiedener Vorstellungen in sich: Man kann als ein Heiliger, als ein brutaler Mensch, als ein Irrer außerhalb der Gesellschaft stehen, und man kann als Gefangener, als Freiwilliger oder durch Konvention in die Gesellschaft aufgenommen werden.

Doch die Thematik »Behaarung = Tierhaftigkeit« ist durch verschiedene Kulturen hindurch anzutreffen. Gibbon sagt beispielsweise von den frühchristlichen Asketen in Ägypten:

Die Mönche gehörten zu zwei grundverschiedenen Gruppen: Die *Coenobiten* unterzogen sich einer gemeinsamen und geregelten Disziplin, während sich die *Anachoreten* ganz einem gemeinschaftsmeidenden, eigenbrötlerischen Fanatismus hingaben. Die frömmsten oder die ehrgeizigsten unter den geistlichen Brüdern sagten sich vom Kloster los, so wie sie sich von der Welt losgesagt hatten... Alle überflüssigen Kleidungsstücke wurden verächtlich weggeworfen, und einige verwahrloste Heilige beiderlei Geschlechts erregten Bewunderung, weil ihre nackten Körper nur von ihrem langen Haar bedeckt waren. Sie trachteten danach, sich zu einem rohen und elenden Zustand zu erniedrigen, in dem sich der ungehobelte Mensch kaum von seinen tierischen Verwandten unterscheidet; und die zahlreichen Anachoretensekten leiteten ihren Namen von ihrem demütigen Brauch her, daß sie zusammen mit gewöhnlichen Tierherden auf den Wiesen Mesopotamiens grasten. Oft wählten sie das Lager wilder Tiere, denen sie gleichen wollten... (Gibbon 1960, S. 516)

Die meisten primitiven Gesellschaften räumen Tieren in ihren Kosmologien einen wichtigen Platz ein. Oft symbolisieren diese Tiere das Chaos in der ungezähmten Natur vor dem Sozialisierungsprozeß. Der Kulturheros Dribidu der Lugbara wird von Middleton als Beispiel einer solchen Assoziation beschrieben:

Sie [die beiden Kulturheroen] waren keine Menschen, wie es sie heute gibt: Dribidu bedeutet »der Haarige«, denn fast sein ganzer Körper war mit langen Haaren bedeckt. Ein anderer Name für ihn ist Banyale (»Menschenfresser«), weil er seine Kinder aufaß, bevor er entdeckt und von seiner früheren Wohnstätte auf dem Ostufer des Nils vertrieben wurde... (Middleton, 1960, S. 231)... In unserer Sprache ausgedrückt besteht der wesentliche Unterschied zwischen der Zeit vor und nach diesen Heroen darin, daß die Personen nachher gewöhnliche Menschen waren, die sich so verhielten, wie sich die Leute jetzt verhalten, und daß sie Angehörige von Sippen und dadurch einer Gesellschaft waren, während sie sich vorher anders verhalten und nicht in einer Gemeinschaft gelebt hatten, nämlich in einer Welt, in der es keine Sippen gab. (Ibid., S. 233)

»Behaarung = Tierhaftigkeit, nicht-soziales Leben« ist auch das Grundmotiv des folgenden Mythos der Kukukuku auf Neuguinea, wo Behaarung mit einem Zustand ursprünglicher Unwissenheit assoziiert wird, wo die Menschen ganz mit Haaren bedeckt waren und ihre Nahrung auf den Genitalien der Frauen kochten. Ein Kulturheros bringt die richtige Methode der Nahrungszubereitung, nämlich mit Hilfe von Feuer, worauf die Haare von den Körpern fallen können:

Es war einmal eine Zeit, da die Frauen die Nahrung auf ihren Geschlechtsteilen kochten, und alle aßen davon. Die Menschen aßen die Süßkartoffeln ungekocht. Sie schmierten den Saft aus dem Stengel einer Pflanze (himaluwje) auf Zweige und fingen so Vögel, die sie zerlegten und an die Sonne legten. Die Sonne trocknete sie, und sie aßen sie so. Wenn es dunkel wurde, kamen sie alle in das Männerhaus, um zu schlafen [anstatt rings um das Feuer zu sitzen wie heute]. Der Vogel *tabadewje* rieb Feuer auf einem Baumast. Er sagte: »Ich bin kein Vogel, ich bin ein Mensch.« Der Mann, der Vogelleim auf den Baum geschmiert hatte, wollte das Feuer zu sich nehmen, doch der Vogel löschte es sofort aus. Der Mann fragte: »Was soll ich denn jetzt tun?« Dann nahm der Vogel ein Stück gespaltenes Holz und einen Bambusstreifen und Zunder und warf sie zu Boden. Der Mann rieb mit dem Bambusstreifen auf dem Holzstück, und es gab Rauch. Der Bambusstreifen zerbrach, und er hatte Feuer. Er briet einen Vogel und kostete das Fleisch. Es schmeckte sehr gut. Er nahm Holzstücke und Bambusstreifen und trocknete sie auf dem Feuer. Dann löschte er das Feuer aus und ging in das Junggesellenhaus, um zu schlafen. Am nächsten Morgen gaben sie ihm Bataten, die auf den Geschlechtsteilen der Frauen gekocht worden waren. Er sagte: »Das habe ich nicht gern; gebt mir ungekochte Süßkartoffeln!« Sie gaben ihm rohe Bataten; er aß die Hälfte auf und legte die andere Hälfte in seine geflochtene Tasche. Dann ging er und kochte sie auf dem Feuer und aß sie, worauf alle Haare von seiner Haut abfielen. Damals waren alle Menschen behaart, weil sie ihre Nahrung auf den Geschlechtsteilen der Frauen kochten. Der Mann kam zurück ins Männerhaus, und die anderen Männer fragten ihn: »Was hast du getan, daß alle Haare von dir abgefallen sind?« Er sagte: »Ich habe sie mit einem Bambusmesser abrasiert.«

[Möglicherweise weiht er sie aber in das Geheimnis des Feuermachens ein, worauf sie alle ebenfalls ihre Haare verlieren, und deshalb haben die Menschen bis heute keine Haare mehr an ihrem Körper.] (Fischer 1968, S. 395 f.)

Es gibt noch eine weitere Assoziation für das Haar, nämlich, und das ist ohne weiteres verständlich, mit dem Kopf; es gibt zahlreiche Beispiele von verschiedenen Merkmalen des Kopfes, denen eine sexuelle Bedeutung gegeben wird, und ebenso von Merkmalen des Geschlechtsbereichs, die symbolisch normalerweise dem Gesicht vorbehaltene Funktionen übernehmen. Das dürfte damit zusammenhängen, daß nur diese beiden Körperbezirke Öffnungen mit grundsätzlich entgegengesetzter Funktion haben. Das Gesicht dient der Kommunikation mit Worten und der nicht-verbalen Information durch Mimik; es ist die Grundlage für den Umgang mit anderen Menschen und der wesentliche Teil der persönlichen Identität gegenüber den Mitmenschen. Der genito-anale Bereich hat andererseits als Funktion die Exkretion, die durch und durch nicht-sozial ist, und die Kopulation, den gefährlichsten Einbruch des Physischen in das Soziale. Nase und Zunge sind dem Penis analog, Mund und Ohr der Vagina und dem After. Weil der natürliche, physische und der sozial-intellektuelle Bereich in diesen beiden Körperteilen so eklatant aufeinanderprallen, ist es nicht verwunderlich, daß sie bisweilen im Gemütsbereich, im magisch-religiösen Kontext und in populären Sexualvorstellungen untereinander vertauschbar sind. Aus einer Arbeit von Onians über die Vorstellungen der alten Griechen und Römer geht klar hervor, daß der Kopf für die Quelle des Spermas, und zwar in Form der zerebrospinalen Flüssigkeit, gehalten wurde (Onians 1954, S. 109 f.) und daß die Haare als Zeichen sexueller Potenz galten (Ibid., S. 232). Hershman (1974) zeigt, daß im Denken der Pandschabi Kopf und Sperma ausdrücklich miteinander assoziiert werden – »Die Pandschabi wissen, daß wirkliche Asketen imstande sind, ihren Samen zu speichern und als spirituelle Kraft im obersten Teil ihres Kopfes zu konzentrieren« (Hershman, S. 288).

Ein schlagendes Beispiel dafür ist ein Shiva-Bild, das üblicherweise in Form eines gedruckten Kalenders in den meisten Hinduhäusern in Pandschab anzutreffen ist . . . Der Gesamtumriß des Kopfes ist deutlich phallisch, die geflochtenen Haarsträhnen sind schlangenähnlich und laufen auf dem Kopf konisch zusammen. Aus der Spitze des Kegels von geflochtenem Haar spritzt immer in einem dünnen Strahl weiße Flüssigkeit. Diese Flüssigkeit ist der Ganges, in ihr sind Sperma und spirituelle Kraft einander symbolisch gleichgesetzt. (Ibid., S. 287 f.)

Wenn das Haar als das, was natürlich wächst, und als ein Merkmal betrachtet wird, durch das sich der Mensch von den Tieren unterscheidet, dürfte es eine Reihe von Assoziationen geben, wo, wegen seiner Beziehung zum Kopf, einige der Analogien zwischen dem Kopf und dem genito-analen Bereich auf das Haar übertragen werden; wie wir gesehen haben, ist das Haar andererseits eng mit der Tierhaftigkeit verknüpft.

Hershman vertritt die Meinung, es sei die unbewußte Assoziation von Kopf und Geschlechtsbereich, die dem Haarsymbolismus bei den Pandschabi seine affektive Kraft verleihe, auch wenn diese Symbolik je nach Kontext verschiedene Bedeutungen hat:

. . . eine Botschaft wird verstärkt durch die unbewußten Assoziationen der Symbole, mit denen sie ausgedrückt wird, doch . . . ihr Kommunikationsgehalt bleibt etwas ganz anderes. Ich stelle deshalb die Hypothese auf, daß das Haar als Symbol seine Kraft durch seine Gleichsetzung mit den Geschlechtsorganen im individuellen Unterbewußtsein der Pandschabi gewinnt, daß es aber im Ritual, koordiniert mit anderen Symbolen, als ein Mittel, um bestimmte wesentliche Werte der Pandschabi-Gesellschaft auszudrücken, kulturell verwendet wird. (Ibid., S. 274)

Das mag für gewisse Kulturen, wie die der Pandschabi, gelten, wo der Kopf und das Haar mit den Genitalien und dem Sperma assoziiert werden. Solche ethnographischen Fakten brauchen jedoch nicht durch die Theorien Freuds oder Begriffe wie Kastration oder Repression gestützt und erklärt zu werden. In vielen Fällen ist die Assoziation zwischen Kopf und Geschlechtsorganen alles andere als unbewußt. Sowohl Hershman als auch Onians zeigen für die Pandschabi und die alten Griechen, daß sie durchaus bewußt sind und von der Beobachtung der tierischen und menschlichen Physiologie herrühren, auch wenn es die Pandschabi offensichtlich für unziemlich halten, eine solche Assoziation laut auszusprechen. Es stimmt, daß wir normalerweise diese beiden Körperregionen für grundsätzlich verschieden halten. Die Kluft zwischen ihnen in unserem Alltagsdenken bewirkt aber eben gerade diese Wechselwirkung zwischen ihnen, auf die ich hingewiesen habe, und diese Assoziation muß nicht notwendigerweise bewußt sein. Folgt jedoch daraus, daß die Erkenntnis einer Beziehung, weil diese unbewußt ist, deshalb *unterdrückt* wird, und daß daraus eine affektive Kraft entsteht?

Es ist klar geworden, daß sich symbolische Systeme ihrer Natur nach nicht-verbal entwickeln und daß die Struktur dieser Systeme in den meisten Fällen nicht in Worten ausgedrückt werden kann. Symbole sind in ihrer grundlegenden Sparsamkeit und evokativen Kraft so wirksam, weil ihre Bedeutung durch die Angehörigen einer bestimmten Kultur eben gerade nicht präzise artikuliert werden kann. Doch diese Überlegungen gelten auch für Körpersymbolismen, von denen auch der überzeugteste Freudianer nicht behaupten würde, daß sie mit dem Sexus zusammenhängen, etwa die symbolische Funktion der rechten und der linken Hand, der Kopf-Fuß-Gegensatz für Überlegenheits-Unterlegenheits-Relationen oder die symbolische Funktion des Körpers als Mikrokosmos.

Die Tatsache, daß Angehörige einer bestimmten Gesellschaft die wirkliche Bedeutung eines Symbols nicht erkennen, gibt uns nicht das Recht, daraus abzuleiten, daß sie diese Kenntnis *unterdrücken;* vermutlich sind sie einfach nicht imstande, diese Bedeutung in Worte zu kleiden, weil sie nicht Bilder in eine sprachliche Form umsetzen können. Die Behauptung, das fehlende Bewußtsein der sexuellen Aspekte des Symbolismus sei darauf zurückzuführen, daß wir dieses Wissen unterdrückten, im Falle anderer, mit dem Geschlecht nicht zusammenhängender Symbole sei aber dieses Wissen einfach latent, unterstellt bloß, was sie zu beweisen versucht. Das Nichtartikulierte ist nicht dasselbe wie das Unbewußte, und was unbewußt ist, wird nicht notwendig unterdrückt.

Begriffe wie »Verdrängung« sind ungeeignet, um die unbewußte Begründung von Symbolen zu erklären, denn der Bereich des unbewußten Symbolismus ist viel umfassender als jener der Symbole, die von der Freudschen Theorie erfaßt werden. Der unbewußte anatomische Symbolismus (z. B. »links« und »rechts«) ist nicht das Ergebnis einer Verdrängung; und jede Assimilation, die nicht durch Akkommodationen äquilibriert wird und nicht zu absichtlichen Verallgemeinerungen führt, bleibt ganz allgemein sowohl im affektiven als auch im intellektuellen Bereich unbewußt. Das gilt ganz besonders für die Traumsymbole, wo der Träumende jedes Bewußtsein seiner selbst verliert und gewissermaßen in den extremen begrifflichen Realismus seiner Kindheit zurückfällt. Bei Erwachsenen können Wünsche in äußere Bilder übersetzt werden, weil ihre Komplexität eine Verbalisierung im Traum nicht zuläßt. Eine Verdrängung von Begehren und Wünschen kommt zweifellos vor, doch die Verdrängung eines Hanges ist die Weigerung, diesen Trieb an die Wirklichkeit zu akkommodieren; dadurch erscheint dieser Trieb unvermeidlich in einer verkappten Form, und er wird vom bewußten Ich losgelöst. Träume werden vom Träumenden nicht begriffen, weil die Verdrängung eine spontane Regulierung ist, die sich aus der Interaktion affektiver Schemata ergibt, deren Herkunft sich dem Bewußtsein entzieht, ein Prozeß, der Parallelen in der intuitiven Intelligenz ganz allgemein hat; das ist bestimmt kein Grund für die affektiven Schemata, bewußter als die intellektuellen Schemata zu sein.

Ein relevanterer Faktor als der Freudsche Begriff der Verdrängung, der Primitive glauben läßt, daß eine Kraft in ihren Symbolen sei, ist der begriffliche Realismus. Es ist ein besonders auffälliger Aspekt des primitiven Kausalitätsbegriffs, daß das, was wir als rein symbolische Assoziationen betrachten würden, mehr als nur das sind, nämlich physisch wirksame Relationen zwischen dem Symbol und dem Symbolisierten. Wenn wir von »symbolischer Bedeutung« sprechen, so greifen wir auf ein Modell des »Geistes« zurück, das es uns ermöglicht, klar zwischen dem »Bedeutungsträger« und dem »bezeichneten Ding« zu unterscheiden; eine solche Erklärung für symbolische Vorstellungen steht jedoch den Primitiven nicht zur Verfügung, weil sie begriffliche Realisten sind und den Geist nicht als Vermittler auffassen, der die Erfahrung in begriffliche Strukturen enkodiert. Zu den Überzeugungen der Konso über die praktische Wirksamkeit ihrer Symbole für die Veränderung der Welt habe ich geschrieben:

Es wäre schwierig, irgendeinen Glauben an eine »Lebenskraft« oder eine andere immanente übernatürliche Kraft nachzuweisen, um ihren Glauben an die Wirksamkeit ihrer Symbolismen zu erklären. Es ließe sich kaum erklären, wie eine solche Kraft in physischen Objekten wie den ḫallashas [phallischer Kopfschmuck] oder Russ vorhanden sein, bei profanen Gelegenheiten aber fehlen sollte, und noch schwieriger wäre es zu zeigen, wie eine Zahl oder eine Farbe das Vehikel für eine solche Kraft sein könnten. Darüber hinaus besteht kein Grund für die Annahme, daß die Konso an eine solche Kraft glauben, weil sie nie davon sprechen. Sie taugt somit nicht als Hypothese. Doch die Konso betrachten ihren Symbolismus nicht, wie es ein Außenstehender tun würde, nur als Symbolismus; dieser hat für sie auch die Kraft, die Welt zu verändern. So wie die Träume und Halluzinationen geistige Erfahrungen sind, die dank ihrer Klarheit und Kraft für objektive Wirklichkeiten gehalten werden, besitzen auch die Symbole im rituellen Kontext im Ausdrücken von Leben und Tod eine Klarheit und Kraft, die für sie objektiv wirklich sind. Sie betrachten ihre Erfahrungen mit der Bedeutung von Symbolen eindeutig als eine wirkliche Kraft. Was nach ihrer Meinung die Macht des Symbolismus ausmacht, ist in Wirklichkeit eine Projektion der Wirkung, die diese Symbole auf ihren Geist haben, in die reale Welt. Diese Überlegungen ließen sich auf die rituelle Medizin und die Magie anwenden.

Es gibt somit keine »innere mystische Natur« der benutzten Objekte, von der angenommen wird, daß sie in der Magie oder durch Rituale freigesetzt würde. Unter gewöhnlichen Umständen ist der [zur Opferung bestimmte] Ochse einfach ein Ochse, die ḫalala, mit der er bekränzt wird, nur eine Pflanze, und die Milch, die über die Ḫrela [Kriegerklasse] versprengt wird, ist nichts als Milch ... Die Bestandteile der Konso-Rituale – Pflanzen, Opfertiere und Farben und Zahlen zum Beispiel – haben ihre glückverheißenden Eigenschaften nur im Kontext des Rituals, weil sie alle an einer Stelle, zu einem Zweck, in Einklang mit von alters her festgeschriebenen Regeln zusammenkommen, was alles dazu dient, sie ihrer profanen Aspekte zu entkleiden. Bei solchen Gelegenheiten, innerhalb des Bezirks der *mora* [geheiligte Stelle], sind ihre symbolischen, nicht ihre physischen Eigenschaften wichtig; sie erhalten dann ein Leben und eine Kraft aus sich selbst. (Hallpike, 1972, S. 284 f.)

Diese Symbole sind für die Konso wirksam, weil sie, wie bei Träumen und Halluzinationen, die gefühlsmäßige und das Verständnis fördernde Kraft der Symbole als den Symbolen innewohnend, als »dort draußen« seiend betrachten und nicht als subjektive Reaktionen ihres eigenen Geistes. (Ibid., S. 286)

Der Symbolismus fördert seinerseits den begrifflichen Realismus. Ganz anders als das Wort partizipiert das Symbol wirklich an dem, was es bedeutet und was es im Geist dessen, der es verwendet, durch die konkreten und affektiven Assoziationen, die es heraufbeschwört, aufleben läßt. Die Zeichnung eines Menschen partizipiert somit an diesem Menschen, weil sie einige der gleichen Reaktionen hervorbringt, die man verspürt, wenn man den gezeichneten Menschen tatsächlich sieht. Es ist deshalb viel schwieriger, die Vorstellungen von dem, was sie vorstellen, das Denken vom Objekt des Denkens oder den Denker vom Ding, das er denkt, zu unterscheiden, wenn es sich um Symbolismus und nicht um den Umgang mit Worten handelt. Die Konsequenzen des Symbolismus für den begrifflichen Realismus werden wir im Kapitel IX weiterverfolgen.

Leach nimmt an, eine Art »Logik« befähige uns, die Eindrücke des einen Sinnes in die eines anderen zu übertragen:

Das wichtigste Argument dafür ist, daß wir die Botschaften, die wir auf verschiedenen Wegen erhalten (durch unsere verschiedenen Sinne: Tast-, Gesichts-, Hör-, Geschmacks-, Geruchssinn usw.), sogleich in andere Sinneseindrücke umwandeln. So können wir visualisieren, was wir in Worten hören; wir können geschriebene Texte in Rede umsetzen; ein Musiker kann die visuellen Zeichen einer musikalischen Partitur in Bewegungen der Arme, des Mundes und der Finger umwandeln. Auf einer tiefen abstrakten Ebene sind offensichtlich alle unsere verschiedenen Sinne auf dieselbe Weise kodiert. Es *muß* eine Art »logischen« Mechanismus geben, der es uns ermöglicht, gesehene Botschaften in gehörte oder gefühlte oder gerochene Botschaften zu transformieren und umgekehrt. (Leach 1976, S. 11)

Wie Lévi-Strauss stützt auch Leach seine Behauptungen nicht auf eine Theorie der kognitiven Prozesse ab; daß er das Adjektiv »logisch« in Anführungszeichen setzt, weist darauf hin, daß er nicht »Logik« im üblichen Sinne meint, sondern irgendeine andere Logik, die dunkel bleibt. Wir werden bei der Erörterung der Synästhesie sehen, daß es eine Vielfalt von wahrgenommenen Assoziationen zwischen Farben, Tönen, Aromen, Formen und so weiter gibt, doch Leach geht am Kern vorbei, wenn er die sprachliche Umsetzung oder festgeschriebene Codes zur scheinbaren Grundlage dieser zwischensinnlichen Assoziationen macht. Man geht von falschen Voraussetzungen aus, wenn man sagt, »wir können visualisieren, was wir in Worten hören« oder ein Musiker könne eine Partitur in physische Bewegungen umsetzen, denn Wörter und Noten sind strukturell von den Sinnen unabhängig, so daß zum Beispiel Wörter durch geschriebene Zeichen, durch physische Gesten wie in der Taubstummensprache, durch Berührung wie in der Braille-Schrift, durch Töne wie in der gesprochenen Sprache oder durch Morsezeichen usw. übermittelt werden können. Leach hat nicht untersucht, wie wir die Eindrücke eines Sinnesorgans in die eines anderen übersetzen, sondern er hat nur die Tatsache illustriert, daß ein *Code* durch eine Vielfalt von physischen Mitteln ausgedrückt werden kann, eine durch und durch triviale Schlußfolgerung, die nichts mit den Grundlagen der als Synästhesie bezeichneten zwischensinnlichen Assoziationen zu tun hat. Auch hier wieder scheint Leach anzunehmen, weil wir die *Sprache* dazu verwenden können, eine bestimmte Sinneserfahrung in eine andere zu übersetzen, müsse es eine fundamentale Homologie zwischen der Sprach- und der Wirklichkeitsstruktur geben, ein weiteres Beispiel für den Trugschluß, daß die Sprache auf irgendeine Weise die Wirklichkeit rekonstruiere oder wiedererschaffe.

Es gibt freilich eine Art von Kommunikation zwischen den verschiedenen Sinnen, die vielen Symbolen zugrunde liegt und von den Psychologen als »Synästhesie« bezeichnet wird; der vermittelnde Faktor darin ist nicht eine Art »Logik«, sondern unsere Erfahrung der physischen Welt. In unserer Kultur assoziieren wir »hoch« mit Glück und »tief« mit Traurigkeit; und »hoch« und »tief« sind so eng mit der musikalischen Tonlage verquickt, daß wir keine anderen Wörter haben, um die beiden Extreme der Tonleiter voneinander zu unterscheiden. Würden wir Angehörige unserer Gesellschaft fragen, welche sinnlichen Attribute sie mit Schmutz und Sauberkeit verknüpfen, so würden sie sehr wahrscheinlich eine Reihe von solchen Gegensätzen nennen:

Tabelle 2

Schmutz[6]	Sauberkeit
dunkel	hell
naß	trocken
weich	hart
zähflüssig	nicht-zähflüssig
tief	hoch

Die Synästhesie ist von mehreren Psychologen untersucht worden, die meines Wissens keine Entwicklungspsychologen sind. Ihre Ergebnisse wollen wir uns jetzt einigermaßen ausführlich ansehen.

Asch (1958) hat ein Experiment durchgeführt, um festzustellen, inwieweit allgemeine Beziehungen zwischen bestimmten psychologischen und physischen Eigenschaften durch verschiedene Kulturen hindurch bestehen. Als Sprachen wählte er das alttestamentliche Hebräisch (semitische Sprachen), das homerische Griechisch (indogermanische Sprachen), Chinesisch (sino-tibetische Sprachen), das Malaiische (drawidische Sprachen), die Tai-Sprache (sinotibetische Sprachen), die Hausa-Sprache (sudanische Sprachen) und das Burmesische (sino-tibetische Sprachen). Er wählte Wortgruppen wie warm, kalt, heiß; rechts, links; gerade, verdreht, gekrümmt; süß, bitter; rauh, weich; hoch, tief usw. aus und legte sie einem Informanten oder erfahrenen Wissenschaftler in einer dieser Sprachen vor, der dasjenige Wort aussuchte, das den entsprechenden englischen Ausdruck am klarsten wiedergab.

Dann wurde er [der Informant] aufgefordert, einige Beispiele von Sätzen oder Aussagen zu geben, in denen sich das Morphem auf physische Eigenschaften bezog; diese wurden übertragen, so daß man eine wörtliche Übersetzung jedes Morphems ins Englische erhielt, woran das englische Äquivalent des Ausdrucks anschloß. Dieser erste Schritt hatte den Zweck, die Zuordnung des Wortes zu einem bestimmten physischen Kontext festzustellen und eine Entscheidung darüber zu ermöglichen, ob es dem englischen Äquivalent entspreche. Anschließend wurde der Informant gefragt, ob dieselben Morpheme auch psychologische Eigenschaften zum Ausdruck brächten. Falls das zutraf, illustrierte er diesen Gebrauch mit Sätzen oder Aussagen; diese wurden zuerst wörtlich und dann idiomatisch übersetzt. (Asch 1958, S. 88)

Alle betrachteten Sprachen hatten Wörter, die gleichzeitig physische und psychologische Eigenschaften beschreiben. Als Beispiele führt Asch die Wörter *süß*, *bitter* und *sauer* an.

Süß

Hebräisch:	süß für die Seele (von lieblichen Reden gesagt) (Sprüche, 16, 24)
Griechisch:	süßes Lachen, süße Stimme (hängt etymologisch mit dem Verb »gefallen« zusammen)
Chinesisch:	ein süßes Lächeln (umgangssprachlich); süße, honigsüße Worte = blendende Worte
Tai-Sprache:	süß sein heißt schwach werden; bitter sein bedeutet Medizin = sich vor Leuten hüten, mit denen man zu tun hat
Hausa-Sprache:	Ich fühle keine Süße = ich fühle mich nicht wohl
Burmesisch:	süßes Gesicht = freundliches Gesicht, süße Stimme = freundliche Stimme, süße Rede = freundliche Rede.

Bitter

Hebräisch:	will klagen im bittern Leid meiner Seele (Hiob, 7, 11)
Griechisch:	bittere Pein, bittere Tränen
Chinesisch:	bitteres Schicksal = schweres Los im Leben (literarisch und umgangssprachlich)

Tai-Sprache:	wie Englisch
Hausa-Sprache:	bitter sprechen = auf eine unfreundliche Weise sprechen

Sauer

Hebräisch:	als mein Herz erbittert war [englisch: »soured«] (Psalmen, 73, 21)
Chinesisch:	saurer Mensch = Misanthrop, saures Herz = krank im Herzen, betrübt
Burmesisch:	ich bin sauer auf diese Person = ich verachte diese Person (Ibid., S. 88 f.)

Es sieht so aus, als würden sich solche Wörter auf sehr allgemeine psychologische Stimmungen beziehen, doch das scheint nicht der Fall zu sein:

Süß steht nicht für irgendeine beliebige positive psychologische Eigenschaft; es wird beispielsweise nicht für die Beschreibung von Mut und Ehrlichkeit verwendet. Man könnte vielleicht sagen, daß es hauptsächlich solche psychologischen Merkmale beschreibt, die man besänftigend nennen würde. *Bitter* und *sauer* sind ebenso nicht gleichbedeutend mit einer negativen Eigenschaft. Unsere Aufzeichnungen enthalten keine Hinweise auf bittere oder saure Furcht. (Ibid., S. 89)

Sprachen enthalten oft Ausdrücke für ausschließlich physische Eigenschaften: »Wenn zum Beispiel die Kategorie ›Intelligenz‹ keine hervorstechnede Bedeutung hat, findet man keine Wörter wie *durchdringend* oder *glänzend*, um sie zu charakterisieren« (Ibid., S. 329). Die einzelnen Sprachen können auch ein eigenes Spektrum von Bedeutungen entwickeln, das für eine bestimmte Kultur spezifisch zu sein scheint: *süß* als ›blendend‹ auf Chinesisch beispielsweise, und *scharfe Lippen*, was sowohl auf Chinesisch als auch in der Hausa-Sprache für Zungenfertigkeit oder sprachliche Gewandtheit steht. Bestimmte Wörter »wie *gerade* und *gekrümmt* haben eine bemerkenswert einheitliche psychologische Bedeutung, ganz im Gegensatz zu anderen Ausdrücken wie *heiß* und *kalt*« (Ibid., S. 92).

Schon früher haben Psychologen untersucht, welche Farben- und Formenassoziationen die Musik auslöst. Tests, die Odbert und seine Mitarbeiter (1942) mit amerikanischen Versuchspersonen durchführten, um festzustellen, welche Assoziationen, falls überhaupt, zwischen musikalischer Stimmung und Farben gemacht würden, legten klare Beziehungen zwischen Musikstücken, deren emotionale Stimmung als unterschiedlich bewertet wurde, und verschiedenen Farben nahe:

Tabelle 3

Farbe	Stimmung	
Rot	1. aufreizend	2. kraftvoll
Gelb	1. spielerisch	2. fröhlich
Grün	1. gemächlich	2. sanft
Blau	1. gemächlich	2. sanft
Schwarz	1. traurig	2. feierlich

Wexner (1954) wandte gegen diese Experimente ein, sie seien nicht wissenschaftlich streng genug durchgeführt worden, aber er fand nichtsdestoweniger eine im allgemeinen ähnliche Reihe von Assoziationen:

Rot wird häufiger mit aufreizend – anregend assoziiert, blau mit sicher – beruhigend, orange mit besorgt – beunruhigt – verwirrt, grün mit sanft – lindernd, purpurn mit würdevoll – imposant, gelb mit heiter – vergnügt – fröhlich, schwarz mit mächtig – stark – herrisch [und mit Melancholie]. (Wexner 1954, S. 434)

Es gibt zwar einige Meinungsverschiedenheiten zwischen den verschiedenen Autoren (die Literatur ist zu umfangreich, als daß sie hier umfassend behandelt werden könnte), und Wexner macht auch auf die Bedeutung der Schwarz-Weiß-Schattierungen und der Farbnuancen für die affektiven Assoziationen bei Farben aufmerksam, doch die Ergebnisse sind einander in hohem Maße ähnlich, und zwar durch alle Kulturen hindurch.

Karwoski und Mitarbeiter (1942) führten Experimente über visuelle Reaktionen auf Musik durch, bei denen sich folgende Assoziationen zeigten:

Lautstärke: laut = groß, nahe, kantig, dick, schwer
leise = klein, fern, rund, dünn, leicht
Rhythmus: schnell = hell, dünn, bewegt, klein, klar
langsam = dunkel, dick, unbewegt, groß, unscharf
Tonlage: hoch = hell, hoch [räumlich], klein, dünn, klar, kantig
tief = dunkel, tief [räumlich], groß, dick, unscharf, rund

Weitere Experimente wurden (Osgood 1960) mit Anglo-Amerikanern (»Anglos«), Japanern, Navajos und Spanisch-Mexikanern angestellt. Die Versuchspersonen wurden aufgefordert, eine Reihe von dreizehn Bild-Paaren, die wahrnehmungsmäßige Eigenschaften wie dick/dünn, rund/kantig, senkrecht/waagrecht darstellten, mit einer Reihe von achtundzwanzig Begriffen wie schwer, schnell, gut usw. zu assoziieren. Die »Anglos«, Navajos und Japaner (den Spanisch-Mexikanern wurde nicht die ganze Liste der Begriffe und Bilder vorgelegt) waren sich in den Assoziationen, die auszugsweise in der Tabelle 4 wiedergegeben sind, einig:

Tabelle 4

schwer	tief, dick, dunkel	dünn, hell	*leicht*
gut	homogen, hell	heterogen, farblos, dick, dunkel, gekrümmt	*böse*
schnell	dünn, hell, diffus	tief, waagrecht, stumpf	*langsam*
glücklich	bunt, hell	farblos	*traurig*
energisch	bunt		
Erregung	bunt		
Frau	bunt, dünn, hell		
		dünn, hell	*schwach*

bunt	*hell*	*dünn*
glücklich	glücklich	Frau
energisch	Frau	schwach
Erregung	gut	schnell
Frau	schwach	

farblos	*dunkel*	*dick*
böse	böse	böse
traurig	schwer	schwer

Tests mit farbigen Spielmarken, an denen Navajos und »Anglos« beteiligt waren, ergaben die folgenden Übereinstimmungen:

Helligkeit: hell: gut, glücklich, hübsch, süß, sauber
dunkel: schlecht, traurig, häßlich, sauer, schmutzig

Weiß tendiert mehr in Richtung aktiv und weiblich, schwarz mehr in Richtung stark und männlich[7].

Farbsättigung: niedrig (gelb und grün): schwach, weich, leicht, klein, dünn
hoch (rot, blau, purpurn, braun): stark, hart, schwer, groß, dick
Farbton: rot: aktiv
blau-purpurn: passiv

Andere Untersuchungsergebnisse sind zu unterschiedlich, als daß sie kurz zusammengefaßt werden könnten.

Aus diesen und anderen Tests, die mit Amerikanern, Japanern, Chinesen, Navajos, Spanisch-Mexikanern, Hindus, Angehörigen der Kannada-Sprachgruppe (eine Drawidasprache), Afghanen, Iranern, Libanesen, Jugoslawen, Polen, Finnen, Holländern, Flamen und Franzosen durchgeführt wurden, schließt Osgood, daß es drei dominierende Faktoren oder Dimensionen für das synästhetische Urteil gibt: *Bewertung* (gut/böse, freundlich/unfreundlich, positiv/negativ), *Potenz* (stark/schwach, schwer/leicht, hart/weich) und *Aktivität* (schnell/langsam, aktiv/passiv, aufgeregt/ruhig). Er hält fest (1963), daß eine Ähnlichkeit zwischen diesen drei Faktoren und der dreidimensionalen Theorie der Gefühle Wundts – Aufgeregtsein, Spannung und Heiterkeit – gibt; Untersuchungen über den Gesichtsausdruck haben ebenfalls gezeigt, daß Heiterkeit, Kontrolle und Aktivierung die drei Faktoren sind, die den semantischen Spielraum dieser Kommunikationsart ziemlich erschöpfend erfassen. Dieses Bewertungs-Potenz-Aktivitäts-System ist in den getesteten Kulturen bemerkenswert konstant (mit Ausnahme der Navajos, also zugegebenermaßen bis jetzt nur in gebildeten Gesellschaften), und Osgood meint,

... die stark verallgemeinerte Natur des affektiven Reaktionssystems – die Tatsache, daß es von irgendeiner speziellen Sinnesmodalität unabhängig ist und dennoch an allen diesen Modalitäten partizipiert – ist sowohl der Grund dafür, daß Bewertung *[evaluation]*, Potenz *[potency]* und Aktivität *[activity]* als die drei dominierenden Faktoren erscheinen, *als auch* die psychologische Grundlage für Metapher und Synästhesie. (1963, S. 246 f.)

Mit diesen Synästhesiestudien scheinen wir einer Erklärung für die trans-sensorische Assoziation und Bedeutung näherzukommen, und diese Erklärung ist viel zuverlässiger durch empirische Untersuchungen begründet als Leachs hypothetische »Logik«, auf die wir früher hingewiesen haben. In den affektiven Qualitäten unserer Interaktion mit den Dingen lösen deren Eigenarten Assoziationen aus, die in beträchtlichem Ausmaße von der besonderen Kultur unabhängig sind, weil alle Menschen mit denselben grundlegenden Sinnesorganen ausgestattet sind und grundsätzlich in derselben physischen Welt leben. Und die menschlichen *Aktivitäten* haben einen entscheidenden Anteil an den Assoziationen, die dieser Mensch den Dingen und physischen Eigenschaften zuschreibt; Asch formuliert es so:

Was versuchen wir zu sagen, wenn wir ein Ding, sagen wir eine Tischfläche, als *hart* bezeichnen? Wir meinen damit, daß dieser Tisch einer Veränderung widersteht, wenn man auf ihn drückt oder stößt, daß er andere, auf ihn gestellte Dinge trägt, ohne seine eigene Form zu verändern. Härte ist Widerstand gegen durch äußere Kräfte aufgedrängte Veränderungen; sie beschreibt eine Art von Interaktion. Was weich ist, nimmt entsprechend die Form der Dinge an, die darauf einwirken, etwa ein Tischtuch, das sich den Umrissen einer Fläche anschmiegt. Was ist nun der Sinn von *hart*, wenn damit eine Person gemeint ist? Es beschreibt eine Interaktion, die formal gleich ist. Ein Mensch weist den Anruf eines anderen Menschen ab. Diese Interaktion, die wir als eine von einer Person ausgehende Kraft erfahren, hat als Ziel die Auslösung einer Veränderung bei der anderen Person, doch dieser Kraft gelingt es nicht, die andere Person *in Bewegung zu bringen* oder sie löst *Widerstand* aus. Die Härte eines Tisches und einer Person meinen in Umfang und Komplexität radikal verschiedene Ereignisse, doch das Interaktionsschema wird als dynamisch gleichartig erfahren, weil es mit der Anwendung von Kräften zu tun hat, die eine Aktion auslösen, die mit der Kraft in Einklang oder zu ihr im Gegensatz steht. Was für das genannte Beispiel gilt, läßt sich auf die anderen Wörter derselben Kategorie anwenden. *Warm* steht, von der Temperaturbezeichnung abgesehen, für Näherbringen, für das Eingehen einer Vereinigung, während *kalt* ausschließt oder absondert. *Bunt* bezeichnet nicht nur den Besitz von Farben, sondern auch das Vorhandensein einer Vielfalt, die Interesse auszulösen vermag. (Asch 1958, S. 92)

Osgood betont, daß diese Art von nicht-verbaler Interaktion und Kommunikation äußerst ursprünglich und von den höheren kognitiven Funktionen unabhängig sei:

Noch weitere Beweise für die Ursprünglichkeit des affektiven Bedeutungssystems und seine alle Modalitäten durchdringende Kraft finden sich in Untersuchungen über nicht-verbale Kommunikation (Gesten, Haltungen, Gesichtsausdruck) zwischen Menschen. In einer Studie über Handbewegungen zum Beispiel ließ Gitin (1970) Versuchspersonen Bilder von bloßen Händen in verschiedenen Haltungen mit etwa 40 SD[Semantisches Differential]-Graden beurteilen; die drei ersten Faktoren waren eindeutig A (aktiv, interessant, anregend usw.), E (heiter, gut, freundlich usw.) und P (beherrschend, stark, sicher usw.), in dieser Reihenfolge. In einem jüngst erschienenen Buch über nicht-verbale Kommunikation, das zahlreiche Untersuchungen zusammenfaßt, schlägt Mehrabian (1972) drei primäre Bezugsdimensionen vor – Positivität zwischenpersönlicher Beziehungen (unser E), relativer Status (unser P) und zwischenpersönliche Ansprechbarkeit (unser A). Warum? »Unsere Antwort basiert auf der Voraussetzung, daß nicht-verbales Verhalten eine entwicklungsgeschichtlich frühere und ursprünglichere Form primitiver Kommunikation sei, die der Mensch mit den Tieren gemeinsam hat« (S. 14). (Osgood 1975, S. 398)

Wichtig für uns heute, wie früher zur Zeit des Neandertalers, am Zeichen für ein Ding ist erstens: Bezieht es sich auf etwas, was für mich *gut* oder *schlecht* ist (ist es eine Antilope oder ein Säbelzahntiger)? Zweitens: Bezieht es sich auf etwas, das im Vergleich zu mir *stark* oder *schwach* ist (ist es ein »schlechter« Säbelzahntiger oder eine »schlechte« Stechmücke)? Und drittens: Bezieht es sich auf etwas, das in bezug auf mich *aktiv* oder *passiv* ist (ist es ein schlechter starker Säbelzahntiger, oder eine schlechte starke Treibsandansammlung, die ich einfach umgehen kann)? Das Überleben hängt damals wie heute von den Antworten ab. (Osgood 1975, S. 395)

In einer anderen Arbeit betont Osgood die affektive Grundlage des synästhetischen Urteils und dessen Unabhängigkeit von verbal vermittelten höheren kognitiven Funktionen:

. . . dieses affektive Bedeutungssystem ist eng mit den nicht-spezifischen Projektionsmechanismen aus dem hypothalamischen, retikulären und limbischen System und deren Nervenbahnen zu den Stirnlappen verbunden. Beides sind grobe, nicht-unterscheidende, aber in hohem Maße verallgemeinerte Systeme, und beide sind mit der emotional zweckgerichteten und motivationellen Dynamik des Organismus assoziiert. Bis jetzt wird diese letztere Vermutung nur durch einige zufällige und völlig inadäquate Belege von Stummen gestützt. In einer Untersuchung mit einer geringen Anzahl von stummen Patienten wurde festgestellt, daß diese trotz erheblichen Störungen bei der Bezeichnung, bei Aneinanderreihungen und bei anderen denotativen und grammatikalischen Aufgaben keine Schädigungen bei geeigneten affektiven Leistungen zeigten und synästhetische Urteile grundsätzlich wie normale Versuchspersonen, wenn auch in einer bildlichen (nicht-verbalen) Form des Semantischen Differentials abgaben. (Osgood 1964, S. 199)

Die Ergebnisse der synästhetischen Untersuchungen sind eine weitere Widerlegung der sprachlichen Determinierung des Denkens. Es zeigt sich zum Beispiel, daß die meisten wichtigen bewertenden Begriffe in den bis jetzt studierten fünfundzwanzig Kulturen immer nahe Synonyme von »gut« und »groß« sind. Untersuchungen an zweisprachigen Versuchspersonen – Finnisch/Englisch, Kannada/Englisch, Japanisch/Englisch und Koreanisch/Englisch – haben gezeigt, daß es keinerlei begründete Beweise für unterschiedliche Antworten auf SD-Tests je nach der Sprache, die der spezielle Zweisprachige benutzte, gibt (Osgood *et al.* 1975, S. 65, 392).

Bei Studien an drei verschiedenen Kulturen, in denen das soziale Milieu und die Sprachfamilie unabhängig voneinander variiert wurden, zeigte sich weiter, daß eher die Kultur als die Sprache für die Antworten auf SD-Tests bestimmend ist:

In einer drei Gemeinschaften einbeziehenden Analyse (Hindus in Delhi, Bengalen in Kalkutta und Kannada in Mysore) hätte man ähnliche Muster für HD+BK (beide Indogermanen) vs. KM (Drawida) erwarten können, doch diese Erwartung wurde durch die Ergebnisse in keiner Weise bestätigt. Bei einer gleichartigen Analyse (Farsi aus Iran, Dari aus Afghanistan und Pashtu aus Afghanistan) hätte man erwarten können, daß die beiden persischen Spielarten (FI und DA) einander ähnlicher wären als jede einzelne dieser Spielarten und die weiter entfernten Pashtu (PA), falls irgendein sprachlicher Determinismus am Werk wäre, doch es kam deutlich DA+PA vs. FI (das am stärksten verstädterte Gebiet) heraus. (Ibid., S. 392)

4. Schlußfolgerungen

Aus den Beispielen für symbolische Klassifizierung in der primitiven Gesellschaft, die wir untersucht haben, ist klargeworden, daß diese stabil und auf einer nicht-verbalen Ebene mit den kosmologischen und sozialen Kategorien der Gesellschaft verknüpft sind. Es gibt zwei Gründe für diese Stabilität der symbolischen, statischen, irreversiblen und komplexen Weltbilder. Erstens liefern die geordneten Assoziationen und Eigenschaften physischer Objekte auf der Ebene der phänomenalen Erfahrung eine beschränkte Anzahl von begründeten Bedeutungsträgern, wie wir bei der Erörterung der Synästhesie gesehen haben; man kann somit grundlegende soziale und kosmologische Kategorien nicht-verbal durch den Gebrauch konkreter Symbole ausdrücken, deren Bedeutungsumfang durch kulturell bedingte Regeln begrenzt und beschränkt wird. Zweitens gibt es in der Welt der Gesellschaft und der Natur viele fortwährend wiederkehrende Regelmäßigkeiten, die auf der phänomenalen konkreten Ebene der Wahrnehmung durch artikulierte Anschauung dargestellt werden können; der Anteil dieser vertrauten, fortwährend wiederkehrenden Assoziationen von Ereignissen und Gegenständen ist in der geschlossenen Welt der primitiven Gesellschaft im Vergleich zu unerwarteten und unvertrauten Assoziationen von Ereignissen und Dingen viel höher als in unserer Welt. Nur in unserer Welt ist das kindliche Denken mit seiner Umwelt nicht im Gleichgewicht, solange es die natürlichen Abläufe nicht durch konkrete Operationen begreift.

Der weite Bereich der in diesem Kapitel kurz erörterten konkreten Symbole ist ein geeigneter Ausdruck für fortwährend wiederkehrende Beziehungen zwischen Menschen – Zeugung und Zerstörung, Heirat, Macht, Alter und Männlichkeit, Mutter-Kind-Beziehung, nähere und entferntere Verwandtschaft, Eingeweihte und Nichteingeweihte, den Zyklus von Leben und Tod und so fort. Alle Gesellschaften wurzeln in gewissen Annahmen über die Natur des Menschen und die Unterschiede zwischen der Natur und der Kultur, dem Wilden und dem Gezähmten, und das hat zur Folge, daß die Probleme des Kannibalismus, der Perversität, der Homosexualität und des Inzests in unserer Gesellschaft so lebenswichtig sind wie in der Welt der Primitiven.

Das Weltbild der symbolischen Klassifikation ist, im Gegensatz zu den beweglichen, transformationellen, reversiblen und generalisierten Schemata des operativen Denkens, auf der Ebene des expliziten, verbalen Denkens statisch und unkoordiniert, doch wird der Welt der Erfahrung dadurch eine kognitive Ordnung auferlegt, indem aus der unbegrenzten Fülle potentieller symbolischer Assoziationen eine begrenzte Anzahl symbolischer Möglichkeiten ausgewählt und diesen eine Bedeutung für die kosmologischen Kategorien der Gesellschaft gegeben wird.

Man kann deshalb sagen, daß symbolische Systeme wie eine Erzählung oder ein Gemälde einen Gesichtspunkt ausdrücken. Sie erklären, beweisen oder begründen nicht ihre Haltung gegenüber kritischen Einwänden. Sie stehen nur dafür ein, und der Gesichtspunkt, für den sie einstehen, ist oft ein bedeutungsvoller Kommentar zur menschlichen Existenz. Die Elaboration von Symbolen scheint überdies zu jenen Bereichen der kognitiven Leistungen des Menschen zu gehören, die in hohem Maße von einer speziellen Entwicklungsstufe unabhängig sind.

Der Symbolismus hat somit seine Wurzeln in den Interaktionen des Menschen mit der physischen Welt; er ist jedoch auch von den Klassifikationssystemen abhängig, wenn er zu mehr als nur einer Reihe von Assoziationen verallgemeinert werden soll. Deshalb wollen wir uns jetzt den primitiven Klassifizierungsweisen zuwenden.

V. Klassifikation

In diesem Kapitel möchte ich zeigen, wie die Eigenschaften der symbolischen Assoziation eng mit den Charaktermerkmalen der primitiven Klassifizierung verbunden sind, weil diese von prototypischen Bildern und konkreten phänomenalen Assoziationen der Gegenstände abhängig ist. Die primitive Klassifizierung hat die Aufgabe, solchen Aspekten der Erfahrung, die für die betreffende Gesellschaft praktisch oder rituell von Bedeutung sind, eine begriffliche Ordnung aufzuerlegen; sie hat nichts mit logischer Folgerung oder mit dem Aufbau zusammenhängender und umfassender klassifikatorischer Systeme zu tun, wie es beispielsweise wissenschaftliche Taxonomien oder unsere Gesetzessysteme sind, die alle möglichen Eventualitäten und Beispiele durch exakte Definition der Kategorien in ihre Überlegungen einbeziehen müssen. Weil das präoperative Denken statisch und an die phänomenalen Eigenschaften der Dinge gebunden ist und nicht darauf abzielt, den äußeren Schein durch Herausarbeitung der diesem äußeren Schein zugrunde liegenden unveränderlichen Relationen zu übersteigen, ist die primitive Klassifizierung ihrer Natur nach mit der phänomenalen Wirklichkeit auf eine Weise verbunden, die die operative Klassifizierung überwunden hat. In diesem Kapitel wollen wir zuerst untersuchen, in welchem Maße das primitive Denken »abstrakt« ist. Dieser Begriff ist von Anthropologen und Psychologen in einer verwirrenden Vielfalt von Bedeutungen verwendet worden; wir werden sehen, daß er in Wirklichkeit nicht eine einheitliche Fähigkeit ist, die die Leute entweder haben oder nicht haben. Dann wollen wir den Unterschied zwischen dem Komplex und der logischen Klasse unter die Lupe nehmen; es wird sich zeigen, daß die primitive Klassifizierung nicht so sehr auf der Klärung der taxonomischen Kriterien beruht, sondern von konkreten Assoziationen beherrscht wird, bei deren Ordnung das prototypische Bild von besonderer Bedeutung ist.

Wie wir im Kapitel II gesehen haben, nahmen Durkheim und seine Anhänger an, die Hierarchien von sozialen Gruppen – Hälften (moieties), Phratrien, Clans, Unterclans, Geschlechterverbände usw. – seien das Vorbild aller klassifikatorischen Systeme. Wir werden zeigen, daß diese Auffassung falsch ist. Oft besteht kein klarer Zusammenhang zwischen sozialen Gruppierungen und anderen Taxonomien; die Hierarchien von sozialen Gruppierungen werden nicht von allen Angehörigen einer bestimmten Gesellschaft als »logische Klassen« verstanden, und wir werden sehen, daß die hierarchische Klassifizierung auf jeden Fall für viele Aspekte der Klassifikation nicht von spezieller Bedeutung ist.

Lévi-Strauß nimmt an, die dualistische Klassifizierung sei die ursprüngliche menschliche Klassifizierungsweise. Die Bedeutung des »Gegensatzes« für die primitive Klassifizierung soll gewiß nicht unterschätzt werden; wir werden jedoch zeigen, daß es recht verschiedene Arten von Gegensätzen gibt, die nicht aufeinander zurückgeführt werden können, und daß die binäre Klassifizierung ganz allgemein ebensosehr gewisse strukturelle Eigenarten der Welt wie des menschlichen Geistes widerspiegelt. Die binäre Klassifizierung selbst hat jedenfalls für die Analyse der unterscheidenden Eigenarten der primitiven Klassifizierungen kaum einen diagnostischen Wert, und sie wird sowohl auf der präoperativen als auch auf der operativen Ebene des Denkens verwendet.

1. Abstraktion und Generalisierung

Die Frage, inwieweit das primitive Denken abstrakt sei oder nicht, hat bei Anthropologen und Philosophen große Diskussionen ausgelöst. Der Grund für diese Verwirrung der Geister liegt darin, daß »Abstraktion« oft gleichbedeutend mit »Allgemeinheit« verwendet wird, beispielsweise von Lévi-Strauß im ersten Kapitel von *La pensée sauvage* [dt.: Das wilde Denken], wo aus der offenkundigen Tatsache, daß Primitive einige *allgemeine* Wörter wie »Baum« oder »Person« gebrauchen, geschlossen wird, sie würden über ein *abstraktes* Denken verfügen. Lévi-Strauß nimmt sogar an (1966, S. 1), die sprachliche Fähigkeit, ein Adjektiv in ein Substantiv zu verwandeln, zum Beispiel »arm« – »Armut«, sei ein Fall von Abstraktion. Wir werden sehen, daß »abstrakt« und »allgemein« nicht dasselbe sind, obschon die Abstraktion auf verschiedenen kognitiven Ebenen vorkommt.

Auch die Psychologen haben nicht klar definiert, wie sie das Wort »abstrakt« verwenden:

Abstrakt und *konkret* sind auf eine eher ungenaue Weise dazu verwendet worden, eine Anzahl verschiedener Operationen zu bezeichnen, die sich nicht immer parallel zueinander verändern: das spezielle Attribut, das das Individuum als Grundlage für die Gruppierung wählt; ob es dieses Attribut konsequent für die Bildung aller Gruppen in einer experimentellen Aufgabe verwendet oder ob es seine Grundsätze je nach Klassifizierungsaufgabe ändert; und wie es die Klassen, die es wählt[1], beschreibt und erklärt. Angesichts dieser zahlreichen Bedeutungen des zur Diskussion stehenden Begriffs ist es klar, daß aus den experimentellen Befunden nicht gefolgert werden kann, ob das Denken einer bestimmten Völkergruppe ganz allgemein abstrakt sei oder nicht. (Cole und Scribner 1974, S. 121)

Zuerst müssen somit einige semantische Grundlagen erarbeitet werden, bevor man brauchbar darüber sprechen kann, inwieweit primitives Denken abstrakt sei oder nicht. Die grundlegende Bedeutung des Wortes »Abstraktion« ist die – gedachte – Herauslösung eines speziellen Attributes eines Gegenstandes aus den übrigen Attributen – die Berücksichtigung der Farbe oder der Größe eines Gegenstandes unter Vernachlässigung aller anderen Eigenschaften –, und diese Tätigkeit ist die Grundlage der Generalisierung oder Verallgemeinerung, nämlich der Erkenntnis, daß auch andere Dinge dieses Attribut besitzen. Die Eigenschaften einer Klasse stellen ihre »Intension« oder ihren »Begriffsinhalt« dar, während ihre von diesen Eigenschaften her definierten Elemente ihre »Extension« oder ihr »Umfang« sind. Die Abstraktion ist folglich die Grundlage der Intension, die Generalisierung die der Extension; es sei aber unbedingt festgehalten, daß es Abstraktion von geringer Allgemeinheit und umgekehrt Allgemeinheit mit geringer Abstraktion geben kann, beispielsweise »Leute haben Gefühle«. Zwischen »allgemein« und »abstrakt« muß unbedingt unterschieden werden, denn das Gegenteil von »allgemein« ist »speziell«, der Gegensatz von »abstrakt« aber »konkret«. Doch einige allgemeine Ausdrücke haben *konkrete* Bezüge, etwa »Mensch«, »Baum« usw., doch es gibt zweierlei Bedeutungen von »Abstraktion« (die wir kurz diskutieren wollen), wo die abstrakten Wörter keinen konkreten Bezug haben. Ein zweiter Aspekt der »Abstraktion« ist somit die Bildung von Begriffen, die sich nicht unmittelbar auf die physische Wirklichkeit beziehen.

Betrachten wir zunächst den ersten Aspekt der Abstraktion, die Berücksichtigung nur einer Eigenschaft eines Gegenstandes, so ist dies sicher nicht eine unterscheidende oder einheitliche Fähigkeit des Denkens. Werner schreibt:

Eine solche Definition impliziert üblicherweise, daß die Abstraktion eine einheitliche Funktion sei, die in einem bestimmten Stadium der geistigen Entwicklung ausgebildet und mit zunehmendem Alter schrittweise verbessert wird. Wenn wir hingegen annehmen, daß der Terminus »Abstraktion« keine einheitliche Funktion bezeichnet, sondern einen Prozeß, der durch verschiedene Funktionen auf ganz verschiedenen Ebenen bewirkt wird, dann werden solche Fragen wie die Festlegung des Alters, in dem die Fähigkeit des Abstrahierens sichtbar wird, bedeutungslos. (Werner 1948, S. 234)

Abstraktion und Verallgemeinerung findet man auf der sensomotorischen Stufe, und zwar nicht nur beim Menschen, sondern auch bei Tieren; die Abstraktion von Eigenschaften ist somit ein grundlegendes Phänomen der sensomotorischen Stufe, wobei ein enger Zusammenhang zwischen dem wahrnehmungsmäßigen Erfassen der physischen Eigenschaften und der konkreten wahrnehmungsmäßigen Gruppierung besteht:

Diese wahrnehmungsmäßige Gruppierung hängt mit einer grundlegenden Tendenz der wahrnehmungsmäßigen Organisation zusammen, Elemente zusammenzufügen, die irgendeine Art von wahrnehmungsmäßiger Ähnlichkeit aufweisen. Auf unserem Pult herrscht beispielsweise ein großes Durcheinander. Papiere liegen zerstreut zwischen Büchern, Tintenfässern, Bleistiften, Schreibfedern und Messern herum. Wenn wir die Pultfläche mit kritischem Blick ansehen, können wir beobachten, wie sich die weißen Papierbogen zu einer Art Gruppe vereinigen. Auch andere Gegenstände haben die Tendenz, zueinanderzukommen. Feste Objekte wie Tintenwischer, Aschenbecher und Tintenfaß scheinen einander anzuziehen. Lange Gegenstände wie Bleistifte, Federhalter, Messer und Scheren scheinen sich untereinander zu gruppieren. Und so geht aus der Unordnung plötzlich eine harmonische Organisation hervor. Es ist charakteristisch für diese Gruppierung, daß sie in der rein wahrnehmungsmäßigen Sphäre praktisch ohne jede begrifflich-abstrakte Unterstützung zustande kommt. Sie arbeitet nach den Gesetzen der guten Form. (Werner 1948, S. 223)

Solche Wahrnehmungs-*Gestalten* sind die ursprünglichste Form der Abstraktion, bei der Dinge mit ähnlichen Eigenschaften dazu neigen, wahrnehmungsmäßig die Aufmerksamkeit auf sich zu lenken, weil sie eine Einheit bilden, bei der die Erkenntnis der Gleichheit einer Eigenschaft abhängig ist von der gleichzeitigen Wahrnehmung eines Gegensatzes. Schon verhältnismäßig niedere Wirbeltiere können eine Abstraktion wahrnehmungsmäßiger Beziehungen vornehmen, etwa Hühner, die so dressiert werden, daß sie Körner vom helleren von zwei Hintergründen aufpicken. Wenn man sie darauf konditioniert, die Körner von einem grauen und nicht von einem schwarzen Hintergrund aufzupicken und ihnen dann Körner vor einem weißen und einem grauen Hintergrund vorlegt, so picken sie die Körner vor dem weißen Hintergrund auf, womit ihre Reaktion konstant bleibt, indem sie sich für das verhältnismäßig hellere Gebiet entscheiden. Relative Größe wird von Schimpansen und von Kindern schon auf der sensomotorischen Stufe verstanden. »Das Kind begreift [auf dieser Stufe der geistigen Entwicklung] verschiedene Gegensätze und ist imstande, mit ihnen zu arbeiten: Umriß vs. Körpermasse, symmetrisch vs. asymmetrisch, dick vs. dünn, klein vs. groß, rund vs. eckig usw.« (Ibid., S. 219).

Bis jetzt haben wir die Abstraktion der wahrnehmungsmäßigen *Eigenschaften* der Dinge betrachtet, doch ein ebenso wichtiger Aspekt der Abstraktion ist die von *Beziehungen,* wozu auch die Relationen zwischen Aktionen gehören. Auf der Ebene der konkreten Erfahrung lassen sich Aktionen in Form von Verben und raumzeitliche Beziehungen in Form von Adverbien oder Präpositionen – unten, oben, mit, von usw. – abstrahieren und verallgemeinern, doch diese Aktionen unterscheiden sich von den Eigenschaften der Gegenstände insofern, als sie nicht tatsächlich wahrgenommen werden können. Während wir deshalb in primitiven Kulturen oft Objektbegriffe von verhältnismäßig hohem Allgemeinheitsgrad antreffen, beispielsweise »Baum« oder »Tier«, sind Begriffe von Aktionen und Relationen nicht derart weit verbreitet, ausgenommen solche, die das Sozialverhalten kennzeichnen, wie »Verbrechen« oder »Geschenk«. Es gibt zahlreiche allgemeine auf Relationen bezogene Begriffe, die für die konkreten und formalen Operationen notwendig sind, die man aber im primitiven Denken vergeblich sucht – »Wechsel«, »Abfolge« (im Gegensatz zu »nächst«), »Beziehung«, »Stellung« (im Gegensatz zu »Stelle«), »Umkehrung« usw. Wir werden im Kapitel über die Zahl und die Quantifizierung sehen, daß primitive Sprachen keine Wörter für Gewicht, Fläche, Volumen, Länge, Wärme und andere mit Dimensionen zusammenhängende Begriffe haben. Der Grund dafür ist offensichtlich vor allem der, daß diese Wörter nicht für Dinge oder für die Eigenschaften von Dingen stehen, sondern eher für das Verfahren, durch das man zu solchen Begriffen gelangt. Man kann nicht mit dem Finger auf ein Gewicht oder einen Flächeninhalt zeigen, sondern muß erklären, wie diese Begriffe *konstruiert* werden (SOED-Definition für »Gewicht«: *Messen* einer Menge durch *Wägen;* die Menge, die dadurch *bestimmt* ist«). Zweitens sind Begriffe wie Gewicht, Länge, Höhe usw. durch die Unterscheidungen und Verbindungen bedingt, die wir mit ihrer Hilfe vornehmen; wir sprechen von »Gewicht«, um dieses vom Volumen oder von der Dichte zu unterscheiden oder zu solchen Größen in Beziehung zu setzen. Mit anderen Worten, auf Dimensionen bezogene Begriffe erhalten ihre Bedeutung aus den Koordinationen zwischen ihnen, die, wie wir gesehen haben, für das operative Denken charakteristisch sind. Durch die Konstruktion von Relations- und Transformationssystemen zwischen unveränderlichen Eigenschaften werden wir dazu fähig, die veränderlichen Züge der phänomenalen Welt zu übersteigen. (Bezeichnenderweise haben viele unserer »abstrakten« Begriffe dieser zweiten Art die Endung -ion, d. h. sie sind von lateinischen *Verben* und nicht von Substantiven oder Adjektiven abgeleitet.) Nun haben wir aber gesehen, daß sich das Kind durch seine Aktionen solcher Beziehungen bewußt wird; durch den Abstraktions- und Verallgemeinerungsprozeß, der durch solche Aktionen hervorgebracht wird, baut es logische Strukturen auf. Das ist die Grundlage der zweiten Art von Abstraktion, die wir betrachtet haben, der Abstraktion von Handlungen und folglich von Relationen, was einer der wichtigsten Beiträge Piagets zur Psychologie der Kognition ist; diese beiden Arten von Abstraktion sind klar voneinander zu trennen, auch wenn die wahrnehmungsmäßige Abstraktion für die Abstraktion von Relationen unentbehrlich ist.

Als Beispiel betrachten wir ein Kind, das zehn Kieselsteine zählt und herausfindet, daß es immer auf zehn kommt. In diesem Fall experimentiert dieses Kind nicht mit den Steinen, sondern mit seinen eigenen Handlungen des Anordnens und des Zählens, indem es die Reihenfolge willkürlich verändert und dabei beobachtet, daß es keine Rolle spielt, wie es seine Tätigkeiten kombiniert, daß es immer zum gleichen Ergebnis kommt, ob es von links nach rechts oder von rechts nach links zählt. (Mays 1972, S. 4)

Weil viele operatorische Begriffe das Produkt einer verallgemeinerten Koordination von Aktionen und folglich von Relationen sind, liegen sie außerhalb der Möglichkeiten des präoperativen Denkens und haben sie keine unmittelbare und sichtbare Entsprechung in der Welt der Wahrnehmungen.

Schließlich gibt es eine verbale propositionelle Abstraktion, die ein weiteres Mittel bereitstellt, um die Welt der Sinne zu übersteigen, wenn nämlich Propositionen entweder verbal oder mit anderen begrifflichen Äquivalenten wie mathematischen Formeln ihrerseits Operationen unterzogen werden, wobei diese Operationen logisch, grammatikalisch, mathematisch und so fort sein können. Grammatikalische und logische Begriffe wie »Substantiv«, »Verb«, »Bedeutung«, »Aussage«, »Schlußfolgerung« gehören zu diesem Typ; sie scheinen dem primitiven Denken zu fehlen.

Die »Abstraktion« im ursprünglichen Sinne von »Herauslösung der Eigenschaften von Dingen« ist im Grunde eine »Analyse«, deren notwendiges Komplement bei der Ausbildung der Begriffe die »Synthese« ist, d. h. die Kombination der Kriterien einer Klasse, derart, daß sie die Intension dieser Klasse bilden. Der Weg, auf dem diese Synthese der Intension verwirklicht wird, ist, wie wir noch sehen werden, einer der entscheidenden Unterschiede zwischen der operativen und der präoperativen Klassifizierung. Die Intension einer »komplexen« präoperativen Gruppierung kann von Gegenstand zu Gegenstand variieren; die Intension verschiedener Komplexe kann nicht klar gegeneinander abgegrenzt sein; und die Intension kann stärker vom Gebrauch, von der Funktion und von der Assoziation als von taxonomischen Kriterien beherrscht sein.

Es gibt somit nicht eine geistige Funktion »Abstraktion«, die Primitive oder sonst jemand entweder hat oder nicht hat. Abstraktion gibt es auf allen Stufen der kognitiven Funktion. Sie kommt in drei verschiedenen Typen vor – Abstraktion der wahrnehmungsmäßigen Eigenschaften, von Relationen und von Propositionen. Klassen oder Komplexe werden somit konstruiert durch die Synthese dessen, was abstrahiert wird. Anstatt von »Abstraktion« zu sprechen, sollten wir uns fragen, in welchem Maße die kollektiven oder individuellen Vorstellungen von der Wirklichkeit den Kriterien des operativen Denkens entsprechen, und zwar sowohl in raumzeitlichen als auch in taxonomischen Systemen.

2. Die logische Klasse und der Komplex

Es mag sein, daß *sub specie aeternitatis* alles fließend ist, doch Bulmer bemerkt mit Recht, daß

. . . von der *speziellen menschlichen Gemeinschaft* her gesehen, die in einem begrenzten geographischen Raum und während eines begrenzten Zeitraums lebt, offensichtliche Diskontinuitäten in der Natur bestehen, beispielsweise bei den vorhandenen Pflanzen und Tieren; und das Erkennen dieser Diskonti-

209

nuitäten ist für das menschliche Überleben und darüber hinaus für das Überleben anderer Formen tierischen Lebens von vitaler Bedeutung. Und solche Diskontinuitäten sind am häufigsten und auffälligsten bei Formen, die die Zoologen und Botaniker als Arten betrachten; und die größtenteils immer als Arten betrachtet wurden, seit die Zoologie und die Botanik Wissenschaften geworden sind, ungeachtet der angewandten theoretischen Grundprinzipien. (Bulmer 1970, S. 1083)[2]

Es ist klar, daß bestimmte Typen von Phänomenen fix und fertig »verpackt« zu uns kommen; das gilt beispielsweise in der natürlichen Ordnung der Dinge für die Pflanzen- und Tierarten und ihre Zuordnung zu einem bestimmten Biotop. Dieselben stabilen und diskreten Eigenschaften wie diese natürlichen Kategorien weisen auch viele Aspekte der vom Menschen gemachten Welt auf, und zwar ganz besonders unter den Bedingungen der primitiven Gesellschaft. Von allen Klassifikationen zieht deshalb die volkstümliche Taxonomie am meisten die Aufmerksamkeit der Ethnographen auf sich, weil ihre Erforschung zeigen soll, wie die Welt des eingeborenen Informanten kognitiv strukturiert ist, und zwar sowohl von den spezifischen Taxa als auch von den allgemeineren Kategorien, etwa den »Dingen des Urwalds«, »des Dorfes«, »des Meeres« usw., her gesehen. Diese taxonomischen Strukturen sind zweifellos ein Aspekt der Klassifizierung, doch der Aufmerksamkeit der Anthropologen und der Psychologen ist es oft entgangen, daß eine solche Klassifizierung primär die *Intension* der Klassen betrifft, mit den sie definierenden Eigenschaften und deren Differenzierung nach den verschiedenen Gruppierungen von Phänomenen. Die *Extension*, die logische Quantifizierung der Klassenzugehörigkeit, wird weithin übersehen, so daß den Informanten keine Fragen gestellt werden, die Auskunft über ihr Verständnis von »alle«, »einige«, »keine«, »mehr als«, »weniger als« oder »gleich wie« oder Probleme der Klassen-Inklusion geben würden. Weil eine *gewisse* hierarchische Strukturierung in allen primitiven Taxonomien zu finden ist, wird angenommen, die primitive Klassifizierung gleiche im wesentlichen unserer wissenschaftlichen taxonomischen Klassifizierung.

Es gibt einen weiteren Aspekt der Klassifizierung, der von dieser ethnographischen Analyse weitgehend übersehen wird – die Klassifizierung willkürlicher Mengen von Elementen, die nicht durch die Umwelt »gegeben« sind. Diese Problemstellung steht bei den psychologischen Studien zur Klassifizierung im Vordergrund: Den Versuchspersonen wird eine Menge von Gegenständen vorgelegt, die sich beispielsweise in Farbe, Aussehen und Größe unterscheiden; dann müssen die Kinder alle jene Dinge aussortieren, die in einer Hinsicht ähnlich sind; ein Element heraussuchen, das mit den anderen unverträglich ist oder die Gegenstände aufgrund von anderen Kriterien neu klassifizieren, wobei für alle diese Entscheide eine explizite Begründung gegeben werden muß (auch wenn viele dieser Untersuchungen keine Fragen über »einige« und »alle« enthalten, sondern sich darauf konzentrieren, inwieweit die Versuchspersonen taxonomisch klassifizieren und imstande sind, eine Menge nach verschiedenen Kriterien neu zu klassifizieren). Der entscheidende Unterschied zwischen Fragen zur Taxonomie und Sortieraufgaben besteht darin, daß die Frage, ob eine Fledermaus ein Vogel oder ein Tier sei, nur das Problem der Intension oder der relativen Bedeutung von Eigenschaften (im vorliegenden Fall die Morphologie und den Lebensraum) berührt, während die Problemstellung bei der Aussortierung von Objektmengen auch die Extension und deren Koordination mit der Intension einbezieht.

Ein operatives Verständnis der logischen Klasse setzt voraus, daß man intensive und extensive Eigenschaften unterscheiden und koordinieren kann. Intensive Eigenschaften sind a) solche, die den Elementen der Klasse und den Elementen anderer Klassen, zu denen es gehört, gemeinsam sind, und b) solche, die für die Elemente der Klasse spezifisch sind und diese von Elementen anderer Klassen unterscheiden. Extensive Eigenschaften sind Ganzes-Teil-Relationen der Klassenzugehörigkeit und die Inklusion, die durch die Quantifikatoren »alle«, »einige« und »keine« ausgedrückt werden. In einer formaleren Sprechweise genügen logische Klassen folgenden Kriterien[3]:

1. Es gibt keine Elemente für sich, d. h. Elemente, die nicht zu einer Klasse gehören. Damit wird gesagt, daß alle Elemente klassifiziert werden müssen und daß, wenn ein Element $(\times)$ das einzige seiner Art ist, für dieses Element eine besondere (aber singuläre) Klasse geschaffen werden muß.

2. Es gibt keine Klassen für sich, das heißt jede spezifische Klasse A, die durch die Eigenschaft a charakterisiert ist, impliziert ein Komplement A' (charakterisiert durch non-a) innerhalb der kleinsten Gattung B $(A + A' = B)$. Wenn somit a für die Eigenschaft steht, daß man einen bestimmten Vater hat, und b für die Eigenschaft, daß man einen bestimmten Großvater hat, so haben alle Vettern ersten Grades die negative Eigenschaft

non-a gemeinsam, durch die sie sich von Brüdern unterscheiden, die ebenfalls b sind.

3. Eine Klasse A umfaßt alle Individuen, die die Eigenschaft a
   haben.

4. Eine Klasse A umfaßt nur Individuen, die die Eigenschaft a
   haben.

5. Alle Klassen desselben Ranges sind disjunkt (überlappen einander nicht): $A \times A' = 0$.

6. Eine komplementäre Klasse A' hat ihre eigenen charakteristischen Eigenschaften, die ihr Komplement A nicht hat.

7. Eine Klasse A (oder A') ist in jede höherrangige Klasse eingeschlossen, die alle ihre Elemente enthält, beginnend mit der
   nächsten, $B: A = B - A'$ (oder $A' = B - A$) und $A \times B = A$, was
   auf die Aussage hinausläuft, daß »alle« A »einige« B sind.

8. Extensionale Einfachheit: Die Inklusionen unter 7. werden auf
   das *Minimum* reduziert, das mit den intensionalen Eigenschaften verträglich ist.

9. Intensionale Einfachheit: Ähnliche Kriterien (z. B. Farben) unterscheiden Klassen gleichen *Ranges*.

10. Symmetrische Unterteilung: Wenn eine Klasse B_1 in A_1 und A'_1
    unterteilt ist und dasselbe Kriterium auf B_2 anwendbar ist,
    dann muß B_2 ebenso in A_2 und A'_2 unterteilt werden.

Eine logische Klasse ist an sich nicht eine wahrnehmungsmäßige
Eigenschaft der Dinge, so wie es eine Ähnlichkeit oder ein Unterschied sind; wenn wir eine Apfelsine sehen und sagen »das ist eine
Apfelsine«, so assimilieren wir die Orange, die wir sehen, an ein
wahrnehmungsmäßiges und sensomotorisches Schema, das eine
»empirische Gestalt« ist. Die spezielle Konfiguration der eine Apfelsine charakterisierenden Merkmale hat seine Stabilität als Ergebnis früherer sinnlicher Erfahrungen der Farbe, des Ge-
schmacks und des Geruchs erworben und ist eng verbunden mit
gewohnheitsmäßigen Handlungen, die mit dem Verzehren dieser
Frucht zusammenhängen: schälen und schneiden, kauen, den Saft
auspressen und so fort. Die logische Klassifizierung der »Apfelsine« beruht somit auf derartigen perzeptiven und motorischen
Schemata, so daß das sinnliche Wiedererkennen von Gegenständen
(schematische Assimilation) nur die Intension involviert, ohne die
Extension zu berücksichtigen.

Wenn wir andererseits einsehen, daß ein spezieller Typus von
Dingen, etwa eine Nase oder ein Blatt, Teil einer größeren Konfiguration, etwa eines »Gesichtes« oder eines »Baumes« ist, so ist

diese »partitive Zugehörigkeit« nur räumlich (»infralogisch«) und deshalb extensiv; die Eigenschaften von Nasen oder Blättern müssen nicht ausdrücklich aufgezählt werden, damit man erkennt, daß sie zu Gesichtern oder Bäumen gehören. Solche Relationen zwischen dem Ganzen und dem Teil können auf der präoperativen Stufe begriffen werden, ohne daß man die Grundprinzipien der logischen Inklusion von Klassen und Unterklassen verstanden haben muß, und vertraute Gegenstände können nur durch ihre Eigenschaften abgegrenzt werden, ohne daß man ihre Zugehörigkeit zu anderen Klassen in Betracht zieht. Wir werden tatsächlich auch noch sehen, daß die »volkstümliche« Klassifizierung oft auf Bildern beruht, die üblicherweise überhaupt nicht in ihre unterscheidenden Merkmale zerlegt werden.

Anders als raumzeitliche Systeme ist die *logische* Klassifizierung von Raum und Zeit unabhängig, da die Elemente einer Klasse sich nicht im Raum berühren müssen und zu verschiedenen Zeiten existieren können. Wir verwenden zwar gewohnheitsmäßig Diagramme, etwa Stammbäume oder Eulersche Kreise, damit wir leichter über Klassenzugehörigkeiten nachdenken können, doch Piaget betont, daß diese räumlichen Vorstellungen auf der operativen Ebene des Denkens nur symbolisch und kein notwendiger konstituierender Aspekt unserer Klassifizierung sind. Doch für das Kind der präoperativen Stufe sind die räumlichen Relationen ein inhärenter Aspekt seiner Klassifizierung, so daß es, wenn man es auffordert, »die Dinge zusammenzustellen, die ähnlich sind«, zuerst die Gegenstände derart gruppiert, daß sie Linien bilden; später kommen komplexere Formen und Muster hinzu. Das Kind behandelt somit die Klassifikation als die Konstruktion eines komplexen konkreten Gegenstandes, der nur existiert, wenn seine Teile oder Elemente in einer physischen Beziehung zum Ganzen stehen. Aus diesem Grunde bezeichnet Piaget diese frühen Gruppierungen als »graphische Kollektionen«, wobei das unterscheidende Merkmal einer Kollektion darin besteht, daß »sie kraft der Vereinigung ihrer Elemente im Raum existiert und zu existieren aufhört, sobald ihre Unterkollektionen voneinander getrennt werden«.

Das Kind gruppiert Gegenstände nicht nur in Einklang mit räumlichen und figurativen Kriterien, sondern auch nach Assoziationen im Alltagsleben. Bei einem Test werden Kindern Spielzeuge vorgelegt, und zwar vier Tiere, vier menschliche Figuren, vier Küchengeräte und vier Möbelstücke; diese Gegenstände sind in vier offene Schachteln zu klassieren, wobei der Auftrag lautet »gib das zusammen, was am besten zusammenpaßt«. Die jüngeren Kinder konstruierten heterogene Kollektionen (»Haufen«) in jeder Schachtel, während die vier- bis fünfjährigen Kinder die Schachteln dazu verwendeten, um zwischen einzelnen Kollektionen zu unterscheiden. Solche Zusammenstellungen gingen nicht von gattungsmäßigen taxonomischen Ähnlichkeiten aus – wie »Möbel«, »Küchengeräte« usw. –, sondern von Zusammenhängen im Alltagsleben, die dem Kind das Gefühl gaben, diese Dinge *gehörten* zusammen, etwa:

Pie (5;0), Schachtel A: Kleinkind + Stuhl + Stuhl
Experimentator: Warum? (Pie setzt das Kleinkind auf einen der Stühle, fügt dann ein Männchen hinzu und sagt:)
Kind: Das Männchen setzt sich mit dem Kleinkind.
    (Er fügt ein Schwein hinzu.)
    Das Kleinkind amüsiert sich mit dem Schwein.
    (Dann einen Topf.)
    Das ist, damit das Schwein darin ißt;
    (noch ein Männchen)
    Der Mann wacht (= bewacht) das Schwein.
Schachtel B: Männchen und Affe.
Kind: Das Männchen schaut den Affen an;
    (ein Vogel)
    der Vogel und der Affe amüsieren sich.
    (Dann:)
    Der Vogel trinkt im Topf; das Männchen setzt sich auf einen Stuhl;
    (ein Fisch)
    dann angelt er einen Fisch ... (Inhelder und Piaget 1959 [1973], S. 72)

Die Unterscheidung zwischen »Ähnlichkeit«, der Grundlage für eine taxonomische Klassifizierung, und »Zugehörigkeit«, die sich von einer Vielfalt von konkreten Assoziationen herleitet, auf der die komplexive Klassifizierung beruht, ist ein entscheidendes Merkmal der logischen Klassifikation. Piagets »graphische Kollektionen« sind im wesentlichen das, was andere Psychologen wie Bruner und Wygotski als »Komplexe« bezeichnen. Anders als beim »Haufen«, der aus einer Ansammlung von nur durch fluktuierende und willkürliche subjektive erfahrungsmäßige Assoziationen miteinander verbundenen Bildern besteht, ohne ein organisierendes Prinzip, sind »in einem Komplex individuelle Gegenstände im Geist des Kindes nicht nur durch seine subjektiven Eindrücke, sondern auch durch *tatsächlich vorhandene Bande zwischen diesen Gegenständen* vereinigt« (Wygotski 1962, S. 61). Diese Bande sind freilich konkret und sachbezogen, sie beruhen auf Erfahrungen und Assoziationen des Alltagslebens; es handelt sich somit nicht um verallgemeinerte Abstraktionen; und die Elemente des Komplexes weisen eine funktionelle und konkrete Einheit und nicht so sehr eine logische Kohärenz auf.

»Jede faktisch vorhandene Verbindung kann zur Inklusion eines gegebenen Elements in einen Komplex führen.« Während ein Begriff die Gegenstände entsprechend zumindest einem gemeinsamen Attribut gruppiert, das sie besitzen, können »die Bande, die die Elemente eines Komplexes zum Ganzen und zueinander in Beziehung setzen, so verschieden sein, wie es die Kontakte und Beziehungen in der Wirklichkeit sind« (Ibid., S. 62). Wygotski vergleicht die Komplexe mit »Familien«, wo irgendeine von vielen verschiedenen Beziehungen dem Kind genügt, um einem Element den »Familien«-namen zu geben. Das ist der elementarste Typ von Komplexen, der assoziative, doch es gibt auch Komplexe, die auf funktionellen Komplementaritäten zwischen Gegenständen, beispielsweise Tassen, Untertassen und Löffeln oder verschiedenen Kleidungsstücken beruhen, weil alle diese Objekte an irgendeiner praktischen Operation beteiligt sind. In assoziativen und funktionellen Komplexen gibt es einen Kern von prototypischen Elementen, doch in Kettenkomplexen verändert sich das entscheidende Kriterium während des Ausleseprozesses, so daß es keinen gemeinsamen Kern gibt und nur zwischen individuellen Elementen Beziehungen bestehen.

Wygotski faßt die unterscheidenden Merkmale von Komplexen folgendermaßen zusammen:

Ein Komplex erhebt sich nicht über seine Elemente, wie es ein Begriff tut; er geht in den konkreten Objekten auf, aus denen er zusammengesetzt ist. Diese Verschmelzung des Allgemeinen und des Besonderen, des Komplexes und seiner Elemente, dieses psychische Amalgam, wie Werner es genannt hat, ist das unterscheidende Merkmal des gesamten komplexen Denkens und der Kettenkomplexe im besonderen. (Ibid., S. 65)

Piaget hat festgestellt, daß das Kind, selbst wenn es nicht mehr an räumliche und assoziative Bilder gebunden ist und bereits »nichtgraphische Kollektionen« bilden kann, noch immer nicht imstande ist, die Beziehung der Klassen-Inklusion zu begreifen, daß also, wenn $A + A' = B$, gilt $A = B - A'$, $A' = B - A$, $B \times A = B$ oder »einige B sind alle A«, obwohl es in diesem Stadium hierarchische klassifikatorische Systeme, also große Kollektionen bilden und sie unterteilen kann.

Legt man zum Beispiel einem solchen Kind eine Reihe von zwölf Holzperlen vor, zehn blaue und zwei rote, so nimmt es durchaus zur Kenntnis, daß alle aus Holz sind, daß einige aus Holz und blau, andere aber aus Holz und rot sind. Fragt man es jedoch »Gibt es mehr Perlen aus Holz oder mehr blaue Perlen?«, so antwortet es, daß mehr blaue Perlen als Perlen aus Holz vorhanden seien, solange es das Stadium der operativen Klassifizierung noch nicht erreicht hat[4]. Mit anderen Worten, es ist durchaus möglich, daß ein Kind die hierarchische Beziehung, daß die roten und die blauen Perlen alle aus Holz sind, begreift, ebenso daß Rosen und Gänseblümchen alle Blumen oder Männer und Frauen alle Menschen sind, daß es aber mit der Klassen-Inklusion noch nicht richtig fertig wird. Die Klassen-Inklusion, wenn $A + A' = B$, dann $A = B - A'$ usw. impliziert, daß die Qualifikatoren »alle«, »einige«, »keine« und die Relationen »mehr als«, »weniger als« und »gleich wie« verstanden worden sind.

Notwendig für das Verständnis der Klassen-Inklusion scheint zu sein, daß die Versuchsperson imstande ist, nach Plan zu klassifizieren, bevor sie damit beginnt oder sehr bald darauf:

. . . mehr noch, der Plan befähigt sie, frei vom Ganzen zum Teil und umgekehrt überzugehen. Mit anderen Worten, ihr Verhalten hat die Beweglichkeit, einen nach oben gerichteten Prozeß (vereinigen) mit einem nach unten gerichteten Prozeß (unterteilen) zu kombinieren . . . Wir stellen deshalb die Hypothese auf . . ., daß die Klassen-Inklusion von einem antizipatorischen Schema abhängig ist (demselben Schema, dem der Übergang von der direkten Operation $B = A + A'$ zur inversen Operation $A = B - A'$ zugrunde liegt, derart daß die inverse Operation nicht mehr ein zufälliges Ergebnis einer nachträglichen Überlegung ist und eine notwendige inverse Operation wird). Unserer Meinung nach ist ein solches Schema nicht nur für die Reversibilität, sondern auch für den Gebrauch von »alle« und »einige« und für das Verständnis quantitativer Relationen der Form $B > A$ wesentlich. (Inhelder und Piaget 1959 [1973], S. 55 f.)

Wir stehen wieder vor dem Grundmerkmal des operativen Denkens – der Fähigkeit, eine Reihe von reversiblen Beziehungen *gleichzeitig* in einem Gesamtsystem von unveränderlichen Beziehungen koordinieren zu können, das die Eigenschaft der Notwendigkeit aufweist und die Veränderlichkeit und Starre der konkreten Erfahrung übersteigt.

»Einige« und »alle« sind somit fundamentale Begriffe der Logik und grundlegend für Inklusionsaussagen, die Teile zu Ganzen in Beziehung setzen. »Alle« bezeichnet die Gesamtheit einer Menge

A, während »einige« für *A* - × (für alle × > 0) steht. Im Sprachgebrauch der Primitiven ist es freilich möglich, daß Wörter, die von den Ethnographen mit »einige« und »alle« übersetzt werden, nicht genau diesen Sinn haben, daß »alle« nicht »alle möglichen Elemente der Menge *A*«, sondern »alle Dinge in unserem Erfahrungsbereich« oder ganz einfach »viel« bedeutet. Insofern das primitive Denken üblicherweise nicht darauf abzielt, die theoretisch mögliche Höchstzahl von Gegenständen in einer Reihe herauszuarbeiten, neigt es dazu, »alle« im Sinne von »sehr viele« zu verwenden; wenn alle möglichen Elemente einer Menge physisch vorhanden sind, wird der Primitive tatsächlich »alle« sagen, aber im Sinne von »voll« oder »vollständig«, was von einer räumlichen Vorstellung herrührt: Ein Behälter, der gefüllt worden ist.

Was das »einige« betrifft, das in der Logik immer auf eine Totalität bezogen verwendet wird, so hat es im präoperativen Denken eine absolute Bedeutung, die mit der tatsächlich vorhandenen Anzahl der gegenwärtigen Elemente zusammenhängt, z. B. »ein paar«; es wird jedoch nicht als eine Relation zwischen dem Teil und dem Ganzen verstanden. Der Begriff einer theoretischen Totalität, zu der alles, was weniger ist, in einer Teil-Ganzes-Relation steht, ist dem primitiven Denken völlig fremd. Wenn man untersucht, wie Wörter, die wir mit »einige« übersetzen, in einer primitiven Gesellschaft tatsächlich gebraucht werden, so zeigt sich, daß sie nicht das logische »einige« meinen, sondern »ein paar«, »eine gewisse Menge« oder eine Disjunktion wie beispielsweise »einige Männer schlagen ihre Frauen, andere nicht«.

Dr. Neil Warren hat mir etwa mitgeteilt (persönliche Mitteilung), daß die Kamano im Hochland von Neuguinea ihr Wort für »viele« stellvertretend für das verwenden, was wir mit »alle« übersetzen würden; er hat mich auch darauf aufmerksam gemacht, daß das Pidgin-Wort *olgeta* eher die Bedeutung von »viele« als von »alle« hat. Ebenso habe ich bei den Tauade festgestellt, daß das Wort, das ich anfänglich mit »alle« übersetzen wollte, *kuparima*, zutreffender mit »viele« wiederzugeben war. *kupariai* ist das Wort für »zwei« oder »Paar«, wobei -*ai* die Dualendung ist, während -*ma* eine der Pluralendungen darstellt; *kuparima* scheint somit die wörtliche Bedeutung »Paare«, d. h. »viele« zu haben und wird im Gespräch sicher auch so verwendet. Es muß auch festgehalten werden, daß *kuparima* nicht ein Adjektiv, sondern ein Substantiv ist und sich auf einen Zustand der Dinge – »Vielzahl« – bezieht und nicht so sehr eine Eigenschaft einer Klasse ist. Dasselbe gilt für *mui*, das zutreffender mit »nichts« als mit »kein« oder »keine« übersetzt wird. Wenn diese Wörter mit Klassen von Dingen kombiniert werden, etwa in *vale kuparima*, »alle Männer«, »jedermann«, »viele Männer«, oder *vale mui*, »niemand«, so scheint die Relation eher eine Apposition als eine nähere Bestimmung zu sein. Ebenso gibt es in der Konso-Sprache das Wort *alega*, das »viele« bedeutet. Diese Vokabel hat die übliche adjektivische Form: *a* am Anfang und *a* am Ende, wobei die aussagemäßige Form mit *i* anfängt und endet: »es sind viele« heißt somit *ilegi*. Doch das Wort, das man mit »alle« übersetzen würde, *pisa*, hat nicht diese adjektivische Form – man kann nicht sagen *ipisi*, »es sind alle«; obwohl die Konso zwischen »viele« und »alle« unterscheiden, scheint somit ihr Begriff für »alle«, wie bei den Tauade, nicht eine Eigenschaft, sondern ein Zustand der Dinge zu sein, eine Aussage der konkreten Vollzähligkeit, wie wenn wir sagen würden, nachdem wir eine endliche Anzahl Gegenstände abgezählt haben, »das ist alles«. Ebenso sollte das Konso-Wort *we'en* nicht mit »kein«, »keine«, sondern mit »nichts« übersetzt werden, denn es hat wie *pisa* keine adjektivische Form und kann ohne andere Substantive gebraucht werden, wie unser »Nichts« oder »das Ganze«. Wie *pisa* scheint auch *we'en* nicht eine Eigenschaft der Dinge, sondern einen Zustand auszudrücken, in diesem Fall den der »Leere«, wie wenn wir in eine Schachtel hineinschauen und sagen, daß »nichts« in ihr sei. Weder in der Konso- noch in der Tauade-Sprache ist es möglich, den Sinn von »kein A ist B« oder »alle A sind einige B« wiederzugeben, weil in der einen wie in der anderen die Wörter für »einige« und für »wenige« denselben Sinn haben[5].

Aus der Tatsache, daß primitive Gesellschaften Wörter haben können, die von Ethnographen mit »einige« oder »alle« übersetzt werden, folgt somit noch nicht, daß die Eingeborenen, die diese Wörter benützen, die logischen im Gegensatz zu den konkreten Implikationen dieser Ausdrücke begriffen haben.

Die operative logische Klassifikation setzt auch das Verständnis der Seriation voraus: Wenn es die Klassen $A + A' = B$, $B + B' = C$ gibt, dann ist $A < B < C$; die operative Seriation setzt, wie wir im Kapitel I gesehen haben, ihrerseits das Verständnis der Transitivität – daß $A < C$ – und der Reversibilität – wenn $C = A + B$, dann $A = C - B$ usw. – voraus. Die Versuchsperson muß auch imstande sein, eine explizite verbale Definition der Intension einer Klasse in Form einer allgemeineren Klasse und in Form eines oder mehrerer spezifischer Unterschiede zwischen der zur Diskussion stehenden und einer anderen Klasse zu geben. Das geht an sich nicht ohne den Gebrauch von Komparativen, eine sprachliche Form, die, wie wir sehen werden, in primitiven Gesellschaften nur selten anzutreffen ist.

Die logische Klasse oder der wahre Begriff beruhen somit auf taxonomischen Prinzipien, die eine Unterscheidung zwischen »Ähnlichkeit« und »Zugehörigkeit« erfordern, dadurch die räumlichen und konkreten Assoziationen des Alltagslebens übersteigen und die unzweideutig definierbar sind. Wygotski faßt die grundlegenden Unterschiede zwischen Kollektionen oder Komplexen auf der einen und logischen Klassen oder wahren Begriffen auf der anderen Seite folgendermaßen zusammen. Um einen wahren Begriff zu bilden,

... ist es außerdem notwendig, Elemente *zu abstrahieren, auszusondern* und diese abstrahierten Elemente außerhalb der Gesamtheit der konkreten Erfahrung, in die sie eingebettet sind, zu betrachten. Für die echte Begriffsbildung ist das Vereinigen ebenso wichtig wie das Trennen: Synthese muß mit Analyse kombiniert werden. Das komplexe Denken ist zu beidem nicht imstande. Sein eigentliches Wesen ist ein Überfluß, eine Überproduktion von Zusammenhängen und ein Mangel an Abstraktion. (Wygotski 1962, S. 76)

Doch die Abstraktion nur eines einzelnen Attributs auf der wahrnehmungsmäßigen Ebene kommt schon bei Tieren vor, und assoziative Komplexe setzen die Abstraktion eines Merkmals voraus, das den verschiedenen Elementen gemeinsam ist. Solange jedoch das komplexive Denken vorherrscht, ist das abstrahierte Merkmal unstabil, es überläßt seine zeitweilige Dominanz leicht anderen Merkmalen. Erst wenn die abstrahierten Kriterien oder Merkmale in einer neuen Synthese zusammengefaßt werden, treten echte Begriffe auf. Auch in diesem Stadium der Begriffsbildung findet man noch Heranwachsende, die imstande sind, Begriffe zu verwenden, die aber nicht imstande sind, diese verbal zu definieren, so daß sie auf eine primitivere Ebene zurückkehren und konkrete Beispiele von Begriffen geben müssen. Die größte Schwierigkeit von allen ist die Anwendung der Begriffe auf neue konkrete Situationen.

An dieser Stelle muß festgehalten werden, daß die herkömmliche Definition der logischen Klasse, daß nämlich alle ihre Elemente mindestens eine gemeinsame Eigenschaft haben, eine Definition, die Piaget als Richtschnur dient, nicht unbedingt die vorteilhafteste ist; das gilt sogar für das wissenschaftliche Denken, vor allem für Disziplinen wie Botanik und Zoologie, wo unter Umständen keine Klarheit darüber besteht, welche Eigenschaften als die signifikantesten anzusehen seien.

Needham (1975) hebt hervor, es sei in naturwissenschaftlichen Taxonomien eine anerkannte Praxis, »polythetische« Klassen zu verwenden; er zitiert Sokal und Sneath (1963, S. 13): »Eine polythetische Anordnung ... stellt Organismen zusammen, die die größte Anzahl gemeinsamer Merkmale aufweisen; ein einzelnes Merkmal ist weder für die Zugehörigkeit zur Gruppe wesentlich, noch reicht es aus, einen bestimmten Organismus zu einem Element dieser Gruppe zu machen.«

Solche Klassifikationsweisen können, wie Needham betont, in den sondierenden Stadien der wissenschaftlichen Forschung vorteilhaft sein; sie sind zwar hierarchisch organisiert, in ihrem Umfang aber offensichtlich unklar und können deshalb nicht für logische Schlußfolgerungen verwendet werden. Der entscheidende Unterschied zwischen einer solchen polythetischen Klasse und dem Komplex besteht jedoch darin, daß die polythetische Klasse ganz explizit auf klar definierten Eigenschaften basiert, die in Einklang mit den allgemeinen Grundsätzen der Zoologie oder der Botanik ausgewählt wurden, während der Komplex im wesentlichen auf globalen Konfigurationen beruht, die eine wahrnehmungsmäßige bildhafte Einheit aufweisen und nicht einer Zerlegung in diskrete Eigenschaften untergeordnet sind. Die logischen Klassen und die polythetischen Klassen der wissenschaftlichen Klassifizierung haben somit miteinander gemeinsam, daß ihre Eigenschaften explizit verbal formuliert werden – ein wichtiger Aspekt der Begriffsbildung ist der, daß das Verständnis der logischen Klasse von einer bewußten Reflexion unserer geistigen Prozesse, z. B. der Klassifizierung, die wir bei anderen Dingen anwenden, abgeleitet ist, und dieses Bewußtsein wird gefördert durch verwirrende Tatsachen und eine Erkenntnis der logischen Mängel. Die Begriffsbildung ist ein zielgerichteter Prozeß; damit er einsetzen kann, muß ein Problem auftauchen, das nur durch die Bildung neuer Begriffe gelöst werden kann.

Nachdem wir die grundlegenden Eigenschaften der operativen logischen Klassifizierung festgelegt haben, können wir jetzt abschätzen, inwiefern die primitive Klassifizierung am treffendsten als komplexiv zu charakterisieren sei. Es sei auch festgehalten, daß die komplexive Klassifizierung von Natur aus mit konkreten Bildern verbunden ist, so daß wir damit rechnen können, daß die

Kategorien der Dinge in hohem Maße in Form prototypischer Modelle aufgefaßt werden.

Ein schönes Beispiel für eine komplexive Kategorie ist der Tauade-Ausdruck *ăgo*, dessen Bedeutungsbreite durch unsere Begriffe »Ahn«, »Urform«, »Wildform«, »nicht-menschlich«, »Ursprung der Fruchtbarkeit« und »unsterblich« abgesteckt wird. Das Prinzip von *ăgo* sind die *agotevaun (ago + tev[e])*, was für Person oder Ding steht, + die Pluralendung *-aun*), wozu die Kulturheroen und die Urformen aller Pflanzen-, Baum- und Tierarten gehören; man stellt auch fest, daß ein enger Zusammenhang zwischen den *agotevaun* und Steinen besteht. Sagen berichten, verschiedene Kulturheroen seien in Felsen verwandelt worden, die jetzt vertraute Wahrzeichen sind, und von ihnen wird angenommen, daß auf sie die bearbeiteten Steinstößel und -mörser zurückgingen, die im Gebiet oft ausgegraben worden sind. Die frühesten Ahnen der Tauade – die nicht mit den Kulturheroen identisch sind – sollen aus einem großen Felsen hervorgegangen sein, und es gibt zahlreiche Paare von tierischen *agotevaun*, die verborgen in Steinen leben und die den Fortbestand der besonderen Tierart, deren Ursprung sie sind, sichern. Das moderne Wort für Stein ist *evite*, das Wort für schwer *agotu*; in den beiden Wörtern *toneago*, »Kampfsteine«, und *poruago*, »Schweinestein«, die beide in der Magie verwendet werden, soll die Endung *-ago* für »Stein« stehen. Es gibt somit einige sprachliche Hinweise, die für andere Zusammenhänge zwischen den *agotevaun* und den Steinen sprechen, so daß die Steine prototypische Bilder sind, und es ist ebenfalls klar, daß die Steine als potentiell aktiv angesehen werden: als Ursprung oder zumindest Behältnis der Kraft und Fruchtbarkeit. Wir haben früher festgehalten, daß dem primitiven Geist die Steine, weil sie schwer sind, als mit Kraft ausgestattet erscheinen, denn sie lösen eine Wirkung auf die Muskeln jener aus, die sie heben wollen; Steine eignen sich deshalb eher als Symbole für etwas Aktives als für etwas Passives. In der neolithischen Kultur der Tauade kommt hinzu, daß Steine zur Herstellung von Äxten und Keulen und für das Klopfen von Baststoffen verwendet wurden, was alles das Bewußtsein für ihre Kraft gefördert haben dürfte; die Erfahrungen mit den Steinen, die zuerst im Feuer gewärmt und dann in Erdlöchern dazu verwendet wurden, um Fleisch und Gemüse zu braten, zeigten andererseits, wie widerstandsfähig Steine gegenüber dem zerstörerischen Einfluß des Feuers sind.

Die natürlichen Eigenschaften der Steine bilden somit den Komplex »Behältnis der Kraft«, »unsterblich« und »unveränderlich«, der ein auffälliger Aspekt der verschiedenen *agotevaun* ist, auch wenn deren Eigenschaften, wie wir sehen werden, noch mannigfaltiger sind.

Die *agotevaun* als Kulturheroen werden als nicht-menschliche Wesen mit langem Haar und Hauern dargestellt, als Wesen von großer physischer Kraft, die die Schweinejagd und die damit verbundenen Zeremonien zusammen mit Bestattungs- und Initiationsriten einführten, die die Flußtäler aushoben, durch die Luft fliegen und sich in die Erde eingraben konnten. Sie töteten und demütigten die Ahnen der Tauade. Wenn sie selbst getötet wurden, konnten sie sich wieder lebendig machen, und es wird von ihnen gesagt, sie seien entweder in Felsen verwandelt worden oder würden jetzt auf den Gipfeln der Berge leben. Häuptlinge und Weiße werden ausdrücklich mit den Kulturheroen verglichen.

Die Tier- und Pflanzen-*agotevaun* sind ebenfalls unsterblich und die Ursache der Fruchtbarkeit, weil aus ihnen die jeweiligen Arten hervorgegangen sind. Die Pflanzen-*agotevaun* illustrieren einen weiteren Aspekt des zentralen Begriffs *ăgo*, nämlich die »Wildform«, denn von fast jeder Pflanze, auch von den kultivierten Varietäten, wird angenommen, sie habe eine Urform, die in der Wildnis, üblicherweise im Wald, anzutreffen sei. Die *agotevaun* von Bäumen und Pflanzen sind bekannt und tragen individuelle Namen: Einige dieser *ăgo*-Bäume scheinen größer und dicker als die gewöhnlichen Vertreter der Art zu sein (etwa bei Ingwer, Rebe und Schlingpflanzen), andere jedoch sind dünner und »primitiver« oder »ursprünglicher« in ihrem Aussehen. Kein *ăgo*-Baum ist je vom Menschen gepflanzt worden, und alles in allem völlig normal aussehende Bäume werden als *ăgo* bezeichnet, wenn sie von selbst gewachsen sind. Damit sind wir bei einem weiteren Aspekt des *ăgo*-Komplexes – Selbstbestimmung und fehlende Abhängigkeit vom Menschen.

In anderen Fällen wird das erste oder ursprüngliche Ding einer Klasse als *agoteve* betrachtet. Ila Otauruma zum Beispiel war die Urform der geflochtenen Tasche (*ilata* = geflochtene Tasche), die von einer berühmten *agoteve*-Frau hergestellt worden war. Doch die zur Diskussion stehende geflochtene Tasche ist jetzt keine *agoteve* mehr, insofern es sie nicht mehr gibt; sie war nur die Urform aller späteren geflochtenen Taschen. Ebenso tragen die ersten Besitztümer – Muscheln, Hundezähne, Knochen, die durch die Nasenscheidewand gestoßen werden, Armspangen und anderer Körperschmuck, der seit jeher im betreffenden Stammesgebiet getragen wurde – einen Namen, und sie werden als *agotevaun* bezeichnet, wie übrigens auch die ersten Trommeln eines Stammes, deren individuelle Namen in späteren Trommeln weiterleben.

Das Thema der Unsterblichkeit kommt bei einer anderen Art von *agoteve* zum Ausdruck – jene Regengüsse und Winde, die regelmäßig aus einer bestimmten Richtung kommen (so wie die Kontinentaleuropäer vom *Mistral* oder vom *Föhn* sprechen) und Sonne, Mond, Morgen- und Abendstern. Am unstofflichsten unter allen *agotevaun* sind die Ecken der Häuser. Es ist ohne weiteres zu sehen, daß sie als Konstruktionsform unveränderlich und unvergänglich sind, weil diese für jede rechtwinklige Struktur notwendig ist.

Das grundlegende Bild der *agoteve* scheint somit das des Steins zu sein; andere Beispiele von *agotevaun* fallen jedoch unter die Begriffe Unsterblichkeit, Stärke und Permanenz, nicht zu vergessen die Urform, die Wildform und die Selbstbestimmung. Wenn wir irgendein besonderes Beispiel von *agoteve* betrachten, etwa den Namen eines bestimmten Windes oder Regens, des Mondes, der ersten Trommel oder der ersten Flechttasche, eines Kulturhe-

Tabelle 5

agotevaun	Ursprung	Wildform	Quelle der Kraft	Quelle der Fruchtbarkeit	Unsterblichkeit	Unveränderlichkeit	Selbstbestimmung; Unabhängigkeit vom Menschen
			ăgo Kriterien				
Kulturheroen			+		+		+
Tiere	+	+		+	+	+	+
Pflanzen	+	+		+	+	+	+
erste Geräte	+		?				
Erste Besitztümer	+		?				
Regen und Wind					+	+	+
Himmelskörper			+		+	+	+
Hausecken					+	+	

ros, einer Pflanze oder eines Tieres, einer Hausecke, so finden wir jeweils einige der Merkmale des *ǎgo*-Komplexes, aber nie alle zugleich. Es gibt kein einzelnes Merkmal, das auf alle *agotevaun* zutreffen würde; die Unsterblichkeit würde dieser Forderung noch am ehesten genügen.

Lurias Untersuchungen an ungebildeten usbekischen Bauern in den frühen dreißiger Jahren zeigen ebenfalls diesen Hang von ungeschulten Erwachsenen, die Dinge in Form von Komplexen zu klassifizieren, die mehr auf praktischen, durch die Situation bedingten Beziehungen zwischen ihnen als auf Begriffen beruhen, die auf den taxonomischen Eigenschaften der Elemente basieren.

Bei der ersten Fragestellung wurden der Versuchsperson Zeichnungen von vier allgemein bekannten Gegenständen vorgelegt, von denen einer nicht derselben taxonomischen Kategorie wie die drei anderen angehörten. Die Versuchsperson im folgenden Beispiel ist ein 39 Jahre alter, ungebildeter Bauer; die ihm vorgelegten Zeichnungen stellen einen Hammer, eine Säge, einen Holzklotz und ein Beil dar:

Frage: Welche dieser Dinge könnten Sie mit einem Wort benennen?

Antwort: Wie wäre das möglich? Wenn Sie alle drei »Hammer« nennen, so wäre das für zwei davon nicht richtig.

F.: Einer Ihrer Freunde hat aber drei Gegenstände gewählt – den Hammer, die Säge und das Beil – und gesagt, sie seien einander ähnlich.

A.: Eine Säge, ein Hammer und ein Beil, die haben alle drei zusammen zu arbeiten. Doch der Holzklotz muß auch dabei sein!

F.: Was meinen Sie, weshalb hat er diese drei Dinge ausgewählt und nicht den Holzklotz?

A.: Vermutlich hat er eine Menge Brennholz erhalten, wenn wir aber kein Brennholz haben, dann können wir überhaupt nichts tun.

F.: Sicher, aber ein Hammer, eine Säge und ein Beil, das sind doch alles Werkzeuge.

A.: Ja, aber auch wenn wir Werkzeuge haben, so brauchen wir doch auch Holz – sonst können wir nichts damit anfangen. (Luria 1976, S. 56)

Solcherlei Antworten auf eine suggerierte taxonomische Klassifizierung – in diesem Fall »Werkzeug« – sind typisch für alle Antworten auf mögliche Klassifizierungen wie »Waffen«, »Kochgeschirr«, »Kleider«, »Tiere«, »Blumen« und so fort. Es gibt zwar in der usbekischen Sprache Wörter für solche Kategorien, doch die ungebildeten Versuchspersonen haben diese unterschiedslos als für klassifikatorische Zwecke irrelevant oder lächerlich abgelehnt; sie gruppierten die Gegenstände nach verschiedenen taxonomischen Kategorien, und zwar entweder nach ihrer wechselseitigen Notwendigkeit bei gewissen praktischen Aufgaben oder nach ihrer Eignung für eine Einbeziehung in irgendeine anschauliche Situation des wirklichen Lebens; eine Versuchsperson faßte etwa ein Haus, einen Vogel und einen Rosenstrauch zu einer Gruppe zusammen, weil »ein Rosenstrauch in der Nähe des Hauses sein sollte, während ein Vogel auf dem Strauch sitzen und singen kann«. Luria betont auch, im Anschluß an Binet, daß die Fähigkeit, Unterschiede zwischen Gegenständen aufzudecken, entwicklungsgeschichtlich lange vor der Fähigkeit erscheint, eine Grundlage für ihre Ähnlichkeit (im Gegensatz zur »Zugehörigkeit«) festzustellen. Das Erkennen von Ähnlichkeiten ist die Grundlage der Klassifikation, wie wir gesehen haben. Je allgemeiner die Klasse ist, um so schwieriger ist sie in Worten auszudrücken, und wenn man den ungebildeten usbekischen Bauern die Aufgabe stellte, Ähnlichkeiten zwischen zwei Gegenständen als Grundlage für eine Zuordnung zur gleichen allgemeinen Kategorie herauszufinden, so

... beschrieben sie bloß jeden der beiden Gegenstände, wobei sie betonten, daß diese nichts Gemeinsames hätten. Sie zählten in den Einzelheiten die Zwecke auf, zu denen sie dienten, die Situationen, in denen man sie üblicherweise antrifft, oder sie versuchten eine engere Beziehung zwischen ihnen herzustellen, indem sie sich ein konkretes Beispiel ausdachten, wo beide benötigt würden. Bei einigen Gelegenheiten versuchten sie sich eine Situation auszudenken, wo beide Gegenstände identische Operationen ausführten; damit wollten sie eine funktionelle Grundlage für eine Ähnlichkeit schaffen. Eine andere Methode – die freilich für die Kategorisierung völlig irrelevant war – bestand darin, irgendeine physische Ähnlichkeit zwischen den beiden Objekten festzustellen. (Ibid., S. 81)

Ein Beispiel (die Versuchsperson ist ein 38 Jahre alter, ungebildeter Mann):

F.: Was haben ein Huhn und ein Hund gemeinsam?

A.: Sie sind einander nicht ähnlich. Ein Huhn hat zwei Beine, ein Hund hat vier. Ein Huhn hat Flügel, aber ein Hund hat keine. Ein Hund hat große Ohren, aber die eines Huhns sind klein.

F.: Sie haben mir gesagt, was an ihnen verschieden ist. Worin sind sie sich aber ähnlich?

A.: Sie sind sich gar nicht ähnlich.

F.: Gibt es ein Wort, das Sie für beide gebrauchen könnten?

A.: Nein, natürlich nicht.

F.: Welches Wort paßt zu beiden, zu einem Huhn und zu einem Hund?

A.: Ich weiß es nicht.

F.: Würde nicht das Wort »Tier« passen?
A.: Ja. (Ibid, S. 81 f.)

Obwohl die Versuchsperson damit einverstanden ist, müßte vielleicht eingewendet werden, daß das Wort »Tier« in der usbekischen Kultur möglicherweise nicht so gebraucht wird, daß es beides einschließt, Vögel, auch nicht flugfähige Vögel, und Landsäugetiere. Ein solcher Einwand wäre noch begründeter, wenn die Versuchspersonen nach einem gemeinsamen gattungsmäßigen Wort für »Fisch« und »Krähe« gefragt würden. Noch allgemeiner ließe sich argumentieren, daß diese Bauern zwar gattungsmäßige Begriffe in Klassifizierungsaufgaben ablehnen, daß es diese aber dennoch geben muß, denn ihre Sprache kennt Wörter für gattungsmäßige Begriffe wie Tier, Waffe, Werkzeug und so fort; die Versuchspersonen wären demgemäß nicht so sehr unfähig, gattungsmäßige Begriffe zu verwenden, sondern diese wären ihnen ganz einfach gleichgültig, weil unter den Bedingungen ihres Alltagslebens kein kognitives Bedürfnis danach besteht. Lurias Untersuchungen legen allerdings eine andere Antwort nahe, daß es nämlich zwar gattungsmäßige Ausdrücke in der usbekischen Sprache gibt, daß aber die ungebildete Versuchsperson diese Wörter nicht taxonomisch, sondern als Komplexe versteht. Die folgenden Protokolle zeigen das deutlich. Im ersten werden drei ungebildete männliche Versuchspersonen genannt, I ist 25 Jahre, II 32 und III 26 Jahre alt. Allen dreien werden Zeichnungen von Säge–Axt–Hammer vorgelegt:

F.: Würden Sie sagen, daß diese Dinge Werkzeuge sind?
A.: Ja [alle drei Versuchspersonen].
F.: Wie steht es mit einem Holzklotz?
AI.: Der gehört auch dazu. Wir machen allerlei Dinge aus Holzklötzen – Stiele, Türen und die Handgriffe von Werkzeugen.
AII.: Wir sagen, ein Holzklotz sei ein Werkzeug, weil man ihn mit Werkzeugen bearbeitet, um Dinge herzustellen. Die Stücke von Holzklötzen werden zu Werkzeugen.
F.: Ein Mann hat aber gesagt, ein Holzklotz sei kein Werkzeug, weil er nicht sägen oder hacken könne.
AIII.: Das muß ein verrückter Kerl gewesen sein, der Ihnen das gesagt hat! Schließlich braucht man Holz für Werkzeuge . . . zusammen mit Stahl kann es schneiden . . .
F.: Nennen Sie mir alle Werkzeuge, die Sie kennen.
AIII.: Eine Axt, eine Moska (leichter, gefederter Wagen) und auch der Baum, an dem wir ein Pferd anbinden, wenn kein Pfosten in der Nähe ist. Sehen

Sie, wenn wir dieses Brett nicht hätten, so könnten wir das Wasser nicht in diesem Bewässerungsgraben halten. Auch das ist also ein Werkzeug, und das gilt auch für das Holz, aus dem man eine Wandtafel macht.

(Ibid., S. 93 f.)

In einem anderen Protokoll ist die Versuchsperson ein kaum gebildeter Bauer im Alter von 57 Jahren. Er faßt einen Hammer, eine Säge, ein Stück Holz und ein Beil zu einer Gruppe zusammen und nennt alles zusammen *asbob*.

F.: Welche anderen Dinge nennen Sie Werkzeuge?

A.: Eine Axt, ein Beil, eine Säge, zwei Männer mit einer Säge – das alles sind Werkzeuge.

F.: Kann man Leute wirklich Werkzeuge nennen?

A.: Nein, aber das ganze Leben läuft auf eins hinaus: Die Leute tun sich zusammen für die Arbeit.

F.: Kann man ein Stück Holz ein Werkzeug nennen?

A.: Ja. Alle Dinge hier gehören dazu. Wenn man die Axt nimmt, um das Holz zu hacken, dann wird es gespalten.

F.: Wenn ich aber das Holz mit den Händen spalte, könnte ich dann meine Hände Werkzeuge nennen?

A.: Ja, natürlich! Sie haben Kraft, und mit dieser Kraft spalten wir das Holz.

F.: Was würden Sie sonst noch Werkzeug nennen?

A.: Einen Traktor, Stiere mit einer Axt [?], Korn – wir können uns damit ernähren. Alles was in unseren Magen geht, ist ein Werkzeug. Zuerst braucht ein Mann seine Kraft, um einen Samen zu pflanzen, dann wächst dieser, und dann essen wir das Korn, das reift.   (Ibid., S. 94 f.)

Cole und seine Mitarbeiter (1971) haben bei den Kpelle in Nigeria umfangreiche Untersuchungen über die Klassifizierung angestellt. Die Versuchspersonen hatten zahlreiche verschiedene Gegenstände nicht-verbal durch Sortieren zu klassifizieren.

Um die Reaktionen der Versuchspersonen auf die Aufforderung, Gegenstände zu klassifizieren und Weisungen auszuführen, zu testen, legten wir eine Mischung von Gegenständen vor, die potentiell nach verschiedenen Grundsätzen klassifiziert werden konnten – nach der Funktion, der semantischen Klasse, der Länge, der Größe, der Farbe usw. Diese Gegenstände wurden vor der Versuchsperson auf dem Boden ausgelegt. Die Aufgabe lautete, die Gegenstände derart zu Haufen zusammenzulegen, daß für die Versuchsperson ein Sinn herauskam.

Am häufigsten war bei diesem Versuch die Klassifizierungsweise anzutreffen, die wir »funktionelle Übertragung« genannt haben. Die Gegenstände wurden paarweise derart ausgewählt, daß der erste mit dem zweiten zusammenpaßte oder eine Wirkung auf diesen ausübte. Eine Kartoffel und ein Messer wurden beispielsweise deshalb zusammengelegt, weil »man das Messer nimmt und die Kartoffel damit schneidet«. Ganz selten wurde eine große Gruppe gebildet, und wir erhielten praktisch nie eine Klassifikation, die mit dem Aussehen der Gegenstände oder mit ihrer Zugehörigkeit zur selben taxonomischen Kategorie begründet wurde. (Cole *et al.* 1971)

Eine klare Ausnahme ergibt sich freilich beim Sortieren von Blättern: »Die Kpelle kennen ein Spiel, bei dem 20 bis 30 Blätter an einem Seil aufgehängt werden. Das Spiel besteht darin, daß die Funktion jedes Blattes genannt und beschrieben wird, und zwar ohne langes Überlegen – eine längere Pause oder ein Fehler haben zur Folge, daß der Spieler ausscheidet« (Ibid., S. 88). Ein Kpelle, Student an einem College, wählte zwölf Arten von Blättern aus, sechs von Schlingpflanzen und sechs von Bäumen; diese Kollektion wurde zehn erwachsenen Kpelle-Bauern ohne Schulbildung und zwölf erwachsenen Amerikanern, die im Cuttington-College im Kpelle-Stammesgebiet arbeiteten, vorgelegt. Die Blätter wurden auf einem Tisch vor den Versuchspersonen ausgebreitet; die Aufgabe lautete: »Ich habe hier einige Blätter, ich möchte, daß Sie diese Blätter auf zwei Haufen verteilen, und zwar solche, die nach Ihrer Meinung zusammengehören; auf jedem Haufen sollten sechs Blätter sein.« Die Kpelle kamen auf rund doppelt so viele Punkte wie die Amerikaner, was weiter nicht überraschend ist, aber in diesem Fall wandten sie taxonomische Grundsätze an.

Cole und seine Mitarbeiter schließen daraus:

Semantische [taxonomische] Klassen können als Mittel dienen, um das verbale Verhalten zu organisieren, doch es ist eine offene Frage, in welchem Ausmaß dies unter natürlicherweise vorkommenden Umständen geschieht ... In Interviews vor Beginn der Arbeit, aus welcher die Seη-Tabelle[6] hervorging, erprobte John Kellemu eine Anzahl zwangloser Verfahren, um die Vorstellungen über die Kategorie-Zugehörigkeit zu untersuchen. Die ersten solchen Verfahren erbrachten interessante Ergebnisse, aber kein taxonomisches Klassifizierungssystem. Bei einem Test wurde den Beteiligten ein Beispiel einer allgemeinen Klasse gegeben, worauf sie die von ihnen genannten Beispiele nach Untergruppen zu unterteilen hatten. Diese Technik erbrachte das, was Kellemu »zwanglose Klassifizierung« nannte; die Männer organisierten die Gegenstände nach ihrer *Funktion* und ihrer *Verwendbarkeit*, nicht nach einem formalen semantischen Klassensystem.

Drei andere Techniken erbrachten ebenfalls funktionelle Klassifikationsschemata. Eine davon bestand darin, daß die Versuchspersonen alle Dinge, die sie an einem bestimmten Tag gesehen hatten, nennen und nach Gruppen einteilen mußten. Beim zweiten Verfahren mußten die Versuchspersonen alle

Dinge nennen, die in einem bestimmten Raum zu sehen waren, und nach Gruppen einteilen. Beim dritten mußten alle Dinge aufgezählt werden, die einem bestimmten Gegenstand ähnlich waren. In allen drei Fällen konnten die Leute von der unmittelbaren Erfahrung ausgehen.

Die Verwendung alternativer Klassifizierungsprinzipien ergibt sich aus unseren Untersuchungen über die Methode, nach der Gegenstände sortiert werden. Bei Sondierungen mit einer großen Menge von Gegenständen ohne auffällige Beziehungen untereinander war die funktionelle Paarbildung das bevorzugte Klassifizierungsmittel. Wenn jedoch die Gegenstände in einer Klassenrelation zueinander standen und wenn nur zwei Klassen zulässig waren, dann kamen semantische Klassenrelationen stark zum Ausdruck. Wo schließlich taxonomische Beziehungen üblicherweise als Grundlage für die Klassifizierung benutzt werden (wie etwa bei den Blättern, die von den Versuchspersonen sortiert werden mußten), war die erkannte taxonomische Klasse die dominierende Basis für die Klassifikation. (Ibid., S. 90)

Die Fähigkeit, sich etwas zu merken, ist eng mit der Fähigkeit zu klassifizieren verbunden – eine gute Erinnerung hängt in signifikantem Grade von der Effizienz ab, mit der Material zu Gruppen von Gegenständen, die »zusammenpassen«, sortiert werden kann; aus diesem Grunde haben sich zahlreiche interkulturelle Klassifizierungstests mit der Methode befaßt, wie Versuchspersonen Gedächtnisaufgaben bewältigten. Untersuchungen bei den Kpelle und den Wolof im Senegal haben gezeigt, daß das Ordnen von Fakten nach semantischen (taxonomischen) Kategorien in hohem Maße mit der Schulung und Bildung und bis zu einem gewissen Grade mit dem Alter zusammenhängt:

Bei den verschiedenen Kpelle-Gruppen, die Schulunterricht genossen hatten, ergibt sich aus den Fakten unserer Gedächtnis-Untersuchungen, daß Leute mit mehr als vier bis sechs Jahren Schulunterricht allgemein den semantischen Aspekt beherrschen (wie aus den Gruppierungsaufgaben hervorgeht). Was eine längere Schulbildung bewirkt, kann nicht mit Sicherheit gesagt werden. Eine solche Beherrschung ist keine unvermeidliche Folge des Reifungsprozesses, denn unsere erwachsenen Versuchspersonen unterschieden sich nur wenig von den jüngeren Gruppen.

Unser in Amerika zusammengetragenes Material zeigt, daß die Gruppenbildung [clustering] ungefähr in der sechsten Klasse wirklich zum Durchbruch kommt, und es ist möglich, daß durch eine genaue Beobachtung in Liberia ein ähnliches Ergebnis zu erzielen wäre. Aus Liberia haben wir die folgenden Beweisstücke:

1. Vergleiche zwischen gebildeten und ungebildeten Gruppen ergaben eine äußerst geringe Gruppenbildung und geringe Unterschiede in der Erinnerung, wenn die gebildete Gruppe zwei bis vier Jahre lang die Schule besucht hatte.

2. Vergleiche zwischen Hochschulstudenten und ungebildeten Gruppen wiesen
auf ein rasches Lernen und eine signifikante Gruppenbildung bei der erstgenannten Gruppe hin.

Daraus geht somit hervor, daß in Liberia irgendwann zwischen der fünften
und der achten Klasse eine Hinwendung zum allgemeinen Gebrauch semanti-
scher Kategorien bei Lernprozessen stattfindet. (Ibid., S. 140)

Es sei somit festgehalten, daß der bloße Schulbesuch während drei
oder vier Jahren nicht unmittelbar eine ausgeprägte Veränderung
in den kognitiven Fähigkeiten auslöst, vermutlich, neben anderen
Gründen, weil die Schule derart anders als die gewohnte Umwelt
ist und weil lernen an liberianischen Schulen auf dem Auswendiglernen beruht und deshalb nicht sehr wirksam zu sein scheint. Cole
und seine Mitarbeiter kommen zum Schluß:

Der Hochschulstudent benötigt keine speziell strukturierten Situationen –
»daß es ihm auffallen muß« –, um die semantischen Merkmale des Materials
zur Organisierung seiner Erinnerung auszunützen – er bringt diese Struktur
selbst hervor. Der Ungebildete (dasselbe läßt sich von Leuten mit geringer
Schulbildung sagen) hat nicht gelernt, solche Strukturen in einem weiten Bereich spontan hervorzubringen. Er benutzt sie selbstverständlich in gewissen
Situationen (wenn er sich eine Geschichte in Erinnerung ruft) und kann sie in
einem weiten Bereich von speziell ausgedachten Situationen (etwa in solchen,
wie sie durch einige unserer Experimente geschaffen werden) anwenden.
(Ibid., S. 141)

Damit in Einklang steht, daß eine Klasse, je allgemeiner sie ist,
auch um so schwieriger zu lernen und zu beschreiben ist. Von den
Versuchspersonen sind nur 10 % imstande, ihre Lösung für klassifikatorische Probleme bei den zwei allgemeinsten Klassen (Stadt-
Dinge und Urwald-Dinge) zu beschreiben, doch 25 % hatten Erfolg
bei speziellen Klassen, wenn diese eine Lösung für die klassifikatorischen Probleme brachten.

Es muß auch festgehalten werden, daß es die *taxonomische*
Klassifikation ist, die mit zunehmender Schulbildung besser wird,
nicht bloß die Gruppierung oder die Klassifizierung überhaupt.
Untersuchungen Greenfields bei den Wolof weisen darauf hin, daß
auch bei fehlender Schulbildung eine stetige Tendenz in Richtung
einer systematischen Klassifizierung von Gegenständen festzustellen ist, und diese Tendenz nimmt mit dem Alter zu. Zehn vertraute
Gegenstände werden auf einem Tisch vor dem Kind (ohne Schulbildung) ausgebreitet, aus denen es »diejenigen herausgreifen« soll,
»die zusammengehören«. »Vorgelegt wurden vier Kleidungsstük-
ke, vier runde Gegenstände und vier rote Gegenstände (darunter

je ein Kleidungsstück und ein runder Gegenstand) so daß das Kind von der Funktion, der Form oder der Farbe her Gruppen bilden konnte« (Cole und Scribner 1974, S. 102). Im Alter von ungefähr 15 Jahren ist sozusagen jedes Wolof-Kind zu einer systematischen Klassifizierung imstande, doch diese beruht in den meisten Fällen auf der Farbe – also auf einem wahrnehmungsmäßigen Merkmal, das keine Grundlage für eine echte taxonomische Klassifizierung ist.

Aus fast allen diesen Tests geht hervor, daß eine klare Korrelation zwischen einer durch Bildung ausgelösten Tendenz, nach der Form zu klassifizieren, und einer durch die Entwicklung bedingten Tendenz besteht, entsprechend der jüngere und/oder ungebildete Kinder nach der Farbe klassifizieren; erst später stellen solche Kinder, als ein Ergebnis der erworbenen Bildung, auf die Klassifizierung nach der Form um.

Weitere Klassifizierungstests mit ungebildeten, traditionell aufgewachsenen Kindern und Erwachsenen des Wolof-Volkes, mit Schulkindern aus einer kleineren Stadt und Schulkindern aus der Hauptstadt Dakar, unter Verwendung farbiger Bilder, lieferten zusätzliche Belege für diese Aussage:

Kinder, die die Schule besucht hatten, gleichgültig ob im kleinen Urwalddorf oder in der Stadt, erbrachten ziemlich ähnliche Leistungen wie amerikanische Kinder; die Vorliebe für die Farbe nahm mit der Zahl der Schuljahre ab, die Vorliebe für die Form und die Funktion nahm im gleichen Maße zu. Ein immer größerer Teil der älteren Kinder begründete überdies die vorgenommene Klassifizierung durch eine übergeordnete Kategorie (»es sind die runden«). Die Kinder, die die Schule nicht besucht hatten und im Busch lebten, reagierten ganz anders. Solche Kinder zeigten mit zunehmendem Alter eine *größere* Vorliebe für die Farbe und begründeten ihre Antworten selten durch einen Hinweis auf die Kategorie, zu der die Bilder gehörten. (Cole und Scribner 1974, S. 103 f.)

(Suchman (1966) bei den Yoruba und Serpell (1969) in Sambia kamen zu ähnlichen Schlüssen über die Priorität der Klassifizierung nach Farben in der Entwicklung.) Greenfield, Reich und Olver formulieren es so:

Diese wahrnehmungsmäßige Entwicklung ist im Grunde eine begriffliche Entwicklung ... Mit »begrifflich« meinen wir, daß die Schule europäische Gewohnheiten der wahrnehmungsmäßigen *Analyse* lehrt. Eine Zerlegung in Teile ist ... offensichtlich entscheidend für Begriffe, die auf dem vieldimensionalen Attribut der Form beruhen, während eine einheitliche globale Wahrnehmung für eine Gruppierung nach der Farbe ausreichen dürfte. (Greenfield, Reich und Olver 1966, S. 316)

Besonders charakteristisch an diesen Tests ist, was übrigens von den Arbeiten Piagets her zu erwarten ist, daß die Versuchspersonen, vor allem ungebildete, in den Traditionen verwurzelte Leute, wenn man ihnen bei der Klassifizierung oder bei Gedächtnisaufgaben durch konkrete, kontextbezogene Stichwörter hilft, bessere Leistungen erbringen, was auch der Fall ist, wenn sie mit den in den Tests, beispielsweise in Evokationstests, verwendeten Gegenständen vertraut sind:

Fordert man die Versuchsperson auf, die Gegenstände in einen Behälter zu legen oder sie in Schalen zu sortieren, so hat dies eine erhebliche Wirkung auf die evozierte Anzahl, und die Menge der semantischen Gruppierungen nimmt stark zu. Bei der letzten Untersuchung scheinen wir auf einen Mechanismus gestoßen zu sein, der die Gedächtnisleistung der ungebildeten Kpelle etwa auf den gleichen Stand bringt, den wir bei gebildeten Gruppen beobachtet haben. Der wahrscheinlichste Grund für die verbesserte Evokation ist die Tatsache, daß die Versuchspersonen mit Gegenständen umgingen, von denen sie sagten, daß sie zu den »Schalen passen«. (Cole *et al.* 1971, S. 131)

Es ist völlig klar, daß die taxonomische Klassifizierung mit eindeutig abgegrenzten Kategorien, in ihrer erschöpfenden und unzweideutigen, vom Allgemeinen zum Besonderen hierarchisch organisierten Form, eine Eigenart des operativen Denkens ist, die man üblicherweise auf der präoperativen Ebene nicht antrifft; und es gibt gute Gründe für die Annahme, daß insbesondere die Bildung wichtige Konsequenz für die Klassifizierung hat. Eine dieser Konsequenzen haben wir bereits im Kapitel III untersucht. Goody (1977) macht auf die spezielle Bedeutung der Wirkung geschriebener Listen auf die klassifikatorischen Prozesse aufmerksam, wobei er einige Beispiele aus dem alten Mesopotamien und Ägypten heranzieht. Eine Auflistung ist ein Ordnen von diskontinuierlichen, diskreten Elementen, die aus dem Kontext der Alltagssprache und des Alltagslebens herausgenommen werden; insbesondere wenn man die Elemente in Reihen oder Kolonnen anordnet, kann man sie von links nach rechts wie von rechts nach links und von oben nach unten wie von unten nach oben lesen. Listen sind sowohl am Anfang als auch am Ende abgegrenzt, was dazu beiträgt, die Kategorien deutlicher hervorzuheben; diese Tendenz, begrenzte Kategorien auszuarbeiten, fördert auch eine erschöpfende Aufzählung aller Elemente einer Kategorie. Listen regen auch eine hierar-

chische Gliederung der Kategorien vom Allgemeinen zum Besonderen an; bezeichnenderweise impliziert der Akt des Auflistens
von Elementen eine explizite Auswahl der Kriterien, nach denen
diese Elemente geordnet werden, und er schärft das Bewußtsein
für alternative Auswahlkriterien. Piagets Untersuchungen zeigen,
daß man auch ohne Listen zur operativen Klassifikation gelangen
kann, während Goody den rein kognitiven Prozessen keine Beachtung schenkt. Unzweifelhaft ist aber die Aufforderung, Listen aufzustellen, ein Faktor, der die operative Klassifizierung fördert.
Eines dieser Beispiele wollen wir etwas genauer ansehen:

[Es geht um das Onomastikon des Amenophis.] Der Schreiber gibt seinem
Manuskript einen Titel ... »Anfang der Unterweisung für die Klärung des
Geistes, für die Belehrung der Unwissenden und um alle Dinge zu lernen, die
es gibt: was Ptah erschaffen hat, was Thot niedergeschrieben hat, der Himmel
mit seinen Dingen, die Erde und was in ihr ist, was die Berge hervorbringen,
was vom Wasser überschwemmt wird, alle Dinge, auf die Rê seine Strahlen
hat fallen lassen, alles was auf dem Rücken der Erde gewachsen ist, ausge-
dacht vom Schreiber des heiligen Buches im Haus des Lebens, Amenophis,
Sohn des Amenophis. Er sagte:
Hier schließen rund 600 Eintragungen an, was jedoch nur ein Teil des Originals ist (möglicherweise 2000). Beim Aufstellen dieser Liste hat der Verfasser
nicht nur aufgezählt, sondern auch klassifiziert, mit Rubriken, die oft den
Anfang einer neuen Kategorie anzeigen, auch wenn der innere Zusammenhang
der Kategorien bisweilen fragwürdig ist. Das gesamte Werk wird von Gardi-
ner in die folgenden Abschnitte unterteilt:
I.   Einleitender Titel
II.   Himmel, Wasser, Erde (Nr. 1–62)
III.   Personen, Ämter am Hof, Beschäftigungen (Nr. 63–229)
IV.   Klassen, Stämme und Menschentypen (Nr. 230–312)
V.   Die Städte Ägyptens (Nr. 313–419)
VI.   Gebäude, ihre Teile und Bodenarten (Nr. 420–473)
VII.   Ackerland, Getreide und die daraus gewonnenen Erzeugnisse
        (Nr. 474–555)
VIII.   Getränke (Nr. 556–578)
IX.   Teile eines Rindes und Fleischsorten (Nr. 579–610)
Der Ordnungsgrad des Onomastikons von Amenophis kann überschätzt wer-
den; als aber Maspero dieses Werk publizierte, gab er ihm den Titel *Un manu-
el de hiérarchie égyptienne*, womit er die Tatsache zum Ausdruck brachte, daß
der Schreiber bewußt und absichtlich »an der Spitze mit den Gottheiten, den
Halbgöttern und dem König beginnt, die Menschheit mit ihren verschiedenen
Rängen und Berufen anschließt, bis hinunter zu der bescheidensten der freien
Beschäftigungen, der des Hirten« (Gardiner 1947, I, 38). Der Verfasser hatte
somit als Ziel eine Art »rationale Klassifikation«, eine Anordnung vom Höch-

sten zum Niedrigsten (II, III) und vom Allgemeinen zum Besonderen. (Goody, 1977, S. 100 f.)

Goody hebt einige Merkmale dieser Liste folgendermaßen hervor:

Man kann daraus die dialektische Wirkung des Aufschreibens einer Klassifizierung ersehen. Einerseits verdeutlicht dieses die Konturen der Kategorien; man muß eine Entscheidung fällen, ob Regen oder Tau Dinge des Himmels oder der Erde sind; und es fördert die Hierarchisierung des klassifikatorischen Systems. (Ibid., S. 102) [Und] der Anfang und das Ende von Gruppierungen können durch einen breiteren Zwischenraum, durch Einrücken, durch diakritische Zeichen und auf viele andere Arten angegeben werden. Und wie die Gegenstände innerhalb einer Liste durch die Reihenfolge der Auflistung (eine Reihenfolge, die durch Nummern angegeben werden kann) in eine implizite Hierarchie gebracht werden, so können auch die übergeordneten Gruppierungen ähnlich angeordnet werden, entweder durch weitere Ebenen für die nächst unteren Gruppierungen (in der Art eines Stammbaums, der ein Arbeitsmittel vieler Naturwissenschaftler ist) oder durch eine einfache lineare Hierarchie, die den Gruppierungen und den zu ihnen gehörenden Gegenständen eine gewisse Gesamtordnung verleiht. (Ibid., S. 104)

3. Prototypen und natürliche Kategorien

Wir haben festgehalten, daß der Komplex auf dem Bild beruht und nicht auf expliziten taxonomischen Kriterien, die für die logische Klasse charakteristisch sind. Bevor wir untersuchen, in welchem Maße hierarchische Klassifizierungssysteme in primitiven Gesellschaften vorkommen, müssen wir uns überlegen, in welchem Maße die Klassifizierung durch Prototypen dominiert wird.

In einer wichtigen Arbeit über »menschliche Kategorisierung« betont Eleanor Rosch (1977), daß zwar die Entwicklungspsychologen schon seit langem die komplexive Klassifizierung kennen, daß aber »die Kategorien [Klassen] in Philosophie, Psychologie, Linguistik und Anthropologie vorzugsweise als ›aristotelisch‹ und digital, d. h. als logische, abgegrenzte Entitäten behandelt wurden, deren Elemente durch den Besitz eines einfachen Satzes von als Kriterien dienenden Merkmalen definiert sind« (op. cit., S. 18).

Der neue und bedeutsame Beitrag Roschs zur Untersuchung der Klassifikation besteht darin, daß sie gezeigt hat, daß die Klassifizierung nach natürlichen Kategorien im Alltagsleben oft nicht auf einer »digitalen« Aufzählung diskreter Eigenschaften beruht, die als Grundlage für die Zuordnung eines Dings in eine bestimmte Klasse dienen, sondern eher auf einem »analogen« Verfahren, das von der Assimilation an ein prototypisches Bild des idealen »Dings« ausgeht – sei es ein Vogel, eine Farbe, ein Gesichtsausdruck oder sonst etwas. Wir werden sehen, daß der von Rosch entwickelte Begriff der »prototypischen« Klassifizierung besonders gut mit dem der komplexiven Klassifizierung und mit dem Vorrang des Symbolismus im Denken in Einklang steht.

Rosch begann ihre Untersuchungen mit einer Arbeit über die im Zusammenhang mit Whorfs Theorie der Determinierung des Denkens durch die Sprache gemachten Entdeckung von Brown und Lenneberg (1954), wonach durch ein einzelnes Wort bezeichnete Farben leichter wiedererkannt und evoziert werden können als Farben, die durch einen Satz umschrieben werden. Mit anderen Worten, Farben, welche sprachlich leichter kodierbar sind, werden rascher erkannt als Farben mit geringerer Kodierbarkeit, und verschiedene Kulturen bezeichnen, was bekannt ist, mit ihren Ausdrücken für eine bestimmte Farbe jeweils verschiedene Farbbereiche. Diese Untersuchung von Brown und Lenneberg ist deshalb als ein Teilbeweis für die Whorf-Hypothese betrachtet worden. Brown und Lenneberg hatten auch festgestellt, daß rot, orange, gelb, grün, blau, purpur, rosa und braun die acht gebräuchlichsten Farbbezeichnungen in der englischen Sprache sind und daß ihre Versuchspersonen imstande waren, ein bestimmtes Farbplättchen aus der Munsell-Serie als »bestes« Beispiel für jede Farbe mit hohem Grad an Übereinstimmung auszuwählen (Brown und Lenneberg, 1954, S. 458).

Spätere Arbeiten von Berlin und Kay (1969) zeigten, daß es höchstens elf Grundausdrücke für Farben (die acht bereits erwähnten und schwarz, weiß und grau) in jeder Sprache gibt, wobei »Grund« hier einen Namen meint, der aus einer einzigen sprachlichen Bedeutungseinheit besteht, die sich nur auf Farben bezieht. Die so umschriebenen Grundausdrücke für Farben treten in einer klar sichtbaren evolutiven Reihenfolge auf, so daß viele Kulturen nur einige wenige davon kennen, während andere, insbesondere Neuguinea und Australien, nur gerade schwarz und weiß als Grundausdrücke haben. Von Bedeutung ist die Entdeckung von Berlin und Kay, daß die Abgrenzung der Farbklassen gegeneinander von Kultur zu Kultur sehr stark schwankt, daß aber die »besten« Beispiele für jede Farbe in allen Kulturen bemerkenswert konstant sind. Heider[7] (1972b) bestätigte mit einem Test, der Versuchspersonen mit 23 verschiedenen Muttersprachen, die zu sieben der verbreitetsten Sprachfamilien gehörten, vorgelegt wurde, daß »fokale« Farben kürzere Namen erhalten und rascher bezeichnet werden als nichtfokale Farben. Von der Hypothese ausgehend, daß trotz Verschiedenheiten in der Abgrenzung unveränderliche »Brennpunkte« im Farbenspektrum durch alle Kulturen hindurch vorhanden sind, führte Rosch Versuche auf Neuguinea durch, um festzustellen, ob dort fokale Farben trotz der geringen Anzahl von Grundausdrücken für Farben rascher gelernt würden als nichtfokale. Die Dani auf Irian Barat (indonesischer Teil von Neuguinea) kennen nur schwarz und weiß als Grundausdrücke; es zeigte sich aber, daß sie Plättchen mit fokalen Farben viermal erfolgreicher als solche mit nichtfokalen Farben evozieren konnten, und zwar in einer Situation, in der die sprachliche Kodierbarkeit keine Rolle spielen konnte.

Nachdem man den Dani beigebracht hatte, drei Typen von Farben (fokale, nicht-fokale und dazwischenliegende) zu bezeichnen, fanden diese, die Namen für fokale Farben seien am leichtesten, die für nicht-fokale am schwierigsten zu lernen. Rosch zeigte auch, daß Kinder die wahrnehmungsmäßig auffälligen Farben am schnellsten lernen und evozieren; wenn somit die Bezeichnungen gelernt werden, so werden sie am Anfang vorzugsweise mit hervorstechenden Reizen verbunden und erst später auf andere, ähnliche Beispiele verallgemeinert. Es scheint, daß es für einige der fokalen Farben eine neurologische Grundlage gibt, indem ein Element des Nervensystems auf rot/grün und ein anderes auf gelb/blau anspricht, und die entscheidenden Wellenlängen für die fokalen Farben der Munsell-Plättchen für rot, grün, gelb und blau scheinen ziemlich genau die auffälligen fokalen Punkte zu treffen. Doch die wesentliche prototypische Struktur der Farben-Klassifizierung ist von keinerlei solcher neurologischer Grundlage abhängig. Rosch konnte somit zeigen, daß die Ergebnisse der Arbeiten von Brown und Lenneberg, die scheinbar den Whorfschen Relativismus stützten, in Wirklichkeit bei genauer Überprüfung in eine diametral entgegengesetzte Richtung wiesen.

Die Dani, in deren Kunst Quadrate, Dreiecke und Kreise als graphische Elemente vorkommen (obwohl sie keine Namen dafür haben), lernen klar gezeichnete Beispiele solcher Figuren schneller als verzerrte Formen. Ekman (1972) hat gezeigt, daß es durch alle Kulturen hindurch eine prototypische Struktur für die Klassifizierung von Gesichtsausdrücken gibt. Von der Annahme ausgehend, daß es sechs Grundemotionen (Glücklichsein, Traurigkeit, Wut, Angst, Erstaunen und Widerwillen) gibt und daß diese mit bestimmten Gesichtsausdrücken verbunden sind, stellt er eine Reihe von Bildern zusammen, die man als reinen Ausdruck der genannten Emotionen bezeichnen konnte: Amerikaner, Japaner, Brasilianer, Chilenen und Argentinier waren imstande, diese Emotionen zu erkennen. Die Angehörigen der drei südamerikanischen Staaten mögen für Anthropologen nur Spielarten ein und derselben Kultur sein, aber Ekman und Rosch haben festgestellt, daß auch die Fore und die Dani die genannten Emotionen erkennen können, wenn man die Bilder zeigt, und meine eigenen, wenn auch ziemlich unsystematischen, Beobachtungen bei den Konso und den Tauade bestätigen mit Sicherheit, daß Angehörige dieser beiden Stämme den unseren ähnliche Gesichtsausdrücke bei der Erfassung der Grundemotionen verwenden und erkennen.

Aus der Tatsache, daß logische Klassen (die für die wissenschaftliche Klassifizierung verwendeten polythetischen Klassen ausgenommen) klar abgegrenzt sind und alle ihre Elemente, die die für diese Klasse kennzeichnenden Eigenschaften besitzen, gleichermaßen voll zu dieser Klasse gehören, so daß jedes spezielle Beispiel so gut wie jedes andere ist, sobald die Regeln für die Klassenzugehörigkeit einmal erlernt sind, folgt noch nicht, daß in der wirklichen Welt die Leute, und zwar nicht einmal in unserer Gesellschaft, tatsächlich diese Klassifikationsweise anwenden, wenn sie irgend etwas einer Klasse zuordnen. Daraus wird die Hypothese abgeleitet, daß die prototypische Klassifikation in den meisten Bereichen der primitiven Klassifikation die Norm ist, ausgenommen bei den Verwandtschaftsbeziehungen und bei einigen anderen spezialisierten Kategorien.

Im Falle dieser prototypischen Kategorien sind, wie wir gesehen haben, einige Elemente bessere Elemente als andere, die eher als peripher oder zweideutig angesehen werden, und der Prototyp wird eher in Form von sinnlich wahrnehmbaren Bildern als von diskreten Attributen, die als Kriterien dienen, erfaßt. (Eine solche Theorie der Klassifikation spricht natürlich eher gegen die Theorien der Strukturalisten unter den Anthropologen, wie Leach und Douglas, die Zweideutigkeit bloß als eine Eigenschaft der Dinge betrachten, die zwischen zwei Klassen fallen, und daraus einen für das Ritual gefährlichen, anomalen Status ableiten. Wenn jedoch alle nichtprototypischen Dinge zweideutig sind, ist kaum ersichtlich, weshalb ihnen überhaupt rituelle Aufmerksamkeit geschenkt werden sollte.)

Bis jetzt haben wir festgestellt, daß es eine solche prototypische Klassifikation in Erfahrungsbereichen wie Farbe, Form und Gesichtsausdruck gibt, bei denen man grundsätzlich annehmen kann, daß sie von der Kultur verhältnismäßig wenig abhängig sind. Sicher haben aber viele, wenn nicht die meisten Klassen nicht eine offensichtlich psychologische Grundlage, sondern sind in hohem Maße von der Kultur abhängig. Sollte es sich nun aber zeigen, daß Versuchspersonen auch bei dieser Art von Kategorien folgerichtige und sinnvolle Urteile über den prototypischen Status von bestimmten Elementen abgeben können und daß die prototypische Strukturierung der Kategorien einen Einfluß darauf hat, ob gewisse Elemente als fokale Elemente der Kategorie betrachtet werden? Wir werden sehen, daß es diese prototypische Klassifizierung tatsächlich gibt, a) weil die Welt, wie bereits gezeigt, als »vorverpackt« erfahren wird, wobei zwischen vielen Attributen von Dingen eine Interdependenz besteht, b) weil einige dieser Attribute das Vorhandensein anderer Attribute vorhersagen, und c) weil der Prototyp dazu beitragen kann, den Unterschied zwischen den Kategorien zu wahren, obwohl diese prototypischen Kategorien von Natur aus dazu neigen, an den Rändern unscharf zu werden.

Wir wollen jetzt diese Punkte im einzelnen betrachten. Sortiertests der Art, wie wir sie bereits kennengelernt haben, setzen voraus, daß die zu klassifizierenden Elemente, falls sie unstrukturiert sind, die Versuchsperson dazu zwingen, auf Kriterien wie die Farbe und die Form zurückzugreifen. Solche Kriterien sind jedoch zu allgemein, um für praktische Probleme von großem Nutzen zu sein – der Erdboden, welke Blätter und Kühe: all das ist braun, doch für einen Kpelle-Bauern ist das keine hilfreiche Verallgemeinerung.

Da in der realen Welt gewisse Erscheinungen regelmäßig vorkommen, besteht das Problem für das Individuum, das versucht, diese Erscheinungen zu ordnen, darin, so viele Eigenschaften wie möglich auf der Grundlage von möglichst wenigen Kriterien voraussagen zu können. Das würde zu einem System von vielen Kategorien mit feinen Unterschieden zwischeneinander führen, es liegt aber auch im Interesse des Individuums, keine Unterscheidungen vorzunehmen, die für das gesteckte Ziel bedeutungslos sind.

Das bringt uns zum Begriff der »Wink-Wertigkeit« *(cue validity)*, einem probabilistischen Konzept, nach dem der Wert jedes

»Winks« (jedes wahrnehmungsmäßigen Attributs) für die Voraussage einer Kategorie proportional zur Zahl der Assoziationen zwischen ihm und anderen Winken ist. Die Wink-Wertigkeit einer ganzen Kategorie kann als Summe der Wink-Wertigkeiten aller Attribute dieser Kategorie zusammen für die Kategorie definiert werden, so daß Kategorien, deren Attribute mit Kriteriumsfunktion oft Zustimmung auslösen, klarer abgegrenzt sind als solche mit einer geringen Wink-Wertigkeit. Weil »im Bereich der Natur und der vom Menschen hergestellten Gegenstände informationsreiche Bündel von wahrnehmungsmäßigen und funktionellen Attributen vorkommen, die natürliche Diskontinuitäten bilden«, zeigt es sich, daß die Wink-Wertigkeit auf der besonderen Ebene der Klassifizierung dort maximal wird, wo mehr Attribute als auf anderen Klassifikationsstufen allen Elementen der Kategorie gemeinsam sind. Es kann deshalb effizienter sein, die Klassifikation nach solchen grundlegenden Gegenständen vorzunehmen, die auf derjenigen Abstraktionsebene sind, für welche die Wink-Wertigkeit maximal ist. So können beispielsweise »Hund« und »Katze« nützlichere Kategorien als »Tier«, »Tisch« und »Stuhl« als »Möbel«, sein, denn Kategorien einer höheren Stufe wie »Tier« oder »Möbel« besitzen wenige Attribute, die allen Elementen dieser Kategorie zukommen, während untergeordnete Kategorien wie »Chippendale-Stuhl« oder »Labrador Retriever« derart spezifisch sind, daß ihre Brauchbarkeit in zu vielen Kontexten übermäßig eingeschränkt wird.

Grundlegende Kategorien von Objekten, etwa »Hund«, »Hammer«, »Stuhl« usw., erhalten ihre Kohärenz von auf Bildern beruhenden Prototypen, die ein Ergebnis der Wink-Wertigkeit sind, die ihrerseits durch die Strukturierung der realen Welt ausgelöst wird und die die Abgrenzung zwischen den Grundkategorien aufrecht erhält.

Wenn diese Beschreibung der praktischen Klassifikation richtig ist, so folgt daraus, daß eine hierarchische Klassifizierung in der Form »Labrador Retrievers sind Hunde«, »Hunde sind Säugetiere«, »Säugetiere sind Tiere« usw. für die Klassifizierung der Welt vom Nutzen her gesehen kaum einen Wert hat. Wahrscheinlich zeigt sich, daß wir so gut wie die Primitiven nicht so sehr klassifikatorische Hierarchien verwenden, sondern primär auf einer »Grund«ebene klassifizieren; daß übergeordnete und untergeordnete klassifikatorische Ebenen von verhältnismäßig geringer Bedeutung sind; und daß die klassifikatorischen Systeme viel stärker

Widerspiegelungen der Strukturierung der wirklichen Welt und viel weniger von der Sprache oder von willkürlichen kulturellen Faktoren abhängig sind, als die Anthropologen gemeinhin angenommen haben.

Ethnologen haben behauptet, die »Gattung« entspreche als Klassifikationsebene am ehesten der Grundebene, da die Organismen auf dieser Stufe Bündel von korrelierten Merkmalen besäßen, die »augenfällige« Unterschiede zu anderen Organismen darstellten. Tests haben gezeigt, daß bei solchen und anderen, nichtbiologischen Taxonomien, etwa Musikinstrumenten, Früchten, Werkzeugen, Kleidern, Möbeln und Fahrzeugen

... sehr wenige Attribute für die übergeordneten Kategorien angeführt werden, aber eine signifikant größere Anzahl für die mutmaßlichen Objekte der Grundebene. Objekte einer untergeordneten Ebene erhielten nicht signifikant mehr Attribute zuerkannt als solche der Grundebene. Die wenigen zusätzlichen Attribute, die zur Bezeichnung untergeordneter Objekte aufgezählt wurden, hatten eher adjektivistischen als substantivistischen oder funktionellen Charakter. (Rosch 1977, S. 32)

Die Versuchspersonen wurden auch aufgefordert, die Bewegungen zu beschreiben, die sie ausführten, wenn sie mit den Gegenständen, die als Beispiele genannt worden waren, umgingen oder mit ihnen in Interaktion traten. Jede Tätigkeit wurde dann nach den Körperteilen, die benutzt wurden, aufgegliedert und ebenso danach, wie diese Körperteile benutzt wurden. Während es für die mutmaßlich übergeordneten Gegenstände praktisch keine gemeinsamen Bewegungen gab, hatten die Grundgegenstände sehr viele gemeinsame Bewegungen; die untergeordneten Gegenstände hingegen wiesen im Vergleich zu denen der Grundebene keine zusätzlichen Bewegungen auf.

Bei Tests, die auf den zweidimensionalen Umrissen von Gegenständen beruhten, zeigten die Ergebnisse, daß das Verhältnis von sich überschneidenden zu sich nicht überschneidenden Bereichen viel größer war, wenn zwei Gegenstände derselben Grundebene übereinander gelegt wurden, als wenn Objekte der gleichen übergeordneten Kategorie einander überlappten. Die Informationszunahme war signifikant größer, wenn man von der Grundebene zur übergeordneten Ebene überging, als umgekehrt.

Wenn von den Umrissen der Gegenstände ein Mittelwert genommen wurde, zeigte sich, daß die Grundobjekte die allgemeinsten und umfassendsten Kategorien darstellten, innerhalb deren die bezeichneten Objekte wiedererkannt werden konnten, als die

Versuchspersonen diese Umrisse identifizierten. Gegenstände der untergeordneten Ebene waren nicht besser identifizierbar als die Grundgegenstände.

Dieses Ergebnis war besonders bedeutsam, weil es die Annahme nahelegt, daß die Grundebene die umfassendste Ebene ist, auf der man sich ein inneres Bild bilden kann, das mit einem Durchschnittselement der Klasse isomorph ist, und daß sie folglich die abstrakteste Ebene ist, auf der es möglich ist, sich ein verhältnismäßig konkretes Bild zu machen. (Ibid., S. 35)

Rosch vermutet, daß die Prototypen physiologisch begründeter Kategorien wahrnehmungsmäßig anscheinend auffällige Reize sind, die vor der Bildung der Kategorie ins Auge springen, daß sich aber bei »künstlichen« Kategorien, etwa den »Substantiv«-Kategorien aller Kulturen, die Prototypen offenbar nach dem gleichen Prinzip entwickeln (beispielsweise durch Maximierung der Wink-Wertigkeit), das die Bildung der Kategorien selbst leitet. Insofern die Attribute der Kategorien quantifizierbar sind, stellen die Prototypen den Durchschnitt dieser Attribute dar. Gegenstände mit einem mittleren Wert stehen anderen Gegenständen in der Kategorie offensichtlich näher als Elemente mit einem extremen Wert, während höher korrelierte Attribute vermutlich bei der Bildung des Prototyps ein größeres Gewicht haben als Attribute, die nicht miteinander korreliert sind. Während sich so Kategorien bilden, um die informationsreichen Gruppen von Attributen in der Umwelt zu maximieren, scheinen sich die Prototypen von Kategorien auszuformen, um innerhalb der Kategorien die Wink-Wertigkeit noch stärker hervorzuheben. Das prototypische Denken befähigt somit eine Person dazu, die strukturierten Eigenschaften der Umwelt auszunützen, »ohne daß sie gezwungen ist, sich auf den mühseligen kognitiven Prozeß einzulassen, die Wertigkeiten einzelner Fälle zufallsbedingt abzuschätzen und zu summieren«.

Prototypen sind eindeutig stärker von Bildern als von einer expliziten Verbalisierung abhängig und sind vermutlich die umfassendste Ebene, auf der man sich ein inneres Bild machen kann, das mit dem Aussehen der Elemente der Klasse als Ganzes isomorph ist. Während Kinder im präoperativen Stadium Sortieraufgaben (auf der übergeordneten Ebene) komplexiv lösen, sortieren sie, so hat Rosch zeigen können, die Grundobjekte auf der Grundebene taxonomisch. Insbesondere die Farbe ist für das Sortieren nützlich, solange die Gegenstände nicht miteinander in Beziehung stehen. In Gesellschaften ohne Schulbildung im europäischen Sinne sortieren die Versuchspersonen hingegen die nicht miteinander in Beziehung stehenden Gegenstände nach der Farbe, weil sie nicht wirklich imstande sind, die übergeordneten Klassifizierungsebenen anzuwenden, und zwar obwohl in diesen Gesellschaften das Farbenvokabular meistens eher bescheiden ist.

4. Hierarchische Klassifikationssysteme und ihre Beziehung zu Gruppenhierarchien

Da Primitive ihre Klassifizierung primär auf Komplexen aufbauen, die von den funktionellen und assoziativen Relationen zwischen im wirklichen Leben erfahrenen Dingen hergeleitet sind, und nicht so sehr auf logischen Klassen und taxonomischen Kriterien, können zwar durchaus hierarchische Klassifikationssysteme mit umfassenden allgemeinen Kategorien, die in speziellere Kategorien unterteilt sind, konstruiert werden, aber solche Kategorien basieren unvermeidlicherweise auf veränderlichen Kriterien und können sowohl sich überschneidende als auch nicht in einer übergeordneten Klasse vereinigte Klassen enthalten. (Daß es allgemeine und spezielle Begriffe, beispielsweise »Baum« und »Eiche«, im Vokabular einer Naturvolksprache gibt, bedeutet nicht notwendig, daß diese Völker selbst solche Begriffe als Bezeichnung von Klassen, die in einem Inklusionsverhältnis zueinander stehen, begreifen. Piaget hält ebenfalls fest, daß drei- oder vierjährige Kinder zwar verstehen können, daß ein Gänseblümchen eine Blume oder daß eine Frau ein Mensch ist, ohne jedoch diese hierarchischen Relationen als Klassen-Inklusion zu begreifen.) Die Bedeutung der Prototypen für die Klassifikation ist der Grund dafür, daß vielschichtige hierarchische Systeme unter den Bedingungen des primitiven Lebens von verhältnismäßig geringem Nutzen sind, weil die Kategorien der Grundebene für die Informationsverarbeitung am brauchbarsten sind. Primitive verwenden kaum taxonomische Kategorien, sondern neigen viel stärker dazu, ihr Universum in »Bereiche« einzuteilen, beispielsweise »Dinge des Waldes«, »Dinge des Dorfes«, »Dinge des Meeres« und so fort, die nicht hierarchisch geordnet werden.

Theoretiker wie Lévi-Strauss haben die »Wohlgeordnetheit« der taxonomischen Kategorien in primitiven Gesellschaften stark übertrieben. Die Taxonomien der Yurok, Karok und Smith River-Indianer in Südwestkalifornien für die Klassifizierung der Fauna zum Beispiel sind unsystematisch und unkoordiniert.

Wir erfassen das Universum der lebenden Dinge erschöpfend mit vielschichtigen hierarchischen Klassifizierungen wie »Pflanze, Strauch, beerentragender Strauch, Stachelbeere« oder »Tier, Insekt, Laus, Kopflaus«. Die Indianer hingegen haben verhältnismäßig wenige gattungsmäßige Begriffe und viele Ausdrücke, die nicht in irgendeine Hierarchie eingeordnet werden können. (Bright und Bright 1970, S. 70)

Beispiele:

Yurok: vierfüßiges Säugetier; Fisch; Schlange; Vogel (insbesondere kleiner Vogel); Tannenbaum, Baum; Strauch, Gras, Blume; Beere.
Smith River: Schlange; Ente, Vogel; Tannenbaum, Nadelholz; Strauch, Baum ohne Nadeln; Gras; Blume; Beere.
Karok: Schlange; Vogel; Baum; Strauch; Gras; Blume; Beere.
In diesem Gerüst kann ein Yurok-Wort wie... »Kopflaus« nicht in umfassendere Klassen wie »Läuse« oder »Insekten« hineingenommen werden, weil es diese nicht gibt; und die Klassifizierung *ho're?mos*, die manchmal mit »Tier« übersetzt wird, ist für sie nicht zulässig. Die Antwort auf die Frage... »Was *ist* eine Kopflaus? ist ganz einfach...: »Es ist eine Kopflaus.« Yurok-Informanten, die aufgefordert werden, eine Pflanze oder ein Tier zu identifizieren, für das sie keinen Namen haben, sagen im übrigen oft, diese seien »so wie das und das«, anstatt es einer Klasse zuzuordnen; mehrere Arten von blühenden Sträuchern werden etwa als »sahsip segon, *wie wilder Flieder«*, beschrieben, obwohl sie, mit den Augen eines Weißen gesehen, kaum eine Ähnlichkeit mit Flieder haben... Wenn es gattungsmäßige Begriffe gibt, können diese auch ein besonderes Element der Klasse bezeichnen. Das ist eine Parallele zum Gebrauch des englischen Wortes *man*, das sowohl für die Menschen allgemein als eine Klasse als auch für die erwachsenen männlichen Angehörigen dieser Klasse als eine Unterklasse steht; das Phänomen kommt aber in Indianersprachen viel häufiger vor. Das Yurok-Wort *tepo* heißt »Tanne« oder »Baum« im allgemeinen; das Smith-River-Wort *tšeeyaš* bedeutet »Ente« im besonderen und »Vogel« im allgemeinen. (Ibid., S. 70 f.)

In einem auf der Inklusion der Klassen basierenden logischen und hierarchischen Klassifizierungssystem ist irgendein Element einer Klasse, weil es Element oder nicht Element dieser Klasse ist, dadurch auch unzweideutig Element oder nicht Element der nächst höheren Ordnung in dieser Klassifikation, aber:

Man kann jedoch unmöglich in Form eines Stammbaums angeben, in welchen Situationen ein artmäßiger Ausdruck wie das Yurok-Wort *tepo*, »Tanne, Baum« oder das Smith-River-Wort *tš'aamé?*, »Tanne, Nadelholz«, auch als gattungsmäßiger Ausdruck verwendet werden kann, also andere Bäume ein-

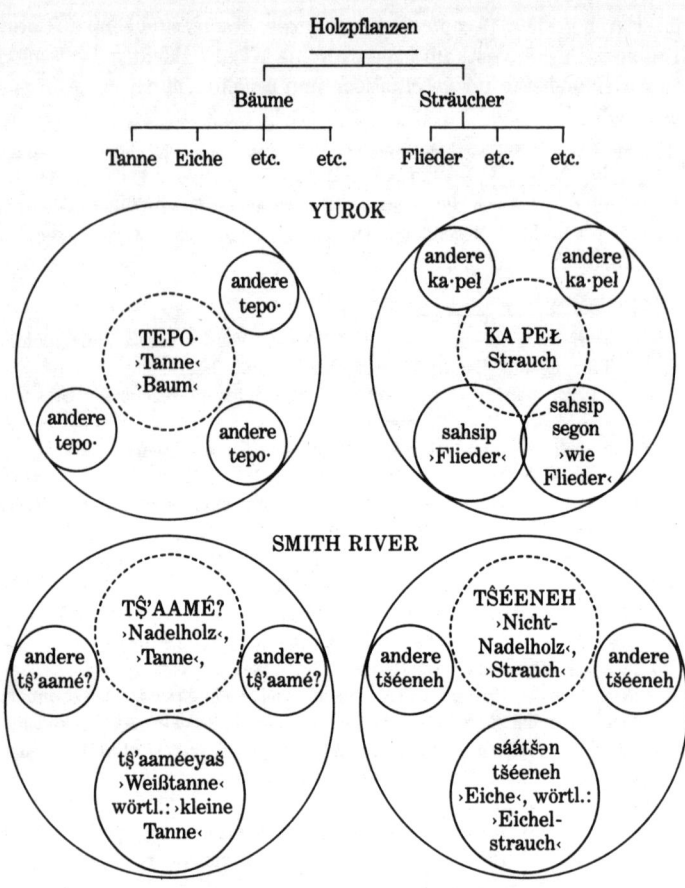

Abbildung 7: (Bright und Bright 1970, S. 72)

schließt, die der Tanne gleichen, weil sie auch Nadelhölzer sind. Ebensowenig läßt sich angeben, wann ein Gegenstand auf eine bestimmte Weise klassifiziert wird, weil er »wie« ein anderer Gegenstand aussieht, der eine zentralere Stellung im zur Diskussion stehenden Bereich einnimmt. (Ibid., S. 71)

Die Taxonomie dieser Indianer kann deshalb besser durch das Modell eines »Einflußkreises« (Abbildung 7) als durch ein hierarchisches Schema wiedergegeben werden.

Für die Smith-River-Indianer sind Holzpflanzen entweder *tš'aamé?* oder *tšéeneh;* man hat nur die Wahl zwischen diesen beiden gattungsmäßigen Ausdrükken oder spezifischen Lexemen. In der Yurok-Sprache ist die Klassifikation nicht so streng: ein Gegenstand kann in den Bereich *ka.p'el*, »Strauch«, gehören, auch wenn er nur *wie* ein anderes Element dieser Klasse *aussieht*. (Ibid., S. 74)

Die Karam im Hochland von Neuguinea liefern ein weiteres Beispiel für eine Klassifikation der Tierwelt, bei der das Muster der hierarchischen Klassifizierung nur sehr beschränkt angewandt wird. Auf der höchsten Allgemeinheitsebene »gibt es keine Taxa, die dem ›Reptil‹, der ›Echse‹, der ›Schlange‹ usw. entsprechen« (Bulmer 1967, S. 6). Es gibt nicht weniger als 94 primäre Taxa (mit »primär« ist die höchste Allgemeinheitsebene im taxonomischen System gemeint), und Bulmer hält fest, daß auf dieser obersten Stufe des taxonomischen Systems kulturelle Kriterien eine größere Rolle als morphologische Kriterien oder der Standort spielen. Bei den Zwischentaxa zeigt sich, daß solche meistens fehlen (in 88 von 94 Fällen) und daß die meisten primären Taxa einfach in Endtaxa unterteilt werden. Neben dem primären Taxon *yakt* (flugfähige Vögel und Fledermäuse) mit 23 Zwischentaxa und 181 Endtaxa haben zwei primäre Taxa jeweils zwei Zwischentaxa und drei primäre Taxa jeweils ein Zwischentaxon, während nicht weniger als 66 primäre Taxa auch Endtaxa sind. Im Hinblick auf die Endtaxa schreibt Bulmer:

. . . auf dieser Ebene haben die Karam ein gewaltiges, bis in die Einzelheiten gehendes und insgesamt in hohem Maße zutreffendes Wissen in naturgeschichtlichen Dingen und . . ., auch wenn sogar bei den Wirbeltieren ihre Endtaxa nur in etwa 60% der Fälle mit den Arten der wissenschaftlichen Zoologie zusammenfallen, haben sie dennoch im allgemeinen gute Kenntnisse über die Artunterschiede bei den größeren und vertrauteren Tieren. Die allgemeine Folgerichtigkeit, mit der in der Natur morphologische Unterschiede mit Unterschieden im Lebensraum, in den Eßgewohnheiten, in den Lockrufen und in anderen Aspekten des Verhaltens korreliert sind, ist der unvermeidliche Ausgangspunkt für jedes System des Tierreichs auf der untersten Ebene. (Bulmer 1967, S. 6)

Das taxonomische System der Karam beruht somit bei den Endtaxa in einem signifikanten Ausmaß auf den in die Augen springenden natürlichen Ähnlichkeiten und auf den naturgegebenen Diskontinuitäten, wo vor allem die Morphologie, der Standort und das Verhalten die relevanten Kriterien sind, während auf den höheren Ebenen auch so verschiedene kulturelle Kriterien wie die Beziehung zum Menschen, Reinheit/Unreinheit, Eßbarkeit, ideologische Aspekte des Waldes, des offenen Landes, des Gartens und der Wohnhäuser und der Bereich der Symbole ganz allgemein mitspielen. Angesichts dieser Vielfalt von Kriterien ist es nicht erstaunlich, daß ihr taxonomisches System nicht auf irgendwelche konsequenten logischen Prinzipien zurückführbar ist oder daß so viele primäre Taxa gleichzeitig auch Endtaxa sind; unter dem Gesichtspunkt der Karam sind das natürlich keine Mängel.

Ein ähnliches Fehlen einer hierarchischen Organisation läßt sich in der Klassifizierung der Tiere und Menschen bei den Konso beobachten, obwohl sich dieses Volk sehr stark mit Kategorisierung befaßt.

Tabelle 6

		Klassifikation der Konso für Menschen und Tiere			
nama (Person)	(kein Kollektivname)	*pinanda* (Wildtiere)		*hambira muguja*	
Mann, Person					
Hunde	Rinder	Tiere, die Rindern, Schafen und Ziegen gleichen	andere Tiere**	Vögel	Fische
Affen*	Schafe		Löwe	(dürfen nicht gegessen werden)	
	Ziegen		Leopard		
dürfen nicht gegessen werden)	(dürfen gegessen werden)	Hirscharten	Schildkröte		
		Büffel	Krokodil		
		Zebra	Schlange		
		Giraffe	usw.		
		Nashorn	(dürfen nicht gegessen werden)		
		Schwein			
		usw.			
		(dürfen gegessen werden)			

Kriterien für die Wahl der Kategorie
1. Haustier/Wildtier
2. Aussehen
3. Lebensraum
4. Soziale Beziehungen zum Menschen
5. Eßbarkeit
6. Ähnlichkeit mit den Musterbeispielen von Tieren oder mit dem Menschen

* Die Affen werden jedoch in verschiedener Hinsicht als *pinanda* angesehen
** weil sie andere Elemente bewohnen, Fleischfresser sind, eine nächtliche Lebensweise haben, sich eingraben oder Ähnlichkeit mit dem Menschen haben

246

Flora und Fauna sind selbstverständlich nicht die einzigen Bereiche mit Klassifikationssystemen. Der Wortschatz einer Sprache ist jedoch von geringem Nutzen bei der Feststellung von Klassifizierungssystemen. Cole, Gay und ihre Mitarbeiter haben deshalb verschiedene Sortieraufgaben dazu benutzt, um das implizite Klassifikationssystem der Kpelle-Welt aufzudecken. Als Grundlage diente ein Versuchssystem, das ein gebildeter Kpelle, John Kellemu, in Gesprächen mit einer kleinen Gruppe von Ältesten ausgearbeitet hatte (s. Tabelle 7, S. 248/49).

In diesem Klassifikationssystem ist die Erde eine obere Unterklasse über den Dingen der Stadt und den Dingen des Waldes; eßbare Tiere und Kulturpflanzen sind eine Unterklasse der Dinge der Stadt. Fallen sind eine Oberklasse von Dingen des Waldes und eine Unterkategorie der Dinge der Stadt:

In vielen, wenn nicht in allen Fällen ergaben sich die Zweideutigkeiten in der Klassifizierung aus der gewaltigen Schwierigkeit, einen solchen breiten Bereich von Gegenständen zu klassifizieren, in Unterklassen zu zerlegen und die wechselseitigen Zusammenhänge zu berücksichtigen. Weil die zu klassifizierenden Dinge derart verschieden sind, verschiebt sich die Klassifizierungsgrundlage oft sehr subtil.

Das folgende Beispiel mag diese Schwierigkeiten verständlich machen. Angenommen, jemand fordere einen amerikanischen Studenten auf, die Dinge zu klassifizieren. Die Antwort würde etwa lauten, alle Dinge seien entweder lebendig oder unbeseelt. Wie soll man dann etwas wie einen Bauernhof, die Erde oder die Nahrungsmittel einteilen? Die Entscheidung würde offensichtlich von zu diesem Zweck aufgestellten ad hoc-Kriterien abhängen. Bei der Ausarbeitung der verschiedenen Untermengen von Dingen und der Relationen zwischen ihnen stieß Kellemu immer wieder auf das Problem der veränderlichen Klassifizierungskriterien, die zu den einander überschneidenden Kategorien in Tabelle 7 führen. Eine Banane zum Beispiel ist ein *Stadt-Ding*, insofern sie ein Nahrungsmittel ist, aber ein *Wald-Ding*, insofern sie auf einem Baum im Walde wächst. (Cole *et al.* 1971, S. 63)

Es wäre somit möglich, daß die Seŋ- oder Ding-Tabelle ein überformalisiertes und künstliches System ist, das von einem gebildeten Kpelle seinen Informanten bis zu einem gewissen Grade aufgezwungen worden ist und alternative Klassifizierungssysteme verdecken könnte. Weitere Untersuchungen haben gezeigt, daß die Kpelle anders klassifizieren, wenn die Beziehungen zwischen den Dingen auf andere Art, etwa durch die Bildung von Sätzen, durch freie Assoziation oder durch nicht-verbales Sortieren, erfragt werden. Die Behauptung, es gebe in einer bestimmten Kultur ein

Tabelle 7

		Stadt-Dinge				
Spiel-Dinge	Leute	Stadt-Arbeiten	Stadt-Tiere	Arbeits-Dinge	die Erde*	Fallen**
Tanz-Ausrüstung	Kinder	Häuser	Auf Füßen gehende Tiere	Fahrzeuge	Schmutz	
Tänzer	Erwachsene	Ställe	Vögel	Medizinen	Stein	
Trommeln	gute Leute	Zäune		Kräuter	Sand	
Hörner	böse Leute	Bank		Amulette	Morast	
Spiele	Arbeiter	Webstuhl		Gesellschaften		
	Stellung			Hexerei		
	Aussehen			Wahrsagerei		
				europäische Dinge		
				Haushalt		
				Dinge		
				zum Schlafen		
				Betten		
				Tücher		
				Matten		
				Werkzeuge		
				Kleider		
				Koch-Dinge		
				Haushaltgeräte		
				Nahrungsmittel		
				gekochte		
				Wald-Dinge***		
				Fallen**		

* Die Erde ist eine höhere Unterklasse sowohl der Stadt- als auch der Urwald-Dinge
** Fallen sind eine höhere Kategorie von Urwald-Dingen und eine Unterkategorie von Stadt-Dingen
*** Die eßbaren Dinge innerhalb der gestrichelten Linien auf S. 249 sind auch eine Unterklasse der Stadt-Dinge

248

Urwald-Dinge

Tiere	Knollen Feldfrüchte	Wasser Nahrung	Pilze	Schlingpflanzen	Bäume	Sträucher	böse Dinge
Tiere mit Füßen (zweifüßig)	wildwachsend angepflanzt	Wasser Öl Honig		wildwachsend angepflanzt	wildwachsend angepflanzt	wildwachsend angepflanzt	Poro-Kopf Sande-Kopf angsterregende Dinge Hexen Genien Zwerge Geister
Tiere mit Füßen (vierfüßig)							
Tiere mit Klauen							
kriechende Tiere							
Schlangen							
Schnecken							
Fisch							
ohne Schuppen							
mit Schuppen							
Würmer							
langsame Tiere							
eßbare Tiere							
nicht-eßbare Tiere							
Wassertiere							
sich eingrabende Tiere							
Baumtiere							
Springende Tiere							
eßbare							
nicht-eßbare							
Fliegende Tiere							
Vögel							
Insekten							
eßbare							
nicht-eßbare							

letztes, »wahres« oder verbindliches Klassifizierungssystem, ist somit höchst zweifelhaft.

Um diese Aspekte der Ding-Tabelle aufzuklären, wurden verschiedene Methoden angewandt. Bei der Satzbildung wurden den Versuchspersonen Klassennamen aus der Tabelle vorgelegt, worauf Sätze zu bilden waren, die jeweils einen solchen Namen enthielten. Dann wurden die Leute gefragt, welche Wörter in diesen Sätzen durch andere ersetzt werden könnten, ohne daß der Sinn verändert würde:

Das Ergebnis, eine Daten-Matrix, die zeigte, inwieweit bestimmte Wörter in verschiedenen Sätzen gegeneinander ausgetauscht werden können, wurde mittels einer von Stefflre (1963) entwickelten Methode analysiert; die Wörter wurden derart angeordnet, daß diejenigen, die in den verschiedenen Sätzen auf ähnliche Weise substituiert worden waren, nebeneinander zu stehen kamen. Damit wollten wir feststellen, ob auf der Seŋ-Tabelle gleich klassifizierte Wörter auch nach dieser Satz-Substitutions-Methode als Gruppen auftreten würden. Im allgemeinen erschienen die durch die Seŋ-Tabelle definierten Klassen auch in den Ergebnissen dieser Untersuchung. (Ibid., S. 65)

(Versuchspersonen für diese Untersuchungen waren traditionell aufgewachsene Kpelle im Alter zwischen 18 und 50 Jahren.) Als wichtigste Ergebnisse seien genannt:

Die übergeordnete Aufteilung in *Stadt-* und *Wald-Dinge* und die meisten Klassen der nächsten Spezifitätsebene blieben annäherungsweise gleich. Doch Zweideutigkeiten, die durch die methodische Darstellung in der Seŋ-Tabelle verdeckt wurden, die aber darin vorhanden waren, werden sichtbar. *Dinge für die Arbeit* beispielsweise erscheinen nicht als eine einheitliche Kategorie; ihr zweideutiger Status in der Tabelle widerspiegelt sich in der Tendenz, sie in Gruppen zu unterteilen, die zu anderen Klassen der Tabelle in Beziehung stehen. *Dinge für das Kochen* und *Stadt-Tiere* erscheinen in einer Gruppe nahe bei den *Nahrungsmitteln*, worin sich zeigt, daß es sich um natürliche Beziehungen handelt, die beim Ordnen nach der Dualität *Stadt–Land* in der Tabelle unterdrückt worden waren. Desgleichen treten *Gebäude* zusammen mit *Kleidern, Werkzeugen* und *Dingen für den Schlaf* auf, die alle in den Häusern, aus denen das Dorf besteht, aufbewahrt werden. (Ibid., S. 66)

Es ist daraus ohne weiteres zu ersehen, daß die Kpelle wie jedes andere Volk, wenn sie die Dinge klassifizieren müssen, eine verhältnismäßig unzweideutige Einteilung vornehmen, falls sie sich an die objektiven Ähnlichkeiten und Unstetigkeiten zwischen den natürlichen Arten halten, daß aber ihre Klassifizierung, weil alle ihre Kriterien für die Klassenzugehörigkeit auf dem Lebensraum, dem Aussehen, der Funktion oder der Verwendbarkeit beruhen, zunehmend zweideutig wird, falls sie in die heterogene Kollektion von Gegenständen, die in der Seŋ-Tabelle enthalten sind, eine Ordnung bringen müssen, denn hier sind die Zusammenhänge nicht so klar ersichtlich wie bei den natürlichen Arten. Es gibt selbstverständlich keine »natürlichen« Klassen für diese Gegenstände, und die einzige logisch befriedigende Ordnung ist deshalb willkürlich, beruht auf Konventionen und taxonomischen Kriterien und wird durch theoretische Erwägungen bestimmt. Doch die Kpelle gehen die Aufgabe, wie andere primitive Völker (und übrigens auch wir selbst, wenn wir die Materie nicht genauer studiert haben), auf der Grundlage der komplexiven Klassifikation an, in der konkrete Assoziationen und »funktionelle Übertragung« vorherrschen. Das daraus hervorgehende System von Klassen ist deshalb unvermeidlich zweideutig und stützt sich auf veränderliche Kriterien.

Eine dritte Methode, Klassifizierungen auszulösen, war die freie Assoziation:

Eine Person wird zum Beispiel gefragt: »Woran denken Sie, wenn ich ›Karren‹ sage?« Wenn man die Ergebnisse gründlich analysiert, kann diese freie Assoziation Aufschluß geben über das Ausmaß, in welchem die Reize (in unserem Fall Wörter aus der Seŋ-Tabelle) einander und andere Wörter als Assoziationen auslösen. Die Stärke der Assoziation innerhalb einer Reihe von Reizen und die Zugehörigkeit zu einer Klasse können von den gemeinsam ausgelösten Assoziationen (*Katze* und *Hund* lösen beide die Assoziation *Haar* aus) und den direkten Assoziationen (*Katze* und *Hund* lösen sich gegenseitig aus) als Indikatoren für die Beziehungen zwischen Wörtern her abgeschätzt werden (Deese, 1962). (. . .) Das allgemeine Ergebnis war abermals eine Kopie der in der Seŋ-Tabelle enthaltenen Klassen; wie schon bei der Satz-Substitutions-Methode war freilich das Beziehungsmuster zwischen den Klassen oft anders, und in einigen Fällen gab es Unterschiede bei der Klassenzugehörigkeit (Schlange zum Beispiel wird mit Gegenständen zusammen gruppiert, die eher in die Klasse der *Arzneien* als die der *Tiere* fallen). (Ibid., S. 67)

Die Ergebnisse dieses Tests werden am günstigsten wie in Abbildung 8 dargestellt, wo die 24 Wörter entsprechend ihrem Ähnlichkeitsgrad hierarchisch gruppiert sind. »Je größer die Ähnlichkeit zwischen zwei Gegenständen ist, um so weiter rechts in der Abbildung liegt der Punkt, wo die beiden Linien zusammentreffen. Die Zahlen über der graphischen Darstellung geben den Überlappungsgrad der Gegenstände an, deren Linien an diesem Punkt zusammenlaufen.« (Ibid., S. 73 f.)

Auf der Seŋ-Tabelle (Tabelle 7, S. 248 f.) sind unter dem Titel »Haushalts-Dinge« Nahrungsmittel und Küchengeräte Unterklas-

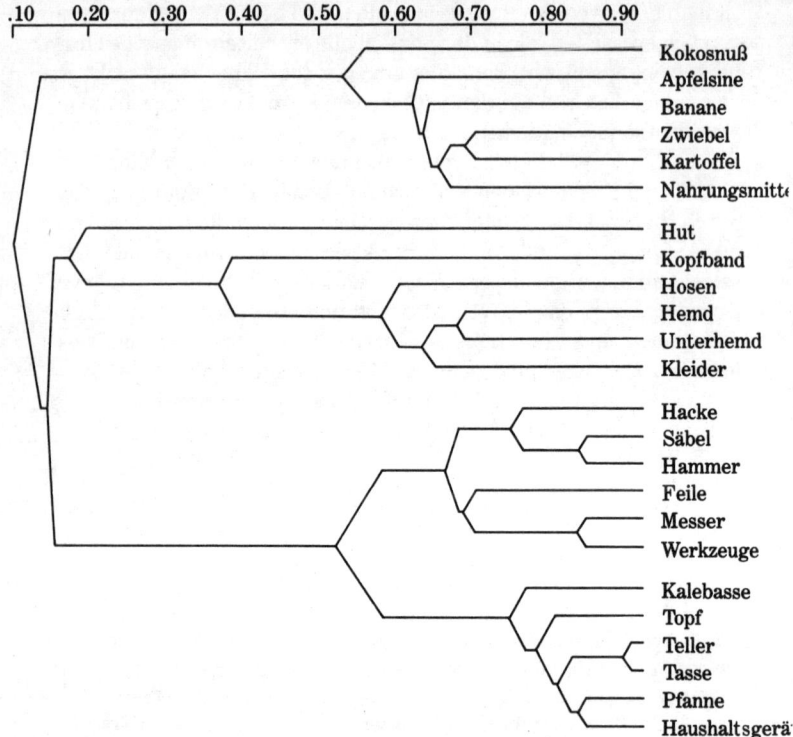

| | | | | | | | | |
|.10|0.20|0.30|0.40|0.50|0.60|0.70|0.80|0.90|

Kokosnuß
Apfelsine
Banane
Zwiebel
Kartoffel
Nahrungsmitt(
Hut
Kopfband
Hosen
Hemd
Unterhemd
Kleider
Hacke
Säbel
Hammer
Feile
Messer
Werkzeuge
Kalebasse
Topf
Teller
Tasse
Pfanne
Haushaltsgerä

Abbildung 8: Ergebnisse mit dem »Johnson Hierarchical-Clustering Program Applied to Free-Associations of Clusterable Stimuli« bei Kpelle-Versuchspersonen

sen der »Dinge für das Kochen«, während hier die Küchengeräte enger mit den »Werkzeugen« assoziiert sind, und diese beiden zusammen sind enger mit den Kleidern als mit den Nahrungsmitteln verbunden. Die Überprüfung der Tabelle zeigt auch, daß die gattungsmäßigen Begriffe »Nahrungsmittel«, »Kleider«, »Werkzeuge« und »Küchengeräte« in einer prototypischen Beziehung zu Zwiebel und Kartoffel, Hemd und Unterhemd, Messer und Pfanne, in dieser Reihenfolge, stehen, und daß andere Elemente dieser taxonomischen Gruppen als weiter entfernt von den prototypischen Elementen angesehen wurden.

Ich habe schon auf die Tendenz Primitiver hingewiesen, das

Universum nach »Bereichen« zu klassifizieren, die auf physischen, räumlichen und funktionellen Assoziationen zwischen den Dingen in jedem Bereich beruhen. Solche Bereiche können oft eine wichtige kosmologische Bedeutung haben. Die Konso zum Beispiel verwenden eine triadische Klassifikation nach Gott, Erde und Wildnis.

Gott, Waga, ist mit dem Himmel und insbesondere mit dem Regen assoziiert; die Konso glauben, er halte den Regen von Städten zurück, in denen zuviel Streit herrscht. Gott wird nicht als der Schöpfer der Erde aufgefaßt, sondern als die Quelle der Moral; und deshalb gelten die Ältesten als gemeinsame Stellvertreter Gottes, wenn sie ihrer Pflicht zur Führung, zu weisem Rat, zur Friedensstiftung und zum Segnen nachkommen. Die Erde wird als von Gott unabhängig angesehen und insbesondere mit den Frauen, der Nahrung, der physischen Fruchtbarkeit und dem Wohlergehen ganz allgemein assoziiert. Doch die Frauen stehen außerhalb der Gesellschaft, insofern alle wichtigen Institutionen männlich sind; Frauen nehmen nicht an der Entscheidungsfindung teil und können nicht segnen, was eine wesentlich soziale, männliche Funktion ist. Die Wildnis, das sind die Dschungel am Sagan-Fluß, an der Grenze zwischen den Territorien der Konso und der Borana Galla, der Urwald ganz allgemein und folglich auch die bösen Geister, die wilden Tiere und die Feinde. Doch die Formen der Wildnis sind ambivalent, denn Priester, Vermittler und geistige Mächte haben Affinitäten zur Wildnis. Die heiligsten Orte, wozu auch die verlassenen Heimstätten von Priestern gehören, sind von wilden Pflanzen überwuchert, die nicht abgeschnitten werden dürfen; und die Priester, zu deren Grundfunktionen die Vermittlung zwischen den Menschen gehört, dürfen nicht in den Städten leben, wo ihre Gegenwart für die Menschen mystisch gefährlich ist, sondern müssen ihre Häuser außerhalb auf den Feldern errichten.

Dieses System ist nicht hierarchisch, taxonomisch, sondern beruht auf prototypischen Bildern und konkreten Assoziationen, deren kognitive Funktion darin besteht, eine Ordnung, in der übernatürliche Kräfte und Mittel untrennbar zu einem dynamischen System von Beziehungen gehören, aufzuzwingen und zu verallgemeinern. Ähnliche Eigenarten haben wir im Kategoriensystem der Umeda mit Kokospalmen, Betelpalmen und Wildem Sago kennengelernt.

Kurzum, es gibt kaum Beweise dafür, daß hierarchische Klassifizierungssysteme typisch, konsequent durchdacht (in einem logischen Sinn) oder unter den Bedingungen der primitiven Gesellschaft auch nur besonders nützlich seien.

Durkheim, Douglas und andere haben behauptet, die Hierarchien der sozialen Organisation bildeten die Grundlage für andere taxonomische Hierarchien. Wir sind nun in der Lage, eine solche Behauptung zu beurteilen, wobei wir insbesondere daran denken wollen, wie spärlich hierarchische Klassifikationen in primitiven Gesellschaften anzutreffen sind.

Piaget hat in einer seiner frühesten Arbeiten über die Entwicklung der Logik beim Kinde (Piaget 1924 (1972), S. 119–130) die Prozesse untersucht, durch die die Relationen zwischen dem Ganzen und dem Teil im Alter zwischen sieben und zehn Jahren für das Kind verständlich werden. Eine der Fragestellungen bezog sich auf das Verständnis der Beziehungen zwischen den verschiedenen Ebenen der sozialen Gliederung. Dabei zeigte sich, daß das Kind anfänglich nicht begreifen kann, daß Städte, Kantone und Staaten verschiedene hierarchische Ebenen sind – für das Kind sind sie bloß verschiedene Gruppen. Auf der zweiten Entwicklungsstufe erkennt das Kind, daß das eine innerhalb des anderen sein kann, daß etwa Genf in der Schweiz ist, doch diese Inklusion ist rein geographisch und bedeutet ein Nebeneinander, nicht eine logische Inklusion, denn das Kind kann den Teil nicht gleichzeitig als verschieden vom Ganzen und dennoch als im größeren Ganzen enthalten denken. Für es ist ein Knabe Genfer, nicht Schweizer; falls es sagt, »Genfer sind Schweizer«, so meint es, die Genfer seien auch Waadtländer (und gleichzeitig Angehörige anderer Kantone). Erst im letzten Stadium realisiert das Kind, daß eine Person gleichzeitig zu zwei Gruppen gehören kann, von denen die eine in der anderen eingeschlossen ist.

Piaget betont, eine der Schwierigkeiten für das Kind bestehe darin, daß es keine konkrete Erfahrung mit Städten, Kantonen und Staaten habe und deshalb die Länder und andere soziale Einheiten nur als Namen und nicht so sehr als im wirklichen Raum liegende territoriale Unterteilungen in seine Überlegungen einbeziehe. Das gilt jedoch nicht für primitive Gesellschaften, deren Angehörige umfassende Erfahrungen mit der räumlichen Verteilung von Gruppen und mit deren abstammungsmäßiger und politischer Gliederung in der Zeit haben. Man könnte deshalb annehmen, daß Angehörige primitiver Gesellschaften zumindest im Bereich der sozialen Organisation dazu imstande wären, die logische Relation zwischen dem Ganzen und dem Teil zu begreifen. Das könnte, muß aber nicht notwendig so sein, denn eine physische Inklusion ist nicht dasselbe wie eine logische Inklusion. Ob man dazu fähig ist, einen Baum in »Wurzeln«, »Stamm«, »Äste« und »Blätter« zu unterteilen – »partitive Zugehörigkeit« –, oder das Prinzip der Klassen-Inklusion begreifen kann: dazwischen besteht ein klarer und wichtiger Unterschied. Das Verständnis der sozialen Gliederung eines Stammes – Sippen, Untersippen, Geschlechterverbände usw. – steht möglicherweise dem Verständnis der partitiven Zugehörigkeit näher als dem der logischen Hierarchie von Klassen-Inklusionen.

Durkheim nahm an, die logischen Hierarchien von Klassifikationssystemen rührten ursprünglich von der hierarchischen Struktur der Gruppenorganisation her: Stamm – Hälfte (moiety) – Phratrie – Sippe – Geschlechterverband usw. Ich würde hingegen sagen, daß es zwar tatsächlich eine Ähnlichkeit zwischen Gruppen- und logischen Hierarchien gibt, daß diese aber oberflächlich und als Hinweis auf die Denkprozesse, die bei der Verbegrifflichung dieser beiden Arten von Hierarchien mitspielen, irreführend sei.

Als Ethnograph kannte ich die meisten Angehörigen der von mir untersuchten Gesellschaften nicht persönlich; beim Studium der allgemeinen Organisationsform der sozialen Gruppen fiel mir auf, welch grundsätzlich andere Auffassung von Gesellschaftsgruppen die Eingeborenen hatten. Für sie bestand selbstverständlich jede Gruppe aus Leuten, von denen sie die meisten kannten, mit einer Familiengeschichte, einem bestimmten Ort, wo sie lebten, und gemeinsamen allgemeinen Verhaltensmerkmalen. Sie hatten offensichtlich diese konkreten Assoziationen für alle einzelnen Angehörigen einer Gruppe im Kopf, wenn sie mir sagten, welche davon auch Angehörige kleinerer Gruppen innerhalb des Ganzen seien.

Bei den Tauade zum Beispiel ist der »Stamm« eine autonome Gruppe von rund 200 Individuen, die ein von Wasserläufen und Bergkämmen gesäumtes, klar abgegrenztes Gebiet bewohnen, jeder Stamm mit einem eigenen Namen. Mehrere Stämme bilden jeweils eine der acht Dialektgruppen, und innerhalb eines Stammes gibt es eine Anzahl Sippen. Die Zugehörigkeit zu einem Stamm ist von mehreren Faktoren abhängig:

Die Bande, die sie anerkennen, sind solche des Blutes, in der gleichen Familie oder im selben Dorf groß geworden sein; Besitz von Rechten für die Nutzung von Land und Schraubenbäumen *(Pandanus)*; Zusammenarbeit beim Gartenbau; gemeinsamer Wohnsitz und, was damit zusammenhängt, gegenseitige Unterstützung bei Streitigkeiten; die im Männerhaus entstandenen Beziehungen zwischen Männern; und der von den Vätern auf die Söhne vererbte Einfluß. (Hallpike 1977, S. 84)

Stämme kämpften mit einem gewissen Maß von Einheit in Kriegen, und die Zugehörigkeit zu einem Stamm wird insbesondere durch die Aussage ausgedrückt, seine Mitglieder besäßen Schraubenbäume gemeinsam. Innerhalb des Stammes gibt es eine Anzahl Sippen, von denen angenommen wird, sie stammten von einer Gruppe von ursprünglichen Einwanderern in das jetzige Stammesgebiet ab. Die Zugehörigkeit zu einer Sippe wird normalerweise durch den Vater eines Mannes vererbt, aber es gibt keine klare juristische Regel für die Patrilinearität; die Sippen werden mit besonderen Landstrichen und spezifischen, traditionellen Wohnlagen assoziiert, und jede Sippe hat auch eine Höhle, in der die Knochen der Verstorbenen aufbewahrt werden. Doch die Sippen haben keine Bedeutung für die bevölkerungsmäßige Zusammensetzung der Dörfer, in die jeder Stamm ebenfalls unterteilt ist, und man kann aus der Sippenzugehörigkeit eines Mannes gar nichts über seinen Wohnsitz, seine Ehe oder seine Zusammenarbeit im Gartenbau ableiten. Die wirklichen Stammesgruppen sind die Dörfer, deren Bevölkerung ständig wechselt, und die Familien, die üblicherweise aus einem Mann und seinem verheirateten erwachsenen Sohn (oder seinen Söhnen), zwei oder mehr Brüdern und bisweilen den Söhnen von Brüdern bestehen; innerhalb dieser Familienangehörigen sind die affektiven Bande sehr stark.

Es gibt somit innerhalb der sozialen Gruppen eine implizite hierarchische Ordnung (siehe Abbildung 9). Doch diese Hierarchie ist sicher nicht logisch, und die verschiedenen Ebenen in ihr bestehen

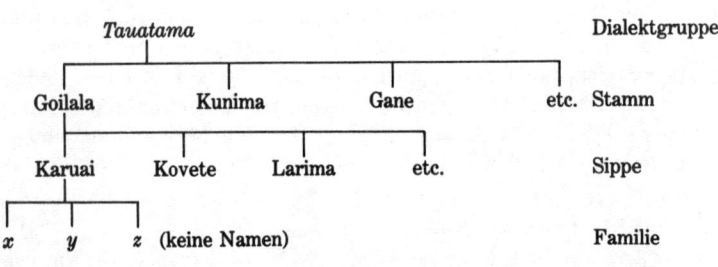

Abbildung 9

aus einer Reihe von heterogen abgegrenzten Gruppen, nicht aus logischen Klassen. Die klassifikatorische Grundlage für die Dialektgruppen ist nicht dieselbe wie die für den Stamm und wiederum anders für die Sippe und für die Familie. Man könnte annehmen, es sei ein gemeinsames Merkmal aller Ebenen, daß alle Angehörigen der verschiedenen Gruppen aus demselben Dialektgebiet stammten, aber auch das trifft nicht zu, denn in Wirklichkeit können die Angehörigen ein und desselben Stammes aus verschiedenen Dialektgebieten stammen. Offensichtlich handelt es sich überhaupt nicht um ein Klassifikationssystem, sondern um ein System von sozialen Beziehungen: jede Gruppierungsebene hat jeweils andere Kriterien als die Ebenen darüber und darunter, und wenn ein Mann der Familie x zur Sippe der Karuai des Stammes der Goilala gehört, so ist diese Inklusion nicht logisch, sondern pragmatisch.

Daß man es nicht mit einer logischen Klassifizierung zu tun hat, geht auch daraus hervor, daß es keine gattungsmäßigen Begriffe für die einzelnen Gruppierungsebenen gibt. Die Tauade-Sprache kennt kein Wort für »Familie« (»Eltern« geht von einer anderen Vorstellung aus und heißt *inatsi*, wörtlich übersetzt »Mutter-Vater«); desgleichen gibt es keine Wörter für »Sippe«, »Stamm« oder »Dialektgebiet« – es gibt nur die Eigennamen jeder Gruppe. Wenn es ein Klassifizierungssystem gäbe, so wäre es unvorstellbar, daß die Mittel fehlen, um diese Ebenen durch bestimmte gattungsmäßige Ausdrücke zu bezeichnen.

Die Tauade sind ein extremer Fall von sozialer Unbestimmtheit, doch daß gattungsmäßige Ausdrücke für die Ebenen dessen fehlen, was bei oberflächlicher Betrachtung für klassifikatorische Hierarchien oder Systeme der sozialen Organisation gehalten werden könnten, kommt in primitiven Gesellschaften recht häufig vor. Bei den Nuern zum Beispiel, deren Gesellschaft ein klassisches Beispiel für ein nach Geschlechterverbänden unterteiltes System ist, hat man größte Schwierigkeiten, die Ebenen der Abstammungsgruppen und die territoriale Gliederung zu einem Modell einer logischen Hierarchie zusammenzufassen.

Dieses System der Geschlechterverbände wird von Evans-Pritchard folgendermaßen schematisch dargestellt (siehe Abbildung 10 auf Seite 258).

Das Abstammungssystem ist patrilinear, und jede Sippe und jeder Geschlechterverband ist auf jeder Ebene in folgender Hinsicht eine distinkte Gruppe:

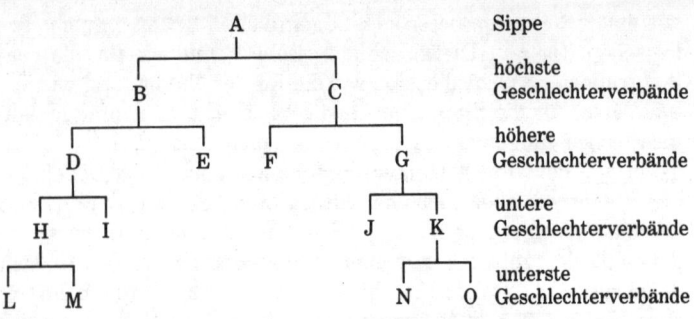

Abbildung 10: (nach Evans-Pritchard 1940, S. 193)

Sippen und Geschlechterverbände haben Namen, besitzen verschiedene rituelle Symbole und halten sich an bestimmte gegenseitige zeremonielle Beziehungen. Sie haben Speernamen, die bei Zeremonien laut gerufen werden, Ehrentitel, mit denen die Leute bisweilen angesprochen werden, totemistische und andere mystische Verbindungen und einen zeremoniellen Status zueinander. (Evans-Pritchard 1940, S. 193)

Das Abstammungssystem der Nuer scheint somit ein ausgezeichnetes Beispiel für eine soziale Hierarchie von Klassen, durch die die Menschen in Kategorien eingeteilt werden, und folglich ein System von logischen Klassen zu sein, so wie Durkheim, Douglas und andere diese aufgefaßt haben, um so mehr als ». . . Geschlechterverbände nur in bezug aufeinander distinkte Gruppen sind . . . Es kommt immer zu einer Verschmelzung benachbarter Geschlechtergruppen desselben Zweigs in bezug auf einen benachbarten Zweig . . .« (Ibid., S. 197). N und O gehören also, vergleicht man sie mit J, zueinander, die Geschlechterverbände J und K im Vergleich zu denen von F und so fort. Das mag den Eindruck verstärken, daß die Nuer ihre Geschlechterverbände als ein System von Klassen ansehen, doch eine solche Interpretation ihres Abstammungssystems würde, wie wir sehen werden, die ethnographischen Fakten gründlich mißverstehen.

Zunächst einmal gibt es in der Nuer-Sprache keine Ausdrücke für irgendeine der klassifikatorischen Ebenen des Abstammungssystems. Die Bezeichnungen, die Evans-Pritchard verwendet – Sippe, höchster, höherer, unterer und unterster Geschlechterverband –, sind keine in eine angemessenere analytische Terminologie übertragenen einheimischen Vokabeln, sondern sie sind eine begriffliche Klassifizierung, die keine Parallele im Denken der Eingeborenen hat:

Eine Sippe ist für die Nuer keine Abstraktion, und es gibt in ihrer Sprache kein Wort, das als »Sippe« in unsere Sprache übersetzt werden könnte. Man erhält den Namen der Sippe eines Mannes, indem man ihn fragt, wer sein »Ahn von vormals« oder sein »erster Ahn« *(gwandong)* oder was seine »Samen« *(kwai)* gewesen seien, doch erst wenn man die Sippen, ihre Geschlechterverbände und ihre verschiedenen rituellen Symbole schon kennt, so wie die Nuer sie kennen, kann man die Sippe eines Mannes durch seinen Geschlechterverband oder seinen Speernamen und seine Ehrentitel genau bestimmen, denn die Nuer selbst reden oft in Form von Geschlechterverbänden. (Ibid., S. 195)

Es gibt auch keine gattungsmäßigen Begriffe für die verschiedenen Stufen von Geschlechterverbänden:

Ein Geschlechterverband ist *thok mac*, das Innere, oder *thok dwiel*, der Eingang der Hütte, oder jemand spricht von *kar*, einem Zweig. *Thok dwiel* ist der geläufigste Ausdruck, um eine väterliche Abstammungslinie in solchen Situationen zu bezeichnen, wo genealogische Genauigkeit und Präzision von Bedeutung sind, aber in der gewöhnlichen Alltagssprache verwenden die Nuer das Wort *cieng* [das »örtliche Gemeinschaft« bedeutet] . . . (Ibid., S. 195)

Würden die Nuer das Abstammungssystem gewohnheitsmäßig als ein System von Klassen verwenden oder gar verbegrifflichen, so wäre das kaum ohne gattungsmäßige Begriffe für die verschiedenen Ebenen der Hierarchie möglich. Offensichtlich fassen sie aber dieses Abstammungssystem als etwas Artikuliertes, etwas wie einen Baum – denn *kar* = Zweig –, und nicht als ein System von Klassen auf; die Verzweigungspunkte stellen bestimmte Ahnen dar und stehen nicht für systematische Unterschiede in den als Kriterien verwendeten Attributen für die Elemente der verschiedenen hierarchischen Ebenen.

Fragt man einen Nuer nach seinem Geschlechterverband, so antwortet er mit einem Hinweis auf einen Ahn, den Stifter seines untersten Geschlechterverbands, der drei bis sechs, im allgemeinen vier bis fünf Stufen in der Reihe zurückliegt . . . Es ist klar, daß die Namen der Ahnen nach fünf bis sechs Generationen verlorengehen. Junge Männer kennen sie oft nicht mehr, und bei den älteren Stammesangehörigen gibt es häufig Verwechslungen und Meinungsverschiedenheiten. Der Stifter des unteren Geschlechterverbandes muß irgendwo zwischen dem Stifter des untersten und dem des höheren Geschlechterverbandes angesetzt werden; der Stifter des höheren irgendwo zwischen dem unteren und dem höchsten; und der Stifter des höchsten irgendwo zwischen dem des höheren Geschlechterverbandes und dem der Sippe. Die Namen dieser Stifter der Geschlechterverzweigungen müssen irgendwo und in einer bestimmten Reihenfolge in die Abstammungsreihe eingehen, weil sie *signifikante Bezugspunkte* sind. Es ist unerheblich, ob andere Namen in sie eingehen oder nicht, und deren Reihenfolge ist ohne Bedeutung. Einige Informanten setzen sie deshalb ein und andere lassen sie aus, und einige bringen sie in eine bestimmte Reihenfolge, andere lassen sie anders aufeinander folgen. (Ibid., S. 199, Hervorhebung von mir.)

Die Nuer gliedern somit ihre Herkunft nach Ahnen, die eine Bedeutung haben, weil sie den Ursprung bestimmter Gruppen bezeichnen, nämlich den Punkt, wo sich diese von anderen Gruppen abspalten und differenzieren, doch ihr Interesse gilt der Struktur der Gruppenbeziehungen, nicht dem Klassifizierungssystem als solchem. »Eine Nuer-Sippe ist somit ein System von Geschlechterverbänden, wobei die Beziehung zwischen jedem Geschlechterverband und allen anderen Geschlechterverbänden in dieser Struktur durch einen Bezugspunkt in der Abstammungsreihe markiert ist« (Ibid., S. 201). Weil sie aber eine Struktur abgrenzen und nicht ein Klassifizierungssystem schaffen wollen, kümmern sie sich nicht um den Status solcher Ahnen, die keinen wichtigen Bezugspunkt im System darstellen, so daß manche Ahnen ausgelassen oder mit anderen verwechselt werden.

Es fallen nicht nur Glieder in der direkten Abstammungslinie aus, auch Seitenlinien können erlöschen. Eine Untersuchung der Nuer-Genealogien zeigt klar, daß die Abkömmlinge eines Mannes oder zweier Brüder zahlreich werden und eine beherrschende Stellung einnehmen, daß die Abkömmlinge anderer Männer aussterben und daß die Abkömmlinge wiederum anderer Familien verhältnismäßig wenig zahlreich und bedeutungslos sind, so daß sie sich ... durch Teilnahme am örtlichen und gemeinsamen Leben einer stärkeren und beherrschenden Seitenlinie anschließen. Sie werden an diese Linie assimiliert, weil sie eine ganz gewöhnliche Beziehung zu diesem Geschlechterverband aufnehmen, oder möglicherweise dadurch auf ihn aufgepfropft, daß ihr Stifter an eine falsche Stelle gesetzt wird, indem er ein Sohn anstatt ein Bruder dessen Stifters wird. (Ibid., S. 200)

Der Begriff des Geschlechterverbandes hat somit keine genau umschriebene Bedeutung; *Thok dwiel* bedeutet »väterliche Abstammungslinie« und meint nicht so sehr eine klar definierbare Gruppe:

Ein Geschlechterverband ist ein relativer Begriff, weil sein Bezugsbereich von der besonderen Person abhängig ist, die als Ausgangspunkt für die Abstammungsreihe ausgewählt wird. Wenn man mit einem Vater beginnt, so würde der *thok dwiel* nur dessen Söhne und Töchter einschließen, wenn aber ein Großvater als Ausgangspunkt genommen wird, so gehören alle seine Söhne und Töchter und die Kinder seiner Söhne dazu. Die Zahl der Nachkommen in der väterlichen Linie wird um so größer, je weiter oben in der Abstammungsreihe der Ausgangspunkt für die Zählung der Nachkommen angesetzt wird. (Ibid., S. 195)

... Man kann nicht eindeutig sagen, wie weit nach oben in einer Abstammungslinie die Nuer bei der Wahl des Ausgangspunktes eines untersten Geschlechterverbandes gehen. Sie gehen vielleicht zwei Schritte zurück, bis zum Großvater, so daß insgesamt drei Generationen von Abkömmlingen in väterlicher Linie zusammengehören, aber ein unterster Geschlechterverband von vier oder fünf Generationen ist üblicher. (Ibid., S. 196)

Ein weiterer Beweis dafür, daß das Abstammungssystem der Nuer nicht als ein hierarchisches System von Klassen, sondern als eine Reihe konkreter Beziehungen aufgefaßt wird, ist die enge Verknüpfung zwischen Abstammungs- und Wohnsitzbeziehung:

Politische Gruppierungen und Geschlechterverbände sind nicht identisch, doch sie zeigen eine gewisse Übereinstimmung und tragen oft denselben Namen, denn ein Stammesgebiet und seine Unterteilungen [wo Evans-Pritchard, parallel zur Gliederung der Sippe, primäre, sekundäre und tertiäre Sektionen unterscheidet] werden oft nach den Sippen und Geschlechterverbänden genannt, die angeblich als erste davon Besitz genommen haben ... So ist Gaawar der Name eines Stammesgebietes, der Stammesangehörigen, die es bewohnen, und der Angehörigen einer Sippe, die in diesem Gebiet eine sozial dominierende Stellung einnehmen. (Ibid., S. 194)

Wie Abstammungs- und Wohnsitzbeziehungen ineinander verflochten sind, wird folgendermaßen klar beschrieben:

Ein Nuer sagt üblicherweise nicht, er sei ein Mann dieses oder jenes *thok dwiel* (Geschlechterverbandes), um seine soziale Stellung zu kennzeichnen, sondern er sagt, er sei ein Mann einer bestimmten Lokalgemeinschaft, *cieng* ... Was er also sagt, ist, daß er zu einer Gruppe von Leuten gehört, die zusammen in einem Dorf oder in einem Distrikt oder in einer Stammessektion leben. In den üblichen Situationen des Soziallebens ist es somit unerheblich, ob er zu den Geschlechterverbänden gehört oder nicht, von denen diese lokalen Gemeinschaften ihren Namen herleiten. Mehr noch, da im gewöhnlichen Gespräch der Name eines Geschlechterverbandes eher die Örtlichkeit als eine strenge Verwandtschaftsbeziehung bezeichnet, sprechen die Leute, die mit den Angehörigen des Geschlechterverbandes in einer Gemeinschaft leben, von sich so, als ob sie auch dazu gehörten, weil sie politisch mit ihm gleichgesetzt werden. (Ibid., S. 204)

Es ist deshalb nicht richtig, wenn man annimmt, die Abstammung sei an sich das Vorbild der sozialen Beziehungen im Alltag, derart daß die Kenntnis der wirklichen Abstammung eines Mannes bestimmte Voraussagen gestatte, oder sie sei die Grundlage eines Klassifizierungssystems, wie es gegliederte Abstammungssysteme angeblich sein sollen.

Ein *cieng*, im Sinne von »Heimstätte«, ist nach dem Mann benannt, dem er gehört, das Haus von Rainen z. B. wird »*cieng* Rainen« genannt. Nach dem Tode Rainens können dessen Söhne, jüngere Brüder und Neffen, die jetzt hier leben, den Weiler nach ihm benennen, und von ihnen wird dann gesagt, sie seien Angehörige des »*cieng* Rainen«. Wenn Rainen ein bedeutender Mann gewesen und Begründer einer kraftvollen Abstammungslinie geworden ist, dann wird das ganze Dorf, in dem seine männlichen Erben und Fremde, die sich mit diesen durch Einheirat verschwägert oder auf andere Weise verbunden haben, leben, als »*cieng* Rainen« bekannt werden, Im Laufe der Zeit werden die Nachkommen immer zahlreicher und bilden so den Kern eines Stammesteils, der »*cieng* Rainen« genannt wird. So kommt es, daß viele Stammessektionen nach Personen genannt werden, z. B. *cieng* Minyaal, *cieng* Dumien, *cieng* Wangkac usw. Ein Geschlechterverband wird dadurch landläufig mit dem Gebiet gleichgesetzt, das er besiedelt; der Distrikt beispielsweise, der vom höheren Geschlechterverband der WANGKAC bewohnt wird, heißt *cieng* Wangkac. Ein Nuer macht dann keinen Unterschied mehr zwischen der lokalen Gemeinschaft und dem Geschlechterverband, der deren politischen Kern bildet. (Ibid., S. 204)

Ich habe gesagt, im Denken der Nuer spalteten sich die Geschlechterverbände wie die Äste und Zweige eines Baumes auf, und die Stellung und Reihenfolge bestimmter Ahnen seien entscheidend für das Verständnis der Struktur jeder Sippe. Evans-Pritchard gibt in Abbildung 11 ein Beispiel für einen solchen Stammbaum.

Es sieht jedoch so aus, als würden sich die Nuer selbst ihr Abstammungssystem nicht in Form von Stammbäumen vorstellen[8], auch wenn es einige vage Vorstellungen solcher Art geben mag. Evans-Pritchard gibt ein Beispiel (Abbildung 12, Seite 264) dafür, wie sich die Nuer selbst die Struktur der gleichen Sippe Gaatgankiir vorstellen, die in Abbildung 11 dargestellt ist.

Wenn die Nuer im Sand eine Anzahl zueinander in Beziehung stehender Geschlechterverbände bildlich darstellen, so tun sie es nicht so, wie wir es in diesem Kapitel getan haben, als eine Reihe von Gablungen in der Abstammungsreihe, in Form eines Stammbaumes oder als eine Reihe von Dreiecken in aufsteigender Richtung, sondern als Linien, die in einem bestimmten Winkel zueinander von einem gemeinsamen Mittelpunkt ausgehen. Im westlichen Nuerland hat ein Mann einige der GAATGANKIIR-Geschlechterverbände mit Hilfe der Namen ihrer Begründer dargestellt, indem er die wiedergegebene Figur auf den Boden zeichnete. Diese Darstellung und die Kommentare der

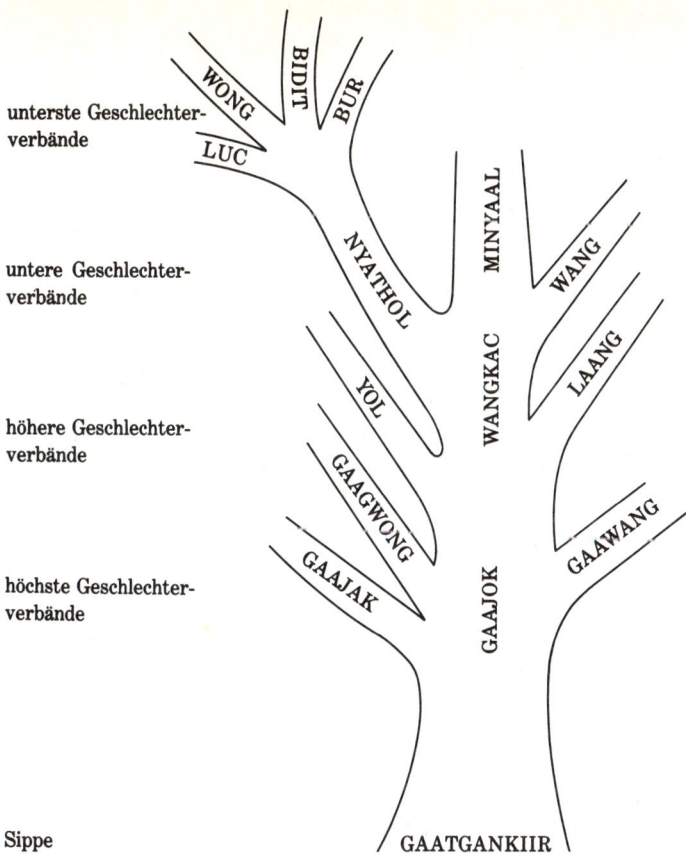

unterste Geschlechter-
verbände

untere Geschlechter-
verbände

höhere Geschlechter-
verbände

höchste Geschlechter-
verbände

Sippe

GAATGANKIIR

Abbildung 11: (Evans-Pritchard 1940, S. 197)

Nuer dazu zeigen einige wichtige Tatsachen über die Vorstellungen, die die
Nuer selbst von ihrem System haben. Sie sehen es primär als tatsächliche
Beziehungen zwischen Verwandtengruppen innerhalb örtlicher Gemeinschaften und nicht so sehr als einen Stammbaum, weil die Personen, nach denen die
Geschlechterverbände genannt werden, nicht alle von einem einzigen Individuum abstammen. Jok, Thiang und Kun sind drei Söhne von Kir und Begründer der höchsten Geschlechterverbände GAAJOK, GAAJAK und GAAWONG
der GAATGANKIIR-Sippe. Thiang und Kun werden nebeneinander gestellt,
weil sie gemeinsam das Geschlechterverbände-Gerüst des Gaajak-Stammes

263

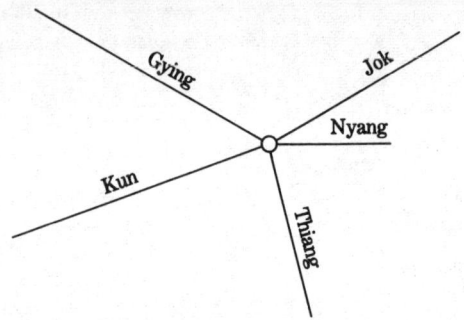

Abbildung 12: (Evans-Pritchard 1940, S. 202)

bilden. Der Gying-Geschlechterverband gehört nicht zur GAATGANKIIR-Sippe, sondern liegt neben Kun, weil die Reng-Sektion, von der er ein Teil ist, und die Gaagwong-Sektion einander benachbart sind. Nyang wird als eine kurze Linie neben Jok dargestellt, weil der Geschlechterverband, der von ihm ausgeht, obwohl er zu der von Thiang begründeten Gruppe von Geschlechterverbänden gehört, im Gaagwang-Stamm zusammen mit einem von Jok abstammenden Geschlechterverband lebt und weil der Gaagwang-Stamm eng mit dem Gaajok-Stamm verbunden ist. Die Nuer bewerten, von gewissen rituellen Assoziationen abgesehen, ihre Sippen und Geschlechterverbände nach ihren lokalen Beziehungen. (Evans-Pritchard 1940, S. 202 f.)

Primitive Taxonomien scheinen somit hierarchische Beziehungen zu enthalten, diese sind aber typischerweise nicht erschöpfend und auch nicht sehr geordnet; die betrachteten taxonomischen Systeme stehen im Zeichen des Bildes und der Relation der »Zugehörigkeit« und nicht so sehr einer taxonomischen Klasseneinteilung; wie Rosch gezeigt hat, gibt es grundlegende Faktoren der Informationsverarbeitung, die zur Folge haben, daß hierarchische Taxonomien bei der Ordnung der Welt von begrenzter Nützlichkeit sind. Auch wenn Abstammungssysteme oberflächlich einer logischen Klassen-Hierarchie zu gleichen scheinen, beruhen sie bei genauerer Prüfung auf konkreten Bildern und sozialen Beziehungen wie Herkunft und Wohnsitz. Durkheims Theorie, wonach die soziale Klassifizierung das Modell für andere Taxonomien sei, scheint somit nicht auf Tatsachen begründet zu sein. Es wäre richtiger zu sagen, daß die primitive Klassifizierung sowohl des Menschen als auch der Natur gewissen allgemeinen Kriterien gehorche, die wir in diesem Kapitel dargelegt haben.

Bevor wir das Thema der Sozialstruktur und ihrer Beziehung zu den kognitiven Prozessen abschließen, seien kurz die verwandtschaftlichen Kategorien und ihre kognitive Entwicklung betrachtet. Piaget (1924 [1972], S. 62–119) wandte seine frühesten Methoden für die Untersuchung der kognitiven Entwicklung auch auf das Verständnis des Kindes für Verwandtschaftsbeziehungen an. Dem Kind werden Fragen zu seiner Familie gestellt, wozu auch gehört, wie viele Brüder und Schwestern es habe. Damit soll unter anderem festgestellt werden, ob es schon begreift, daß das Wort »Bruder« nicht ein statisches, absolutes Attribut einer Person, wie etwa »Knabe« ist, sondern ein relativer Begriff, eine Beziehung, die im Falle von »Bruder« auch symmetrisch ist, derart daß wenn X der Bruder von Y ist, Y auch der Bruder von X ist. Ein solches Verständnis setzt die Überwindung des Egozentrismus voraus; wenn man imstande ist, sich selbst als den Bruder von jemand anderem zu sehen, muß man den eigenen Status unter dem Gesichtspunkt eines anderen Menschen betrachten können.

LeVine und Price-Williams (1974) haben eine ähnliche Untersuchung bei den Hausa durchgeführt; in dieser Gesellschaft gibt es aber, wie in vielen anderen Gesellschaften, kein einfaches Wort für »Bruder« oder »Schwester«.

Die Wörter, die in der Hausgemeinschaft verwendet werden, um sowohl von den Geschwistern zu reden als auch sie anzusprechen, sind *wa* (älterer Bruder), *ya* (ältere Schwester), *kane* (jüngerer Bruder) und *kanwa* (jüngere Schwester). Diese Ausdrücke sind den Kindern am geläufigsten. Im Unterschied zu den englischen oder französischen Wörtern für Bruder und Schwester sind sie nicht symmetrisch, so daß sie nicht dazu benützt werden können, um etwas über die Entwicklung der kindlichen Fähigkeit, das logische Konzept der symmetrischen Relationen zu begreifen, auszusagen. (LeVine und Price-Williams 1974, S. 27)

In der Hausa-Sprache ist auch kein einfaches Wort zu finden, das unserem »Familie« entspricht, das also für die Einheit Eltern – Kinder steht. »Es gibt in der Hausa-Sprache kein direktes Gegenstück zur westlichen Kern-Familie, insbesondere als ein Milieu für die Entwicklung des Kindes, und auch durch eine Umschreibung ist kein Vergleich möglich« (Ibid., S. 28). Auch wenn sich die Versuche Piagets nicht exakt reproduzieren lassen, konnten unter Verwendung des Familienverbandes als Bezugsgruppe ähnliche Tests für die grundlegenden kognitiven Prozesse erarbeitet werden, für die Piaget sich interessierte. Wie sich aufgrund der Ergebnisse von Piaget voraussagen ließ, beherrschen die Hausa-Kinder die Verwandtschaftsbegriffe zuerst aus einer egozentrischen Perspektive und erst später vom Gesichtspunkt eines anderen Menschen her (Ibid., S. 34). LeVine und Price-Williams haben weiter herausgefunden:

1. Die Fähigkeit, Wörter für Verwandtschaftsbeziehungen auf egozentrische und heterozentrische Relationen anzuwenden und solche Verwandtschaftsbeziehungen zu definieren, nimmt in unserem Beispiel bei beiden Geschlechtern mit dem Alter deutlich zu.
2. Jüngere Kinder sind durchaus imstande, Wörter für Verwandtschaftsbeziehungen auf egozentrische Relationen anzuwenden, können sie aber kaum für heterozentrische Beziehungen verwenden; diese Diskrepanz wird bei siebenjährigen und älteren Kindern beträchtlich kleiner.
3. Die Fähigkeiten, Wörter für Verwandtschaftsbeziehungen auf ego- und heterozentrische Relationen anzuwenden, sind miteinander und auch mit der Links-Rechts-Reversibilität, auf der gleichen Altersstufe, korreliert.
4. Die jüngsten Kinder in unserem Versuch haben die Tendenz, die Menschen aus dem gleichen Familienverband durch ihre physische Gegenwart, ihren Wohnort, ihre Statur, ihre Spitznamen oder ihre sichtbare Beschäftigung zu identifizieren, nicht aber durch relationelle Begriffe, und Wörter für die Verwandtschaftsbeziehungen durch spezifische Personen und deren Handlungen zu definieren, nicht durch allgemeine Eigenschaften, die den Beziehungen zugrunde liegen. (Das ist kein quantitativer Befund.) (Ibid., S. 41)

Die Untersuchungen Fortes' (1938) über die kognitive Entwicklung der Tale-Kinder im Hinblick auf Verwandtschaftsbeziehungen befaßten sich nicht mit dem Problem egozentrisch – heterozentrisch oder mit dem Verständnis der symmetrischen Relationen, sie bestätigen jedoch die anfängliche Abhängigkeit von Attributen, die nichts mit den Verwandtschaftsbeziehungen zu tun haben und wie sie oben unter 4. erwähnt sind, um die Menschen zu klassifizieren, die in den frühesten Lebensjahren mit dem Kind zu tun haben. Fortes hält fest, daß drei- bis vierjährige Kinder Verwandte von Nichtverwandten anfänglich dadurch unterscheiden, daß die Leute in der nächsten Umgebung als Verwandte betrachtet werden. Sobald das Kind den eigenen Vater und die eigene Mutter genau beschreiben kann, kann es diese Ausdrücke auch auf andere Familien anwenden, aber es kann keine rein genealogischen Relationen erkennen und bleibt von den Kriterien des Alters und der räumlichen Nähe abhängig; ein älterer Bruder kann deshalb als »Vater« beschrieben werden. Die Sechsjährigen kennen die richtigen Ausdrücke und das angemessene Verhalten, wenn sie ihre

Beziehungen zu ihrer Familie im engeren Sinne darlegen; sie sind imstande, nach Abstammung zu klassifizieren, legen aber ihren Aussagen über die Verwandtschaft außerhalb der engeren Familie noch immer die räumliche Nähe und das relative Alter zugrunde. Die Zehn- bis Zwölfjährigen beherrschen diese außer-familiären Relationen, einige seitliche und entferntere Verwandtschaftsgrade ausgenommen; die Ausdrücke dafür sind bekannt, doch die Beziehung kann nicht beschrieben werden (Ibid., S. 43 f.).

Da außer diesen Untersuchungen praktisch keine Arbeiten über die kognitive Entwicklung der Begriffe für die verwandtschaftlichen Beziehungen in primitiven Gesellschaften durchgeführt wurden (die Arbeiten »kognitiver Anthropologen« wie die in Tyler [Hrsg.], *Cognitive Anthropology*, befassen sich nicht mit der Entwicklung), wäre es verfrüht, endgültige Folgerungen zu ziehen. Vermutlich ist jedoch die Vorstellung der Kategorien und Beziehungen, die mit Abstammung und Verwandtschaft zusammenhängen, *der* Bereich in der primitiven Kultur, wo kognitive Prozesse operativer Natur bei den einzelnen erwachsenen Angehörigen solcher Kulturen als Norm und nicht als Ausnahme vorkommen.

5. Binäre Klassifikation

Laut Lévi-Strauss ist die binäre Klassifikation ein grundlegendes Merkmal menschlicher geistiger Prozesse:

Vielleicht muß man einräumen, daß Dualität, Alternation, Gegensatz und Symmetrie, ob sie in einer bestimmten oder einer ungenauen Form vorliegen, nicht so sehr Dinge sind, die erklärt werden müssen, sondern grundlegende und unmittelbare Tatsachen der geistigen und sozialen Realität, die der Ausgangspunkt für jeden Erklärungsversuch sein sollten. (Lévi-Strauss 1969, S. 136)

Er scheint aber auch anzunehmen, daß die binäre Klassifikation von den sozialen Relationen der Gegenseitigkeit herrührt; es sind

... die Begriffe des Gegensatzes und der Korrelation, die für die Definition des dualistischen Prinzips grundlegend sind, das nur eine besondere Form des Prinzips der Gegenseitigkeit ist. (Ibid., S. 83)

Welches sind die geistigen Strukturen, auf die wir hingewiesen haben und deren Universalität unserer Meinung nach festgestellt werden kann? Es gibt anscheinend deren drei: die Erfordernis der Ordnung als eine Regel; den Begriff der Gegenseitigkeit als die unmittelbarste Form der Integration des Gegensatzes zwischen dem Ich und den anderen; und schließlich die synthetische Natur der Intelligenz. (Ibid., S. 84)

Was Lévi-Strauss damit meint, ist wie üblich nicht genau ersichtlich, doch er scheint anzunehmen, daß alle Formen der binären Klassifikation – etwa Alternation, Gegensatz und Symmetrie – logisch auf eine gemeinsame Form zurückzuführen und von einem gemeinsamen Ursprung herzuleiten seien, nämlich der Beziehung zwischen dem Ich und den anderen in der Relation der Gegenseitigkeit oder Reziprozität.

Die grundlegendste binäre Klassifikation scheint von der Psychologie her gesehen die einfache Differenzierung zu sein, die auf der wahrnehmungsmäßigen Ebene die Form einer Unterscheidung zwischen einer Figur und ihrem Hintergrund und des Bewußtseins einer Diskontinuität annimmt. In der Logik wird diese elementare Differenzierung in Form von Gegensätzen ausgedrückt: A und non-A, und diese Fähigkeit, zu unterscheiden, ist zusammen mit der Fähigkeit, Ähnlichkeiten wahrzunehmen, mit Sicherheit für alle kognitiven Prozesse grundlegend. In dieser Hinsicht nimmt Lévi-Strauß offensichtlich zu Recht an, daß die binäre Klassifikation für das Denken fundamental sei, auch wenn es keinen Grund dafür gibt, sie mit der Gegenseitigkeit zu verknüpfen, die eine soziale Beziehung ist und keinen Anspruch darauf erhebt, eine grundlegende *kognitive* Struktur zu sein.

Meiner Meinung nach ist das Vorherrschen der binären Klassifikation im primitiven, wie übrigens auch in unserem, Denken in hohem Maße darauf zurückzuführen, daß »Paare« der verschiedensten Typen in der physischen Welt weit verbreitet sind. Wir müssen uns deshalb zuerst überlegen, auf welche verschiedenen Weisen solche »Paare«[9], ob von ähnlichen oder unähnlichen Dingen, erzeugt werden. Ich bezeichne diese Methoden, Paare hervorzubringen, als »Situationen« und halte fest, daß die Partner oder Elemente von Paaren Eigenschaften, Gegenstände, Klassen von Gegenständen, Relationen oder Klassen von Relationen sein können.

Die erste Situation ist die Differenzierung, die ein kognitiver oder ein wahrnehmungsmäßiger Akt sein kann und die ganz einfach etwas von etwas anderem unterscheidet, sei es eine Figur von ihrem Hintergrund oder eine Klasse von Dingen von einer anderen. Die Differenzierung kann, muß aber nicht, mit dem Ziehen einer Grenze verbunden sein, doch das Ziehen einer Grenze bedeutet notwendigerweise eine Differenzierung.

Die Differenzierung schafft jedoch nicht an sich eine Beziehung zwischen den Dingen, die differenziert werden, es sei denn im trivialen Sinne eines Gegensatzes, nämlich daß *A* und non-*A* als Gegensätze miteinander verbunden sind.

Eine Beziehung setzt eine Differenzierung voraus, denn es kann keine Beziehung zwischen Dingen geben, die nicht in irgendeiner Weise voneinander verschieden sind, doch es muß nicht eine Beziehung zwischen Klassen geben, nur *weil* sie verschieden sind, z. B. zwischen Butter und Reißnägeln. Eine Beziehung erzeugt somit notwendigerweise Paare, weil jede Beziehung zumindest zwei Elemente erfordert.

Eine Grenze erzeugt dadurch, daß sie gezogen wird, notwendig zwei Elemente, doch es muß über die elementare topologische Beziehung der Trennung hinaus, etwa Land und Meer oder zwei Staaten, nicht unbedingt eine weitere *Beziehung* geben.

Ein Bruch hat Ähnlichkeit mit einer Grenze, insofern er ein Paar von Elementen hervorbringt, doch der Unterschied zwischen einem Bruch und einer Grenze besteht darin, daß ein Bruch eine Relation zwischen einem Ganzen und seinem Teil hervorbringt, während zwischen zwei durch eine Grenze getrennten Elementen nicht unbedingt eine solche Relation erzeugt wird; und nicht alle diese Relationen sind solche zwischen einem Ganzen und seinem Teil.

Eine Achse ist eine begriffliche Konstruktion, wie eine Grenze, doch sie rührt, ebenfalls wie die Grenze, von der Natur der physischen Welt her. Sie hat drei Grundeigenschaften – um sie herum kann eine Rotation stattfinden; in zwei Richtungen kann ihr entlang eine Bewegung oder eine Veränderung stattfinden; und es gibt zu anderen rechtwinklig stehende Achsen. Die Bewegung führt noch einmal eine andere Form der Paar-Reversibilität ein, kreisförmig und linear; und wo es Reversibilität gibt, sind Endpunkte möglich, zwischen denen eine Bewegung oder eine Veränderung eintreten kann, jenseits derer aber keine Bewegungen oder Veränderungen stattfinden – also *Maßstäbe*.

Eine Differenzierung bringt also nicht aus sich selbst Beziehungen hervor; Grenzen und Brüche erzeugen eine Differenzierung, aber die Differenzierung erzeugt keine Grenzen oder Brüche; während Grenzen keine Relationen zwischen einem Ganzen und dem Teil oder überhaupt keinerlei Relationen implizieren, bedeuten

Brüche, daß zwischen den Dingen, die durch das Zerbrechen entstanden sind, eine Ganzes-Teil-Beziehung besteht. Eine Achse ist die Grundlage für Endpunkte, weil sie eine Richtung hat, und die Richtung ist die logische Grundlage der Bewegung, die in einer zirkulären oder linearen Form reversibel sein kann, doch nicht alle Relationen implizieren die Reversibilität der Bewegung, Veränderungen oder Endpunkte. Eine Achse ist nicht eine Grenze oder eine Beziehung, auch wenn sie durch eine Grenze unterteilt und Beziehungen irgendwelcher Art zwischen ihren Endpunkten bestehen können.

Es gibt eine Anzahl Situationen, die Paare hervorbringen, aber nicht auf den begrifflichen oder wahrnehmungsmäßigen Akt der Differenzierung zurückzuführen sind. Man kann sagen, daß die Differenzierung, die Beziehung, die Grenze, der Bruch, die Achse und die Reversibilität der Bewegung oder die Veränderung allesamt nicht aufeinander zurückführbar sind, aber alle dennoch grundlegende Situationen sind, die Paare hervorbringen, gleichgültig ob ähnliche oder unähnliche. Offensichtlich gibt es solche Situationen auf der Ebene der logischen Klassifizierung, des Bildes, der Wahrnehmung, der Handlung, der physischen Organisation der Welt, ebenso Kombinationen dieser Dinge.

Jetzt wollen wir uns den verschiedenen Eigenschaften der durch diese verschiedenen Situationen erzeugten Paare zuwenden. Die erste Situation, ein logisches Paar, ist der Gegensatz A/non-A. Beispiele dafür sind menschlich/nicht-menschlich, bewegt/unbewegt, eßbar/nicht-eßbar; charakteristisch für Gegensätze ist, daß sie den gesamten Bereich der klassifizierten Elemente erschöpfend umfassen und keine intermediären Elemente zulassen. Der zweite Typ von Paaren ist das Gegenteil: warm/kalt, schwarz/weiß, trocken/naß usw., was skalare Eigenschaften sind, die den Bereich der klassifizierten Elemente nicht erschöpfend erfassen, denn es kann Entitäten geben, die weder warm noch kalt, weder trocken noch naß usw. sind. Sich ergänzende Paare sind von Natur aus vom Ganzes-Teil-Typ; der Unterschied wird eher durch einen Bruch als durch eine Grenze festgelegt, und die beiden Elemente können logisch oder funktionell miteinander in Beziehung stehen. Logische Komplemente sind Schuldner/Gläubiger, Gatte/Gattin (weil jeder Term den anderen impliziert), funktionelle Komplemente Schloß/Schlüssel, Patrone/Gewehr und folglich, in gewisser Hinsicht, männlich/weiblich. Solche Komplemente sind unähnlich, aber logisch wie funktionell gibt es auch ähnliche Komplemente,

z. B. logisch: Feind/Feind, Bruder/Bruder, und funktionell: die Zweiteilung der Konso-Städte. Miteinander assoziierte Elemente bilden eine weitere Art von Paaren; sie stehen durch eine Art empirische Verbindung miteinander in Beziehung, etwa Sonne und Mond, Hammer und Meißel, Butter und Brot, eine rein kontingente Verbindung, die nicht von irgendeiner logischen oder funktionellen Komplementarität oder einer skalaren Beziehung herrührt. Entsprechend gibt es dissoziierte Elemente, etwa Dorf/Urwald, die eher als verschieden denn als Gegenteile angesehen werden können. Sonne und Mond können, je nach dem Klassifizierungssystem der betreffenden Kultur, miteinander assoziiert oder voneinander dissoziiert sein.

»Symmetrie« und »Asymmetrie« werden oft auf solche Paare angewandt, die ich als ähnliche und unähnliche Komplemente klassifiziere, aber es scheint analytisch zweckmäßiger und genauer zu sein, wenn man diese Eigenschaften grundsätzlich topologisch behandelt, das heißt als von den Relationen der Ordnung und der Inklusion abgeleitet, derart, daß eine symmetrische Ordnung durch Drehung um eine Achse oder durch Halbierung einer regelmäßigen Figur entsteht. Evidentermaßen sind bestimmte Aspekte physischer Strukturen symmetrisch, etwa die bilaterale Symmetrie vieler Lebewesen, andere aber asymmetrisch, so die Relation Kopf/Fuß.

Aus dieser Zusammenfassung der Grundmerkmale von Paaren geht klar hervor, daß es keine eindeutige Relation zwischen Differenzierung, Beziehung, Grenze, Bruch, Achse, Maßstab und der reversiblen Bewegung gibt; ebensowenig zwischen Widersprüchen, Gegenteilen, Komplementaritäten usw. Grenzen können Gegenteile, dissoziierte Elemente oder asymmetrische Paare trennen, und Relationen kann es zwischen Komplementen oder asymmetrischen Paaren geben, aber sie können zwischen assoziierten Elementen fehlen; oder Achsen und Reversibilitäten müssen keine Konnexionen mit Widersprüchen, Komplementen, assoziierten Elementen usw. haben.

Man kann deshalb die Relationen zwischen Situationen, die Paare hervorbringen, und den Eigenschaften solcher Paare beispielsweise wie folgt auflisten:

Tabelle 8

Situation		Merkmale
Differenzierung Beziehung Grenze Bruch Achse Maßstab Reversibilität	Paare, ähnliche und unähnliche	Gegensätze Gegenteile Komplementaritäten a) logische b) funktionelle assoziierte Dinge dissoziierte Dinge Symmetrie Asymmetrie

Es gibt geistige Prozesse, die Paare erzeugen – Differenzierung und Vergleich –, aber es ist auch klar, daß die Welt selbst derart organisiert ist, daß Paare verschiedenster Typen in übergroßer Fülle hervorgebracht werden. Die beherrschende Rolle der dualistischen Klassifikation ist deshalb nicht grundsätzlich eine Manifestation einer binären Veranlagung des menschlichen Geistes, die sich einer neutralen Menge von Phänomenen aufzwingt, sondern eher eine Akkommodation an eine dualistische Wirklichkeit. Ebenso trifft es unzweifelhaft zu, daß Leute auf allen Stufen der geistigen Entwicklung dazu neigen, komplexe Situationen auf binäre Relationen *zurückzuführen;* insbesondere das Vergleichen scheint durch die Berücksichtigung von jeweils zwei Elementen erleichtert zu werden. Das rechtfertigt freilich nicht die Behauptung, die binäre *Klassifikation* sei einfach ein Ausdruck der dualistischen Neigung des menschlichen Geistes.

Aus den eben dargelegten Gründen ist die dualistische Klassifikation ein Grundzug des menschlichen Denkens, man findet sie in den Vorstellungen Gebildeter ebensosehr wie bei Primitiven. Der »Dualismus« steht deshalb in keinem Zusammenhang mit den Entwicklungsstadien des Denkens; was jedoch von der Entwicklungspsychologie her gesehen signifikant *ist,* das ist die Art und Weise, wie dualistische Klassifikationen zu Gesamtsystemen koordiniert werden. Ich möchte die Behauptung aufstellen, daß der Dualismus im primitiven Denken nur ein Ordnungsfaktor unter vielen anderen ist, die in Klassifizierungssystemen benutzt werden, und aus sich allein kein kohärentes und umfassendes logisches System ergibt, wie es durch die binäre Klassifizierung auf der Stufe der formalen Operationen in unserer Gesellschaft hervorgebracht wird. Ein schönes Beispiel für eine primitive binäre Klassifizierung findet sich in den Arbeiten Needhams über den Symbolismus der Nyoro (Needham 1967, 1976b). Obwohl »linkshändige Leute den Bunyoro ›verhaßt‹ sind und nichts mit der linken Hand gereicht wird . . ., hält der Wahrsager beim Werfen von Kaurischnecken, welches das verbreitetste Mittel ist, auf das die Nyoro zurückgreifen, wenn sie wegen etwas in Sorge sind, die Schnecken in der linken Hand« (Needham 1967, S. 426).

Goody möchte uns glauben machen, das Problem des linkshändigen Wahrsagers sei recht einfach: »Der Wahrsager als linkshändiger Mann ist bei den Lo Dagaa kein Problem; denn in seiner linken Hand hält er seinen Wahrsagestock, wodurch die rechte Hand frei bleibt für andere Zwecke, etwa um eine Rassel zu halten« (Goody 1977, S. 67). Selbst wenn sich diese in ihrer schlichten Einfachheit beeindruckende Erklärung von den Lo Dagaa auf die Nyoro übertragen ließe, könnte sie dennoch unmöglich die ganze Fülle von ethnographischen Tatsachen erfassen, die Needham anführt, um zu zeigen, daß » . . . in den entscheidenden Ereignissen des Lebens und in den wichtigeren Institutionen der Gesellschaft die rechte Seite übergeordnet und glückverheißend ist, während die linke untergeordnet und unglückverheißend ist« (Needham 1967, S. 427). Die Nachgeburt eines männlichen Neugeborenen zum Beispiel wird auf der rechten Seite der Haustür vergraben, die eines weiblichen Säuglings auf der linken Seite; bei einer Krönung wird der königliche Bogen neu mit Sehnen von der rechten Seite eines Mannes bespannt, der im Zustand ritueller Reinheit gehalten wurde; bei der Wahrsagung für den König wird ein Huhn geköpft; wenn das Blut reichlicher aus der rechten Halsarterie fließt, so bedeutet das Glück, während ein reichlicherer Blutfluß auf der linken Seite ein unglückverheißendes Omen ist; Frauen werden auf der linken, Männer auf der rechten Seite liegend beerdigt und so fort. Solche elementaren Bequemlichkeits- und Nützlichkeitserwägungen, wie Goody sie vorschlägt, sind völlig ungeeignet, um die systematischen und konsequenten Assoziationen von rechts/links in der Nyoro-Symbolik zu erklären.

Needham befaßt sich jedoch mit mehr als nur den symbolischen Assoziationen von links und rechts in der Nyoro-Gesellschaft. Bezeichnend für den Wahrsager ist, daß er ein Mann ist, daß ihm aber, weil er mit der linken Hand, mit der Zahl »drei« assoziiert wird, ein weiblicher Status zugeschrieben wird. Während der Initiation in den Wahrsagerkult soll der Neuling glauben, daß er seine wirkliche Besessenheit durch die Geister dadurch beweisen muß, indem *er eine Frau wird* (Ibid., S. 437). Und: »Von den Nyoro-Frauen wird insbesondere angenommen, sie hätten den ›bösen Blick‹..., und... das Wort *mutende,* das ›Magd, Konkubine, Milchmädchen des Königs‹ bedeutet, heißt auch ›Schüler des *embandwa* [Wahrsagers]« (Ibid.).

Biologisch ein Mann, dem aber als unerläßlicher Aspekt seines Amtes weiblicher Status zugeschrieben wird, ist der Wahrsager symbolisch das Gegenteil der Prinzessin, der, obwohl sie biologisch eine Frau ist, ein männlicher Status zukommt. Ihre Plazenta wird auf der rechten Seite der Haustüre vergraben, und sie wird, wie ein Mann, auf der rechten Seite liegend bestattet; sie wird wie ein Knabe erzogen, hütet das Vieh, und die Zähne werden ihr gleich wie einem Prinzen ausgezogen. Sie darf nicht heiraten, obwohl ihr sexuelle Beziehungen erlaubt sind, und falls sie Kinder bekommt, werden diese üblicherweise getötet. Darin unterscheidet sich die Prinzessin von der Königin, die als einzige der Prinzessinnen heiraten durfte; in der Praxis durfte sie nicht schwanger werden, denn von ihr wurde erwartet, daß sie dem König ständig zur Verfügung stehe, aber es gab kein Gesetz, das ihr verbot, Kinder zu haben (siehe Needham 1976, S. 238). Während die Prinzessinnen mit den für Männer vorgesehenen Symbolen bestattet werden, mit den Händen unter der rechten Kopfseite, werden die Königinnen mit den Händen unter der linken Kopfseite, also so wie die Frauen, beigesetzt.

Dasselbe Thema der symbolischen Umkehrung kommt in der Sage von Mpuga Rukidi zum Ausdruck, des ersten Königs der Bito-Dynastie, eines Fremdlings, der sich, als sich die Königin in ihn verliebte, des Thrones bemächtigte und deren Mann vergiftete.

Mpuga Rukidi ist ein nackter Jäger (»Rukidi« heißt »der Nackte«), als Zwilling geboren (ein höchst unheilvolles Omen für die Nyoro), er kann nicht einmal Lunyoro sprechen und weiß nicht, was Milch ist. Er trägt ein Schafsfell, was bei den Nyoro nur Frauen und junge Knaben tun, denn das Schaf wird mit Opfer und Wahrsagen assoziiert; er besitzt nichts außer ein paar Hühnern – die ebenfalls mit dem Wahrsagen zu tun haben –, und er ist, was sein Name »Mpuga« bedeutet, auf seiner linken Seite schwarz, auf seiner rechten Seite weiß.

Goody schlägt die herkömmliche funktionalistische Erklärung

vor, daß nämlich die Sage »... eine Methode, um den Beginn einer neuen Dynastie zu rechtfertigen« sei, »eine Interpretation, die zahlreiche Autoren für ähnliche Geschichten über die Herkunft von Königen geben« (Goody 1977, S. 65). Needham meint aber:

Unbekannte Herkunft, Illegitimität, Zwillingsgeburt, niedrige Stellung, primitive Unwissenheit, Thronraub, Ehebruch, Mesalliance und Gewinnung einer Frau durch hinterhältigen Mord, sind kaum die richtigen Mittel, um aristokratisches Ansehen zu verleihen oder »die Vornehmheit und das hohe Alter« der Bito-Vorfahren hervorzuheben. Eine solche schimpfliche und unheimliche Herkunft ist alles andere als eine Empfehlung für das Herrscheramt, sie ist schlimmer als nur eine Fälschung; sie ist bezeichnenderweise eine eigentliche Negation jeder gültigen Beglaubigung. (Needham 1967, S. 445 f.)

Diese kurze Zusammenfassung von Needhams Meinung zeigt schon, daß es in der Symbolik der Nyoro eine Fülle von mit rechts und links assoziierten Gegensätzen gibt und daß die systematische Umkehrung ein begrifflicher Trick ist, um soziale Prototypen, wie wir sie mit dem Wahrsager, der Prinzessin und dem Außenseiter aus der Wildnis kennengelernt haben, zu beschreiben. Wenn wir aber die ganze Reihe der Gegensätze im Symbolismus der Nyoro betrachten (Tabelle 9), zeigt sich mit aller Deutlichkeit, daß der Gegensatz allein für die Aufstellung eines Klassifizierungssystems nicht ausreicht.

Die Tabelle 9 enthält, wie man auf den ersten Blick sieht, eine Anzahl Faktoren oder Beziehungen, die zwar allgemein als glückverheißend oder unglückverheißend charakterisiert werden können und entsprechende Assoziationen mit rechts und links haben, die aber logisch heterogen sind[10]. »Frau« hat keine Beziehung zu »Jäger«, »Unfruchtbarkeit«, »Tod« oder »Sonne«; »Wildheit« keine Verbindung mit »Kochen«, »weich«, »Untertan«, »Erde« oder »Unfruchtbarkeit«; »Wahrsager« ist nicht mit »Kochen«, »Untertan«, »Jagen«, »nackt«, »Wildheit« oder »Unfruchtbarkeit« assoziiert und so fort. Zu den Faktoren oder Beziehungen, auf die ich angespielt habe, gehören unter anderem männlich/weiblich, Kultur/Wildheit, Leben/Tod, Herrscher/Untertan, politische Autorität/mystische Macht und Ordnung/Unordnung, doch sie sind nicht streng analog zueinander. Zur mystischen Macht gehört sowohl das Segnen als auch der böse Blick, die nicht auf derselben Seite in der Tabelle der Gegensätze stehen können, gleich wie in der Relation Herrscher/Untertan beide Elemente eher zur »Ordnung« als zur »Unordnung« gehören.

Tabelle 9

A	B	A	B
rechts	links	Ordnung	Unordnung
normal,		gerade	ungerade
geachtet	verhaßt	hart	weich
Knabe	Mädchen	Prinzessin	Wahrsager
Brauen	Kochen	politischer Rang	mystische Stellung
geben		Kitara-Unyoro	Bukidi
(sozialer	(Geschlechts-	Legitimität	Illegitimität
Umgang)	verkehr)	normale Geburt	Zwillingsgeburt
König	Königin	Rinder	Hühner, Schafe
Mann	Frau	melken	jagen
Häuptling	Untertan	bekleidet	nackt
gutes Omen	schlechtes Omen	geschnittene Haare	lange Haare
Landbesitzer	Jäger	Kleider aus Bast	Tierfelle
Gesundheit	Krankheit	Nyoro-Sprache	fremde Dialekte
fröhlich	traurig	Zivilisiertheit	Wildheit
Fruchtbarkeit	Unfruchtbarkeit	königliche	
Fülle	Armut	Endogamie	Mesalliance
Himmel	Erde	Treue	Ehebruch
weiß	schwarz	Kampf von Mann	
Sicherheit	Gefahr	zu Mann	Mord
Leben	Tod	Mond (gütig)	Sonne (übelwollend)
gut	böse	Kultur	Natur
Reinheit	Unreinheit	klassifiziert	anomal

(Needham 1967, S. 447)

Die Nyoro-Kultur ist somit von symbolischen Gegensätzen durchdrungen, wobei Farbe, Zahl, gewisse Tiere und links/rechts für
eine Reihe von konstanten Beziehungen stehen; es läßt sich auch
zeigen, daß die symbolische Umkehrung, wie sie in der Stellung
des Wahrsagers und der Prinzessin oder bei Mpuga Rukidi in
bezug auf die Werte, die die Nyoro mit dem Königtum verbinden,
zum Ausdruck kommen, verbreitet ist; doch Gegensatz und Umkehrung reichen allein nicht für ein Klassifizierungssystem aus
(vor allem auch weil die hier verwendete Klassifizierung auf Bildern und Assoziationen, nicht auf irgendwelchen taxonomischen
Prinzipien beruht). Um die Symbolik der Nyoro und die Ordnungs-
funktion der Gegensätze und Umkehrungen interpretieren zu können, muß man zahlreiche Fakten aus dem Leben der Nyoro kennen

– Königtum, Stellung der Frau, Verwandtschaftsbeziehungen, gesellschaftliche Gliederung, Wahrsagerei, Landbesitz, Verwendung von Tieren wie Rindern, Schafen und Hühnern und so fort. Dieses implizite Wissen, ein Gemeingut des Nyoro-Volkes, gibt den symbolischen Gegensätzen wirklich eine Bedeutung; die Gegensätze sind ein Ausfluß der gesamten Nyoro-Kultur und von anderen Ideen, expliziten wie impliziten, abhängig, die eine wesentliche Funktion bei der Errichtung einer begrifflichen Ordnung haben. Der dualistische Gegensatz bildet somit bei den Nyoro nicht eine zureichende Grundlage für die Ordnung des gesamten Kategoriensystems (so wie ein Stammbaum in einem wissenschaftlichen Klassifizierungssystem eine Menge von Elementen ordnet), denn diese Kategorien stehen mit einer komplexen Reihe von Assoziationen in Beziehung, die nicht auf eine dualistische Form zurückführbar sind. Man darf auch nicht vergessen, daß die von Needham aufgestellte Liste der dualistischen Gegensätze in hohem Maße durch wissenschaftliches Denken geprägt ist, so wie es auch die Beispiele von dualistischen Transformationen in Mythen sind, die Lévi-Strauß gibt; kollektive Vorstellungen können eine dualistische Struktur haben, die über die Fähigkeit der einzelnen Angehörigen einer Kultur hinausgeht, diese Vorstellungen explizit im eigenen Denken anzuwenden.

Wir dürfen somit erwarten, daß wir Paare von Dingen finden, die in den kollektiven Vorstellungen aller Kulturen normalerweise auf eine der bereits diskutierten Weisen miteinander assoziiert werden; Differenzierung und Vergleichen scheinen ebenfalls sowohl auf der wahrnehmungsmäßigen als auch auf der begrifflichen Ebene grundlegend für die geistige Funktion zu sein; die Unterteilung oder Gruppierung der Dinge zu Paaren ist offenbar die einfachste Form dieser Differenzierung und des Vergleichens.

Es ist aber auch klar, daß eine Kultur eine Vielfalt von Paaren ohne irgendein systematisches dualistisches Klassifizierungsschema erkennen kann, durch das diese Paare nach taxonomischen Prinzipien hierarchisch geordnet werden. Die chinesische Philosophie etwa war ausgesprochen dualistisch, doch dieser Dualismus war offensichtlich ein Teil einer expliziten Theorie über die Natur des Wandels und der Beständigkeit (mit erstaunlichen Ähnlichkeiten zu den Vorstellungen Heraklits), was über die Gegensätze in der primitiven Klassifizierung hinausgeht. Zum Beispiel:

In seiner ursprünglichen Bedeutung ist Yin »das Bewölkte«, »das von Wolken Überzogene«, und Yang bedeutet eigentlich »Fahnen, die in der Sonne flattern«, also etwas »Beschienenes« oder Helles. Durch Übertragung wurden die beiden Begriffe auf die helle und die dunkle Seite eines Berges oder eines Flusses angewandt. Im Falle eines Berges ist die Südseite die helle, die Nordseite die dunkle Seite, während bei einem von oben gesehenen Fluß die nördliche Seite hell ist (Yang), weil sie das Licht reflektiert, und die südliche Seite im Schatten liegt (Yin). Dann wurden die beiden Ausdrücke in das Buch der Wandlungen (I Ging) übernommen und auf die alternierenden ursprünglichen Zustände des Seins angewandt. Es muß aber betont werden, daß die Begriffe Yin und Yang in diesem abgeleiteten Sinne weder im Text des Buches noch in den ältesten Kommentaren vorkommen. Sie erscheinen erstmals im Großen Kommentar, der in einigen Teilen bereits vom Taoismus beeinflußt ist. Im Kommentar zum Urteil werden als Wörter für die Gegensätze »das Feste« und »das Biegsame«, nicht Yang und Yin, gebraucht.

Gleichgültig welche Namen diesen Kräften gegeben werden, sicher ist, daß die Welt des Seienden aus ihren Wandlungen und aus ihrer Wechselwirkung hervorgeht. Der Wandel wird deshalb als die ständige Umwandlung der einen Kraft in die andere und auch als ein Zyklus von in sich selbst verbundenen Erscheinungskomplexen wie Tag und Nacht, Sommer und Winter aufgefaßt. Wandel ist nicht bedeutungslos – sonst gäbe es keine Kenntnis von ihm –, aber dem universellen Gesetz, Tao, unterworfen. (Wilhelm 1968, LVI)

Hier sind wir in einer ganz anderen begrifflichen Welt als der der Nyoro. Ein scheinbar elementarer Gegensatz wird zur Grundlage für eine dynamische Analyse des Wandels, der Abläufe und der Beständigkeit, die als ein allgemeines System von universell gültigen Relationen angesehen werden.

Auf der formalen Stufe des Denkens können dualistische Prinzipien in hierarchischen taxonomischen Systemen angewandt werden, die vom Allgemeinen zum Besonderen vorgehen und alle taxonomischen Möglichkeiten auszuschöpfen versuchen; Goody betont mit Recht, daß ein solches Vorgehen für das gebildete Denken charakteristisch ist, aber in der primitiven Gesellschaft nicht vorkommt. Eine solche Methode liegt Spielen wie »Zwanzig Fragen« zugrunde, die ein hervorragender Beweis für die logische Effizienz einer ständig verfeinerten Differenzierung sind, doch diese Differenzierung selbst hängt mit einer taxonomischen Klassifizierung und einer begrifflichen Gesamtstrategie zusammen, die die Fragen leitet; gerade das fehlt aber den bunt durcheinandergewürfelten Paaren der primitiven Klassifikation.

Die dualistische Klassifizierung kann somit auf allen Ebenen des Denkens vorkommen; sie ist auf jeden Fall ebensosehr eine Akkommodation an die »Zwieheit« der Wirklichkeit wie ein Ausdruck einer binären Tendenz des menschlichen Geistes. Signifikant von der Entwicklungspsychologie her gesehen *ist,* in welchem Maße solche binären Kategorien systematisiert werden: entweder zu einem in sich geschlossenen Erklärungssystem wie dem der Chinesen oder zu erschöpfenden und hierarchisch organisierten, zielgerichteten klassifikatorischen Methoden.

6. Schlußfolgerungen

Die primitive Klassifizierung scheint somit auf funktionellen, assoziativen Beziehungen zu beruhen, die von konkreten Merkmalen und Alltagsassoziationen hergeleitet werden; sie ist typischerweise von Natur aus komplexiv, auch wenn Primitive in begrenzten Bereichen durchaus taxonomische Klassen anwenden können. Eine solche Klassifizierung ist aus sich eng mit prototypischen Bildern verbunden; es gibt in den meisten primitiven Gesellschaften gewisse hierarchische Klassifizierungen, aber diese sind nicht besonders ausgeformt und kaum von besonderem Nutzen. Bezeichnender sind Kategorien, die sich auf bestimmte Erfahrungsbereiche stützen und nicht hierarchisch organisiert sein müssen. Es gibt keine Beweise dafür, daß soziale Hierarchien als logische Hierarchien in eine begriffliche Form gebracht werden. Die binäre Klassifikation ist in vielen primitiven Kulturen weit verbreitet, aber in sehr vielfältiger Form; sie ist nicht so sehr das Ergebnis einer Aufzwingung irgendeiner »binären Struktur« des Geistes auf eine neutrale Menge von Phänomenen, sondern eine Akkommodation an die »Zweiheit« der Wirklichkeit. Die binäre Klassifikation ist in unterschiedlichem Grade entwickelt. Die einzigen grundlegenden binären Strukturen des Geistes, falls sie diese Bezeichnung verdienen, sind die Differenzierung und der Vergleich, die auf allen Entwicklungsstufen vorkommen.

VI. Zahl, Messen, Zerlegung nach Dimensionen, Erhaltung

Bis jetzt wurde in diesem Buch die Meinung vertreten, daß sich die primitive Erfahrung in Form von wahrnehmungsmäßigen Konfigurationen und Eigenschaften äußert, die nicht in unveränderliche, das Aussehen der Phänomene übersteigende Beziehungen, sondern in konkrete Elemente und Assoziationen zerlegt werden. Bei der Untersuchung der Klassifizierung haben wir gesehen, daß hierarchische Kategorisierungsschemata, selbst wenn es sie in ganz roher Form gibt, nicht auf logischen Klassen, sondern auf Prototypen und Komplexen basieren. Wir müssen uns jetzt scheinbaren Ausnahmen von dieser Verallgemeinerung, nämlich den Zahlen, zuwenden. Falls eine Gesellschaft Zahlwörter hat, auch wenn diese nicht über 5 oder 10 hinausgehen, könnte man argumentieren, daß ihre erwachsenen Angehörigen folglich begriffen haben müßten, daß ›5‹ eine logische Klasse sei, weil die Elemente dieser Klasse immer in der Fünfzahl vorkommen, und daß jedes Element der Klasse ›5‹ das Ergebnis der Addition 2 + 3, 3 + 2, 2 + 2 + 1, 1 + 2 + 2 usw. sei.

Es wird zu zeigen sein, daß man durchaus Zahlwörter haben und imstande sein kann, mit ihrer Hilfe zu zählen, ohne daß man die logischen Eigenschaften einer Zahlenklasse oder die Relation zwischen Kardination und Ordination verstanden haben muß. Einige Gesellschaften begreifen möglicherweise nicht einmal, daß die Zahlen Klassen sind, und selbst wenn der klassifikatorische Aspekt der Zahl verstanden wird, fehlt vielleicht völlig das Verständnis der Klassen-Inklusion. Primitive Zahlenbegriffe beruhen nicht notwendigerweise auf dem Verständnis der logischen Klasse, sondern können durch Verallgemeinerung der Additionshandlung (indem zum Beispiel ein Finger nach dem anderen gekrümmt wird) oder durch die Konstruktion von konkreten Gruppen von Objekten wie Muscheln oder Steinen erklärt werden – die Zahl kann, kurz gesagt, schon auf der Stufe des präoperativen Denkens konstruiert werden. Daß es Zahlwörter bei primitiven Völkern gibt, *beweist* somit noch nicht, daß die Angehörigen solcher Gesellschaften die Zahlen als ein System von logischen Klassen auffassen. Ob in einem solchen Fall die Mehrheit der erwachsenen Angehörigen der primitiven Gesellschaft die logische Grundlage der Zahl begreift, muß empirisch nachgewiesen werden und kann nicht einfach aus dem Vorhandensein von Zahlwörtern abgeleitet werden, auch wenn diese Reihe bis 100 oder 1000 oder noch weiter geht. Piaget (1941 [1965]) glaubte, die kognitive Entwicklung des numerischen Denkens hänge eng mit der Entwicklung der Fähigkeit, logische Relationen zu verstehen, zusammen und die operative Konstruktion der Zahl sei insbesondere von der Fähigkeit abhängig, die Erhaltung einer Gesamtmenge einzusehen, obwohl diese auf verschiedene Weise in die Elemente zerlegt und wieder zusammengesetzt werden könne – die Relation zwischen dem Ganzen und dem Teil und die Kompensation müssen somit begriffen worden sein. Das ist ein entscheidender Punkt in Piagets Analyse des Zahlenbegriffs.

Das bloße Zählen-Können – also das Wiederholen der Zahlwörter in der richtigen Reihenfolge – sagt wenig oder nichts über das Zahlenverständnis des Kindes aus; dasselbe gilt für die elementaren Prozesse der Addition, der Multiplikation usw., denn diese können bis zu einem gewissen Grade ganz mechanisch und ohne wirkliches Begreifen in Form von Tabellen auswendig gelernt werden. Daß jemand imstande ist, eine Reihe physisch zu konstruieren – primitive Addition – und die aufeinanderfolgenden Elemente dieser Reihe zu bezeichnen, bedeutet praktisch ebenfalls noch nicht, daß jemand auch imstande sei, die Reihe derart zu zerlegen, daß sie als Summe ihrer Teile erscheint (z. B. $8 = 5 + 3$; $8 - 3 = 5$), daß jemand also die reversible Relation zwischen der Addition und der Subtraktion begriffen hat; die Fähigkeit, eine Menge durch Addition konstruieren zu können, zieht nicht unbedingt die Fähigkeit nach sich, Mengen multiplizieren oder dividieren zu können. Das Zählen von Gegenständen, um ihre Summe zu bilden, das »Abzählen«, ist eine kognitiv elementare Fähigkeit, die kein operatives Zahlenverständnis impliziert; die logischen Relationen zwischen Addition, Subtraktion, Multiplikation und Division werden nach Meinung Piagets erst auf der Stufe des operativen Denkens voll begriffen. Das bedeutet nicht, daß Kinder nicht schon vor dem operativen Stadium mit Hilfe von Zählrahmen, Perlen, Steinen oder anderen Gegenständen multiplizieren oder dividieren können, sondern heißt nur, daß sie dies in diesem Stadium mechanisch und ohne das, was sie tun, wirklich zu verstehen, tun. Wie wir schon einige Male festgehalten haben, ist das praktische Denken dem vorstellungsmäßigen Denken immer voraus. Piaget behauptet im wesentlichen, das operative Verständnis der Zahl beruhe auf dem Verständnis der logischen Relationen und insbesondere auf der Synthese der Kardination und der Ordination, das heißt der Inklusionssysteme (Hierarchie der Klassen) und der asymmetrischen Relationen (qualitative Seriation), also von Relationen wie »größer als«, »rechts von« usw.; dazu kommt die Fähigkeit, Differenzen durch Teilung jeder Klasse oder Reihe in Einheiten egalisieren und zwischen den Elementen von zwei oder mehr Reihen eindeutige Zuordnungen vornehmen zu können. Die Eigenschaften der Zahl werden durch das Zählen und Messen von physischen Objekten entdeckt. Wir wollen deshalb den primitiven Vorstellungen über das Messen und die Zerlegung nach Dimensionen in unserer Untersuchung des Zahlenbegriffs besondere Aufmerksamkeit schenken. Weil das Messen eng mit der Erhaltung zusammenhängt, wollen wir auch prüfen, in welchem Grade die Erhaltung der Länge, des Gewichts, der Menge usw. vom durchschnittlichen Angehörigen einer primitiven Gesellschaft erworben wird. Bevor wir diese Vorstellungen in den Einzelheiten angehen, müssen wir die ethnographischen Fakten über die Verwendung der Zahl und des Zählens in der primitiven Gesellschaft betrachten.

1. Primitive Zahlenbegriffe

Die Untersuchung der Zahlenbegriffe von Primitiven ist in unserem Jahrhundert stark vernachlässigt worden. In der zweiten Hälfte des 19. Jahrhunderts und zu Beginn des 20. Jahrhunderts hatte man dieser Frage großes Interesse entgegengebracht. Tylor (1871), Conant (1896), Lévy-Bruhl (1912) und andere hatten in Hunderten von ungebildeten Gesellschaften Beispiele für Zahlensysteme gesammelt. Diese frühen Arbeiten befaßten sich insbesondere mit den Zahlennamen, die den damaligen Amateurethnographen leicht zugänglich waren. Besondere Aufmerksamkeit galt Fragen wie der höchsten Zahl, für die es in einem speziellen System ein Wort gab, der Basis (Fünfer-, Zehner-, Zwanziger- und andere Systeme), der Zählmethode, etwa Finger, Finger und Zehen, andere Gegenstände wie Steine und Muscheln, und der Etymologie der Zahlwörter, falls diese zu finden war. Von diesem

Material her kamen insbesondere Lévy-Bruhl und Conant zu einer Anzahl wichtiger Schlußfolgerungen – daß ein Zählen ohne Zahlwörter möglich ist (»Während langen Zeiträumen zählte der primitive Mensch, bevor er irgendwelche Zahlwörter hatte«, Lévy-Bruhl 1926, S. 202), daß Handlungen diesem »Zählen ohne Zahlen« zugrunde lagen, daß gewisse Gesellschaften nur Zahlwörter bis »drei« oder sogar nur »zwei« haben, obwohl ihre Angehörigen mit Fingern und Zehen weiterzählen können; daß Primitive das Zählen grundsätzlich als Mittel für die Bildung von Summen, also ein Abzählen, und nicht so sehr für die Durchführung von arithmetischen Operationen mit den Grundzahlen dieser Summen verwenden; und daß die Zahlenbegriffe der Primitiven an konkrete Gegenstände gebunden sind, Zahlen also nicht als logische Klassen aufgefaßt werden, die in einer notwendigen Relation zueinander stehen.

Man muß somit unterscheiden zwischen dem operativen Verständnis der Zahl und der Fähigkeit, mit Reihen von Gegenständen wie Fingern und Zehen, Knochen oder Kaurischnecken umzugehen und elementare Additionen und Subtraktionen damit vorzunehmen. Das Zählen ist im wesentlichen ein Abzählen, eine Konstruktion von wahrnehmungsmäßigen Reihen, etwa durch Zurückbiegen der einzelnen Finger, durch das Nebeneinanderlegen von Gegenständen, z. B. Muscheln oder Steinen, durch eine Reihe von aufeinanderfolgenden Handlungen, eine Ko-Seriation, wie sie Piaget für das präoperative Stadium II beschreibt.

Hier die Zahlen der Zuñi für 1–5:

1	*töpinte*	damit wird begonnen
2	*kwilli*	wird zusammen damit nach unten gedrückt
3	*ha'ï*	der gleichmäßig teilende Finger
4	*awite*	alle Finger, mit denen fast alles gemacht wird
5	*öpte*	der Ausgekerbte

(Conant 1896, S. 48)

Und dazu die Zahlwörter der Montagnais-Indianer im nördlichen Kanada:

1	*inl'are*	der Endfinger wird gekrümmt
2	*nak'e*	ein weiterer wird gekrümmt
3	*t'are*	der Mittelfinger wird gekrümmt
4	*dinri*	es gibt keine weiteren außer diesem
5	*se-sunla-re*	die Reihe auf der Hand
6	*elkke-t'are*	drei von jeder Seite
7	{ *t'a-ye-oyertan*	es sind noch drei davon übrig
	inl'as-dinri	auf einer Seite sind vier davon

8 *elkke-dinri*	vier auf jeder Seite
9 *inl'a-ye-oyert'an*	es ist noch einer übrig
10 *onernan*	fertig auf beiden Seiten

(Ibid., S. 53)

Das primitive Zählen geht auf eine konkrete Weise vor. Es greift auf die Vorstellung der Bewegungen zurück, durch die Einheiten zum ursprünglichen Ganzen hinzugefügt oder von ihm weggenommen werden... Es assoziiert eine regelmäßige Reihe von Bewegungen mit aufeinanderfolgenden Summen derart, daß bei Bedarf jede von diesen durch Wiederholung der Reihe von Anfang an ins Gedächtnis zurückgerufen werden kann. (Lévy-Bruhl 1926, S. 184)

Falls für das Abzählen nicht Bewegungen gewählt werden, sind es die Konfigurationen von Dingen, die als Ergebnis dieser Bewegungen zustande kommen, oder ein wesentlicher Teil davon, beispielsweise die Hände und Füße. Man findet deshalb oft folgende Grundzahlen:

Hand	= 5
beide Hände	= 10
beide Hände und ein Fuß	= 15
beide Hände und beide Füße oder »Mensch«	= 20

Bei den südamerikanischen Betoya zum Beispiel:

teente	Hand	= 5
caya ente	zwei Hände	= 10
toazumba-ente	drei Hände	= 15
caesea-ente	vier Hände	= 20

(Conant 1896, S. 57)

Oder bei den Galibi in Brasilien:

atoneigne oietonaï	eine Hand	= 5
oia batoue	die andere Hand	= 10
poupou patoret oupoume	Füße und Hände	= 20

(Ibid., S. 138)

Conant warnt:

Mehr als genug ist darüber gesagt worden, wie unbegründet die Behauptung sei, alle Zahlwörter seien direkt oder indirekt von den Namen der Finger, Hände oder Füße abgeleitet. (Ibid., S. 97)
    Bei fast allen primitiven Rassen findet man die eine oder andere Form von handgreiflicher Arithmetik, etwa das Zählen mit Samenkörnern, Steinen, Muschelschalen, Kerben oder Knoten; daß Zahlwörter aus solchen Quellen herrühren, kann nicht überraschen. Das Marquesa-Wort für 4 ist *pona*, Knoten, weil Brotfrüchte in Bündeln zu jeweils vieren zusammengeknotet werden. 10

in der Maori-Sprache heißt *tekau*, Bündel oder Paket, weil Yamswurzeln und Fische in Bündeln zu je zehn gezählt werden. (Ibid., S. 93)

Das Prinzip ist noch klarer beim »Rund-um-den-Körper«-Zählen, das man in Melanesien oft antrifft; nach den Fingern der einen Hand, beispielsweise der linken, geht die Aufzählung beim Handgelenk, beim Ellbogen, bei der Schulter, auf der linken Halsseite, beim linken Auge, bei der Stirn, beim rechten Auge, bei der rechten Halsseite und so fort bis hinunter zu den Fingern der rechten Hand weiter. Mit dieser Methode kommt man auf Summen bis über 30; es zeigt sich aber oft, daß dasselbe Wort, beispielsweise »Halsseite«, zweimal vorkommt, woraus klar hervorgeht, daß wir es nicht mit begrifflichen Klassen, sondern nur mit rein physischen Punkten in einer feststehenden und nicht umkehrbaren Reihe zu tun haben, die nicht in Einheiten oder Unterklassen von Einheiten zerlegt werden und folglich nicht die Grundlage für ein Verständnis der Klassen-Inklusion bilden können. Das »Rund-um-den-Körper«-System der Kewa ist in Tabelle 10 dargestellt.

Nach Erreichen des Mittelpunktes bezeichnen die Kewa die Namen der Körperteile auf der anderen Seite mit dem Wort *mendaa*, »ein anderer des gleichen«. Eine Kewa-Einheit, 47, heißt *paapu*, »rund um die Körperteile«.

In einigen Fällen können Leute, die das Körper-Zählsystem verwenden, ohne zu zögern die Stelle zeigen, wo eine Zahl über der Basis normalerweise hingehört. Sie sind imstande, die Basis im Kopf zu behalten, und zählen große Zahlen durch mehrere Durchgänge an einem einzigen Körper aus. Andere Leute scheinen mehrere Körper zu benötigen, um Zahlen über der Basis auszuzählen, weil sie diese nur in einer physischen Form memorieren können. Sie scheinen keinen Ausdruck für das Vielfache von »ein Mensch fertig« rsp. der Basis zu haben. (Wolfers 1972, S. 218 f.)[1]

Diese Zählmethode ist grundsätzlich nur eine verallgemeinerte Variante des von den Frauen auf Neuguinea angewandten Verfahrens; diese machen immer, wenn sie von ihrem Gatten geschlagen werden, einen Knoten in ein Stück Seil und zeigen dieses dem Polizeibeamten als konkreten Beweis für die schlechte Behandlung, die man ihnen angedeihen läßt. In beiden Fällen ist ein anschaulicher und konkreter Gegenstand die Grundlage für eine Reihe von Handlungen, die wiederholt werden, damit ein anschauliches Ganzes entsteht. Zum Beispiel:

Bei den Metlpa in den Western Highlands wird, wenn ein Mann einem anderen jeweils acht *kuia* genannte Muscheln beim zeremoniellen Tausch überreicht,

Tabelle 10

1	kleiner Finger	47
2	Ringfinger	46
3	Mittelfinger	45
4	Zeigefinger	44
5	Daumen	43
6	Daumenballen	42
7	Handfläche	41
8	Handgelenk	40
9	Vorderarm	39
10	Speiche	38
11	Elle	37
12	Ellbogen	36
13	unterer Oberarm	35
14	oberer Oberarm	34
15	Schulter	33
16	Schulterbein	32
17	Halsmuskel	31
18	Hals	30
19	Kiefer	29
20	Ohr	28
21	Wange	27
22	Auge	26
23	innere Ecke des Auges	25
	zwischen den Augen	24

ein kurzes Bambusstück zu denjenigen hinzugefügt, die bereits waagrecht vom Hals dieses Mannes herunterhängen ... Die Parevavo, die landeinwärts am Papuagolf leben, machen für jeden Mann, der im Kampf getötet wird, einen Knoten in ein Stück Schnur und lösen diesen Knoten wieder auf, sobald dieser Gefallene gerächt ist. Einige Chimbu-Gruppen sollen Kerbhölzer in roter Farbe an den Wänden von geschützten Felsnischen aufgehängt haben, auf denen jeder im Kampf gefallene angesehene Mann mit einer Kerbe festgehalten wurde. Die Elema am Papuagolf führten eine positive und eine negative Liste der getöteten Männer (»unsere« auf der rechten, »ihre« auf der linken Seite), indem sie *selo*-Stücke (aus der harten äußeren Schicht des Blattstiels oder des mittleren Blattnervs) in die beiden Seiten eines geschälten Blattes der Sagopalme steckten. Ein ähnliches Verfahren mit verschieden geformten *selo*-Stücken wurde angewandt, um die verschiedenen Arten von Steinguttöpfen und die Sagomengen aufzuzeichnen, die sie mit ihren Motuan-Handelspartnern beim *hiri* austauschten. (Ibid., S. 217)

Es ist somit alles andere als klar, ob bei diesem Zählen, weil es so eng an die Handlung und an anschauliche Konfigurationen gebunden ist, die Reihe der natürlichen Zahlen als das Ergebnis einer sukzessiven Iteration der Einheit »eins« aufgefaßt oder ob nicht vielmehr in jeder Zahl, zumindest im Falle der Zahlen bis etwa zehn, eine distinkte Konfiguration eigener Art gesehen wird. Bestätigt wird diese Annahme etwa durch die Tatsache, daß viele Völker, vor allem in Neuguinea und Australien, Zahlwörter nur für eins, zwei, drei und vier (bisweilen sogar nur für eins und zwei) kennen und sich bei größeren Zahlen mit einer rein physischen Aufzählung mit Hilfe von Fingern und Zehen begnügen.

Das läßt sich möglicherweise dadurch erklären, daß »eins«, »zwei« und »drei« in diesem sehr einfachen Zahlensystem nicht als eine Reihe von ganzen Zahlen, die sich von der vorausgehenden Zahl jeweils durch die Hinzufügung von »eins« unterscheiden, sondern als die Namen von *Konfigurationen*, z. B. »Einzelstück«, »Paar«, »Dreiergruppe«, aufgefaßt werden, denen jeweils eine besondere und einmalige Bedeutung beigemessen wird. Piaget hat gezeigt, daß die Zahlen null bis fünf von Kindern, die noch weit von einem operativen Verständnis der Zahl entfernt sind, anschaulich aufgrund einer Ganzes-Teil-Relation begriffen werden können. Das erklärt jedoch nicht, weshalb die Zahlen*namen* bei vier oder so aufhören sollten, es sei denn die Individuen in einer solchen Gesellschaft seien stärker an den verschiedenen *Typen von Beziehungen* zwischen Gruppen von zwei, drei oder vier Elementen als an der Tatsache, daß diese eine Reihe bilden, interessiert. Bei den Tauade zum Beispiel gibt es keine allgemein gebrauchten Wörter für Zahlen über zwei, obwohl sie für das Zählen die Finger und Zehen verwenden, aber sie messen aus sozialen Gründen den Paaren eine große Bedeutung zu, und ihre Sprache unterscheidet im Dual zwischen Paaren von Männern, Paaren von Frauen und Paaren aus jeweils einem Mann und einer Frau. Dasselbe Interesse für die relativen Eigenschaften von Gruppen könnte auch für Systeme mit Zahlwörtern bis vier oder fünf charakteristisch sein. Mit anderen Worten, während wir solche Zahlen mit »zwei«, »drei« usw. übersetzen, sehen die Eingeborenen in ihnen vielleicht Bezeichnungen für bestimmte prototypische Gruppierungen, die im wirklichen Leben in keiner Beziehung zueinander stehen; wenn es sich so verhält, wird verständlich, weshalb eine Dreiergruppe *nicht* die Summe von »Paar + 1« in menschlicher Beziehung ist; und ebenso weshalb diese Leute, da sie ja an höheren Zahlengruppen nicht interessiert sind, keine Namen für diese haben. In solchen Kulturen wird die klassifikatorische Funktion der Zahl offensichtlich nicht begriffen.

Die Umeda zum Beispiel, die für die Kulturen auf Neuguinea typisch sind, weil sie nur Zahlwörter für »eins« und »zwei« haben, die aber für größere Beträge die Körperteile abzählen, sind sich der klassifikatorischen Funktion ihrer Abzähloperationen nicht bewußt und denken die Zahlen in Form konkreter Kollektionen und Konfigurationen, die für jede Gelegenheit spezifisch sind:

Ein Umeda sagt folglich nicht »ich habe sechs Kinder« (Kind eins, Kind zwei, Kind drei usw.). Die Kinderzahl ist statt dessen durch ein für die besondere Menge geeignetes Kriterium definiert, z. B. durch die Namen dieser Kinder (Harry, Jim, Susan usw.). Dasselbe gilt für die Monate, die nicht *gezählt*, sondern durch ein relevantes Kriterium spezifiziert werden – »was wir während dieses Mondes tun«. Den Umeda fehlt somit ein Gesamtsystem von Zahlen (die Ein-heit und die Zwei-heit ausgenommen), aber sie helfen diesem Mangel ab, indem sie neue Reihen kreieren, wenn immer eine besondere Menge spezifiziert werden muß. Das erklärt vielleicht die bescheidenen Leistungen der Schüler in der Missionsschule, als die Mathematik an der Reihe war (der Katechet selbst entstammte einer Kultur mit nur zwei Zahlwörtern, was nicht sehr hilfreich war). Nehmen wir eine typische »Summen«-Reihe der Umeda:

$$1 + 1 = 1$$
$$2 + 2 = 2$$
$$3 + 3 = 3 \text{ usw.}$$

Für den Umeda-Schüler war diese Reihe von »Summen« eine Menge von unabhängigen Formeln: was *wir* als Zahlen erkennen, waren für ihn Gegenstände; er versuchte die Zahlen zu zählen – nicht die (begrifflichen) Objekte, die durch die Zahlen dargestellt werden. Die Schüler des Katechisten merkten nicht, daß Zahlen nicht Objekte besonderer Art, sondern Zeichen für Mengen von Objekten sind, und verloren sich deshalb bald in formelhaften Beschwörungen, die keinerlei Ähnlichkeit mit der elementaren Mathematik hatten, die sie eigentlich lernen sollten. Wie es so kommt, war ich an einem glückseligen Nachmittag anwesend, als die Kinder endlich die Grundprinzipien der Zahl begriffen – die Tatsache, daß man mit Zahlen *alles* zählen kann. Als der Unterricht zu Ende war, rannten die aufgeregten Schüler in kleinen Gruppen hin und her, wobei sie ihre neuerworbene Einsicht anwandten: Sie zählten die Hauspfähle, die Hunde, die Bäume, die Finger und Zehen, die eigenen Gruppen – und die Zahlen stimmten jedesmal. (Gell 1975, S. 162)

Der »Konfigurations«-Aspekt der Zahl dominiert selbstverständlich bei den »magischen Zahlen«, von denen Lévy-Bruhl gesagt hat:

Jede Zahl wird folglich . . . ganz allein für sich gedacht, ohne Vergleich mit anderen Zahlen. Unter diesem Gesichtspunkt stellen die Zahlen nicht eine homogene Reihe dar, und sie eignen sich entsprechend überhaupt nicht für die einfachsten logischen oder mathematischen Operationen. Die magische Personalität, die in jeder von ihnen enthalten ist, hat zur Folge, daß sie nicht addiert, subtrahiert, multipliziert oder dividiert werden können. (Lévy-Bruhl 1926, S. 206)

Die magischen Zahlen der Konso sind zwei, drei, fünf, sechs und neun. »Zwei« steht für Frau, was vermutlich vom zweiteiligen Aussehen der äußeren weiblichen Geschlechtsorgane abgeleitet ist, während »drei« Mann bedeutet, was von der »Dreiheit« Penis und Hoden herrührt. »Fünf« verkörpert die Fruchtbarkeit, als Summe von 2 + 3 beim Geschlechtsakt; »sechs« ist für Frauen unheilvoll, was mit der Summe Mann + Mann, 3 + 3, in der Homosexualität zusammenzuhängen scheint. »Neun« steht für die neun Schwangerschaftsmonate des menschlichen Fötus. Das bedeutet nicht, daß die Konso, die ein hochentwickeltes Zahlensystem haben, diese Zahlen nicht auch für gewöhnliche Berechnungen benutzen, zumindest für Additionen und Subtraktionen; es zeigt nur, daß jede Zahl bei Primitiven von ihr unabhängige und einzigartige konkrete Assoziationen auslöst, die mit anschaulichen Konfigurationen verbunden sind, was in seiner Konkretheit gar nicht weit von Hand und Körper entfernt ist, die die ursprünglichen Träger für Berechnungen waren.

Laut Lévy-Bruhl beginnt das Zählen der Primitiven nicht mit der Einheit – es stellt sich im Gegenteil Kollektionen von Entitäten und Gegenständen vor, die von ihrer Natur und ihrer Zahl her vertraut sind, wobei die Zahl gefühlt und wahrgenommen, aber nicht als etwas Abstraktes aufgefaßt wird. Der primitive Geist

. . . unterscheidet nicht klar zwischen der Zahl und den gezählten Gegenständen. Was er durch die Sprache ausdrückt, sind nicht wirklich Zahlen, sondern »Zahlen-Summen«, deren Einheiten nicht zuerst einzeln betrachtet worden sind. Damit man sich die arithmetische Reihe der ganzen Zahlen vorstellen kann, in ihrer regulären Reihenfolge und bei der Einheit beginnend, muß man zuerst die Zahl von dem, was sie summiert, trennen, und eben das wird nicht getan. (Ibid., S. 192)

Selbst wenn eine Kultur ein umfassendes verbales System für Zahlen besitzt, darf aus dieser Tatsache allein noch nicht abgeleitet werden, daß die Angehörigen dieser Kultur diese Zahlen operativ begreifen. Eine solche Folgerung kann nur durch den empirischen

Nachweis, wie diese Zahlen gebraucht werden, gezogen werden. Doch wenn auch ein verbales Zahlensystem an sich noch kein Beweis für ein operatives Verständnis der Zahl ist, kann dennoch kein Zweifel darüber bestehen, daß ein verbales System eine grundlegende Voraussetzung dafür ist, denn wenn jemand keine Ausdrücke für eine verbale Unterscheidung zwischen Gruppen von Objekten hat, dann scheinen auch keine relationellen Urteile von einiger Komplexität formuliert werden zu können.

Auch in Gesellschaften mit verbalen Zahlensystemen scheinen sich die Berechnungen üblicherweise auf Summierungen zu beschränken; Multiplikationen und Divisionen stützen sich auf die Verwendung von Gegenständen als Zahlenträger. Prince zum Beispiel schreibt über Gesellschaften auf Neuguinea: »(. . .) Zählsysteme scheinen fast ausschließlich für das Zählen von konkreten Objekten wie Frauen, Kinder, Häuser, Schweine und im Falle größerer Zählsysteme für die Anzahl Muscheln, die als Brautpreis dienen, gebraucht zu werden« (Prince 1969, S. 31).

Gay und Cole (1967) schreiben in ihrer Arbeit über die Mathematik der Kpelle, daß diese, wenn sie Gegenstände nebeneinander stellen, Gegenstände wegnehmen oder Gegenstände unter die Leute verteilen, nie Gelegenheit haben, mit reinen Zahlen zu arbeiten, und sie können auch nicht von reinen Zahlen sprechen. Jede arithmetische Tätigkeit ist an konkrete Situationen gebunden, so daß die Kardinalzahlen entweder mit dem Substantiv, das sie zählen, oder mit einem Pronomen – ›von dem‹ zum Beispiel – verbunden sind. Die Aussage »zwei und drei gibt fünf« ist sprachlich unzulässig. Die Kpelle können einfache Additionen und Subtraktionen nur mit Hilfe von Steinen durchführen, und auch diese Operationen sind ihnen nur bis dreißig oder vierzig geläufig. Eine Multiplikation wie »drei Bündel von zwei Hühnern = sechs Hühner« wird durch die wiederholte Addition der Bündel ausgeführt, wobei die Summe durch das Zählen der Gegenstände, die sich aus diesen Additionen ergeben, gebildet wird. Eine Operation wie die Multiplikation scheint es nicht zu geben. »Einer Versuchsperson wurde ein komplexes Problem vorgelegt, das in unseren Begriffen auf eine Multiplikation von 6 mit 7 hinausläuft. Der Mann versuchte offensichtlich, alle Gegenstände im Kopf zu zählen, aber er fand sich nicht zurecht.« Divisionen werden mit Hilfe von Steinen durchgeführt, die auf so viele Häufchen verteilt werden, wie der Divisor angibt.

»Gleichheit« wird eher qualitativ als quantitativ ausgedrückt, etwa durch Formulierungen wie »gleich stark sein wie« oder »jemand ist imstande, gleich wie jemand anderer zu handeln oder etwas zu leisten«. Das »gleich wie« entspricht einem »von gleicher Art«. Der Begriff »gleich« ist auf das Ding selbst beschränkt und bedeutet in unserer Terminologie »identisch«, während »scheint zu sein wie« auf Gegenstände angewandt wird, die dem ersten Gegenstand nur vage ähnlich sind. Für »ähnlich« wird »wirksam« oder »geschickt« verwendet: »die Größe von Tokpa ist wirksam auf Flumo = Tokpa ist ähnlich groß wie Flumo«. Größenvergleiche sind möglich, aber sie werden nur unbeholfen ausgedrückt, etwa »dieses Haus geht an Kleinheit über jenes hinaus«, doch üblicherweise wird eher das Größere mit dem weniger Großen verglichen, nicht umgekehrt. (Wir kommen später auf die Frags des Vergleichs zurück.)

Das physische Zählen ist somit eng mit den physischen Objekten, die gezählt werden, und mit den Handlungen, die mit dem Zählen zusammenhängen, verbunden, ebenso mit den wahrnehmungsmäßigen Konfigurationen, so den Händen und Füßen, dem Körper oder den Gegenständen, die für das Zählen benutzt werden, etwa Kaurischnecken, Schnüre mit Knoten usw. Diese Abhängigkeit von konkreten Objekten und Konfigurationen läßt es als wahrscheinlich erscheinen, daß Primitive die Zahlen nicht als ein System von hierarchisch ineinander verschachtelten logischen Klassen und gleichzeitig ein System von asymmetrischen Relationen auffassen.

Man könnte nun annehmen, in Gesellschaften mit einem verbalen Zahlensystem, das die Formulierung von Multiplikationsrelationen ermöglicht, werde auch notwendigerweise eingesehen, daß die Zahlen ein System von Inklusionen sind, daß also, wenn zum Beispiel $3 \times 4 = 12$ und $2 \times 6 = 12$, auch $12 : 3 = 4$, $12 : 4 = 3$ und $12 : 6 = 2$ usw. Die Frage kann nur durch empirische Felduntersuchungen schlüssig geklärt werden, aber es gibt einige Hinweise darauf, daß es nicht notwendig so sein muß. Die Konso beispielsweise verwenden das distributive Suffix -a, um eine Multiplikation auszudrücken, etwa *sagal(a) sessa*, »neun mal drei«, was 27 gibt, aber es gibt keinen entsprechend einfachen Ausdruck für 27 dividiert durch 3. Eine Division wird wie bei vielen anderen primitiven Völkern so ausgeführt, daß eine Menge von Gegenständen auf eine dem Divisor entsprechende Anzahl von Häufchen verteilt wird, was jedoch nicht impliziert, daß zwischen Dividend und Quotient weitere logische Relationen aufgestellt werden. Auch in Gesellschaften mit einem verbalen Zahlensystem ist eben das Zählen noch in hohem Maße von manuellen Operationen abhängig. Eine Addition etwa wird üblicherweise durch sukzessives Hinzufügen von Einheiten durchgeführt, doch daraus geht nicht *notwendig* hervor, daß wenn $1 + 1 + 1 + 1 + 1 + 1 + 1 = 7$, auch $7 = 4 + 3$ oder $5 + 2$ usw. Wenn eine Subtraktion durch sukzessives Auflösen von Knoten ausgeführt wird, folgt daraus ebenfalls nicht notwendig, das $7 - 3 = 3 + 1$. Ähnliche Überlegungen gelten für manuelle Multiplikations- und Divisionsmethoden, falls es solche überhaupt gibt. Weil das Zählen von manuellen Methoden abhängig ist, die oft auf der sukzessiven Addition oder Subtraktion von Einheiten beruhen, läßt sich nicht ohne weiteres schließe , daß die Menschen, die solche Methoden anwenden, die logischen Relationen zwischen den erhaltenen Summen und den numerischen Unterklassen, die darin enthalten sind, begriffen haben.

Wir haben im letzten Kapitel festgehalten, daß das operative Verständnis der logischen Klasse die Koordination der Intension mit der Extension voraussetze. Das operative Verständnis der Zahl setzt entsprechend die Quantifizierung der Intension und der Extension voraus, womit wir uns jetzt im einzelnen befassen wollen, bevor wir uns von dieser Grundlage aus dem Messen zuwenden.

Auch in Kulturen, deren Angehörige begreifen, daß die Zahlen Klassen sind, wird die Klassen-Inklusion kaum oder nicht verstanden. Die Addition der Klassen durch Inklusion bringt Hierarchien von Klassen hervor, in denen die Unterklassen zur Klasse in einer Teil-Ganzes-Beziehung stehen. Diese qualitative oder intensive Relation ist die Grundlage für eine elementare Reihe von quantitativen, extensiven Beziehungen: »weniger als«, »gleich« und »mehr als«, denn die Teile sind kleiner als das Ganze; das Ganze ist mehr als jeder der Teile; einige Teile können anderen Teilen gleich sein, und das Ganze ist gleich der Summe der Teile. Doch diese qualitative oder intensive Quantifizierung ist nicht von einer Unterteilung der Klassen in Elemente abhängig. Die Klassenzugehörigkeit kann selbstverständlich Überschneidungen aufweisen, und diese Intersektion ist zusammen mit der Inklusion die Grundlage für die Qualifikatoren »einige«, »alle« und »keine«. Diese sind jedoch ebensowenig wie die elementaren quantitativen Relationen »weniger«, »mehr« und »gleich« die Grundlage für eine wirkliche oder »extensive« Quantifizierung, die auf spezifischen numerischen Werten beruht.

Das Verständnis der extensiven Quantifizierung schließt ein solches Verständnis der asymmetrischen Relationen und die Egalisierung der Differenzen ein. Differenzen zwischen *Elementen* werden in asymmetrischen Relationen ausgedrückt – »rechts von«, »vor«, »mehr als«, »röter als« und so fort. Elemente in asymmetrischen Relationen können somit qualitativ identisch sein; in diesem Fall ist das einzige unterscheidende Merkmal zwischen ihnen ihre *Stellung* innerhalb der Reihe, die folglich eine »vikariierende Reihenfolge« ist, denn die Elemente können in jeder beliebigen Reihenfolge angeordnet werden, und nur die positionellen Relationen sind invariant. Eine Reihe besteht also aus einer Menge von *Stellungen*, und wenn die Elemente einer Reihe von ihren Eigenschaften her nicht voneinander unterscheidbar sind, so müssen sie sich dennoch voneinander unterscheiden, indem das eine Element vor oder nach einem anderen kommen kann.

Eine auf asymmetrischen Relationen basierende Reihe führt drei weitere logische Beziehungen ein. Wenn $A < B < C < D$ oder $A \rightarrow B \rightarrow C \rightarrow D$, so läßt sich daraus ableiten, daß $A <$ D, $A \rightarrow D$, das Transitivitätsprinzip. Diese Aussage läßt sich auch umkehren, man kann also daraus ableiten, daß $D > A$ und ebenso, selbstverständlich, daß $D > B$, $D > C$ und daß $D \leftarrow A$, $D \leftarrow B$, D $\leftarrow$ C. Sobald wir die Seriation operativ begreifen, sind wir drittens imstande, die Relativität von Relationen zu verstehen, also beispielsweise zu sehen, daß B nicht nur $< C$, sondern daß gleichzeitig auch gilt $B > A$, $C < D$ und $> B$ usw. (In einem hierarchischen System ineinander verschachtelter Klassen müssen wir auch sehen können, daß wenn die Klasse A in der Klasse B und die Klasse B in der Klasse C eingeschlossen sind, B gleichzeitig in C eingeschlossen ist und A einschließt, und daß A sowohl in B als auch in C eingeschlossen ist.) Das Verständnis der Seriation ist faktisch das Verständnis der logischen Addition.

Doch eine Reihe von asymmetrischen Relationen ist an sich noch nicht zureichend für die Ausformung der extensiven Quantifizierung, wie wir bereits festgehalten haben, nicht einmal im Falle der vikariierenden Reihenfolge, denn wir können aus »mehr« oder »weniger« keine *präzisen* numerischen Werte ableiten. Deshalb können die komponierten[2] Differenzen nicht egalisiert werden, weil es keine notwendige Äquivalenz zwischen ihnen gibt, z. B. 12 $< 16 < 47 < 129$, wo jede weitere Zahl mehr als die vorausgehende ist, aber ohne daß der Betrag, durch den sie sich unterscheiden, jeweils gleich wäre. Differenzen lassen sich nur egalisieren, wenn eine Reihe in Elemente geteilt werden kann, die denselben Wert haben (vikariierende Reihenfolge), z. B. 5, 5, 5, 5 oder wenn die *Differenzen* zwischen den Elementen denselben Wert haben, z. B. 1, 2, 3, 4, 5... Die grundlegende Methode der Partition besteht darin, daß eine eindeutige Zuordnung zwischen den Elementen der einen und denen einer zweiten Reihe vorgenommen wird. Die numerische Korrespondenz ist etwas anderes als die qualitative Korrespondenz, denn bei der letzteren sind die Elemente einer Menge nur durch ihre Eigenschaften (wie die Farbe, die Größe, das Aussehen usw.) voneinander verschieden, während sich bei der numerischen (extensiven) Korrespondenz ein Element nicht qualitativ von den anderen unterscheiden muß, sondern nur durch seine Stellung. So kann zum Beispiel jede rote Spielmarke in einer Reihe einer der blauen Spielmarken in einer anderen Reihe zugeordnet sein, aber eben nur einer. Ebenso kann eine Menge von roten Spielmarken durch numerische Korrespondenz einfach als »3« behandelt werden, im Gegensatz zu der Klasse der roten Spielmarken, die ein Dreieck bilden und so fort. Bei dieser numerischen Korrespondenz unterscheiden sich die Elemente nur durch die Reihenfolge voneinander, in der sie in der Korrespondenz auftreten, eine Reihenfolge, die relativ ist und die von einer Operation zur anderen wechseln kann – vikariierende Reihenfolge. Selbstverständlich gibt es auch Reihen, deren Elemente qualitativ verschieden sind, wo aber dennoch eine Seriation möglich ist, z. B. bei verschiedener Länge. Die numerische Korrespondenz stellt somit die Konstruktion von *Einheiten* dar, die gleichzeitig einander gleich und seriierbar sind; und diese Konstruktion geschieht durch die Egalisierung der Differenzen. Das Verständnis der eineindeutigen Zuordnung ist grundlegend für den Begriff der ganzen Zahl, aber nicht zureichend, wie wir früher festgehalten haben, denn der Begriff der ganzen Zahl setzt auch das Verständnis der Synthese von Systemen der Klassen-Inklusion oder, anders gesagt, die Koordination der Ordination (asymmetrische Seriation) mit der Kardination (Klassenhierarchien) voraus.

In Abbildung 13 sind die beiden Mengen A_1 und A_2 Klassen (in diesem Fall Viererklassen), und ihre Elemente haben eine bestimmte Stellung. Auch wenn die Elemente innerhalb einer Reihe, z. B. A_1, in andere Stellungen verschoben werden, bleiben die Gesamtzahl der Elemente in der Reihe und die Reihenfolge der Stellungen gleich; das gilt auch, wenn alle Elemente der Reihe A_1 durch jene der Reihe A_2 ersetzt werden. Man sieht jetzt darüber

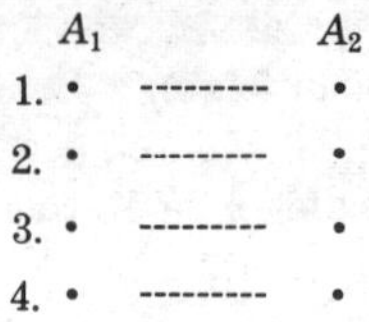

$$A_1 \qquad A_2$$

1. • -------- •

2. • -------- •

3. • -------- •

4. • -------- •

Abbildung 13

hinaus auch, daß die Summe einer Reihe, ihr kardinaler Wert, in einer direkten Beziehung zur Stellung des letzten Elements *(t)* steht, derart, daß dieses notwendig $(t - 1)$ Elemente hat, die ihm vorausgehen; diese Zahl entspricht ihrer Stellung, indem sich jede Stellung und jede Kardinalzahl von der nachfolgenden und der vorausgehenden durch 1 unterscheiden. (Das ist nicht notwendig so, aber aus Gründen der Einfachheit haben wir uns für dieses Beispiel entschieden.) Die Elemente einer Menge sind alle quantitativ einander gleich, aber sie unterscheiden sich voneinander im Hinblick auf ihre Stellung in der Aufzählung. Kardination (Zahl) und Ordination (Stellung) hängen somit grundlegend miteinander zusammen.

In Abbildung 14 sieht man vier Klassen *A*, *B*, *C*, *D*, die in bezug auf die anderen Klassen seriierbar sind, und die Beziehung in dieser Reihe von Stellungen ist die stetig zunehmende Größe. Die seriierbare Stellung jeder Klasse läßt sich in Form der Zahl von Einheiten (hier 1) ausdrücken, durch die jede Klasse größer als die vorausgehende Klasse ist, womit also die Einheiten die Grundlage bilden, durch die die Differenz zwischen den Klassen egalisiert werden kann. Das ist eine Illustration für die Aussage, mit der wir diese Darstellung begonnen haben, daß nämlich die Zahl die Vereinigung der Klassen-Inklusion und der asymmetrischen Relation zu einer einzigen Operation sei, zusammen mit der Partition einer

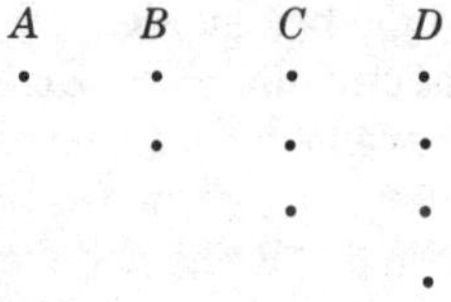

$$A \qquad B \qquad C \qquad D$$

• • • •

• • •

• •

•

Abbildung 14

Menge und der Egalisierung der Differenzen durch Einheiten. (Die numerische Addition unterscheidet sich jedoch von der logischen Addition, indem für die Vereinigung von Klassen gilt: $A + A = A$, während für die numerische Addition die Iteration grundlegend ist, so daß $A + A = 2 A$.)

Die Egalisierung der Differenzen ist nur ein anderer Aspekt der Kompensation, dieser äußerst allgemeinen Operation, durch die eine Zunahme um eine bestimmte Anzahl Einheiten in der einen Dimension durch eine Abnahme um eine gleiche Anzahl Einheiten in der anderen Dimension ausgeglichen wird. Sie ist auch die Grundlage für die damit zusammenhängende Operation der Reversibilität.

Ein weiterer Aspekt der Egalisierung der Differenzen ist die Multiplikation von Relationen, die vom Verständnis der serialen Korrespondenz, im Gegensatz zur einfachen Seriation, abhängig ist.

In Abbildung 15 ist die seriale Korrespondenz $A(B)$ oder $B(A)$ auch eine additive Komposition von $A + A + A + A$ oder $B + B + B$. Allgemeiner ist eine Zahl eine additive Vereinigung von Einheiten, und eine eineindeutige Zuordnung zwischen zwei (oder mehr) Mengen zieht auch eine Multiplikation nach sich. $A_1 + A_2 = 2 A$ ist ebensosehr eine Multiplikation wie eine Addition, bei der die Menge A_1 mit einer anderen Menge A_2 durch eineindeutige Zuordnung verbunden wird. Additive und multiplikative Komposition, einfache Seriation und seriale Zuordnung, ob numerisch oder qualitativ, sind somit korrelativ, und die Beherrschung der einen Operation impliziert die Beherrschung der anderen. Die logische Addition wird früher als die logische Multiplikation erworben, doch nach Auffassung Piagets besteht kein grundsätzlicher Unterschied zwischen logischer und numerischer Addition oder zwischen logischer und numerischer Multiplikation. Er sagt nur, daß die extensive (arithmetische) Quantität nicht völlig von der intensiven (logi-

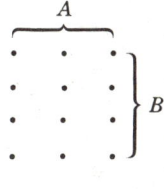

Abbildung 15

schen) Quantität abgeleitet werden kann, sondern eine Teilung in Einheiten und das Verstehen der eineindeutigen Zuordnung voraussetzt[3].

Das volle Verständnis der Zahl ist somit kognitiv viel anspruchsvoller als die Fähigkeit, die Namen der Zahlen in der richtigen Reihenfolge aufsagen oder physische Elemente zu Gruppen addieren zu können. Die Prozesse der Addition, Subtraktion, Multiplikation und Division genügen nicht, denn diese Verfahren können mit Hilfe von physischen Hilfsmitteln durchgeführt werden, ohne daß die logischen Grundlagen wirklich begriffen sein müssen. Ein operatives Verständnis der Zahl geht somit über die bloße Arithmetik hinaus und hängt grundsätzlich mit dem Messen und mit der Erhaltung zusammen.

2. Primitives Messen

Aus dieser Darlegung dürfte klargeworden sein, daß die Zahleneinheit oder die ganze Zahl mit der Maßeinheit fast identisch ist; der einzige Unterschied besteht darin, daß man es im Falle des Messens mit konkreten Teil-Ganzes-Relationen zu tun hat, während ganze Zahlen und numerische Seriationen rein logische Konstruktionen sind. Die Maß- wie die Zahleneinheit beruhen auf der Egalisierung von Differenzen, die für den Übergang vom rein qualitativen Vergleich zu der Konstruktion wirklich numerischer Kompositionen wesentlich ist. Operatives Messen schließt somit die Unterteilung eines Dings in eine Reihe von iterierbaren Einheiten ein; wie wir schon früher festgehalten haben, ist die grundlegende Methode für die Unterteilung einer Menge das Aufstellen einer eineindeutigen Zuordnung zwischen ihren und den Elementen einer anderen Menge, deren Einheiten gleichzeitig untereinander gleich und seriierbar sind. Operatives Messen ist entschieden nicht nur »das allgemeine Verfahren, den Eigenschaften von Objekten Zahlen zuzuordnen« (Lenzen 1938, S. 9).

In einer Diskussion des »Messens« im Kontext der primitiven Gesellschaft muß man deshalb grundsätzlich zwischen der bloßen Standardisierung, etwa wenn auf dem Marktplatz ein konventionelles Stoffstück nach »Armspannen« oder Korn in Schalen verkauft werden usw., und dem beim quantitativen Zerlegen mitspielenden Messen unterscheiden, denn bloße Standardisierung hat nichts mit Seriation oder einem Vergleich nach der Dimension zu tun.

Während es möglich ist, durch Wiederholung eines beliebigen *ad hoc*-Elements, etwa einer bestimmten Stocklänge, eines Stücks Schnur, einer »Handspanne« oder eines Behälters zu messen, ohne daß es dazu irgendeine kulturell definierte Einheit wie Fuß oder Zoll braucht, ist das operative Messen nicht einfach eine Sache der metrischen Standardisierung; es setzt vielmehr die Unterteilung eines Dings in eine Menge von Elementen und die Konstruktion einer eineindeutigen Zuordnung zwischen dieser und einer anderen Menge voraus; etwa wenn man Kinder auffordert, aus Holzklötzen einen Turm von gleicher Höhe wie eine Vorlage zu bauen und sie schließlich dieses Problem so lösen, daß sie ein Stäbchen nehmen und die Zahl der Iterationen abzählen, die der Höhe der Vorlage entsprechen.

Sobald man aber die Länge einer Dimension mißt, hat man *ipso facto* die Grundlage für das Verständnis der Kompensationen gelegt – daß ein »Mehr« in der Breite eines Landstücks im Vergleich zu einem anderen kompensiert wird durch ein entsprechendes »Weniger« in der Länge, was zeigt, daß Erhaltung und Messen untrennbar miteinander verbunden sind. Das Messen irgendeiner Dimension, etwa der Höhe, schafft eben dadurch darüber hinaus einen Unterschied zwischen *dieser* und anderen Dimensionen – Länge, Breite usw. –; wir werden sehen, daß im primitiven Denken Begriffe für Dimensionen wie »Gewicht«, »Länge« und so fort völlig fehlen, was vermuten läßt, daß Primitive kaum Gelegenheit haben, besondere Dimensionen zu abstrahieren und sie in Beziehung zu anderen zu betrachten.

Primitive Maßsysteme, sofern es sie überhaupt gibt, basieren tendentiell naturgemäß auf Körper»einheiten«, die oft ungenau und situationsgebunden sind; selbst wenn sie kulturell definiert sind, lassen sie sich üblicherweise nicht miteinander vergleichen; sie sind oft auf spezielle Gegenstandstypen beschränkt, so daß sie nicht ineinander umgewandelt werden können. Auf einer solchen Grundlage lassen sich kaum mehr als sehr elementare metrische Relationen konstruieren, und von einer Sensibilisierung für die verschiedenen Dimensionen kann kaum die Rede sein:

[Die Saulteaux] haben nicht einmal irgendwelche gemeinsame Einheiten, die auf *alle* Klassen des linearen Messens anwendbar sind, von einer graduierten Skala mit solchen Einheiten ganz zu schweigen. Das bedeutet, daß die Maße, die sie für verschiedene Arten von linearen Distanzen benützen, nicht miteinander vergleichbar sind; es ist auch nicht möglich, Maße einer tieferen Ordnung in solche einer höheren Ordnung umzuwandeln und umgekehrt. Entfernungen oder Zwischenräume, in Form von Orten oder Gegenständen im Raum gedacht, sind folglich etwas ganz anderes als die Länge irgendeines Gegenstandes, mit dem man umgehen kann, etwa eines Kanus oder eines Stücks Schnur. Es besteht keine Möglichkeit, die verschiedenartigen linearen Konzepte in eine einfache und einheitliche Kategorie von räumlichen Attributen einzufügen, weil die Maßeinheiten, mit denen zum Beispiel die in einem Tag zurückgelegte Entfernung ausgedrückt wird, kategoriell verschieden sind von denen, die für die Länge eines Stücks Schnur benützt werden. (Hallowell 1942, S. 65)

Bei den Kpelle wird jede Sorte Feldfrüchte mit jeweils anderen Einheiten gemessen, wozu eine Fülle von Büchsen, Kübeln und Beuteln benötigt wird. Die Länge wird mit Armspannen oder von der Mitte der Brust bis zur Spitze des Mittelfingers, mit Handspannen oder Fußlängen gemessen:

Ein Kpelle ... benützt mit großer Wahrscheinlichkeit die »Handspanne«, um einen Tisch, die »Armspanne«, um eine Decke, die »Fußlänge«, um einen Fußboden zu messen usw. Mit anderen Worten, er hat eine andere Metrik für jeweils andere Situationen, die ein Messen erforderlich machen. Es gibt keine normierte Beziehung zwischen den Maßsystemen: ein Kpelle wandelt nicht »Handspannen« in »Armspannen« um, wie ein Brite von Fuß auf Yard umrechnet. (Cole, Gay und Glick 1974, S. 168)

Bei den Saulteaux ist der rechte Vorderarm mit dem Ellbogen als Ausgangspunkt das Längenmaß; davon abweichende Längen werden auf dem Arm mit der Kante der linken Hand abgegrenzt. Verwendet werden auch die Zwischenräume zwischen Daumen und abgespreiztem Zeigefinger, Daumen und Mittelfinger, die Breite von drei, vier und fünf Fingern, der Faust mit abgespreiztem Daumen, die Strecke zwischen Brustbein und Fingerspitzen, zwischen den Fingerspitzen der ausgebreiteten Arme und die Schrittlänge (Hallowell 1942, S. 69).

Das Messen mit Handspannen oder durch Abschreiten ist zwar durchaus brauchbar, doch die Tatsache, daß andere Situationen jeweils andere Maße und Meßmethoden und daß verschiedene Arten von Dingen oft verschiedene Typen von Einheiten erfordern – die Armspanne für Tücher, Schrittlängen für Entfernungen und Handspannen für Tische –, verhindert unvermeidlich die Bewußtwerdung allgemeiner Dimensionen und deren quantitative Analyse. Vermutlich kommt es jedenfalls in primitiven Gesellschaften nur selten vor, daß nach einer quantitativen, im Gegensatz zu einer standardisierten, Methode gemessen wird, zum Beispiel auf Neuguinea:

Nur selten werden Zahlen mit Einheiten assoziiert, die eine physische Quantität unterteilen. Einige wenige Gruppen scheinen von »zwei Gartenlängen« oder »zwei Längen eines Holzstücks« zu sprechen. Doch die Einheiten haben keine festgesetzte Länge, und für die Zahl der Einheiten werden anscheinend nur die kleineren ganzen Zahlen verwendet. (Prince 1969, S. 31)

Hallowell hält fest, daß bei den Saulteaux eine quantitative Maßangabe wie »vom Wabano-Zelt von John Duck in Little Grand Rapids wurde gesagt, es sei vierzehn Schritt lang und sechs Schritt breit« sehr ungebräuchlich war. (Hallowell 1942, S. 69)

Es ist jedoch nicht die *ad hoc-*, mit dem Körper zusammenhängende, Natur des primitiven Messens, die kognitiv derart signifikant ist, sondern die fehlende Zerlegung in die Dimensionen und quantitative Iteration, die durch unsere Formen des Messens ausgelöst werden. Wenn ein Bedürfnis für die genaue Herstellung von Gegenständen besteht, mit denen man hantieren kann, »manipulierbare Bereiche«, wie Hallowell sie nennt, dann zeigt sich, daß Proportionsrelationen und die Konstruktion von koordinierten räumlichen Beziehungen durch gerade Linien und *ad hoc-*Einheiten viel leichter ausgelöst werden als bei Vorstellungen in nicht-manipulierbaren Bereichen wie Landstücken oder durch das standardisierte Messen auf dem Marktplatz, auch wenn intuitive Beurteilungen nach dem Aussehen wichtige Ergänzungen für das Messen zu sein scheinen:

Wenn wir uns jetzt den manipulierbaren Bereichen zuwenden, so sehen wir, daß die Saulteaux mit diesen effizienter umgehen. Ihr Verfahren ist jedoch eher pragmatisch als abstrakt. Dafür gibt es verschiedene Gründe. Elementare Wahrnehmungsprozesse eignen sich erstens besser als Grundlage für die Unterscheidung von Größen in manipulierbaren Bereichen als bei größeren Objekten. Und dank Erfahrungen im Umgang mit verschiedenartigen Materialien und Gegenständen können ausgezeichnete quantitative Beurteilungen vorgenommen werden. Die Saulteaux haben sich zweitens mit eher einfachen Proportionsproblemen zu befassen, etwa mit der Umwandlung von Rohmaterialien wie Häuten und Rinde in Haushaltsgegenstände. Bei der Herstellung eines Behälters aus Rinde zum Beispiel müssen die Proportionen von Anfang bis zum Ende genau kontrolliert werden. Doch bei solchen verhältnismäßig einfachen Herstellungsprozessen muß das Material nie auf eine rein quantitative, abstrakte Weise behandelt werden. Größe, Aussehen und Proportionen des herzustellenden Gegenstandes lassen sich nicht voneinander trennen. Am Anfang stellt sich selbstverständlich die Frage »ist dieses Hautstück ›groß genug‹ für ein Paar Mokassins« oder »ist dieses Rindenstück ›groß genug‹, um daraus einen Rogan[4] herzustellen«. Sie kann aber durch eine auf Erfahrung beruhende Schätzung beantwortet werden, nach dem »Aussehen«, ohne daß man wirklich messen muß. Sobald der Herstellungsprozeß begonnen hat, sind weitere Beurteilungen hauptsächlich von den gegenseitigen Beziehungen zwischen Größe, Aussehen und Eigenschaften, die das fertige Produkt haben soll, abhängig.

Das Messen geschieht nicht mit Hilfe irgendeiner normierten Einheit; die gewählte Grundeinheit sind irgendein Teil des Gegenstandes selbst oder einige solche Teile. (Hallowell 1942, S. 73)

Hallowell berichtet auch von den Meßmethoden der Töpfer bei den Pueblo-Indianern:

Im Prinzip analoge Meßmethoden werden von Ruth Bunzel, *The Pueblo Potter* (1929, S. 50) beschrieben. In diesem Fall stellt sich das Problem, die Proportionen der anzubringenden Muster der Größe der zu bemalenden Flächen anzupassen. »Alle Töpfer messen die Flächen ihrer Gefäße auf die eine oder andere Weise«, auch wenn »es erhebliche individuelle Unterschiede im Ausmaß der vorgenommenen Messungen gibt«. Ein gebräuchliches Maß ist der Abstand zwischen dem Daumen und der Spitze des Mittelfingers bei gespreizter Hand. Das Vorgehen einer erfahrenen Töpferin wird folgendermaßen beschrieben: »Zuerst studierte sie einige Minuten lang sorgfältig die noch schmucklose Form, indem sie sie in ihrer Hand drehte. Dann maß sie rasch mit Daumen und Mittelfinger den größten Umfang des Topfes. Anschließend zeichnete sie den Umriß des ersten Musters, das viermal rings um das Gefäß aufgetragen wird. Nachdem das erste Element vollständig aufgezeichnet war, maß sie es und den verbleibenden Raum, worauf sie das zweite Muster auftrug. Die beiden Muster zusammen nahmen etwas mehr als die Hälfte des Raumes ein, so daß die beiden verbleibenden Muster leicht zusammengedrängt werden mußten, was jedoch am fertigen Erzeugnis kaum wahrnehmbar war.« Ein Informant gab den folgenden Kommentar: »Wenn ich zu malen beginne, bevor alles ausgemessen ist, werde ich nervös, weil es vielleicht nicht richtig herauskommen könnte.« (Hallowell 1942, S. 75)

Die Konstruktion koordinierter Ganzer, bei denen die Proportionen gewahrt bleiben müssen, ist somit ein wichtiger Faktor für die Bewußtwerdung von Maßeinheiten.

Das Messen als ein selbständiges Prinzip, losgelöst von der Natur des Körpers oder des Gegenstandes, an dem gearbeitet wird, ist wahrscheinlich von der Entwicklung euklidischer Raumbegriffe und der Einsicht, daß die verschiedenen Dimensionen distinkte begriffliche Entitäten sind, abhängig. Thom (1967) etwa hat gezeigt, daß die Megalithiker das Yard streng auf 2,72 Fuß normiert hatten; eine solche Einheitlichkeit war notwendig, weil die Erbauer der Steinkreise von den geometrischen Eigenschaften des pythagoreischen (rechtwinkligen) Dreiecks, des gleichseitigen Dreiecks, des Kreises und der Ellipse ausgingen. Damit die geometrischen Eigenschaften dieser Figuren benutzt werden konnten, mußten unveränderliche und konstante Maßeinheiten benützt werden. Zusätzlich legten die Erbauer großen Wert darauf, die Dimensionen ihrer Gebilde derart zu wählen, daß sie die Form von ganzen Zahlen erhielten:

Sie konzentrierten sich auf geometrische Figuren, bei denen möglichst viele Dimensionen derart angeordnet waren, daß sie ganzzahlige Vielfache ihrer Längeneinheiten bildeten (Thom 1967, S. 27). Es läßt sich [zum Beispiel] zeigen, daß in einer signifikanten Anzahl von Fällen die Diskrepanz [zwischen dem tatsächlichen und dem theoretischen Durchmesser] durch eine geringe Korrektur verursacht wird, die die Erbauer am Durchmesser vorgenommen haben, um den Umfang näher an eine ganze Zahl zu bringen. Der Wunsch, beide Dimensionen ganzzahlig zu halten, hat eine weitere Konsequenz, insofern an vielen Standorten die für den Durchmesser gewählte ganze Zahl davon betroffen ist. (Ibid., S. 44)

(Die frühen britischen Megalithiker sind ein faszinierendes Beispiel eines ungebildeten Volkes, von dem zumindest einige Angehörige in der kognitiven Entwicklung eine sehr hohe Stufe erreicht hatten. Da aber alle anderen ethnographischen Daten außer den Monumenten selbst und den Folgerungen, die daraus gezogen werden können, fehlen, lassen sich über die Gründe für diese hochentwickelten kognitiven Fähigkeiten nur Spekulationen anstellen.)

Diese Art des Messens ist von den konkreten Attributen der Welt ganz losgelöst und verwendet metrische Einheiten für die Konstruktion völlig »imaginärer« Entitäten, wobei das Messen für die Zerlegung und die Koordination eines Systems von geometrischen Relationen benützt wird.

3. Zerlegung in Dimensionen und Vergleich

Während die Sprachen primitiver Gesellschaften Wörter für »groß« und »klein«, »schwer« und »leicht« haben, fehlen oft spezialisierte Ausdrücke für die Beschreibung physischer Qualitäten[5]:

. . . keine der Sprachen auf Neuguinea, die vom Summer Institute of Linguistics untersucht worden sind, scheint spezifische Wörter für Länge, Fläche oder Volumen zu haben, die die Angehörigen dieser Sprachgruppen dazu befähigen würden, zwischen den verschiedenen Arten von physikalischen Größen zu unterscheiden, die durch diese Wörter bezeichnet werden. Die Sprachen haben im allgemeinen ein Wort, das »schwer« oder »Gewicht«[6] bedeutet, und diese Quantität wird von den allgemeineren Wörtern für »groß« oder »klein« unterschieden. Doch die beiden letzteren Wörter dienen zur Kennzeichnung all der verschiedenen Arten von physischer Größe, die auseinandergehalten werden müssen, wenn genaue Messungen und Vergleiche gemacht werden sollen. (Prince 1969, S. 31)

Man trifft, so weit mir bekannt ist, selten auf Primitive, die Wörter für Dimensionen wie »Gewicht«, »Länge«, »Entfernung« usw. anstelle von schwer/leicht, lang/kurz, nahe/fern usw. und aus solche Adjektiven gebildete Substantive gebrauchen. Offensichtlich muß man von »Länge« anstatt von »lang« nur sprechen, wenn man die Länge mit einer anderen Dimension wie der Breite oder dem Gewicht vergleicht oder zu einer solchen Dimension in Beziehung setzt. Und eine solche begriffliche Relation ist die Grundlage für konkrete Operationen. Die Kpelle zum Beispiel können von »Größe« oder »Schwere« sprechen, aber sie haben keine Möglichkeit, »Gewicht« zu sagen. Sie »trennen üblicherweise nicht die durch Adjektive bezeichneten Aspekte oder Eigenschaften voneinander und sprechen auch nicht darüber. Sie denken somit die Länge, das Gewicht oder die Größe nicht als unabhängige Wirklichkeiten« (Gay und Cole, 1967, S. 60).

Das primitive Denken neigt dazu, Gewicht und Leichtheit wie zum Beispiel Wärme und Kälte als absolute Eigenschaften zu betrachten, die zueinander im Gegensatz stehen, und nicht als Punkte längs einer einheitlichen Skala. Unsere Dimensionsbegriffe sind skalar und relativ; A beispielsweise ist schwerer als B und dieses schwerer als C; deshalb können wir B gleichzeitig als schwerer denn C und leichter denn A denken. Im primitiven Denken werden Reihen von als absolut betrachteten Eigenschaften miteinander assoziiert, so daß etwa Gewicht und Größe nicht klar voneinander getrennt oder dünne Gegenstände als von Natur aus leicht und dicke Gegenstände als schwer betrachtet werden.

Wie wir bei Piagets Analyse der Zahl gesehen haben, ist der Vergleich die Grundlage für die operative Quantifizierung, vor allem in Verbindung mit der Transitivität, doch in vielen primitiven Sprachen gibt es keine *einfachen* Äquivalente unseres Komparativs. Häufig wird eine als »Intensifikation« bezeichnete Ausdrucksweise verwendet: wenn man zum Beispiel sagen möchte, daß A größer als B ist, so sagt man »A ist sehr groß, B ist groß«, oder man verwendet andere Wörter mit ähnlicher Wirkung. Eine Intensifikation wird auch dadurch erreicht, daß das Adjektiv mehrmals wiederholt wird, entsprechend der Anzahl der verglichenen Entitäten, oder daß beim Adjektiv proportional zum beabsichtigten Vergleichsgrad die Lautstärke oder die Tonlage erhöht wird. Falls das Wort »mehr« existiert, ist es üblicherweise ein Synonym für »noch einmal«. Prince erörtert die auf Neuguinea gebrauchten Vergleichsweisen:

. . . sprachliche Möglichkeiten, um Komparative auszudrücken, sind im allgemeinen nur beschränkt vorhanden. Will man sagen, daß A größer als B ist, so sagt man normalerweise »A ist groß, B ist klein«. Es ist deshalb äußerst schwierig zu sagen, daß A größer als B und B größer als C sei, ohne zweideutig zu werden. Verbale Ausdrucksweisen und zweifellos auch die damit verbundenen Denkweisen, die der Eingeborenenkultur entstammen, bleiben ausgeprägt über mehrere Jahre Schulbesuch in einer englischen Schule hinweg erhalten. Kinder der fünften oder sechsten Klasse, die also während sechs oder sieben Jahren englischen Schulunterricht genossen hatten und in der dritten oder vierten Klasse den Gebrauch von Komparativen gelernt hatten, antworteten üblicherweise auf die Frage, welcher von zwei Gegenständen größer sei, mit der Formulierung »dieser ist groß, und dieser ist klein«. (Prince 1969, S. 31 f.)

Piaget kommentiert die verschiedenen Formen des präoperativen und operativen Vergleichs, die in der Arbeit von H. Sinclair (1967) dargestellt werden, folgendermaßen:

Die Versuchspersonen dieser beiden Gruppen [die eine mit älteren Kindern, die das Stadium der Erhaltung erreicht haben, die andere mit jüngeren Kindern auf der Stufe der Nichterhaltung] werden aufgefordert, einige Gegenstände zu beschreiben (z. B. einen kurzen und dicken und einen langen und dünnen Bleistift, einige kleinere Murmeln und eine kleinere Anzahl größerer Murmeln). Die von den beiden Gruppen verwendete Sprache unterscheidet sich in bezug auf die Komparative: während die Kinder der Nichterhaltungsstufe oft *Skalare*, wie der Linguist Bull sie genannt hat, benützen (z. B. »groß«, »klein«, »viel« oder »wenig«), gebrauchen die Kinder der Erhaltungsstufe *Vektoren* (»mehr« oder »weniger« usw.). Die Ausdrücke unterscheiden sich zudem in ihrer Struktur: Kinder der Erhaltungsstufe verwenden binäre Formulierungen (z. B. »dieser ist länger und dünner«), während die Kinder der Nichterhaltungsstufe quaternäre Ausdrücke benützen (z. B. »dieser ist dick und der andere ist dünn; dieser ist lang und der andere ist kurz«). (Piaget 1974, S. 308)

Vergleiche scheinen somit in vielen primitiven Gesellschaften unbeholfen zu sein und deshalb Schwierigkeiten zu bereiten; dimensionale Begriffe fehlen ganz allgemein. Wahrscheinlich ist also von dieser Zerlegung der Gegenstände in verschiedene Dimensionen und von einem Vergleich zwischen ihnen, die wesentliche Aspekte der konkreten Operationen sind, nur wenig oder kaum etwas vorhanden.

4. Einige Entwicklungsbeispiele

Nachdem wir die ethnographischen Fakten zur Zerlegung in die Dimensionen und zum Vergleich betrachtet haben, können wir jetzt eine Beziehung zu den verschiedenen Stadien in der kindlichen Entwicklung des Verständnisses solcher Verhältnisse und insbesondere zum sich entwickelnden Verständnis der Erhaltung herstellen. Die psychologischen Fakten über das Ausmaß der Erhaltung bei Individuen in primitiven Gesellschaften werden am Ende dieses Kapitels angeführt.

Im frühen präoperativen Stadium ist das Kind nur imstande, auf dem physischen Aussehen basierende globale Vergleiche zwischen Mengen anzustellen. Im Falle von Flüssigkeiten zum Beispiel hat Piagets bekanntestes Experiment gezeigt, daß das Kind nicht zu begreifen vermag, daß die Flüssigkeitsmenge in zwei Gefäßen A_2 und B_3 noch immer gleich ist, wenn man den Inhalt von zwei Bechern A und B, die beide die gleichen Dimensionen aufweisen und bis auf gleiche Höhe mit Flüssigkeit gefüllt sind, in eben diese beiden Becher A_2 und B_2 umgießt, wobei der erstere hoch und schmal, der letztere niedrig und breit ist; in diesem frühen Stadium lautet die Antwort, in A_2 sei mehr Flüssigkeit, weil der Wasserstand höher als in B_2 ist. Diese Nichterhaltung der Flüssigkeitsmenge ist darauf zurückzuführen, daß das Kind noch nicht imstande ist einzusehen, daß die größere Höhe von A_2 durch den geringeren Durchmesser kompensiert wird; bei B_2 ist es genau umgekehrt. Weil im kindlichen Denken das wahrnehmungsmäßige Aussehen dominiert und weil das Kind die Veränderung in *zwei* Dimensionen noch nicht gleichzeitig zu erfassen vermag, hat es die Kompensationsrelation noch nicht im Griff. Ebenso ist es noch nicht imstande, die Reziprozitätsrelation zwischen Länge und Dichte bei einer diskreten Menge von, wollen wir annehmen, Spielmarken zu begreifen, die vor ihm in einer Reihe angeordnet sind: eine Reihe von fünf Spielmarken mit großen Zwischenräumen zwischen den einzelnen Elementen scheint ihm mengenmäßig gleich groß zu sein wie eine Reihe von zehn Spielmarken mit kleinen Zwischenräumen.

Das Kind faßt also ursprünglich eine Menge nicht als in ihre Elemente oder in die von ihr eingenommenen verschiedenen Dimensionen zerlegbar auf. Der Vergleich solcher globalen Mengen ist folglich starr, weil diese nicht zerlegbar sind, aber auch unstabil, weil die Wahrnehmung dominiert. Eine wirkliche Quantifizierung ist somit unmöglich. Die einzigen quantitativen Vergleiche, zu denen ein Kind in diesem Stadium fähig ist, sind »mehr«, »weniger« und »gleich«.

Es muß freilich festgehalten werden, daß dieser qualitative oder intensive Vergleich in einigen Fällen für richtige Schlußfolgerungen über quantitative Veränderungen ausreicht. Wir wollen als Beispiel eine stetige (Flüssigkeits-) Menge nehmen. Zwei Gefäße, A_1 und A_2, seien mit Flüssigkeit gefüllt. Unter den folgenden Bedingungen sind Folgerungen, wonach im einen Gefäß mehr Flüssigkeit als im anderen Platz habe, möglich, auch wenn das Stadium der Mengenerhaltung noch nicht erreicht ist:

Höhe +	Durchmesser +	= größere Menge
Höhe +	Durchmesser =	= größere Menge
Höhe =	Durchmesser +	= größere Menge
Höhe =	Durchmesser =	= gleiche Menge
Höhe =	Durchmesser −	= kleinere Menge
Höhe −	Durchmesser =	= kleinere Menge
Höhe −	Durchmesser −	= kleinere Menge

In diesen Fällen verändert sich nur die eine Dimension, oder beide nehmen *gleichzeitig* zu oder ab; die Fähigkeit, die Veränderungen zweidimensional zu koordinieren, ist somit nicht erforderlich.

| Höhe + | Durchmesser − | = ? Menge |
| Höhe − | Durchmesser + | = ? Menge |

Es läßt sich nicht durch einen qualitativen oder intensiven Vergleich allein sagen, ob die Gesamtmenge im einen Gefäß größer, gleich oder weniger groß als im anderen Gefäß ist, es sei denn die Veränderung in der einen Dimension sei sehr ausgeprägt. Für eine gültige Folgerung muß man beide Dimensionen gleichzeitig berücksichtigen, die Menge in Einheiten zerlegen und die Differenzen zwischen den beiden Gefäßen egalisieren können, indem man sich eine Kompensation in Form dieser Einheiten vorstellt.

Ein Kind in diesem Stadium kann auch noch nicht aus einer

Menge von *ungleich* großen Gegenständen (anders ist es mit gleichartigen Objekten) eine Reihe bilden, indem es mit dem kleinsten beginnt und mit dem größten endet (oder umgekehrt). Dazu muß man begriffen haben, daß B, falls A zum Beispiel das kleinste Element der Reihe ist, gleichzeitig größer als A und kleiner als das unmittelbar anschließende Element, C, ist. Das Kind kennt noch keine Koordinationen der Form »B kommt nach A und steht vor C« – der Begriff der *relativen* Größe –, sondern denkt erst in absoluten Eigenschaften wie »groß« und »klein« anstatt in Beziehungen, »größer« und »kleiner«. Noch weniger ist es zu Koordinationen wie »sowohl größer als A und kleiner als C« imstande. Das Kind hat auch noch keinerlei Vorstellung von den konstanten Beziehungen, etwa zunehmende oder abnehmende Größe, zwischen den Elementen in solchen asymmetrischen Reihen.

Wenn zwei Reihen von Gegenständen, A und B, räumlich eindeutig einander zugeordnet hingelegt werden, so erkennt das Kind, daß z. B. A_5 mit B_5 korrespondiert, falls diese beiden Elemente nebeneinander liegen; doch sobald die Elemente der einen Serie verschoben, z. B. näher zusammengerückt werden, wählt das Kind beispielsweise B_8 als Gegenstück zu A_5, weil jetzt diese beiden Elemente am nächsten beieinander liegen. Wenn eine Reihe durcheinander gebracht wird, kann es sie nicht wieder richtig anordnen, es legt bei seinen Versuchen die Elemente wahllos nebeneinander.

Ein Ganzes wird folglich nicht als eine Summe von Teilen aufgefaßt, etwa $A + A' = B; A = B - A'$ usw. Das Kind kann entweder das Ganze oder seine Teile denken, aber nicht das Ganze und die Teile zugleich. Gibt man ihm beispielsweise eine Menge Holzperlen B, die aus zehn braunen A und zwei weißen A' besteht, und fragt es, ob mehr Holzperlen oder mehr braune Perlen vorhanden seien, so antwortet es ausnahmslos, es seien mehr braune Perlen. Die Menge B ist für es nur durch zwei Attribute gekennzeichnet – braun und nicht-braun. Wenn die braunen Holzperlen A unabhängig vom Ganzen B betrachtet werden, so bilden sie eine neue Menge, die nur durch »braun« charakterisiert ist. Infolge dieser Trennung wird die Gesamtmenge B mit der Teilmenge A' gleichgesetzt, die durch das Attribut »nicht-braun« gekennzeichnet ist. Wenn wie in diesem Fall A' kleiner als A ist, sagt dann das Kind, A sei größer als B, weil dieses mit A' identifiziert wird. Für ein Kind in diesem frühen präoperativen Stadium hört somit ein Ganzes, das in Teile zerlegt wird, auch vorstellungsmäßig auf, ein Ganzes zu sein; qualitativ begreift das Kind offensichtlich, daß eine Perle sowohl braun als auch aus Holz sein kann, doch von der quantitativen Klassifizierung her gesehen kann es ein und dieselbe Perle nicht gleichzeitig zwei Mengen zuordnen. Es kann somit, wie wir im letzten Kapitel gesehen haben, Intension und Extension nicht miteinander koordinieren.

Sagt man einem Kind, am einen Tag erhalte ein Junge vier Bonbons nach dem Mittagessen und vier nach dem Nachtessen, am nächsten Tag sieben Bonbons nach dem Mittagessen und eines nach dem Nachtessen, so realisiert es ebenfalls nicht, daß die Additionen und Subtraktionen einander notwendigerweise aufheben:

$$\left.\begin{array}{ll} \text{I} & 4\,(-3) + 4\,(+3) \\ \text{II} & 7\,(+3) + 1\,(-3) \end{array}\right\} = \text{B}$$

Einerseits sieht das Kind die Ganzheit II nicht als dauerhaft an, obgleich es selber 3 Bonbons fortgenommen und die Struktur 4 + 4 in eine Struktur 7 + 1 verwandelt hat oder gesehen hat, daß man das vor seinen Augen tat. Andererseits hilft ihm der Vergleich der Struktur 7 + 1 mit der Gesamtheit I (4 + 4) nicht, diese Permanenz des Ganzen zu entdecken. (Es handelt sich also um eine weitere Äußerung des fehlenden Erhaltungsvermögens.) (. . .) Wenn es dazu nicht imstande ist, so deswegen, weil es sich wieder einmal von den Wahrnehmungsverhältnissen leiten läßt, anstatt diese mit Hilfe operatorischer Relationen zu berichtigen. Daher glaubt es, wenn es die Gruppe I (4 + 4) mit der Menge 7 oder mit dem einzelnen Element 1 vergleicht, die zusammen die Gruppe II bilden, daß II mehr enthält, weil es da »einen dicken Packen gibt« (7 > 4), oder daß es weniger enthält, weil 1 < 4 ist. Immerhin begreifen die Versuchspersonen wohl, daß man die vereinigten Teile (7 + 1) mit der Menge (4 + 4) vergleichen muß: Gin sagt z. B.: »Es gibt einen dicken Packen (7) und einen kleinen (1). Da (I) gibt es 4 und 4.« Sie bleiben darum nicht minder den alleinigen Kriterien der unmittelbaren Wahrnehmung verhaftet, ohne zu versuchen, die operatorische Summe 7 + 1 = 8 zu bilden, um sie mit der aus 4 + 4 zu vergleichen. (Piaget 1941 [1965], S. 245)

In diesem Stadium sind Ganzheiten keine logischen Klassen, sondern eher elementare Assimilationsschemata oder »synkretistische Aggregate«, in welchen die Beziehung zwischen dem Teil und dem Ganzen noch nicht eine quantitative Relation und noch nicht einmal »intensiv« quantifizierbar ist, d. h. es gibt weder Teil noch Inklusion, sondern nur qualitative Partizipation.

Im Stadium II der präoperativen Stufe wird das kindliche Denken noch immer von globalen und wahrnehmungsmäßigen Merkmalen beherrscht, ohne Unterscheidung zwischen dem von einer

Menge eingenommenen Raum und der Anzahl der Elemente. Doch das Kind ist jetzt imstande, nach einer Versuch-und-Irrtum-Methode korrekte Reihen zu konstruieren und eine zweite Reihe zu bilden, deren Elemente positionell mit denjenigen der ersten korrespondieren. Es begreift jedoch nicht unmittelbar alle Relationen, die für die Seriation notwendig sind, und geht so vor, daß es die Elemente zu Untermengen kombiniert; eine der Hauptschwierigkeiten dieses Stadiums ist der Übergang von den Eigenschaften »groß« und »klein« zu den Relationen »größer« und »kleiner«.

Weil das Kind jetzt besser Mengen in ihre Elemente zerlegen und die Zusammensetzung von Figuren analysieren kann, ist es auch imstande, durch Vergleich der Teile alle Figuren zu reproduzieren, deren Gestalt von der Anzahl der Elemente abhängig ist. Das ist eine erhebliche Verbesserung im Vergleich zum ersten Stadium, aber das Kind kann erst gewisse statische Zustände der Mengen miteinander vergleichen – solche, die Figuren von vertrautem Aussehen ergeben. Eine gewisse Koordination der Dimensionen läßt sich erkennen, doch nur bei der Konstruktion der Figur, aber nicht mehr, wenn die Figuren zerlegt werden.

In diesem Stadium kommt es auch zu einem intuitiven Begreifen der Korrespondenz, das völlig auf wahrnehmungs- und vorstellungsmäßigen Bildern beruht und außerhalb des tatsächlichen Wahrnehmungsfeldes oder einer klaren Erinnerung nicht erhalten bleibt. Das Kind erkennt jetzt, daß die Abfolge der Intervalle zwischen den Elementen und deren Summe mit der Gesamtlänge der Reihe identisch ist, also eine qualitative Addition, und daß man, um Länge und Dichte zu koordinieren, die Länge nur in Segmente mit einer bestimmten Dichte zerlegen muß. Es kann auch die Länge und die Dichte in zwei Reihen koordinieren und somit zwei Relationen gleichzeitig in seine Überlegungen einbeziehen; doch diese Koordination – eine qualitative Multiplikation – geht nicht über die Ebene der Wahrnehmung hinaus: wenn die Dichte oder die Länge der einen Reihe verändert wird, glaubt es nicht mehr an die Erhaltung der Anzahl der Elemente, die es zuvor aufgrund einer eindeutigen Zuordnung als gleich erkannt hatte. Es kann eben noch nicht einsehen, daß die Verschiebungen sich gegenseitig kompensieren und daß die Differenzen in Länge und Dichte (bei diesem Beispiel) egalisiert werden können. Dies ist erst durch den Gebrauch von Einheiten möglich (nicht unbedingt von kulturell definierten Einheiten wie Fuß oder Zoll; die Iteration jedes beliebigen physischen *ad hoc*-Elements kann dazu benützt werden, etwa ein Stäbchen, ein Stück Schnur oder ein Gefäß, alles kann als gemeinsames Maß genommen werden). Das Kind schwankt in diesem Stadium beispielsweise zwischen Länge und Dichte hin und her; einmal sagt es, A bestehe aus mehr Elementen, weil es *länger* als B sei, ein anderes Mal ändert es seine Meinung und sagt, B habe mehr Elemente, weil es dichter sei.

Das Kind kann zwar Seriationen ausführen, aber es kann noch nicht zusätzliche Stäbchen (im Falle nicht-vikariierender Reihen) in die Reihe einfügen, weil es nicht imstande ist, die Relationen des zusätzlichen Stäbchens B zu koordinieren, das gleichzeitig größer als A und kleiner als C ist; es kann auch noch nicht eine konstante Beziehung zwischen den Elementen einer Reihe, etwa die zunehmende oder abnehmende Größe, beibehalten.

Aus den kindlichen Seriationen gehen somit starre Reihen hervor, in die keine zusätzlichen Elemente eingefügt und die nicht rekonstruiert werden können, sobald die Elemente vermischt werden. Das Kind begreift noch nicht die Relationen zwischen der Gesamtzahl (weil es die Zahl noch nicht versteht) und den Teilen. Zeigt man ihm zum Beispiel eine Reihe von Stufen $A \ldots T$ (im Experiment eine Reihe von ungleich langen Stäbchen), die eine Puppe hinaufsteigen soll, so sieht es nicht ein, daß die Zahl der noch hinaufzusteigenden Stufen, sobald die Puppe die Stufe N erreicht hat, gleich $T - N$ ist, weil es die beiden inversen Relationen $N > A$ und $N < T$ nicht miteinander koordinieren kann. Es ist, operativ gesprochen, noch nicht so weit, daß es die wirkliche Bedeutung der Subtraktion und der Beziehung zwischen dem Rest und dem Ganzen begreift. Wenn man es auffordert, zwei ungleich große Mengen zu egalisieren, so wird es oft durch den Umgang mit den zwei ungleich großen Mengen in den Kollektionen gezwungen, die beiden Mengen miteinander zu vergleichen und festzustellen, daß jede Verschiebung von Elementen zwischen den beiden Konfigurationen gleichzeitig eine Addition zu der einen Menge und eine Subtraktion von der anderen Menge ist (es sei auch an das Beispiel der acht Bonbons erinnert, die in verschiedenen Kombinationen gegeben werden). Es erkennt den Rest noch nicht als das Ergebnis einer numerischen Subtraktion, sondern betrachtet ihn als das Resultat einer empirischen Verschiebung einer rein anschaulichen Menge von Gegenständen. Es kann zwar empirisch addieren und subtrahieren – d. h. irgendeine Anzahl von zusätzlichen Elementen mit den vorhandenen Elementen physisch vereinigen oder Elemente einzeln von einer Menge wegnehmen –, aber es begreift noch nicht die logische Relation zwischen dem Ganzen und den Teilen.

Diese Unfähigkeit des Kindes, ohne durch Abzählen der tatsächlichen Treppenstufen zu sagen, wieviele noch zu ersteigen seien, also für diese Folgerung den Rest vom Ganzen zu subtrahieren, ist mit einem zweiten Mangel verbunden, es kann nämlich ordinale und kardinale Werte noch nicht miteinander kombinieren.

Wenn zum Beispiel die Reihenfolge in einer Reihe in bezug auf eine andere Reihe umgekehrt wird und das Kind herauszufinden versucht, welches Element jetzt (etwa in einer Rangordnung nach der Größe) dem entsprechenden Element in der anderen Reihe zugeordnet ist, so versucht es das empirisch oder durch Abzählen herauszufinden, aber es verwechselt immer wieder die richtige Stellung mit der des vorangehenden Elements. Wenn es zum Beispiel das einem bestimmten Element n zugeordnete Element finden soll, so zählt es die vorausgehenden $n - 1$ Elemente in der Reihe A, wendet sich dann der Reihe B zu, wo es bis $n - 1$ zählt und dann aufhört, weil es annimmt, dieses $(n - 1)$te Element entspreche dem $n$ten Element in der Reihe A. Um dieses Problem zu meistern, muß es natürlich zwischen der Stellung von n und der Zahl der Elemente vor n unterscheiden lernen, doch in diesem Stadium besitzt der ordinale Wert für das Kind noch keinen kardinalen Wert gleicher Natur, so daß es nur die vorangehenden Terme zählt. Die ordinale Stellung setzt somit einen kardinalen Wert und umgekehrt voraus; doch das Kind sieht noch nicht, daß jede Stellung selbst eine Zahl ist und diese Zahl untrennbar vom gesamten Aggregat ist, von dem sie ein Teil ist, daß also das $n$te Element von A dem $n$ten Element von B entspricht; es erkennt auch nicht, daß es eine Menge mit dem kardinalen Wert n bildet und daß das $n$te Element das letzte einer Reihe von n Elementen sein muß.

Damit ein kardinaler Wert genau einer gegebenen Stellung entspricht, ist es umgekehrt auch notwendig einzusehen, daß die $n$te Stellung immer nach der $(n - 1)$ten Stellung und vor der $(n + 1)$ten Stellung kommt; das setzt die Invarianz der Mengen $\{n - 1\}$, $\{n\}$, $\{n + 1\} \ldots$ voraus.

Die fehlende Erhaltung von Mengen und Stellungen und das fehlende Verständnis für die gegenseitige Kompensation von Addition und Subtraktion erklärt sich teilweise, wie bereits erwähnt, dadurch, daß der Begriff der Einheit noch nicht begriffen wird. Wenn sich mit dem Inhalt der Flasche A die Flasche B und mit

312

dem Inhalt der Flasche *B* die Flasche *C* vollständig füllen lassen, sieht das Kind dieses Stadiums noch nicht ein, daß *B* das gemeinsame Maß für den Inhalt sowohl von *A* als auch von *C* ist, daß also *A* = *B* = *C*, folglich *A* = *C* usw. Die Operation der Transitivität geht ebenfalls über das Begriffsvermögen dieser Kinder hinaus, sie ist aber selbstverständlich wesentlich für ein Verstehen der Egalisierung von Differenzen.

In diesem Stadium gibt es somit Fortschritte in der Seriation, in der Zuordnung und in der Zerlegung nach Dimensionen, aber das gilt nur dann, wenn das Kind die Objektmengen tatsächlich vor sich hat. Es kann auf dieser Stufe keine Deduktionen rein logischer Natur durchführen, wenn diese Mengen zerteilt, umgekehrt oder vermischt werden, sein Denken ist noch immer von der Wahrnehmung beherrscht und irreversibel. Solche Deduktionen, falls sie überhaupt ausgeführt werden, erscheinen dem Kind nicht als logisch notwendig, sondern sind nur richtig aufgrund vorausgegangener Erfahrungen, die sich ihrerseits durch spätere Erfahrungen als falsch erweisen können.

Was die Beziehung zwischen den Teilen und dem Ganzen betrifft, ist das Kind, wie wir gesehen haben, ganz allgemein noch nicht imstande, beispielsweise die braunen Perlen als Teil der Gesamtmenge der Holzperlen zu behandeln, zu der sowohl die braunen als auch die weißen Perlen gehören. Wird es gefragt, ob es mit den braunen Perlen oder mit den Holzperlen eine längere Halskette herstellen könne, antwortet es regelmäßig »mit den braunen Perlen«. Diese Unfähigkeit zur logischen Multiplikation bei der Synthese von Attributen (indem man zwei Attribute gleichzeitig denkt) rührt somit von der konkreten Beschaffenheit der kindlichen Vorstellung her.

Die Tatsache, daß ich hypothetisch eine Kette aus braunen Perlen herstelle, hindert mich keineswegs daran, im Geist dieselben braunen Perlen in einer anderen Kette zu verwenden, die ich hypothetisch mit der Gesamtheit der Holzperlen herstelle. Im Gegensatz hierzu vollzieht sich beim Kind alles so, als ob es seinen Gedankenexperimenten Wirklichkeitscharakter zuschriebe und als ob es, wenn es im Geist eine der beiden Ketten gebildet hat, nicht mehr hypothetisch eine andere Kette mit demselben Material herstellen könnte. (Piaget 1941 [1965], S. 233)

Im Stadium III kann das Kind eine Reihe vollständig zerlegen, und es begreift die Relation zwischen den Teilen und dem Ganzen. Es muß nicht mehr alle Treppenstufen rekombinieren und neu seriieren, um herauszufinden, wieviele davon noch erstiegen werden müssen; es begreift, daß es noch gleich viele Stufen sind, wie Stäbchen auf dem Tisch zurückgeblieben sind. Mit anderen Worten $(N \ldots T) = (T - N)$ oder $(A \ldots T) - (A \ldots N)$. Es sieht auch ein, daß die Zahl der Stufen hinter der Puppe $= N - 1$, woraus hervorgeht, daß es begreift, daß die Nte Stellung einem kardinalen Wert entspricht, der gleichzeitig größer als $A \ldots (N - 1)$ und kleiner als $(N + 1) \ldots T$ ist. Kardination und Ordination sind koordiniert, die erstere ist von den Teilen unabhängig geworden und wird auf alle Terme als äquivalente Einheiten angewandt, und die letztere ist nicht mehr von den qualitativen Attributen der besonderen Elemente abhängig – ihrer wirklichen Größe, Länge usw. Das Element n steht jetzt sowohl für die $n$te Stellung als auch für den kardinalen Wert n.

Differenzen können jetzt mit Hilfe von Einheiten, durch die Operation der Transitivität, egalisiert werden, was zum Verständnis der Proportionsrelationen führt.

Bei der Seriation beachtet das Kind alle Relationen zwischen allen Elementen, denn bei jedem weiteren Schritt sucht es nach dem größten (oder kleinsten) der verbleibenden Elemente. In diesem Stadium konstruiert es die Korrespondenzen zwischen den Elementen verschiedener Mengen nicht mehr, wie in den Stadien I und II, indem es zuerst die ganze erste Reihe und dann die andere(n) Reihe(n) konstruiert, worauf es die einander entsprechenden Stellungen findet, sondern durch unmittelbare Korrespondenz, wobei es gleichzeitig die ersten, zweiten, dritten usw. Elemente jeder Reihe auswählt, bevor es die verbleibenden Elemente jeder Menge seriiert.

Die Relationen sind jetzt reversibel; die operative Seriation ist unabhängig von Veränderungen im Wahrnehmungsfeld, weil sie auf Relationen basiert, die dank ihrer strikten Umkehrbarkeit komponiert werden können; die Reihe kann in jeder Richtung konstruiert werden, weil die inversen Relationen miteinander koordiniert sind.

Das Kind begreift jetzt das kompensatorische Verhältnis zwischen Addition und Subtraktion bei der Egalisierung ungleicher Mengen und die einander kompensierenden Veränderungen in den Dimensionen bei Kompensationsaufgaben. Diese Multiplikation der Relationen oder Egalisierung der Differenzen wird auch dank dem Verständnis der additiven Komposition und Partition einer Reihe möglich, der Grundlage für den Begriff der Einheit.

Das Kind erfaßt nun die hierarchischen Beziehungen zwischen

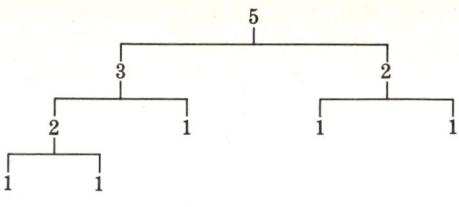

Abbildung 16

Klassen, die für den kardinalen Wert einer Menge konstitutiv sind (wie in Abbildung 16), und deren Komposition mit den asymmetrischen Relationen (d. h. Stellung oder ordinaler Wert), ebenso die Natur der Einheit, die für die operative Konstruktion des Messens und die Quantifizierung ebenfalls notwendig ist, weil sie der wesentliche Faktor bei der Egalisierung von Differenzen ist.

5. Erhaltung

Einen der besten Hinweise darauf, in welchem Maße primitive Gesellschaften Mengen operativ verstehen und folglich messen können, liefern Versuche über die Erhaltung der Menge, der Länge, des Gewichts, der Fläche und des Volumens. Solche Experimente sind nur bei wenigen traditionsgebundenen, ungebildeten Völkern durchgeführt worden. Von den Arbeiten von Price-Williams bei den Tiv in Nigeria abgesehen[7], deuten alle Ergebnisse entschieden darauf hin, daß es mit der Erhaltung dieser grundlegenden Dimensionen, insbesondere der Fläche und des Volumens, nicht weit her ist. Einige Untersuchungen zeigen, daß eine Mehrheit der Erwachsenen dieses Stadium nicht erreicht, und deshalb dürfen wir nicht erwarten, daß ein operatives Verständnis der Quantifizierung und der Zahl bei vielen primitiven Gesellschaften die kulturelle Norm sei.

Prince hat mit seinen Tests bei Schulkindern auf Neuguinea (Primarschulen von der 1. bis 6. und Sekundarschulen von der 1. bis 3. Klasse) herausgefunden, daß noch in der 3. Klasse der Sekundarschule, also nach neun Schuljahren, erst 82% der Schulkinder die beiden einfachen Versuche zur Mengenerhaltung (mit Pla-

315

stilin und Flüssigkeiten) fehlerfrei bewältigten. Bei der Flächenerhaltung kamen nur 58% der Schüler der 3. Sekundarklasse auf richtige Antworten bei allen drei Fragen, und bei der Volumenerhaltung war die Erfolgsquote etwa gleich. Bei den Schülern der unteren Klassen war die Rate geringer, was darauf hinweist, daß die Erhaltung dieser verschiedenen Dimensionen in der traditionsgebundenen erwachsenen Bevölkerung kaum vorkommt, die wenig oder keinen Kontakt mit Europäern hat und auch nicht über die mit westlicher Technik verbundenen Kenntnisse verfügt. Die Erhaltung der verschiedenen Dimensionen wird in folgender Reihenfolge erworben: Länge, dann Menge, Gewicht und schließlich Fläche und Volumen, was im allgemeinen mit den Feststellungen bei europäischen Kindern übereinstimmt; nur bei Gewicht und Fläche besteht ein Unterschied.

Das allgemeine Muster der begrifflichen Entwicklung ist somit bei diesen fünf physischen Quantitäten nicht grundsätzlich verschieden von dem, das man in westlichen Kulturen gefunden hat, außer daß man in der nicht-westlichen Situation eine zeitliche Verzögerung feststellt. *Doch diese Verzögerung ist substantiell, und zwar derart substantiell, daß die Fähigkeit, mit den wissenschaftlichen Lehrplänen Schritt zu halten, davon wahrscheinlich betroffen ist.* (Prince 1969, S. 60)

Greenfield kommt zu annähernd gleichen Schlußfolgerungen bei den Wolof, auch wenn die Erfolgsrate bei der Erhaltung, sowohl in Busch- als auch in Stadtschulen, beträchtlich größer als bei den Einwohnern von Neuguinea ist:

Die ältesten Kinder ohne Schulbildung aus dem Busch (elf bis dreizehn Jahre alt) zeigen im Vergleich zu den Acht- und Neunjährigen keine signifikante Verbesserung bei der Erhaltung [der Menge]. Nur die Hälfte der Kinder ohne Schulbildung hat in diesem Alter die Erhaltung erworben. Es ist selbstverständlich möglich, daß die Entwicklung bei fehlender Schulbildung einfach langsamer verläuft, so daß eine Erwachsenengruppe möglicherweise zu 100% ein Erhaltungsverhalten zeigt. Andere Ergebnisse, die sowohl bei diesen Versuchspersonen als auch bei solchen aus anderen Kulturen gewonnen wurden, lassen dies freilich nicht als wahrscheinlich erscheinen. Eine Untersuchung über die Begriffsbildung wurde mit Erwachsenen ohne Schulbildung durchgeführt ... als sich zeigte, daß elf bis dreizehn Jahre alte Kinder grundsätzlich die gleichen Antworten gaben wie die Gruppe der Acht- und Neunjährigen. Keine weiteren Veränderungen im Muster des begrifflichen Denkens wurden bei den Erwachsenen beobachtet, abgesehen davon daß die Antworten der einzelnen Versuchspersonen geringeren Schwankungen unterworfen waren. Die beiden Untersuchungen legen die Vermutung nahe, daß ohne Schule die intellektuelle Entwicklung, verstanden als *irgendeine* qualitative Veränderung, kurz nach dem neunten Lebensjahr aufhört ... [Goodnow (1962)] hat bei der Erhaltung keinen prozentualen Unterschied zwischen chinesischen Heranwachsenden mit minimaler Schulbildung und einer vergleichbaren Gruppe von Erwachsenen in Hongkong gefunden. (Greenfield 1966, S. 233 f.)

Sie hält weiter fest, daß der Anteil an auf Wahrnehmung beruhenden, präoperativen Urteilen bei Kindern ohne Schulbildung mit dem Alter zunimmt, während bei Kindern, die die Schule besuchen, eine deutliche Abnahme festzustellen sei.

P. R. Dasen (1974) hat bei zwei Gruppen von australischen Aborigines mit unterschiedlichen Kontakten zur weißen Bevölkerung eine Anzahl Tests über die Erhaltung durchgeführt. Zu seinen Versuchspersonen gehören auch einige Erwachsene ohne Schulbildung, was die Ergebnisse besonders interessant macht. In Tabelle 11 sind die Ergebnisse von Hermannsburg und Areyonga festgehalten:

Tabelle 11

Ergebnisse erwachsener Versuchspersonen bei Erhaltungsaufgaben		E %	NE %
1. Erhaltung der Flüssigkeitsmenge	H	40	60
	A	30	70
2. Erhaltung des Gewichts	H	20	80
	A	10	90
3. Erhaltung des Volumens	H	30	70
	A	0	100

(H = Hermannsburg; A = Areyonga)   (Dasen 1974, S. 395 f.)

M. M. de Lemos (1973) hat auf der Insel Elcho ähnliche Untersuchungen angestellt, und zwar mit einer Gruppe, die verhältnismäßig wenig Kontakte zur weißen Bevölkerung hatte. Gegenübergestellt werden wieder die Verhältnisse in Hermannsburg. Erwachsene wurden nicht befragt. Die älteste Gruppe bestand aus Fünfzehnjährigen, deren Ergebnisse bei Erhaltungsaufgaben in Tabelle 12 wiedergegeben sind.

Tabelle 12
–

Ergebnisse 15jähriger Versuchspersonen bei Erhaltungsaufgaben			E %	NE %
1. Menge	(n = 12)	H	50	50
	(n = 5)	E	60	40
2. Gewicht		H	67	33
		E	80	20
3. Volumen		H	25	75
		E	40	60
4. Länge		H	42	58
		E	40	60
5. Fläche		H	42	58
		E	40	60
6. Zahl		H	42	58
		E	60	40

(H = Hermannsburg; E = Elcho) (de Lemos 1973, S. 77)

Bovet (1974) hat die Erhaltung des Gewichts bei ungebildeten erwachsenen Algeriern, 10 Männern und 26 Frauen, untersucht[8] (siehe Tabelle 13).

Tabelle 13
–

Ergebnisse erwachsener Versuchspersonen bei Aufgaben zur Gewichtserhaltung	·	%	
Erhaltung	19	53	
»Pseudo-Erhaltung« (Erhaltung, gefolgt von Nichterhaltung)	4	11	
Nichterhaltung	8	22	47 % Nicht-Erhaltung
keine Antwort	5	14	

(Bovet 1975, S. 107)

Die Fälle von »Pseudo-Erhaltung« sind besonders interessant, weil diese Versuchspersonen ihre ursprünglichen »Erhaltungs«-antworten nur mit der Tatsache begründeten, es sei »das gleiche wie vorher« gewesen und es sei nichts getan worden, um das Gewicht der Tonkugel zu verändern; die Veränderungen in den Dimensionen wurden völlig ignoriert. Sobald der Experimentator ihre Aufmerksamkeit auf diese Veränderungen lenkte, war von Erhaltung keine Rede mehr, womit gezeigt war, daß die »Erhaltung« nur dadurch zustande gekommen war, daß das Problem der Formveränderung und der Kompensation übersehen wurde.

Dieses Phänomen der »Pseudo-Erhaltung« zeigte sich auch bei Kindern im Zusammenhang mit der Erhaltung der Menge, sowohl von Flüssigkeiten als auch von Festkörpern, und der Erhaltung des Gewichts. Kinder zwischen sieben und acht Jahren

... bejahten die Erhaltung der Menge, trotz Veränderungen in der Form [von Plastilinkugeln und von Flüssigkeiten, die aus einem Gefäß in ein anderes umgegossen wurden]. Anscheinend schenkten die Versuchspersonen dieses Alters den Dimensionen der Gegenstände erstaunlich wenig Beachtung; das zeigte sich besonders klar, als wir ihre Aufmerksamkeit auf diese Merkmale zu lenken versuchten, wobei wir von ihnen eine Begründung für ihre Invarianzurteile erhalten wollten (z. B. eine Kompensation zwischen den beiden Dimensionen, die verändert worden waren). (Bovet 1974, S. 316)

[Und:] Die Versuchspersonen behaupteten die Erhaltung mit Formulierungen wie »Es ist das gleiche Ding, wie es vorher war« (vor der Formveränderung). Dieses Urteil hielt auch Einwänden des Experimentators stand, wurde aber nicht begründet. Wenn ein Argument auftauchte, das sie veranlaßte, ihr Invarianzurteil zu widerrufen, so geschah das nur für kurze Zeit, worauf sie spontan zur Erhaltung zurückkehrten. Ein hervorstechendes Merkmal dieser Antworten war die Gleichgültigkeit gegenüber der äußeren Form. Ein aktives Vergleichen zwischen den veränderten Dimensionen war nicht zu sehen. (Bovet 1975, S. 28)

Diese Pseudo-Erhaltungen waren mit einer Nichterhaltung der Zahl verbunden; die Kinder wollten zudem die Gründe für irgendeine Entscheidung nicht preisgeben oder mit dem Experimentator erörtern. Weil sie nicht imstande waren, verbale Begründungen für ihre »Erhaltung« zu geben, wurde durch weitere Experimente ermittelt, daß sie ähnliche Probleme nicht zu lösen vermochten: wenn sie etwa aufgefordert wurden, gleiche Wassermengen in zwei Gläser umzugießen, die sich im Durchmesser, in der Höhe oder in beidem unterschieden, oder voraussagen mußten, welche Höhe die Flüssigkeit in einem vollen Glas beim Umgießen in eine Anzahl Gläser von anderer Dimension erreichen würde. Solche Fragen werden von Versuchspersonen, die die Erhaltung wirklich erfaßt haben, richtig beantwortet. Dasselbe Unterstadium der Pseudo-Erhaltung wurde, wie bereits gesagt, auch bei Antworten von Erwachsenen auf Fragen zur Erhaltung des Gewichts festgestellt; bei der Erhaltung von Flüssigkeitsmengen und Festkörpern hatten diese Erwachsenen keinerlei Schwierigkeiten. Als Beispiel sei die Zerlegung einer Tonkugel in mehrere Teilstücke zitiert:

Einige Versuchspersonen erklärten ohne zu zögern, die Gewichte seien gleich geblieben, gaben aber ein Nichterhaltungsurteil ab, sobald man von ihnen eine Begründung verlangte, indem man die verschiedenen Formen hervorhob. Wir haben solche Antworten unter »Nichterhaltung« klassifiziert; doch diese spontane Invarianz, die verschwand, wenn man die Aufmerksamkeit auf die Dimensionen der Konfiguration lenkte, ist interessant, weil sie möglicherweise eine gewisse Analogie zur nicht-operativen Erhaltung des Typs III bei Kindern aufweist. (Bovet 1975, S. 100)

Im Laufe des Gesprächs kehrten freilich die Versuchspersonen [nicht alle von ihnen] zu einem Erhaltungsurteil zurück, und sie waren auch imstande, die verschiedenen Dimensionen der Gegenstände durch auf Kompensationen basierende Überlegungen miteinander in Beziehung zu bringen. Diese Reaktion der Erwachsenen scheint in gedrängter Weise die bei den Kindern festgestellten Entwicklungstrends zu kopieren, wo eine ursprünglich nicht-operative Erhaltung schließlich, in einem späteren Stadium, zu einem expliziten Erhaltungsurteil wird.

Um den Erhaltungsbegriff verständlich zu machen, wurden einige Versuchspersonen, die die Invarianz noch nicht erworben hatten, nur gerade aufgefordert, die beiden Tonstücke einmal auf zwei Waagschalen vor ihnen abzuwiegen. Daraufhin gaben sie für ihr Urteil logische Begründungen; und, was noch wichtiger ist, sie verallgemeinerten ihre Erhaltungsantworten auf verschiedene Formveränderungen. (Bovet 1974, S. 325)

Die frühzeitige Mengen»erhaltung« bei sieben- bis achtjährigen algerischen Kindern, die überhaupt keine wirkliche Erhaltung ist, erklärt möglicherweise die außergewöhnlichen Ergebnisse der Experimente von Price-Williams (1961) über die Mengenerhaltung bei sieben- bis achtjährigen Tiv-Kindern ohne Schulbildung aus ländlichen Verhältnissen in Nigeria, die zu 100% die Mengenerhaltung erworben haben sollen. Dasen (1977, S. 170) hat eine vergleichbare Tabelle mit den Ergebnissen von sechsundzwanzig interkulturellen Experimenten zur Mengenerhaltung zusammengestellt. Die Tiv-Kinder von Price-Williams sind europäischen Kindern in Canberra leistungsmäßig ungefähr zwei Jahre voraus und übertreffen *alle* anderen Gruppen von Kindern ohne Schulbildung bei weitem und auf völlig unvergleichbare Weise. Price-Williams nimmt an, die Tiv-Kinder hätten die Erhaltung deshalb erworben, weil sie das als »African hole game« bekannte Brettspiel beherrschten, und es muß auch festgehalten werden, daß diese Kinder sich aktiv an den Tests beteiligen, indem sie die Flüssigkeiten selbst umgießen. Trotz dieser besonderen Faktoren könnte die ausgeprägte Diskrepanz dieser Ergebnisse darauf hindeuten, daß es sich um einen Fall von Pseudo-Erhaltung handelt, wie sie von Bovet entdeckt worden ist, vor allem weil Price-Williams die Echtheit der Erhaltung nicht durch weitere Experimente, wie sie Bovet durchgeführt hat, ausdrücklich verifiziert hat.

Bovet zeigt auch, daß sich die algerischen Versuchspersonen gleich wie die Wolof von Greenfield und Bruner (1966) nur mit dem Umgießen befaßten; mit anderen Worten, daß man die Pseudo-Erhaltung schon allein dadurch erwerben kann.

Bruner macht geltend, Piaget irre sich, wenn er glaube, daß die Erhaltung zuerst durch Inversion (»wenn Sie es zurückgießen, ist es gleich viel«) und dann durch das Begreifen der Kompensation bei den Dimensionen erworben werde. Ihm zufolge unterscheidet Piaget nicht zwischen Identität und Äquivalenz. Die Kinder könnten sich durchaus darüber im klaren sein, daß sich das Wasser selbst nicht verändert habe, meinen aber, daß die *Menge* im hohen und schmalen Gefäß nicht mehr gleich der *Menge* im ursprünglichen Gefäß sei, weil die Mengengleichheit einer optischen Täuschung unterliege. Vier und fünf Jahre alte Kinder, die die Erhaltung noch nicht erworben haben, können schon begreifen, daß das Wasser durch alle Umgießungen hindurch das gleiche bleibt, aber

. . . die vier und fünf Jahre alten Kinder haben die Vorstellung der Identität ganz einfach noch nicht zu einer Form differenziert, die zwischen einer Grundlage (was das Wasser *wirklich* ist) und einer Oberfläche (wie es *aussieht*) oder zwischen einer Metrik (Betrag) und der Kontinuität (die andauernde Gleichheit) unterscheidet. Sie operieren in Wirklichkeit (. . .) mit einem »Moment« oder einem Ereignis zu einem bestimmten Zeitpunkt, wobei jedes Ereignis Grundlage für eine einzelne Aussage ist. Sie können in der *einen* Situation sagen »jetzt ist A größer als B« und in der nächsten »B ist größer als C« und anschließend völlig daran scheitern, eine Beziehung zwischen A und C aufzustellen. (. . .) Da jede Situation in sich selbst geschlossen ist, bis auf die wichtige, undifferenzierte Identität, die die kindliche Erfahrung charakterisiert, hilft ihnen die Sprache offensichtlich nicht, die »Dinge zusammenzubringen«, und sie eignet sich auch nicht als Medium, um das, was ein Kind erfährt, einem Erwachsenen mitzuteilen.

Mit der Zeit, sobald das Kind die hierarchischen Strukturen entwickelt, die es ihm ermöglichen, eine Reihe von Erfahrungen zu Varianten von grundsätzlicher Form zu organisieren, wird es mit der Aufgabe spielend fertig, so wie es schon die Aufgabe gemeistert hat, den Gegenstand vor ihm als denselben Gegenstand zu erkennen, der einen Augenblick früher außerhalb seines Gesichtskreises war. Und im Laufe weiterer Fortschritte findet es Wege, um seine einfache Auffassung von Identität zu verifizieren, unter Kontrolle zu bekommen und auszuweiten; durch Hinweis auf die Reversibilität, durch Kompensation, durch Messen und so fort. (Bruner 1966c, S. 205)

Zur Stützung dieser Behauptung führten Bruner und Greenfield Experimente mit Wolof-Kindern durch, wobei die mit Erhaltungsproblemen verbundenen optischen Täuschungen und insbesondere die kindliche Vorstellung, das Umgießen durch den Experimentator verändere die Flüssigkeitsmenge, vermieden werden sollten. Die Versuchspersonen konnten deshalb den Experimentator nicht sehen, und sie nahmen das Umgießen selbst vor. Dann wurden sie gefragt, ob nach dem Umgießen im breiteren Glas derselbe Wasser*inhalt* vorhanden sei. Bei den sechs und sieben Jahre alten Kindern war die Erhaltungsquote fast doppelt so groß; als Gründe für die Erhaltung wurden angegeben »es ist nur das gleiche Wasser« und »man hat es nur umgegossen«. Die Reversibilität und die Kompensation werden von einigen Kindern angeführt, die die Identität des Wassers als Grund für die *Erhaltung* begriffen hatten. Bruner meint, daß die Reversibilität und die Kompensation deshalb nicht aus sich selbst die Erhaltung hervorbringen könnten, sondern eher Begründungen seien, die ihre Überzeugungskraft aus einer schon vorhandenen Intuition der Identität schöpften.

Piaget schreibt in seiner Antwort an Bruner:

(. . .) die qualitative *Identität* der beteiligten Elemente wirft keine Probleme auf. Wenn zum Beispiel eine Flüssigkeit von einem Gefäß in ein anderes umgegossen wird, so erkennt die Versuchsperson, daß es »das gleiche Wasser« sei, obwohl sie glaubt, daß dessen Menge wegen der Veränderung beim Wasserstand zu- oder abgenommen habe, womit sie eine ordinale Schätzung aufgrund nur der Höhe vornimmt. J. Bruner sieht in dieser Identifizierung den Ausgangspunkt für die Erhaltung, und sie ist auch tatsächlich eine notwendige Vorbedingung. Doch sie ist durchaus nicht eine zureichende Voraussetzung, denn die Identität hebt aus der Reihe der beobachtbaren Eigenschaften nur solche, die unverändert bleiben, und solche, die verändert werden, heraus; die quantitative Erhaltung setzt jedoch im Gegensatz dazu die Konstruktion neuer Relationen voraus, so unter anderem die Kompensation der Veränderungen in den verschiedenen Dimensionen (Höhe und Breite einer Wassersäule usw.) und folglich die operative Reversibilität und die Quantifizierungsmethoden, die diese nach sich zieht. (Piaget, 1972, S. 33; Hervorhebung von mir.)

Es sieht so aus, als könnte man, insbesondere in einer primitiven Umwelt, zur Pseudo-Erhaltung gelangen, indem man an die

Transformationen bei den Dimensionen überhaupt nicht denkt und nur die fortdauernde Identität des permanenten Gegenstandes und die Reversibilität der Handlungen berücksichtigt, die diese Transformationen in den Flüssigkeiten oder an den Festkörpern hervorgebracht haben.

Die Identität bleibt außerhalb des Begriffs der Erhaltung, weil sie nur qualitativ ist und deshalb durch die Abtrennung einer wahrnehmungsmäßigen Menge von anderen wahrnehmungsmäßigen Eigenschaften erworben werden kann: wenn z. B. bei Flüssigkeiten a = Farbe, b = die Eigenschaft »flüssig« und c = die Form, dann bleibt abc »das gleiche Wasser« für die Versuchsperson, weil a und b sich nicht verändert haben und nur c anders geworden ist. Die Erhaltung impliziert jedoch Mengen, die nicht wahrnehmungsmäßig sind, sondern durch Kompensation zwischen verschiedenen Dimensionen konstruiert werden müssen. (Piaget 1967, S. 533)

(Das Gewicht hat natürlich die Eigenart, daß seine Erhaltung durch Abwiegen auf einer Waage oder mit den Händen, ganz unabhängig von den Transformationen der Objektdimensionen, festgestellt werden kann. Dank dieser Eigenschaft ist es für die Pseudo-Erhaltung besonders gut geeignet, gleich wie die Farbe als Grundlage für eine Klassifizierung benützt werden kann, die alle möglichen Dinge subsumiert, weil sie wie das Gewicht eine bloß wahrnehmungsmäßige Eigenschaft der Dinge ist, die ohne Berücksichtigung der anderen dimensionalen Eigenschaften abstrahiert werden kann. Die Farbe kann also durchaus als eine logische Klasse fungieren und in einem System von einander untergeordneten Kategorien verwendet werden, woraus jedoch nicht folgt, beispielsweise bei Afrikanern ohne Schulbildung, die sich für die Klassifizierung von Gegenständen stark auf die Farbe stützen, daß tatsächlich einander untergeordnete Kategorien und logische Klassen gebraucht werden.)

Es muß auch ausdrücklich gesagt werden, daß die Erhaltung kein Problem ist, das sich im Leben der Primitiven überhaupt je stellt. Wir haben schon festgehalten, daß die Zerlegung in die Dimensionen und das Verständnis der Kompensation nur gefragt sind, wenn die eine Dimension zu- und die andere abnimmt. Wenn Primitive mit Flüssigkeiten umgehen, so sammeln sie etwa Wasser an einer Quelle oder bei einem Brunnen in Kürbisflaschen oder Bambusröhren; diese tragen sie nach Hause, wo sie direkt daraus trinken oder sie als Gefäße für die Lagerung verwenden; sie können das Wasser auch in Vorratsgefäße umgießen, deren Kapazität in Form von soundsovielen Traglasten dem Eigentümer bekannt ist. Aus vierjähriger Erfahrung mit Feldarbeit kommt mir kein einziges Beispiel in den Sinn, wo die Erhaltung ein Problem gewesen wäre, weder die Erhaltung einer Flüssigkeitsmenge, noch die eines Festkörpers, einer Länge, einer Fläche, eines Gewichts oder irgendeiner anderen Eigenschaft.

Dr. H. R. Barnes hat mich jedoch auf das System der Kédang aufmerksam gemacht, mit dem insbesondere Elefantenzähne gemessen werden, wobei die Länge mit dem Umfang koordiniert wird:

Eine Sache etwaiger öffentlicher Verhandlungen ist das Messen von Stoßzähnen. Ein Zahn wird in die Hand genommen, gemessen und von Mann zu Mann weitergegeben bei allen, die am Handel beteiligt sind oder sich sonstwie dafür interessieren. Der Körper dient als graduierter Maßstab; von den Besonderheiten der menschlichen Anatomie ausgehend sind bestimmte Punkte auf den Armen und über die Brust von Fingerspitze zu Fingerspitze als Teilungspunkte markiert. Jemand hält den Stoßzahn von unten her derart mit den Fingerspitzen der beiden Hände, daß dieser dem Arm entlang und über die Brust zu liegen kommt. Die Länge wird dann nach der Lage der Zahnspitze auf dem Körper abgeschätzt. Dann wird die Länge mit dem Umfang am Zahnende verglichen. Zeigefinger und Daumen der einen Hand werden um den Zahn herum gelegt, worauf der Abstand zwischen den Fingerspitzen [von Daumen und Zeigefinger] mit den Fingern der anderen Hand gemessen wird, so wie man Whiskey in einem Glas abmißt. [Ein Zahn mit einem Zwischenraum von einer Fingerbreite ist somit dünner als ein Zahn mit einem Zwischenraum von zwei Fingerbreiten und so fort]. (Barnes, persönliche Mitteilung)

Bemerkenswert an diesem Meßsystem ist, daß die Kédang damit einem langen und dünnen und einem kürzeren, aber dickeren Stoßzahn eine ähnliche Anzahl Maßeinheiten zuschreiben, worin ein gewisses Verständnis der Kompensation zum Ausdruck kommt, z. B. »*pitun sue* (14 Einheiten): a) von der Fingerspitze bis zum höchsten Punkt des Oberarmmuskels am anderen Arm mit einem Zwischenraum von fünf Fingerbreit oder b) von der Fingerspitze bis zum Mittelpunkt des Oberarmmuskels am anderen Arm mit einem Zwischenraum von vier Fingerbreit . . . [einer Tabelle entnommen]« (Ibid.).

Barnes hält fest: »Die Kédang sind sich dieser Vertauschbarkeit bewußt und machen Gebrauch davon«. Aus den Berechnungen bei einer bestimmten Verhandlung, die von Barnes aufgezeichnet wurde, geht hervor, daß die Ältesten, die keine Schulbildung genossen haben, im Umgang mit Summen unter zwanzig ». . . flüssig addieren, subtrahieren, multiplizieren und Werte vergleichen können, also den Erfordernissen der recht komplizierten Verhandlungen gewachsen sind. Alle Berechnungen werden im Kopf ausgeführt, ohne irgendeine Hilfe, sehr sicher und schnell genug, damit man mit dem Feilschgespräch Schritt halten kann« (Ibid.).

Solches arithmetisches Können erleichtert offensichtlich das Verständnis der Kompensation zwischen den Dimensionen und folglich der Mengenerhaltung. Es wäre höchst interessant zu wissen, welche Leistungen Kédangs ohne Schulbildung beim Problem der Erhaltung einer Flüssigkeitsmenge erbringen würden; man kann nur vermuten, daß sie die Erhaltung tatsächlich oder virtuell erworben haben.

Einige Psychologen und Anthropologen haben argumentiert, die Fähigkeit der Erhaltung sei eine Grundlage für das Überleben. Margaret Mead zum Beispiel entgegnet:

Die Kinder der Manus wären tot, würden sie im wirklichen Leben die Fehler machen, die einige Schweizer Kinder in der Versuchssituation des Tests von Piaget begehen. Sie kommen überhaupt nicht auf den Gedanken, daß das Gewicht verändert werden könnte, wenn sie die Form von irgend etwas verändern. Würden sie das tun, so könnten sie nicht mit Kanus umgehen und Dinge aus einem Kanu in ein anderes umladen. *Beim konkreten Tun* müssen sie alle diese Dinge wissen, die sie nur langsam verbegrifflichen können. (Mead 1960, S. 114)

Nicht nur »einige« der Kinder machen die Fehler, auf die Mead hinweist, sondern *alle* zeigen bis zu einem bestimmten Stadium keine Erhaltung; doch dieser Mangel wird nur auf der begrifflichen Ebene sichtbar, wenn die Aufmerksamkeit auf dieses Problem gelenkt wird. Das heißt nicht, daß Menschen ohne Erhaltung gewisse praktische Tätigkeiten wie das richtige Beladen eines Kanus nicht ausführen könnten, denn in solchen Situationen wird ein Primitiver gar nicht auf den Gedanken kommen, durch die Veränderung der Form eines Packens könnte es zu einer Veränderung des Gewichts kommen.

Greenfield sagt im gleichen Sinne:

Naheliegenderweise müssen alle Völker, um überleben zu können, irgendwie mit ein paar grundlegenden Gesetzmäßigkeiten der physischen Welt zu Rande kommen, auch wenn es in ihrer »Weltschau« noch so tiefgreifende Unterschiede geben mag. Die Erhaltung einer stetigen Menge bei versuchsmäßigen Formveränderungen ist zweifellos eine dieser Grundtatsachen. (Greenfield 1966, S. 255 f.)

Zwei andere Psychologen haben in ähnlicher Tonart festgehalten:

Es ist eine der verzwicktesten Fragen, wie man die Entdeckung (in Greenfield und Bruner 1966, bei den Wolof) interpretieren soll, daß die Volumen- [Mengen-] Erhaltung nur bei der *Hälfte* der 13jährigen ohne Schulbildung festgestellt werden kann und, laut Greenfield, bei ungebildeten Erwachsenen fehlt. Wie Greenfield selbst betont, müssen alle Völker zu einem Verständnis gewisser grundlegender Gesetzmäßigkeiten der physischen Welt (oder zumindest zu einem mit diesen Gesetzmäßigkeiten in Einklang stehenden Verhalten) gelangen, wenn sie überleben wollen. Kann man sich einen Erwachsenen vorstellen, der Wasser aus einem schmalen in ein breiteres Gefäß umgießt und glaubt, die Wassermenge habe deswegen abgenommen? In Wüsten-Gesellschaften, wo Wasser eine sorgfältig behandelte Ware ist, sollte, so dürfte man annehmen, jedermann mit gewissen Erhaltungsgesetzen vertraut sein. (Cole und Scribner 1974, S. 151 f.)

Bei allem schuldigen Respekt, verzwickt ist die Frage überhaupt nicht; die Sache ist doch, wie bereits betont, die, daß primitive Völker im großen und ganzen nicht schmale Gläser und breite Gläser, Teekrüge und Teetassen haben, mit denen sie sich selbst Rätselfragen über Flüssigkeitsmengen aufgeben können, und sich auch mit keinen anderen technischen Tätigkeiten befassen, bei denen sich ihnen ein Erhaltungsproblem stellt. Aus den Berichten der Psychologen geht mit aller wünschbaren Deutlichkeit hervor, daß sich die Menschen in primitiven Gesellschaften kaum je die Frage der Erhaltung gestellt haben, bevor sie ihnen in einer experimentellen Situation vorgelegt worden ist. Doch Dasen berichtet von einer praktischen Situation, in der Primitive mit Gefäßen zu tun hatten und die von de Lemos (1973) beschrieben wurde,

. . . wo erwachsene Aborigines-Frauen in Mittelaustralien zwischen einer Portion Zucker in einem hohen und schmalen Gefäß und zwei Portionen Zucker in einem größeren (aber kürzeren und dickeren) Gefäß wählen konnten; von 12 Frauen entschieden sich acht für das Gefäß mit weniger Zucker, in dem jedoch die Zuckersäule höher war. (Dasen 1977, S. 172)

Wirklich überraschend ist, daß *überhaupt* einige Angehörige einer primitiven Gesellschaft wie der dieser australischen Aborigines in einem traditionsgebundenen Milieu die Fähigkeit der Erhaltung entwickeln. Erschwert wird freilich ein abschließendes Urteil dadurch, daß keiner der zitierten Wissenschaftler Umgang mit wirklich traditionsgebundenen Erwachsenen in solchen Gesellschaften hatte, die noch nicht nennenswert mit Europäern, deren Technik und Lebensweise in Berührung gekommen war. Es wäre denkbar, daß solche Versuchspersonen in wesentlich geringerem Maße die

Erhaltung erworben haben könnten als die von den erwähnten Psychologen untersuchten Bevölkerungsgruppen.

6. Schlußfolgerungen

Wir haben gesehen, daß die Zahl in primitiven Gesellschaften für das Abzählen, für die Berechnung von Summen physischer Gegenstände gebraucht wird und daß die bloße Existenz eines verbalen Zahlensystems noch nicht zur Folgerung berechtigt, die Erwachsenen einer solchen Kultur hätten ein operatives Verständnis der Zahl erworben. Das Zählen kann nicht-verbal sein und ist ursprünglich nur die Konstruktion einer Menge von Aktionen in bezug auf eine wahrnehmungsmäßige Konfiguration wie die Hand oder einen Haufen Steine in eineindeutiger Zuordnung zu der zu zählenden Menge von Gegenständen. Das schließt nicht ein, daß Kardination und Ordination miteinander koordiniert, die Relationen der logischen Inklusion begriffen und die Zahl unabhängig von einem beliebigen konkreten Gegenstand verbegrifflicht werden.

Das Messen ist wie die Zahl vom Begreifen der Einheit abhängig, durch die Differenzen egalisiert werden können; wie wir gesehen haben, besteht ein wichtiger Unterschied zwischen einer Normierung, etwa auf dem Marktplatz, und dem Messen, das auf der Seriation und der Iteration einer Einheit beruht. Es sieht so aus, als hätte das Bedürfnis, in sich geschlossene physische Bezugssysteme wie Behälter aus Rinde oder Steinsetzungen zu konstruieren, bei denen die Proportionen konstant bleiben müssen, wesentliche Konsequenzen für die Entwicklung der Maßbegriffe.

Die Zerlegung in die Dimensionen ist ein maßgeblicher Aspekt des operativen Messens; wir haben gesehen, daß die Begriffe für die verschiedenen Dimensionen im primitiven Denken im allgemeinen zu fehlen scheinen (im Unterschied zu skalaren Gegensätzen wie heiß und kalt). Die sprachlichen Ausdrucksmöglichkeiten für Vergleiche, einen weiteren wesentlichen Aspekt des Messens, scheinen in primitiven Kulturen nur schwach entwickelt zu sein. Diese Faktoren stimmen mit den vorhandenen psychologischen Belegen überein, wonach die Erhaltung der Menge, der Länge, des Gewichts usw. nicht von einem wesentlichen Prozentsatz der primitiven Erwachsenen erworben wird.

Das alles bestätigt, was wir bei der Erörterung der Quantifizierung behauptet haben, daß nämlich die primitiven Vorstellungen grundsätzlich präoperativ und an Bilder und konkrete Assoziationen an Gegenstände gebunden seien, wobei die phänomenalen Merkmale der Welt und nicht die unveränderlichen Beziehungen und relativen Eigenschaften, die auf der Ebene des operativen Denkens konstruiert werden, im Vordergrund stehen. Diese Folgerungen werden durch die kollektiven Vorstellungen von Raum und Zeit in der primitiven Gesellschaft noch erhärtet. Wie wir gesehen haben, ist die Art der Interaktion mit der physischen Welt zusammen mit den gesellschaftlich vorgeschriebenen Aufgaben in der Wirtschaft ein ebenso wichtiger und entscheidender Faktor bei der Entwicklung der Wirklichkeitsvorstellungen. Vorstellungen über die Zahl und das Messen, von Raum, Zeit und Kausalität steigen nicht einfach fix und fertig aus den Tiefen des Geistes auf und werden auch nicht durch die kulturellen Kategorien ausgelöst; ihre Entwicklung ist abhängig von den Problemen, die gelöst werden müssen, und von den Mitteln, die zu ihrer Lösung verfügbar sind.

VII. Raum

1. Wahrnehmungsraum und begrifflicher Raum

Wenn wir Nägel in Holz hämmern, stellen wir ziemlich rasch fest, daß Nägel, die schon leicht gekrümmt waren, sich beim Hämmern eher noch stärker biegen, als daß sie in das Holz eindringen; solche Nägel strecken wir, indem wir sie auf eine flache Unterlage legen und die Krümmung heraushämmern. Primitive wissen, daß Pfeile mit einer Krümmung nicht richtig fliegen; der Krümmungsgrad eines Pfeils kann unter anderem dadurch herausgefunden werden, daß man ihn zwischen den beiden Handflächen in Drehung versetzt. Sobald er nicht mehr vibriert oder keine unscharfen Konturen mehr hat, ist er gerade. In beiden Fällen ist die verlangte Leistung des Geräts von seiner Annäherung an die Geradheit abhängig; da aber die Krümmung eine wahrnehmbare Eigenschaft mit einer Vielfalt von konkreten Manifestationen ist, besteht kein Grund zur Annahme, daß ein abstraktes Bewußtsein der Geradheit als der kürzesten Distanz zwischen zwei Punkten oder als der Erhaltung der Richtung in bezug auf zwei Punkte oder als Produkt zweier sich schneidender Ebenen dafür notwendig ist, daß man einen Pfeil oder einen Nagel strecken kann. »Geradheit« kann, mit anderen Worten, auf der wahrnehmungsmäßigen Ebene auch nur als »nicht gekrümmt« oder »nicht gebogen« aufgefaßt werden. Wenn ein Primitiver auf seinen Pfeilschaft hinunterblickt, verbegrifflicht er diesen nicht aufgrund seiner Abweichung von einer imaginären Geraden zwischen dem Punkt A, der Kerbe, und dem Punkt B, der Spitze, sondern er faßt ihn als ein Gesamtding auf, dessen Enden nicht unterscheidbare Teile des Ganzen sind, mit der positiven Eigenschaft der Krümmung oder des Vibrierens, falls man ihn zwischen den Handflächen dreht, oder des Krummwerdens, wenn man darauf schlägt, im Falle des Nagels und so fort. Und wenn diese Eigenschaft des Krummseins durch Strecken beseitigt wird, sieht er nicht unvermeidlich ein, daß die Endpunkte A und B jetzt notwendigerweise weiter voneinander entfernt liegen. Ebenso können wir einen krummen Nagel gerade hämmern, damit er wieder brauchbar ist, sich also nicht noch stärker krümmt, wenn man darauf schlägt, ohne daß wir die geometrischen Eigenschaften von Geraden abstrahieren. »Geradheit« kann, kurz gesagt, einfach als eine konkrete wahrnehmungsmäßige Form anstatt als eine *Relation* zwischen Punkten oder Ebenen aufgefaßt werden. Ebenso wie sich die Geradheit von Nägeln oder Pfeilen dem einfachen Beobachter durch andere als rein geometrische Eigenschaften kundtut, sind auch andere Aspekte des Raums, etwa der »Mittelpunkt« oder die »Grenze«, auf der wahrnehmungsmäßigen Ebene in Form konkreter Eigenschaften erkennbar, ohne daß man sie sich mit Hilfe projektiver und euklidischer Begriffe vorstellen muß.

Eine erste grundsätzliche Unterscheidung drängt sich deshalb auf, nämlich zwischen dem wahrnehmungsmäßigen und dem begrifflichen Raum. Offensichtlich sind primitive Völker, wie übrigens auch wir, die Kinder, höhere Tiere oder Vögel, in dieser Hinsicht auf der sensomotorischen Ebene durchaus zur Erhaltung der Größe und der Form von physischen Objekten imstande – also beispielsweise zu erkennen, daß die Leute nicht wirklich kleiner oder größer werden, wenn sie von uns weggehen oder auf uns zukommen, und daß ein Holzbrett nicht wirklich dünner wird, wenn man es aus einer Aufsicht in eine Seitensicht dreht. Solche Grunderhaltungen der Größe und der Form sind das Ergebnis von sensomotorischen Koordinationen der Handlungen und der Wahrnehmung, die kulturunabhängig sind. Auch die Fähigkeit, Umwege zu machen, d. h. direkt von einem Punkt A zu einem Punkt C zu gehen und einen von früher her bekannten Punkt B auf einem Weg $A - B - C$ auszulassen, wird allein durch sensomotorische Koordination erworben. Die rein sensorische Koordination von Form, Entfernung und dimensionaler Bewegung beim Sehen, Tasten und Hören, unterstützt durch Vergleich, Umsetzung und Transposition, entwickelt sich weiter, bis der Mensch erwachsen ist; sie wird zwar verändert durch die physischen Fähigkeiten, die in einer bestimmten Kultur und Ökologie erforderlich sind, sie ist aber nicht grundsätzlich eine von symbolischen Vorstellungen abhängige Fähigkeit – ebensowenig sind Koordinationen eines operativen Typs notwendig. Das gilt auch für das Richtungsfinden, eine Fähigkeit, die Tiere wie auch Menschen in hohem Maße besitzen können.

Der begriffliche Raum hingegen ist die Fähigkeit, Relationen zwischen den Dimensionen zu analysieren und durch Zeichnen,

Modellieren oder in verbaler Form die topologischen, metrischen und dimensionalen Transformationen und Winkelbeziehungen von Gegenständen in der physischen Welt darzustellen. Die Entwicklung dieser Fähigkeit ist ständig von der Interaktion mit der physischen Welt abhängig, die *Reflexion* über diese Handlungen, ihre Verallgemeinerung und die Bildung von inneren Bildern davon sind die Grundlage für die Konstruktion des begrifflichen Raums. Daraus folgt, daß zwischen der Ausformung der physischen Fähigkeiten, um sich in einer dreidimensionalen Welt adäquat verhalten zu können, und der Fähigkeit, sich diese Welt auf einer begrifflichen Ebene vorstellen zu können, eine große Zeitspanne liegt. Piaget und Inhelder formulieren es so:

> Bevor das Kind imstande ist, sich Perspektiven gedanklich vorzustellen oder Gegenstände durch effektive Operationen zu messen, vermag es bereits projektiv wahrzunehmen und durch die bloße Wahrnehmung gewisse implizite metrische Relationen aufzustellen; außerdem haben die wahrgenommenen Formen (Geraden, Kreise, Quadrate usw.) einen bedeutenden Vorsprung vor der Möglichkeit der Rekonstruktion dieser selben Figuren durch die anschauliche oder gedankliche Vorstellung... erst wenn ein Alter von 7–8 Jahren erreicht ist, führen das Maß, die Koordinierung der Perspektiven durch die Vorstellung, die Einsicht in die Proportionen usw. zur Konstruktion eines geistigen Raumes, der imstande ist, dem wahrgenommenen Raum endgültig den Rang abzulaufen. (Piaget und Inhelder 1948 (1975), S. 33 f.)

Primitive Gesellschaften stellen sich normalerweise höchstens einfachere Aspekte des euklidischen und des projektiven Raums vor (in vielen Fällen nicht einmal solche), und ihre kollektiven Vorstellungen sind überwiegend topologisch, aber es läßt sich nicht abstreiten, daß uns Primitive in gewissen Hinsichten bei praktischen Kenntnissen, etwa bei der Richtungsbestimmung, überlegen sind. Doch die Fähigkeit, einem bestimmten Weg durch ein Gebiet zu folgen oder sich selbst zu orientieren, kann auf reinen Wahrnehmungen beruhen.

Wenn wir untersuchen, wie Kinder ihr begriffliches Raumvorstellungsvermögen entwickeln, wird sich zeigen, daß dieses nicht nur von der Interaktion und dem Hantieren mit physischen Gegenständen abhängig ist, sondern auch von bestimmten Erfahrungen, denen sie ausgesetzt sind. Wichtig scheint vor allem zu sein, daß Mittel für eine anschauliche Vorstellung zur Verfügung stehen, daß regelmäßige euklidische Figuren in physischer Form erfahren werden, damit man ihre Transformationen studieren kann[1], und daß man Beziehungen zwischen zwei Punkten sieht. Das offensichtliche Fehlen solcher Erfahrungen in vielen primitiven Gesellschaften und das im letzten Kapitel festgestellte fehlende Bedürfnis nach Zerlegung in die Dimensionen sind, so wird sich zeigen, entscheidend für die Verzögerung der Entwicklung der begrifflichen Raumvorstellung auf der operativen Ebene.

Ich betone hier den Begriff »Operation«, um auf ein anderes weitverbreitetes Mißverständnis in bezug auf den begrifflichen Raum aufmerksam zu machen – daß er nämlich ein ebenso statisches wie anschauliches Modell sei. Daß unser vertrautes System der dreidimensionalen Koordinaten und der projektiven Relationen keineswegs allen Leuten allein durch die Sinneswahrnehmung intuitiv einleuchten muß, wird klar werden, wenn wir die großen Schwierigkeiten untersuchen, die Kinder, selbst in unserer gebildeten Industriegesellschaft, bei der Erwerbung eines richtigen Verständnisses davon haben. Es muß aber auch hervorgehoben werden, daß unser euklidisches und projektives System der räumlichen Koordination nicht statisch, sondern beweglich ist, denn es ist grundsätzlich ein Mittel, sich alle möglichen *Transformationen* des Gesichtspunkts und alle möglichen *Relationen* zwischen Positionen vorzustellen. Primitive Gesellschaften haben zwar, wie wir sehen werden, Ausdrücke für »oberhalb/unterhalb«, »rechts/links«, »vorne/hinten« usw., doch diese sind in keiner Weise mit den dreidimensionalen Koordinatenachsen des euklidischen und projektiven Raums vergleichbar; die, auch die allgemeinen, Ausdrücke von Primitiven sind statisch, absolut und unkoordiniert oder, falls überhaupt, eher nach symbolischen als nach geometrischen Kriterien koordiniert, während die euklidischen Achsen koordiniert, relativ und an alle möglichen Transformationen von Gesichtspunkten, Relationen und Positionen akkommodierbar sind. Es ist deshalb anzunehmen, daß die begrifflichen Raumvorstellungen primitiver Gesellschaften elementarer als unser Raummodell sind, wobei wir freilich vergessen haben, wie wir es erworben haben – der Erwerbungsprozeß ist in der Zeit, da er sich vollzieht, ohnehin nicht einsichtig –, so daß wir fälschlicherweise glauben, es sei allen Menschen angeboren. Es gibt andererseits Forscher, die vom kulturellen Relativismus her die Idee der Angeborenheit der euklidischen Raumbegriffe ablehnen – Whorf ist nur ein Beispiel dafür. Sie wollen uns glauben machen, die primitiven Raumvorstellungen seien einfach »anders« als unsere; es wird jedoch zu zeigen sein, daß die primitiven Raumvorstellungen im wesentlichen topologisch sind und daß solche topologischen Raumvorstellungen zum Entwicklungsablauf gehören, daß sie also nicht »anders«, sondern bloß elementar sind.

Laut Piaget sind die ersten räumlichen Beziehungen, die begriffen werden, ihrer Natur nach topologisch. Solche topologischen Relationen sind das Benachbartsein, die Trennung, die Reihenfolge, das Umschlossensein und die Kontinuität. Diese Begriffe müssen zuerst diskutiert werden, wenn man verstehen will, weshalb der topologische Raum leichter als der euklidische und der projektive Raum begriffen werden kann.

Die Grundmerkmale des topologischen Raums bestehen darin, daß seine Beziehungen unabhängig von Entfernungen, Geraden, Winkeln, Parallelen und Koordinaten, kurz gesagt von Größe und Form, sind. Das Benachbartsein ist zusammen mit seinem Komplement, der Trennung, d. h. der Abspaltung von Einheiten oder der Unterscheidung eines Gegenstandes von seinem Hintergrund, die elementarste räumliche Beziehung. Die Abtrennung von Gegenständen führt zu einer Reihenfolge oder Sukzession, wofür die Symmetrie (z. B. die Reihenfolge $A\ B\ C : C\ B\ A$) ein besonders wichtiger Fall ist. Geordnete Reihen besitzen auch die Eigenschaft des Umschlossenseins (»Dazwischenseins«): in der Abfolge $A\ B\ C$ ist B von A und C umschlossen. Der Mittelpunkt eines Kreises ist von der Peripherie umschlossen, und im dreidimensionalen Raum sind die Gegenstände in Häusern oder Schachteln eingeschlossen. Eine Variante des Umschlossenseins ist das »Offensein«; wir werden sehen, daß alle geschlossenen Figuren, etwa Quadrate und Kreise, anfänglich als identisch angesehen werden, im Gegensatz zu offenen Figuren wie Hörnchen und Kreuzen. Linien und Flächen besitzen auch die Eigenschaft der Kontinuität; nur die Endpunkte, nicht aber die Punkte dazwischen, heben sich besonders ab. Die Kontinuität ist folglich eine Synthese der Benachbartseins- und der Trennungs-Relationen; von allen topologischen Relationen wird sie als letzte auf der begrifflichen Ebene der räumlichen Vorstellung voll begriffen, weil das Kind Mühe mit den Relationen zwischen den Teilen und dem Ganzen hat und noch nicht einsieht, daß beispielsweise eine Linie *gleichzeitig* als kontinuierlich *und* als in eine Menge kürzerer Linien oder Punkte zerteilbar gedacht werden kann.

Projektive Begriffe sind die Perspektive, der Schnitt, die Projektionen und die Drehung in der Ebene, euklidische Begriffe die Erhaltung der Geraden, die Parallelen, die Winkel, die Proportionen und die Konstruktion allgemeiner koordinierter Bezugssysteme. Sowohl die euklidischen als auch die projektiven Begriffe sind von der Entwicklung des Begriffs der Geraden abhängig.

Nachdem wir diese grundsätzlichen Vorstellungen festgelegt haben, wollen wir zuerst einige der ethnographischen Belege über die Raumvorstellungen primitiver Völker betrachten; dann wollen wir festzustellen versuchen, inwieweit sie etwas mit den operativen Kriterien beweglicher Transformationssysteme von Relationen und mit der Koordination von räumlichen Relationen mit allgemeinen Koordinatensystemen zu tun haben oder ob sie nicht angemessener als topologische, aus statischen Kompositionen zusammengesetzte Systeme mit grundsätzlich symbolischer Bedeutung charakterisiert werden sollten, die mit konkreten Bildern verbunden sind. Bei dieser Betrachtung wollen wir abschätzen, in welchem Maße der primitive Raum durch allgemeine topologische Begriffe und symbolische Prinzipien geordnet ist; inwieweit die Relationen zwischen den natürlichen Merkmalen der Umwelt verbegrifflicht werden; wie die Himmelsrichtungen als Koordinatensysteme funktionieren können; welche Bedeutung der konkrete Umgang mit Dingen bei der Analyse der Formen hat; und welche kognitiven Anforderungen die Schiffahrt und die Kartierung stellen. Abschließend befassen wir uns mit den Stadien der kognitiven Entwicklung der Raumvorstellung und mit den vorhandenen Belegen der vergleichenden Psychologie über primitive Konzeptualisierungen von räumlichen Eigenschaften und Relationen.

2. Primitive Raumbegriffe

Die beherrschenden Raumbegriffe der primitiven Gesellschaft sind innen/außen, Zentrum/Peripherie, links/rechts, hoch/tief, geschlossen/offen, symmetrische/asymmetrische Ordnung und Grenze. Diese Ordnungen sind grundsätzlich topologisch und nicht euklidisch oder projektiv; sie sind verbunden mit konkreten physischen Merkmalen der natürlichen Umwelt wie Himmel/Erde, Dorf/Urwald und insbesondere mit prototypischen Bildern des menschlichen Körpers und mit dem Haus; sie hängen auch eng mit sittlichen Werten und sozialen Beziehungen zusammen. Wir werden ganz allgemein sehen, daß primitive Raumordnungen qualitativ und mit den physiognomischen Aspekten der Landschaft verbunden sind. Diese Eigenschaften werden häufig mit links/rechts, hoch/tief und Zentrum/Peripherie/außerhalb (Tabelle 14) assoziiert.

Diese Begriffe stehen nicht nur im Mittelpunkt vieler kosmologischer und sozialer Kategorien, ihre Umkehrung ist auch ein häufiges Symbol für Unordnung, wie etwa in den Ausdrücken »drunter und drüber«, »das Innere nach außen« und »das Oberste zuunterst«; in vielen Gesellschaften steht »drunter und drüber« für den Inzest und für völlig fremde Gebräuche, während die Umkehrung von links und rechts ein Symbol für einen abnormen Zustand ist. Offensichtlich ist der Körper als abgegrenzte Gestalt, für dessen Struktur die Achsen Kopf/Fuß, vorne/hinten, links/rechts grundlegend sind und der den notwendigen Bezugspunkt für die meisten elementaren räumlichen Konstruktionen bildet, für die Raumvorstellung von besonderer Bedeutung.

Grenzen sind für solche Ordnungsschemata wesentlich, wie

Tabelle 14

rechts	*links*	*hoch*	*tief*
überlegen	unterlegen	überlegen	unterlegen
sakral	profan	sakral	profan
männlich	weiblich	Himmel	Erde
stark	schwach	männlich	weiblich
hell	dunkel	edel	plebejisch
Leben	Tod	Kopf	Füße
Sonne	Mond		Hinterteil
hoch	tief		
edel	plebejisch		

Zentrum	*Peripherie*	*außerhalb*
Männer	Frauen	
Erwachsene	junge Menschen	
Gastgeber	Gäste	
väterliche	mütterliche	mütterliche Verwandtschaft
Kultur	Natur	
Dorf	Gärten	Urwald
gute Geister		böse Geister
Freunde		Feinde
Teilung		Geschenkaustausch
Zusammenarbeit		

Hertz (1960) und van Gennep (1960) gezeigt haben, und die Natur der Grenze einer Figur ist dafür maßgebend, ob diese abgeschlossen oder offen ist oder nicht. Tore, Türen und Körperöffnungen sind deshalb oft entscheidende Aspekte der Raumordnung, insbesondere im Zusammenhang mit Bewegung und Kräften, die abgegrenzte Räume durchdringen:

Das von den Temne bewohnte Gebiet ist demgemäß in zwei Arten von Räumen unterteilt, geschlossene und nicht geschlossene. Das ist eines der wichtigsten Merkmale des Temne-Raums. Das Verb für schließen ist *kanta*, das Instrument, um den Raum derart abzuschließen, ist *akanta*, und dasselbe Substantiv wird auch für den derart abgeschlossenen Raum gebraucht. Der nicht so abgeschlossene Raum wird in der Umgangssprache nie mit dem Gegenteil bezeichnet, also »offen« *(kanti)* (auch wenn mir Temne versichert haben, daß es für sie nicht komisch klingen würde, wenn man es täte); die Abgeschlossenheit besteht gegenüber dem Hintergrund des übrigen Raums. Drei Arten von Räumen sind regelmäßig abgeschlossen, nämlich jene der Gehöfte, der Häuser und des menschlichen Körpers. (Littlejohn 1963, S. 6)

Wir werden auch sehen, daß durch die Wiederholung dieser klassifikatorischen Grundbegriffe komplexere Systeme der Raumordnung konstruiert werden können, oft auf der Grundlage eines dualistischen Gegensatzes. Ein Haus kann gleichzeitig in einen oberen und einen unteren Teil, einen rechten und einen linken Teil, einen inneren und einen äußeren Teil unterteilt sein, und dieses Gesamtschema kann wiederum dem es umschließenden Hof als innen und außen gegenüberstehen und so fort. Doch diese Art von Komplexität darf nicht mit Raumvorstellungen auf der Ebene der konkreten und formalen Operationen verwechselt werden.

Von diesen topologischen Grundprinzipien abgesehen ist der primitive Raum nach den physiognomischen Eigenarten der Landschaft, nach den Bewegungen der Himmelskörper und damit zusammenhängenden affektiven und symbolischen Merkmalen geordnet. Littlejohn sagt von den Raumbegriffen der Temne:

Der gewöhnliche Raum der Temne ist nicht ein nichtssagender Behälter der Dinge wie für uns, der nach idealen Formen gegliedert wird und numerische Maßsysteme hervorbringt; rings um ihn stößt man auf Bedeutungen, die aus der Physiognomie der Landschaft und dem menschlichen Körper abgelesen und zu Bildern kombiniert werden, die konkrete Darstellungen von gut und böse sind. (Ibid., S. 14)

Im Grunde denselben, primär topologischen, durch Symbole beherrschten und qualitativen Raum findet man in der Kosmologie Mesopotamiens und des alten Ägyptens:

Die räumlichen Begriffe des Primitiven sind konkrete Orientierungen; sie bezeichnen Örtlichkeiten mit einer emotionellen Tönung; diese können vertraut oder fremd, feindlich oder freundlich sein. Über den Bereich bloß individueller Erfahrung hinaus ist sich die Gemeinschaft gewisser kosmischer Ereignisse bewußt, die gewisse Ausschnitte des Raums mit einer besonderen Bedeutung ausstatten. Tag und Nacht setzen den Osten und den Westen mit Leben und Tod in Beziehung. Das spekulative Denken entwickelt sich leicht in Verbindung mit solchen Bezirken außerhalb der direkten Erfahrung, zum Beispiel Himmel oder Unterwelt. Die mesopotamische Astrologie hat ein umfassendes System von Korrelationen zwischen Himmelskörpern oder Ereignissen am Himmel und Örtlichkeiten auf der Erde aufgebaut. Das mythenbildende Denken kann deshalb ebenso erfolgreich wie das moderne Denken ein koordiniertes räumliches System aufstellen; doch das System ist nicht durch ein objektives Messen, sondern durch ein emotionales Erkennen von Werten gekennzeichnet. (H. und H. A. Frankfort 1949, S. 30)

Ein Beispiel dafür ist der Glaube der Ägypter:

. . vom Schöpfer wird gesagt, er sei aus dem Wasser des Chaos aufgetaucht und habe einen Damm aus trockenem Land errichtet, auf dem er stehen konnte. Dieser Urhügel, von dem die Schöpfung ihren Ausgang nahm, lag nach der Überlieferung unter dem Sonnentempel von Heliopolis, weil der Sonnengott in Ägypten im allgemeinen als Schöpfer betrachtet wurde. Doch das Allerheiligste jedes Tempels war ebenso heilig; jede Gottheit war – schon nur dadurch, daß sie als göttlich erkannt wurde – eine Quelle schöpferischer Kraft. Deshalb konnte jedes Allerheiligste im ganzen Land mit dem Urhügel identifiziert werden. (Ibid., S. 30)

Die Tempel von Philae, Memphis, Theben und Hermon wurden alle als der Ort, der Hügel betrachtet, wo der Schöpfer aus den Wassern des Chaos aufgetaucht war, und jeder Eingang zum Allerheiligsten, ob aus dem Tempelhof oder dem -raum, wurde durch Treppenstufen oder eine Auffahrt erhöht. Auch die Königsgräber wurden als Ebenbilder des Urhügels betrachtet, von dem aus die Könige in der Zukunft wiedergeboren würden; die Form der Pyramide war ein stilisierter Urhügel.

Für uns wäre eine solche Betrachtungsweise völlig unannehmbar. In unserem kontinuierlichen, homogenen Raum ist der Platz jeder Örtlichkeit unzweideutig festgelegt. Wir würden darauf bestehen, daß es einen einzigen Ort gegeben haben müsse, wo der erste Hügel aus festem Land tatsächlich aus den chaotischen Wassern aufgetaucht sei. Doch die Ägypter hätten solche Einwände als bloße Spitzfindigkeit betrachtet. Da die Tempel und die Königsgräber so heilig wie der Urhügel waren und eine architektonische Form aufwiesen, die dem Hügel glich, hatten sie Anteil an dessen Wesen.

Es wäre müßig darüber zu diskutieren, ob eines dieser Monumente mit größerem Recht als die anderen als Urhügel bezeichnet werden könnte. (Ibid., S. 31)

Der menschliche Körper, das Haus und die Siedlung sind die Brennpunkte solcher Typen von räumlicher Vorstellung in vielen primitiven Gesellschaften. Das Dogon-Dorf zum Beispiel ist ein Symbol des Menschen:

Das Dorf kann quadratisch sein wie das erste Landstück, das vom Menschen kultiviert wurde, oder ein Oval mit einem Zugang an einem Ende, ein Abbild des Welteies, das durch das Anschwellen der keimenden Zellen aufgebrochen worden war. Wie es auch aussieht, es ist eine Person und muß in Nord-Süd-Richtung liegen; die Schmiede ist der Kopf, bestimmte Altäre sind die Füße. Die ost-westlich orientierten Hütten, die von den Frauen während der Menstruation benützt werden, sind die Hände; die Wohnhäuser der Familien bilden die Brust, und die Zweiheit der ganzen Gruppe findet ihren Ausdruck in einem Grundheiligtum in Form eines Kegels (das männliche Geschlechtsorgan) und in einem ausgehöhlten Stein (weibliches Geschlechtsorgan), auf den die Frucht von *Lannea acida* gelegt wird, um das Öl auszupressen. Nicht nur das Dorf ist anthropomorph, auch jeder Teil oder jede Sektion ist eine vollständige und für sich bestehende Entität und muß, so weit wie möglich, nach demselben Muster wie das Ganze angelegt werden. Die einzelnen Familien sind somit in eine Gruppierung eingefügt, die selbst eine Einheit ist. (Griaule und Dieterlen 1954, S. 96)

Diese Einheit und Koordination hat offensichtlich eine plastische Ähnlichkeit mit dem Körper und bringt eine symbolische Beziehung zwischen den Funktionen der verschiedenen Dorfteile und den entsprechenden Körperteilen zum Ausdruck. Man könnte geltend machen, die Ausrichtung der dörflichen Menstruationshütten von Ost nach West sei ein Beispiel für den Gebrauch eines verallgemeinerten Koordinatensystems, doch die hier benützten »Koordinaten« entsprechen in Wirklichkeit nur den Stellungen der auf- und untergehenden Sonne, und die Nord-Süd-Achse des ganzen Dorfes ist davon abgeleitet, nicht von irgendeiner Kenntnis, daß diese Achse rechtwinklig zu der von Ost nach West steht[2].

Die grundsätzlich anschauliche und topologische Raumvorstellung der Dogon kommt im Grundriß der Heimstätten selbst klar zum Ausdruck:

Das große Haus [jedes Geschlechterverbandes innerhalb des Dorfes] besteht aus dem *dembere* oder »Raum des Bauches«, dem zentralen Raum, um den herum eine Küche *(obolom)*, drei Lagerräume *(kana)*, ein Ziegenstall *(ende)* und der *denna* oder große Raum angeordnet sind, flankiert vom Eingang *(day)* und einem weiteren Stall *(bel de)*. Zu beiden Seiten des Eingangs und in den Ecken des einen Raums befinden sich vier mit einer Kuppel bedeckte kegelförmige Türme *(arsobo)*.

Dieser Grundriß soll einerseits Nommo [den Sohn des Gottes] in seiner menschlichen Form darstellen, wobei die Türme seine Gliedmaßen sind; die Küche und der Stall sind andererseits die himmlische Plazenta und ihr irdisches Gegenstück; zusammen stellen sie den Kopf und die Beine eines Mannes dar, der auf der rechten Seite liegt (und kopuliert) und dessen andere Gliedmaßen ebenfalls architektonisch festgehalten sind; die Küche bildet den Kopf, dessen Augen die Steine der Feuerstellen sind; der Rumpf wird durch den *denbere* symbolisiert, der Bauch durch den anderen Raum, die Arme durch die beiden unregelmäßigen Reihen der Lagerräume, die Brust durch zwei Wasserkrüge beim Eingang zum zentralen Raum. Das Geschlechtsorgan schließlich ist der Zugang, der durch eine enge Passage zum Arbeitsraum führt, wo die Wasserkrüge und die Mühlsteine aufgestellt sind. Auf diesen werden junge und frische Kornähren zerquetscht, die eine Flüssigkeit liefern,welche mit der männlichen Samenflüssigkeit assoziiert wird; sie wird zum linken Ende des Zugangs gebracht und auf dem Altar der Ahnen ausgegossen [Abbildung 17, s. Seite 340]. (Ibid., S. 97)

Primitive Raumvorstellungen sind somit in hohem Maße qualitativ und eng mit den physiognomischen Aspekten der Landschaft verbunden, aber man sollte nicht übersehen, welch komplexe Systeme auf der Basis solcher allgemeiner Begriffe wie links/rechts, innen/außen, hoch/tief usw., auf die ich am Anfang dieses Kapitels hingewiesen habe, aufgebaut werden können.

Als Beispiel für ein solches System wähle ich die Kédang, ein Volk von Maisbauern, das auf einem Berg der Insel Lembata in Ostindonesien lebt. Wie in vielen anderen indonesischen Sprachen gibt es keine Wörter für Norden und Süden; Osten heißt *timur* und Westen *warag*:

Diese sind nicht nur mit dem Lauf der Sonne verbunden, sondern auch mit den Richtungen, aus denen während der beiden großen jährlichen Monsunzeiten die Winde blasen ... Doch *timur* und *warag*, die mit unserem Osten und Westen vergleichbar sind, haben für die räumliche Orientierung erstrangige Bedeutung. Diese Rolle ist den folgenden Ausdrücken und ihren dyadischen Ausweitungen vorbehalten: *oté/olé, oli/owé* und *ojo*. (Barnes 1974, S. 79)

ojo	=	seitliche Bewegung nach links oder rechts, *nicht* aber nach oben oder unten
oli	=	nach oben
owé	=	nach unten
oté	=	nach oben/rechts
olé	=	nach unten/links

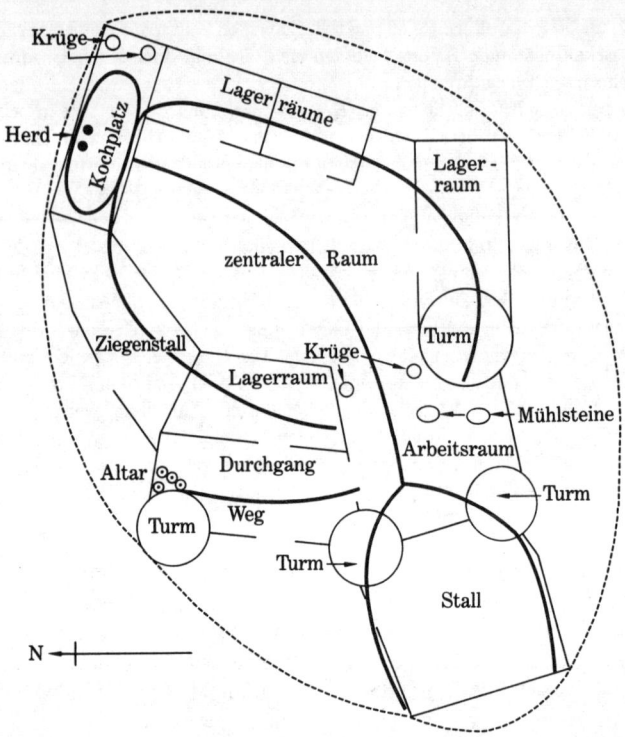

Abbildung 17: Die Familienheimstatt und der Mensch (Griaule und Dieterlen 1954, S. 98)

Die Grunddimensionen in diesem System sind die vertikale und die seitliche Bewegung; es besteht, wie wir sehen werden, ein symbolischer Zusammenhang zwischen »oben«, »Kopf« und »rechts« als übergeordnet und »unten«, »Füße« und »links« als untergeordnet, und das »Zentrum« steht ebenfalls über der »Peripherie«. Dieses System von räumlichen Vorstellungen schließt sowohl die Bewegung als auch die Richtung von Strukturen ein und ist sicher nicht egozentrisch, d. h. es ist nicht abhängig vom Gesichtspunkt eines Individuums, und auch nicht auf irgendein spezielles konkretes Merkmal der Landschaft bezogen, obwohl der Berg, auf dem die Kédang leben, in diesem Raumvorstellungssystem eine beherrschende indirekte Rolle spielt.

Die drei erstgenannten Richtungsbezeichnungen stellen keine

Probleme, sie sind unzweideutig: *oté* und *olé* bringen jedoch in die Richtungsangabe ein Element ein, das sich von der Überlegenheit von oben und rechts gegenüber unten und links herleitet. Man kann deshalb *oté* in bestimmten Kontexten im Sinne von »nach rechts« verwenden, etwa für eine seitliche Bewegung in Richtung des Dorfmittelpunkts oder für eine Bewegung im Uhrzeigersinne um den Berg herum, aber auch im Sinne von »nach oben«, etwa wenn man eine Bewegung auf den Berg hinauf meint. Mit anderen Worten, man verwendet *ojo* für eine seitliche Bewegung ohne symbolische Bedeutung und *oté/olé* für dieselbe Bewegung, wenn sie symbolisch bedeutungsvoll ist, doch in dieser symbolischen Bedeutung stehen nach oben und nach rechts gemeinsam in Gegensatz zu nach unten und nach links.

Die Anwendung dieser räumlichen Ordnungsprinzipien kann am besten durch eine detailliertere Untersuchung der physischen Umwelt der Kédang und der Bedeutung des Berges im besonderen dargestellt werden. Die Dörfer waren von alters her und bis in die jüngste Zeit an den Abhängen des großen Vulkanmassivs Udjo Lewun angelegt, das seit langem nicht mehr aktiv ist; der Berg hat am Fuß einen Durchmesser von etwa fünf Meilen und erreicht eine Höhe von über 5000 Fuß. Der Berggipfel ist nach Überzeugung der Kédang der Ursprungsort des Menschengeschlechts (dessen Ahnen einst hier lebten) und ebenso aller Tiere. Die aufeinanderfolgenden Generationen errichteten ihre Dörfer sukzessive immer weiter unten am Berge, und die niederländische Verwaltung hatte zuletzt angeordnet, daß sich das Volk am Strand zu Füßen des Berges niederlasse. *Koda* ist das Wort für den Berggipfel, doch im älteren Teil aller Dörfer steht ein Opferstein irgendwo auf dem höchsten Punkt, und dieser Stein wird ebenfalls *koda* genannt. *Koda* steht somit für die Beziehung, die jedes Dorf zum ursprünglichen Wohnsitz und folglich mit den Abkömmlingen von diesem Wohnsitz in anderen Dörfern aufrecht erhält.

Die Dörfer selbst sind klar abgegrenzte Einheiten, und nur was innerhalb der Grenze ist, hat einen zeremoniellen Wert. Der Grundriß des Dorfes entspricht dem, was man von einem Menschen sieht, der vom Berg hinuntersteigt und von diesem wegblickt (siehe Abbildung 18).

Barnes betont jedoch, daß das Dorf selbst nicht als eine Person aufgefaßt wird oder das spezifische Bild des menschlichen Körpers als Grundlage hat. Das Dorfzentrum, der Nabel oder *leu puhe*, ist von großer symbolischer Bedeutung; es ist durch einen flachen

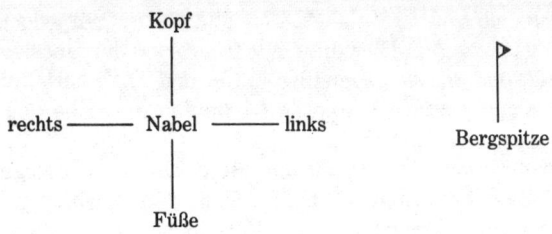

Abbildung 18: (nach Barnes 1974, S. 45)

Opferstein gekennzeichnet, der vom oben erwähnten *koda* verschieden ist. Das Dorf Léuwajang soll zwei Schlangen, ein Männchen und ein Weibchen, haben, die den Geist des Dorfes verkörpern und eng mit dem Dorfzentrum oder Nabel verbunden sind. Die Bedeutung des Zentrums wird auch durch den nahe gelegenen Tempel und durch eine Reihe von Verboten betont, die sich auf den Maisanbau, die Anpflanzung von Palmen und die Stoffverarbeitung beziehen.

Die Beibehaltung der richtigen Proportionen zwischen oben und unten ist von großer Bedeutung – eine Verwechslung zwischen oben und unten oder hoch und tief wird als der archetypische Fall von *Gesetzlosigkeit* betrachtet und sprachlich mit Inzest assoziiert. Dieses Ordnungsprinzip ist beim Haus- und Bootbau von besonderer Wichtigkeit: das Haus, genauer gesagt der Kornspeicher, die rituell übergeordnete Hausstruktur, wird *gepflanzt;* wesentlich ist, daß die Pfosten, die die vier Ecken des Daches tragen, dieselbe Beziehung zum Baum wahren, von dem sie stammen, wenn sie in den Boden eingegraben werden – mit anderen Worten, das Wurzelende des Baumes kommt in den Boden hinein. Die Dachsparren müssen dieselbe Beziehung zum Firstbalken haben, d. h. der untere Teil des ehemaligen Baumes muß auf den Wänden, der obere Teil auf dem Firstbalken aufliegen. In einer anderen Kultur auf der gleichen Insel müssen die Bootsmasten derart gesetzt werden, daß das Wurzelende des Baumes auf dem Bootsboden steht, und die für die Seitenwände verwendeten Bretter müssen mit dem unteren Ende gegen den Bug und mit dem oberen Ende gegen das Heck zu gerichtet sein. Wenn wir wieder zum Haus zurückkehren, so zeigt sich, daß die Bretter für die Wände immer rechtssinnig um das Haus herum angebracht werden müssen – d. h. wenn man den Abhang hinunterblickt, auf dem das Haus gebaut ist, sind die

342

Bretter der oberen Wand vom Betrachter her nach rechts gerichtet; der rechte Hüttenpfosten – also derjenige der oberen Seite, den man, wenn man von oben her auf die Hütte schaut, rechts sieht – wird mit den Ahnen assoziiert. Die Frauen gehören zum inneren Teil des Kornspeichers, und nur sie dürfen Korn daraus entnehmen; die Männer werden mit der Außenseite assoziiert.

Ein weiterer hochwichtiger Aspekt des Hauses oder Kornspeichers ist die Aufmerksamkeit, die den Übergangspunkten gewidmet wird; solche findet man an den Stellen, wo Flächen einander schneiden – der Firstbalken, die vier Firste an den Ecken (die Hütten tragen ein Walmdach) und der Ort, wo die Pfosten in den Boden hineingehen. Durch diese Übergangspunkte oder Grenzen können die Geister eindringen. (Dr. Barnes ist nicht sicher, ob die Verbindung zwischen Wänden und Dach als ein solcher Übergangspunkt angesehen wird, und glaubt, daß die Kédang selbst keine klare Vorstellung darüber haben.) »Das Haus ist für die Kédang in feste Teile mit Übergangspunkten dazwischen unterteilt, die gegliedert und segmentiert wie beispielsweise Bambus sind . . ., das ist die Charaktereigenschaft aller Körper, die eine Form oder Struktur haben.«

Die Ausrichtung der Häuser ist somit von größter Bedeutung, aber, und das muß ebenfalls festgehalten werden, diese Ausrichtung ist weder in bezug auf den Sonnenlauf (nach Osten oder Westen) noch in bezug auf den Bergabhang bestimmt. Die Häuser werden nach dem Abhang ausgerichtet, auf dem sie gebaut werden; der Firstbalken steht quer dazu, und die Hausseite, die hangaufwärts schaut, wird als Vorderseite betrachtet.

Die Grundbegriffe oben/unten, rechts/links und Zentrum/Peripherie werden nicht in einer speziellen Beziehung zum Berg Udjo Lewun verwendet, doch dieser Berg hat dennoch einen besonderen Platz in der Verbegrifflichung des Raumes bei den Kédang; Osten und Westen spielen anscheinend bei der Orientierung keine Rolle, doch dem Berg kommt eine Schlüsselstellung zu. Da ein einzelner Bezugspunkt für die Orientierung benutzt wird, stellen sich begriffliche Probleme, wenn die Kédang sich eine Bewegung um ihn herum vorzustellen versuchen.

Daß man praktisch rund um den Berg gehen kann, war ihnen völlig klar. Was sie verwirrte, war, daß der Berg immer auf derselben Seite stand . . .

Wenn man den Berg umkreist, ist der wichtigste Bezugspunkt natürlich der Berg selbst . . . Während wir uns bequem in einem durch die Himmelsrichtungen festgelegten Gebiet bewegen, hat das für die Kédang zur Folge, daß für sie der Eindruck entsteht, das Gebiet bewege sich ebenfalls. Es dreht sich gewissermaßen mit einem selbst; nur die Bergspitze scheint deshalb einen festen Bezugspunkt herzugeben. Um die Konsequenzen dieser Tatsache zu ermessen, wollen wir vergleichen, was man in unserer Sprache über dieses Rund-um-den-Berg-Gehen sagen kann. Wenn wir in Léuwajang aufbrechen, ist der Berg südlich (genauer gesagt: südöstlich) von uns. Wir wandern ostwärts, bis der Berg westlich von uns ist; sobald die Hälfte des Weges zurückgelegt ist, befindet sich der Berg im Norden; und so geht es weiter, bis wir wieder beim Ausgangspunkt angelangt sind und der Berg wieder im Süden steht. Unsere Ausdrücke geben einen bestimmten Ablauf wieder. In der Sprache der Kédang kann man jedoch zu jedem Zeitpunkt der Reise nur sagen, daß der Berg *oté* steht. Das ist eine wirkliche begriffliche Schwierigkeit, die ihnen anscheinend nur der Berg verursacht.(Ibid., S. 84 f.)

Es muß festgehalten werden, daß ein Rund-um-einen-Baum-herum-Gehen für die Kédang keine begrifflichen Probleme stellt, ebensowenig eine Wanderung um einen anderen Berg herum. Das Problem besteht nicht darin, daß der Udjo Lewun sehr hoch ist, sondern daß er bei diesem Beispiel der einzige Bezugspunkt ist; deshalb gibt es keine anderen Punkte, auf die ein Gang um ihn herum bezogen werden könnte.

Die Kédang haben somit sicher kein wirkliches Koordinationssystem, um sich in der horizontalen Ebene zu orientieren. Auch die Achsen für vertikale und seitliche Bewegungen können als Koordinatensystem interpretiert werden, auf das alle möglichen Lagen oder Richtungen einer Reise bezogen werden können. Diese Behauptung läßt sich damit begründen, daß die beiden Achsen nicht gleichzeitig in einer multidimensionalen Relation benützt werden, die es ermöglicht, eine Richtung im Hinblick auf ihre Winkeleigenschaften zu bestimmen. Die einzige Möglichkeit, eine Bewegung in zwei Dimensionen gleichzeitig zu umschreiben, bietet das Begriffspaar *oté/olé*, doch diese beiden Ausdrücke sind erstens zweideutig und schließen zweitens Fälle von Bewegungen nach oben und nach links oder nach unten und nach rechts aus. *ojo*, die seitliche Bewegung, ist im Hinblick auf links oder rechts unbestimmt. Da die Bewegung nur durch eine Achse auf einmal spezifiziert werden kann, ist in dieser Hinsicht der durch die beiden Achsen gebildete »Quadrant« nicht wirklich mit beispielsweise dem der australischen Aborigines vergleichbar, die die Nord-Süd- und die Ost-West-Achse gleichzeitig zur Bestimmung der Winkel für eine Vielzahl möglicher Wege verwenden.

Das Raumvorstellungssystem der Kédang beruht somit tatsächlich auf sehr allgemeinen, vom Gesichtspunkt irgendeines besonderen Individuums unabhängigen Begriffen, doch es ist kein wirkliches Koordinatensystem, und seine Komplexität besteht aus symbolischen Assoziationen. Insbesondere die Begriffe der Geraden und des Winkels scheinen in diesem Raumsystem keinen Platz zu haben.

Aus dem Kédang-Material ist zu ersehen, daß die für die primitive Gesellschaft typischen räumlichen Grundbegriffe für eine allgemeine Raumordnung verwendet werden können und daß sogar so grundlegend egozentrische Begriffe wie links und rechts mit einer konventionellen Bedeutung ausgestattet werden können, so daß sie als Mittel objektiver Orientierung für alle Angehörigen der Gesellschaft brauchbar sind. Auf dem dualistischen Gegensatz solcher topologischer Grundbeziehungen können Systeme von hoher Komplexität aufgebaut werden, etwa im Falle des Atoni-Hauses, das in oben und unten, links und rechts, innen und außen unterteilt ist, wobei das Haus selbst vom umgebenden Hof in Form von innen und außen unterschieden wird und das Haus und der Hof zusammen zu ihrer Umgebung als innen und außen und ebenso als unten und oben in Gegensatz stehen; und alle diese räumlichen Ordnungen haben einen sozialen und kosmologischen Symbolwert (siehe Cunningham, 1964).

Auch wenn euklidische Formen wie Vierecke oder Kreise benutzt werden, folgt daraus noch nicht, daß diese als koordinierte und projektive räumliche Vorstellungssysteme begriffen werden. Endicott schreibt, daß die Welt in der malaiischen Kosmologie als ein Viereck mit einem mythischen Scheich in jeder Ecke, mit einem ringförmigen Zaun aus weißem Eisen darum herum, aufgefaßt werde.

Viele kleinere Raumabgrenzungen sind als Vierecke gekennzeichnet, wobei bisweilen deutlich darauf angespielt wird, daß das bezeichnete Gebiet ein verkleinertes Abbild der Welt sei. Wenn ein geeigneter Platz für ein Haus gefunden ist, wird ein Stück des Landes gerodet, worauf ein Rechteck aus Stöcken in der Mitte angelegt wird. Nachdem der Boden innerhalb dieses Rahmens ausgehoben wurde, werden die Gottheiten der Örtlichkeit folgendermaßen angerufen:

Hört, Kinder von Mêntri Guru,
die in den Vier Ecken der Welt wohnen,
ich erflehe dieses Landstück als eine Gunst

Wenn die Omina gut sind, werden die vier Ecken des Hauptgebäudes mit abgestorbenen Reisern abgesteckt und das Grundstück gerodet. Dann beginnt die Zeremonie für die Aufrichtung der Pfosten des Mittelhauses. Die Hütte, die von den Malayen als Theaterbühne verwendet wird, ist quadratisch. Der *pawang* [Zauberer] mißt den für die Vorstellung benötigten Raum ab, indem er innerhalb der Einfriedung »vier Schritte in Richtung der vier Ecken des Universums« abschreitet und die Geister in diesem Bezirk bittet, sich nicht stören zu lassen. Bevor Reis auf einem Feld ausgesät wird, werden ein rechteckiger Rahmen aus Pfosten in der Mitte der Rodung aufgestellt und vier kleine Pflanzen (Bananenbaum, Zitronengras, Zuckerrohr und Safran) in den Ecken eingegraben. Die Pflanzzeit wird durch die Beachtung von Omina festgelegt, die mit diesem Rahmen und einer Kokosnußschale voll Wasser, die im Mittelpunkt aufgestellt wird, zu tun haben. Bevor die Reis-Seele abgeschnitten wird, werden in jeder der vier Ecken des Feldes Knoten in Reisblätter geknüpft; mit einer Zeremonie werden die schädlichen Geister an die Grenzen des so abgegrenzten Feldes verbannt. Auch die temporäre Rodung, die der Taubenjäger im Dschungel vornimmt, ist rechteckig; Geländer werden ringsum angelegt, und der darin befindliche Raum wird als König Salomons Palasthof bezeichnet.

Gewisse Grundutensilien der Zauberer-Ausrüstung sind ebenfalls rechteckig. Die Altäre, die Opferschalen *(anchak)* und die im Hause der Braut und des Bräutigams errichteten Tribünen sind üblicherweise annäherungsweise quadratisch. (Endicott 1970, S. 122 f.)

Das Rechteck ist selbstverständlich eine euklidische Figur; wir werden jedoch im Zusammenhang mit den Arbeiten Piagets sehen, daß sich die Fähigkeit, euklidische Figuren zu erkennen und zu kopieren, während des präoperativen Stadiums entwickelt. Für die Malaien ist das Rechteck offensichtlich ein konkretes Symbol für das Universum; die im Ritual verwendeten besonderen Rechtecke sind Mikrokosmen, die auch den mehr grundsätzlich rituellen Zweck haben, einen abgegrenzten Raum auszuscheiden – eine von Natur aus topologische Funktion. Rechtecke werden aber nicht dazu gebraucht, Positionen zu ermitteln (wie wir bei der Orientierung von Rechtecken in bezug auf die Himmelsrichtungen festgehalten haben). Endicott schreibt im Hinblick auf die topologische Funktion des Rechtecks im Gegensatz zum Kreis:

Die grundlegende Unterscheidung, die in bezug auf den Raum vorgenommen wird, scheint die zwischen abgegrenztem und nicht abgegrenztem Raum zu sein, und das Viereck ist für die Malaien der abgegrenzte Raum schlechthin. Gelegentlich sind Einfriedungen kreisförmig, beispielsweise bei Gruben für Hahnenkämpfe, doch üblicherweise stehen meiner Meinung nach Kreise als unbegrenzte den Vierecken als begrenzten Räumen gegenüber. Der Gegensatz zwischen dem irdischen und dem himmlischen Raum wird in der Sage dadurch ausgedrückt, daß der Schöpfer »die Erde aus der Weite einer Schale und den Himmel aus der Weite eines Schirms gemacht habe, die das Universum des Zauberers sind.« Winstedt interpretiert das in dem Sinne, daß das Universum in Miniaturform erschaffen worden sei, doch ich schlage vor, daß die Form, nicht die Größe, der entscheidende Faktor sei. Der kreisförmige Schirm des Himmels ist unbegrenzt, doch die Erde wurde als viereckig abgegrenzt wie eine Opferschale erschaffen. (Ibid., S. 123 f.)

3. Himmelsrichtungen, Koordinaten-systeme, Kartierung und Schiffahrt

Viele primitive Gesellschaften haben Wörter für Osten, Westen, Norden und Süden, einige auch für Zenit und Nadir. Eine solche Terminologie für die Himmelsrichtungen könnte die Vermutung nahelegen, Primitive würden normalerweise den Raum auf dieselbe Weise wie wir als ein System von euklidischen Koordinaten konzeptualisieren, und Philosophen wie Kant haben tatsächlich angenommen, die euklidische Geometrie bringe nur allen Menschen angeborene Vorstellungen zum Ausdruck. Eine solche Interpretation der primitiven Raumbegriffe wird noch durch die offenkundige Tatsache bestärkt, daß die vier Himmelsrichtungen nicht aus den phänomenalen Eigenschaften des Horizonts selbst abgeleitet werden können, der vom Beobachter her gesehen rund erscheint. Eine genauere Überprüfung der Fakten zeigt jedoch, daß die Himmelsrichtungen tatsächlich aus den wahrnehmungsmäßigen Merkmalen der Natur abgeleitet werden und daß ihre Verbegrifflichung in den verschiedenen Kulturen von wirklichen Koordinatensystemen bis zu statischen Assoziationen von rein symbolischer und kosmologischer Bedeutung reicht.

Osten und Westen werden aus der Stellung der Sonne beim Auf- und Untergang abgeleitet, die in tropischen Breitengraden im Laufe des Jahres kaum variieren. Es zeigt sich, daß die Wörter für »Sonnenaufgang« und »Sonnenuntergang« in vielen Gesellschaften den Ausdrücken für »Osten« und »Westen« zugrunde liegen. Es gibt jedoch keine augenfälligen und allgemein gültigen Merkmale in der physischen Welt, die dem Norden und dem Süden entsprächen, vom Polarstern, dem Kreuz des Südens und einigen zirkumpolaren Sternen abgesehen, die anscheinend von primitiven Völkern kaum beachtet werden, obwohl sie die Sterne nicht nur für die Schiffahrt, sondern auch für die Berechnung der Ackerbauzyklen benutzen. Sogar in der Seefahrt wird, zumindest in tropischen Breitengraden, dem Nordstern kaum Aufmerksamkeit geschenkt. Norden und Süden scheinen in vielen Fällen überhaupt nicht von der äußeren Welt abgeleitet zu werden, sondern von der Links/Rechts-Achse des menschlichen Körpers: wenn man nach Osten schaut, in den meisten Gesellschaften die wichtigste Richtung, zeigt der linke Arm nach Norden, der rechte nach Süden. Bei den Konso etwa ist das gebräuchlichste Wort für Osten *birtota*, »Sonnenaufgang«, und für Westen *dumateta*, »Sonnenuntergang«, während Süden *akitandesa*, »von rechts«, und Norden *pititandesa*, »von links«, heißt, wobei zu sagen ist, daß Norden und Süden für die Konso kaum eine Bedeutung haben. Der menschliche Körper kann also, in einer Ebene gesehen, ein Modell für zwei senkrecht zueinander stehende Achsen abgeben, die eine Kopf – Fuß, die andere links – rechts:

»Die Gestalt des Kreuzes«, schreibt der heilige Hieronymus *(Com. in Marcum)*, »was ist sie, wenn nicht die Form der Welt in ihren vier Richtungen?« *(Ipsa species crucis, quid est nisi forma quadrata mundi?)* Der Osten wird durch den oberen Teil dargestellt, der Norden durch den rechten Arm *(vom Kreuz aus gesehen)*, der Süden durch den linken, der Westen durch den unteren Teil. (d'Alviella 1911, S. 326)

Diese Vorstellung der vier Himmelsrichtungen findet sich auch in der Orientierung christlicher Kirchen mit Hauptschiff in ost-westlicher und dem Querschiff in nord-südlicher Richtung.

Die Himmelsrichtungen stehen in manchen Fällen in Beziehung zu den vorherrschenden Winden und gleichzeitig zum Körper und zu Sonnenaufgang und -untergang; die Dakota tragen eine solche kombinierte Darstellung als Schmuckstück:

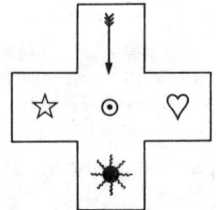

Abbildung 19: (Mallery 1893, S. 725)

348

Das »Griechische« Kreuz [im Gegensatz zum Lateinischen Kreuz mit dem verlängerten unteren Teil, das den Moskito-Habicht[3] darstellt] verkörpert für die Dakota die vier Winde, die aus den vier Höhlen herauskommen, in denen die menschlichen Seelen vor ihrer Inkarnation in den menschlichen Körper leben... Die Spitze des Kreuzes ist der kalte, alles erobernde Riese, der Nordwind, der mächtigste von allen. Er ist am Körper dem Kopf am nächsten, dem Sitz der Intelligenz und der Eroberungspläne. Der linke Arm liegt über dem Herzen; es ist der Ostwind, der vom Sitz des Lebens und der Liebe her weht. Der Fuß ist der sanfte, heiße Südwind, der, so wie er weht, auf den Sitz der feurigen Leidenschaft weist [es ist anzunehmen, daß damit die Geschlechtsorgane oder der Bauch und nicht die Füße gemeint sind, die sich kaum als »Sitz feuriger Leidenschaft« beschreiben ließen]. Der rechte Arm ist der milde Westwind, der aus dem Land der Geister weht, der die Lungen füllt, aus denen der Atem entströmt, sanft, aber in eine unbekannte Nacht hinaus. Die Mitte des Kreuzes ist die Erde und der Mensch, die durch die miteinander in Widerstreit liegenden Einflüsse der Götter und der Winde bewegt werden. Dieses Kreuz wird oft wie in Abbildung 19 veranschaulicht. Man findet es bisweilen auch auf Perlenstickereien und auf Kupferblech gezeichnet und dargestellt... (Mallery 1893, S. 724 f.)

In Australien sagte ein Informant: »Ein Blinder... würde noch immer durch die Erinnerung an alle Orte in seinem Kopf wissen, wo diese Orte sind. Er würde die Windrichtungen kennen. Wind aus dem Norden heiß; Westwind ein wenig kühler; Ostwind noch kühler, Südwind richtig kalt« (D. Lewis 1976, S. 275 f.). Boas berichtet von den zentralen Eskimos:

Soviel ich weiß, nennen alle diese Stämme den eigentlichen Süden *piningnang*, während die anderen Kardinalpunkte nach dem Wetter genannt werden, das herrscht, wenn der Wind aus dieser Himmelsrichtung bläst. In Cumberlandsund ist *uangnang* der West-Nordwest-Wind, *quaningnang* (d. h. Schneewind) der Ost-Nordost-Wind, *nigirn der* Südost-Wind und *aqsardnirn* der föhnähnliche Wind, der von den Fjorden an der Ostküste her weht. (Boas 1888, S. 235)

Sonnenaufgang und Sonnenuntergang scheinen ganz allgemein zwei der grundlegenden Himmelsrichtungen zu sein (auch wenn nicht alle Kulturen Himmelsrichtungen *haben*; die Tauade etwa haben Ausdrücke für »Sonnenaufgang« und »Sonnenuntergang«, aber diese Bezeichnungen meinen offensichtlich keine Richtung); Norden und Süden werden von der Links/Rechts- oder der Kopf/Fuß-Achse des Körpers abgeleitet; die vorherrschenden jahreszeitlichen Winde spielen in einigen Kulturen bei der Festlegung der Himmelsrichtungen ebenfalls eine äußerst wichtige Rolle.

Viele Kulturen kennen Himmelsrichtungen, aber sie machen von dieser Kenntnis höchst unterschiedlichen Gebrauch; bei seßhaften Ackerbauern sind es statische, mit konkreten Assoziationen und Werten verknüpfte Ortsangaben, bei Jägern und Sammlern, die weite Distanzen zurücklegen, beispielsweise den australischen Aborigines und den Eskimos, sind es echte Koordinatensysteme, mit deren Hilfe die Richtung festgelegt und ein bestimmter Weg eingehalten werden, während die Seefahrer in der Südsee einen Sternenkompaß benützen und den Himmelsrichtungen kaum Aufmerksamkeit zu widmen scheinen.

Mit »echtem Koordinatensystem« soll nicht nur angedeutet werden, daß *beide* Achsen gleichzeitig als Mittel verwendet werden, um eine Richtung festzulegen, die nicht auf einer der Achsen liegt, beispielsweise Nord-Ost, Süd-Südwest usw.; sondern die Himmelsrichtungen werden auch als Achsen gebraucht, um ein System von Bewegungen und Umkehrungen zu koordinieren, d. h. um Richtung und Lage nach einer Ortsveränderung beizubehalten. Ein Beispiel dafür ist die Bemerkung eines Australiers, die weiter unten (S. 358) noch einmal zitiert wird: »Wenn ich 10 Meilen nach Süden gehe, dann ein wenig nach Osten, dann muß ich bei der Rückkehr 10 Meilen nach Norden gehen, dann ein wenig westwärts.« Hier, das muß festgehalten werden, scheint die Erhaltung mit einem metrischen Begriff der zurückgelegten Entfernung verknüpft zu sein.

Die Dogon, seßhafte Bauern in Mali, verbinden die Himmelsrichtungen folgendermaßen mit ihrer Kosmologie:

Eigenen Darstellungen zufolge stammen die Dogon von einem Baumstrunk ab. In der Überlieferung wird das so erklärt, daß ursprünglich vier paarige Triebe vier Stämme hervorbrachten, Arou, Dyon, Ono und Domno, die das Universum und insbesondere das Sternensystem untereinander aufteilten. Jeder Stamm hatte ursprünglich seinen Wohnsitz bei einem der vier Kardinalpunke und war mit einem Element verbunden. Sie teilten ebenso natürlich auch die verschiedenen sozialen und wirtschaftlichen Funktionen untereinander auf. (Griaule und Dieterlen 1954, S. 89)

Die Verteilung ist in Tabelle 15 dargestellt: Ebenso haben die Himmelsrichtungen der Temne keine koordinierende räumliche Funktion, sondern eine statische, symbolische Bedeutung:

Für uns sind die Himmelsrichtungen Koordinaten für Ortsbestimmungen. Die Temne verwenden sie nie in diesem Sinne, doch wenn sich die Notwendigkeit dazu ergibt, benützen sie eine von ihnen, um die allgemeine Richtung, in der

Tabelle 15

Ahnen	Stämme	Himmels-richtungen	Elemente	Funktionen
Amma Seru	Arou	Osten	Luft	Häuptlingsamt Heilkunde Wahrsagerei
Dyongu Seru	Dyon	Süden	Feuer	Landwirtschaft
Binu Seru	Ono	Westen	Wasser	Handel und Gewerbe
Lébe Séru	Domno	Norden	Erde	Handel und Gewerbe

(Griaule und Dieterlen 1954, S. 89)

ein Ort liegt, anzugeben. Ihre Himmelsrichtungen haben Bedeutungen, die Tätigkeiten und Ereignisse auf verschiedene Weise charakterisieren. (Littlejohn 1963, S. 9)

Die qualitative Organisation des Raums der Temne wird auch bei den Himmelsrichtungen sichtbar. Diese sind nicht nur Koordinaten für die Ortsbestimmung (die Temne haben keine Landkarten), sondern auch Richtungsweiser für die Existenz. Hervorstechende Himmelsrichtunq ist Osten. Das Wort für Osten ist *Rotoron; ro* = Ort von, *tori* = enthüllen, *torine* = erscheinen. Gebete werden in Richtung Osten gesprochen, die Hälse der Tiere müssen nach Osten gerichtet sein, bevor man sie bei der Opferung aufschlitzt, das Blut fließt nach Osten. »Wir denken uns den Osten als wie ein Berg über allem aufgehend, was in Richtung Osten geht«, sagen die Temne. Entsprechend wird das Wort für Westen, *ro-pil*, oft für »nach unten« gebraucht, und zwar sowohl im Sinne von »einen Abhang hinunter gehen« als auch im sozialen Sinne, beispielsweise »Innenstadt«. Da der Blick nach Osten als Grundlage für die Orientierung dient, wird für Norden das Wort »linke Hand« und für Süden das Wort »rechte Hand« verwendet. (Littlejohn 1967, S. 334)

Der Vorrang des Ostens vor den anderen Himmelsrichtungen ergibt sich nicht nur daraus, daß er die Richtung des Verstehens und der Offenbarung ist; auch die ersten Temne, also die Ahnen, sind »von dort gekommen«. (Ibid., S. 336)

Die Malaien kennen die vier Himmelsrichtungen Norden, Süden, Osten und Westen, doch in diesen Breitengraden in der Nähe des Äquators geht die Sonne während des ganzen Jahres innerhalb einer Spanne von wenigen Graden beidseits der eigentlichen Ostrichtung auf, und beim Sonnenuntergang ist die Spannbreite ebenso gering; die genaue Festlegung von Osten und Westen ist in höheren Breitengraden eine sehr viel schwierigere Operation und setzte eine Halbierung der Winkel zwischen den Stellungen der

Sonne beim Auf- und Untergang zur Zeit der Sommer- und Wintersonnenwende voraus. Wenn somit »die Seiten eines quadratischen Altars, der dazu gebraucht wird, um die Erdgeister günstig zu stimmen, ›genau in die vier Himmelsrichtungen‹ schauen müssen« und »die Gräber in Trengganu auf die Nord-Süd-Achse ausgerichtet sind, mit dem Kopf des Leichnams in Richtung Norden und dem Gesicht nach Westen, in Richtung Mekka«, so lassen sich diese Richtungen ohne weiteres von der Stellung der Sonne beim Auf- und Untergehen herleiten. Sobald eine Seite eines Rechtecks der auf- oder untergehenden Sonne zugewandt ist, müssen offensichtlich die anderen Seiten den drei übrigen Himmelsrichtungen entsprechen. Darüber hinaus:

Obwohl beim Hinlegen von Rechtecken oft die Himmelsrichtungen beachtet werden, wäre es meiner Meinung nach falsch, der Richtung den Vorrang vor der Form zu geben. Die Namen für die Richtungen variieren von Ort zu Ort und sind oft mit konkreten geographischen Fakten verbunden. In Teilen von Kelantan zum Beispiel enthält der Ausdruck für Norden das Wort *hilir*, flußabwärts, und der Süden wird *hulu bani*, »Flußaufwärts-Leute«, genannt. Damit käme man in anderen Gebieten der Halbinsel, wo die wichtigsten Flüsse ost- und westwärts fließen, nicht durch. Rentse deutet weiter an, daß nur die Ritualspezialisten sich intensiv mit den vier Himmelsrichtungen und ihren Namen befassen, und mir wurde gesagt, daß die Leute üblicherweise die Ausdrücke flußauf- und flußabwärts verwenden, um sich zu orientieren. (Endicott 1970, S. 123)

Bis jetzt haben wir hauptsächlich die auf statischen Merkmalen der Umwelt beruhenden Vorstellungen betrachtet. Das Reisen und die Richtungsbestimmung werfen ganz andere Probleme auf.

Das Reisen auf bestehenden markierten Wegen setzt natürlich keine besondere Orientierungsfähigkeit voraus, etwa auf Neuguinea, wo feste Pfade unbewohnte Berge und Wälder meilenweit durchqueren. In solchen Situationen können die Eingeborenen leicht die Orientierung verlieren, wenn der Weg irgendwo aufhört und sie sich durch den Urwald schlagen müssen, bis sie einen anderen Pfad finden, wie aus der folgenden Stelle über die Orientierungsfähigkeiten der Oberen Watut-Kukukuku hervorgeht: »Sie kennen die Urwälder in der Nähe des eigenen Dorfes, haben aber kein besonderes Geschick, den Weg in einer fremden Gegend zu finden – als unser Trupp im Lande der Oberen Watut vom Weg abkam, verließen sich unsere Träger auf Noakes, den Regierungsgeologen, als Führer« (Blackwood 1978, S. 27). Wer Spuren lesen kann oder wer nur die nähere Umgebung bereist, kann sich nach einfachsten wahrnehmungsmäßigen Anhaltspunkten richten; allgemeine Koordinatensysteme dürfen an solchen Orten nicht erwartet werden.

Bei den australischen Aborigines scheinen Reisen über beträchtliche Distanzen von vielen Meilen etwas Alltägliches gewesen zu sein; die Fähigkeit, Wasserlöcher und Nahrungsvorräte genau zu orten, war für sie eine Lebensnotwendigkeit. Wie wir noch sehen werden, fertigten die Australier keine Karten mit genauer Darstellung der Richtung im richtigen Maßstab an; in einem gänzlich unvertrauten Gebiet konnten sie sich nach der Sonne orientieren, aber normalerweise machten sie sich fortwährend ein inneres Bild ihres Standortes und ihres Weges nach topographischen Merkmalen, an das sie sich auch noch nach vielen Jahren mit großer Genauigkeit erinnerten. Bis zu einem gewissen Grade hielten sie sich auch an die Winde:

Alle Eingeborenen, mit denen ich reiste, verfügten über einen außergewöhnlich scharfen Sinn für die Wahrnehmung natürlicher Anzeichen und konnten sie auch interpretieren; sie erinnerten sich an sozusagen alle topographischen Eigenheiten jedes Landstrichs, den sie je durchquert hatten. Ein einmaliger Besuch 40 Jahre früher genügt durchaus, um einen unauslöschlichen Eindruck zu hinterlassen. (D. Lewis 1976, S. 271)

Weil die topographischen Eigenarten des australischen Hinterlandes sich nicht verändern, gut studiert sind und in Gruppengesprächen und Mythen immer wieder erwähnt werden, können die Eingeborenen ihren Weg auf eine Weise nach Landschaftsmerkmalen finden, die dem Eskimo auf dem Schnee oder den Seefahrern auf dem Meer nicht gegeben ist. Dank diesen besonderen topographischen Kenntnissen machen die Australier anscheinend und bezeichnenderweise keinen Gebrauch von den Sternen als Orientierungshilfe:

Praktisch alle verfügbaren Belege sprechen gegen eine solche Rolle der Sterne...

Maegraith stellt in einer detaillierten Studie über die astronomischen Kenntnisse der Stämme der Aranda und der Loritja kategorisch fest..., daß »kein zentralaustralischer Eingeborener bei Nacht seinen Weg nach den Sternen finden kann, selbst wenn er bei Tag über außergewöhnliche Orientierungsfähigkeiten verfügt«. (Maegraith 1932, S. 25, zitiert von D. Lewis 1976, S. 273)

Die weniger dauerhaften Merkmale und die Monotonie der Schneelandschaft zwingen die Eskimos, sich an eine größere Mannigfaltigkeit von Anhaltspunkten für die Sinnesorgane zu halten; die Sterne sind offensichtlich von einiger Bedeutung, zumindest bei einigen Gruppen, z. B. den Eskimos in Zentralkanada:

Bei klarem Wetter benutzen die Eskimos die Stellung der Sonne, des Tagesanbruchs, des Mondes und der Sterne für die Richtungsfindung, und sie finden ihren Weg sehr gut, wenn die Richtung des Bestimmungsortes genau bekannt ist.

Sie unterscheiden eine ganze Anzahl von Sternbildern, als wichtigste den *Tuktuqdjung* (»das Tier«), unser Großer Bär, die Plejaden, *Sakietaun,* und den Gürtel des Orion, *Udleqdjun.* (Boas 1888, S. 235)

Carpenter und seine Mitarbeiter berichten freilich von den Aivilik-Eskimos: »Sterne werden bisweilen als Wegweiser verwendet, aber nur selten, und mir wurden Geschichten von Männern erzählt, die in die Irre gegangen waren, weil sie sich nach ihnen richteten.« Die verschiedenen Winde sind bei Fahrten über Land von größter Bedeutung:

Die Rolle der Winde im Leben der Aivilik kann gar nicht genügend hervorgehoben werden... So wird verständlich, wie ein Reisender sich nach ihnen orientieren kann, indem er, zumindest im Unterbewußtsein, die geringsten Richtungsänderungen wahrnimmt. Auch ein guter Leithund bekommt anscheinend etwas von diesem Wissen mit oder besitzt mindestens ein bemerkenswertes Raumorientierungsvermögen. Ein Jäger sitzt auf seinem Schlitten, das Gesicht üblicherweise zur Seite gedreht, vom Wind weg, die Anorak-Kapuze bis auf eine schmale Öffnung geschlossen, durch die er atmet und blickt, doch bei der geringsten Veränderung der Windrichtung, die er vom Pelz auf seinem Anorak abliest, kontrolliert er seine Position, worauf er weiterfährt. (Carpenter *et al.* 1959)

Außer aus der Windrichtung erschließen die Eskomos ihre Position aus den variablen *Beziehungen* zwischen einer Reihe von natürlichen Merkmalen:

[Bei einer Autofahrt durch eine nordamerikanische Stadt] gehe ich zunächst von der Annahme aus, daß die Straßen gitterförmig angelegt sind, und ich weiß, daß der Weg durch bestimmte Zeichen markiert ist. Anscheinend haben die Aivilik ähnliche, aber natürliche Bezugspunkte. Im großen und ganzen sind dies nicht wirkliche Punkte oder Objekte, sondern Beziehungen: Beziehungen zwischen, sagen wir, den Umrissen der Landschaft, dem Schneetyp, dem Wind, der salzigen Luft, dem Krachen des Eises. (Ibid.)

In der Seefahrt erhalten Himmelskörper für die Festlegung des Kurses in Form einer geraden Linie im Vergleich zu anderen natürlichen Anhaltspunkten die größte Bedeutung. Ein gutes Beispiel dafür ist die Schiffahrtstechnik der Südseeinsulaner[4].

Die Fähigkeit, sich selbst zu orientieren und eine bestimmte Richtung über Land oder auf dem Meer beizubehalten, ist jedoch wiederum etwas ganz anderes als die Fähigkeit, seinen Standort und seinen Weg in graphischer Form darzustellen. Tiere verfügen oft über ein erstaunliches Orientierungsvermögen – man denke an Zugvögel oder Hunde, die über Hunderte von Meilen durch unbekanntes Gebiet hindurch den Heimweg finden –, dieses muß deshalb als ein elementarer kognitiver Prozeß angesehen werden, auch wenn er sich noch so verblüffend äußert. Die Untersuchungen von Blaut und seinen Mitarbeitern (1970) an fünf, sechs und sieben Jahre alten Kindern ohne oder mit geringer Schulbildung aus Massachusetts und Puerto Rico scheinen zu zeigen, daß die Fähigkeit, auf Flugaufnahmen abgebildete konkrete räumliche Beziehungen erkennen und hypothetische Wege zwischen besonderen Punkten auf solchen Bildern ermitteln zu können, bereits auf der präoperativen Stufe entwickelt ist. Weitere Untersuchungen in Westindien haben ergeben, daß »sechs Jahre alte Kinder aus einer bäuerlichen Gemeinschaft, die mit dem Fernsehen überhaupt nicht und mit Bilderbüchern kaum in Berührung gekommen waren, dennoch senkrecht aufgenommene Luftbilder interpretieren können« (Blaut *et al.* 1970, S. 347).

Wenn man räumliche Beziehungen auf einer Luftaufnahme verstehen können will, muß man im Prinzip imstande sein, die eigene Perspektive um 90° aus der Horizontalen in die Vertikale zu drehen; man muß einen verkleinerten Maßstab und die symbolische Darstellung von Gegenständen interpretieren können, wenn diese in Form von photographischen Aufnahmen vorgelegt werden. Blaut und seine Mitarbeiter geben zu, daß das von Piaget diskutierte perspektivische Problem (bei dem sich das Kind vorstellen muß, wie gewisse Gegenstände aus verschiedenen und imaginären Blickwinkeln in der Horizontalen aussehen würden oder wie sich das Aussehen eines einzelnen Gegenstandes, beispielsweise eines Stockes, verändert, wenn er aus der Vertikalen in die Horizontale und umgekehrt gedreht wird) größere Schwierigkeiten aufgibt als die bloße Verlagerung des Standpunktes aus der Horizontalen in die Vertikale bei gleichzeitiger *Gesamt*verkleinerung des Maßstabes: »Piagets Ergebnisse betreffen nicht den Sonderfall des wahrnehmungsmäßigen Erkennens nach einer Drehung in die vertikale Perspektive und den ähnlichen Sonderfall einer insgesamt verminderten Reizstärke« (Blaut *et al.* 1970, S. 340). Blaut meint, das Kind lerne im präoperativen Stadium, elementare kognitive Karten der hier involvierten Art zu formen, indem es auf Kollektionen von Gegenständen (S. 347), beispielsweise Spielzeuge oder spielzeugähnliche Dinge, hinunterschaut, die als Modelle funktionieren und deren gegenseitige Beziehungen leicht verallgemeinert werden können, so daß man sich Relationen in einem größeren Bereich vorzustellen vermag. Es muß freilich festgehalten werden, daß zwar die meisten Versuchspersonen bei diesen Tests imstande waren, imaginäre Reisen zwischen zwei Merkpunkten auf den Karten durchzuführen, daß sie aber dabei den Straßen zu folgen hatten. Orientierungsprobleme gab es keine, Relationen mußten nicht koordiniert werden, und auch die Erhaltung der Richtung spielte keine Rolle, da die zu suchenden Wege in direkter Beziehung zu vorhandenen physischen Merkmalen standen.

Die Arbeiten dieser Forschungsgruppe scheinen trotz allem zu zeigen, daß das Begreifen von Karten nicht eine kognitive Fähigkeit ist, die erst auf der Stufe der konkreten Operationen erworben wird.

Bei Primitiven dürfte erwartungsgemäß rein Wahrnehmungsmäßiges und Begriffliches zusammenspielen; D. Lewis meint im Hinblick auf die australischen Aborigines und ihr erstaunliches Orientierungsvermögen:

Es sieht deshalb so aus, als wäre der wesentliche psychophysische Mechanismus eine Art *dynamisches Bild* oder *innere »Karte«*, die *ständig* nach Zeit, Entfernung und Richtung *nachgetragen* und *bei jedem Richtungswechsel* von Grund auf *neu angepaßt* wird. so daß sich die Jäger *jederzeit* über die genaue Richtung zu *ihrem Lager und/oder ihrem Ziel* im klaren waren. (D. Lewis 1976, S. 262)

Mit anderen Worten, ihr Orientierungsprinzip scheint, so betrachtet, eine gewisse Ähnlichkeit mit der Trägheits- oder Inertialnavigation zu haben. Lewis' Informanten sagten ausdrücklich, sie behielten die Richtungen »im Kopf« und würden sich nicht so sehr auf die Sonne verlassen; aus der Karte (Abbildung 20), die den zurückgelegten Weg stark verzerrt wiedergibt, läßt sich ersehen, daß sie sich am Boden sehr genau orientieren konnten, auch wenn sie nicht imstande waren, ihren Weg aufzuzeichnen.

Der Plan ist, was die Richtungen, die Winkel und die Entfernungen betrifft, geographisch verzerrt, doch die »Karte in Wintinas Kopf« war klar auf die tatsächlichen Bedingungen »auf dem Boden« abgestimmt. Nach drei Tagen

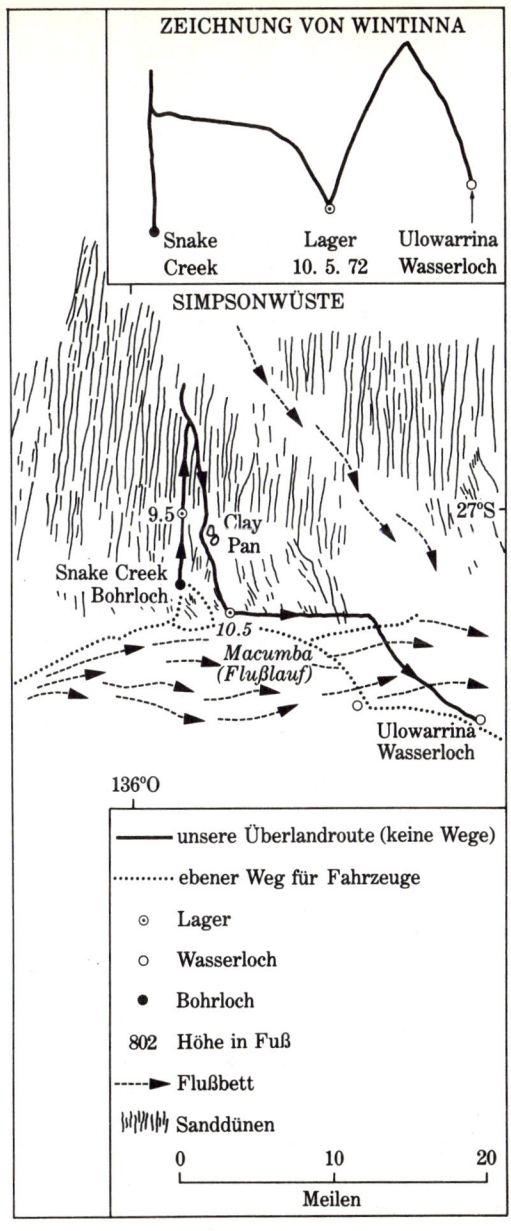

Abbildung 20: Karte mit dem eingetragenen Weg und der Zeichnung von Wintinna oben rechts (D. Lewis 1976, S. 266)

und 75 km zurückgelegtem Weg in Zickzackfahrt und abseits von Pfaden (aber mit einigen Orientierungspunkten) führte er den Landrover quer durch die Ebene geradewegs auf das Wasserloch zu. (Ibid., S. 265)

Die Eingeborenen scheinen, auch wenn sie bei zeichnerischen Darstellungen nicht sehr geschickt sind, dennoch ein gewisses begriffliches Verständnis für Raumkoordinaten zu haben; in Jupiter Well zum Beispiel sagte Jeffrey:

»Yayayi ist östlich *(kakarra)* von uns, denn wir gingen nordwärts *(kayili)* an Yunula und Walawala vorbei, und im letzten Teil des Weges südwestwärts *(yulparira-wilurarra)*, und das hat sich ausgeglichen, von Yayayi aus gesehen reisten wir also im Durchschnitt westlich *(wilurarra)*.«

Das war wahrhaftig genau genug. Yayayi liegt nicht genau östlich (90°) von Jupiter Well, sondern der Winkel beträgt in Wirklichkeit 95°. [Yayayi ist 600 km von Jupiter Well entfernt!] (Ibid., S. 264)

Wintinna, ein anderer Informant, sagte seinerseits: »Wenn ich 10 Meilen nach Süden gehe, dann ein wenig nach Osten, dann muß ich bei der Rückkehr 10 Meilen nach Norden gehen, dann ein wenig westwärts« (Ibid., S. 265).

Die Eingeborenen können somit offensichtlich mit allgemeinen Koordinatensystemen umgehen, auch wenn sie sich grundsätzlich nach einem inneren Bild des Geländes orientieren, wobei Sonne und Winde eine gewisse Hilfe sind.

Für die Herstellung von Karten sind offenbar allgemeine Koordinatensysteme nicht notwendig, denn einige Eskimos scheinen imstande zu sein, ziemlich genaue Karten anzufertigen, ohne sich auf die Himmelsrichtungen zu stützen, sondern aufgrund konkreter topographischer Kenntnisse. Carpenter und seine Mitarbeiter (1959) berichten von den Aivilik-Eskimos: »Bei der Anfertigung dieser Karten orientierten sich einige Aivilik so, daß sie Westen vor sich und Norden rechts hatten, doch andere zeichneten ihre Pläne aus anderen Blickwinkeln; irgendeine Übereinkunft gab es nicht.« Boas schreibt von den Eskimos in Zentralkanada: »Beim Zeichnen gehen sie so vor, daß sie zuerst die gut bekannten relativen Positionen mit einigen Punkten markieren. Dazu begeben sie sich mit Vorliebe auf einen Hügel, um sich ringsherum zu orientieren, so daß diese Punkte richtig gesetzt werden. Anschließend werden die Einzelheiten eingefügt« (Boas 1888, S. 235 f.). Laut Boas war das Anfertigen von Karten in der überlieferten Kultur eine wichtige Fertigkeit; sie setzte offensichtlich Zusammenarbeit und Gespräche zwischen Individuen mit Erfahrungen voraus, wie bei den Seefahrern in der Südsee:

Da sie über sehr detaillierte Kenntnisse in allen Richtungen verfügen und geschickte Zeichner sind, können sie sehr gute Karten entwerfen. Wenn ein Mann eine ihm wenig bekannte Gegend besuchen will, so zeichnet ihm jemand, der mit den dortigen Verhältnissen vertraut ist, eine Karte in den Schnee, und diese Karten sind so gut, daß jeder Punkt wiedererkannt werden kann. (Ibid., S. 235)

Da genaue topographische Informationen über eine Schneelandschaft mitgeteilt werden müssen, in der viele der auffälligen und dauerhaften Merkmale beispielsweise des australischen Hinterlandes fehlen, ist anzunehmen, daß die Eskimos in ihrer ursprünglichen Gemeinschaft bei der Anfertigung von Karten zusammengearbeitet haben, auch wenn Mathiassen (1928, S. 97) festgehalten hat, daß die Iglulik-Eskimos keine Karten hatten, und Rasmussen (1932, S. 91) schreibt, daß die Netsilik früher weder Papier noch Bleistift kannten. Das Skizzieren von Karten im Schnee ist nichts grundsätzlich anderes als die Kartierung mit Papier und Bleistift. Weil bei den Eskimos größere Anforderungen an die Karten gestellt sind, die genaue topographische Informationen über eine im Vergleich zu Australien an einprägsamen Einzelheiten arme Landschaft[5] enthalten sollten, könnte es darüber hinaus möglich sein, daß die gemeinschaftliche Arbeit an Karten eine größere kartographische Geschicklichkeit als bei den australischen Aborigines hervorgebracht hat.

Trotz beträchtlicher Genauigkeit weisen diese Karten der Eskimos tendentiell zwei erhebliche Mängel auf:

Die zwei auffallendsten Mängel von Eskimo-Karten werden rasch sichtbar: Man kann sich nicht auf die Entfernungen und Richtungen verlassen. Ein Landstrich, der für den Zeichner von Bedeutung ist, den er gut kennt und wo er lange gelebt hat, wird unwillkürlich größer und mit mehr Einzelheiten dargestellt als ein Gebiet, das er nur von flüchtigen Besuchen her kennt. (Mathiassen 1928, S. 99)

Das ist aus den Karten zweier Aivilik-Eskimos ersichtlich, die zusammen mit einer modernen Karte in Abbildung 21 wiedergegeben sind. Dargestellt ist die 20 000 Quadratmeilen große Insel Southampton mit der Bell-Halbinsel, einem beliebten Jagdgrund, die größenmäßig stark übertrieben gezeichnet ist.

Gladwins Arbeit über die Schiffahrtstechnik der Puluwatanesen auf den Karolinen-Inseln im Pazifik (T. Gladwin 1970) liefert einen schönen Beleg für die Beziehung zwischen nautischen Fähigkeiten und operativen Raumvorstellungen. Die Insel Puluwat gehört zur

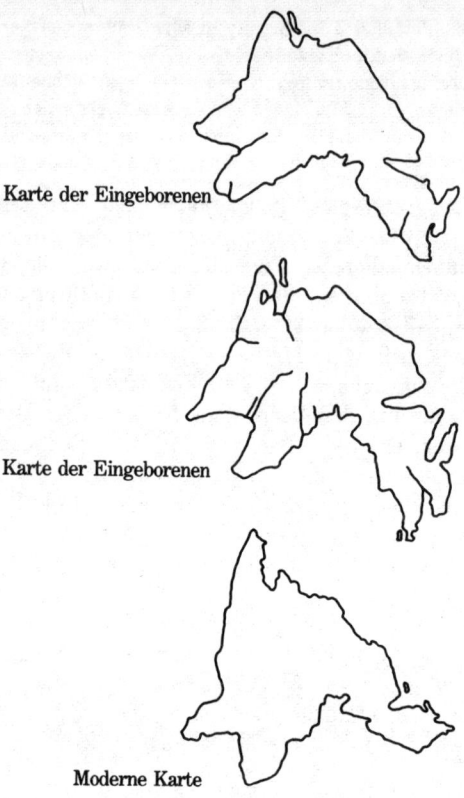

Karte der Eingeborenen

Karte der Eingeborenen

Moderne Karte

Abbildung 21: (Carpenter *et al.* 1959)

mikronesischen Karolinengruppe, einem Gürtel von flachen Koral-
lenatollen zwischen ungefähr 2° bis 10° nördlicher Breite und 130°
bis 165° östlicher Länge; die ganze Inselgruppe ist rund 2000 Meilen lang und 200 bis 400 Meilen breit. Reisen zwischen den Inseln
waren seit jeher üblich: für Warenaustausch, Heirat, Krieg und
andere Zwecke. Insbesondere die Eingeborenen von Puluwat sind
berühmt für ihre Kenntnisse in der Schiffahrt. In der Umgebung
von Puluwat liegen rund 26 Inseln, zu denen lebende Seefahrer
gesegelt sind, und etwa 55 Routen zwischen diesen Inseln werden
regelmäßig befahren. Die Entfernungen, die mit den Segelbooten
zurückgelegt werden, reichen von zwei oder drei Meilen bis zu

häufig befahrenen Routen von 100 bis 150 Meilen; andere Fahrten gehen bis zu Inseln in 300 Meilen Entfernung, und in seltenen Fällen wurde schon bis nach Guam und Saipan (Philippinen) gesegelt, Inseln, die 500 und 600 Meilen weit entfernt sind.

Heute wird auch der Kompaß benutzt, jedoch nie, um den Kurs festzulegen, sondern nur um ihn beizubehalten; die Richtung wird nach dem traditionellen Sternenkompaß festgelegt, der in Abbildung 22 wiedergegeben ist.

In diesen Breitengraden gehen die Sterne senkrecht zum Horizont auf oder unter, so daß man immer auch einen anderen Stern benutzen kann, »der den gleichen Weg geht«, wenn der am besten anvisierbare Stern für eine Peilung zu hoch über dem Horizont

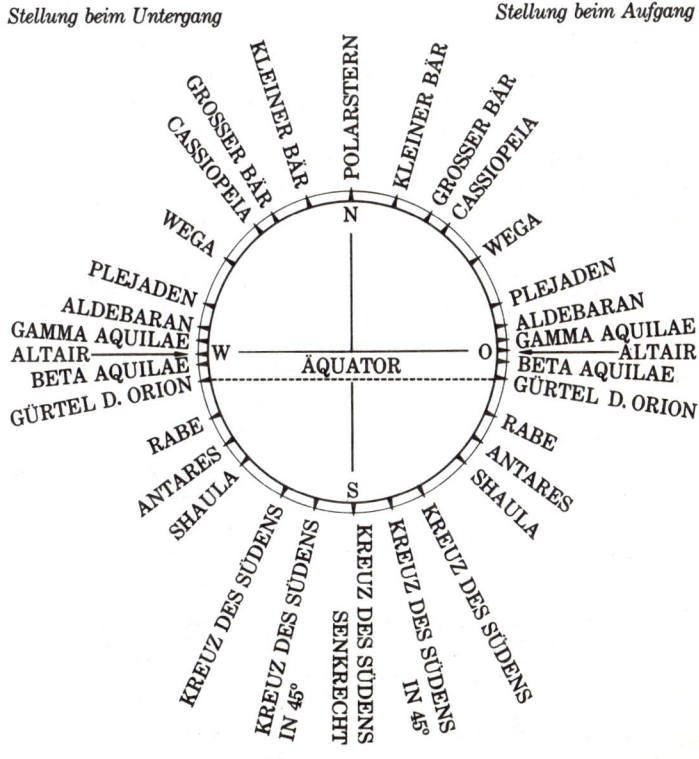

Abbildung 22: (T. Gladwin 1970, S. 149)

361

steht. Auf jeden Fall steuern die Eingeborenen üblicherweise »nach dem Aussehen des Himmels« und nicht nach einem bestimmten Lichtpunkt: Aus dem Sternenkompaß ist zu ersehen, daß die meisten Sterne auf der Ost-West-Achse liegen; das hängt selbstverständlich mit der Richtung der meisten Segelreisen zusammen, die durch die geographische Lage der Karolinen-Inseln gegeben ist. Die benützten Sterne, das ist ebenfalls ersichtlich, eignen sich auch für die Rückfahrten längs dieser Ost-West-Achse; der Stern für die Fahrt von Namoluk nach Puluwat ist die untergehende Wega, der Stern für eine Fahrt von Namoluk in der zu Puluwat entgegengesetzten Richtung der aufgehende Antares.

Der Sternenkompaß muß, zusammen mit allen Sternen, die bei jeder möglichen Fahrt benutzt werden, notwendigerweise memoriert werden. Dieses Wissen wird von Meisterseefahrern über vielleicht ein Dutzend Jahre hinweg mitgeteilt, wobei Karten[6] aus Steinen und Stäben verwendet werden. »Ausgelernt hat der Lehrling erst, wenn er auf Verlangen seines Lehrmeisters bei jeder Insel im bekannten Raum beginnen und alle Sterne auf dem Hin- und Rückweg zwischen dieser und allen anderen Inseln, die von dort aus direkt erreichbar sind, herunterrasseln kann« (T. Gladwin 1970, S. 131). Es handelt sich jedoch nicht um ein reines Auswendiglernen, Teil einer langen Gedächtniskette, sondern alle Kenntnisse müssen jederzeit einzeln evozierbar sein.

Die Sonne wird am Morgen und am Nachmittag ebenfalls für die Navigation benutzt; da sie jedoch nur in einer Richtung auf- und untergeht, setzt das Segeln in einer anderen als der Ost-West-Richtung voraus, daß ein Winkel abgeschätzt werden kann; diese Berechnung wird von der Bootsstruktur her vorgenommen.

Mit dem Kurs, den sie einhalten wollen, und der Stellung der Sonne beim Auf- und beim Untergang vor Augen ... können sie mit beachtlicher Genauigkeit sagen, über welchem Teil des Bootes die Sonne sich befinden muß – über dem Ende des Auslegerbalkens, ganz beim Bug, über der Mitte des Aufbaus auf der Leeseite usw. –, damit das Boot in der gewünschten Richtung fährt. (Ibid., S. 179)

Die Eingeborenen verfolgen die sich verändernde Bahn der Sonne während des Jahres in bezug auf bestimmte Punkte ihrer Heimatinsel und setzen sie zu der Stellung der Sterne in Beziehung:

Die Sonne geht jeden Abend über Allei unter. Jeder Seefahrer weiß, wo jeder für die Schiffahrt wichtige Stern über Allei steht, wenn er von seinem Bootshaus dorthin blickt: der Gürtel des Orion beim abgestorbenen alten Baum,

Altair über dem halbversunkenen Schiff, Aldebaran zwischen den beiden schlanken Brotfruchtbäumen und so fort. Er muß nur auf die untergehende Sonne blicken. Ohne auf das Erscheinen der Sterne zu warten, kennt er sofort die Sonnenstellung. Am nächsten Tag kann er seinen Kurs festsetzen, indem er die Sonne mit dem Navigationsstern gleichsetzt, der am Ort des Sonnenuntergangs vom Vorabend steht. (Ibid., S. 180)

Die Seefahrer legen ihren Kurs von Puluwat aus auch von bekannten physikalischen Orientierungspunkten her fest, die sie anvisieren; diese Methode ist notwendig, weil viele Reisen um die Mittagszeit beginnen, wenn die Sonne für die Seeleute nutzlos und die Sterne unsichtbar sind.

Außer nach den Gestirnen steuern die Seefahrer ihre Boote auch nach der Gestalt und der Form von Unterwasserriffen, die leicht zu erkennen und gut bekannt sind, und auch diese Information muß in das Gedächtnis aufgenommen werden. Ebenso werden drei verschiedene Typen von Wellen, die aus jeweils einer anderen Richtung kommen, für die Orientierung benützt. Die »Große Welle« kommt genau von Osten, sie ist steil und kurz; die »Nordwelle« kommt in Wirklichkeit von Nord-Nordost und hat die Form einer langgestreckten Düne; die »Südwelle« kommt von Ost-Südost, ist aber verglichen mit den beiden anderen schwächer und unregelmäßiger.

Die Meeresströmungen sind die wichtigsten Ursachen für Kursabweichungen:

In diesem Teil des Pazifischen Ozeans gibt es Meeresströmungen in großer Mannigfaltigkeit. Im Norden fließt der Nordäquatorialstrom westwärts, während der äquatoriale Gegenstrom im Süden in die Gegenrichtung driftet. Die Karolinen-Inseln liegen nicht nur in der Übergangszone zwischen diesen beiden Strömungen, hier wird der Gegenstrom auch zu einem großen Teil durch eine Umkehrung des Nordäquatorialstroms ausgelöst. Es gibt hier deshalb sowohl riesige Wirbel als auch unvermittelte Richtungsänderungen in den Strömungen; damit muß man fast täglich rechnen.(Ibid., S. 161)

Die Geschwindigkeit und die Richtung der Meeresströmungen können nur am Anfang der Reise beurteilt werden, solange noch Land in Sicht ist; geeignete Kursänderungen muß der Seefahrer aufgrund seiner praktischen Erfahrungen festlegen und einhalten.

Weil sich diese Abtrift nur schwer abschätzen läßt, besonders wenn das Boot in einen Sturm gerät, und weil auch die zurückgelegte Entfernung nicht genau bestimmt werden kann, wird der Kurs nicht als eine gerade Linie zwischen zwei Punkten geplant, sondern er berücksichtigt auch möglichst viele physische Orientierungsmerkmale, die bei der Ortsbestimmung helfen können. Man fährt deshalb so nahe wie möglich an Riffen, Sandbänken und Inseln vorbei. Meeresvögel sind als Richtungsanzeiger ebenfalls äußerst nützlich, die Gewohnheiten der verläßlichsten Arten sind den Seefahrern bestens vertraut, denn diese Vögel fliegen am Morgen vom Land weg und am Abend auf ihre Inseln zurück, wobei sie bisweilen Distanzen von 20 bis 25 Meilen zurücklegen. Der Navigationskurs wird so weit wie möglich so geplant, daß man aus einer Richtung auf die Bestimmungsinsel zusteuert, in der noch einige anderen Inseln dahinter liegen, gewissermaßen als eine Art Fernziel für den Fall einer ungenauen Schiffsführung. Üblicherweise beträgt die Abweichung weniger als 10 Meilen auf beiden Seiten.

Abschließend wollen wir uns der mit *etak* bezeichneten Konzeptualisierung sich ändernder räumlicher Beziehungen zuwenden.

Die Seefahrer benützen das als *etak* bezeichnete Vorstellungssystem, bei dem eine Bezugsinsel gewählt wird, die rund 50 Meilen vom vorgesehenen Kurs und ungefähr gleich weit von den beiden Inseln entfernt liegt, bei denen die Fahrt beginnt und endet (Abbildung 23).

Die Stern-Richtungen für die Bezugsinsel sind sowohl vom Anfangs- als auch vom Endpunkt der Reise her bekannt, da diese Insel bei anderer Gelegenheit möglicherweise selbst das Reiseziel ist. Zwischen dem Anfangs- und dem Endpunkt liegen andere Positionen der Navigationssterne, unter denen die Bezugsinsel hindurchgeht, wenn sie sich nach hinten »bewegt«. Das Passieren eines solchen Sterns markiert das Ende eines *etak* und den Anfang eines neuen. Die Zahl der Sternpositionen zwischen der Peilung der Bezugsinsel vom Ausgangsort her gesehen und ihrer Peilung vom Reiseziel her gesehen ist gleich der Anzahl *etak* einer Reise; man kann somit diese *etak* als Abschnitte bezeichnen, in die eine Reise begrifflich zerlegt wird. Wenn der Seefahrer vor seinem geistigen Auge die Bezugsinsel unter einem bestimmten Stern »hindurchgehen« sieht, so stellt er fest, daß eine Anzahl Abschnitte gefahren wurden und ein gewisser Teil der Reise folglich abgeschlossen ist. (T. Gladwin 1970, S. 184)

Dieses System fügt keine neuen *Informationen* zu den dem Seefahrer bereits bekannten hinzu; um die Lage der *etak*-Insel festzustellen, muß er sich an die Inseln-Karte erinnern, die er während seiner Lehrzeit mit Steinen auf dem Boden des Bootshauses angelegt hatte (leider befinden sich in Gladwins Monographie keine

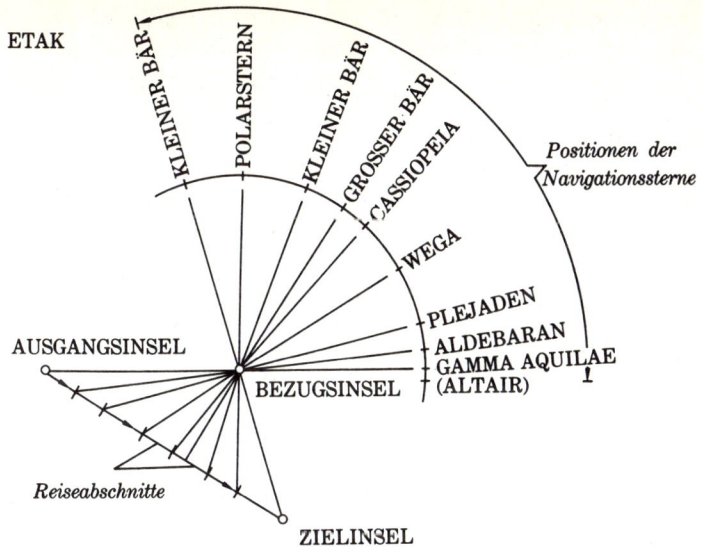

ETAK

KLEINER BÄR
POLARSTERN
KLEINER BÄR
GROSSER BÄR
CASSIOPEIA

WEGA

PLEJADEN
ALDEBARAN
GAMMA AQUILAE
(ALTAIR)

Positionen der Navigationssterne

AUSGANGSINSEL

BEZUGSINSEL

1

Reiseabschnitte

ZIELINSEL

Abbildung 23: (T. Gladwin 1970, S. 185)

Beispiele für solche Karten); und er muß den Stern kennen, unter dem die Bezugsinsel vom Ausgangspunkt der Reise her gesehen liegt. Die zurückgelegte Entfernung muß er berechnen aufgrund »seiner Fähigkeit, die Geschwindigkeit seines Bootes bei verschiedenen Windbedingungen zu beurteilen, eine Fähigkeit, die durch lange Erfahrung geschärft wurde, und aus der Zeit, die verstrichen ist, was aus der Bewegung der Sonne und der Sterne hervorgeht.« Da er keine Uhren und keine nautischen Loggen hat, um die Entfernung in Form von Längeneinheiten abzuschätzen, vergleicht Gladwin seine Mittel der Distanzmessung mit . . .

einer Person, die in der Dunkelheit über ein ihr bekanntes Feld spaziert. Sie zählt wahrscheinlich nicht ihre Schritte, nicht einmal wenn ihr die genaue Länge bekannt ist. Sie schätzt vielmehr intuitiv, daß sie ein Drittel oder vielleicht die Hälfte des Weges zurückgelegt hat, weil sie subjektiv weiß, wie lange und wie schnell sie gewandert ist. (Ibid., S. 186)

Das begriffliche System des *etak* setzt somit offensichtlich die Koordination einer Reihe von Peilungen zwischen der Ausgangs- und der Zielinsel und zwischen diesen beiden Inseln und der Bezugsinsel voraus, wodurch ein geradliniger Kurs in eine Reihe von ungleichen Intervallen zerlegt wird.

Das Schiffahrtssystem von Puluwat beruht ganz allgemein auf dem Begriff der Geraden – der Fähigkeit, zwei Punkte anzuvisieren, die Richtung einzuhalten –, auf dem Verständnis von Winkeln, auf einem beweglichen Koordinatensystem, das aus Sternpeilungen und deren Umkehrungen besteht, auf dem Begriff der Entfernung als dem Produkt von Geschwindigkeit und verstrichener Zeit und auf dem Verständnis der Proportion; es handelt sich somit um lauter euklidische und projektive Begriffe. Die Seefahrer müssen auch die verschiedensten Faktoren koordinieren, etwa Geschwindigkeit, Abtrift, Wind- und Wellenrichtung, Sternpeilungen und Sonnenstellung usw., und zwar in bezug auf das allgemeine Koordinatensystem. Das alles berechtigt uns zur Schlußfolgerung, daß diese Seefahrer ein operatives Verständnis des Raums erworben haben; was ebenso wichtig ist, wir verstehen jetzt bis zu einem gewissen Grade die Art von Problemen, für deren Lösung diese Ebene der kognitiven Entwicklung notwendig ist. Leider hat Gladwin nicht versucht, einige der Experimente Piagets zum Raum und zur Zeit durchzuführen. Im Augenblick läßt sich deshalb über das Ausmaß der kognitiven Fähigkeiten dieser Seefahrer in bezug auf Raum und Zeit nichts Genaueres sagen.

4. Die Verbegrifflichung der Fläche bei Primitiven

Wir werden sehen, daß diese statische Raumvorstellung analytischer wird und Transformationen von Objekten und bewegliche, reversible Relationen zwischen diesen ermöglicht, sobald Primitive mit Gegenständen umgehen; damit erzielen sie bessere Ergebnisse, als wenn sie sich mit Orientierung und Seefahrt befassen.

Hallowell (1942) weist, wie wir im letzten Kapitel gesehen haben, darauf hin, daß der Raum auf einer höheren Ebene verbegrifflicht wird, wenn die betreffenden Menschen mit Gegenständen umgehen und solche herstellen – im »manipulierbaren Bereich«, wie er ihn nennt –, als wenn sie versuchen, nicht-manipulierbare Bereiche zu erfassen, wenn sie sich also in einer statischen und passiven Situation befinden, wie wir sie bereits beschrieben haben. Sein Beispiel für einen manipulierbaren Bereich ist die Herstellung des Rogan, eines Behälters aus Rinde; die einzelnen Schritte bei der Herstellung zeigen sehr schön, wie in solchen Fällen die räumlichen Relationen in Form von Geraden, rechten Winkeln und Proportionen konzeptualisiert werden, selbst wenn, wie wir gesehen haben, die Maßeinheit vom Gegenstand selbst abgeleitet und durch rein qualitative Schätzungen ergänzt wird.

Sobald der Herstellungsvorgang einmal begonnen hat, werden die weiteren Entscheidungen für die gegenseitigen Beziehungen zwischen Größe, Form und den Proportionen, die das fertige Erzeugnis haben wird, maßgeblich. Gemessen wird nicht mit irgendeiner normierten Einheit; die Grundeinheit wird an irgendeinem Teil des Gegenstandes selbst oder an einer Reihe solcher Teile gewählt.

In der Vergangenheit sind selbstverständlich die Flächenmuster für solche handgefertigten Gegenstände direkt durch Schneiden und Einpassen entwickelt worden. Falls ein neuer Behälter benötigt wurde, zerlegte man möglicherweise den alten in seine Teile, so daß das Anordnungsmuster der einzelnen Flächen sichtbar wurde. Mit diesem Modell vor Augen konnten die Umrisse des neuen Behälters auf dem Rohmaterial aufgezeichnet werden. Solche Vorlagen mögen heute für die Entscheidung wegleitend sein, ob das Material »genügend groß« ist. Die »Schlüssel-Einheit« wird durch Vergleich mit dem tatsächlichen Gegenstand festgelegt (ein Mokassin zum Beispiel wird am Fuß gemessen); der Rest derart zurecht gemacht, daß die Form und die Proportionen konstant bleiben. Die Herstellung eines Behälters aus Rinde, eines Rogan, mag als Beispiel dienen. In diesem Fall ist der Boden die Grundeinheit, auch wenn selbstverständlich die Gesamtgröße des fertigen Produkts für die erste Entscheidung maßgeblich ist.

1. Zuerst wird ein rechteckiges Stück Rinde ausgesucht. Die Größe ist Sache einer Entscheidung, die auf der Erfahrung der den Behälter anfertigenden Frau beruht.

2. Die Mittelpunkte (A, B, C, D) der Seiten des Rechtecks werden durch Zusammenfalten der Rinde in beiden Richtungen festgelegt.

3. Die Mittelpunkte der einander gegenüberliegenden Seiten des Rechtecks werden durch mit einem Messer leicht eingeritzte Linien miteinander verbunden.

4. Als nächstes wird die Fläche ausgemessen, die den Boden des Behälters bilden soll (E, F, G, H). Diese Fläche kann quadratisch oder rechteckig sein. In unserem Beispiel (Abbildung 24) ist sie quadratisch. Ihre Größe wird nicht mit irgendeiner konventionellen Größeneinheit abgemessen, sondern folgendermaßen durch ein proportionelles Abmessen bestimmt:

Ein schmaler Rindenstreifen, der halb so lang wie der künftige Boden des Rogan sein soll, wird vorbereitet (die Frau experimentiert üblicherweise zuerst ein wenig, bevor sie sich für eine bestimmte Länge entscheidet). Mit

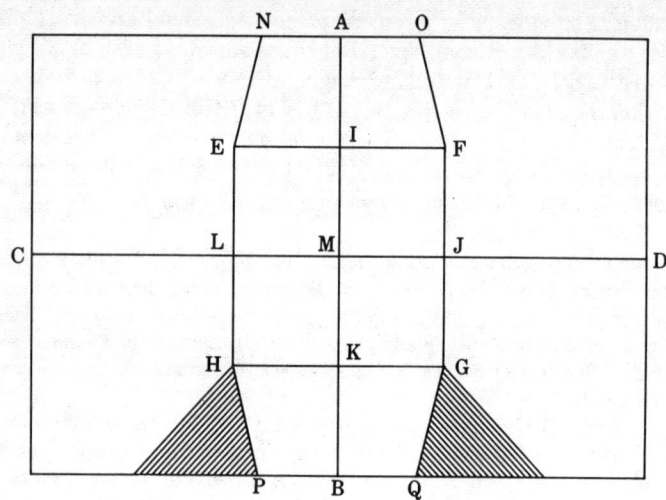

Abbildung 24: (Hallowell 1942, S. 74)

diesem Rindenstück werden die Strecken vom Mittelpunkt M zu den Punkten I, J, K und L abgemessen und auf der Rinde markiert; anschließend die Strecken von L nach E, L nach H usw. Auf diese Weise werden die Ecken des Bodens, E, F, G, H, festgelegt. An diesen Punkten werden mit einer Ahle kleine Löcher in die Rinde gebohrt.

5. Die Punkte N, O, P, Q werden nicht durch Abmessen bestimmt; sie sind eine Sache des »Formgefühls«. Sobald sie markiert sind, werden sie durch eine Linie mit den Ecken des Bodens verbunden.

6. Diese eben erwähnten Linien dienen als Anhaltspunkt für das Schneiden. Nach dem Schnitt werden die freigelegten Abschnitte längs den Linien EF und HG aufgefaltet.

7. Das restliche Rindenstück wird nun derart zu den Seitenwänden des Behälters gefaltet, daß die schraffierten Teile auf die Außenseite des Bodens zu liegen kommen. Die Ecken dieser beiden Dreiecke werden vorübergehend mit einer Schnur zusammengebunden; die übrigen Rindenstücke werden dort, wo sie an den Seiten zusammenstoßen, mit Holznadeln zusammengeheftet, bis sie fertig vernäht sind. (Dieser Schritt und die Behandlung der Ränder ist für uns in diesem Zusammenhang nicht weiter interessant.)

8. Der Deckel wird aus einem runden Rindenstück und einem langen rechteckigen Streifen hergestellt. Diese beiden Stücke werden derart zusammengenäht, daß die Seite des Streifens senkrecht zur Fläche des runden Abschnitts steht und in den Behälter hineinpaßt. Die Fläche des runden Stücks wird direkt dem oberen Teil des Behälters angepaßt, sobald dieser

fertig ist; es wird mehr oder weniger rund ausgeschnitten, versuchsweise auf den Behälter gelegt und zurecht gemacht, bis es paßt. (Hallowell 1942, S. 73 ff.)

Im Hinblick auf nicht-manipulierbare Bereiche bei den Saulteaux sagt er:

Da den Saulteaux beim Messen von nicht-manipulierbaren Längen Grenzen gesetzt sind, haben sie selbstverständlich nur beschränkte Möglichkeiten, nicht-manipulierbare Flächen genau auszumessen. Ihren Beurteilungen von Flächenunterschieden liegen, sobald diese Flächen eine gewisse Größe erreichen, nur allerelementarste wahrnehmungsmäßige Faktoren zugrunde.

Da ihr Land von zahllosen Seen unterschiedlicher Größe übersät ist, erkennen sie proportionale Unterschiede bei den von diesen Gewässern bedeckten Flächen. Da jedoch jedes Mittel für ein Messen fehlt, kann die Fläche als ein abstraktes Raumattribut geistig nicht auf irgendeine genaue Weise bewältigt werden. Die Fläche ist für die Saulteaux kein abstrakter Begriff, sondern sie ist in ihrem Verständnis eng mit der »Region« oder einem »Platz« verbunden. Sie hat die Eigenschaft einer bestimmten Lokalität. Hat eine Region natürliche Grenzen wie beispielsweise einen See, die sie vom umgebenden Land abheben, so wird sie leicht mit halb-abstrakten Flächenbezeichnungen umschrieben; sie gehört dann eher in die Kategorie der »Dinge« oder »Gegenstände« mit einer Form, einer Größe und einer wahrnehmbaren Flächenausdehnung. Sonst wird überhaupt nie auf eine solche Weise gedacht. (Ibid., S. 70)

Kurz gesagt, die Flächenbegriffe der Saulteaux bleiben auf rein anschauliche, wahrnehmungsmäßige Bilder beschränkt, die nicht analysiert werden. Auf Karten von Jagdgründen, die von Saulteaux zum Nutzen der Ethnographen gezeichnet (oder auf bestehende Karten von Western-Art eingetragen) wurden, Bezug nehmend, schreibt Hallowell:

Daß die Saulteaux keine flächenmäßigen Abstraktionen und Vergleiche mit ihren Jagdgründen anstellen, ist meiner Meinung nach nicht einfach auf das Fehlen irgendwelcher genauer Masse zurückzuführen: eine bessere Erklärung ist das Fehlen kultureller Werte, die von ihrer Seite her gesehen eine solche Abstraktion motivieren würden. Wenn wir uns einen Augenblick lang vor Augen halten, wie tief die konkreten Einzelheiten des Terrains, auf dem sie jagen, in ihrer persönlichen Erfahrung eingebettet sein müssen und wie dürftige Kenntnisse sie von anderen als den eigenen Jagdgründen haben, dann läßt sich kaum einsehen, wie überhaupt Aussagen in abstrakten Raumbegriffen zustande kommen sollen, wenn nicht eine außerordentlich starke Motivation als Auslöser hinzukommt. Und eben eine solche Motivierung sucht man vergeblich. (Ibid., S. 71)

Und er zitiert die Beobachtungen Kroebers über die Raumbegriffe der kalifornischen Indianer, um seine höchst vernünftige Behauptung zu begründen, daß sich die Eingeborenen unter ihren besonderen Lebensumständen die Fläche ihres Territoriums nicht auf metrische oder projektive Weise vorstellen:

Der Eingeborene dachte sich nicht, wie der moderne zivilisierte Mensch, sein Volk als Besitzer eines durch eine feste Linie abgegrenzten Gebietes, in dem zufällig auch ein oder einige Wasserläufe vorhanden waren. Das würde bedeuten, daß man das Land mittels einer, gezeichneten oder geistigen, Karte anschaut; und eine solche Haltung war ihm völlig fremd. Was er wußte, war, daß die kleine Stadt, in der er zur Welt gekommen war und in der er zu sterben erwartete, an einem bestimmten Fluß oder Nebenfluß lag; und daß dieser Strom oder ein bestimmter Abschnitt davon und alle Wasserläufe, die in ihn einmündeten, und das ganze Land an oder zwischen diesen Wasserläufen seinem Volk gehörten; oberhalb, unterhalb oder jenseits bestimmter Berge gab es hingegen andere Ströme und Nebenflüsse, an denen andere Völker lebten, die man vielleicht einmal besuchte oder bei denen man sich eine Frau holte, die aber wieder ihre eigenen Besitzrechte hatten. (Kroeber 1925, S. 160 f.)

Als Jäger und Sammler waren die Saulteaux nicht an der Fläche ihres Landes um ihrer selbst willen interessiert, sondern nur am Nutznießungswert; es besteht auch keine direkte Wechselbeziehung zwischen der Größe der winterlichen Jägerhorde und der Fläche der Jagdgründe, auf denen sie lebt:

Das läßt sich vielleicht durch das unterschiedliche Vorkommen von Pelztieren in den einzelnen Gebieten, durch Unterschiede im jägerischen Geschick und möglicherweise noch andere Variable erklären. Noch wichtiger ist aber letzten Endes die Tatsache, daß ein kleinerer Jagdgrund eine ebenbürtige oder vielleicht sogar bessere Lebensgrundlage sein kann als ein größerer. Es ist deshalb den Saulteaux gar nicht möglich, Flächen in Produktivitätseinheiten (z. B. Felle der erbeuteten Tiere) zu messen, wie es einige Völker von Ackerbauern tun (z. B. welche Menge Gerste oder Reis man anbauen kann). (Hallowell 1942, S. 72)[7]

Die Untersuchungen von Prince an Schulkindern auf Neuguinea bestätigen, daß primitive Völker bei nicht-manipulierbaren Bereichen große Mühe haben, die räumlichen Relationen in Form von euklidischen und projektiven Relationen, welche die Kenntnis von Geraden, rechten Winkeln, metrischen Relationen und Proportionen voraussetzen, begrifflich zu erfassen, falls nicht die Umstände ihrer materiellen Existenz eine solche Verbegrifflichung erfordern. Die folgenden Tests wurden Versuchspersonen vorgelegt, um deren Flächenverständnis zu untersuchen (aus Prince 1969, S. 134 f.):

1. Man zeigt den Kindern zwei gleich große Garten- und gleich
   große Hausflächen. (Das Wort für Fläche war »Raum«, und es
   wurde vor dem Test festgehalten, daß Süßkartoffeln usw. nicht
   in Häusern gedeihen könnten, was auf Neuguinea nicht bekannt
   ist.)

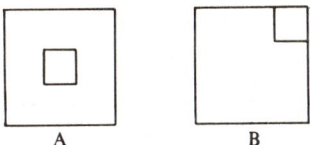

   Welcher Garten hat außerhalb des Hauses mehr Raum oder sind
   beide gleich groß?
   (a) A < B
   (b) A > B   mögliche Antworten
   (c) A = B

2. Ein zweites Haus wird, wie aus der Skizze ersichtlich, in B
   eingefügt. Dieselbe Frage.

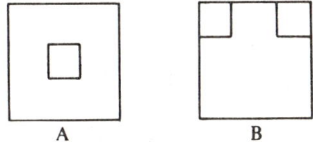

3. Ein zweites Haus wird, wie aus der Skizze ersichtlich, in A
   eingefügt. Dieselbe Frage.

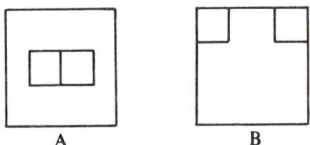

4. Man zeigt, daß zwei rechteckige Kartons, A und B, beide gleich
   groß sind, doch B ist längs der einen Diagonale zweigeteilt:

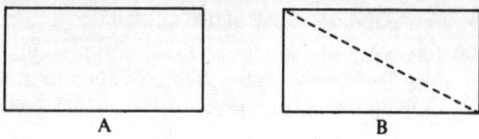

B wird anders zusammengestellt:

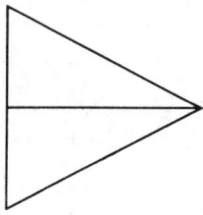

Welches Kartonstück ist größer, A oder B, oder sind beide gleich groß?

   (a) A < B

   (b) A > B   mögliche Antworten

   (c) A = B

Frage 2 war für die Kinder leichter als Frage 1, was ganz natürlich ist, denn sie konnten ohne genauere Analyse sehen, daß zwei Häuser, gleichgültig wo sie stehen, weniger Raum als ein einziges Haus freilassen. Zur Frage 1 wird jedoch festgehalten:

Die meisten Kinder, die unrichtige Antworten gaben, ließen sich durch den großen freien Raum beeinflussen, der übrig blieb, wenn das Haus in der Ecke stand. Ein Knabe aus der 2. Klasse der Sekundarschule sagte beispielsweise: »Im Garten rechts bleibt mehr Boden übrig, weil das eine Haus in der Ecke und das andere in der Mitte steht. Das Haus in der Ecke gibt eine Menge Raum!« Als das zweite Haus hinzugefügt wurde [Frage 2], entschied sich derselbe Knabe für den Garten mit nur einem Haus, und als zu diesem einen Haus ebenfalls ein zweites gestellt wurde, entschied er sich dafür, daß beide Gärten gleich groß seien. Von diesem Augenblick an gab er Erhaltungsantworten; anscheinend war er gerade dabei, die Schwelle zur Erhaltung zu überschreiten. Er benötigte nur gerade die Erfahrung, daß man ihm ein paar kurze Fragen stellte, um die Erhaltung folgerichtig zu erwerben. (Ibid., S. 55)

Frage 4 war schwieriger als die Fragen 2 und 3, aber leichter als die Frage 1, woraus hervorgeht, daß die für bestimmte Konfigurationen erworbene Erhaltung nicht ohne weiteres auf andere Anordnungen verallgemeinert werden kann.

In der Tabelle 16 sind die Ergebnisse bei diesen vier Fragen nach Schultypen und Klassen aufgeschlüsselt festgehalten (richtige Antworten in Prozenten):

Tabelle 16

| | richtige Antworten in Prozent | | | | | | |
| Frage | Grundschulklasse | | | | Sekundarschulklasse | | |
	3	4	5	6	I	II	III
1	21	24	42	55	65	76	77
2	47	57	61	76	82	85	85
3	32	44	58	62	70	76	82
4	30	33	49	60	71	75	83

Europäische Kinder in ihren eigenen Schulen auf Neuguinea erbrachten bei den gleichen Tests erheblich bessere Ergebnisse:

Tabelle 17

| | richtige Antworten in Prozent | | | | | | |
| Frage | Grundschulklasse | | | | Sekundarschulklasse | | |
	3	4	5	6	I	II	III
1	76	72	89	84	93	92	100
2	87	88	93	86	94	91	98
3	83	82	91	85	90	92	96
4	78	82	87	90	95	96	93

(Prince 1969, S. 53)

Wir haben jetzt einige ethnographische Belege über die Raumvorstellungen bei einer Reihe primitiver Völker kennengelernt. Wir können daraus folgern, daß die topologischen Relationen, die konkreten Assoziationen und das Bild vorherrschen, wenn der Raum statisch und wahrnehmungsmäßig aufgefaßt wird (der nicht-manipulierbare Bereich von Hallowell), daß aber die Herstellung von Geräten im »manipulierbaren Bereich«, die Schiffahrtsprobleme und, das muß betont werden, das *Gespräch* mit anderen über solche Probleme, ja die Informationsübermittlung ganz allgemein, im nicht-manipulierbaren Bereich euklidische und projektive Vorstellungen wecken, was zu einem Verständnis der Geraden, der Winkel, der metrischen Relationen, der Proportionen und der Koordinatensysteme allgemein führt.

5. Die Entwicklungsstadien beim Raumverständnis

Der Vorrang der topologischen Relationen zeigt sich im sensomotorischen Stadium, wenn das Kind, obwohl es anfänglich nicht zur Erhaltung der Größe und der Form fähig ist, dennoch ein Gesicht wiedererkennen kann, weil dessen einzelne Teile, obwohl sich Größe und Form zu verändern scheinen, dieselben Relationen des Benachbartseins, der Trennung, der Reihenfolge und so fort beibehalten. Der Mund etwa ist am nächsten bei der Nase, aber von ihr getrennt, und es besteht eine konstante symmetrische Reihenfolge von Ohr – Auge – Nase – Auge – Ohr usw. Es ist eine besondere Eigenschaft der topologischen Beziehungen, daß sie trotz Veränderungen in der Größe und in der Form einer Figur gleichbleiben.

Topologische Formen werden als erste wahrnehmungsmäßig erfaßt, weil die Abstraktion der Form, ob diese topologisch oder euklidisch ist, durch Berührung und Koordination der Handlungen vollzogen wird:

In dem Maße, wie die Form von den Handlungen abstrahiert wird, die die Person mit dem Gegenstand vornimmt – von der Nähe verfolgen, umkreisen, durchqueren, trennen usw. –, gewinnen die Relationen »Benachbart-« und »Getrenntsein« (daher ihre Ableitungen »Geschlossenheit« und »Offenheit«) eine Bedeutung, die ihnen den Vorrang vor den euklidischen Relationen einräumt, sogar vor denen, die von der Wahrnehmung her gesehen ganz einfach sind. (Piaget und Inhelder 1948 [1975], S. 51)

Die Fähigkeit, Probleme des topologischen Raumes auf der Ebene des Bildes zu behandeln, nimmt während des präoperativen und des konkret-operativen Stadiums zu. Am Anfang wird eine lineare Reihenfolge nicht zur Kenntnis genommen; etwa drei Jahre alte

Kinder können nur *Typen* von Gegenständen kopieren, die ihnen in einer linearen Anordnung vorgelegt werden, aber sie können nicht die tatsächliche Reihenfolge dieser Gegenstände reproduzieren. Die einzelnen Elemente der Vorlage können zu Paaren geordnet werden, doch diese Paare werden nicht untereinander koordiniert; im nächsten Stadium kann eine vollständige Korrespondenz zur Reihenfolge der Gegenstände in der Vorlage konstruiert werden, aber nur, wenn die Kopie unmittelbar neben der Vorlage ist. Die Fähigkeit, eine Reihenfolge zu reproduzieren, wenn sich die Vorlage in einiger Entfernung von der Kopie befindet, eine lineare in eine zirkuläre Reihenfolge umzusetzen und eine Reihenfolge umzukehren, wird erst erworben, wenn die konkreten Operationen einsetzen. Der Begriff der Reihenfolge wird nicht direkt von den Gegenständen selbst, sondern durch eine zunehmende Koordination der *Handlungen* abstrahiert, indem die Elemente einer Reihe sowohl physisch als auch geistig versetzt und Schritt für Schritt, Stück für Stück neu hingelegt werden.

Das Verständnis der Relation »Umschlossensein« (»Dazwischensein«) ist erst möglich, wenn das Kind gelernt hat, eine Reihe umzukehren, denn erst dann wird die unveränderliche Eigenschaft des »Dazwischenseins« sichtbar, z. B. A *B* C, C *B* A.

Der Begriff der Kontinuität ist ebenfalls wesentlich für die Fähigkeit, sich einen topologischen Raum vorzustellen; doch er stellt dem Kind besondere Schwierigkeiten, weil es am Anfang nicht einsehen kann, wie eine ursprüngliche Kontinuität, falls eine Linie oder eine Fläche in eine Reihe aufgelöst werden, erhalten bleiben kann oder wie die ursprüngliche Linie oder Fläche rekonstruiert werden könnte. Mit anderen Worten, die Punkte, in die die Linie oder Fläche zerlegt werden, werden als qualitativ von der ursprünglichen Figur verschieden angesehen. Dem Kind fällt es auch nicht leicht, eine Linie oder eine Fläche in eine größere Anzahl Elemente zu unterteilen. Bis auf die Stufe der konkreten Operationen glaubt es, die Elemente müßten mit dem ursprünglichen Ganzen isomorph sein, so daß es nur eine begrenzte Anzahl von Unterteilungen vornehmen kann. Erst im Stadium der konkreten Operationen kann es eine Figur in eine größere Anzahl Teile zerlegen und diese wieder zur ursprünglichen Linie oder Fläche zusammensetzen. Und es muß zuerst die Fähigkeit zu formalen Operationen erwerben, damit es einsieht, daß Linien oder Flächen *unendlich* in Punkte ohne Form oder Größe unterteilbar sind. Bis in dieses Endstadium hinein, wo es reversible und kombinatorische Operationen mit unterteilten Linien oder Flächen durchführen kann, bleibt es an das konkret und physisch Wahrnehmbare gebunden, und weil es eine unendliche Anzahl von Punkten noch nicht begreift, wird es durch die Synthese dessen, was widersprüchliche Relationen von Benachbartsein und Trennung zu sein scheinen, noch verwirrt. (Die Probleme des Kindes mit der Kontinuität hängen selbstverständlich eng mit seinen Problemen bei der Erhaltung der Länge zusammen, die bereits weiter oben, S. 29, diskutiert wurden.)

Eine der wichtigsten Eigenarten des topologischen Raumes besteht darin, daß er mit der *inneren* Anordnung der Teile eines Ganzen und nicht so sehr mit der Koordination der Relationen zwischen Objekten zu tun hat, die von der Fähigkeit abhängt, allgemeinere Raumkoordinations- und Bezugssysteme zu konstruieren. In dieser Hinsicht sind die topologischen Relationen unkoordiniert, statisch, konkret und absolut. Die Fähigkeit, topologische Relationen zu erkennen und sich vorzustellen, erscheint deshalb erstmals in der Vorstellung des begrifflichen Raumes – das Kind behandelt am Anfang alle geschlossenen Figuren, etwa Kreise, Quadrate, Dreiecke usw., als der Form nach ähnlich und unterscheidet diese nur von offenen Figuren wie Kreuzen oder verschlungenen Figuren, während gewinkelte und gekrümmte Figuren nicht klar auseinandergehalten werden. Das wahrnehmungsmäßige Erkennen euklidischer Formen wird zudem vor der Fähigkeit erworben, solche Formen zeichnerisch oder mit Hilfe von Stäbchen oder anderen Abbildungsmaterialien zu reproduzieren. Die bereits früher zitierten Beobachtungen Piagets über die Abstraktion der topologischen Formen sollen hier im Zusammenhang mit der Abstraktion der euklidischen Formen noch einmal erwähnt werden:

. . . geschieht das »Abstrahieren der Formen« nicht von den als solchen wahrgenommenen Gegenständen aus, sondern vielmehr von den Bedingungen des Handelns aus; das Handeln gestattet die Rekonstruktion dieser Gegenstände in ihrer räumlichen Struktur. Daher haben die ersten derart abstrahierten Formen topologischen und nicht euklidischen Charakter, denn die topologischen Relationen bringen die einfachsten Koordinierungen der Regulierung zwischen den vom primitiven Rhythmus abgetrennten motorischen Elementen zum Ausdruck; die für die euklidischen Formen nötigen Koordinierungen dagegen setzen komplexere Regulierungen voraus. (Ibid., S. 97)

Euklidische Formen – Quadrate, Dreiecke, Kreise und so fort – werden erstmals im Alter zwischen vier und sieben Jahren gezeichnet. Piaget nimmt an, daß die Abstraktion dieser geometrischen Formen vom taktilen Wiedererkennen und vom Zeichnen abgeleitet ist:

Nicht die Gerade als solche bildet für das Kind den Gegensatz zu den gebogenen Formen, sondern der Geradenkomplex Winkel. [Mit anderen Worten: die Erfahrung der »Zugespitztheit«. Die Vorstellung von Winkeln ist auch nicht einfach eine Sache der direkten Abstraktion von den physischen Eigenschaften der Gegenstände.] (Ibid. S. 30)

Um den Winkel als zwei sich schneidende Geraden zu begreifen ... und, vor allem, um ihn dem Ganzen einer geschlossenen Figur einzuverleiben, muß das Kind ihn rekonstruieren, und diese Rekonstruktion hat zur Voraussetzung eine Abstraktion von der Handlung und nicht nur vom Gegenstand aus. Der Winkel ist in dieser Hinsicht das Ergebnis zweier Bewegungen (des Blicks oder der Hand), die zusammentreffen ... (Ibid., S. 54)

Das Zeichnen ist ein außerordentlich wichtiges Vehikel für die Entwicklung der räumlichen Vorstellung (es fehlt in der primitiven Gesellschaft weitgehend): »Die Zeichnung ... ist ebensowenig wie das geistige Bild eine Fortsetzung der reinen Wahrnehmung, sondern vielmehr die Fortsetzung der Gesamtheit der Bewegungen, Vorwegnahmen und Rekonstruktionen, Vergleiche usw., die die Wahrnehmung begleiten und die wir Wahrnehmungsaktivität nennen« (Ibid., S. 57). Von den Zeichnungen des Kindes im Stadium des präoperativen Denkens her gesehen, wo das Kind, als intellektueller Realist, das darstellt, wovon es *weiß*, daß es Eigenschaften des Gegenstandes sind, und nicht so sehr das, was es tatsächlich beobachten kann (z. B. Gesichter im Profil mit dennoch zwei Augen),

... bezeichnet natürlich der intellektuelle Realismus das Erscheinen der Geraden, der Winkel, der Kreise, Quadrate und der übrigen einfachen euklidischen Formen, wenn auch ohne genaue Maße und Proportionen[8]. Aber die Konstruktion dieser Elemente führt keineswegs zu einer euklidischen Gesamtstrukturierung des Raumes; die Eigenschaften des intellektuellen Realismus sind im Gegenteil von einer solchen Organisation ebenso weit entfernt wie von der Koordinierung der perspektivischen Blickwinkel ...

In kurzen Worten kann man den intellektuellen Realismus der Kinderzeichnung geometrisch folgendermaßen deuten: Diese besondere graphische Struktur entlehnt ihre Elemente einer beginnenden projektiven (denn um die »Blickwinkel« zu vermischen, muß man bereits eine gewisse Anzahl projektiver Relationen erarbeiten, ohne deshalb in der Lage zu sein, sie untereinander zu koordinieren) und euklidischen Struktur (bei der es ebenfalls um die Elemente und nicht um ihre Gesamtkoordinierung geht), aber sie bringt einen vorgestellten Raum zum Ausdruck, dessen Anschauungsniveau einen haupt-sächlich topologischen Charakter hat und vor allem in den Relationen benach-bart, getrennt, Reihenfolge, umgeben und kontinuierlich besteht. (Ibid., S. 78)

Bevor das Kind somit erfolgreich euklidische Formen koordinieren kann (anstatt sie sich nur isoliert vorzustellen), muß es die geome-trischen Eigenschaften der Geraden erfaßt haben, und wenn es eine gegebene Gerade mit anderen zu bestimmten Winkeln zusam-menfügen will,

... dann müssen gleichzeitig Schrägen und Parallelitäten, Anzahl der Ele-mente, Verbindungspunkte und Entfernungen berücksichtigt werden. Die Re-gulierung dieses Ganzen ist verständlicherweise wesentlich schwieriger als die der einfachen topologischen Relationen des Stadiums I [am Ende des sensomo-torischen Stadiums] und die der in einem Stück nach den soeben beschriebenen Differenzierungsvorgängen gegebenen Winkel. (Ibid., S. 100)

Das Verständnis der geometrischen Natur der Geraden ist grund-legend für die Vorstellung des projektiven und euklidischen Rau-mes; wir wollen uns deshalb ziemlich ausführlich damit befassen. Daß das Kind anfänglich keine gerade Linie auf Papier zeichnen oder mit Gegenständen bilden kann, ist auf die fehlende motori-sche Koordination zurückzuführen; mit vier bis sieben Jahren ist es jedoch so weit, daß es gerade Striche zeichnet und sie von geboge-nen Linien unterscheiden kann; es zeichnet sie dennoch erst rich-tig, falls keine geraden Seiten als Vorlage vorhanden sind, wenn es erkennt, daß gerade Linien entstehen, sobald man ein Ziel ins Auge faßt oder von einem Punkt aus einen zweiten Punkt anpeilt. Das Kind erfaßt jedoch die Bedeutung des Peilens zwischen zwei Punkten erst, wenn es merkt, daß sein eigener Blickwinkel an jeder besonderen Stelle wieder anders ist und daß sich andere Blickwinkel davon unterscheiden. Die geometrische Gerade ist nicht nur das Ergebnis eines Peilens zwischen zwei Punkten, also die Erhaltung einer konstanten Richtung, sondern sie entsteht auch, wenn zwei Ebenen sich schneiden; sie ist deshalb die Grund-lage sowohl der projektiven als auch der euklidischen Raumvor-stellung. Diese beiden Typen des begrifflichen Raums sind begriff-lich und entwicklungsmäßig eng miteinander verbunden.

Eines der wichtigsten Experimente Piagets zur Entwicklung des perspektivischen Verständnisses ist ein Modell mit drei Ber-gen, jeder in einer anderen Farbe und von anderer Form, auf einem Tisch; eine kleine Holzpuppe ohne Gesicht wird in verschiedene Stellungen in bezug auf die Berge gebracht; darauf wird das Kind aufgefordert, gedanklich die sichtbaren Veränderungen bei dem, was die Puppe von ihren verschiedenen Stellungen her sieht, zu rekonstruieren. Zu diesem Zweck gibt man ihm drei Kartons, die die Umrisse der Berge zeigen und gleich wie die Berge angemalt sind; das Kind soll daraus die Photos rekonstruieren, die die Puppe von ihren jeweiligen Standorten aus aufnehmen könnte. Anschließend werden dem Kind aus verschiedenen Blickwinkeln aufgenommene Bilder der Berge vorgelegt, worauf es dasjenige auszuwählen hat, welches das, was die Puppe in einer bestimmten Stellung sieht, richtig wiedergibt. Schließlich wählt das Kind ein Bild aus und versucht dann die Stellung zu finden, welche die Puppe einnehmen müßte, um die Berge so, wie sie auf diesem Bild dargestellt sind, zu sehen.

Die ersten Reaktionen des Kindes im präoperativen Stadium sind egozentrisch; was die Puppe von den verschiedenen Standorten aus sieht, ist also immer dasselbe, nämlich das, was das Kind von seinem eigenen Standort aus sieht. Dafür gibt es eine Reihe von Gründen. Erstens kennt es in diesem frühen präoperativen Stadium noch gar keinen anderen als den eigenen Blickwinkel. Seine räumliche Vorstellung hat zweitens die Tendenz, sich auf eine Stellung zu zentrieren, die dem gegenwärtigen Blickwinkel entspricht, und diese fehlende Dezentration, die in der kognitiven Entwicklung des Kindes so oft anzutreffen ist, verhindert, daß das, was man von der physischen Welt sieht, als eine Reihe von Transformationen aufgefaßt wird. Diese Faktoren bewirken gemeinsam, daß drittens die räumlichen Beziehungen zwischen Gegenständen ursprünglich als fixiert angesehen werden; das Kind hat die Tendenz, sich an Idealvorstellungen vom »Gegenstand an sich« zu klammern, dessen räumliche Gestalt sich grundsätzlich nicht ändert, aus welchem Blickwinkel man ihn auch betrachtet – woraus sich das bereits erwähnte vertraute Phänomen des begrifflichen Realismus in den Zeichnungen des Kindes ergibt, daß also Kinder eher das zeichnen, was sie *wissen*, und nicht das, was sie *sehen*, eben beispielsweise ein Gesicht im Profil mit dennoch zwei Augen. Einmal mehr sei hier betont, daß das Kind die Welt gleich *wahrnimmt* wie wir; was sich unterscheidet, ist die *begriffliche* Vorstellung von ihr.

Im Gegensatz zur Wahrnehmung der Perspektive impliziert also die Vorstellung der gleichen Perspektive eine operatorische oder zumindest bewußte

Koordinierung zwischen Gegenstand und Person, insofern beide sich innerhalb eines und desselben projektiven Raumes befinden, der über den Gegenstand hinausreicht und den Betrachter als solchen mit einschließt... [Man kann somit die Perspektive wahrnehmungsmäßig durchaus sehen und vorstellungsmäßig dennoch nichts von ihr wissen.] (Ibid., S. 214)

Bevor jedoch das Kind die sich verändernden Perspektiven von Gegenstandsgruppen voll koordinieren kann, muß es die perspektivischen Transformationen von einzelnen Objekten begreifen. Am Anfang kann es sich zum Beispiel die Veränderung im Aussehen eines aufrecht stehenden Stäbchens, das aus der senkrechten in eine waagrechte Stellung nach hinten gedreht wird, zeichnerisch nicht vorstellen; es wird etwa sagen, es sei nicht möglich, das Stäbchen liegend mit dem Ende nach vorne zu zeichnen, weil das bedeuten würde, daß es »durch das Papier hindurch geht«. Eine adäquate Vorstellung dieses Problems setzt das Verständnis des »Schnittbildes« voraus, d. h. daß das weiter hinten durch das näher Liegende verdeckt wird, ebenso auch die Fähigkeit, sich etwas von einem bestimmten Standpunkt her und eine kontinuierliche Veränderung im Gegensatz zu einer einfachen Reihe von Schlüsselpositionen vorstellen zu können, also aufrecht, schräg und waagrecht. Vielleicht sieht das Kind ein, daß ein senkrecht stehendes Stäbchen oder eine auf einen Bildschirm projizierte Linie in der Länge abnimmt, wenn sie langsam nach hinten und unten gedreht werden, weil, aus seinem Blickwinkel gesehen, das, was an Höhe *verloren* geht, an Tiefe *gewonnen* wird, ein stetiger Vorgang, bei dem die Höhe als Ganzes in Tiefe umgesetzt wird. (In gleicher Weise muß das Kind bei den Versuchen zur Erhaltung der Flüssigkeitsmenge selbstverständlich begreifen lernen, daß die Höhe des Behälters ähnlich in Durchmesser umsetzbar ist.) So lernt es, eine kontinuierliche Reihe von Transformationen aus einer Dimension in eine andere zu koordinieren, und, was noch wichtiger ist, es entdeckt, daß diesen Transformationen *unveränderliche Relationen* zugrunde liegen. Kinder, die zwei zusammenlaufende Eisenbahnschienen in ihren Zeichnungen durch eine Reihe von unregelmäßigen und abrupten Richtungsänderungen immer näher zueinander kommen lassen, lernen möglicherweise auf dieselbe Weise, sie sich als stetig zusammenlaufend vorzustellen, und begreifen so die unveränderliche Relation, daß »die Schwellen zwischen den Schienen immer ein wenig näher beisammen sind«. Sie werden damit in die Lage versetzt, *allgemeine Regeln* zu suchen, die für alle möglichen Transformationen des gleichen Typs maßgeblich sind, doch das geschieht erst in den späteren Stadien des konkret-operativen Denkens. Dieses Verständnis der räumlichen Relationen durch ein Erfassen der unveränderlichen Relationen hebt sich scharf vom früheren kindlichen Denken in absoluten und feststehenden Formen, in idealen Relationen zwischen Gruppen, ab und ist ein Kennzeichen des konkret-operativen Denkens.

(Es sei jedoch darauf hingewiesen, daß sich das Verständnis für die Perspektive am raschesten entwickelt, wenn das Kind mit Gegenständen oder Szenen in unmittelbarer Nähe umgeht, in bezug auf die es seine eigene Stellung sehr leicht verändern kann. Schon vierjährige Kinder sind imstande, die Form kleiner, vertrauter Gegenstände vorstellungsmäßig zu erhalten, doch es fällt ihnen viel schwerer mit großen Objekten wie Bergen; wenn das Kind in solchen Fällen mit perspektivischen Veränderungen konfrontiert wird, scheint es anzunehmen, daß der Berg tatsächlich seine Form verändert hat. Aus diesem Grund ist die Relation vor/hinter früher reversibel als die Relation links/rechts, denn zwischen einem Hintergrund außerhalb der eigenen Reichweite und einem Vordergrund, dem man direkt gegenübersteht, ist die wahrnehmungsmäßige Differenz größer als bei einer Drehung des Blickwinkels um 180° von links nach rechts. Mit fortschreitender Entwicklung der Koordination von Perspektiven werden jedoch alle Relationen oben/unten, links/rechts, vor/hinter relativ, koordiniert und ineinander transformierbar. Aus den freilich spärlich vorhandenen Belegen werden wir ersehen, daß der Perspektivenbegriff bei Primitiven nicht sehr weit entwickelt ist.)

Während im projektiven Raum die Geraden und die koordinierten Blickwinkel erhalten bleiben, sind es im euklidischen Raum die Parallelen, die Winkel und die Entfernungen; der euklidische Raum ist auch ein metrischer Raum. Die Erhaltung der Geraden ist dem euklidischen und dem projektiven Raum gemeinsam, wie wir bereits festgehalten haben. Die Vorstellung der Parallelen wird gleichzeitig mit der des Winkels erworben, denn ein Geradenpaar schneidet sich immer in Form eines Winkels, falls es sich nicht um Parallelen handelt. Die Parallelität ist wie andere geometrische Begriffe eher etwas Begriffliches als etwas Wahrnehmungsmäßiges; sie wird vom Begriff des »Peilens« und von der gleichen Orientierung einer Anzahl Linien abgeleitet. Nach der Parallelität wird die Erhaltung der Winkel und schließlich der Entfernungen (Verlagerungen) erworben.

Eine weitere Relation, die Proportion, wird im Falle der Geschwindigkeit, der Bewegung und der Wahrscheinlichkeit erst auf der Stufe der formalen Operationen voll entwickelt. Im geometrischen Bereich wird die Invarianz des Verhältnisses zwischen den Dimensionen leichter begriffen, nämlich schon im Stadium der konkreten Operationen.

Wenn man dem Kind ein Rechteck mit den Seiten $h_1 \times l_1$ zeigt und es auffordert, eine ähnliche Figur mit den Dimensionen $h_2 \times l_2$ zu konstruieren, so konzentriert es sich in den frühesten Entwicklungsphasen ganz auf die eine Dimension, z. B. l_2, die es unverhältnismäßig stark ausdehnt. Im Stadium der konkreten Operationen findet es dann eine konstante Differenz der Form $D\,(hl) = l_1 - h_1$, die zuerst als absolut aufgefaßt wird; erst dann entdeckt es, daß es sich um ein Verhältnis handelt:

$$D(hl) = \frac{h_1}{l_1}$$

worauf es einfache Verhältnisse wie 1 : 2 begreift. So weit gelangt das Kind auf der konkreten Stufe. Auf der Ebene der formalen Operationen gelingt es ihm, komplexere stetige Verhältnisse der Form

$$\frac{h_1}{l_1} = \frac{h_2}{l_2}$$

zu verstehen und auf alle Fälle anzuwenden. Dieses wachsende kindliche Verständnis für die Proportion ist eines der besten Beispiele für die immer wichtigere Rolle der unveränderlichen Relationen in der kognitiven Entwicklung.

Diese ausführliche Darstellung der Stadien der kognitiven Entwicklung bei der Vorstellung des kognitiven Raumes hat uns nun zu dem für den Anthropologen wichtigsten Aspekt geführt – der Konstruktion von Bezugssystemen. Piaget beschreibt solche Bezugssysteme folgendermaßen:

. . . ein Koordinatensystem ist nicht nur ein Netz aus Ordnungsrelationen zwischen den Gegenständen selbst. Es wird ebenso auf die Lagen angewandt wie auf die Gegenstände, die diese Lagen einnehmen, und gestattet das Beibehalten dieser Lagen unabhängig von den Verlagerungen, die mit den Gegenständen vorgenommen werden können. Es bildet also den euklidischen Raum als Enthaltendes, das von den darin enthaltenen Gegenständen relativ unabhängig ist, ebenso wie die projektive Koordinierung aller Blickwinkel jeden der tatsächlichen Blickwinkel umfaßt, die man in Betracht zieht. In diesem Sinne bestehen der projektive und der euklidische Raum in Gesamtsystemen, im Gegensatz zu den topologischen Relationen, die jedem für sich betrachteten Gegenstand innewohnen. (Ibid., S. 436)

... das wesentliche Merkmal eines Koordinatensystems besteht nicht in der Wahl der unbeweglichen Bezugsgegenstände, sondern in der Möglichkeit, die Lagen und die Zwischenräume unendlich zu koordinieren, indem man das Ausgangssystem ständig erweitert. (Ibid., S. 437)

... die Gruppierung der Verlagerungen führt dazu, daß die Lage-Relationen zwischen den Gegenständen durch Ordnungs- und Abstandsrelationen zwischen den Lagen als solchen ersetzt werden... (Ibid., S. 437)

Der topologische Raum hat, wie wir gesehen haben, mit den Relationen zwischen den Teilen und dem Ganzen innerhalb eines Gegenstandes oder einer Anordnung von Gegenständen zu tun. Aus diesem Grunde sind Kinder der ersten Stadien nicht imstande, Lageveränderungen zu irgendeinem Gesamtkoordinationssystem in Beziehung zu setzen. Ein schönes Beispiel dafür ist die Unfähigkeit, sich die Veränderungen der Lage des Wasserstandes in einer Flasche mit quadratischer Grundfläche vorzustellen, wenn diese aus einer senkrechten in eine waagrechte Lage gedreht wird. Am Anfang haben die Kinder Mühe, sich mit der Sinnestatsache abzufinden, daß die Wasseroberfläche, gleichgültig in welchem Winkel die Flasche steht, waagrecht bleibt; sie zeichnen diese Wasseroberfläche parallel zum Flaschenboden, auch wenn die Flasche waagrecht liegt. Sie nehmen auch keine Notiz von der sukzessiven Veränderung der Beziehung zwischen der Wasseroberfläche und der Stellung der Flasche, und ein erster Versuch, mit diesem Problem fertig zu werden, führt dazu, daß der Strich für die Wasseroberfläche zwischen den Ecken des Flaschenober- und -unterteils eingezeichnet wird, wenn die Flasche auf einer Seite liegt. Sobald die Kinder so weit sind, daß sie in diesem Fall die Wasseroberfläche parallel zur Flaschenwand zeichnen, dauert es immer noch einige Zeit, bis sie diese Oberfläche richtig einzeichnen können, wenn die Flasche auf dem Kopf steht.

Das rührt daher, daß das Kind noch über kein allgemeines System von Raumkoordinaten verfügt, nach dem es die sich verändernden Relationen zwischen der Wasseroberfläche und dem Winkel, in dem die Flasche steht, orientieren kann. Die räumlichen Relationen der Wasseroberfläche werden am Anfang auf die Flasche selbst begrenzt und nicht auf einen äußeren Bezugspunkt, etwa eine Tischfläche, übertragen. Die räumlichen Relationen und Orientierungen werden somit in eine Reihe lokaler Beziehungen zerlegt, die mit einer Vielfalt von konkreten Bezugspunkten verbunden sind. In den frühen Kinderzeichnungen werden deshalb beispielsweise die Häuser immer rechtwinklig zum Bergabhang, auf dem sie stehen, und nicht senkrecht dargestellt.

In den ersten Stadien kann somit das Kind, begrifflich gesprochen, Linien und Ebenen noch nicht auseinanderhalten. Sobald es dazu imstande ist, verwendet es noch immer keine Bezugspunkte allgemeiner Natur außerhalb des Gegenstandes oder der Anordnung von Gegenständen, die es betrachtet. Erst auf der Stufe der konkreten Operationen kann es ausgedehntere Bezugssysteme mit koordinierten Achsen, die das gesamte Begriffsfeld umfassen, konstruieren.

Mit dem Beginn der formalen Operationen zeigt sich schließlich

... daß ihr Koordinatensystem sozusagen konventionell bzw. hypothetisch-deduktiv geworden ist: »Ich sage, die Unterlage ist horizontal«, erklärt Tis kategorisch, »und ich zeichne das Wasser nach der Unterlage«; danach ordnet er sämtliche Gegenstände ebenso auf einem schrägen wie auf einem geraden Bogen Papier nach einer Gesamtheit von Parallelen und Senkrechten. Die physikalische Horizontalität und Vertikalität sind also nicht länger nur eine Gelegenheit zum Konstruieren einer Gesamtzeichnung nach rechtwinkligen Koordinatenachsen. (Ibid., S. 477)

Über die Raumvorstellungen der Primitiven, von den Theorien Piagets her gesehen, gibt es nur wenige Arbeiten von Psychologen. Die folgenden Beobachtungen von Cole und Gay über die Raumbegriffe der Kpelle sind jedoch erwähnenswert. Im Hinblick auf die wenigen Ausdrücke für euklidische Formen und die Unschärfe der wenigen Begriffe, die verwendet werden, wird gesagt:

Man ist versucht zu sagen, daß es eher topologische als euklidische Begriffe sind. Das heißt, nicht so sehr die genaue Figur ist wichtig, sondern die Art, wie der Raum unterteilt wird. Der Begriff *pere*, »Pfad«, etwa kann sich auf eine Gerade beziehen. Aber er kann ebenso gut auf eine gebogene oder eine Zickzacklinie angewendet werden. Solche Unterscheidungen, die in der englischen Sprache notwendig sind, haben für die Kpelle keine Bedeutung. Wichtig an dem, was sie als *pere* bezeichnen, ist, daß es sich von einer zu einer anderen Stelle erstreckt, ohne sich selbst zu kreuzen. Es steht somit unserem topologischen Begriff des Weges, der eine Fläche in zwei Teile schneidet, viel näher als unserer euklidischen Geraden. (Gay und Cole 1967, S. 53)

Ebenso wird *kere-kere*, »Kreis«, dazu gebraucht, um die Form von Töpfen, Pfannen, Fröschen, Vorschlaghämmern, Schildkröten, Wasser-Schildkröten und Reis-Worflern zu beschreiben. »Es steht somit unserem topologischen Begriff eines einzelnen, in sich geschlossenen Weges näher, auch wenn ein geringes Maß an Kreisförmigkeit erforderlich ist, damit das Wort gebraucht wird« (Ibid., S. 54)

Auch das Wort für »Dreieck«, *kpeilaa*, wird für den Rückenschild der Schildkröte, die Pfeilspitze, den Affen-Ellbogen, die Trommel (die wie eine Sanduhr aussieht), das Vogelnest und den Bogen gebraucht. Der Ausdruck ist nicht Formen mit einer Begrenzung durch drei Linien vorbehalten, sondern schließt auch ähnliche Gestalten mit ein.

Im Gegensatz dazu [zu dem für »Dreieck] bezieht sich der Ausdruck Viereck direkt auf die Tatsache, daß die Figur vier Seiten hat. Er lautet *bela-naa'n*, »vier Teile«. Informanten sagten uns, ein rechtwinkliges Haus, ein Brett, eine Türöffnung, ein Stuhl und ein Tisch hätten alle diese Form. Alle diese Gegenstände haben ihre rechtwinklige Gestalt erst in der Neuzeit erhalten; es ist deshalb möglich, daß die Wortform *bela-naa'n* erst neulich vom Volk der Kpelle geprägt worden ist. (Ibid., S. 54)

Der Kegel wird *soo* genannt, er entspricht dem Dach eines Rundhauses, *tonpére*. Er ist auch die Form der Lanzenspitze, des inneren Teils eines Mörsers und einer bestimmten Trommelart. Der Zylinder heißt *torontoron* und ist die Form vieler verbreiteter Gegenstände. Informanten benützten das Wort für Baumstrunk, Flasche, Mörser, Eimer, das Pistill des Mörsers, Rundhaus und Konservendose. Die Kugel wird als *kpuma* bezeichnet, es ist die Form der Apfelsine, der Tomate und der Papaya-Frucht (die von unseren Vorstellungen her gesehen nicht sehr kugelig ist). Zu den Gegenständen, die *kpuma* genannt werden, gehören auch Dinge, die wir als Würfel bezeichnen würden. Es gibt *kpuma*, die *kere-kere*, »rund«, und *kpuma*, die *lebe-lebe* genannt werden, woraus hervorgeht, daß sie Seitenflächen haben. Der Suppenwürfel (eine wichtige Ware in jedem Laden) wird *kpuma* genannt, ebenso die Kola-Nuß, deren Oberfläche gekrümmt ist. Derlei Beobachtungen bringen uns dazu anzunehmen, daß der topologische und nicht der euklidische Raum anvisiert ist. Der euklidische Körper mit lauter rechten Winkeln hat ebenfalls einen Namen, *ka'lan*, der vermutlich erst spät in die Sprache Eingang gefunden hat, denn solche Körper sind erst mit der westlichen Zivilisation in das Land gekommen. (Ibid., S. 54)

Und Littlejohn sagt von den Begriffen der Temne für geometrische Figuren: ». . . sie unterscheiden die Gerade von der ›Kurve‹, *foh-conah* [vier Ecken? (englisch: ›four corners‹)] wird für Quadrat, Rechteck und Würfel verwendet, und *ke'l-ke'l* ist der Ausdruck für Kreis« (1963, S. 4). Sowohl die Kpelle als auch die Temne haben somit Ausdrücke, die für die Beschreibung euklidischer Formen benützt werden *können*, doch diese euklidischen Formen scheinen nicht das »ideale« Bild dieser Ausdrücke zu sein, denn die

Versuchspersonen haben große Mühe, die Kpelle-Ausdrücke auf geometrische Figuren anzuwenden, die man ihnen in Tests vorlegt. »Der Kreis wurde von anderen verschiedentlich als einem Rad, einem Topf, einer Glocke und einer Pfanne ähnlich beschrieben. Das Dreieck wurde als verzweigt, gerade, mit drei Richtungen ausgestattet, Gewehrkolben, Damebrett und ein Musikinstrument beschrieben.« Von 19 Versuchspersonen konnten drei überhaupt keine geometrischen Begriffe verbalisieren, nur vier bezeichneten den Kreis als rund, und zwei benannten das Dreieck mit dem Kpelle-Wort.

Piagets Theorien über die frühere Entwicklung des topologischen Raumes und über die Entfaltung der euklidischen und projektiven Raumvorstellungen von der Stufe des präoperativen Denkens bis zu der der konkreten und formalen Operationen sind unter anderem von de Lemos (1974) bei Zulu- und weißen Schulkindern in Südafrika und noch umfassender von Dasen (1974) bei Gruppen australischer Aborigines mit wechselndem Bildungsgrad und unterschiedlicher Anpassung an die gebildete, europäische Lebensweise getestet worden.

Die von de Lemos vorgelegten Ergebnisse, die wir zuerst betrachten wollen, basieren nicht auf Untersuchungen an ungebildeten Kindern oder Erwachsenen in einer traditionsgebundenen Gesellschaft, sondern an fünf- bis vierzehnjährigen Schulkindern in einer Zulu-Stadt am Rande von Pietermaritzburg. Deren Eltern gehören eher zu einer gehobeneren Gruppe von Arbeitnehmern, auch wenn der Unterricht anscheinend in der Zulu-Sprache erteilt wurde und die Umwelt und die heimischen Lebensumstände weitgehend denen in der traditionellen Gesellschaft gleichen. Die Ergebnisse haben einen doppelten Wert; sie bestätigen, daß die allgemeine Theorie Piagets über die Entwicklung der Raumbegriffe auch außerhalb der Grenzen der europäischen Kultur anwendbar ist, und sie zeigen, daß nicht-westliche Schulkinder systematische Schwierigkeiten bei der Entwicklung der höheren Raumbegriffe haben. Daraus läßt sich schließen, daß die Entwicklung der höheren Stufen des euklidischen und projektiven Raumes bei Populationen ohne jede Schulbildung und in rein ländlichen, traditionsgebundenen Gesellschaften wahrscheinlich noch stärker verzögert ist.

1. Topologischer Raum

Test 1: Kopieren von geometrischen Figuren.

Test 2: Haptische Wahrnehmung – Identifizierung; einige geometrische Figuren, euklidische und topologische, aus Karton wurden hinter einem Schirm, also verdeckt, abgetastet, und mit einem zweiten Satz von Kartonformen, die die Schüler vor Augen hatten, identifiziert.

Test 3: Wie 2, aber mit dem Unterschied, daß die Formen hinter dem Schirm durch eine Zeichnung dargestellt, anstatt durch einen zweiten Satz von Formen identifiziert werden mußten.

Beim Test 1 wurden zuerst offene und geschlossene Figuren miteinander identifiziert; anschließend wurden Figuren mit gebogenen rsp. geraden Seiten voneinander unterschieden. Die Kinder meisterten nur schrittweise das Abzeichnen euklidischer Formen. Laut Piaget können erst auf der Stufe der konkreten Operationen alle Figuren von den Kindern richtig kopiert werden; dieses Stadium erreichte die Mehrheit der weißen Kinder mit etwa sechs Jahren, die Mehrheit der Zulu-Kinder mit etwa neun Jahren. »Unsere Ergebnisse bestätigten die von Piaget beschriebenen Entwicklungsstadien und bei weißen Kindern das Alter, in dem sie erworben werden; bei den Zulu-Kindern war diese Entwicklung im Vergleich zu den weißen Kindern um rund drei Jahre verzögert, sie verlief jedoch nach dem gleichen Muster.

2. Projektiver Raum

Test 1: Konstruktion einer Geraden parallel und schräg zur Tischkante.

Test 2: Zeichnen der perspektivischen Ansicht eines Bleistifts und einer Münze a) aus dem Blickwinkel des Kindes und b) aus dem Blickwinkel eines Beobachters, der in einem rechten Winkel zum Kind sitzt.

Test 4 & 5: Wie oben, doch in diesem Fall wird das Kind aufgefordert, die richtige perspektivische Ansicht aus einem Satz von Zeichnungen auszuwählen, die zum Teil richtige, zum Teil unrichtige Perspektiven darstellten.

Test 6–8: Das Kind wurde aufgefordert, die richtige perspektivische Ansicht eines Modells mit drei verschiedenfarbigen Bergen zu identifizieren, die aus verschiedenen Stellungen zu betrachten waren. Beim Test 6 hatte das Kind die richtigen Perspektiven mit Hilfe von ausgeschnittenen Kartonbildern zu konstruieren. Beim Test 7 wählte es die richtigen Perspektiven aus mehreren verschiedenen Bildern aus, und beim Test 8 wurden ihm die Bilder gezeigt, worauf es die Puppe an die richtige

Stelle im Modell setzen mußte, von der aus sich der betreffende Anblick bot. Man erkennt in dieser Versuchsanordnung den bereits früher erwähnten Versuch Piagets wieder.

Beim Test 1 wiesen die Zulu-Kinder eine ähnliche Verzögerung um etwa drei Jahre auf, die Mehrheit der weißen Kinder bewältigte die Aufgabe mit rund sechs Jahren. Interessanterweise kam das von Piaget beschriebene Unterstadium nicht vor, in dem die Kinder keine zur Tischkante schräg verlaufende Gerade konstruieren können; hier wurde somit die Voraussage nicht bestätigt.

Über die Tests 2–5 berichtet de Lemos:

Es zeigten sich ausgeprägte Unterschiede zwischen den Zulu- und den weißen Kindern, wenn es darum ging, perspektivische Ansichten sich vorzustellen und zu erkennen. Die Mehrheit der bis neun Jahre alten Zulu-Kinder war nicht imstande, Veränderungen in der Form als Veränderungen in der Perspektive zu erkennen. Bei den 10- bis 12jährigen vermochten die meisten Kinder eine Veränderung in der Form als eine Veränderung in der Perspektive zu erkennen und sich vorzustellen, aber nur wenige von ihnen konnten zwischen dem eigenen und dem Blickwinkel eines Beobachters unterscheiden und so das Kriterium für Piagets Stadium der konkreten Operationen erfüllen.

Die weißen Kinder waren andererseits von fünf Jahren an imstande einzusehen, daß Veränderungen in der Perspektive Veränderungen in der Form bewirken; mit sieben Jahren konnten sie zwischen dem eigenen und dem Blickwinkel eines Beobachters unterscheiden, so daß sie Piagets Stadium III im selben Alter wie Schweizer Kinder erreichten.

Das Erkennen perspektivischer Veränderungen entwickelt sich somit bei Zulu-Kindern viel später als bei weißen Kindern, und nur wenige der zwölf Jahre alten Zulu-Kinder waren imstande, sich perspektivische Veränderungen richtig vorzustellen. (Ibid., S. 374)

Das Problem für alle Kinder war freilich, wie de Lemos festhält, nicht so sehr der *Glaube*, daß ihre Sicht der Berge die einzig richtige sei, sondern »sie schienen sich perspektivischer Veränderungen bewußt zu sein und waren bisweilen imstande zu sagen, welches die richtige Perspektive sei, aber sie vermochten die richtige Vorstellung nicht zu konstruieren und auch nicht auszuwählen« (Ibid., S. 378).[9]

Test 6–8: Piaget hat, wie erinnerlich, herausgefunden, daß eine umfassende Koordination der Blickwinkel erst mit neun bis zehn Jahren erworben wird (Stadium III B):

Die richtige Koordination der Perspektiven wurde bei weißen Kindern von etwa 10 Jahren an gefunden. Doch nur sehr wenige Zulu-Kinder bewältigten diese Aufgabe. Von sieben bis acht Jahren an zeigten die Kinder üblicherweise ein gewisses Bewußtsein der Perspektive, sie sahen ein, daß sich der Anblick des Berges, wenn man ihn aus verschiedenen Stellungen betrachtete, verändern würde. Sie waren jedoch im allgemeinen nicht imstande, die richtige Ansicht des Berges von verschiedenen Stellungen her zu konstruieren oder diesen Anblick zu den Bildern in Beziehung zu setzen, die ihn darstellten.

Diese Ergebnisse bestätigen deshalb die der früheren Tests, die darauf hinweisen, daß es Zulu-Kindern nicht gelingt, perspektivische Probleme operativ anzugehen. (Ibid., S. 374 f.)

3. Euklidischer Raum

Tests 1–4: Die Ähnlichkeit von Rhomben und von Dreiecken aufgrund paralleler Seiten und direkter Vergleich von Winkeln durch Übereinanderlegen. Laut Piaget erreichen Schweizer Kinder dieses Stadium mit siebeneinhalb bis neun Jahren; die Proportionen zwischen den Dimensionen werden (auf der konkreten Stufe) mit neun bis zehn Jahren erworben, Stadium III B; »sehr wenige Zulu-Kinder und verhältnismäßig wenige weiße Kinder erreichten die Stufe III«.

Die Ergebnisse waren jedoch widersprüchlich. Offenbar wurden die Kinder durch die Art und Weise, wie diese Tests (und ebenso die Tests 5–7 zur Ähnlichkeit von Rechtecken) vorgelegt wurden, verwirrt. Dieser Teil des Versuchsprogramms kann deshalb nicht als endgültig angesehen werden. Anscheinend hatten aber die Zulu-Kinder mehr Mühe als die weißen Kinder, die Ähnlichkeit von Figuren und die Proportionalität zu erkennen. De Lemos kommt zum Schluß:

Es ist klar, daß bei der Entwicklung der Raumbegriffe ausgeprägte Unterschiede zwischen der weißen und der Zulu-Gruppe bestehen. Die topologischen, projektiven und euklidischen Beziehungen erscheinen bei den Zulu in einem späteren Alter als bei den weißen Kinder, und nur verhältnismäßig wenige Kinder der Zulu-Gruppe scheinen die Vorstellung und die Koordination von Perspektiven oder die Grundsätze der geometrischen Ähnlichkeit und der Proportion zu verstehen. (Ibid., S. 379)

Der Unterricht an den Zulu-Schulen hat sicher nicht dieselbe Qualität wie an den weißen Schulen, und auch die Unterrichtshilfen dürften unterschiedlich sein. Das zeigt jedoch eben gerade, daß die Entwicklung der begrifflichen Vorstellung des projektiven und euklidischen Raumes nicht eine spontane kognitive Fähigkeit ist, die in allen Kulturen erworben (auch wenn sie in den kollektiven Vorstellungen nicht angewandt) wird, sondern eine hochspezifische Kenntnis, die eng mit der Schulung und der Ausbildung, aber auch mit den durch die Umwelt auferlegten kognitiven Anforderungen zusammenhängt.

Der zweite detaillierte Versuch, Piagets Theorien über die Entwicklung der räumlichen Vorstellungen zu testen, ist die Arbeit Dasens (1974) bei australischen Aborigines in Areyonga und Hermannsburg, über die wir schon in Kapitel VI berichtet haben. Dasen wollte die Hypothese prüfen, »daß Leute mit einer Jagdwirtschaft (Piagets) Raumbegriffe eher als Begriffe in anderen kognitiven Bereichen, für die kein oder ein geringeres kognitives Bedürfnis besteht, entwickeln müßten« (1974, S. 385), und insbesondere auch die andere Hypothese, daß sie räumliche Begriffe leichter als logisch-mathematische entwickeln dürften. Dazu wollte er auch die Hypothese testen, daß die Stadien der kognitiven Entwicklung bei Eingeborenen gleich wie bei Europäern seien, daß aber diese Entwicklung langsamer ablaufe und diese Verzögerung bei der Gruppe mit geringen Kontakten zu Europäern (Areyonga) größer sei als bei der Gruppe mit mittleren Kontakten (Hermannsburg).

Uns interessieren hier die Tests zur Reihenfolge (Test 6), zur Drehung (Test 7) und zur Horizontalität (Test 8).

Test 6: Reihenfolge. Die Aufgabe bestand aus drei Teilen: eine lineare Anordnung von fünf Miniaturkleidungsstücken (aus Karton und an einer Schnur aufgehängt) kopieren; eine Umkehrung der Reihenfolge mit denselben »Kleidungsstücken« wie in der Vorlage, aber in umgekehrter Reihenfolge; und eine kreisförmige Reihenfolge – »der Experimentator ordnet neun Gegenstände auf dem Tisch in einem Kreis an und fordert die Versuchsperson auf, die Anordnung in derselben Reihenfolge, aber in einer geraden Linie, zu kopieren« (S. 392).

Test 7: Drehung. Dieser Test geht von zwei identischen Modell-Landschaften aus, die an die besonderen Merkmale Zentralaustraliens angepaßt sind, aber dieselben räumlichen Eigenarten aufweisen wie das Modell von Piaget und Inhelder (1948 [1975]). Die beiden Landschaften werden nebeneinander und gleich ausgerichtet auf einen Tisch gestellt. Sobald das Kind die genaue Korrespondenz festgestellt hat:

Der Experimentator stellt ein Spielzeugschaf an mehrere Punkte des einen Modells und fordert das Kind auf, sein Schaf an genau dieselbe Stelle im zweiten Modell zu bringen (wobei auf die Stelle und die Richtung, »in der es schaut«, zu achten ist). Nachdem das Kind das Problem begriffen hat, wird das eine Modell um 180° gedreht; das Kind hat dieselben Probleme zu lösen. Schließlich wird zwischen den beiden Modellen ein Schirm aufgestellt, um die Möglichkeit einer rein wahrnehmungsmäßigen Lösung auszuschließen. Im Verlaufe des Tests wurde das Schaf nacheinander in sieben Standardstellungen gebracht, worauf das Kind beim gedrehten Modell dieselbe Stellung und Blickrichtung zu finden hatte. Eine verbale Begründung des Gedankenganges wurde nicht verlangt. (Dasen 1974, S. 392)

Test 8: Horizontalität.

Eine mit blau gefärbtem Wasser zur Hälfte gefüllte [zylindrische Flasche] wird in senkrechter Stellung auf einem Gestell plaziert. Der Versuchsperson wurde eine entsprechende Umrißskizze vorgelegt, auf der sie das Wasser in der Flasche einzuzeichnen hatte. Anschließend wurde die Flasche in eine Tasche gestellt; ihre Form war noch sichtbar, nicht mehr aber das Wasser. Die Testfrage wurde ein zweites Mal gestellt, wobei die Flasche noch immer senkrecht stand. (Ibid.)
[Nun folgt Teil I des Tests:] Die noch immer in der Tasche verborgene Flasche wird nacheinander in fünf verschiedene Stellungen gebracht (aus dem Blickwinkel der Versuchsperson: 1. schräg nach rechts, 2. auf der einen Seite liegend, Korken nach rechts, 3. verkehrt, 4. schräg, und zwar so, daß der Korken das Gestell rechts berührt, 5. schräg nach links). Das Kind erhielt jedesmal die entsprechende Umrißskizze; das Blatt für die Aufzeichnung war gefaltet, so daß nur ein Bild gleichzeitig sichtbar war. Die Versuchsperson wurde gefragt, wo das Wasser sei, und aufgefordert, diesen Wasserstand einzuzeichnen. (Ibid., S. 392 f.)

Falls das Kind in keiner Position den Wasserstand richtig wiedergeben konnte, wurde im Teil II die Tasche weggenommen, worauf der ganze Ablauf wiederholt wurde. Im Teil III wurde die Flasche für Stellungen, bei denen sich die Leistung im Teil II verglichen mit Teil I verbessert hatte, wieder in die Tasche gestellt.

Erwachsene wurden nur dem Horizontalitätstest unterzogen. Die Reihenfolge wurde folgenden Altersgruppen vorgelegt: fünf bis acht Jahre in Canberra, sechs bis zehn Jahre in Hermannsburg und sechs bis elf Jahre in Areyonga.

Dasen hatte keinerlei Mühe, die Antworten und Erklärungen der Eingeborenenkinder in die Stadien Piagets einzuordnen, und geht sogar so weit zu sagen:

Eine detaillierte qualitative Analyse der Ergebnisse hat gezeigt, daß die Antworten und Erklärungen der Eingeborenenkinder und der europäischen Kinder in Canberra einander genau entsprechen. Das Eingeborenenkind gebraucht vielleicht nur ein oder zwei Wörter oder eine Geste, anstatt eine lange verbale Erklärung abzugeben, doch der Gedankengang, den es ausdrückt, ist genau derselbe. (Ibid., S. 394 f.)

Eine einzige wesentliche Einschränkung (falls sie überhaupt eine Einschränkung ist) ist die Beobachtung, daß die europäischen Kinder im Alter von etwa 10 Jahren von Anfang an komplexere Aussagen machen und dazu formale Begriffe verwenden, die nicht immer begriffen werden; noch signifikanter ist:

Sie tendieren dahin, ihre Erklärungen als allgemeine Gesetzmäßigkeiten zu formulieren (beispielsweise: »Es ist immer das gleiche Gewicht, was man auch damit macht, solange man nichts hinzufügt oder wegnimmt.«).

Die Eingeborenenkinder geben keine solchen Verallgemeinerungen oder komplexen Erklärungen. Das mag zum Teil darauf zurückzuführen sein, daß sie nicht flüssig Englisch sprechen können. Doch auch die älteren Kinder und die Erwachsenen, die die englische Sprache sehr gut beherrschten, machten keine solchen Aussagen. Die formalen Kennzeichen des Denkens, die in einigen Formulierungen der europäischen Kinder sichtbar werden, fehlen in den Erklärungen der Eingeborenen. (Ibid., S. 395)

Die Schlußfolgerungen Dasens über die mangelnde Fähigkeit der Aborigines, explizit verbalisierte Begründungen für ihre Urteile zu geben, stimmt ganz mit den Ergebnissen anderer Entwicklungspsychologen überein, deren interkulturelle Untersuchungen im Kapitel 3 erwähnt wurden.

In der Tabelle 18 sind die Stufen der kognitiven Entwicklung zusammengestellt, die die verschiedenen Gruppen von Versuchspersonen bei der Reihenfolge, der Drehung und der Horizontalität erreichten. Bei der Reihenfolge erreichten alle Kinder das Stadium der konkreten Operationen, nicht aber in den Tests über die Drehung und die Horizontalität. Während bei der Drehung alle Kinder aus Canberra mit zwölf Jahren das Stadium III erreicht hatten, waren es bei den Kindern in Hermannsburg nur 80 %, und auch bei den 15- und 16jährigen war das Ergebnis nicht besser. Die Gruppe in Areyonga schnitt noch schlechter ab. Die Horizontalität wies noch größere Schwierigkeiten auf, und die Leistungen der Erwachsenen sind nicht viel besser als die der 15- und 16jährigen. Die Eingeborenen erwarben die getesteten räumlichen Operationen vor den logisch-mathematischen Operationen (Erhaltung und Seriation), wobei die stärker akkulturierten Leute in Hermannsburg bei den räumlichen Operationen auf ein besseres Ergebnis kamen als die weniger akkulturierten in Areyonga. Das weist dar-

Tabelle 18

Reihenfolge (Stadium III)

	\ Alter							
	5	6	7	8	9	10	11	
Canberra	20	80	80	100	100	–	–	richtige
Hermannsburg	–	50	79	80	100	100	–	Antworten
Areyonga		0	40	100	88	100		in Prozent

Drehung (Stadium III)

	\ Alter												
	5	6	7	8	9	10	11	12	13	14	15	16	
Canberra	0	10	0	30	70	100	80	100					richtige
Hermannsburg		0	10	0	20	40	50	30	80		80		Antworten
Areyonga			0	25			0		36		37	5	in Prozent

Horizontalität (Teil I, Stadium IIIB)

	\ Alter													
	5	6	7	8	9	10	11	12	13	14	15	16	Erw.	
Canberra	0	0	0	30	10	20	70	50						richtige
Hermannsburg	0	0	20	0	20	10	0	30		30		40		Antworten
Areyonga			0	17		0		7	30			20		in Prozent

(Dasen 1974, S. 398 ff.)

auf hin, daß diese räumlichen Begriffe für die europäische Kultur bedeutungsvoller sind oder in ihr zumindest leichter zu entwickeln sind, während sie für die ökologischen Bedürfnisse des Eingeborenenlebens eher nebensächlich sind.

6. Schlußfolgerungen

Im Falle der primitiven Raumvorstellungen hat sich, wie in anderen kognitiven Bereichen, gezeigt, daß sie in hohem Maße vom phänomenalen Aussehen und von den kontextuellen Assoziationen der physischen Welt abhängig sind, die im Alltagsleben erfahren werden, so daß sie tendenziell statisch sind und einen hohen Symbolgehalt aufweisen. Grenzen, Zentrum und Peripherie, oben und unten, links und rechts und andere topologische Relationen sind stark ausgebildet. Viele Kulturen kennen die vier Himmelsrichtungen, doch diese werden oft statisch aufgefaßt; sie basieren auf den Stellungen der Sonne beim Auf- und beim Untergang und auf den Achsen des menschlichen Körpers, sie werden aber nicht als koordinierte Orientierungssysteme benützt. Die Seefahrt kommt auch ohne Himmelsrichtungen aus. Der menschliche Körper wird oft als Mikrokosmos verwendet, der als Vorlage für die Anordnung der Häuser und Dörfer dient. In vielen primitiven Gesellschaften wird der geometrische Begriff der Geraden als Schnittprodukt zweier Ebenen oder als kürzeste Strecke zwischen zwei Punkten nicht entwickelt, falls es keine Probleme gibt, die das erfordern, beispielsweise die Peilung zwischen zwei Punkten. Viele primitive Gesellschaften verwenden zwar euklidische Formen in ihrer Kunst, aber sie benützen sie nicht für die Konstruktion von koordinierten Systemen (wie es beispielsweise die Megalithiker in hohem Maße taten) oder für die Organisation der Erfahrung.

Ein wesentlicher Faktor für die allgemein fehlende euklidische und projektive Raumvorstellung ist offensichtlich das fehlende Maß und die fehlende Quantifizierung, insbesondere im Zusammenhang mit der Landvermessung. Was ebenfalls fehlt, ist das vorstellungsmäßige Zeichnen und das Kartieren, dem man nur in verhältnismäßig wenigen primitiven Gesellschaften begegnet. Wo die Seefahrt ein wichtiges kognitives Problem ist, werden einige projektive und euklidische Begriffe entwickelt. Doch die Orientierung kann auch hier auf einer wahrnehmungsmäßigen Ebene bewältigt werden, ohne daß explizite begriffliche Vorstellungen notwendig wären – es sei an die Karten australischer Eingeborener erinnert, die denjenigen der Eskimos metrisch und projektiv stark unterlegen sind; doch die Australier scheinen sich dennoch erfolgreich orientieren zu können, indem sie in ihrem Gedächtnis eine auf dem Bild basierende Karte zusammenstellen.

Die Untersuchungen über die kognitiven Leistungen von Primitiven, die von Psychologen durchgeführt wurden, bestätigen die Theorie Piagets über die Entwicklung der Raumbegriffe in hohem Maße. Bisher liegen freilich nur wenige Belege vor. Sie deuten darauf hin, was auch durch ethnographische Evidenzen nahegelegt wird, daß sich der Durchschnittsangehörige einer primitiven Gesellschaft, die keine Seefahrt betreibt und auch keine Karten für die Übermittlung von Informationen herstellen muß, den Raum auf eine vorwiegend präoperative Weise vorstellt. Die vorhandenen Belege lassen folglich vermuten, daß sich die primitiven

Raumbegriffe nicht von ihrem Typ her von denen der gebildeten Industriegesellschaft unterscheiden, sondern daß sie ganz einfach elementarer sind als diejenigen, die in unserer Gesellschaft vom Durchschnittsbürger als Norm gefordert werden.

VIII. Zeit

1. Zeit und Ablauf

Die Anthropologen hatten bei ihren Versuchen, die Grundmerkmale des primitiven Denkens herauszuarbeiten, im allgemeinen keine klare Vorstellung von den Denkweisen, die beim Durchschnittsangehörigen unserer Gesellschaft vorherrschen. Das gilt besonders für die Behandlung des Zeitbegriffs. Anthropologen tun insbesondere häufig so, als ob unser abendländischer Zeitbegriff auf einer wissenschaftlichen Theorie beruhe, etwa »Völker ohne Schrift kennen keinerlei Zeiteinheiten, die auf den Begriffen der mathematischen Physik beruhen« (Vansina 1973, S. 100) oder die früher zitierten Aussagen von Whorf. Die formalen Begriffe der mathematischen Physik setzen selbstverständlich unbedingt das Verständnis der konkret-operativen Zeit voraus, ohne das sie sich nicht hätten entwickeln können. Doch ein konkret-operativer Zeitbegriff ist keine Besonderheit der Wissenschaft, sondern er wird vom Durchschnittsmenschen unserer Gesellschaft in seinem Alltagsleben benutzt.

Die Zeit ist noch stärker als der Raum, die Zahl, die Kausalität und vielleicht sogar die Wahrscheinlichkeit ein besonders schwer erfaßbarer Begriff. Wenn wir die Verschiedenheiten zwischen den Auffassungen der Primitiven und unseren eigenen Vorstellungen begreifen wollen, müssen wir uns unbedingt an die Logik der Zeit halten, wie sie in unserer Gesellschaft verstanden wir, und zwar nicht unter Naturwissenschaftlern, sondern in unserem Alltagsleben.

Die Zeit ist ein Teil der Struktur des Universums, zu der die vier umfassenden Kategorien des Objekts, des Raums, der Kausalität und der Zeit gehören. Es gibt kein Objekt ohne Raum und umgekehrt; die Interaktion zwischen Objekten ist die Grundlage für die Kausalität; und die Zeit ist die Koordination dieser Interaktionen oder Bewegungen. Wie wir bei unserer Analyse der operativen Raumbegriffe gesehen haben, ist der Raum keine statische Vorstellung, kein bloßer Behälter, sondern ein System von Operationen, durch die alle möglichen Stellungen von Gegenständen und ihre Transformationen koordiniert werden können. Ebenso ist auch die Zeit, auf der operativen Ebene, nicht eine statische Dimension, die in der Vergangenheit und in der Zukunft in Beziehung zur Gegenwart fixiert ist, wie die jährlich wiederkehrenden Daten in einem Kalender, sondern ein System von Koordinationen *aufeinanderfolgender* räumlicher Zustände, also von Bewegungen.

Genauer gesagt, für die Koordination simultaner Stellungen genügt der Raum; sobald aber Verschiebungen eintreten, ergeben sich aus den räumlichen Veränderungen ebenso viele verschiedene, also aufeinanderfolgende Raumzustände, und die Koordination dieser Zustände ist nichts anderes als die Zeit. Der Raum ist eine Momentaufnahme der Zeit, und die Zeit ist der Raum in Bewegung; beide bilden die Gesamtheit der Beziehungen der Einschachtelung und der Ordnung, die die Gegenstände und ihre Raumänderungen charakterisieren.

Aber während man für die Bildung geometrischer Beziehungen den Raum isolieren und von der Zeit abstrahieren kann (dazu braucht man nur eine fiktive Gleichzeitigkeit anzunehmen und die Bewegungen als reine Ortsveränderungen bei unendlicher Geschwindigkeit zu beschreiben), kann man die Zeit nicht isoliert herausarbeiten und von den kinetischen Beziehungen, d. h. den Geschwindigkeiten, abstrahieren. Sie muß also erst konstruiert werden, ehe sie als unabhängiges System erfaßt werden kann und selbst dann nur bei kleinen Geschwindigkeiten. Solange dagegen die Zeit noch nicht konstruiert ist, bleibt sie nur eine der räumlichen Dimensionen, von denen sie sich nicht trennen läßt, und hat ihren Anteil an der Gesamtkoordination, die es gestattet, die kinetischen Umformungen des Universums miteinander zu verbinden.

Ist dies der Fall, dann können wir aus der Entwicklung des Zeitbegriffs für das Verständnis dieser grundlegenden Kategorie des Geistes viel lernen. Wenn die Zeit wirklich die Koordination der Bewegungen ist, im gleichen Sinne wie der Raum die Logik der Dinge, wird man annehmen können, daß es eine *operative* Zeit gibt, also eine Zeit, die aus Beziehungen der Folge und Dauer besteht und sich auf Operationen – entsprechend den logischen Operationen – gründet. Diese operative Zeit wird sich von der anschaulichen Zeit darin unterscheiden, daß letztere die Beziehungen der Folge und der Dauer nur so erfaßt, wie sie in der unmittelbaren äußeren oder inneren Wahrnehmung gegeben sind. Die operative Zeit wird *qualitativ* oder *metrisch* sein können, je nachdem, ob die Operationen, die zu ihr hinführen, den Klassen und logischen Operationen analog bleiben oder ob eine Zahleneinheit in ihnen auftritt. (Piaget 1946 [1955], S. 14 f.)

Das sind die drei Grundaspekte der Zeit – Dauer, Folge und Gleichzeitigkeit; Dauer und Folge sind Grundmerkmale aller Abläufe, während die Koordination von zwei oder mehr Abläufen den

Begriff der Gleichzeitigkeit einschließt. Zeitpunkte spielen beim Übergang von einer Periode zur nächsten und bei der Festsetzung von Gleichzeitigkeiten mit. Einerseits stellt sich somit in bezug auf die Zeit das Problem der Koordination von Dauer und Folge, aber insofern Abläufe eine Dauer haben, haben sie auch eine Ausdehnung, und insofern ein Ablauf oder ein Stadium eines Ablaufs auf einen anderen folgt, können Abläufe auch Grenzen haben, und in diesem Sinne haben Abfolgen von Ereignissen eine räumliche Qualität. Das englische Wort »time« ist wie das deutsche Wort »Zeit« vom altgermanischen Wort *tîmon abgeleitet, das aus der Wurzel *ti-, sich erstrecken oder sich ausdehnen, und der abstrakten Silbe -mon, -man zusammengesetzt ist (SOED, Stichwort »time«)[1].

Ich bin mit Piaget der Meinung, daß das Bewußtsein und die Vorstellung der Dauer und des Aufeinanderfolgens elementare kognitive Fähigkeiten sind, die mit der Erfahrung von Abläufen zusammenhängen, wozu auch die subjektiven Vorgänge in unserem eigenen Körper gehören, und daß solche »Zeit«vorstellungen strukturell nicht von den Raumvorstellungen zu trennen sind, mit der Ausnahme, daß eine Bewegung im Raum reversibel, eine Bewegung in der Zeit aber nicht reversibel ist. Kalendersysteme etwa bestehen aus Tätigkeiten und Ereignissen mit einer Dauer und aus Übergangspunkten, die alle auf dieselbe starre Art wie die Merkmale einer Landschaft miteinander verbunden sind; selbst wenn die Dauer zwischen den Punkten variabel ist, bleibt die Reihenfolge dieselbe. Aus diesem Grund läßt sich ganz allgemein feststellen, daß das räumliche und das zeitliche Vokabular auf der Ebene des gesunden Menschenverstandes miteinander vertauschbar sind, und zwar sowohl in der primitiven als auch in unserer Gesellschaft. Damit man über diese elementare Zeitauffassung hinauskommt und sich die Zeit in ihrem allgemeinsten Sinne als eine Dimension vorstellen kann, durch die zwei oder mehr Abläufe in bezug auf Dauer, Folge und Gleichzeitigkeit koordiniert werden können, muß man relative Geschwindigkeiten koordinieren können; doch diese kognitive Fähigkeit ist in der primitiven Gesellschaft noch nicht vorhanden, denn sie ist charakteristisch für die konkreten Operationen. Eine Versuchsperson, die ein operatives Zeitverständnis erworben hat, ist deshalb imstande, mit Problemen solcher Art fertig zu werden:

Zwei Autos, 1 und 2, starten gleichzeitig an zwei Punkten A_1 und A_2 und fahren auf zwei parallelen Wegen in Richtung B_1 und B_2. Auto 1 fährt schneller als Auto 2, und wenn die beiden Autos

gleichzeitig anhalten, so ist Auto 1 weiter gekommen als Auto 2,
z. B.:

A_1 .... B_1

A_2 .... B_2

Eine Versuchsperson im präoperativen Stadium nimmt jedoch an,
die beiden Autos hätten nicht gleichzeitig angehalten und Auto 1
sei während längerer Zeit gefahren als Auto 2, weil sie in diesem
Stadium nicht zwischen der verstrichenen Zeit und dem zurückgelegten Weg oder der geleisteten Arbeit unterscheiden kann[2]. Sie
kann deshalb Dauer, Folge und Gleichzeitigkeit nicht richtig miteinander koordinieren. (Wir werden eine Reihe von Variationen zu
diesem Thema in diesem Kapitel untersuchen.)

Das primitive Zeitverständnis beschränkt sich nun aber, wie ich
bereits betont habe, auf das Bewußtsein der Dauer und der Folge,
wie man sie in natürlichen und sozialen Abläufen antrifft. Selbstverständlich sind alle Abläufe in der realen Welt von Natur aus
zeitlich und räumlich, aber es ist methodologisch notwendig, zwischen der Zeit und dem Ablauf zu unterscheiden. Die Zeit ist, wie
wir gesehen haben, ein System von Koordinationen aufeinanderfolgender räumlicher Zustände, doch diese aufeinanderfolgenden
räumlichen Zustände oder Abläufe haben noch andere strukturelle
Aspekte, die mit der Zeit nichts zu tun haben. Bestimmte Abläufe
zum Beispiel sind nicht-wiederkehrend oder linear, etwa die Geschichte einer bestimmten Gesellschaft; wiederkehrend oder zyklisch, etwa die Abfolge der Jahreszeiten; bei anderen sind die
Stadien reversibel, etwa Ebbe und Flut bei den Gezeiten; bei wieder anderen kommt es zu einem Wechsel, etwa beim Geschenkaus-
tausch zwischen zwei Parteien; bei anderen wird allmählich ein
Höhepunkt oder eine Klimax aufgebaut, etwa bei den Anlässen,
die ein Schweinefest auf Neuguinea einleiten, worauf die Abfolge
von neuem beginnt; bei anderen kommt es gewissermaßen zu einer
Wellenbewegung, Höhen und Tiefen mit hoher und geringer Hand-
lungsintensität; bei gewissen Abläufen geht eine Etappe unmerk-
lich in eine andere über, während bei anderen der Übergang klar
gekennzeichnet, ja katastrophal sein kann. Abläufe sind untrennbar mit aller Natur, allem Leben und jeder Gesellschaft verbunden, aber man verkennt völlig die Wirklichkeit, wenn man annimmt, in der Vorstellung von linearen Abläufen komme eine bestimmte Art von Zeit zum Ausdruck, in der Vorstellung von Wech-

seln eine zweite Art, in der Vorstellung von Zyklen eine dritte Art usw. Es gibt nur eine Zeit, aber es gibt viele Arten von Abläufen. Ebenso gibt es gebogene Stöcke, hakenförmige Stöcke und gerade Stöcke, aber es wäre sinnlos, von gebogenen oder hakenförmigen oder geraden *Längen* zu sprechen, und wenn wir einen Stock biegen, so biegen wir nicht eine Länge, sondern ein Stück Holz.

Von unserem subjektiven Bewußtsein der Dauer und von solchen Phänomenen wie den Phasen beim Pflanzenwachstum ausgehend behauptet deshalb Leach, unsere heutige europäische Auffassung der Zeit als regelmäßig und stetig sei kulturbedingt und der Wirklichkeit aufoktroyiert:

... die Regelmäßigkeit der Zeit ist keine wirkliche Seite der Natur; sie ist ein vom Menschen fabrizierter Begriff, den wir für unsere speziellen Zwecke in unsere Umwelt projiziert haben ...

Wenn es aber in der Natur der Dinge und in der Natur unserer Erfahrung nichts gibt, das darauf hindeutet, die Zeit müsse notwendigerweise mit konstanter Geschwindigkeit ablaufen, zwingt uns überhaupt nichts, die Zeit als ein konstantes Fließen zu denken. Weshalb sollte die Zeit sich nicht verlangsamen und gelegentlich stillestehen oder gar sich umkehren? (Leach 1961, S. 133)

Sich wiederholende und sich nicht wiederholende Ereignisse sind im Grunde logisch nicht dasselbe. Wir behandeln beides als Aspekte »ein und desselben Dings«, der *Zeit*, und zwar nicht weil dies vernünftig wäre, sondern aufgrund eines religiösen Vorurteils. Die Idee der Zeit gehört wie die Idee von Gott zu den Kategorien, auf die wir notwendig stoßen, weil wir soziale Wesen sind, und nicht so sehr, weil unsere objektive Erfahrung der Welt uns empirisch dazu bringen würde ... (Ibid., S. 125)

Weder unsere noch die primitive Vorstellung der Zeit ist, darüber scheint kaum ein Zweifel zu bestehen, auf eine rein wahrnehmungsmäßige Weise unmittelbar von der physischen Welt abgeleitet, etwa wie beispielsweise die Farbe, sondern sie wird durch Interaktion mit ihr, wie die Vorstellungen vom Raum, von der Zahl, von der Kausalität usw., konstruiert. Es ist deshalb falsch, so wie Leach, zu fordern, Sinneseindrücke der Dauer oder die Erfahrung solcher Phänomene wie der Phasen des Pflanzenwachstums seien als eine Art privilegierte Tatsache zu behandeln und irgendwelche begrifflichen Vorstellungen seien im Gegensatz dazu als einer neutralen Wirklichkeit aufgezwungen und deshalb in einem gewissen Sinne als fiktiv und kulturbedingt zu beurteilen. (Leachs Behauptung zur Natur der Zeit ist selbstverständlich nur eine weitere Facette dieser Philosophie, die eine stetige Wirklichkeit postuliert, der von jeder Kultur willkürlich und künstlich Unterscheidungen aufgezwungen würden.)

J. A. Barnes bemerkt zur Zeit-Theorie von Lévi-Strauss:

Er stellt oft die Synchronizität der Diachronizität, die Achse der Gleichzeitigkeit der Achse der Aufeinanderfolge und die Diskontinuität der Kontinuität entgegen. In seinem Werk über die Verwandtschaftsbeziehungen und bei anderen Gelegenheiten betont er den Gegensatz zwischen der reversiblen und der irreversiblen Zeit, und es gibt auch eine gerade, eine zirkuläre, eine fortschreitende, eine leere, eine nicht-kumulative, eine statistische, eine psychologische, eine viszerale Zeit und noch andere Formen von Zeit, ebenso eine Mikro-Zeit und eine Makro-Zeit. Streng genommen handelt es sich um Gegensätze zwischen verschiedenen Arten von zeitlichen Abläufen und nicht so sehr zwischen verschiedenen Arten von Zeit, doch die Terminologie hat sich jetzt zu sehr eingebürgert, als daß man sie ändern könnte. (J. A. Barnes 1971, S. 541)

Barnes mag mit seiner Annahme recht haben, die gebräuchliche »Zeit-Berechnung« habe sich zu sehr eingebürgert, als daß man noch etwas an ihr ändern könnte, doch wir begreifen die primitive »Zeit-Berechnung« sehr viel besser, wenn wir uns dafür entscheiden, daß sie nicht so sehr eine »*Zeit*-Berechnung«, sondern in Wirklichkeit eine »Ablauf-Klassifizierung« und eine »Ablauf-Bezeichnung« ist. Wie Piaget betont, bewirkt das Bewußtsein eines Ablaufs für sich allein noch kein operatives Verständnis der Zeit:

Man muß sich selbstverständlich davor hüten zu glauben, die Zeit könne von außen in irgendeinem physikalischen Abrollen fertig entdeckt werden: dieses Abrollen erhält eine zeitliche Bedeutung nur in dem Maße, als es zum Inhalt einer operativen Gesamtstruktur werden kann ... (Piaget 1946 [1955], S. 107)

Meiner Meinung nach gibt es deshalb in der typischen primitiven Gesellschaft so wenig ein Bewußtsein der »Zeit« als von einem »Ablauf« verschieden, wie es ein Bewußtsein der »Fläche« als etwas anderem denn sinnlich wahrgenommenen Bodenausdehnungen gibt, die je nach ihrer Größe verschiedene Auswirkungen auf die Ernte der Feldfrüchte oder auf die für das Bestellen aufzuwendende Arbeit haben.

Es gibt in primitiven Gesellschaften Wörter, die der Ethnograph richtigerweise mit »Zeit« in einem begrenzten Sinne übersetzen kann. Die Tauade zum Beispiel haben das Wort *»lova«* dafür; *oilova,* »zu dieser Zeit, jetzt«; *telova?,* »um welche Zeit, wann?«: *opolovan,* »ehemals« usw. Bezeichnenderweise kennen sie freilich außer *lariata,* »Tageslicht«, für »Tag« keine anderen Ausdrücke für die »Zeit-Angabe«. *One,* »Mond«, wird nicht als Grundlage für einen Mondkalender verwendet, und es gibt auch kein Wort für »Jahr«; das Jahr wird ebensowenig in Jahreszeiten eingeteilt, etwa Regen- und Trockenzeit, und für die verschiedenen Phasen des menschlichen Lebenslaufs gibt es als benannte Kategorien nur gerade Mädchen/Frau, Knabe/Mann oder Kleinkind/junger Mensch/alte Person. Da in ihrer Kultur sogar eine »Ablauf-Klassifizierung« fast vollständig fehlt, spricht nichts für die Annahme, sie hätten ein gewisses anschauliches operatives Verständnis der Zeit erworben, nur weil sie ein Wort wie *lova* haben. Viel wahrscheinlicher ist, daß sie mit *lova* eine »Abfolge von Ereignissen« oder eine »Zeitspanne« meinen. *oilova* wäre deshalb zutreffender mit »diese Abfolge von Ereignissen« zu übersetzen, z. B. die Abfolge von Ereignissen, in die der Sprechende und sein Gesprächspartner verwickelt sind; und *telova?* würde bedeuten »welche Abfolge von Ereignissen?«, z. B. »*telova* gehst du nach Port Moresby?«, »in welcher Abfolge von Ereignissen gehst du nach Port Moresby?« – »Nachdem das Flugzeug meine Post zur Mission gebracht hat«.

Ähnliche Überlegungen scheinen für die Kaguru zu gelten, von denen Beidelman schreibt.

Die Kaguru haben zwei Ausdrücke für das Abstraktum »Zeit«: *ugele* (oder *ngele*, *gele*) und *daha*. Das Wort *ugele* scheint sich auf eine Zeitspanne von mehr als einem Tag zu beziehen. Wenn somit ein Geschichtenerzähler von einer Periode berichtet, in der Hungersnot und Krieg herrschten, so sagt er *ugele uya*, »damals«; oder wenn ein Kaguru eine längere Zeitspanne zum Ausdruck bringen möchte, so sagt er etwa *kwa gele wa minyaka*, »während einer Zeit von Jahren«. Das Wort *daha* scheint eine verhältnismäßig kurze Zeit zu bezeichnen, üblicherweise weniger als einen Tag. Wenn beispielsweise ein Junge auf einen Botengang geschickt wird und seine Zeit vertrödelt, so daß er erst spät heimkehrt, so fragt ein Kaguru etwa, wo der Junge »die ganze Zeit« gewesen sei, *idaha dyose*. Oder wenn ein Kaguru die Vorstellung von Schnelligkeit ausdrücken möchte, daß er »überhaupt keine Zeit« gebraucht habe, sagt er *ng'halonda idaha*. Er kann dieselbe Aussage auch negativ formulieren: »keine Zeit«, *siludaha*, das bisweilen am zutreffendsten mit »bald« übersetzt wird. Die Bedeutung von *daha* kann dadurch verfeinert werden, indem man die Vorsilbe *i-* voranstellt, die eine längere Zeit anzeigt (siehe die Beispiele oben), oder das Diminutivpräfix *chi-* (*chidaha chidodogi*, »kurze Zeit«). Die Kaguru nehmen es jedoch nicht so genau, indem sie *ugele* nicht immer für längere Zeiträume als einen Tag und *daha* für kürzere Zeiten benutzen, doch im allgemeinen trifft diese Definition zu. (Beidelman 1963, S. 11)

Was Beidelman hier mit dem abstrakten Begriff »Zeit« übersetzt, kann offensichtlich zutreffender mit »Periode« oder »Abfolge von

Ereignissen« wiedergegeben werden, d. h. die Zeitbegriffe der Kaguru befassen sich nur mit der Abfolge von Ereignissen und ihrer Dauer und mit den Beziehungen zwischen dieser Abfolge von Ereignissen und der Gegenwart; das deutet nicht auf ein abstraktes Bewußtsein der Zeit als einer Dimension hin, in bezug auf die mehrere Abläufe koordiniert werden können.

Daß eine operative Auffassung der Zeit fehlt, hat jedoch schwerwiegendere Folgen als nur die Unfähigkeit, Dauer, Folge und Gleichzeitigkeit koordinieren zu können. In dem Maße, wie die primitive Zeit verräumlicht und mit bestimmten Abläufen verbunden ist, insbesondere konkreten Abfolgen von Ereignissen in der natürlichen und sozialen Welt, fehlt das, was laut Piaget die drei grundlegenden Attribute der operativen Zeit sind – Homogenität, Kontinuität und Uniformität. Eine homogene Zeit gilt für das ganze Universum, sie ist nicht an einen bestimmten Ort gebunden und subjektiv. In der kontinuierlichen Zeit ist die Gegenwart nur ein einzelner Augenblick in einem einzigen Ablauf, in dem es keine Lücken gibt, während die uniforme Zeit mit gleicher Geschwindigkeit dahinfließt. Wir haben jedoch schon festgehalten (bei Whorfs Beschreibung der Hopi-Zeit beispielsweise), daß in den primitiven Zeitvorstellungen diese Zeit nicht als die gleiche an verschiedenen Orten behandelt wird, derart, daß »jetzt« für jede Örtlichkeit gelten würde. Kalendersysteme weisen oft Lücken auf, in denen die Zeit nicht mehr nach allgemein anerkannten Kriterien berechnet wird, und sowohl auf der individuellen als auch auf der sozialen Ebene wird von der Dauer angenommen, sie habe in verschiedenen Situationen auch eine andere Geschwindigkeit.

Der Grundunterschied zwischen primitiven, präoperativen Zeitauffassungen und den mit den konkreten und formalen Operationen verbundenen Vorstellungen, die wir in vielen Bereichen unseres Denkens verwenden, besteht somit darin, daß die primitive Zeit auf Abfolgen von qualitativ verschiedenen Ereignissen, etwa von Jahreszeiten oder Alltagstätigkeiten, basiert. Solche qualitativen Abfolgen sind offensichtlich für jede Gemeinschaft eigentümlich, so daß man Dauer, Gleichzeitigkeit und Folge nicht von Ort zu Ort koordinieren kann; die Zeit scheint je nach der Natur der Tätigkeiten mit verschiedener Geschwindigkeit abzulaufen, so daß verschiedene Abfolgen von Ereignissen nicht miteinander vergleichbar sind. Insofern die Abfolge dieser für die Zeitberechnung verwendeten gewohnheitsmäßigen Ereignisse ihrer Natur nach zyklisch ist, ist sie auch unveränderlich, so daß diese Zeit auch irreversibel und statisch ist, statisch in dem Sinne, daß jedes Ereignis nur gerade mit dem vorangehenden und dem nachfolgenden Ereignis verbunden ist. Eine solche Abfolge von Ereignissen ist mit einer Landschaft vergleichbar, in der alle Wahrzeichen in einer feststehenden Beziehung zueinander stehen, und zeitliche Relationen können deshalb durch räumliche Begriffe wie nah, fern, darüber, dahinter usw. erfaßt werden. Die Verräumlichung, die Einverleibung in Abläufe und die fehlende Homogenität, Kontinuität und Uniformität sind die Hauptmerkmale der primitiven Zeit.

Auf der Stufe der konkreten Operationen wird jedoch die Zeit dank der Dezentration des Denkens und der daraus resultierenden Reversibilität der Zeitbegriffe – das heißt durch den Vergleich von späteren mit früheren Dauern – als ein Kontinuum aufgefaßt; die Kontinuität der Zeit ist aber auch abhängig von Systemen qualitativer Verbindungen, die zur Unterteilung von Dauern führen, und von quantitativen Operationen, die zu einem gewichtigen Teil dazu beitragen, daß die Zeit nicht nur kontinuierlich, sondern auch homogen und uniform wird. Die zeitliche Uniformität beruht auf der Konstruktion der quantitativen Zeit und auf der Fähigkeit, die Homogenität und die Kontinuität der Zeit zu begreifen.

Zur präoperativen Zeit gehört somit ein anschauliches Bewußtsein der Dauer und der Folge, das durch die jetzt vertrauten Merkmale der Irreversibilität, des Vorrangs der Wahrnehmung, der fehlenden Koordination zwischen Gleichzeitigkeit, Folge und Dauer (die eng mit der Irreversibilität zusammenhängt), der fehlenden Kompensation und der fehlenden Erhaltung der Geschwindigkeit und der Dauer charakterisiert ist; und die Zeit wird noch nicht von der zurückgelegten Entfernung, der geleisteten Arbeit und der Geschwindigkeit unterschieden.

2. Primitive Zeitvorstellungen

Nilsson (1920) macht in seinem klassischen Werk über die Zeitberechnung der Primitiven darauf aufmerksam, daß »Zeit-Angaben« wie »Sonnenaufgang« oder »Vollmond« vor einer Zeitberechnung in Form von Perioden kommen und daß solche Zeitangaben sich nicht auf die Dauer beziehen, sondern aoristisch oder unbestimmt sind. Die Zeitzählung beruht somit auf Folgen von qualitativ definierten Zeitpunkten wie »Schlaf« für den 24-Stunden-Tag, »Ernte-zeit« oder »Winter« für das Jahr, und diese Tages- oder Jahres-Einheiten sollten auf einer *pars-pro-toto*-Basis begriffen werden. Weil die Zeitrechnung auf solchen konkreten Angaben beruht, ob es sich um Himmelserscheinungen handelt oder ob sie von sozialen Tätigkeiten wie häuslichen oder landwirtschaftlichen Zyklen her-rühren, basiert sie somit auf Phänomenen, die von der Dauer her nicht miteinander vergleichbar und qualitativ einmalig, fluktu-ierend sind oder zwischen dem Ende einer Periode und dem Be-ginn der nächsten Lücken aufweisen, so daß sie nicht quantitativ seriiert oder kolligiert werden können. Dazu kommt, daß der Mond- und der Sonnenzyklus, aber auch die tägliche Erddrehung nicht miteinander verbunden und vergleichbar sind, was zusätzli-che Probleme bei der Konstruktion eines einheitlichen, auf Him-melserscheinungen basierenden Zeitmessungssystems aufwirft.

Weil die Zeit häufig in Form von Tätigkeiten, etwa Tagesreisen oder Kochen einer Mahlzeit, gemessen wird, ist es von Natur aus sehr schwierig, werden wir sehen, die Dauer für sich zu erfassen und sie zur Folge und Gleichzeitigkeit in Beziehung zu setzen, was für eine operative Auffassung der Zeit wesentlich ist. Wenn Pri-mitive die Dinge als schnell oder langsam betrachten, so tun sie das nicht in bezug auf die Dauer oder die Entfernung, von der Kraft dessen, was schneller ist, oder von einem Mann her gesehen, der einen anderen unterwegs überholt. Weil die Dauerintervalle groß sind (etwa der »Tag«) oder in ihrer Länge variieren, lassen sich die Geschwindigkeiten von Gegenständen nicht vergleichen, ausgenommen durch die Beobachtung von Tätigkeiten und beim Überholen. Weil ein stabiles, seriierbares Maßsystem fehlt, ist eine Dauer, die nicht mit einer räumlichen Verschiebung oder ei-ner Tätigkeit verbunden ist, noch schwieriger zu begreifen als die Dimensionen der Länge, der Menge oder des Gewichts. Dement-sprechend findet man in primitiven Sprachen kein Wort für die »Zeit« als solche (sondern, wie wir gesehen haben, nur allenfalls im Sinne einer »Abfolge von Ereignissen«), so wenig wie für die Di-mensionen der Länge, des Gewichts und so fort. In den meisten primitiven Gesellschaften wird deshalb die Zeit nicht von der räumlichen Verschiebung oder der Tätigkeit abstrahiert; die einzi-ge Ausnahme sind die Korrelationen zwischen dem Mond- und dem Sonnenkalender in einigen wenigen Gesellschaften.

Ich werde die Meinung vertreten, daß die Kalendersysteme pri-mitiver Völker bei den gewöhnlichen Angehörigen der Gesellschaft üblicherweise kein operatives Verständnis der Zeit voraussetzen und daß die kollektiven Zeitvorstellungen primitiver Völker im allgemeinen von einem präoperativen Denken zeugen. Daraus läßt sich selbstverständlich nicht schließen, daß nicht wenigstens einige Individuen in solchen Gesellschaften, insbesondere Fachleute für Kalenderfragen, ein operatives Verständnis der Zeit erwerben könnten, doch die dürftigen psychologischen Fakten, die zur Zeit vorliegen, weisen ziemlich eindeutig darauf hin, daß solche Leute eine verschwindende Minderheit bilden. Weil das operative Verständnis der Zeit von der Fähigkeit abhängt, diese Zeit von der Entfernung, der Geschwindigkeit und der geleisteten Arbeit zu trennen, ist es zudem theoretisch wahrscheinlich, daß die Zeit nicht unabhängig von Raum, Geschwindigkeit und Zahl operationalisiert werden kann. Die operative Zeitvorstellung wird durch bestimmte Möglichkeiten, eine uniforme und unterteilbare Bewegung zu replizieren, stark gefördert, insbesondere (aber nicht notwendigerweise) durch den Gebrauch von Uhren in irgendeiner Form, etwa Sand- oder Wasseruhren, die aber in primitiven Gesellschaften kaum anzutreffen sind.

Ich versuche somit zu zeigen, daß die *kollektiven Zeitvorstellungen* in primitiven Gesellschaften präoperativ sind und nicht auf einer Koordination von Folge, Gleichzeitigkeit und Dauer beruhen, und daß die primitive Zeit nicht uniform, kontinuierlich und homogen ist, weil sie nicht von den Raumbegriffen, der Handlung und der Struktur der sozialen Beziehungen losgelöst ist.

Zweckmäßigerweise wollen wir unsere Analyse mit einer Prüfung der Seriations- und Kolligationsarten für Dauern bei der Zeitberechnung beginnen. Primitive sind zunächst hauptsächlich am Wetter interessiert, an den Eigenarten der jahreszeitlichen Veränderungen und ihrer Voraussage, nicht so sehr an der Zeitberechnung als solcher:

Für die Griechen zur Zeit Homers war die Zeit nicht homogen; sie war eine Qualität; sie war an den verschiedenen Orten in der Welt innerhalb des Horizonts jeweils etwas anderes. Da gibt es alle die Veränderungen im Laufe des Tages von der Morgendämmerung bis zum Ende der Nacht, alle die Veränderungen im Laufe des Jahres vom Frühjahrsbeginn über den Sommer und den Herbst bis zum Winter. Für die Römer war die Zeit Wetter, Wetterzeit, *tempus, tempestas;* und dieser Gedanke lebt im heutigen Französisch weiter: *il fait mauvais temps* usw. (Onians 1954, S. 411)
[Und:] Die frühen Griechen [z. B. Hesiod] hatten das Gefühl, verschiedene Zeitabschnitte hätten jeweils verschiedene Eigenschaften und zögen diese

oder jene Veränderung nach sich, förderten diese oder jene Tätigkeit, ὧραι
[derart daß die verschiedenen Zeitabschnitte, die Monate und Tage, jeweils
eine besondere Eigenschaft hatten, die für diese oder jene Tätigkeit günstig
oder ungünstig war]. Das Geschick oder die Tätigkeiten von Menschen an
einem bestimmten Tag wurden deshalb diesem Tag zugeschrieben. Man sprach
von ihm, als wäre er lebendig, ein personaler Geist, δαίμων vgl. ὧραι). (Ibid.,
S. 413)

[Onians fährt fort:] Hesiod beschreibt die Eigenschaften der wiederkehrenden Jahreszeiten und Tage für ganze Klassen von Lebewesen. Homer befaßt
sich mit individuellen Menschen und individuellen Zeiten, für ihn ist die Zeit
jeweils eine andere für verschiedene Personen oder Gruppen von Personen,
selbst wenn diese räumlich nahe beieinander sind, z. B. für den Sieger und den
Besiegten; für jeden hat sie dieses oder jenes Wesen, wird sie als dieses oder
jenes Schicksal erfahren. Eine besondere Glücksphase hatte Dauer, war erfahrene Zeit. Die natürlichste Einheit ist der Tag. Für Homer ist der »Tag«
identisch mit dem erfahrenen Schicksal, wenn er vom Fatum als ἦμαρ, αἴσιμον
ἦμαρ (cf. μόρσιμον ἦμαρ, ὀλέθριον ἦμαρ) spricht, so meint er nicht das Da-
tum, sondern das Los des Todes, das visualisiert, als konkret aufgefaßt, auf
eine Waage gelegt und gewogen wird. In solchen Sätzen ist ἦμαρ das vom
einzelnen Menschen erfahrene Fatum, nicht das überall vorhandene Tageslicht, und es dauert nicht genau einen Tag, sondern ist eine Schicksalsphase
von mehr oder weniger langer Dauer. (Ibid., S. 413 f.)

Man kann Landwirtschaft ohne irgendeinen Kalender betreiben,
wie beispielsweise auf Neuguinea (wobei festgehalten werden
muß, daß der Anbau von Knollengewächsen, insbesondere in einem Klima wie dem auf dieser Insel, viel weniger von der Jahreszeit abhängig ist als der Getreideanbau). Girard berichtet von den
Buang:

Die Unmöglichkeit, die künftige Entwicklung der verschiedenen Phasen eines
jahreszeitlichen Phänomens begrifflich zu erfassen, zeigt sich auf besonders
erstaunliche Art, wenn man bei einer Gruppe von Menschen herauszufinden
versucht, wie sie im Laufe des Landwirtschaftsjahres die für den Yams-Anbau
notwendigen Arbeiten ausführen, eine Tätigkeit, der sie den größten Teil ihrer
Anstrengungen widmen. An diesem besonderen Abend erhielten wir überhaupt keine Auskunft über die Reihenfolge der Aufgaben, die sie während der
kommenden Wochen und Monate für einen erfolgreichen Anbau dieser Pflanze
erledigen mußten. Diese Unfähigkeit war nicht irgendeiner Abneigung zuzuschreiben; wenige Tage später scheuten zwei unserer Informanten nicht vor
einem mehrstündigen Umweg zurück, um zu uns zu kommen und uns zu mel-
den, daß eben ein bestimmter Zugvogel gesichtet worden sei, der anzeige, daß
es jetzt an der Zeit sei, mit einer bestimmten Gartenarbeit zu beginnen. Sie
stellen sich selbst die landwirtschaftlichen Arbeiten, die im Laufe des Jahres
auszuführen sind, nicht in ihrer Gesamtheit vor; der geeignete Zeitpunkt, um

mit ihnen zu beginnen, wird nicht durch eine Zeitzählung festgelegt; das Auftreten eines jahreszeitlichen Phänomens mit gleicher Periodizität wird als Bezugspunkt genommen. Aus diesem Grunde stützt sich der Ackerpriester *(prêtre agricole)*, der für das Gedeihen der Yamsknollen einer Gruppe verantwortlich ist, der im brachliegenden Land die Parzellen aussucht, auf denen die Knollen angebaut werden, und der darüber entscheidet, wann der geeignete Zeitpunkt für die verschiedenen Arbeiten gekommen ist, nicht auf das Zählen der Jahre, der Monate oder Tage; er leitet sein Wissen von einer genauen und aufmerksamen Beobachtung der verschiedenen Anzeichen ab, die die Natur ihm anbietet. (Girard 1968 – 1969, S. 173 f.)

Was die Schwangerschaftsdauer betrifft, gilt ebenfalls: »Obwohl die Frauen das Ausbleiben der Menstruation mit einer Schwangerschaft in Beziehung setzen, berechnen sie die Dauer dieser Schwangerschaft nicht. Um zu wissen, wann die Entbindung bevorsteht, benötigen sie keine Zeitberechnung, sondern sie verlassen sich auf die Stellung, die das Kind einnimmt« (Ibid., S. 173).

Für die praktischen Bedürfnisse des primitiven Lebens kann man sich somit durchaus auf empirische Korrelationen regelmäßig wiederkehrender Ereignisse in der Natur verlassen, etwa die jahreszeitlichen Unterschiede bei Wind und Regen, die Sichtbarkeit oder Unsichtbarkeit bestimmter Sterne und Sternbilder, auf Vogelzüge, die Blühfolge bei bestimmten Pflanzenarten und so fort. Interessanterweise sind freilich die Buang anscheinend nicht einmal imstande, die Abfolge dieser natürlichen Ereignisse aufzuzählen, ganz abgesehen davon, daß auch ein Mondkalender fehlt.

In dieser Beziehung zwischen menschlichen Tätigkeiten und natürlichen Phänomen kommt diesen letzteren nicht unbedingt eine Bedeutung als empirischer Maßstab zu, mit dem die Dauer der menschlichen Tätigkeit abgeschätzt wird. Gell schreibt von den Umeda:

. . . als ich mit einem jungen Mann von einem Dorf zum nächsten wanderte, machte ich zu ihm eine Bemerkung über den eher gemächlichen Schritt, den wir angeschlagen hatten, und wies darauf hin, daß wir möglicherweise nicht vor Einbruch der Dunkelheit hingelangen würden. Er (und er wußte genau, daß diese Gefahr nicht bestand, wie sich herausstellte) versicherte mir, wenn wir schnell gingen, würde die Sonne entsprechend schnell untergehen, wenn wir aber bei unserem gemächlichen Tempo blieben, würde die Sonne dasselbe tun. Kurzum, Zeitangaben, die mit dem Mond oder anderen Gestirnen zusammenhängen, werden nicht als starrer und genauer bestimmt denn beliebige andere Ereignisse aufgefaßt, als ein Maßstab, mit dem andere Dinge gemessen werden könnten, sondern sie sind eins mit der menschlichen Tätigkeit, mit dem Zyklus der Jahreszeiten, biologischen Prozessen, dem Wetter usw., was alles auf eine nicht genauer untersuchte Weise miteinander zusammenhängt; nichts davon wird jedoch als die Triebfeder von allem anderen angesehen. (Gell 1975, S. 163)

Weil Tätigkeiten für die Erfahrung der Dauer bei Primitiven grundlegend sind, bringen sie eine Reihe von nicht miteinander vergleichbaren Zeitunterteilungen hervor wie beispielsweise bei den Tiv:

Für die Tiv ist die Zeit durch natürliche und gesellschaftliche Ereignisse in verschiedenartige Perioden unterteilt, doch weil die Ereignisse oft zu verschiedenen logischen Reihen gehören, wird kaum der Versuch gemacht, die verschiedenartigen Zeitunterteilungen miteinander zu korrelieren. Die Tiv versuchen gar nicht, den Mondzyklus mit Märkten, mit Ackerbautätigkeiten oder mit Jahreszeiten in Beziehung zu setzen. Wenn man fragt, wie viele »Monde« ein Jahr habe, schwankt die Antwort zwischen zehn und achtzehn; wenn man nach der Zahl der Märkte während eines »Mondes« fragt, schwankt die Antwort zwischen drei und acht; wenn es um die Zahl der Tage während eines »Mondes« geht, zwischen zehn und fünfzig. (Bohannan 1967, S. 323)

Auch die Abschnitte eines Tages können nicht quantitativ seriiert werden. Eine typische Tageinteilung findet man beispielsweise bei den Konso:

erster Lichtschimmer	*parāë*
unmittelbar vor Sonnenaufgang	*janjamïda*
Sonnenaufgang	*birtota*
Sonnenaufgang bis 9 Uhr	*tëganda*
9–11 Uhr	*gudāda*
11–14 Uhr	*guiada'guta* oder *tagalida*
14–16 Uhr	*kalagalla*
16–17 Uhr	*harsheda akalagalla*
17–18 Uhr	*kakalseema* (wenn das Vieh heimkehrt)
Sonnenuntergang	*dumateta*
18–19 Uhr	*shisheeba* (Zwielicht und Sonnenuntergang)
19–20 Uhr	*shisheeba'guta* (wenn es ganz dunkel wird)
20 Uhr und etwas später	*edowa* (Nachtessenszeit)
Nacht	*halgeta*

(die Stundenangaben sind approximativ zu verstehen)

Selbstverständlich kann man in einem solchen System unmöglich sagen, drei *shisheebas* seien eine *gudada* oder von *teganda* bis

410

guiada'guta sei es gleich lang wie von *kalagalla* bis *edowa*, und zwar nicht nur weil die Einheiten in ihrer Dauer unscharf abgegrenzt sind, sondern auch weil sie sich gegenseitig überlappen und überhaupt nicht quantifiziert sind. Dasselbe gilt für die Unterteilungen des Jahres, auch wenn diese als Monate bezeichnet werden. Für die Nuer gilt beispielsweise:

Zwar ist das Jahr in zwölf Mondeinheiten unterteilt, doch die Nuer rechnen mit ihnen nicht als Untereinheiten. Sie können durchaus sagen, in welchem Monat ein Ereignis stattgefunden hat, aber sie haben große Mühe beim Berechnen von Beziehungen zwischen Ereignissen mit abstrakten Zahlensymbolen. Sie denken sehr viel leichter in Form von Tätigkeiten oder Abfolgen von Tätigkeiten und in Form sozialer Strukturen oder struktureller Unterschiede als in reinen Zeiteinheiten. (Evans-Pritchard 1940, S. 103 f.)

Und Bohannan sagt von den Tiv:

Obwohl es verschiedene mit einem Namen bezeichnete Perioden während des Tages und ebenso verschiedene mit einem Namen bezeichnete Jahreszeiten während des Jahres gibt, kennen sie kein Wort für eine Tageseinteilung oder für »Jahreszeit«. Es gibt keinen Ausdruck für Tagesabschnitte, die gezählt werden können, nichts, wovon man sagen könnte, daß es vier oder fünf davon zwischen Morgen- und Abenddämmerung gebe. Ebenso kann man unmöglich sagen, daß es vier oder fünf »Jahreszeiten« oder »Unter-Jahreszeiten« während der Regenzeit gebe, denn es gibt in den Vorstellungen der Tiv kein verallgemeinertes Ding, das gezählt werden kann. (Bohannan 1967, S. 323)

Es gibt klare Belege dafür, daß es für viele primitive Völker keine Entität wie ein »Jahr« mit genau festgelegtem Anfang und Ende gibt, mit Monaten, die als dessen Untereinheiten, und Tagen, die als Untereinheiten der Monate betrachtet werden. Nilsson hat betont, daß die Zeit der Primitiven eher punktförmig ist und nicht so sehr auf Einheiten von abgegrenzter Dauer basiert. Wenn die Zahl der Tage oder Monate oder Jahre zwischen zwei Ereignissen gezählt werden muß, wird ein Punkt in einer sich wiederholenden Reihe als stellvertretend für das Ganze genommen, zum Beispiel:

B Č D A B Č D A B Č D A B Č D
(wobei C für die Gesamtfolge ABCD steht)

Üblicherweise werden 24-Stunden-Perioden in »Nächten« oder »Schlafen«, 365-Tage-Jahre in Wintern und Monate in Neumonden gezählt. Man kann dagegen einwenden, »Schlafe« oder »Winter« seien keine Zeitpunkte wie z. B. der Rand der Sonnenscheibe in dem Augenblick, da er über dem Horizont aufsteigt. Wenn man aber auf qualitativ verschiedene Ereignisse in einer sich wiederholenden Folge abstellt, muß man einem Schlaf oder dem Winter nicht unbedingt eine feste Dauer zuschreiben oder ebensowenig die *Gesamt*folge überhaupt begrifflich erfassen. Solchermaßen begriffenen Zeitperioden muß deshalb auch kein klar umschriebener Anfang und kein ebensolches Ende zugewiesen werden, so daß das gewählte Ereignis (»Schlaf« oder »Winter«) nicht als Teil von einem Ganzen zur Gesamtheit in Beziehung gesetzt wird. Eine anschauungsmäßige Erinnerung genügt angesichts der Regelmäßigkeit der zyklischen Veränderungen in der Natur für die Berechnung des Zeitablaufs, indem man ein einzelnes Element der Reihe auswählt und für die ganze Reihe setzt; deshalb hat das Jahr für viele primitive Völker keinen Monat, der formell als der erste des Jahres anerkannt wäre.

Auch wenn die aufeinanderfolgenden Mondzyklen gezählt werden und innerhalb des jahreszeitlichen Zyklus einen festen Platz erhalten, bilden sie nicht unbedingt ein unabhängiges System von Einheiten, das nichts mehr mit den alltäglichen Tätigkeiten zu tun hätte, Evans-Pritchard schreibt von den Nuern, deren Jahr aus zwölf Mondmonaten besteht:

Ich glaube nicht, daß sie je dieses Gefühl eines Wettlaufs mit der Zeit verspüren oder ihre Tätigkeit mit einem abstrakten Zeitabschnitt koordinieren müssen, denn ihre Bezugspunkte sind zur Hauptsache die Tätigkeiten selbst, die im allgemeinen eher gemächlich ausgeführt werden. Die Ereignisse folgen in einer logischen Reihenfolge aufeinander, aber sie werden nicht von irgendeinem abstrakten System beherrscht, und es gibt keine selbständigen Bezugspunkte, mit denen die Tätigkeiten genau übereinzustimmen haben. (Evans-Pritchard 1940, S. 103)

Weil die Zeiten für eine Drehung der Erde um die eigene Achse, ihren Umlauf um die Sonne und den Umlauf des Mondes um die Erde kausal voneinander unabhängig sind, sind sie nicht genau miteinander vergleichbar, und weil auch die Abfolge der Jahreszeiten beträchtlichen Schwankungen unterliegt, ist es sehr schwierig, ein einheitliches Kalendersystem zu entwickeln und insbesondere dem Jahr eine Folge von zwölf Mondmonaten zugrunde zu legen, wenn die Beziehung zu den Jahreszeiten stabil bleiben soll – damit dieses Problem gelöst werden kann, müssen Einschübe vorgenommen werden[3]. Man findet deshalb zahlreiche Beispiele von primitiven Kalendern mit weit mehr als zwölf Namen für die Monate, von denen der (für eine Tätigkeit) geeignetste ausgewählt wird, damit er mit den herrschenden klimatischen Bedingungen oder den Tätigkeiten beim Ackerbau in Einklang steht.

So haben etwa die Massai zwölf Monate, aber sie können, wenn nötig, einen davon wiederholen:

Der große Regen hört im *loo-'n-gokwa* auf, der seinen Namen vom Untergehen der Plejaden am Abendhimmel hat. Regnet es jedoch zu Beginn des nächsten Monats weiter, so sagen die Massai: »Wir haben es übersehen, es ist *loo-'n-gokwa*«. Falls die große Hitze im Monat nach *ol-oiborare* noch nicht vorbei ist, sagen sie: »Wir haben es übersehen, es ist *ol-oiborare*«. (Hollis 1905, S. 334, bearbeitet von Nilsson 1920)

Goodenough (1951) hat in einer Arbeit über das Schiffahrts- und Kalendersystem im zentralen Teil der Karolinen-Inseln wertvolle Fakten über die gegenseitige Abstimmung des Mond- und des Gestirnskalenders auf der Insel Ngulu gesammelt; man darf wohl annehmen, daß die Leute, die dieses System ersonnen haben und jetzt weiterführen, über ein operatives Verständnis der Zeit verfügen.

Im Kapitel über den Raum haben wir gesehen, daß die Seefahrer in diesem Gebiet für die Festlegung des Kurses einen Sternkompaß verwenden, der auf der Stellung verschiedener Sterne beim Auf- und Untergehen beruht. Die Seefahrer der meisten zentralen Karolinen-Inseln benützen einen Kalender mit zwölf Sternmonaten (Monaten, in denen ein bestimmter Stern aufgeht), die verständlicherweise nicht alle gleich lang sind:

Jeder dieser Monate beginnt mit dem ersten Sichtbarwerden des Sterns, nach dem er benannt ist, während der Morgendämmerung im Osten. Das Sternjahr beginnt mit dem Aufgang der Plejaden oder des Antares. Einige Kalender bezeichnen deshalb einen Monat nach den Plejaden. Das Sonnenjahr beginnt auf den südwestlichen Inseln, wenn die Sonne in der durch Altair festgelegten Richtung aufgeht. (Goodenough 1951, S. 109, siehe Abbildung 25)

[Auf Ngulu hingegen unterteilen die Seefahrer] das Jahr in zwölf Mondmonate, wozu ein dreizehnter für Schaltjahre kommt, benennen diese aber willkürlich nach Sternbildern aus dem Gestirnskalender ihrer Nachbarn. Da sie sich auch an den Gestirnskalender halten, haben sie gelernt, wie Mond- und Gestirnsmonate gleichen Namens ihre Beziehung zueinander verändern, und sie verwenden den zusätzlichen Mondmonat dafür, die beiden Kalender in Schaltjahren wieder miteinander in Einklang zu bringen. (Ibid., S. 109)

Diese Seefahrer sind sich somit der verschiedenen Dauer zweier Reihen von Zeiteinheiten bewußt, der Reihe der Mond- und der Reihe des Gestirnsmonate; und sie sind imstande, diese beiden

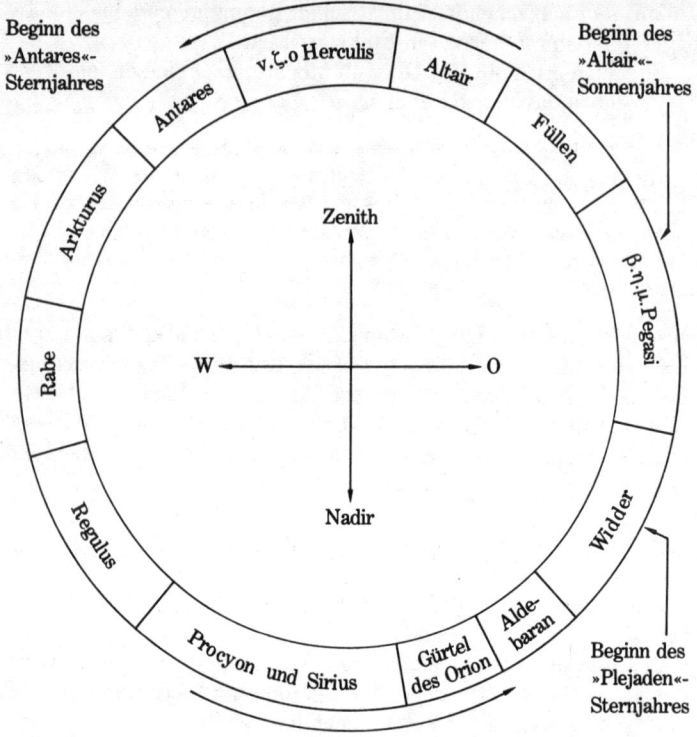

Abbildung 25: (Goodenough 1951, S. 109)

Reihen durch eine Koseriation, nämlich die Einschiebung eines zusätzlichen Elements, wieder in die ursprüngliche Beziehung zueinander zu bringen. (Diese Beziehung zwischen den Reihen der Mond- und der Gestirnsmonate ist grundsätzlich die gleiche wie beim Experiment mit den zwei Flaschen, das im nächsten Paragraphen diskutiert wird.) Damit man die beiden Folgen koordinieren kann, muß man sie konzeptualisieren.

Abbildung 26 stellt die Differenz zwischen den beiden Reihen übertrieben dar; sie zeigt aber, daß für die Koordination das Verständnis der Folge, der Dauer und der Gleichzeitigkeit und der Beziehungen dazwischen wesentlich ist, damit die Stellung und der richtige Zeitpunkt für das einzuschiebende Intervall D_2 richtig festgelegt werden. Zwischen einer solchen Einschiebung und der,

414

Reihe der Mondmonate	Reihe der Gestirnsmonate
A	*A*
B	*B*
C	*C*
D_1	*D*
$[D_2]$	

Abbildung 26

wo der zusätzliche Monat (die zusätzlichen Monate) einfach eingefügt wird, falls beispielsweise zur Erntezeit der »Ernte«monat
bereits vorbei ist, besteht offensichtlich ein Unterschied. Im zweiten Fall ist das Verständnis der Beziehungen zwischen zwei als ein
Ganzes betrachteten Reihen nicht notwendig.

Primitive Gesellschaften können also die Begriffe Tag, Monat
und bisweilen Jahr durchaus verwenden, aber diese Zeiteinheiten
sind oft nicht klar abgegrenzt, so daß die Zeitberechnung manchmal durch qualitativ verschiedene Typen von sich wiederholenden
Ereignissen vorgenommen wird, die nicht miteinander vergleichbar sind. Aus diesem Grunde können sich diese Menschen die Zeit
kaum als ein uniformes Fließen vorstellen, das an verschiedenen
Orten gleichzeitig[4] ist und ebenso zu verschiedenen Zeitpunkten in
Vergangenheit, Gegenwart und Zukunft dieselbe Geschwindigkeit
hat. Die Koordination der Ereignisse beruht dann ganz auf der
Erinnerung an Abfolgen von Geschehnissen und auf der Struktur
der sozialen Beziehungen.

Die Tiv können zwei Ereignisse in der Vergangenheit oder im
Lebensablauf eines einzelnen Menschen direkt zueinander in Beziehung setzen, z. B.:

»Dieser Markt war noch nicht vorbei, als mein ältester Sohn geboren wurde,
denn ich kaufte dort Rotholz, um ihn damit einzureiben« wird dadurch spezifisch, daß man den Sohn sehen und so sich eine Vorstellung von der verflosse-
nen Zeit machen kann. »Die Europäer kamen, nachdem ich beschnitten worden war, aber bevor ich heiratete« ist ein typischer Ausdruck für eine Zeitangabe über eine längere Dauer hinweg. (Bohannan 1967, S. 324)
[Und:] Die Tiv setzen im großen und ganzen Ereignisse nicht über mehr als

415

ein bis zwei Generationen hinweg zueinander in Beziehung. Es gibt nur ein unscharfes »vor langer Zeit« *(ngise)*, das durch ein »vor sehr, sehr langer Zeit« *(ngise ngise)* verstärkt werden kann – je öfters man das Wort wiederholt, um so weiter liegt das Ereignis zurück.

Interessanterweise benutzen die Konso, die im Garati-Gebiet die Jahre nach einer festgelegten und zwingenden Folge von achtzehn Sakraltrommel-Haltern berechnen, diese Methode nicht, wenn es um quantitative Abschätzungen von Zeiträumen geht. Ich erhielt einen Text von einem gut informierten und intelligenten alten Mann, der das Eindringen der Amhara in das Konsoland im Jahre 1897 mit dieser Trommelhalter-Folge korrelierte. Seine Aussage bestand darin, daß die Amhara gekommen seien, als die Familie *X* die Sakraltrommel hatte, worauf die aufeinanderfolgenden Halter zyklusweise bis hin zum letzten aufgezählt wurden, doch der Informant schloß daraus nicht, daß in dieser Zeit so viele Jahre oder auch so viele Zyklen vergangen seien – er hatte von der Dauer eine rein qualitative und strukturelle Auffassung.

Hallowell berichtet von den Saulteaux-Indianern: »So wie sie auf die Frage: Wieviele Kinder hast du?, damit antworten, daß sie die Namen dieser Kinder aufzählen, so führt auch die direkte Frage nach der Zahl der ›Monde‹ dazu, daß sie einen nach dem anderen mit Namen nennen« (Hallowell 1937, S. 669). Die Reihe der Generationen innerhalb einer Geschlechtergruppe oder die Abfolge der Altersklassen, also die »strukturelle Zeit«, wie Evans-Pritchard sie nennt, ist durchaus eine Grundlage für die Zeitberechnung, doch sie unterscheidet sich nicht grundsätzlich von anderen Methoden primitiver Zeitberechnung. Bei geradlinigen Abstammungsgruppen sind selbstverständlich die sozialen Beziehungen zwischen den Generationen und zwischen seitlichen Verwandtschaftslinien innerhalb ein und derselben Generation ein Ausdruck für die verstrichene Zeit. Dasselbe gilt für eine Folge von Altersgruppen, aber Evans-Pritchard betont:

Wir haben bemerkt, daß die Bewegung der strukturellen Zeit in gewissem Sinne ein Trugbild ist, denn die Struktur bleibt ziemlich konstant, und die Wahrnehmung der Zeit ist nur eine Bewegung von Personen, oft als Gruppen, durch die Struktur hindurch. Altersklassen etwa folgen ständig aufeinander, aber es gibt nie mehr als sechs, die am Leben sind, und die relative Stellung, die diese sechs Klassen zu jeder Zeit einnehmen, sind fixierte strukturelle Punkte, durch die jetzige Personenklassen in endloser Folge hindurchgehen... Das System der Geschlechterverbände der Nuer kann als ein unveränderliches System angesehen werden, denn die Zahl der Schritte zwischen lebenden Personen und dem Begründer ihrer Sippe bleibt gleich, und die Geschlechterverbände nehmen eine gleichbleibende Stellung in bezug zueinander ein. (Evans-Pritchard 1940, S. 107)

[Und:] Über den Jahreszyklus hinaus ist die Zeitberechnung eine Konzeptualisierung der sozialen Struktur, und die Bezugspunkte sind eine Projektion gegenwärtiger Beziehungen zwischen Gruppen von Personen in die Vergangenheit. Es geht nicht so sehr um eine Koordination von Ereignissen als um eine Koordination von Beziehungen; das System ist deshalb vorwiegend ein Blick in die Vergangenheit, denn die Beziehungen können aufgrund der Vergangenheit erklärt werden. (Ibid., S. 108)

Die Geschlechterverbände- und Altersklassen-»Zeit« ist somit rein qualitativ; »Gleichzeitigkeit« kann mit »auf derselben Generationsstufe« oder »in derselben Zeremonie initiiert« übersetzt werden, »Folge« mit »Erbschaft«, während die »Dauer« ein qualitativ aufgefaßtes Intervall zwischen der Geburt der einen und der nächsten Generation ist.

Im kuschitischen Generationenklassen- oder *gada*-System vergehen zwischen einer Initiationszeremonie und der nächsten eine feststehende Anzahl Jahre, doch es sieht nicht so aus, als würde diese Zahl zur Grundlage eines weiterführenden quantitativen Denkens gemacht. Man kann freilich mit einigem Recht sagen, daß man mit dem Generationenklassensystem sehr nahe an eine Institution herankomme, deren Verständnis einen operativen Zeitbegriff erfordert, was daraus hervorgeht, daß diese Systeme eine quantitative Beziehung zwischen den Graden der aufeinanderfolgenden Generationen aufstellt und diese mit den Jahreszyklen korreliert.

(Das Generationenklassen-System unterscheidet sich vom Altersklassen-System dadurch, daß die Stellung im ersteren nicht vom gegenwärtigen Alter eines Mannes, sondern von dem seines Vaters abhängig ist; der Sohn muß eine bestimmte Anzahl Grade hinter dem Vater stehen.) Eines der Konso-Systeme aus dem Turo-Gebiet mag als Beispiel dienen.

Es gibt vier Grade, Raga, Pulada, Dalda und Farida, wobei jede Person nur fünf Jahre lang in einem Grad verbleibt, ausgenommen im Grad Raga, wo man für den Rest seines Lebens ist. Jeder Mann gehört auch zu einer mit einem Namen bezeichneten Klasse, in der er für immer bleibt; die Angehörigen einer Klasse werden alle fünf Jahre gleichzeitig in einen älteren Grad befördert, ausgenommen wieder die Klassen des Raga-Grades, wo diese Beförderung nicht möglich ist und sich die Klassen nur durch ihre Seniorität unter-

Tabelle 19

Väter		Söhne	
äS	←——————————→ äS		6 Altersklassen
äS	←——————————→ jS		7 Altersklassen
jS	←——————————→ äS		5 Altersklassen
jS	←——————————→ jS		6 Altersklassen

scheiden. Dieses System zeichnet sich, vom Kognitiven her gesehen, gegenüber den üblichen Altersklassensystemen dadurch aus, daß die Klassen der Väter und der Söhne und die aufeinanderfolgenden Generationen miteinander verbunden sind; die älteren Söhne befinden sich in der Klasse unmittelbar über der der jüngeren Söhne, und ein feststehendes Intervall trennt diese Kategorien von den Kategorien *ihrer* Söhne, wie aus der Tabelle 19 hervorgeht.

Die Beziehung wird in Abbildung 27 noch klarer herausgearbeitet; hier haben wir eine homogene Reihe von Einheiten vor uns; jede von ihnen hat ihren Namen fünf Jahre vor der nächsten Einheit erhalten, als sie den Pulada-Grad und damit die Erlaubnis zum Heiraten erhielt. Jede Einheit von Vätern ist generationenmäßig durch eine bestimmte Anzahl Einheiten von der der Söhne getrennt, und das gleiche Prinzip wird auf die älteren und die jüngeren Söhne angewandt. Daraus ergibt sich eine unterteilte Reihe von Einheiten, in der die Einheiten in einer feststehenden Beziehung zueinander stehen, und die ganze Reihe entspricht einer quantifizierten, auf Fünf-Jahre-Intervallen beruhenden Zeitrechnung. Man würde nun annehmen, die für die Koordination dieses und der anderen Generationenklassensysteme der Konso Hauptverantwortlichen seien imstande, die Systeme als Ganzes zu überblicken. Das gilt jedoch nicht einmal für intelligente Informanten, mit denen ich die Systeme bei meiner Feldarbeit diskutiert habe. Sie sind völlig unfähig, die Beziehungen zwischen den Klassen der beiden Kategorien, der Väter und der Söhne, quantitativ von der tatsächlichen Anzahl von Klassen her zu formulieren. Ich mußte die Namen der Grade und die Regeln, die für die Beförderung und die Intervalle zwischen den Klassen gelten, ermitteln, dann die Namen der Klassen vieler einzelner Individuen, zusammen mit den Klassen ihrer Väter und ihrer Söhne, und herausfinden, ob es sich um die älteren oder die jüngeren Söhne handelte, damit ich schließlich eine Liste der Klassen in der Reihenfolge der Seniorität

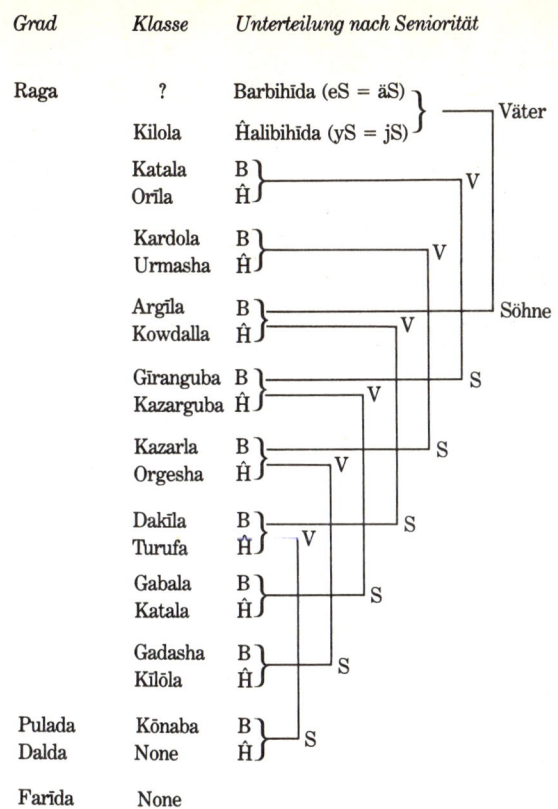

Grad	Klasse	Unterteilung nach Seniorität

Abbildung 27: (Hallpike 1972, S. 201)

erhielt. Auf dieser Grundlage konnte ich dann die Beziehungen zwischen den Klassen, so wie sie in Abbildung 27 dargestellt sind, rekonstruieren.

Die Leute selbst überblicken diese Systeme in Form einer großen Anzahl Personen, die ihnen bekannt sind. Im Takadi-Gebiet konnte man mir den Grad von 52 aus 54 Leuten richtig sagen. Das System wird offensichtlich dank einer umfassenden Kenntnis einzelner Fakten durchschaut, nicht aufgrund eines formalen Modells, wie es der Anthropologe konstruieren muß. Die Konso kennen die Regeln, die dem System zugrunde liegen, aber sie sind

419

nicht imstande, diese Regeln verbal auszudrücken oder die allgemeinen Prinzipien, denen die Systeme gehorchen, und die verschiedenen Verzerrungen, denen sie ausgesetzt sein können, wenn zum Beispiel Männer in ungewohnt hohem Alter noch Kinder zeugen, zu erörtern. Dieses Unvermögen, die Systeme explizit zu analysieren, obwohl sie streng geregelt sind, und die Tatsache, daß sie sie ausschließlich leben, scheinen eindeutig zu beweisen, daß die große Mehrheit der Konso sie und ihre zeitlichen Aspekte nicht auf einer operativen Stufe begreifen.

Strukturell bedingt glauben die Tiv, ihre Genealogien würden beweisen, daß sie jetzt zahlreicher als in der Vergangenheit seien; die Generation der Eltern muß zahlenmäßig immer kleiner sein als die der Kinder. »Daß die Tiv sagen, sie würden von einer Generation zur anderen zahlreicher, ist primär kosmographisch bedingt, und der räumliche Aspekt dieser Aussage ist viel wichtiger als ihr zeitlicher Aspekt« (Bohannan 1967, S. 326). Sie glauben auch, ihr Gebiet sei flächenmäßig von Generation zu Generation immer größer geworden.

In der primitiven Gesellschaft sind somit die zeitlichen Begriffe grundsätzlich sozial-räumliche Konzepte. Pocock weist mit Recht darauf hin, daß eine umfassendere Koordination der Zeitberechnung auch eine umfassendere Vereinheitlichung und Systematisierung zur Folge hat:

Je verschiedener die Tätigkeiten einer Anzahl Leute oder Gruppen sind, das muß nicht des langen und breiten erörtert werden, um so abstrakter und systematischer muß auch die Zeitberechnung sein, wenn irgendeine Form von Koordination erwünscht ist oder verwirklicht werden soll. Die umfassendere Koordination subsumiert die weniger umfassende. Das gilt sowohl für die politische als auch die wirtschaftliche Tätigkeit. Zwei Männer, die jeder für sich am Morgen fischen gehen, können miteinander verabreden, sich wieder zu treffen, sobald die Fische nicht mehr springen. Dieses Ereignis wird sie ungefähr zur gleichen Zeit wieder zusammenbringen. Wenn der eine jagen und der andere fischen geht, muß ein anderes Anzeichen, das mit der Tätigkeit nicht zusammenhängt, gefunden werden, beispielsweise die Stellung der Sonne. In der politischen Organisation gewinnt die Tätigkeit . . . einer politischen Gruppe die Oberhand über die Aktivitäten einer kleineren Gruppe. (Pocock 1967, S. 307)

Ob aber die primitive Zeitberechnung in ihren strukturellen Aspekten einen höheren oder geringeren Allgemeinheitsgrad aufweist, sie ist dennoch qualitativ und untrennbar mit den sozialen Beziehungen und Tätigkeiten verbunden:

Die Tiv haben in ihrer Geschlechterverbands- und politischen Struktur enthaltene Zeit-Element nicht herausgearbeitet, so wenig wie sie die »Zeit« aus dem Ablauf eines Menschenlebens, aus den wiederkehrenden Mondphasen oder aus den fünf Tage währenden Märkten herausgearbeitet haben. Die Zeit ist im Denken und Sprechen der Tiv implizit vorhanden, aber sie ist nicht eine Kategorie davon. (Bohannan 1967, S. 328)

Die strukturelle Zeit läßt sich, formal gesprochen, faktisch von der räumlichen Zeit nicht unterscheiden, insofern die Bezugspunkte – Generationen, Abstammungs- und Altersgruppen – in einer fixen, irreversiblen Beziehung zueinander und zum Individuum stehen, das durch das soziale System hindurchgeht. (Der einzige Unterschied besteht darin, daß sich das Individuum in der strukturellen Zeit nicht einmal verschieben kann, während es sich im Raum bewegen kann.) Bei den Tiv »bedeutet das Wort *cha* ›fern‹, und es wird für den Raum, die Zeit und die Verwandtschaft gebraucht. Doch solche Wörter hängen in ihrer primären Bedeutung nicht mit der Zeitanzeige oder -berechnung zusammen« (Bohannan 1967, S. 315). Insofern die primitive Zeit verschiedene Geschwindigkeiten nicht miteinander korreliert und die kompensatorische Beziehung zwischen Entfernung und Geschwindigkeit oder die quantifizierbare und reversible Seriation von Zeiteinheiten nicht begreift, ist sie grundsätzlich räumlich, und die Ereignisse können als »fern« oder »nahe«, »entfernt«, »hinter« oder »vor«, »nach« oder »vor« usw. bezeichnet werden. (Wir verwenden selbstverständlich ebenfalls solche räumlichen Zeitauffassungen in vielen unserer üblichen Zeitangaben, aber wir verfügen darüber hinaus auch über operative Zeitbegriffe.)

Es ist besonders erwähnenswert, daß viele Konsiña-Wörter für Zeit und Bewegung auch für Raum und Bewegung verwendet werden können. *Hâta isegi* bedeutet »vor langer Zeit, es ist weit weg«. *Porra isegi* heißt »der Weg ist lang«. Ebenso kann *idehi*, »es ist nahe«, für einen Ort oder ein Ereignis, einen Monat, einen Tag verwendet werden. Wörter für Bewegung können auch in einem räumlichen und zeitlichen Kontext gebraucht werden, z. B. *loalla ideni*, »das Vieh kommt«, und *Sambatta ideni*, »es ist bald Sonntag«. *Mackina paleda itarbe*, »der Wagen ist durch die Stadt gefahren«, und *Pardubota itarbe*, »Pardubota (ein Monat) ist vorbei«. *Kodasede ibiramde*, »diese Arbeit ist vollendet«, und *parama ibiramde*, »dieses Jahr ist zu Ende« . . .
Meiner Meinung nach fassen sie die Folge der Jahre, Monate und Tage ähnlich wie Punkte auf einer Reise, Merkmale längs eines Weges, auf dem sie gehen, auf . . . Das Wort für Zukunft, *turoba*, ist eine gute Illustration dafür, denn es kann auch im Sinne von »über«, also räumlich, verwendet werden: *iṙòda turoba*, »über dem Berg«. (Hallpike 1972, S. 175)

421

Einen erhellenden Beitrag zur Verräumlichung der Zeit liefert auch Middleton in seiner Darstellung der Kosmologie der Lugbara:

Die Lugbara wenden ein begriffliches Schema (das wir nur in den separaten Kategorien der Zeit und des Raums ausdrücken können) auf zweierlei Situationen an: auf die mythische und genealogische Vergangenheit und auf die derzeitige soziale Umwelt. Für mythische und genealogische Zeiträume ist jede aktuelle oder vergleichende Zeitskala belanglos. In den Ahnenmythen und in den Berichten über die ersten Europäer, die in das Land kamen, wird dasselbe thematische Muster sichtbar. Ebenso ist jede aktuelle oder vergleichende Skala für topographische Entfernungen irrelevant für die räumlichen Kategorien. Dasselbe thematische Muster findet sich in den sozial-räumlichen Kategorien jeder Gruppe überall im Lugbara-Land. Es spielt keine Rolle, daß für die eine Gruppe die Wesen mit übermenschlicher Kraft und umgekehrten Attributen zehn Meilen entfernt leben, für eine andere Gruppe aber zwanzig oder fünfzig Meilen weit weg... In beiden Schemata ist die wesentliche Unterscheidung diejenige zwischen dem in sich geschlossenen Volk – Menschen aus dem eigenen sozialen Umfeld, die durch die genealogische Tradition legitimiert sind – und dem entfernt lebenden Volk mit umgekehrten Attributen, das außerhalb des sozialen Umfelds und außerhalb der genealogischen Tradition ist. (Middleton 1960, S. 237)

Die soziale Distanz wird in räumlichen Ausdrücken formuliert, die bei den Lugbara nicht von den zeitlichen verschieden sind; beide Dimensionen sind somit in Form von sozialem Verhalten miteinander vereinigt.

Bei der Umkehrung gibt es klare Grade entsprechend dem Grad der sozialen Distanz. Die Wesen mit umgekehrten Attributen sind im allgemeinen asozial, ihr Verhalten ist amoralisch, außerhalb eines Autoritätssystems; doch der Grad an Asozialität und Amoralität ist je nach Umständen verschieden: die blutschänderischen Kannibalen sind stärker invertiert als die Zauberer und sozial weiter entfernt, weil es faktisch keine Beziehungen zu ihnen gibt. Je weiter entfernt ein Wesen ist, um so mehr wird sein Verhalten als äußerste Negation dessen aufgefaßt, was unter Verwandten üblich ist: für den Lugbara-Durchschnittsmenschen ist das Aufessen der eigenen Kinder etwas, das über sein Verständnisvermögen hinausgeht; daß man jemanden verzaubern kann, ist noch innerhalb des Begreifbaren. (Ibid., S. 237 f.)

Die Verbalformen haben notwendigerweise eine zeitliche Bedeutung; in den Sprachen primitiver Gesellschaften, wie übrigens auch gebildeter Zivilisationen, bringen jedoch die Verben eher den *Aspekt* als die Zeit zum Ausdruck. Lyons (1977) unterscheidet zwischen »Tempus« und »Aspekt«, wobei das Tempus in sich einen expliziten oder impliziten Bezug zur Zeit der Äußerung hat, wäh-

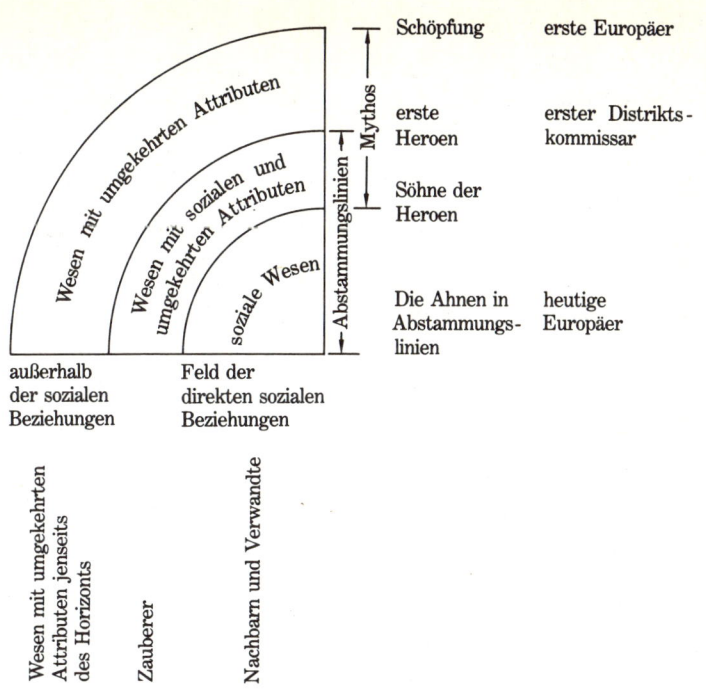

Abbildung 28: Kategorien der Lugbara für den sozialen Raum und die Zeit
(Middleton 1960, S. 238)

rend der Aspekt nur auf die Qualität der Handlungen oder Ereignisse abzielt, auf die er sich bezieht – ob sie abgeschlossen / nicht abgeschlossen, kontinuierlich / diskontinuierlich, andauernd / momentan, isoliert oder Teil einer Abfolge von Ereignissen sind und so fort –, aber den Punkt in der Zeit der Aussage nicht in bezug auf einen anderen Punkt in der Vergangenheit, Gegenwart oder Zukunft einordnet. Lyons bemerkt auch:

Der Aspekt ist in den Sprachen der ganzen Welt häufiger anzutreffen als das Tempus: es gibt viele Sprachen, die keine Tempora haben, aber nur sehr wenige, falls überhaupt, die den Aspekt nicht kennen. Vor kurzem ist weiter behauptet worden, der Aspekt sei ontogenetisch grundlegender als das Tempus, denn Kinder, deren Muttersprache beides kennt, beherrschen den Aspekt früher als das Tempus (cf. Ferreiro, 1971). (Lyons 1977, S. 705)

423

Für die Sprachen auf Neuguinea gilt beispielsweise:

Mitarbeiter des Summer Institute of Linguistics berichten, daß es zumindest in einigen melanesischen Sprachen beim Verb überhaupt kein Zeitkennzeichnungssystem und in einigen dieser Sprachen auch sonst nur wenige Wörter für die Zeitbezeichnung gebe. Das Tempus wie der Aspekt des Verbs beziehen sich sowohl auf das Wirkliche als auch das Unwirkliche, das Abgeschlossene als auch das Unabgeschlossene. Diese beiden Paare von Aspekten können, wenn auch auf etwas andere Art, für eine Art Zeitangabe gebraucht werden. Es handelt sich freilich um eine ganz andere Zeitangabe, als wir sie gewohnt sind. Der Abgeschlossenheit und Unabgeschlossenheit liegen ganz andere Grundgedanken zugrunde als der Vergangenheit und Zukunft, und auch der Wirklichkeitsbegriff ist ein ganz anderer. (Prince 1969, S. 72)

Primitive Völker sprechen von Geschwindigkeiten und Entfernungen, aber normalerweise müssen sie nicht verschiedene Wege oder Bewegungen bei verschiedener Geschwindigkeit miteinander koordinieren. Die Dauer wird durch Vergleich mit durch eigene Anschauung allen geläufigen Tätigkeiten ausgedrückt, z. B. das Kochen von Reis, das Abbrennen einer Fackel, die Zeit, die man benötigt, um eine oft begangene Strecke zurückzulegen und so fort. Doch solche Modelle für die Dauer, die durch vertraute Aktivitäten und Abläufe aufgebaut werden, können nicht durch ein einheitliches Maß verglichen und zu einer Skala oder Reihe vereinigt werden:

Die Saulteaux können nur grobe Zeitschätzungen vornehmen und verhältnismäßig einfache qualitative Urteile über die Geschwindigkeit abgeben, die auf der Beobachtung und dem Vergleich von Gegenständen aus ihrer unmittelbaren Umgebung beruhen. Es wäre für sie unmöglich, die Geschwindigkeit bewegter Gegenstände überhaupt zu messen. (Hallowell 1937, S. 669)

Ein wirklich signifikanter Aspekt der primitiven Zeitberechnung ist somit das Fehlen jeder Zeiteinheit für kurze Dauern, die etwa unserer »Minute« oder »Stunde« entsprechen würden und die für die Koordinierung der Geschwindigkeiten von Gegenständen brauchbar wären. Der Tag (von Sonnenaufgang bis Sonnenuntergang oder von Sonnenuntergang bis Sonnenaufgang), der Mondmonat, das astronomische Jahr von 365 Tagen sind natürliche Phänomene; kürzere Zeitunterteilungen setzen jedoch voraus, daß der Mensch selbst eine willkürliche und regelmäßige Bewegung hervorbringt, die in Einheiten unterteilt werden kann, und das ist historisch erst durch die Sand- und Wasseruhren möglich geworden. Damit man die Bedeutung und Nützlichkeit solcher Uhren erkennen kann, benötigt man selbstverständlich eine operative Zeitauffassung – es wäre völlig falsch anzunehmen, daß Uhren zu operativen Zeitbegriffen *führen;* sie erleichtern nur deren Erwerbung, können aber auch auf eine präoperative Weise verstanden werden:

Jene Tiv, die von Europäern die Idee der »Stunde« übernommen haben, scheinen ihre Vorstellungen etwas geändert zu haben. Tiv-Bedienstete und -Schreiber verwenden für »Stunde« das Wort *ahwa.* Die Ähnlichkeit mit dem englischen Wort »hour« ist offensichtlich, aber *ahwa* ist auch eine Pluralform von *ihwa,* das »Zeichen« oder »Marke« bedeutet. Ein Uhr ist »eine Marke«, sechs Uhr heißt »sechs Marken«. Die Leute zählen tatsächlich die Stundenstriche auf der Uhr, und zwar meiner Meinung nach ganz ohne sich bewußt zu sein, daß die Uhr nur ein Gerät ist, um normierte Symbole für künstliche Zeiteinheiten zu zählen. (Bohannan 1967, S. 328)

Die primitive Zeit ist somit wie der primitive Raum nicht ein dynamisches System reversibler Korrelationen und Transformationen von Einheiten, sondern eine statische, »verräumlichte«, Reihe von irreversiblen Beziehungen zwischen fixen Punkten und Intervallen von wechselnder und sich überschneidender Dauer; diese werden nicht als Teile eines Ganzen oder durch quantitative Vergleiche voneinander unterschieden, sondern nur aufgrund ihrer qualitativen Merkmale, so daß sie nicht als Grundlage für einen homogenen, universellen und uniformen Zeitbegriff dienen können.

3. Piagets Experimente zum Zeitverständnis

Piagets Arbeiten zum Zeitbegriff stützen sich hauptsächlich auf die Ergebnisse eines Experiments, dessen Konzeption für seine Analyse der Zeit und seine Methode zur Aufklärung der Entwicklung des kindlichen Zeitverständnisses grundlegend ist. Ich beschreibe zuerst dieses Experiment, bevor ich seine Analyse der Logik eines operativen Verständnisses seiner Implikationen betrachte.

Wir zeigen dem Kind zwei übereinandergestellte Gefäße. Das obere (I) ist ball- oder birnenförmig mit zugespitztem Ende. Oben hat es ein Mundstück zum Einfüllen, das während des ganzen Versuchs offen bleibt. Mittels eines Glashahns läßt es sich über das untere Gefäß ableeren (II). Dieses ist genau zylindrisch, ziemlich schmal und hat den gleichen Inhalt wie I. Man füllt in I mit Fluoreszein gefärbtes Wasser und läßt immer die gleiche Menge Flüssigkeit in regelmäßigen Abständen in das anfangs leere II ablaufen, bis dieses Gefäß voll und I leer ist. Die abgegossenen Mengen entsprechen demnach Niveauerhöhungen in II, die immer im gleichen Abstand gehalten werden, damit dem Kind ein Maßsystem zur Verfügung steht, wenn es die Zeit an der Wasserhöhe in II messen will.

Andererseits gibt man der Versuchsperson eine Reihe vervielfältigter Bilder (vervielfältigt, damit sie ganz gleich sind), auf denen die beiden leeren Gefäße (mit einem kleinen Abstand dazwischen) in Strichzeichnung dargestellt sind. Ganz am Anfang des Versuchs, also wenn I noch voll und II leer ist, und bei jedem Abgießen einschließlich des letzten fordert man das Kind auf, mit einem grünen Stift in einer horizontalen Linie das Niveau des Wassers in beiden Gefäßen zu markieren. Man gibt bei jedem neuen Niveau ein neues Blatt, so daß nachher alle Zeichnungen auf dem Tisch aneinandergereiht werden können, und achtet darauf, daß die Versuchsperson ihre Niveauflächen in I wie in II möglichst genau angibt, damit sie nachher voneinander unterschieden werden können. Ist das Abfüllen beendet und die letzte Zeichnung gemacht, mischt man alle Blätter (je nach Fall 6 bis 8 Stück) und fordert das Kind auf sie zu ordnen. (Piaget, 1946 [1955], S. 20 f.)

Sobald das Kind diese Aufgabe lösen kann, schneidet man die Blätter in der Mitte derart durch, daß die Zeichnungen I und II voneinander getrennt werden; die Blätter werden wieder gemischt, das Kind wird aufgefordert, sie abermals zu ordnen. Diese Aufgabe ist »natürlich schwieriger als die vorhergehende (. . .), da es sich diesmal darum handelt, die Niveauflächen in I in absteigender, die von II in aufsteigender Linie zu ordnen und die Elemente dieser beiden Reihen in eine eineindeutige (umdrehbar eindeutige) Zuordnung zu bringen« (Ibid., S. 21).

Dieses Experiment hat die folgenden analytischen Besonderheiten:

1. Es gibt zwei gleichzeitige Bewegungen, die zusammen beobachtet werden können, die sich aber räumlich voneinander unterscheiden. (Die winzige Zeitdifferenz zwischen dem Öffnen des Glashahns und dem Ankommen des Wasserstrahls in II hat keinen Einfluß auf das Experiment, ebensowenig die geringe Druckveränderung im oberen Gefäß während der Entleerung.)

2. Die beiden Bewegungen sind entgegengesetzt gerichtet und laufen mit verschiedener Geschwindigkeit ab, weil die Dimensionen von I variabel, die von II aber konstant sind. Es sieht so aus, als würde das Wasser zuerst schneller in II steigen als in I sinken, doch gegen das Ende des Versuchs zu entsteht der ent-

gegengesetzte Eindruck, indem das Wasser in II langsamer steigt als es in I sinkt.

3. Zwischen den beiden Gefäßen besteht eine kausale Verbindung, die durch den Glashahn, der den Wasserdurchfluß reguliert, noch unterstrichen wird.

4. Der ganze Ablauf ist in eine Reihe deutlich sichtbarer Stadien unterteilt und kein kontinuierlicher Prozeß.

5. Die Durchflußgeschwindigkeit, die Länge der Intervalle und die schrittweisen Niveauerhöhungen in II sind uniform.

Es müssen somit die folgenden Probleme gemeistert werden: die Seriation oder Reihenbildung (der sukzessiven Wasserstände in I und II jeweils für sich), die doppelte Reihenbildung oder Koseriation und die logische Verbindung der sukzessiven Wasserstände in I und II zusammengesehen, die vergleichende Abschätzung der Dauern jedes Intervalls in I und II jeweils für sich betrachtet, die Beurteilung der Gleichzeitigkeit aller Intervalle und, als wichtigstes, die Unterscheidung zwischen den Faktoren Geschwindigkeit und Entfernung durch die Beobachtung der Geschwindigkeit, mit der die Wasserstände in den beiden Gefäßen sich verändern. Das Kind muß keine stetige Veränderung koordinieren, weil in das Experiment eine Anzahl Intervalle beim Wasserdurchfluß eingebaut sind, und es muß auch nicht das Problem verschieden großer Geschwindigkeiten lösen, weil die Geschwindigkeit des Wasserdurchflusses durch den Glashahn, wie wir bereits gesehen haben, konstant bleibt.

Daraus ist ohne weiteres zu ersehen, daß das Kind das Stadium der Mengenerhaltung erreicht haben muß, denn wenn es noch nicht einsieht, daß das Gefäß II am Ende des Versuchs genau dieselbe Wassermenge enthält, die sich ursprünglich im Gefäß I befand, so ist es nicht imstande, die kausale und zeitliche Bedeutung des Glashahns zwischen den beiden Gefäßen als tatsächlichen kausalen »Garanten« der Gleichzeitigkeit zu erfassen.

Piaget hat die logische Struktur eines operativen Bewußtseins der Beziehungen zwischen Gleichzeitigkeit, Dauer und Folge herausgearbeitet. Bevor wir die aufeinanderfolgenden Stadien in der Entwicklung des kindlichen Verständnisses dafür, so wie sie sich aus den Versuchen ergeben, betrachten, wollen wir uns mit dieser logischen Struktur befassen.

Wenn das Wasser in I die Stadien I_1, I_2, I_3 ... durchläuft, so ergibt das eine Richtung oder Abfolge räumlicher Stadien, die symbolisch als $I_1 \xrightarrow{a} I_2 \xrightarrow{a'} I_3$ geschrieben werden kann, wobei →

»geht voran« und a, a' die Dauer der Intervalle zwischen den aufeinanderfolgenden Stadien bedeuten.

Wenn somit I_1 vor I_2 und I_2 vor I_3 kommt, so kommt I_1 vor I_3, eine additive Gruppierung asymmetrischer Relationen oder qualitative Seriation; »qualitativ«, weil im Moment keine Maßeinheiten verwendet werden, die das Kriterium einer quantitativen Seriation sind.

In allen Fällen einer wirklichen Bewegung spielt sowohl die Zeit als auch der Raum mit. Wenn man nur Fälle mit einer *einzigen* Bewegungsbeziehung betrachtet, ist es nicht notwendig, ja analytisch nicht einmal möglich, zwischen Zeitfolgen und räumlichen Folgen zu unterscheiden. Der Raum ist ein System von Lagen (Stellungen) und Lageveränderungen (Umstellungen), die Zeit jedoch ein System von gleichzeitigen Lagen (gleichzeitigen Stellungen) und gleichzeitigen Umstellungen.

Das Hauptcharakteristikum einer räumlichen Folge von Umstellungen besteht darin, daß diese Lageveränderungen zum Beispiel in Form einer unterschiedlichen Winkelbeziehung analysierbar sind, ohne daß man die Geschwindigkeit mitberücksichtigen muß. A, B und C in Abbildung 29 sind somit untereinander vertauschbar:

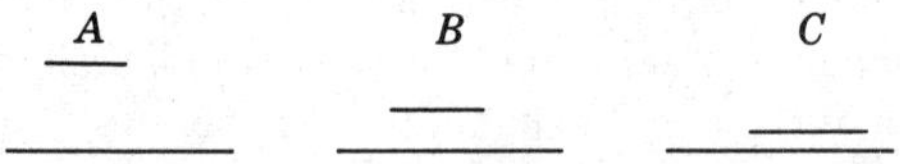

$$A \qquad\qquad B \qquad\qquad C$$

Abbildung 29: Eine räumliche Abfolge

Jetzt wollen wir aber die zeitliche Abfolge in Abbildung 30 betrachten:

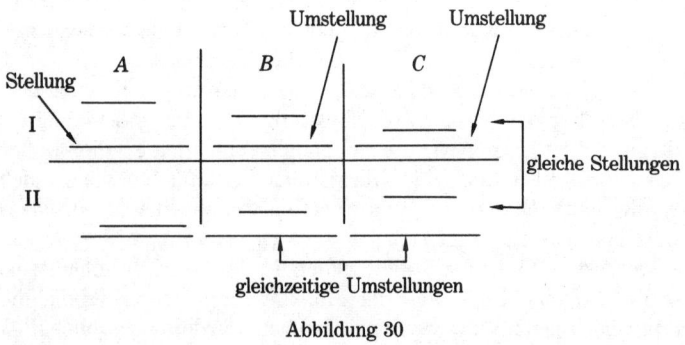

Abbildung 30

428

Hier sind die relativen Geschwindigkeiten der Gegenstände in den Fächern A, B, C dafür verantwortlich, in welchem Fach ein räumlicher Zustand dargestellt ist. Wenn zum Beispiel der Gegenstand in II schneller bewegt worden wäre, dann würde er die in Abbildung 31 dargestellte Situation ausgelöst haben:

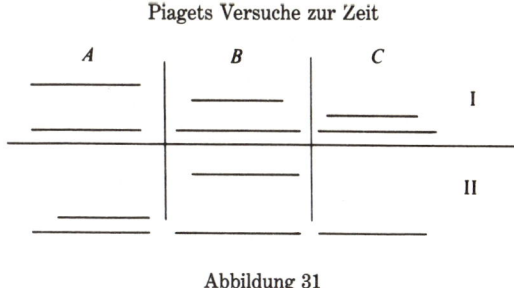

Piagets Versuche zur Zeit

Abbildung 31

Man kann somit sagen, jede gleichzeitige Umstellung definiere eine Gleichzeitigkeit; jede doppelte Reihenbildung definiere eine zeitliche Abfolge; und jede gleichzeitige Umstellung definiere eine Dauer und eine Geschwindigkeit.

Kehren wir nun zum Experiment mit den Gefäßen zurück. Wenn man mit Hilfe von II eine zweite Bewegung mit anderem Verlauf und anderer Geschwindigkeit als in I einführt, dann hat man, so kann man sagen

(1) $II_1 \xrightarrow{a} II_2$; $II_2 \xrightarrow{a'} II_3 \ldots$, woraus folgt
$II_1 \xrightarrow{b} II_3$; $II_1 \xrightarrow{c} II_4 \ldots$

Wenn diese Stadien mit denen von I korreliert werden, so bringt dies ein neues System von Relationen zwischen I_1 und II_1, I_2 und $II_2 \ldots$ hervor; und zwar zunächst einmal eine *Gleichzeitigkeit* oder Nullfolge, die so dargestellt werden kann:

(2) $I_1 \xleftrightarrow{0} II_1$, $I_2 \xleftrightarrow{0} II_2 \ldots$

Aufgrund der Gleichzeitigkeit der Stadien $I_1 \leftrightarrow II_1$, $I_2 \leftrightarrow II_2 \ldots$ kann man »vor« und »nach« eine zeitliche Bedeutung geben, die sich von der rein räumlichen Bedeutung unterscheidet; man kann nämlich eine Sukzession von gleichzeitigen Umstellungen bilden, indem man (1) und (2) folgendermaßen miteinander kombiniert:

(3) Skizze 1

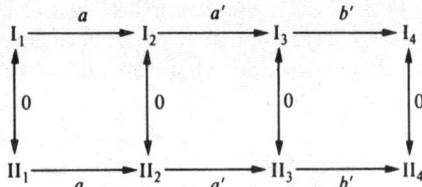

Das ist eine multiplikative, im Gegensatz zu einer additiven, Gruppierung von Relationen oder Ko-Seriation, denn hier denken wir *zwei* Reihen und nicht nur die Elemente einer einzigen. Aus dieser Darstellung können wir sowohl räumliche als auch zeitliche Relationen ableiten, etwa »I_1 kommt vor II_2« oder »I_3 kommt nach II_1«. Diese Relationen haben selbstverständlich keine räumliche Bedeutung.

Sie sind auch, wie wir gesehen haben, asymmetrisch (d. h. $I_1 \rightarrow I_2$, aber $I_2 \nrightarrow I_1$) und transitiv ($I_1 \rightarrow I_2 \rightarrow I_3 \Rightarrow I_1 \rightarrow I_3$), und da sie ko-seriativ sind, bilden sie eine zeitliche Reihenfolge, die die verschiedenen Lagen eines Systems von gleichzeitigen Umstellungen miteinander koordiniert.

Doch dieses System von Relationen ist auch isomorph mit dem System, auf dem die Kolligation von Dauern basiert, z. B.: wenn I_1 vor I_2 oder $I_2 II_2$ vor $I_3 II_3$ kommt, so müssen wir die involvierten Entfernungen oder Zeiten nicht quantitativ messen, um ableiten zu können, daß das Intervall zwischen I_1 und I_3 oder II_3 länger als das Intervall zwischen I_1 und I_2 oder II_2 ist. Das *Intervall* zwischen räumlichen Zuständen $I_1 II_1$ und $I_2 II_2$ oder $I_3 II_3$ ist an sich eine *Dauer* (selbstverständlich unter der Voraussetzung, daß das Wasser mit konstanter Geschwindigkeit fließt), und es besteht eine symmetrische Relation zwischen diesen Intervallen.

(4) $I_1 II_1 \overset{a}{\leftrightarrow} | I_2 II_2; I_2 II_2 \overset{a'}{\leftrightarrow} | I_3 II_3; I_3 II_3 \overset{b'}{\leftrightarrow} | I_4 II_4$,
falls $a = a' = b'$.

Wenn man die Relationen des Typs $\leftrightarrow$ als die Menge aller durch Inklusionen in ein und demselben Intervall zwischen allen möglichen Wasserständen definierten Relationen definiert, kann man sie addieren:

(4a) $(I_1 II_1 \overset{a}{\leftrightarrow} | I_2 II_2) + (I_2 II_2 \overset{a'}{\leftrightarrow} | I_3 II_3) = (I_1 II_1 \overset{b}{\leftrightarrow} | I_3 II_3)$,
also $a + a' = b$.

Noch gibt es ein weiteres Hindernis, bevor die Natur der Dauer, so wie sie hier analysiert wird, begriffen werden kann. Und das ist die Korrelation zwischen Entfernung und Geschwindigkeit und das Verständnis dafür, daß keiner dieser Faktoren für sich allein betrachtet zu einer richtigen Beurteilung der Dauer führt. (Kinder betrachten anfänglich, werden wir sehen, die Entfernung und die Geschwindigkeit getrennt voneinander, nehmen also an, daß die Zeit eine direkte Funktion von beiden, unabhängig voneinander, sei.)

Wenn nun das Kind entdeckt, daß der Wasserstand zwischen $II_1 II_2$ (s_2; s = Distanz) um einen größeren Betrag zunimmt, als er in $I_1 I_2$ (s_1) abnimmt, und wenn es begriffen hat, daß $I_1 II_1$ und $I_2 II_2$ gleichzeitig sind, so ist es, im operativen Stadium, imstande abzuleiten, daß die *Geschwindigkeit* des steigenden Wasserstandes $II_1 II_2$ (v_2) größer ist als die des sinkenden Wasserstandes $I_1 I_2$ (v_1). Es gelingt ihm nun, die *Dauern* $I_1 I_2$ und $II_1 II_2$ einander gleichzusetzen, weil es erkennt, daß in bezug auf diese Dauern die größere *Strecke*, die der Wasserstand in II im Vergleich zu dem in I ($s_2 - s_1$ = s'_1) zurücklegt, kompensiert wird durch die größere *Geschwindigkeit*, mit der der Wasserstand in II steigt ($v_2 - v_1 = v'_1$). Allgemeiner und mit vertrauteren Ausdrücken formuliert: die Dauer einer Bewegung von geringerer Geschwindigkeit über eine kürzere Entfernung wird aufgewogen durch die Dauer einer Bewegung von höherer Geschwindigkeit über eine größere Entfernung. (Selbstverständlich ist diese Gleichung nur unter Bedingungen, wie sie bei diesem Versuch gelten, richtig, wenn also das Wasser mit konstanter Geschwindigkeit vom oberen Gefäß in das untere fließt.)

Wenn man diese gemeinsame Dauer mit α bezeichnet, so gilt:

(5) $\alpha_{s_1 v_1} = \alpha_{s_2 v_2}$, weil $(s'_1) \times (-v'_1) = 0$

Das Erkennen dieser Beziehung, formal ausgedrückt $t = s/v$, befähigt das Kind in der Praxis dazu, synchrone Dauern einander gleichzusetzen und einzusehen, daß $I_1 I_2 = II_1 II_2$; $I_2 I_3 = II_2 II_3$.

Wenn nun alle Intervalle als Entfernungen, die mit einer gegebenen Geschwindigkeit zurückgelegt werden (oder als Arbeit, die mit einer gegebenen Geschwindigkeit geleistet wird), behandelt werden können, dann wird die Dauer ein Ganzes, dessen Teile miteinander verbunden werden können.

(6) $\alpha + \alpha' = \beta$; $\beta + \beta' = \gamma$; wobei α, α', β wie in (4a) definiert sind.

Die Kolligation von Dauern bleibt jedoch auf der Ebene der qualitativen Zeit, sie beschränkt sich somit auf den Vergleich von Teil- und Gesamtdauern. Für die Erwerbung der quantitativen Zeit muß das Kind zuerst die geistige Reversibilität erwerben, damit es eine gegebene Dauer mit einer früheren oder späteren vergleichen kann; es muß auch einsehen, daß die aufeinanderfolgenden Wassermengen, die zwischen jedem Öffnen und Schließen des Glashahns von einem Gefäß in das andere fließen, gleich groß sind. Dazu kommt das Wissen, daß, kausal gesprochen, die Unterschiede bei den Wasserständen $II_1II_2 = II_2II_3 \ldots$ von der Dauer her gesehen gleich den Wasserstandsunterschieden $I_1I_2 = I_2I_3 \ldots$ sind.

Dadurch kommt es zu einem System von Einheiten der Form
$(I_1II_1 \overset{\alpha}{\to} I_2II_2) = (I_2II_2 \overset{\alpha'}{\to} I_3II_3) = (I_3II_3 \overset{\beta'}{\to} I_4II_4) \ldots$
aus denen es schließt, daß $\beta = \alpha + \alpha' = 2\alpha; \ldots$
Die quantitative Zeit, die im Gegensatz zur einfachen Kolligation den Vergleich aufeinanderfolgender Dauern voraussetzt, erfordert somit die Übertragung einer Einheit α aus der Gleichung $\alpha = \alpha' = \beta'$, die uns ein Mittel in die Hand gibt, die in jeder Dauer enthaltenen Einheiten zu zählen: $\beta = 2\alpha; \gamma = 3\alpha \ldots$ Die *Gleichsetzung* aufeinanderfolgender Dauern bewirkt deshalb die Transformation von (6) in ein System quantitativer Kolligationen:

(7) $\alpha + \alpha' = 2\alpha \,(= \beta)$

  $2\alpha \,(= \beta) + \alpha = 3\alpha \,(= \gamma) \ldots$

  wobei α, α', γ für $I_1II_1 \overset{\alpha}{\to} I_2II_2$, $I_2II_2 \overset{\alpha'}{\to} I_3II_3$, $I_1II_1 \overset{\gamma}{\to} I_4II_4$ stehen.

Doch die Gleichsetzung zweier aufeinanderfolgender Dauern $\alpha = \alpha'$ erfordert mehr als (5) $\alpha_{s_1v_1} = \alpha_{s_2v_2}$, weil, wie in dieser Darstellung betont wurde, das Kind, auch wenn es die Kompensation zwischen s und v hier einsieht, zu dieser Einsicht nur fähig ist, weil die beiden Bewegungen in diesem speziellen Experiment gleichzeitig beginnen und aufhören. In anderen praktischen Situationen ist die Gleichsetzung der beiden aufeinanderfolgenden Dauern α, α' davon abhängig, daß die betreffende Person *tatsächliche* Geschwindigkeiten und Entfernungen messen kann, so daß gilt:

1. Wenn die Dauern α und α' mit einer gegebenen Entfernung und Geschwindigkeit (durch (5) und (6)) assoziiert werden können, so lassen sie sich einander nur gleichsetzen, wenn durch Messen festgestellt werden kann, daß die Entfernungen und Geschwindigkeiten gleich

(8) $\alpha_{sv} = \alpha'_{s'v'}$ sind und wenn, und nur wenn, $s = s'$, $v = v'$.

Oder:

2. Die Dauern α und α' sind im allgemeinen gleich, wenn die Arbeit mit einer konstanten Geschwindigkeit r getan wird.

(8a) $\alpha_r = \alpha'_r$, falls, und nur falls, $r = r'$.

Das trifft zu, wenn das Kind die Zeit nicht nur durch die Entfernung zwischen den zwei aufeinanderfolgenden Wasserständen mißt, sondern durch die Wassermenge, die mit gegebener Geschwindigkeit abgelassen wird.

Die Bedingungen 1 und 2 setzen das Messen voraus, das für die Operationen (1) bis (6) nicht erforderlich ist, d. h. die Quantifizierung der zurückgelegten Entfernung *(s = s')* oder der geleisteten Arbeit (oder der abgelassenen Wassermenge, *r = r'*) und, allem voran, die Quantifizierung der Geschwindigkeit, als deren Ergebnis die Erhaltung der Geschwindigkeit als ein Sonderfall der einförmigen Bewegung behandelt werden kann. Piaget faßt diese kognitiven Erfordernisse folgendermaßen zusammen:

Kurz, mehr noch als die qualitative Zeit setzt die metrische Zeit eine Geometrie und zugleich eine Kinematik und eine Mechanik voraus, da sie außer dem Verhältnis zwischen den geleisteten Arbeiten und ihren Geschwindigkeiten, die schon bei der Synchronisierung eine Rolle spielen, konstante Geschwindigkeiten zur Voraussetzung hat (geradlinige und gleichförmige Bewegung oder regelmäßige Periodizität). (Piaget 1946 [1955], S. 119 f.)

Wie ich in der Einleitung zu diesem Kapitel betont habe, ist die Zeit nur ein Teil der Struktur des Universums, da sie innig mit dem Raum und der Kausalität verquickt ist. Es ist deshalb unwahrscheinlich, um es vorsichtig zu formulieren, daß man bei primitiven Völkern kollektive Vorstellungen der Zeit findet, die auf einer operativen Ebene stehen, wenn die räumlichen und kausalen Vorstellungen präoperativ sind und wenn eine operative Koordination und die Abstraktion von den Dimensionen ganz allgemein fehlen. Unsere Analyse der primitiven Zeitvorstellungen wird aber erleichtert, wenn wir zuerst die praktischen Probleme betrachten, vor die Kinder beim Verständnis der Zeit gestellt sind.

Wir beginnen mit den Hauptstadien beim Verständnis der Folge und der Gleichzeitigkeit, wobei wir uns vor Augen halten wollen, daß die Stadien I und II präoperativ sind und das Stadium III konkret-operativ ist.

Im Stadium I sind die Kinder rundweg außerstande, die durcheinander gemischten, noch nicht zerschnittenen Zeichnungen des Versuchs mit den beiden Gefäßen in die richtige Reihenfolge zu bringen, wenn sie sich nicht ständig korrigieren können – und sie können in diesem Stadium auch keine räumliche Seriation vornehmen, wie wir in früheren Kapiteln gesehen haben. Es fehlt deshalb jedes Verständnis für die Reihenfolge der Wasserstände überhaupt. Im Stadium II kann das Kind die beiden Wasserstandsreihen in den Gefäßen I und II jeweils für sich richtig seriieren, aber nicht miteinander koordinieren. Die Kinder haben zwar jetzt eine kohärente Anschauung des physikalischen Vorganges beim Ablassen des Wassers in jedem Gefäß erworben, aber sie haben die Relationen der gleichzeitigen Umstellung und deshalb auch die Relationen der Gleichzeitigkeit und der Folge noch nicht im Griff. Im Stadium III sind sie schließlich zu einer richtigen serialen Zuordnung der beiden Reihen fähig, sie beherrschen jetzt somit die Folge und die Gleichzeitigkeit. Doch das Verständnis der Dauer ist, wie wir bereits gesehen haben, von der Beherrschung der Relationen sowohl der Folge als auch der Gleichzeitigkeit abhängig:

Für das wirkliche Verständnis der Gleichzeitigkeiten von I_1 und II_1, I_2 und II_2 usw. genügt es nämlich nicht, daß das Kind nur erklärt, sie sind »zu gleicher Zeit« gemacht worden oder sie »gehören zusammen« usw.: es muß noch begreifen, daß die *Dauer* I_1I_2 gleich der *Dauer* II_1II_2 ist. Ebenso genügt es nicht für das richtige Verstehen der Priorität von I_2 gegenüber I_3 oder II_3, daß das Kind erklärt, es »kommt vorher« oder selbst »es ist da mehr Wasser« usw.: es muß begreifen, daß die Zeitstrecke I_1I_2 oder II_1II_2 weniger groß ist als die Zeitstrecke I_1I_3 oder II_1II_3. Kurz, man kann sagen, daß die zeitliche Folge und Gleichzeitigkeit nur in dem Maße operativ verstanden werden, als sie ein System von Zeitstrecken ermöglichen, deren Einschachtelungen durch sie eindeutig bestimmt werden, ebenso wie die Zeitstrecken nur insofern operativ verstanden werden, als sie einem System der Folge und Gleichzeitigkeit eindeutig entsprechen. (Ibid., S. 59; Hervorhebung von mir)

Im Stadium I glaubt das Kind, die Dauer stehe in direkter Beziehung zur Geschwindigkeit – größere Geschwindigkeit – längere Zeit und umgekehrt – und zur zurückgelegten Entfernung oder zur geleisteten Arbeit. Wenn es nun sieht, daß der Wasserstand im Gefäß II_1II_2 schneller steigt, als er in I_1I_2 fällt, so ist es noch nicht dazu imstande, diese beiden Zeitstrecken I_1I_2 und II_1II_2 einander gleichzusetzen. In der Terminologie Piagets befindet sich das Verständnis der Dauer des Kindes im Stadium der »direkten Anschauung«, im Gegensatz zur »gegliederten« oder »artikulierten Anschauung«. Bei der direkten Anschauung werden die wahrgenommenen Relationen ohne operative oder halb-operative Koordination reproduziert, was in gewissen Fällen zu empirisch richtigen Schlußfolgerungen führen kann. Richtig verstanden werden zum Beispiel *ziemlich große Umstellungen,* bei denen zwei Körper vom virtuell gleichen Platz aus starten und sich längs parallelen geraden Linien in derselben Richtung bewegen, nicht aber wenn die Körper von zwei verschiedenen Punkten aus starten und sich voneinander weg bewegen. Dasselbe gilt für die Geschwindigkeit; wenn der eine von zwei Gegenständen den anderen überholt, so wird er als schneller eingestuft, aber wenn die beiden Gegenstände am gleichen Punkt anhalten, so werden ihre Geschwindigkeiten als gleich beurteilt, ob sie beim gleichen oder an zwei verschiedenen Punkten gestartet sind. Insbesondere wenn die beiden Gegenstände außerhalb des Gesichtsfeldes des Beobachters aneinander vorbeifahren, aber innerhalb des Gesichtsfeldes gleichzeitig starten und anhalten, so werden ihre Geschwindigkeiten allgemein als gleich eingeschätzt. Die Geschwindigkeit wird somit am Anfang der Entwicklung nicht als ein Verhältnis oder eine Relation begriffen.

Auch bei der Dauer führt die direkte Anschauung nur dann zu einer richtigen Schlußfolgerung, wenn zwei Gegenstände dieselbe Geschwindigkeit haben und zur gleichen Zeit beim gleichen Punkt starten, aber nicht gleichzeitig anhalten. In diesem Fall wird richtig gefolgert, daß die Bewegung des Gegenstandes, der als erster anhält, weniger lang dauert als die desjenigen, der erst später zur Ruhe kommt, doch das ist nur darauf zurückzuführen, daß der erstere eine kürzere *Entfernung* zurückgelegt hat.

In allen diesen Fällen stützt sich die direkte Anschauung nicht auf Koordinationen, Kompensationen oder das Verständnis von Verhältnissen, sondern sie folgert auf der Grundlage von Vergleichen anhand einer einzigen Dimension – größere Geschwindigkeit, größere Entfernung – oder des direkten Vergleichs gleicher Bahnen.

Die direkte Anschauung der inneren Dauer führt ebenso zu einer richtigen Folgerung, wenn eine der beiden mit gleicher Geschwindigkeit geleisteten Arbeiten zuerst unterbrochen wird – »es dauerte weniger lang«. Doch auch hier wird die kürzere Dauer wie im Falle der beiden mit gleicher Geschwindigkeit sich bewegenden Gegenstände, von denen der eine vor dem anderen anhält und somit eine kürzere Entfernung zurücklegt, aus der Tatsache abgeleitet, daß bei der Aufgabe, die zuerst unterbrochen wurde, weniger *Arbeit* geleistet wurde. Sobald die Geschwindigkeiten von Gegenständen oder der Arbeitsbetrag nicht mehr gleich sind, kann die direkte Anschauung nicht mehr zu richtigen Schlüssen führen, weil die Dauer sich vom durchmessenen Raum oder von der geleisteten Arbeit unterscheidet und jetzt aus der Koordination der Bewegungen selbst konstruiert werden muß.

Die direkte Anschauung genügt auch nicht, um Gleichzeitigkeiten festzustellen, außer in den beiden Spezialfällen, wenn die bewegten Körper an derselben Stelle im Raum zur Ruhe kommen oder, nachdem sie sich mit gleicher Geschwindigkeit bewegt haben, an zwei verschiedenen Punkten. Und die direkte Anschauung der Folge beschränkt sich auf die seriale Lage eines einzelnen Körpers oder zweier mit gleicher Geschwindigkeit sich bewegender Körper.

Von solchen Spezialfällen abgesehen werden in diesem Stadium die Dauer und die Reihenfolge der Ereignisse nicht miteinander koordiniert, ebensowenig die Folge, die Dauer und die Gleichzeitigkeit.

Es sei jedoch festgehalten, daß in diesen speziellen Fällen die direkte Anschauung auch zur richtigen Beurteilung von Dauer, Gleichzeitigkeit und Folge führen kann. Man trifft deshalb auf Kinder, die Ausdrücke wie »vor/nach«, »länger/kürzer« und »gleichzeitig mit« in vielen Fällen völlig richtig verwenden. Ebenso kann die direkte Anschauung zur richtigen Beurteilung quantitativer Veränderungen führen, ausgenommen wenn die Dimensionen eines Gefäßes denjenigen des Originalgefäßes entgegengesetzt sind.

Im Stadium II erkennt das Kind, daß Dauer und Geschwindigkeit in einer inversen Beziehung zueinander stehen, und es beginnt zu begreifen, daß die Zeitintervalle von der Geschwindigkeit oder der Entfernung losgelöst werden müssen, kann aber diese Intervalle noch nicht koordinieren. Es behauptet deshalb noch immer, die Dauer I_1I_2 sei länger als die Dauer II_1II_2, weil der Wasserstand in I schneller sinkt, als er in II steigt. Es kann deshalb noch nicht die Dauer mit der Reihenfolge der Ereignisse korrelieren und verschiedene Zeitmomente in ein vereinheitlichtes System einbringen. Es kann auch noch nicht Teildauern einschachteln und herausfinden, daß $I_1I_2 < I_1I_3$ ist. Diese Fähigkeit der Reihenbildung meint Piaget mit der »gegliederten Anschauung«, »seine Fähigkeit, im Denken eine einfache Bewegung zu rekonstruieren, ... die zur Reproduktion der sukzessiven Lagen eines einzelnen bewegten Körpers ausreicht, aber nicht genügt, wenn es darum geht, diesen mit einem oder mehreren andern in Beziehung zu setzen« (Ibid., S. 37).

In diesem Stadium kann das Kind erst (durch gegliederte Anschauung) zwei verschiedene Umstellungen seriieren, aber noch keine Umstellungen koordinieren. Das rührt daher, daß das kindliche Denken noch immer auf seine subjektiven Eindrücke von jeder Bewegung für sich zentriert ist, anstatt eine operative, reversible Koordination zweier Bewegungen gleichzeitig vorzunehmen. Sein Zeitbegriff ist folglich noch immer verräumlicht, obwohl es inzwischen die Teil- mit der Gesamtdauer einer bestimmten Tätigkeit vergleichen kann und beispielsweise, wie wir bereits festgestellt haben, einsieht, daß $I_1 \rightarrow I_2 \rightarrow I_3$:

Handelt es sich dagegen darum, eine Teilzeit (z. B. $II_1 II_4$) mit einer am anderen Gefäß gemessenen Gesamtzeit zu vergleichen (z. B. $I_1 I_5$), dann ist es nicht mehr möglich, sich auf die bloße räumliche Anschauung zu verlassen, um den Teil in das Ganze einschachteln zu können, es müssen vielmehr Gleichzeitigkeiten und Folgen hineingebracht werden: I_1 ist gleichzeitig mit II_1, aber II_4 kommt vor I_5, also ist $I_1 I_5$ eine längere Zeitdauer als $II_1 II_4$. Die Einschachtelung ist spezifisch zeitlich, da sie nun auf den Mit-Lageveränderungen beruht: bei dieser Einschachtelung nun eben versagt das Kind dieses Stadiums. (Ibid., S. 89)

Nicht nur die Einschachtelung von Teildauern zweier verschiedener Bewegungen ist dem Kind in diesem Stadium (qualitative Zeit) noch verschlossen, die Kinder sind auch noch nicht imstande, die quantitative Zeit zu konstruieren, weil sie die Erhaltung der Geschwindigkeit noch nicht erworben haben. Wie wir früher gesehen haben, ist die Fähigkeit, Zeiteinheiten des Typs

$$(I_1 II_1 \overset{\alpha}{\rightarrow} I_2 II_2) = I_2 \overset{\alpha'}{\rightarrow} I_3 II_3), \text{ also}$$
$$\beta = \alpha + \alpha'; \beta = 2\alpha$$

zu konstruieren, davon abhängig, daß das Kind einsehen kann, daß das Wasser mit gleicher Geschwindigkeit vom einen in das andere Gefäß fließt, und zwar in aufeinanderfolgenden Intervallen, was wiederum die Grundlage für die Gleichsetzung von Zeiten ist, auf der der Begriff der Einheit beruht.

Dafür muß das Denken die Reversibilität erworben haben:

Um z. B. zu verstehen, daß die Dauer a (= $II_1 II_2$) kürzer als die Dauer b ($I_1 I_3$ = $II_1 II_3$) ist, handelt es sich nämlich darum, in Gedanken bis II_1 (= I_1) hinaufzusteigen, wenn das Wasser bis II_3 (= I_3) gekommen ist, also die Zeitstrecken

II_1II_2 und II_1II_3 ebenso gut in der einen wie in der anderen Richtung zurückzulegen. Aber dann ist es nur der Gedanke, der sich fortbewegt, wie man z. B.
eine unendliche Gerade verfolgen kann, indem man abwechselnd den zwei
»Wegordnungen« nachgeht. In der metrischen Zeit dagegen tritt ein weiterer
Grad von Umkehrbarkeit hinzu: ebenso wie man im metrischen Raum den
Meter als solchen in beiden Richtungen an der abzumessenden Stelle fortbewegt, handelt es sich bei der Bildung einer metrischen Zeit darum, in Gedanken die Uhr als solche zu verstellen, um sich zu vergewissern, daß eine Stunde
in der Vergangenheit mit einer Stunde in der Gegenwart oder einer Stunde in
der Zukunft immer identisch ist. Um a (= II_1II_2) und a' (= II_2II_3) gleichzusetzen und b (II_1II_3) = $2a$ zu bestimmen, muß nämlich die Uhr-Zeit m selbst (=
das Ablaufen des Wassers bei einer gewissen Geschwindigkeit auf einer beliebigen Strecke des Wertes II_1II_2 = II_2II_3 = II_3II_4 = usw.) beweglich werden
und sich auf ein bereits abgeflossenes ebenso wie auf ein gerade abfließendes
oder später abfließendes Wasser anwenden lassen. (Ibid., S. 91 f.)

Im Gegensatz zum räumlichen Messen kann die Zeitmessung nicht
eine direkte Verlagerung benutzen. Sie erfordert die Reproduktion der Bewegung; die Uhr, die dem Kind bei diesem Experiment
zur Verfügung steht, ist einfach das durchfließende Wasser. Doch
die Erhaltung der Geschwindigkeit ist nicht das Ergebnis einer
direkten Anschauung; sie erfordert eine komplexe Elaboration von
Kompensation und Koordination der gleichzeitigen Lageveränderungen – die Fähigkeit zur Gruppierung der qualitativen Zeit. Die
Erwerbung der Erhaltung der Geschwindigkeit allein kann somit
keine zureichende Erklärung für die operative Konstruktion der
Zeit sein.

Im Stadium III kann das Kind gleichzeitige Lageveränderungen
koordinieren, Zeiten einander gleichsetzen und die quantitative
wie auch die qualitative Zeit konstruieren.

Der wesentliche Unterschied zwischen den Versuchspersonen des dritten Stadiums und den vorhergehenden beruht also auf der operativen Umkehrbarkeit
des Denkens: auch wenn das Kind des zweiten Stadiums weiß, daß die von
einem Niveau zum andern gegossenen Wassermengen gleich sind, so leitet es
davon noch keine Metrik der Zeitstrecken ab, und diese Gleichheit bedeutet
ihm nichts Zeitliches, da es die Niveauverschiebungen nicht als homogen betrachtet. (Ibid., S. 107)

4. Interkulturelle psychologische Versuche zum Zeitverständnis primitiver Völker

Es ist sehr schwierig, experimentell zu untersuchen, in welchem Maße Angehörige primitiver Gesellschaften einen operativen Zeitbegriff erwerben. Der Versuch dazu wurde nur selten unternommen. Cole, Gay und Glick (1974) erklären: »Es gibt zwar viele sowohl systematische als auch zufällige Beobachtungen über die Zeitmessung bei nicht-westlichen Völkern, aber kaum experimentelle Untersuchungen« (S. 174), und diese Aussage gilt auch noch für die Zeit, in der dieses Buch geschrieben wurde. Ihre eigenen Experimente, mit denen die relative Genauigkeit beim Abschätzen bestimmter Zeiträume bei Kpelle- und amerikanischen Versuchspersonen untersucht wurde, sind in unserem Zusammenhang bedeutungslos. Prince hält ebenfalls fest, daß »die meisten publizierten Arbeiten das Verständnis unseres westlichen Begriffs- und Datierungssystems zu analysieren scheinen und sich nicht in einem grundsätzlicheren Sinne mit der Verbegrifflichung der Zeit befassen« (1969, S. 69). Er vermutet, diese Lücke sei »darauf zurückzuführen, daß experimentelle Arbeiten über Zeitbegriffe äußerst schwierig durchzuführen sind, insbesondere auch weil, was möglich zu sein scheint, die Erhaltung der Zeit das eigentliche Grundproblem ist« (Ibid., S. 69). Prince selbst führte auf Neuguinea das folgende Experiment über die Zeit-Erhaltung durch:

Mehr als hundert Universitätsstudenten im Vorbereitungsjahr[5] wurden 1968 in der dritten Woche ihres Kurses einem Demonstrationstest unterzogen, der sich mit Zeit, Entfernung und Geschwindigkeit befaßte. Zwei einfache Pendel gleicher Frequenz und Amplitude wurden zuerst derart in Schwingung versetzt, daß sie sich phasengleich bewegten. Man stellte den Versuchspersonen die Frage, ob diese Pendel gleichzeitig in Schwingung versetzt worden seien, dieselbe Frequenz hätten, dieselbe Strecke zurücklegten und mit gleicher Geschwindigkeit arbeiteten. Die Versuchsanordnung wurden anschließend derart verändert, daß Phase, Amplitude und Frequenz nicht mehr miteinander übereinstimmten. Wenn die Amplituden nicht mehr gleich waren, erkannte nur die Hälfte der der Studenten, daß die Frequenz gleich blieb, und zwar sogar falls die Pendel phasengleich schwangen. Wenn zwei Pendel verschiedener Frequenz mit derselben Amplitude in Schwingung versetzt wurden, glaubten 15 % der Studenten, die Frequenz sei gleich, und weitere 30 % meinten vom falschen Pendel, es habe die höhere Frequenz. (Ibid., S. 74)

439

Hält man sich vor Augen, daß dieser Versuch mit Universitätsstudenten durchgeführt wurde, so ist es recht erstaunlich, daß ein derart großer Anteil der Versuchspersonen die Erhaltung noch nicht erworben hatte. Prince schreibt weiter, daß »nicht alle Studenten im Vorbereitungsjahr voll begreifen, daß das hier in Port Moresby verstreichende Zeitintervall gleichzeitig in Goroka, London und New York verstreicht« (Ibid., S. 74).

Die Zeit ist etwas innerhalb des Lebens des einzelnen Menschen und vielleicht die Zeit dessen Vaters. Darüber hinaus scheinen Zeitbeziehungen nicht begriffen zu werden. *Eine Auffassung der Zeit als einer unbegrenzten Linie, längs deren eine gewaltige Folge von Ereignissen lokalisiert werden kann, gibt es nicht. Deshalb wird die zeitliche Interrelation von Ereignissen* nicht erfaßt. (Ibid., S. 70)

Die Arbeiten von M. C. Bovet bei erwachsenen algerischen Bauern ohne Schulbildung, auf die wir im Kapitel IV hingewiesen haben, belegen substantiell, daß in der primitiven Gesellschaft der operative Zeitbegriff fehlt. Wie wir gesehen haben, setzt das operative Verständnis der Zeit ein operatives Verständnis der Länge und der Geschwindigkeit als notwendige Grundlagen voraus; deshalb wollen wir zuerst kurz auf die Ergebnisse bei den Leistungen der Erwachsenen bei Längen- und Geschwindigkeitsproblemen eingehen, bevor wir uns mit den Antworten auf die mit der Zeit zusammenhängenden Fragen befassen[6].

Das Problem, das zur Länge vorgelegt wurde, sah so aus:

Die Aufgabe bestand darin, daß eine Gerade *B* zu konstruieren war, die unter dem linken Ende von *A* beginnen mußte und dieselbe Länge wie *A* aufweisen sollte. Dieser Test wurde mit sechs Männern und achtzehn Frauen durchgeführt; nur die sechs Männer und zwei Frauen kamen auf eine richtige Lösung (33 % aller Getesteten). Nach einer abermaligen Präsentierung des Problems, mit viel Versuch und Irrtum und mit Hilfe von Fragen des Experimentators, kamen zehn weitere Versuchspersonen auf die richtige Lösung. Wenn die Leute bei diesem Längenproblem schon Schwierigkeiten hatten, war anzunehmen, daß diese bei der Erhaltung der Geschwindigkeit noch größer sein würden.

Zwanzig Versuchspersonen, sieben Männer und dreizehn Frauen, wovon insgesamt dreizehn am Längen-Versuch beteiligt gewesen waren, wurden zwei Geschwindigkeitsprobleme präsentiert:

Problem I ging von zwei konzentrischen, auf Papier gezeichneten Wegen aus:

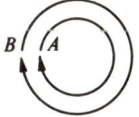

Abbildung 32

Alle Versuchspersonen waren sich bewußt, daß der Weg *B* länger als der Weg *A* sei. Auf die beiden Wege wurde nun je ein Spielzeugauto gestellt; die beiden Wagen starteten gleichzeitig, bewegten sich nebeneinander um die beiden Kreise herum und hielten gleichzeitig an. Da die beiden Autos einander nicht überholten, hat diese Fragestellung die Tendenz, das unrichtige Urteil, die Geschwindigkeiten der beiden Wagen auf *A* und *B* seien gleich, herauszufordern.

Beim Problem II (Abbildung 33) startet das Auto *A* zuerst; *B* folgt nach einer kurzen Weile, holt *A* schrittweise ein und kommt gleichzeitig mit ihm zum Stehen. Mit dieser Fragestellung soll das richtige Urteil der relativen Geschwindigkeit provoziert werden.

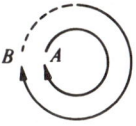

Abbildung 33

Sieben Versuchspersonen hatten große Schwierigkeiten mit beiden Problemen, fünf blieben in ihren Aussagen schwankend, und acht gaben, nach Versuch und Irrtum und zusätzlichen Fragen des Experimentators, schließlich operative Antworten. Sechs von diesen acht erfolgreichen Versuchspersonen waren Männer. Die wichtigsten Fehler waren: daß bei I die Geschwindigkeiten von *A* und *B* als gleich betrachtet wurden und daß bei II, beim aufgeschobenen Start von *B*, die relativen Geschwindigkeiten als gleich beurteilt wurden, weil *A* und *B* gleichzeitig und nebeneinander anhielten; oder die Geschwindigkeit des inneren Wagens wurde als höher beurteilt, weil er früher gestartet war. Dieselben Fehler waren auch bei den Versuchen in Genf gefunden worden: nebeneinander = in der gleichen Zeit = gleiche Geschwindigkeit; gleichzeitiges Anhalten an der gleichen Stelle = gleiche Geschwindigkeiten; wenn der Start nicht gleichzeitig erfolgt: der zuerst startende Wagen = früher = schneller. Eine dreißigjährige Frau betrachtete die Geschwindigkeiten bei der ersten Fragestellung als gleich, obwohl sie durchaus imstande war, die größere Länge von *B* richtig abzuschätzen. Nach weiteren Bemühungen des Experimentators kam sie auf die richtige Antwort, die Geschwindigkeit von *B* sei größer, aber sie konnte nicht erklären weshalb; sie sagte nur, der Wagen *B* arbeite besser. Als man ihr das Problem in Form von geraden und Zickzacklinien (Abbildung 34) stellte, konnte sie sagen, die Zickzacklinie *B* sei länger, aber bei der synchronen Verschiebung der beiden Wagen sagte sie zuerst, die Geschwindigkeiten seien gleich, und dann, *A* sei schneller, weil *B* durch die Zickzacklinie aufgehalten werde.

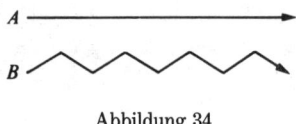

Abbildung 34

Von den fünf Versuchspersonen, die beim Längen-Problem richtige Antworten gegeben hatten, kamen nur zwei auf richtige Lösungen bei der Geschwindigkeit, und zwar jene zwei, die auch die Längenerhaltung am besten gemeistert hatten.

Jetzt können wir uns den Leistungen bei den Problemen zur Zeiterhaltung zuwenden. Die Versuchspersonen (dieselben zwanzig Leute wie beim Geschwindigkeitsproblem) mußten aus naheliegenden Gründen zuerst vorbereitet werden, denn sie hatten große Mühe, zwischen der Zeit und der geleisteten Arbeit (Tätigkeit oder Entfernung) und der Geschwindigkeit, mit der diese erbracht wurde, zu unterscheiden. Man benutzte dazu Lampen, die in Abständen aufleuchteten, die eine in kürzeren Abständen als die andere; oder die gleichzeitig aufleuchteten und gleichzeitig oder nacheinander verlöschten. Um das Verständnis zu fördern, wurden praktische Beispiele gegeben, etwa die Zubereitung einer Mahlzeit bei den weiblichen Versuchspersonen oder die Bestellung eines Feldes im Vergleich zu kürzeren Tätigkeiten bei den männlichen Versuchspersonen, zusammen mit Beispielen von Reisen zu Pferd und zu Fuß zwischen näher gelegenen und weiter voneinander entfernten Dörfern mit gleichzeitigem Aufbruch und Ankommen. Bei den Tätigkeiten wurden die richtigen Beziehungen zwischen den Zeiten leicht begriffen, weil die Dauer proportional zum Betrag der geleisteten Arbeit ist, doch bei den Reisen wurden die Zeitschätzungen spontan mit der zurückgelegten Entfernung verknüpft, obwohl der Experimentator die Gleichzeitigkeit von Aufbruch und Ankunft betonte. Nach solchen Vorbereitungen wurden die folgenden drei Probleme vorgelegt:

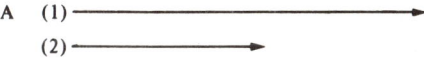

Diese Wege waren auf einem Blatt Papier vorgezeichnet; zwei Spielzeugautos fuhren darauf gleichzeitig los und kamen ebenfalls gleichzeitig beim Endpunkt an. Den Versuchspersonen wurden anschließend Fragen wie »Welche Reise hat länger gedauert?«, »War das eine Auto länger unterwegs als das andere, oder haben beide dieselbe Zeit benötigt?«, »Wie sind sie losgefahren, zusammen oder das eine vor dem anderen?«, »Wie sind sie angekommen, zusammen oder das eine vor dem anderen?« gestellt.

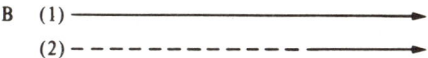

Hier waren die beiden Strecken gleich lang, aber das Auto 2 startete später und holte das Auto 1 allmählich ein, so daß beide gleichzeitig beim Endpunkt ankamen. Es wurden dieselben Fragen wie bei A gestellt.

C (1) ————————————————————▶
   (2) ——————————————— — — —▶

Die Wegstrecken waren gleich lang wie beim Problem A. Die beiden Autos fuhren gleichzeitig los, aber 2 kam *nach* 1 beim Endpunkt an, womit suggeriert wurde, 2 habe weniger Zeit als 1 benötigt, weil 2 den kürzeren Weg hatte.

Von den zwanzig Versuchspersonen begriffen sieben die Fragestellung überhaupt nicht; zehn gaben einige richtige Antworten, beharrten aber auch auf falschen Lösungen; nur drei brachten es fertig, alle Fragen völlig richtig zu beantworten, aber auch diese erst nach Versuch und Irrtum und Korrekturen. Die Fehler bestanden bei der Dauer darin, daß die Urteile von der zurückgelegten Entfernung ausgingen, so daß größere Entfernung = mehr Zeit. Beim Problem A wurde gesagt, 1 benötige mehr Zeit, bei B, beide benötigten gleich viel Zeit, und bei C, 2 benötige weniger Zeit. Die Dauer wurde nur selten in Beziehung zur Geschwindigkeit beurteilt; oft bezogen sich die Antworten allein auf die Geschwindigkeit anstatt auf die Zeit. Falls Abfahrt und Ankunft zeitlich verschoben waren, kam es oft zu Verwechslungen mit der räumlichen Reihenfolge, doch diese Fragen wurden insgesamt am leichtesten beantwortet.

Eine fünfzigjährige Frau sagte beim Problem A, die Reise 1 habe länger als die Reise 2 gedauert und 2 habe vor 1 angehalten; sie legte ihrem Urteil also allein die räumliche Reihenfolge zugrunde. Beim Problem B beurteilte sie die Zeiten für die Reise als gleich und hielt sie die Abfahrten und die Ankünfte für gleichzeitig. Nach einer weiteren Demonstration sah sie, daß 2 nach 1 anhielt, aber sie konnte kein Urteil zur relativen Dauer abgeben. Beim Problem C sagte sie, 1 dauere länger als 2, wobei sie dieses Urteil auf die größere Länge des Weges 1 oder die größere Geschwindigkeit dieses Autos stützte. Sie sagte richtig, 1 überhole 2, aber sie täuschte sich, indem sie dachte, die beiden Autos würden gleichzeitig ankommen. Bei den Längen-Versuchen hatte diese Frau nur spärliche Antworten gegeben.

Zu den acht Versuchspersonen, die richtige Antworten auf die Fragen nach der Geschwindigkeit gaben, gehörten die drei, die bei der Zeit das beste Ergebnis aufwiesen. Versuchspersonen, die bei der Geschwindigkeit ein mittleres Stadium erreicht hatten, kamen auch bei der Zeit auf eine mittlere oder tiefere Stufe, während die Leute, die bei der Geschwindigkeit große Probleme gehabt hatten, bei der Zeit völlig versagten oder die Fragestellung überhaupt nicht verstanden. Auch wenn man das Experiment C zur Zeitdauer nicht berücksichtigt, weil es schwieriger zu lösen ist als das entsprechende Problem bei der Geschwindigkeit, zeigt sich dennoch, daß die Zeit auffällig mehr Probleme als die Geschwindigkeit aufgibt. Die Männer erbrachten bei den Längen- und Geschwindigkeitsproblemen bessere Leistungen als die Frauen, doch die Zeitprobleme waren für beide Geschlechter gleich schwierig. Bovet glaubt, die bessere Leistung der Männer bei der Länge und der Geschwindigkeit sei darauf zurückzuführen, daß solche Fragen bei der Alltagsarbeit der Frau eine geringere Rolle spielten, da sich deren Leben hauptsächlich im Haushalt abspiele, während Zeitprobleme für beide Geschlechter gleichermaßen bedeutungslos seien.

Die Ergebnisse von Bovet erhärten die Theorie Piagets, wonach die präoperative Zeit verräumlicht sei:

Wir haben bereits festgehalten, der Hauptfehler in den experimentellen Situationen habe darin bestanden, daß die Dauer nach der Länge der Wege und nicht nach der Geschwindigkeit der Ortsveränderungen beurteilt wurde. Ebenso wurde bei der Berechnung der Reisezeiten, die als Einführung in die Fragestellung verwendet worden waren, eine längere Reisezeit immer der Person zugeschrieben, die eine längere Strecke zurückgelegt hatte. Diese Dominanz der Länge scheint zu zeigen, daß bei den gegenseitigen Beziehungen zwischen den Faktoren, die hier mitspielen – zeitliche und räumliche Reihenfolge, Geschwindigkeit, Länge und Dauer – die räumliche Dimension der am besten strukturierte Aspekt ist und dementsprechend am leichtesten von den anderen losgelöst wird. Die zeitliche Reihenfolge erweist sich nach unseren Beobachtungen als eng mit der räumlichen Reihenfolge verknüpft. Was die Geschwindigkeit betrifft, so haben wir gesehen, wie sehr sie außer in Überholsituationen nur schwer erfaßt wird. Daß sie im Hinblick auf die Dauer nicht angeführt wird, ist zweifellos auf ihren sehr labilen Status zurückzuführen. (Bovet 1975, S. 121 f.)

Der grundlegende Unterschied zwischen der primitiven, präoperativen Zeitauffassung und den auf konkreten und formalen Operationen beruhenden Vorstellungen, die wir in vielen Bereichen unseres Denkens anwenden, besteht somit darin, daß die primitive Zeit auf Abfolgen von qualitativ verschiedenen Ereignissen, etwa den Jahreszeiten oder den Alltagstätigkeiten, basiert. Solche qualitativen Abfolgen sind offensichtlich je nach Gemeinschaft wieder anders, wodurch eine bestimmte »Zeit« mit einem bestimmten »Ort« identifiziert wird, so daß Dauer, Gleichzeitigkeit und Folge nicht von Ort zu Ort koordiniert werden können und die Zeit je nach Art der Tätigkeit mit jeweils verschiedener Geschwindigkeit abzulaufen scheint. Diese Art der Zeitberechnung hat natürlicherweise zur Folge, daß Zeiträume nicht miteinander vergleichbar sind; und weil die für die Zeitberechnung benutzten gewohnten und konkreten Ereignisse ihrer Natur nach üblicherweise zyklisch sind, ist die Zeit auch unveränderlich, wodurch sie ihre irreversiblen und statischen Eigenschaften erhält, statisch in dem Sinne, daß jedes Ereignis ausschließlich mit dem vorangehenden und dem nachfolgenden verknüpft wird. Eine solche Abfolge von Ereignissen ist somit gut mit einer Landschaft vergleichbar, in der jeder Orientierungspunkt in einer fixen Beziehung zu allen anderen steht. Die Zeitrelationen können folglich durch räumliche Begriffe wie nah, fern, über, hinter usw. erfaßt werden. Dazu kommt, wie Bovet darlegt, die Tatsache, daß die räumlichen Vorstellungen besser als die zeitlichen strukturiert sind, was ein weiterer Grund für die »Verräumlichung« der Zeit ist.

Die primitive »Zeitberechnung« dient im wesentlichen dazu, die Erfahrungen von Dauer und Veränderung und die natürlichen und sozialen Abläufe allgemein zu ordnen; sie beruht nicht auf einem Verständnis der Zeit in einem operativen Sinne als Koordination von Geschwindigkeiten.

IX. Begrifflicher Realismus

Der menschliche Körper nimmt als Sitz des Gehirns eine einmalige Stellung ein: Es ist der Ort der geistigen Funktion, das Mittel, durch das wir die sinnliche Information über die Welt erhalten, wozu auch die Information über andere Menschen durch die Sprache gehört, und auch das Mittel, durch das wir Informationen über unsere inneren Zustände an andere Menschen weitergeben. Es ist deshalb nicht verwunderlich, daß das Auseinanderhalten von geistigen und körperlichen Funktionen, von Denken und Sprache, von Sinneseindrücken, die die Dinge hinterlassen, und objektiven Eigenschaften eben dieser Dinge derart viel Mühe bereitet; die Entwicklungspsychologie und die Geschichte der Philosophie und der Wissenschaften belegen diese Schwierigkeiten mit aller wünschbaren Deutlichkeit.

Das Bewußtsein, daß man ein von anderen Individuen physisch verschiedenes Individuum ist, wird anscheinend am Ende der sensomotorischen Periode erworben; Piaget und andere Wissenschaftler haben jedoch gezeigt, daß das Kind anschließend noch mehrere Jahre lang annimmt, seine Betrachtungsweise, sein Verständnis, seine Haltung und seine Gefühle seien auch die der Menschen seiner Umwelt. Für das Kind des präoperativen Stadiums ist das eigene Weltbild unmittelbar, subjektiv und absolut. Ein solches Kind ist sich insbesondere noch nicht bewußt, daß es das »Denken« als ein selbständiges Phänomen gibt. Wenn es auch mit etwa drei Jahren entdeckt, daß die Wirklichkeit nicht immer mit seinen Wünschen und Behauptungen in Einklang steht und Wörter wie »scheinen«, »glauben«, »Gehirn« oder »Geist« zu verwenden beginnt, so folgt daraus nicht, daß es die Implikationen, die Erwachsene mit diesem Wort verbinden, völlig begreift, und zwar insbesondere daß es eine Wirklichkeit gibt, die wahrgenommen wird, einen Denkprozeß, der diese Wahrnehmungen vermittelt, und einen Sprachprozeß, in den das Denken enkodiert wird. Es ist deshalb noch nicht imstande, Namen und Wörter von den Dingen zu unterscheiden, auf die sie sich beziehen, und glaubt anfänglich, sie seien den Gegenständen inhärent, die sie bezeichnen; für das Kind in diesem Alter ist das Denken ein physischer Prozeß, der mit dem

Mund oder mit der Sprache identifiziert wird, das Kind glaubt auch, die Träume spielten sich außerhalb von ihm ab. Es ist sich seiner eigenen Gedanken und Gefühle bewußt, aber es sieht nichts Ungereimtes darin, auch der physischen Welt einen Willen, eine Zielgerichtetheit und Gefühle zuzuschreiben. Selbst auf der Ebene der physischen Wahrnehmung nimmt es an, sein Auge sende einen Strahl aus, wenn es Dinge wahrnehme, und es wundert sich, daß die »Augen-Strahlen« der Leute nicht aufeinanderprallen, wenn sie sich kreuzen; es glaubt auch, die Kraft, die benötigt wird, um einen Stein zu heben, sei eine Kraft, die aktiv vom Stein selbst ausgeübt werde.

Vom Kognitiven her gesehen ist das Kind deshalb außerstande, klar zwischen subjektiv und objektiv zu unterscheiden, die konstant bleibenden Operationen seiner eigenen geistigen Prozesse zu erkennen, sowohl bei der Interpretation der Welt als auch bei der Hervorbringung von Sinnestäuschungen und bei Mängeln im sprachlichen Ausdruck oder in der eigenen Betrachtungsweise. Seinem Urteil fehlt die Objektivität. Piaget bezeichnet diese implizite Verwechslung von subjektiv und objektiv als »begrifflichen Realismus«. Das Kind verwendet vielleicht ein Wort wie »denken«, aber es begreift nicht dessen *kognitive* Implikationen; für es bedeutet dieser Ausdruck »sich konzentrieren«, »eine geistige Anstrengung erbringen«, beispielsweise wenn man sich an etwas zu erinnern versucht. Nach Meinung Piagets gibt es drei grundsätzliche Kriterien für die Beherrschung des Begriffs »Denken« und für die Überwindung des begrifflichen Realismus, und zwar muß das Kind eingesehen haben a), daß das Denken ein unsichtbarer und immaterieller Prozeß ist, der sich im Kopf abspielt, b), daß Namen und Wörter etwas anderes sind als die Dinge, die sie bezeichnen, und daß sie ihren Ursprung in einer Konvention haben, und c) daß die Träume im Kopf lokalisiert sind. Keines dieser Kriterien ist für sich allein schlüssig; erst wenn alle drei Fakten begriffen sind, läßt sich sagen, daß der Realismus überwunden sei. Denkt man an die gewaltigen Schwierigkeiten, die das Verständnis der kognitiven Funktion des Geistes bereitet (in der Geschichte der abendländischen Philosophie wird das immer wieder sichtbar), so kann es nicht überraschen, daß dieser Realismus bis in ein spätes Stadium der kognitiven Entwicklung des Kindes bestehen bleibt – bis zum elften Lebensjahr im Durchschnitt – und erst mit Beginn der formalen Operationen schließlich zu verschwinden scheint. Zahlreiche Beweise für begrifflichen Realismus findet man noch bei den Vorsokratikern; niemand dürfte deshalb überrascht sein, daß ungebildete Völker noch viel weniger imstande sind, sich eine klare Vorstellung vom Unterschied zwischen subjektiv und objektiv zu machen, die Bedeutung der Sprache und die kognitiven Aspekte des Denkens zu erfassen.

Nachdem wir die Wesensmerkmale des begrifflichen Realismus dargelegt haben, mag es nützlich sein, die Stadien bei dessen Überwindung etwas genauer in den Einzelheiten zu betrachten. Im ersten Stadium, wenn es schon den Sinn der Frage zu begreifen vermag (mit ungefähr sechs Jahren), nimmt das Kind an, man denke mit dem Mund, wenn man spreche, und es identifiziert das Denken assoziativ mit dem Atem, der Luft und dem Rauch, oder es setzt Denken mit Hören gleich und betrachtet es somit als etwas, das man mit den Ohren tut. Wörter (wozu die Namen gehören, ein Begriff, der dem Kind leichter verständlich als »Wort« ist) werden als ein Teil des Dings betrachtet, das sie bezeichnen; die Funktion des Mundes und des Ohres beschränkt sich somit darauf, mit den Dingen zusammenzuarbeiten – Wörter zu empfangen und auszusenden. Die Wörter selbst haben deshalb Kraft, Gewicht oder Geschwindigkeit oder andere physische Eigenschaften, die die von ihnen bezeichneten Dinge besitzen. Selbstverständlich wird nicht zwischen einer Aussage und dem, was durch eine solche Aussage bejaht oder verneint wird, unterschieden. In diesem ersten Stadium trifft man also zwei miteinander verbundene Verwechslungen an – zwischen dem Denken und dem Körper und zwischen der Bedeutung und dem Bedeutungsträger. Mit Sicherheit wird auch der Begriff »Idee« nicht verstanden – die Idee von etwas *ist* dieses Ding.

Die Entwicklung des Verständnisses von Namen ist besonders aufschlußreich, denn »Name« ist für das Kind ein viel klarerer Begriff als »Wort«. Wenn ein Kind des ersten Stadiums den Namen eines Dings lernt, nimmt es an, daß es dadurch in das Wesen dieses Dings eindringe und eine gewissermaßen reale Erklärung dafür entdecke. Die Dinge gab es nicht, bevor sie Namen hatten, und wenn es einen Namen gibt, muß es auch etwas geben, das diesem zugeordnet ist. Weil die Namen Eigenschaften der Dinge sind, sind sie auch wahrnehmbar, und man lernt die Namen von Dingen eben dadurch kennen, daß man diese Dinge ansieht.

Im zweiten Stadium nimmt das Kind von den Namen an, sie seien den Dingen durch ihre Hersteller gegeben worden, Gott oder die ersten Menschen, aber es denkt noch immer in einem gewissen

Sinne, sie seien »in den Dingen« oder aber »überall und nirgends«. Man kann zwar den Namen eines Dings nicht erkennen, wenn man dieses ansieht, aber um die Namen ist noch immer eine naturgegebene »Richtigkeit« – das Wort »Sonne« beinhaltet »scheinen«, »rund« usw. Das Kind kann jetzt einsehen, daß die Beziehung zwischen Wörtern und Dingen ein Problem ist, aber es wird mit diesem Problem noch nicht fertig.

Erst im dritten Stadium gelangt es zur Erkenntnis, daß Namen reine Zeichen sind, die aufgrund einer Konvention verliehen und durch Überlieferung weitergegeben worden sind. Das Kind begreift Schritt für Schritt, daß diese Namen ihren Ort in der Stimme, im Kopf und schließlich im Denken selbst haben, das jetzt, als ein unsichtbarer und immaterieller Prozeß, im Kopf lokalisiert wird.

Diese Unfähigkeit, den Unterschied zwischen subjektiv und objektiv und die innerliche Natur des Denkens zu begreifen, führt natürlich zu besonderen Schwierigkeiten, wenn das Kind das schillerndste, aber auch subjektivste Phänomen, die Träume, zu erklären hat. Dieses Verständnis entwickelt sich parallel zu den anderen Bereichen, in denen es allmählich vom Realismus zur Objektivität vorstößt.

Im ersten Stadium wird der Traum als etwas von außen Kommendes betrachtet, er ist ein äußerliches Ereignis. Der Glaube an die äußerliche Natur dieser Bilder ist äußerst hartnäckig: »Ich bin in meinem Traum, er ist nicht in meinem Kopf«, »Er ist nicht in mir, sonst würde ich ihn nicht sehen«. Das Kind nimmt in diesem Stadium vom Traum an, er sei dort, wo das, was geträumt wird, sich abspiele; nachdem das Kind eingesehen hat, daß das nicht möglich ist, glaubt es, der Traum sei im Schlafzimmer. Nicht die in den Träumen vorkommenden Absurditäten, etwa daß man durch die Luft fliegen kann, helfen dem Kind, die wahre Natur der Träume zu erkennen, sondern der Widerspruch zwischen dem Inhalt der Träume und den Tatsachen der im Wachzustand erlebten Wirklichkeit und die Gegensätze zu der Betrachtungsweise anderer Menschen. Selbst wenn das Kind den Traum von der Wirklichkeit und insbesondere von den Erinnerungen, mit denen Träume leicht verwechselt werden, unterscheiden kann und die Träume als trügerisch akzeptiert, glaubt es immer noch, daß sie sich außerhalb von ihm im »wirklichen« Raum abspielen und daß ihr Inhalt von den Dingen, die in ihnen vorkommen, herrühre. Auch ein Kind, das weiß, daß die Träume unwirklich sind und daß nur es sie sehen kann, nimmt immer noch an, daß es selbst in seinen eigenen Träumen mitwirke oder daß das, was im Traum vorkommt, teilweise die Ursache dieses Traums sei. Das ist ein weiteres Beispiel von Partizipation zwischen dem Traumgegenstand und dem wirklichen Ding, ähnlich der zwischen den Namen und den von ihnen bezeichneten Dingen.

Im zweiten Stadium räumt das Kind ein, der Traum habe seinen Ursprung in ihm selbst, aber es läßt das Bild selbst noch nicht als innerlich gelten. Es kann das Bild noch nicht von dem unterscheiden, was es darstellt; es betrachtet das Bild noch nicht als etwas von der physischen Wirklichkeit Verschiedenes, als etwas, das allein mit der Sprache, dem Sehen und dem Denken zusammenhängt. In diesem Stadium ist der Traum etwas wie ein Schatten oder ein Bild im Spiegel.

Am Ende erkennt es, daß der Traum seinen Ursprung in ihm selbst hat und sich völlig innerhalb seines Körpers abspielt. So wie das Denken als eine »Stimme im Kopf« aufgefaßt wird, sind die Träume jetzt »in den Augen«. »Sein« und »Scheinen« werden nun auseinandergehalten.

Der begriffliche Realismus hat aber noch einen weiteren Aspekt, nämlich die Unfähigkeit des Kindes, sich an die Regeln eines sozialen Systems zu akkommodieren, die von den Erwachsenen in jeder Gesellschaft klar durchgesetzt werden müssen, wenn diese überhaupt überleben soll. Piaget betrachtet diesen sozialen Realismus als einen integrierenden Bestandteil des begrifflichen Realismus insgesamt; auch Primitive sind sich durchaus objektiver gesellschaftlicher Regeln bewußt, an die sie sich anpassen müssen; dieser wichtige Aspekt in den Arbeiten Piagets über Kinder muß überdacht werden, bevor er sich auf Primitive anwenden läßt, so wie wir auch seine Theorie über die Symbole vom persönlichen in den öffentlichen Bereich zu übertragen hatten.

1. Das Bewußtsein »innerer Zustände« bei Primitiven und der begriffliche Realismus

Das Bewußtsein »innerer Zustände« wird bei Kindern in einem frühen Alter sichtbar und scheint mit Sicherheit ein für alle menschlichen Gesellschaften typisches Phänomen zu sein. Wenn man sagt, Primitive seien sich der kognitiven Aspekte der geistigen Prozesse nicht bewußt, so meint man damit etwas sehr viel Spezifischeres und Begrenzteres als das Bewußtsein innerer Zustände wie Gefühle, Veranlagungen, Wissen, Gedächtnis, Absicht, Falschheit und so fort. Bewußtsein der *kognitiven* Aspekte des Geistes bedeutet Bewußtsein der Denkprozesse, des Unterschieds zwischen dem Schein und der Wirklichkeit, zwischen dem Bild und dem Gegenstand, zwischen dem Subjektiven und dem Objektiven und zwischen der Aussage und der Bedeutung, Bewußtsein auch der Möglichkeit, daß unsere Vorstellungen von den Dingen falsch sind, weil in unserem Verständnis der Dinge verzerrende Prozesse am Werk sind und wir vielleicht Dingen eine begriffliche Ordnung aufoktroyieren, die ihnen nicht von Natur aus zukommt.

Needham (1972, S. 25 ff.) zeigt, vom Nuer-Englisch-Wörterbuch Kiggens ausgehend, daß zum Beispiel die Nuer über eine Vielfalt von Ausdrücken zur Bezeichnung innerer Zustände verfügen; sie können von einem Menschen sagen, er sei:

unaufmerksam	reizbar	selbstsüchtig
unerschrocken	gleichgültig	verwirrt
ängstlich	zerstreut	aufrichtig
entmutigt	leicht zu erzürnen	reumütig
nachdenklich	verdutzt	eifersüchtig
fassungslos	schüchtern	enttäuscht
gütig	befriedigt	langweilig
nervös	scheinheilig	geil
liebeskrank	betrübt	gedankenlos
besorgt	liebenswürdig	bußfertig
voreingenommen	glücklich	niedergeschlagen
verlegen	todunglücklich	

und er empfinde:

Kummer	Widerwillen	Überraschung
Angst	Verdacht	Haß
Zweifel	Mitleid	Scham
Erbarmen		

Solche Ausdrücke beziehen sich zwar ganz offensichtlich auf Kombinationen von Gefühlen und kognitiven Tätigkeiten, aber die inneren Zustände müssen nicht zuerst analysiert werden, damit man solche Wörter benützen oder begreifen kann. Ein selbstsüchtiger Mensch etwa versteckt seine Nahrungsvorräte, wenn Besucher kommen, oder verschwindet im Urwald, wenn sein Nachbar Hilfe beim Häuserbau braucht; ein gelangweilter Mensch gähnt, trommelt mit den Fingern auf seinen Knien oder läßt seinen Blick ziellos wandern; Zweifel äußert sich verbal, indem man seinen fehlenden Glauben kundtut, oder in einem Mangel an Begeisterung, wenn sich offenbar alle einig sind; Scham zeigt sich durch Erröten, im Niederschlagen der Augen oder in einem plötzlichen Wechsel des Gesprächsthemas. All das sind Verhaltensmerkmale in vielgestaltiger Form; alle Beteiligten sind sich zweifellos im klaren darüber, daß solche äußerlichen Manifestationen von speziellen inneren Empfindungen und Stimmungen *begleitet* sind, aber nicht das wird primär zum Ausdruck gebracht, wenn wir solche Wörter wie Scham, Langeweile, Selbstsucht, Zweifel und so fort gebrauchen. Meiner Meinung nach ist die Theorie von Gilbert Ryle über die Natur des Geistes unhaltbar, aber er hat zweifellos recht mit seiner Behauptung (in *The Concept of Mind*), unsere Aussagen über geistige Vorgänge auf der Ebene des gesunden Menschenverstandes seien in Wirklichkeit Aussagen über das Verhalten.

Needhams Liste enthält jedoch auch Übersetzungen von anderen Wörtern und Ausdrücken aus der Nuer-Sprache, die sich unzweideutiger und expliziter auf innere Zustände von kognitivem Typ beziehen, z. B. denken, wissen, sich erinnern, vergessen, nachdenken, seine Meinung ändern, glauben, sich vorstellen usw. Man wird gewiß Primitiven zugestehen, daß sie sich einiger Manifestationen kognitiver Prozesse bewußt sind und in ihrer Sprache Wörter für »wissen«, »denken«, »sich erinnern«, »vergessen«, »klug«, »dumm«, »begreifen« und so fort haben. Der springende Punkt ist jedoch der, daß sich alle diese kognitiven Aspekte in Verhaltensweisen äußern; ein Mann, der etwas »weiß«, ist imstande, Fragen zu diesem Thema zu beantworten oder die für eine bestimmte Handwerksarbeit notwendigen Handlungen auszuführen. Sich an eine Abstammungsreihe »erinnern« bedeutet, daß man sie wiedergeben kann. »Begreifen«, das in vielen primitiven Sprachen mit »hören« identisch ist, heißt, daß man eine Weisung richtig ausführen oder einen Fehler korrigieren kann, wenn man etwas tut, und so fort.

Primitive interessieren sich, kurz gesagt, für solche Äußerungen innerer Zustände, und bei diesen Äußerungen kommt dem Körper eine wichtige Rolle zu. In einer Analyse altjüdischer Auffassungen über die Person macht Johnson (1964) beispielsweise auf eine Vielfalt von inneren Zuständen aufmerksam, die durch Hinweise auf Verhaltensweisen, Körperbewegungen und Gesichtsausdrücke dargestellt werden können. Er zeigt, daß in diesem altjüdischen Denken noch keine klare Unterscheidung zwischen geistigen und physischen Funktionen, so wie wir sie auseinanderhalten würden, vorgenommen wird (wir kommen auf diesen Punkt weiter hinten, S. 469 ff., zurück).

Zum Mund sagt Johnson:

Vom Mund[1] wird nicht nur gesagt, er spreche in und aus sich, sondern auch, er könne gegebenenfalls klug oder töricht sprechen und Lob und Tadel spenden; mehr noch, er wird auch auf entsprechende Weise mit sittlichen Werten assoziiert, indem er meistens mit Verworfenheit und Falschheit in Verbindung gebracht wird. Genau dasselbe gilt gelegentlich für den Gaumen, der in bestimmten Fällen nicht nur Geschmacksorgan, sondern auch Sprechorgan ist, mit dem sittliche Urteile ausgesprochen werden, der die Wahrheit sagen oder eine Sünde begehen kann. Von der Zunge wird ebenfalls nicht nur gesagt, sie spreche oder singe, sondern auch sie plane oder sei streitsüchtig; einerseits kann sie unter bestimmten Umständen als konstruktiv sprechend, z. B. mit Gerechtigkeitssinn und Weisheit, bezeichnet werden, aber andererseits ist sie auch für Prahlerei, Verleumdung, Falschheit und ähnliches verantwortlich. Die Lippen wiederum können sprechen, lobpreisen oder auch durch Zittern Angst verraten, von ihnen wird aber auch in verschiedenem Kontext gesagt, sie würden Wissen bewahren, Lob spenden oder seien in Streitigkeiten verwickelt; auch sie werden mit moralischen Ausdrücken beschrieben; von ihnen könne Wahrhaftigkeit oder Verführung ausgehen, sie seien dementsprechend hilfreich, aber auch das Werkzeug von Arglist und selbstverständlich von Unheil im allgemeinen.

Was vom Mund mit dem Gaumen, den Lippen und der Zunge gesagt wird, gilt ebenso für das Auge: es selbst sehe das, was immer der spezielle Gegenstand des Schauens sein mag, und, mehr noch, es schaue oder wache nicht nur, sondern wache aufmerksam. Daß man von den Augen sagt, sie seien auf einen Gegenstand gerichtet oder fixiert, ist eine gebräuchliche Methode, um darauf hinzuweisen, daß jemand seine Aufmerksamkeit auf ein bestimmtes Ziel konzentriere, so wie unstete Augen Unaufmerksamkeit verraten und deshalb von einem Lehrer als Zeichen von Dummheit gewertet werden können ... Das Verhalten des Auges wird auf eine Vielfalt von psychischen Tätigkeiten angewandt, z. B. Stolz und Demut, Wohlwollen und Ungnade, Begierde und Hoffnung oder Enttäuschung; und wenn man daran denkt, wie leicht das Auge von irgendwelchem Leid gezeichnet sein kann, ist man nicht weiter überrascht, daß von ihm angenommen wird, es sei zu Mitleid fähig. (Johnson 1964, S. 45–48)

Wenn man bei Primitiven ein Wort antrifft, das man mit »Denken« übersetzen möchte, so hat es üblicherweise die Grundbedeutung »sichtbare geistige Anstrengung«, gleich wie bei Piagets Versuchspersonen im präoperativen Stadium (vgl. das Tangu-Wort *gnek'gneki*, »denken«, »grübeln«, »nachdenken«, »sein Hirn zermartern« (Burridge 1969, S. 176)). Auf ähnliche Probleme sind wir schon bei der Übersetzung anderer Ausdrücke in die Sprachen von Primitiven gestoßen, etwa »einige/alle«, »gerade«, »Zahl« und »Zeit«; vom Wort »wahrscheinlich« wird noch zu sprechen sein. In einer primitiven Kultur bedeutet »einige« möglicherweise nicht »jede Zahl, die kleiner als das theoretisch mögliche Ganze ist«, sondern »ein paar, wenige«; »gerade« bedeutet üblicherweise »ohne Krümmung«, nicht »kürzeste Entfernung zwischen zwei Punkten«; »Zahl« steht, falls es das Wort überhaupt gibt, für »Dinge, die man zählen kann«, sie ist nicht der mathematische Begriff der Zahl als asymmetrische Reihe von Klassen; ebenso meint »Zeit« im Kontext einer primitiven Sprache »Dauer« oder »Abfolge von Ereignissen«, sie entspricht nicht einer operativen Auffassung der Zeit als Koordination von Dauer, Folge und Gleichzeitigkeit. Wenn wir auf kognitive Prozesse wie »denken« bezogene Wörter betrachten, müßte man vorsichtigerweise daran denken, daß dieses Wort gleich anderen Wörtern wie »wissen«, »sich erinnern«, »klug«, »dumm« oder »begreifen« einen einfacheren als den rein kognitiven Sinn haben kann und daß es von Primitiven oder ungebildeten Menschen ganz allgemein für Verhalten, Gesichtsausdrücke, Körperbewegungen gebraucht werden kann, ohne daß die charakteristischen kognitiven Aspekte berücksichtigt werden. Niemand wird erwarten, daß er in primitiven Gesellschaften Diskussionen über den Unterschied zwischen Wissen und Glauben, beispielsweise, oder Schein und Wirklichkeit miterlebt.

Es sei auch an das erinnert, was wir schon früher behandelt haben, daß nämlich die Kenntnis von kognitiven Prozessen in hohem Maße von der Bildung und insbesondere der Schulbildung abhängig ist. Wir werden uns der kognitiven Funktion der Sprache und des Unterschieds zwischen Absicht und Aussage bewußt, wenn wir Aussagen unabhängig von Situationen aus dem wirklichen Leben formulieren, die Reihenfolge der Wörter und Sätze umstellen, um unsere Meinung klarer auszudrücken, Probleme außerhalb eines bestimmten Zusammenhangs lösen, uns der Möglichkeiten des hypothetischen Denkens unabhängig von der Alltagswirklichkeit bewußt und fähig werden, deduktive Schlußfolgerungen zu ziehen. Im Stadium der konkreten Operationen werden wir uns ebenso unserer eigenen kognitiven Prozesse bewußt, wenn wir unsere Sinneseindrücke korrigieren, etwa beim Beispiel der beiden Wassergefäße, indem wir einsehen, daß das hohe und schmale Gefäß gleich viel Wasser wie das niedrige und breite Gefäß enthält und daß das hohe und schmale Gefäß nur mehr Wasser zu enthalten *scheint*. Weil solche Erfahrungen fehlen, wie wir sie in diesem Buch erörtert haben, kann man sich nur äußerst schwer vorstellen, wie primitive Völker zu irgendeinem klaren Verständnis der kognitiven Funktionen des Geistes gelangen *könnten*. Als Individuen sind sich Primitive notwendigerweise ihrer eigenen Kenntnisse, Erinnerungen, Absichten und Gefühle unmittelbar bewußt, aber sie beurteilen diese inneren Zustände bei ihren Mitmenschen von deren Verhalten her. Insofern sie überhaupt eine Unterscheidung zwischen inneren Zuständen und ihrer physischen oder sozialen Äußerung vornehmen, weisen sie sich nicht so sehr über ein Bewußtsein des Unterschieds zwischen subjektiv und objektiv, sondern nur zwischen privat und öffentlich aus, was etwas ganz anderes ist, wie wir im Falle der Ommura sehen werden.

Dem Bereich der rein privaten Erfahrung und der persönlichen Beweggründe, im Gegensatz zur Beurteilung des tatsächlichen Verhaltens, wird in vielen primitiven Gesellschaften wenig Beachtung geschenkt, was man ohne weiteres überprüfen kann, wenn man die publizierten Beispiele von mündlich überlieferter Literatur, Gerichtsfällen oder Texten der Informanten in den Monographien der Ethnographen studiert. Weder die Konso noch die Tauade berichteten beispielsweise je spontan über persönliche Erfahrungen, wenn man mit ihnen über das Verhalten sprach, es sei denn in Form solcher vager Verallgemeinerungen wie »er hatte Angst«, »er war wütend«, »es tat ihm leid« usw. Die Tauade insbesondere sind zwar durchaus der Meinung, das Verhalten eines Menschen sei durch Leidenschaften und Absichten motiviert, aber sie haben nie versucht, solche Absichten zu analysieren. Auf die Frage, weshalb X das oder jenes getan habe, würden sie antworten »omei omene kimuv a«, »er tat es (entsprechend) seinem Inneren« oder, etwas mitteilsamer, bei einem Mann, der sich aggressiv verhielt, »sein Inneres war wie Feuer«, oder bei einem von Natur aus friedfertigen Menschen »sein Inneres ist wie Wasser« (kühl). Bei meiner eigenen Arbeit habe ich nur eine Ausnahme von solchen Verallgemeinerungen erlebt, und zwar bei einem hochintelligenten Informanten bei den Tauade, der mehrere Jahre lang bei den Patres der katholischen Missionsstation gearbeitet und ihnen bei der Wahl von Tauade-Wörtern für eine Bibel-Übersetzung geholfen hatte, obwohl er selbst die englische Sprache nicht beherrschte. Seine Texte waren in verschiedener Hinsicht bemerkenswert für das, was die Handelnden als Erklärung für ihre Handlungen betrachten.

Die Behauptung, der Bereich der rein persönlichen Erfahrung werde auf der Ebene des öffentlichen Gesprächs kaum genauer erfaßt oder analysiert, wollen wir mit einem Beispiel illustrieren, wie ein Schriftsteller aus unserem eigenen Kulturkreis die persönlichen Denk- und Gefühlszustände einer seiner handelnden Personen beschreiben kann:

[Margaret] verlebte einen wohltuenden Abend. Das Gefühl, ständig hin und her geschoben zu werden, das sie während des ganzen Jahres gequält hatte, verließ sie für kurze Zeit. Sie vergaß das Gepäck und die Autos und die hastenden Männer, die so viel wissen und so wenig miteinander verbinden. Der Sinn für den Raum ergriff wieder von ihr Besitz, dieses Gefühl, das die Grundlage aller irdischen Schönheit ist, und, Howards End als Ausgangspunkt wählend, versuchte sie, sich England zu vergegenwärtigen. Es gelang ihr nicht – Bilder tauchen nicht auf, wenn wir es versuchen, auch wenn sie vielleicht durch Versuche heraufbeschworen werden. Doch eine unerwartete Liebe zu der Insel erwachte in ihr, die die irdischen Freuden auf dieser mit dem Unfaßbaren auf der anderen Seite verband. Helen und ihr Vater hatten diese Liebe gekannt, der arme Leonard Bast hatte sie zu erlangen versucht, aber Margaret war sie bis zu diesem Nachmittag verborgen geblieben. Sie war sicher durch das Haus und die alte Miss Avery in ihr aufgebrochen. Durch sie: das Wort »durch« hallte in ihr nach; ihr Geist bangte einem guten Ende entgegen, das nur ein Dummkopf in Worte gefaßt hätte. Dann, als sie wieder warm wurde, verweilte er bei den roten Backsteinen, den blühenden Pflaumenbäumen und all den greifbaren Freuden des Frühlings. (E. M. Forster, *Howards End*)

Bezeichnenderweise verwendet Forster in diesem Zitat, vielleicht mit Ausnahme von »Gefühl« und »Geist«, keine Wörter mit irgendeiner speziellen kognitiven oder psychologischen Bedeutung, und sogar diese beiden Wörter hätte er vermeiden können. Damit wird abermals gezeigt, daß nicht so sehr die lexikalischen oder syntaktischen Hilfsmittel, sondern die Geschicklichkeit, die Sprache auf eine bestimmte Weise zu benützen, die höher entwickelten und die elementareren kognitiven Prozesse voneinander unterscheiden.

Diese Unfähigkeit, persönliche Erfahrungen, im Gegensatz zum sozialen Verhalten, dem Musterbeispiel des Erkennbaren, zu analysieren, wird durch ethnographische Belege von den Ommura in der Eastern-Highlands-Provinz von Papua-Neuguinea ausgezeichnet illustriert[2]. Wie viele andere primitive Völker auf Neuguinea und anderswo verwenden die Ommura dasselbe Verb *(iero)* für »verstehen« oder »erfassen« und für »hören« (einen Ton usw.). *dapi* entspricht ziemlich genau »klar«, »deutlich«, im Gegensatz zu

»dunkel« oder »verschwommen«; der Ausdruck *dapi iena* bedeutet
somit »der Ton, den wir deutlich hören können«; falls im Sinne von
»verstehen« gebraucht, bezieht sich der Begriff »hören« in solchem Kontext auf den Ton des Namens, *nrutu*, des Gegenstandes,
von dem gesprochen wird. (Die Gleichsetzung von »verstehen« mit
»hören« kommt in primitiven Gesellschaften sehr oft vor und steht
selbstverständlich in Einklang mit den Aussagen der von Piaget
befragten Kinder, »wir denken mit unseren Ohren«.)

Meiner Meinung nach könnte man sagen, vom Bewußtseinsmodell der Ommura her falle der Bereich dessen, was als einer klaren verbalen Darstellung
zugänglich vorgestellt wird, mehr oder weniger mit dem zusammen, was in
den Bereich des gewöhnlichen Verständnisses gehört und vom Menschen beherrscht wird. Die Ausdrucksbereiche, von denen die Ommura sagen, sie würden sie »nicht verstehen« oder »den Namen nicht hören«, befinden sich in der
Regel außerhalb des Kreises des üblichen Verständnisses und der sozialen
Kontrolle. (Mayer, persönliche Mitteilung)

Erfahrungsbereiche, die zu dieser letzteren Kategorie gehören,
sind die Geister und Gespenster, und wenn die Ommura von diesen
sprechen, »betonen sie fast immer, was sie sagten, sei ›nur ein
persönlicher Eindruck‹ (*ni nrato tina*, ›mein Ohr sagt‹), und sie
›würden nicht verstehen, hätten nicht klar in Worten gehört‹, was
in diesen Bereichen geschehe.« Die Sitten und Gebräuche anderer
Kulturen, insbesondere der Europäer, werden in dieselbe Kategorie gestellt wie die »inneren Zustände« anderer Menschen.

Wörter, um innere Zustände zu beschreiben, fehlen vollständig,
obwohl sich die Ommura durchaus bewußt sind, daß die Menschen
Empfindungen, Absichten, Beweggründe usw. haben. Entscheidend ist, daß dieser Bereich den anderen unzugänglich ist, so daß
man in solchen Dingen nie »Klarheit« haben kann, vor allem nicht
in einer Kultur wie der der Ommura, wo angenommen wird, daß
die Leute oft die Dinge absichtlich verdrehen. »Man kann allgemein sagen, was wir als ›innere Zustände‹ usw. beschreiben würden, gelte in den meisten Fällen als gefährlich, unvoraussagbar
und ›asozial‹ und werde in die Nähe der Zauberei gestellt« (Ibid.).

Die Ommura unterscheiden faktisch nicht zwischen dem kognitiv Subjektiven und Objektiven, sondern zwischen dem, »was einen Sinn ergibt, weil es mit bekannten Regeln übereinstimmt und
diskutiert werden kann«, und dem, was nicht in diese Kategorie
fällt. Dieser Kontrast kommt zum Ausdruck in der Unterscheidung zwischen dem, »was nur mein Ohr sagt«, unzuverlässige und

ungenaue persönliche Eindrücke, und solchen Erfahrungen, die in der Ommura-Sprache klar und genau formuliert werden können:

Aus dem Blickwinkel eines Ommura können Träume, Besessenheitszustände usw., die wir eher größtenteils als »innerlich verursacht« betrachten würden, sowohl »klar«, »genau« und »äußerlich hervorgebracht« als auch »was nur mein Ohr sagt« und folglich unzuverlässig und von solchen Faktoren wie der Stellung des Träumers oder des Traumdeuters im jetzigen Zustand, vom Inhalt des Traums usw. abhängig sein. (Ibid.)

Bezeichnenderweise kommt jedoch anscheinend niemand auf die Idee, die Träume oder Besessenheitszustände, deren Sinn unklar und unbestimmbar ist, seien folglich, in unserem Sinne, »subjektiv«, d. h. Produkte einer rein inneren geistigen Tätigkeit.

Die Ommura betrachten somit die Sprache, genauer die Rede, als eine wesentliche Grundlage für klare, soziale Vorstellungen, doch die Äußerungen sind für sie untrennbar mit ihrem Kontext verbunden.

Um etwas verstehen zu können, muß ein Ommura das Wort dafür finden, den richtigen *nrutu* oder Namen des Phänomens »hören«; und wenn ein Ommura etwas benennt, so bedeutete das gleichzeitig dessen faktische oder potentielle Beherrschung. *nrutu* bedeutet in den meisten Fällen »persönlicher Name«, und wenn jemand auf den *nrutu* eines Gegenstandes oder einer Beziehung hinweist, dann tut er das

... nur in einem Kontext, wo der Prozeß des »Benennens/Beherrschens« bewußt erstrebt wird, also wenn er versucht, eine Vorstellung von etwas zu klären oder durch dessen *nrutu* die Kontrolle darüber zu erlangen. In den meisten Fällen wird niemand fragen: »Welches *nrutu* hat dieses Ding?«, sondern ganz einfach: »Was ist das?«, und die übliche Antwort würde lauten: »Das ist eine Süßkartoffel«. (Ibid.)

Der Ausdruck *nrutu* wird auch für beliebige Wörter gebraucht, wenn diese eine »richtige« oder »genaue« beschreibende oder hinweisende Funktion haben. Die verstümmelten Wörter von Kleinkindern und Imbezilen erfüllen diese Funktion nicht. Man kann seine Zweifel an der »Echtheit« und folglich Wirksamkeit der Zaubersprüche von irgend jemandem dadurch zum Ausdruck bringen, daß man sagt, die verwendeten Worte seien nicht wirkliche *nrutu*«, so wie wir etwa sagen würden, es sei nur »Hokuspokus« gewesen, wobei jedoch zusätzlich impliziert ist, daß diese Worte deshalb nicht imstande gewesen seien, ihren Zweck zu erreichen. Als

Verb wird *nrutu* ungefähr im Sinne von »nach jemandem rufen« oder »anrufen« gebraucht.

Diese wesentliche Eigenschaft der »Beherrschung« als Attribut der Namengebung wird auch in der Haltung der Ommura Anderssprachigen gegenüber sichtbar. »Leute, deren Sprache man nicht hören kann« (»man nicht versteht«) meint im betreffenden Zusammenhang oft solche Menschen, bei denen die gegenseitigen Beziehungen nicht voraussagbar und außerhalb des unmittelbaren Bereichs eigener potentieller Kontrolle sind. Dabei verdient es festgehalten zu werden, daß tatsächliche sprachliche Unterschiede sekundär sein können:

Wenn die Ommura »Gleichheit« oder Solidarität mit einer besonderen Gruppe zum Ausdruck bringen wollen, verwenden sie oft die Wendung »gleiche Sprache« (vgl. in Pidgin-Englisch *wantok* (one-talk) = »Person gleicher Sprache« für Angehörige der eigenen sozialen Gruppe), auch wenn die Unterschiede im Dialekt der beiden Gruppen, objektiv gesehen, beträchtlich sind. Wenn der Unterschied hervorgehoben werden soll, wird umgekehrt von der anderen Gruppe oft gesagt »wir können ihre Sprache nicht ›hören‹ (›verstehen‹)«, auch wenn man objektiv kaum Unterschiede im Dialekt heraushören kann. (Ibid.)

Die rituellen Handlungen beruhen ebenfalls zu einem großen Teil auf dem Prinzip »das *nrutu* herausfinden und aussprechen«:

Die schädlichen Auswirkungen der heimlichen Handlungen von Zauberern können beispielsweise verhindert werden, indem man den Namen dieses Zauberers laut ausspricht und vielleicht noch seine schädlichen Handlungen in Worten beschreibt. Die Identität des Zauberers und die Art seiner Handlungen werden zuerst, üblicherweise in nicht-visueller Form, im Ergebnis verschiedenartiger Wahrsagungsverfahren sichtbar. Doch nur indem man sie laut mit Worten beschreibt, kann man sie unter Kontrolle bringen. (Ibid.)

Viele Dinge haben andererseits Geheimnamen, deren Kenntnis die Initiierten dazu befähigt, sie zu beherrschen. Diese geheimen Initiationsnamen heißen *mbo-nrutu*, wörtlich übersetzt: »anderer Name«:

Zumindest im Falle der Ommura ist klar, daß die Kraft, die mit dem Gebrauch des *mbo-nrutu* von etwas verbunden ist, davon herrührt, daß man sich das *mbo-nrutu* als das *nrutu* des *mara-uha*-Aspekts dieses Dings und folglich als ein potentielles Mittel vorstellt, diesen Aspekt zu beherrschen/verstehen. »*Mara-uha*« kann in diesem Kontext etwa so übersetzt werden: »Die Wirksphäre, in der Beziehungen möglich sind, die die gewohnten Grenzen von Raum und Zeit (so wie diese in der Ommura-Kultur umschrieben sind) übersteigen oder die außerhalb der gewohnten alltäglichen Wahrnehmung stehen«.

In Einklang mit der bei den Ommura üblichen Assoziation zwischen sozialer und sprachlicher Entfernung glaubt man von der Sphäre des »*mara-uha*«, die von der Sphäre des alltäglichen Wirkens verschieden ist, sie sei mit einer »anderen Sprache« ausgestattet. Das *nrutu*, das sich auf die »gewöhnlichen« Aspekte von etwas bezieht, kann somit seinen »*mara-uha*«-Aspekt nicht in den Bereich des Verstehens und der Beherrschung einbringen.

In der Ommura-Kultur wird wie in vielen anderen melanesischen Kulturen der Gebrauch magischer Formeln aus Wörtern besonders stark gepflegt, die als »fremdartig«, »archaisch« oder sonstwie »unverständlich«, zumindest auf gewissen Ebenen, aufgefaßt werden. Der Gebrauch solcher Ausdrücke weist darauf hin, daß die magischen Handlungen der Ommura sozusagen ein Versuch sind, das *nrutu* für solche Phänomene in einer Sprache zu finden, die man sich als die seines Ortes oder seiner Herkunft vorstellt. So sind beispielsweise die geheimen Gesänge an den Initiationsfeiern für Männer und Frauen in einer Sprache abgefaßt, die als archaisch (»die Sprache der Ahnen«) aufgefaßt wird; man kann sie somit als ein Mittel auffassen, mit dem eine Art Zugang zur Kraft, die von den Ahnen ausgeht, gewonnen wird. (Ibid.)

Die meisten heutigen Ackerbau-Rituale der Ommura sind in ähnlicher Weise mit dem Singen von Liedern verbunden, von denen man glaubt, daß sie aus zahlreichen verschiedenen Sprachen und Dialektgruppen stammen. Als Grund dafür wird angegeben: »Wir singen Lieder in der Gadsup-Sprache, damit die Süßkartoffeln von den Gadsup in unser Dorf kommen; dann singen wir Lieder aus ›Australien‹, so daß die Süßkartoffeln aus Australien in unser Dorf kommen« usw. Pidgin-Englisch wird als ein Mittel potentieller Beherrschung in Angelegenheiten betrachtet, die mit Europäern und der Verwaltung zu tun haben. Dem Brauch, bei der Jagd die Stimmen der Tiere nachzuahmen, liegt dasselbe Prinzip zugrunde.

Für die Ommura ist somit die Sprache ein integrierender Bestandteil der sozialen Beziehungen; sie ist in mancher Hinsicht eng mit Beherrschung wie auch mit bloßem Verstehen, mit dem öffentlichen Bereich, mit der äußeren Welt der gemeinsamen Erfahrung verbunden, während die innere Welt des einzelnen Menschen verborgen und nicht voraussagbar ist. Die Sprache wird jedoch nicht als etwas aufgefaßt, das unabhängig vom Kontext analysiert werden kann, es gibt keinen systematischen Vergleich zwischen verschiedenen Sprachen, und die geistige Aktivität wird sicher nicht als ein wesentlicher Aspekt der Kommunikation aufgefaßt. Ganz im Gegenteil, insofern sich die Ommura persönlicher geistiger Zustände oder Handlungen bewußt sind, bleiben diese unbestimmt und unmitteilbar, ohne vermittelnden Einfluß auf die Kommunikation und die Wahrnehmung.

Selbst wenn sich die Ommura der Funktion des Geistes bei der Vermittlung der Erfahrung nicht bewußt sind, könnte man einwenden, ihre Vorstellungen seien anscheinend genau das Gegenteil der kindlichen Auffassungen. Sie betrachten nämlich ihre eigenen individuellen Perspektiven überhaupt nicht als unmittelbar, objektiv und absolut, sondern scheinen diese als völlig unzuverlässig abzuwerten und nur die gegenseitig verständlichen und nachprüfbaren Aussagen als gültig anzusehen. Damit man aber im Gespräch miteinander etwas klar und genau feststellen kann, müssen alle Gesprächsteilnehmer imstande sein, die Betrachtungsweisen zu beurteilen und Vorurteile in den persönlichen Standpunkten anderer aufzuzeigen. Meine persönlichen Erfahrungen mit Diskussionen bei den Konso und Tauade zeigen jedoch, daß es zwar selbstverständlich Meinungsverschiedenheiten gibt, daß aber nie jemand versucht, die Meinung des anderen durch Argumente in Frage zu stellen, wie sie uns geläufig sind: »du sagst das nur, weil deine Erfahrungen in Sachen so und so beschränkt sind« oder »weil du einem Angehörigen deiner eigenen Sippe nicht widersprechen willst« und so fort. Den einzigen Versuchen, Aussagen auf der Grundlage persönlicher Haltungen oder Betrachtungsweisen zu widerlegen, liegt die *soziale* Unzulänglichkeit des Gegenspielers zugrunde – »er ist zu jung, um das zu wissen« oder »Frauen haben in solchen Dingen keine Erfahrung« oder »er ist ein Lügner und versucht dich zu beschwindeln« oder »er ist ein Dummkopf«. Man versucht gar nicht, die besonderen Beweggründe oder Vorurteile des Gegenspielers als Individuum zu bewerten; noch weniger die möglichen Ursachen für solche Vorurteile und Beweggründe.

Von den Experimenten über die Schwierigkeiten der Kpelle bei der Kommunikation (siehe oben, S. 144 f.) ausgehend, diskutieren Cole und Scribner (1974, S. 180–185) die Hypothese, Primitive seien, weil egozentrisch im Sinne Piagets, Kindern ähnlich, insofern sie »versäumt haben, die Fähigkeit zu entwickeln, den Standpunkt des Zuhörers einzunehmen«. Sie machen auf verschiedene Zusammenhänge aufmerksam, etwa die bewußt unklare Redeweise, deren Wirkung davon abhängig ist, daß man den Standpunkt des Gesprächspartners in seine Überlegungen einbezieht, oder die Spiele mit festgelegten Regeln in primitiven Gesellschaften, wo der Gewinn davon abhängig ist, ob man imstande ist, sein eigenes Verhalten im Hinblick auf allgemein anerkannte Spielregeln objektiv zu erfassen. Sie kommen gleich wie ich im Falle der Ommura zum Schluß, daß die »Kpelle-Erwachsenen« in dieser und mancher anderer Hinsicht, etwa in der gemeinsamen Arbeit beim Bestellen der Felder und beim Häuserbau, in den Gerichtsverfahren usw., »die Antithese zum Piagetschen Kind darzustellen scheinen«.

Wie ich aber schon betont habe, muß man unbedingt unterscheiden zwischen der Fähigkeit, den Standpunkt eines Menschen, insofern dieser von seiner gesellschaftlichen Rolle, seinem Alter, seinem Geschlecht und der Geschichte seiner persönlichen Beziehungen, die in der örtlichen Gemeinschaft bekannt ist, abhängig ist, zu berücksichtigen, und der Fähigkeit, was ein anderer Mensch als *Individuum* denken mag, in seine Überlegungen einzubeziehen, was etwas ganz anderes ist. Offensichtlich bleibt in der primitiven Gesellschaft (wie übrigens auch bei ungebildeten Vertretern der Arbeiterklasse in unserer Gesellschaft, wie Bernstein darlegt) das Bewußtsein der persönlichen Erfahrung und die Fähigkeit, diese in Worte zu fassen, in hohem Maße unentwickelt. Evans-Pritchard hat diese Aussage eines Azande festgehalten: »Man kann nicht wissen, was im Innern eines Menschen vorgeht. Das ist der Sinn eines der am häufigsten verwendeten Sprichwörter: *i ni ngere ti boro wai i ni ngere ti baga?*, ›Kann man in einen Menschen hineinschauen, so wie man in einen geflochtenen Korb hineinschaut?‹« (Evans-Pritchard 1962, S. 228).

Die Azande haben es im Gebrauch des *sanza*, der berechneten Unklarheit der Sprache, zu hoher Fertigkeit gebracht. Das folgende Beispiel zeigt, daß sie den öffentlich beobachtbaren »Standpunkt« der anderen Person durchaus kennen und daß diese Kenntnis notwendig ist, wenn ein Trick wie das *sanza* allen zugänglich sein soll.

Ein Mann möchte von seinem Blutsbruder die Erlaubnis erhalten, ein Verhältnis mit dessen Tochter anzufangen. Bisweilen geben Blutsbrüder die Erlaubnis dazu, wenn das Mädchen noch nicht verheiratet ist, andere lehnen dieses Ansinnen ab, es besteht also unter Blutsbrüdern keine Verpflichtung dazu. Der Mann geht deshalb behutsam vor, indem er sein Anliegen in *sanza* vorbringt: »Weiß man denn nicht, wonach ein Mann sich sehnt, Blutsbruder, mein Lieber?« Sein Blutsbruder erwidert: »Wovon sprichst du?« Der Mann fährt fort: »Eh, mein Lieber! Diese Frauen in diesem Haus, mein Lieber, wie soll ich es dir sagen? Was soll ich in das Maul des Hundes tun, mein Lieber?« Die Erwähnung der Frauen ist ein Wink, was er wirklich möchte, dann wechselt er jedoch plötzlich das Thema, indem er fragt, wie er wohl sagen sollte, was er möchte, und schließlich bemerkt, woher man denn wissen könne, was ein Hund wolle, da dieser alles fresse. Mit der Anspielung auf die Frauen sagt er seinem Blutsbruder, was er möchte, aber dann deckt er seine Karten sogleich wieder zu. Der Vater des Mädchens lacht: »Aha, ha, ha, aha, ha, ha, lieber Blutsbruder, diese Gedanken in deinem Inneren, mein Lieber, mit denen du hier in mein Haus gekommen bist, warum versteckst du sie vor mir, mein Lieber?« Er weiß, was sein Freund meint, aber er will es nicht so direkt sagen, und sein Freund weiß, daß der Vater des Mädchens es weiß, aber er will es auch nicht so direkt sagen. Er erwidert: »Mein Gebieter, ich hatte Angst vor dir, mein Gebieter, ich hatte Angst vor dir, mein Herr.« Dann lachen beide zusammen, denn das ist *wene sanza* gute *sanza*, die, obwohl sie ihre Absicht verschweigt, gut aufgenommen wird, wie es bei Blutsbrüdern der Fall sein sollte. (Ibid., S. 216)

Damit dieses Gespräch erfolgreich oder auch nur möglich ist, müssen beide Gesprächspartner das allgemeine Verhalten der erwachsenen Männer in ihrer Gesellschaft und die Regeln und Gebräuche, die sowohl damit als auch mit speziellen männlichen Rollen wie denen des Blutsbruders, des Vaters und des Freiers verbunden sind, begriffen haben. Das individuelle Verhalten wird in diesem Fall von diesem gemeinsamen, objektiven Wissen her beurteilt. Wenn es auch stimmen mag, daß der Vater »weiß, was sein Freund meint, aber es nicht so direkt sagen will, und sein Freund weiß, daß der Vater des Mädchens es weiß, aber es auch nicht so direkt sagen will«, hat solches gegenseitiges Wissen dennoch nur mit der sozialen Situation zu tun. Es wird gar nicht versucht, sich mit den besonderen und einmaligen Gefühlen, Vorstellungen und so fort im Geiste des anderen auseinanderzusetzen – man verhandelt miteinander nur von der sozialen Stellung und vom beobachtbaren Verhalten her.

Das Verhalten der Erwachsenen in der primitiven Gesellschaft ist somit in einem gewissen Sinne die Antithese zum Egozentrismus der Piagetschen Kinder; es ist aber auch gegenüber dem der gebildeten Erwachsenen in unserer Gesellschaft abzugrenzen, denn wir verwenden einen großen Teil unserer Zeit darauf zu lernen, unseren inneren Geisteszustand zu analysieren und den anderer Menschen zu verstehen. Bei uns kommt es zu einer fortwährenden Interaktion zwischen persönlichen Standpunkten und solchen der Gruppe oder der Gesellschaft als Ganzes, etwas, das in der primitiven Gesellschaft weitgehend fehlt. Primitive wissen, daß die einzelnen Menschen solche persönlichen Standpunkte *haben* (ihre Meinung, die persönliche Erfahrung sei eigentlich unergründlich, bezeugt dieses Wissen), aber weil diese persönliche Erfahrung nicht offen ausgesprochen wird, fehlt die Möglichkeit, das Bewußtsein, worin sie sich von den allgemeinen Vorstellungen unterscheidet, inwiefern sie diese verfälscht oder umgekehrt berichtigt, zu entwickeln. Eben dieses Bewußtsein, daß persönliche und allgemeine Vorstellungen zwei verschiedene Dinge sind, die insbesondere Schriftstellern immer wieder Stoff liefert, ist für uns von solcher Bedeutung, weil es das Wissen um den inneren Zustand fördert. Nur wenn wir uns sowohl der Handlungen von Persönlichkeiten in der Öffentlichkeit und der gesellschaftlichen Bedeutung dieser Handlungen als auch der unterschiedlichen persönlichen Auffassungen von diesen öffentlichen Ereignisssen bewußt sind, wird unser Blick dafür geschärft, wie öffentlich beobachtbare Ereignisse persönlich interpretiert werden – also für den Geist als Vermittler zwischen pesönlichen und öffentlichen Erfahrungen.

Kommunikation und Kooperation finden somit in der primitiven Gesellschaft auf der Ebene der öffentlichen Interaktion statt, und wegen der grundsätzlichen Gleichartigkeit dieser Erfahrung werden unterschiedliche individuelle Standpunkte von beobachtbaren, öffentlich verifizierbaren Normen her beurteilt, wobei der wirklich persönliche Aspekt der Erfahrung im Dunkeln bleibt. Man kann die daraus resultierende soziale Interaktion als eine Art gemeinschaftlichen Egozentrismus auffassen, in dem die Leute lernen, durch Handlungen und Teilhabe an der gleichen Art von Erfahrungen miteinander zu kooperieren, was dazu führt, daß die subjektiven Aspekte der Erfahrung unberücksichtigt bleiben. (In diesem Zusammenhang sei an unsere Diskussion über das Lernen in der primitiven Gesellschaft erinnert, dem eine Belehrung im Kontext, durch Teilhabe, und nicht eine Unterweisung durch Regeln abseits der praktischen Tätigkeit zugrunde liegt (Kapitel III).) So kommt es zu keiner eigentlichen Äquilibration zwischen persönlichen und öffentlichen Vorstellungen, denn die persönliche Erfahrung geht im sozialen Konsens unter. Das legt den Schluß nahe, daß Zusammenarbeit, Rede und Gegenrede und so fort nicht unbedingt eine Akkommodation an die persönlichen Standpunkte anderer Menschen nach sich ziehen, wie die Untersuchungen Piagets nahelegen. Der entscheidende Faktor ist die *Natur* dieser Interaktion: falls sie weitgehend auf Handlungen in Form gemeinsamer Aufgaben und auf einer für alle gleichen, homogenen Erfahrung beruht, für deren Erwerbung die Teilnahme weitaus bedeutungsvoller als die explizite verbale Analyse und Erklärung ist, dann muß es nicht zu einer Akkommodation an persönliche Standpunkte kommen, sondern entwickelt sich eher ein sozialer Konsens, der die persönlichen Vorstellungen nicht berücksichtigt. Das scheint in primitiven

Gesellschaften die Regel zu sein, ist aber offensichtlich etwas anderes als unser klares Bewußtsein einer Interaktion zwischen öffentlichen Ereignissen, der Öffentlichkeit, so wie sie ist, und der Vielfalt von persönlichen Vorstellungen davon, denn in unserer Gesellschaft sind das Lernen und die Interaktion zwischen Mitmenschen mit einem analytischen Gebrauch der Sprache abseits wirklicher Situationen verbunden (die Schulen westlichen Typs fördern eben gerade die Fähigkeit, persönliche Vorstellungen zum Ausdruck zu bringen), was etwas ganz anderes ist als die Beurteilung des öffentlichen Verhaltens des einzelnen Menschen, die ein Primitiver erwirbt.

2. Primitive Vorstellungen vom Geist

Lienhardt liefert uns mit seinen Arbeiten bei den Dinka eine ausgezeichnete Bestätigung für das Fehlen des Begriffs »Geist« bei diesem Volk:

Die Dinka kennen keinen Begriff, der unserer verbreiteten modernen Vorstellung von »Geist« als dem Vermittler und gewissermaßen Speicher der Erfahrungen des Ich annäherungsweise entsprechen würde. Es gibt für sie keine derartige Entität, die als zwischen dem erfahrenden Ich, zu einem gegebenen Zeitpunkt, und dem, was eine äußere Einwirkung auf dieses Ich ist oder gewesen ist, stehend erscheint. Was wir in bestimmten Fällen als die »Erinnerungen« an Erfahrungen und infolgedessen als der sich erinnernden Person eigen und innerlich und durch diese Innerlichkeit in ihrer Wirkung auf diese Person verändert bezeichnen würden, erscheint dem Dinka offenbar als von außen auf sie einwirkend, gewissermaßen als die Quellen, aus denen sie hervorgegangen sind. Es wäre deshalb unmöglich, einem Dinka den Gedanken nahezubringen, ein kraftvoller Traum sei »nur« ein Traum gewesen, über den man, bei Tageslicht besehen, deshalb als etwas verhältnismäßig Unwichtiges hinweggehen könnte, oder ein Besessenheitszustand sei »nur« in der Psychologie der besessenen Person begründet gewesen. Sie unterscheiden in keiner Weise zwischen der Psyche und der Welt, wodurch solche Deutungen für sie sinnvoll würden. (Lienhardt 1961, S. 149)

Aus dem Buch Lienhardts wie auch aus anderen ethnographischen Quellen geht ziemlich eindeutig hervor, daß geistige Zustände und Gefühle von primitiven Völkern oft als der Person äußerlich angesehen werden, als Entitäten, die unabhängig von ihrem gedachten oder gefühlten Sein existieren (und solche Völker betonen entsprechend das psychomorphistische und willentliche Verhalten von Dingen, die wir als rein natürliche Phänomene betrachten würden); Lienhardt gibt dafür folgende Beispiele:

Ein Mann, der während längerer Zeit an einem für ihn sehr fremden Ort gelebt hat, nimmt an, dieser Ort (wir würden sagen, dessen »Einfluß«) folge ihm *(bwoth cok)*, so wie von Gottheiten gesagt wird, sie würden dem »folgen«, mit dem sie eine Beziehung eingegangen sind. Ein Mann, der in Khartum im Gefängnis gesessen hatte, gab einem seiner Kinder den Namen »Khartum« als Erinnerung an diesen Ort, aber auch um jeden möglichen Einfluß dieses Ortes auf sein späteres Leben auszuschalten. Das ist ein Akt von Exorzismus, »ausgetrieben« wird aber etwas, das für uns Erinnerungen an Erfahrungen wären. (Ibid., S. 149)

Auch in den gebräuchlichen Ausdrücken der Dinka für die Wirkung von Dingen aus ihrer Welt auf sie findet man oft eine Umkehrung von europäischen Wendungen, die das menschliche Ich, den Geist, als Subjekt in bezug auf das, was ihm geschieht, betrachten; auf Englisch sagt man beispielsweise oft, jemand »fange [to catch] eine Krankheit«, doch in der Dinka-Sprache ist es immer die Krankheit, oder die Kraft, die den Menschen »ergreift«. (Ibid., S. 150)

Der Fetisch (oder das Medizinbündel) *Mathiang Gok*, der dazu gebraucht wird, um Schuldner durch mystische Mittel einzuschüchtern, beruht auf einer ähnlichen Versachlichung von Prozessen, die wir als subjektiv betrachten würden:

Dieser Fetisch wirkt, laut Darstellung der Dinka, ähnlich wie das, was für einen Europäer die Stimme des schlechten Gewissens wäre. Der Europäer betont dabei eine durch und durch innere Art von Handlung, das Gewissen. Für die Dinka ist *Mathiang gok* eine Gegenwart, die von außen auf das Ich einwirkt und von jemandem in diesem Sinne verwendet wird. Das Bild (wie wir es genannt haben) der Erfahrung einer schuldhaften Verstrickung (das ist die übliche Situation, in der *Mathiang gok* wirksam werden soll) wird aus dem Ich, das diese Erfahrung macht, herausgenommen. Es drängt sich (was Erinnerungen oft tun) dem Schuldner gegen dessen Willen auf und wird als eine vom Gläubiger gelenkte Kraft aufgefaßt. (Ibid., S. 150)

Ein anderes Beispiel einer solchen Verbildlichung der Erfahrung findet man in den Beziehungen, die die Dinka ihrer Meinung nach mit Dingen eingegangen sind, meistens mit Krankheiten, die sie individuell befallen haben, und die mit dem »individuellen Totemismus« oder »Nagualismus« verwandt sind. Die Sippen-Gottheiten sind solche Gegenstände, die als wirkliche Gegenwart vom Begründer der Sippe an seine Nachkommen als Gruppe weitergegeben worden sind. Wenn ein Mann eine individuelle Beziehung zu ihnen eingegangen ist, wird er das Emblem des Dings, das ihn affiziert hat, *thek*, achten, und zu seinen Gottheiten zählen. Auch hier wieder scheint er in dem, was ihn befallen hat, ein in sich selbst determiniertes Subjekt von Tätigkeit und sich selbst als dessen Objekt zu sehen. Die Leute wählen sich ihre Gottheiten nicht aus, sondern werden von ihnen ausgewählt. (Ibid., S. 151)

Dodds zeigt in seinem Buch *The Greeks and the Irrational* eine wichtige Parallele zu solchen afrikanischen Auffassungen vom äußerlichen Ursprung gewisser geistiger Phänomene auf. Bei Homer wird unkluges und unannehmbares Handeln ἄτη, der »Verblendung«, zugeschrieben:

Immer oder praktisch immer ist ἄτη ein Geisteszustand, eine temporäre Trübung und Verwirrung des normalen Bewußtseins. Sie ist faktisch ein partieller und temporärer Wahnsinn; und sie wird, wie jede Geisteskrankheit, nicht physiologisch oder psychologischen Ursachen, sondern einer äußeren, »dämonischen« Kraft zugeschrieben. (Dodds 1951, S. 5)

Ein Wort zu den Kräften, denen ἄτη zugeschrieben wird. Agamemnon nennt nicht eine, sondern drei solche Kräfte: Zeus, μοῖρα und Ἐρινύς, die in der Dunkelheit geht . . . Zeus ist die mythologische Kraft, er wird von den Dichtern im ganzen Geschehen als der erste Beweger gesehen: »Zeus' Plan wurde ausgeführt«. Es ist vielleicht bezeichnend, daß . . . Zeus in der Ilias der einzige individuelle Olympier ist, dem zugetraut wird, daß er ἄτη verursacht (denn ἄτη wird allegorisch als seine älteste Tochter beschrieben). μοῖρα wird meiner Meinung nach genannt, weil die Leute von irgendeinem unerklärlichen persönlichen Unheil als Teil ihres »Schicksals« oder ihres »Loses« sprachen, was einfach bedeutet, daß sie nicht begreifen können, wie es geschehen ist, aber da es geschehen ist, »mußte es« offensichtlich so sein. Die Leute sprechen noch immer so, insbesondere über den Tod, für den im modernen Griechisch μίρα tatsächlich ein Synonym geworden ist wie μόρος im klassischen Griechisch . . . [Indem] Agamemnon dieses »Schicksal« als eine Kraft behandelt – indem er es etwas *tun* läßt –, macht er einen ersten Schritt in Richtung einer Personifikation. Wenn Agamemnon jedoch seiner μοῖρα die Schuld zuspricht, so bekennt er sich damit ebensowenig zu einem systematischen Determinismus wie ein heutiger griechischer Bauer, der ähnliche Ausdrücke benützt. Die Frage, ob die Menschen Homers Deterministen oder Indeterministen seien, ist ein grotesker Anachronismus; die Frage hat sich den alten Griechen gar nie gestellt, und wenn man sie ihnen gestellt hätte, so wäre es sehr schwer gewesen, ihnen verständlich zu machen, was damit gemeint sei. Was ihnen aufgefallen ist, das ist der Unterschied zwischen normalen Handlungen und Handlungen im Zustand der ἄτη. Handlungen letzterer Art können sie unbesehen ihrer μοῖρα oder dem Willen eines Gottes zuschreiben, je nachdem ob sie die Angelegenheit von einem subjektiven oder einem objektiven Standpunkt her betrachten. Ebenso schreibt Patroklos seinen Tod direkt dem unmittelbar Handelnden, dem Mann Euphorbos, und indirekt Apollon zu, von einem subjektiven Standpunkt her aber seiner schlimmen μοῖρα. (Ibid., S 6 f.)

Wir haben festgestellt, daß Primitive (wie wir auf der Ebene des gesunden Menschenverstandes) die »inneren Zustände« von äußeren, verhaltensmäßigen Symptomen her beurteilen. Es ist deshalb anzunehmen, daß unsere Unterscheidung zwischen dem Geist in seinen kognitiven Aspekten (und selbstverständlich den Gefühlen) einerseits und dem Körper als einem rein physischen System andererseits in einer primitiven Kultur auch nicht annäherungsweise so klar wie von uns vorgenommen wird und daß dementsprechend Physisches und Psychisches stark miteinander vermengt werden. Laut Johnson zum Beispiel

... wird im jüdischen Denken der Mensch nicht so sehr dualistisch als »Leib« und »Seele«, sondern synthetisch als eine Einheit von vitaler Kraft oder (in unserer heutigen Sprechweise) als psychophysischer Organismus aufgefaßt. Das heißt mit anderen Worten, die verschiedenen Teile und Ausscheidungen des Körpers, so die Knochen, das Herz, die Gedärme und die Nieren, ebenso das Fleisch und das Blut, können alle als mit psychischen Eigenschaften ausgestattet gedacht werden. (Johnson 1964, S. 87)

Eine ähnliche Vermengung von psychischen und physischen Funktionen wird von den Gahuku-Gama auf Neuguinea berichtet:

Die biologischen, physiologischen und psychischen Aspekte der [menschlichen] Natur können nicht klar auseinandergehalten werden. Sie bestehen in engster Interdependenz nebeneinander, sie sind gewissermaßen miteinander verschmolzen und bilden so die menschliche Persönlichkeit. Die verschiedenen Teile des Körpers, die Gliedmaßen, die Augen, die Nase, das Haar, die inneren Organe und die körperlichen Ausscheidungen sind in einem Ausmaß, das für uns kaum nachvollziehbar und verständlich ist, wesentliche Bestandteile der menschlichen Persönlichkeit, sie verkörpern und bedeuten in allen ihren verschiedenen Funktionen das Ganze. Daraus folgt, daß eine Verletzung eines Körperteils mit einer Schädigung der Persönlichkeit dessen, der verletzt wird, vergleichbar ist. Ebenso ist der Verlust einer der Körpersubstanzen durch Ausscheidung in einem eher undurchschaubaren Sinn der Verlust von etwas, das ein wesentlicher Teil, ein wesentliches Element des Ganzen ist, ein Verlust für die Pesönlichkeit an sich. (Read 1955, S. 265)

Es ist zu erwarten, daß eine solche Verschmelzung sowohl für die kognitiven als auch für die emotionalen Aspekte der psychischen Funktion gilt. Laut Onians[3] ist die Identifizierung des Denkens mit dem Atem für das Denken der frühen Griechen charakteristisch:

Worin unterscheiden sich die Auffassungen Homers über die wichtigsten Bewußtseinsprozesse von den unseren? Das liegt zu einem guten Teil auf der Hand. Das Denken wird als »Sprechen« beschrieben und wird bisweilen im

Herz, in der Regel aber im φρήν oder in den φρένες lokalisiert, das üblicherweise als »Zwerchfell« oder »Diaphragma« interpretiert wird. (Onians 1954, S. 13)

Nach Onians (S. 24) wäre die richtige Übersetzung für φρένες »Lunge«, und zwar so wie das lateinische *praecordia* beides, »Lunge« und Sitz des Bewußtseins, bedeutete.

θυμός ist »Atem«,

Doch es ist klar, daß θυμός für die homerischen Griechen ein sehr viel reicherer Begriff als unser »Atem« oder mehr als bloß die eingeatmete und ausgeatmete Luft war. (Ibid., S. 46)

Dieser θυμός ist nicht die Blut-Seele im Gegensatz zur Atem-Seele, auch nicht nur der Atem, sondern Atem verbunden mit Blut, nicht nur Luft, sondern etwas Nebelhaftes darin, etwas mit der Luft ringsherum Verschmelzendes und Interagierendes, etwas, das schrumpft, wenn der Körper schlecht ernährt ist, aber wächst, wenn der Körper gut genährt ist. (Ibid., S. 47 f.)

Sie [die Reden eines Menschen] kommen mit dem Atem hervor, so daß Intelligenz in ihnen ist, sie sind ein Teil davon, und der Zuhörer nimmt sie in seinen θυμός auf, fügt sie dadurch zu seinem gespeicherten Wissen hinzu. Sie gehen von Lunge zu Lunge, von Geist zu Geist. Penelope nimmt das μῦθος πεπνυμένος [hauchende Wort?] ihres Sohnes in ihren θυμός auf, und von den Worten wird immer wieder gesagt, sie gingen in die φρένες [Lungen] ein. Nicht nur die bereits erwähnte offensichtliche Beziehung zwischen dem Atem und den Gefühlen, auch der Glaube, die Gedanken seien Wörter und die Wörter Atem – ἔπεα ἀέρια, wie Sappho sie genannt zu haben scheint –, bringt uns zur Annahme, daß die Organe des Atmens, die Lungen, die Organe des Geistes sind. (Ibid., S. 67 f.)

[Und:] Um auf Homer zurückzukommen, kann man sich fragen, ob die Wörter und die Gedanken, da von ihnen natürlicherweise angenommen wird, sie kämen *aus* den Lungen, auch *in* die Lungen gehen, von ihnen wahrgenommen, aufgenommen werden, da doch die Ohren und Augen am Kopf unvermeidlich als Sinnesorgane erkannt werden müssen. Darüber, daß das so ist, kann kein Zweifel bestehen. Es gibt zahlreiche Aussagen, wonach die Worte eines Sprechers »in die φρένες des Zuhörers eingehen«; dazu kommen die weniger schlüssigen Beschreibungen von Leuten, deren »φρήν erfreut wird« durch Singen und die Töne der Lyra... Der Ton, der Atem, woraus die Wörter bestehen, gehen durch die Ohren nicht in das Gehirn, sondern in die Lungen. Das ist, auch wenn es uns seltsam vorkommen mag, tatsächlich eine natürliche Deutung der Anatomie des Kopfes, denn es besteht ein direkter Durchgang für die Luft von außen durch das Ohr in den Schlund und so in die Lungen. (Ibid., S. 69)

Malinowski berichtet vom Zusammenhang zwischen Denken und Sprechen bei den Trobriandern:

Der Geist, *nanola*, ein Wort, mit dem Intelligenz, Unterscheidungsvermögen, die Fähigkeit, Zauberformeln und allerlei nicht-manuelle Fertigkeiten zu lernen, ebenso aber auch sittliche Qualitäten umschrieben werden, hat seinen Ort irgendwo im Schlund. Die Eingeborenen zeigen immer auf die Sprechorgane, wo *nanola* den Sitz hat. Ein Mann, der infolge irgendeines organischen Defekts nicht sprechen kann, wird namentlich *(tonagowa)* und in der Art, wie man ihn behandelt, allen Geisteskranken gleichgestellt. Das Gedächtnis, das Speicherorgan für Zauberformeln und durch Zuhören gelernte Überlieferungen, sitzt tiefer, nämlich im Bauch.

Von einem Mann wird gesagt, sein *nanola* sei gut, wenn er viele Zauberformeln lernen kann; da diese jedoch, wie es sich von selbst versteht, beim Lernen, durch wortwörtliches Wiederholen, durch den Schlund in ihn eingehen, muß er sie in einem größeren und geräumigeren Gefäß speichern; sie sinken ganz in den untersten Teil seines Abdomens hinunter. (Malinowski 1922, S. 408 f.)

Unter Hinweis auf einen besonders genauen und kenntnisreichen Informanten fährt Malinowski fort:

Ich zollte ihm hohe Anerkennung für die Zaubersprüche, die er mir mitgeteilt hatte, und fragte ihn am Ende der ersten Sitzung, ob er noch mehr zu berichten habe. Voller Stolz schlug er sich mehrmals auf den Bauch und sagte dazu: »Da drin liegt noch viel mehr!« (Ibid., S. 409)

Ebenso:

Die Gahuku-Gama (auf Neuguinea) schreiben dem Gehirn keinerlei Bedeutung zu, und sie haben auch keinerlei Vorstellung von seiner Funktion. Kognitive Prozesse werden mit dem Hörorgan verknüpft. »Wissen« oder »denken« ist gleichbedeutend mit »hören« *(gelenove)*; »ich weiß nicht« oder »ich verstehe nicht« heißt »ich höre nicht« oder »ich habe nicht gehört« *(gelemuve)* (Read 1955, S. 265).

Nicht nur das Verstehen wird üblicherweise mit dem Sprechen, dem Hören, dem Mund, dem Schlund und dem Atem verbunden, auch viele andere psychologische Prozesse werden oft in Körperorganen lokalisiert, z. B.:

Die Elema haben eine einfache physische Psychologie, durch die sie alle Emotionen, Wünsche und das Denken der Leber, *iki*, zuordnen [Anm.: Daraus ergeben sich die Ausdrücke *iki vere*, Wunsch, *iki heaha*, schlechter Charakter, *iki beveke*, guter Charakter, *iki haroe*, Mitleid, *iki ore*, Kenntnis, *iki kekere*, Denken, Glauben usw.] Die rechte der beiden Seiten dieses Organs *(mai-ore)* ist Sitz der Liebenswürdigkeit, Umgänglichkeit; die linke *(mai-keva)* Sitz der Zornausbrüche, der harten Worte, der Unumgänglichkeit. Da die Elema keine Kannibalen sind, beruht ihre Kenntnis der inneren Anatomie weitgehend auf Vergleichen mit der des Schweins. Ihre Vorstellungen darüber, welcher Seite jeweils die verschiedenen Arten von geistigen Erfahrungen zuzuordnen seien, sind einigermaßen verwirrend und sogar unsicher. [Anm.: Die Übersichtlichkeit leidet noch zusätzlich darunter, daß mit der linken und der rechten Hand zusammenhängende Vorstellungen hineinspielen.] Die Mehrheit lokalisiert jedoch die guten Emotionen in der rechten und die schlechten in der linken Seite. Den Elema ist auch aufgefallen, daß die beiden Lappen der Schweineleber sich in Größe und Aussehen oft voneinander unterscheiden, indem der eine gut entwickelt, der andere aber klein und »gekrümmt« sein kann; ob die einen oder anderen Charaktereigenschaften vorherrschen, hängt damit zusammen. Ob Größe, Kleinheit oder Gekrümmtheit für das Vorherrschen der jeweiligen Leidenschaften verantwortlich sind, darüber sind sich die Informanten selbst nicht im klaren. Trotz aller Ungewißheit besteht jedoch Übereinstimmung darin, daß die gute Seite, ob die linke oder die rechte, die große oder die kleine, *iki amua* ist; und der Mann, dessen Leber gewissermaßen die entsprechenden Gedanken, Gefühle oder Wünsche aussondert, ist ein *iki amua haera*. (Williams 1940, S. 90 f.)

Johnson (1964) erörtert in den Einzelheiten eine ähnliche »physiologische Psychologie« des Herzens, der Gedärme und der Nieren der alten Israeliten. Wir haben weiter oben, S. 469, darauf hingewiesen.

Die Mbowamb und die Mae Enga lokalisieren anscheinend die Seele im Herzen, in der einen Hälfte die Leidenschaften, in der anderen das bewußte Denken und das Berechnen; die beiden Seiten werden als in Gegensatz zueinander stehend gesehen, können aber ins Gleichgewicht gebracht werden. Kenny, der auf diese Vorstellung von verschiedenen »Kräften«, die in der menschlichen Person am Werk sind, aufmerksam macht (Kenny, ohne Jahresangabe), hält auch mit Recht fest, daß diese Gleichgewichtsauffassung für die Gesellschaften auf Neuguinea ganz allgemein von zentraler Bedeutung ist:

Der Begriff der Ausgewogenheit findet sich in den Versuchen, ein Gleichgewicht zwischen den Schulden und Guthaben einzelner Menschen als auch sozialer Gruppen aufrechtzuerhalten; die Vorstellung einer »psychologischen« Ausgeglichenheit ist eng mit dem Erfolgsgrad beim Erreichen dieses Ziels verbunden. Austausch führt zu Ausgewogenheit, und vieles in der neuguineischen Gesellschaft hängt damit zusammen; sie ist es, die das soziale Leben hervorbringt und die Beschränktheit von Geschlechterverbänden und Lokalgruppen überwindet. (Kenny, S. 8)

Unzweifelhaft sind die Vorstellungen der Eingeborenen über die Person von solchen sozialen Grundprozessen wie Gegenseitigkeit und Kräftegleichgewicht beeinflußt. Es ist deshalb zu erwarten, daß das Modell der Organisation der Person in den verschiedenen

Gesellschaften entsprechend ihren grundlegenden sozialen Prinzipien und ihrem Weltbild ganz allgemein abgewandelt ist. In vielen afrikanischen Gesellschaften können deshalb bestimmte gefühlsmäßige Erfahrungen als durch Gegenstände ausgelöst betrachtet werden, während auf Neuguinea dieselben Erfahrungen als aus dem Inneren einer Person herauskommend angesehen werden.

Doch alle diese Variationen sind sekundäre Erscheinungen eines gemeinsamen Grundthemas, nämlich des begrifflichen Realismus, der die geistigen und affektiven Zustände als physisch reale Dinge betrachtet und die Prozesse als ebensolche Dinge behandelt. Weil Emotionen als im Körper lokalisierte Dinge aufgefaßt werden, nehmen bestimmte Kulturen an, man könne sich ihrer wie physischer Lasten entledigen:

Wenn in Cabras und anderen sardischen Gegenden jemand matt, nervlich belastet und arbeitsunfähig ist, so stellt er sich einer Diagnose durch seine Verwandten und Freunde. Diese kommen bald einmal zum Schluß, man habe es mit einem »Schrecken« oder, in ihrer Sprache, *assustu* zu tun. Das ist eine besondere Art von Schrecken, der eine äußere Ursache haben kann, dessen wahre Ursache jedoch auf ein logisches und keineswegs auf ein mechanistisches Modell zurückzuführen ist. Sobald die Freunde diesen äußerlichen Grund des Schreckens gefunden zu haben glauben, greifen sie zu einer *imbrusciadura* genannten therapeutischen Maßnahme. Dieses Ritual besteht darin, daß man den betreffenden Menschen genau zu dem Ort zurückgehen läßt, wo er erschreckt worden war, und dort muß er sich auf dem Boden wälzen, wobei seine Bewegungen genau vorgeschrieben sind. Danach muß er den Ort verlassen, ohne zurückzuschauen, sonst würde der Schrecken zu ihm zurückkehren. Bisweilen sagen die Leute dazu: »Aus der Erde habe ich dich genommen und zur Erde mußt du zurückkehren.« (Peluffo 1967, S. 190)

Die verschiedenen Aspekte der Person, etwa ihre Persönlichkeit und ihre Vitalität, werden somit vom primitiven Denken als separate Entitäten aufgefaßt. Ein besonders interessantes Beispiel im Zusammenhang mit diesem Thema ist der in Westafrika vorherrschende Glaube an ein für jede Person eigentümliches verpersönlichtes Schicksal, das für die Wechselfälle in deren Leben verantwortlich ist und das unserer Meinung nach gewisse bedeutsame Ähnlichkeiten mit unserem Begriff des Unterbewußtseins hat. Doch auch hier zeigt sich wieder, daß diese »Schicksalsseelen« dem Subjekt grundsätzlich äußerlich sind und mit einer Vorstellung vom einzelnen Menschen zusammenhängen, der in eine Anzahl verschiedener Elemente aufgesplittert ist, und zwar aufgrund von Tätigkeiten, die als Entitäten vergegenständlicht worden sind[4].

An dieser Stelle wollen wir die, wie uns scheint, wesentlichen Merkmale der Vorstellungen Primitiver von der Person und von den Beziehungen zwischen dem Psychischen und dem Physischen kurz zusammenfassen. Innere Zustände, sowohl das Erkennen als auch die Gefühle, werden als erstes auf der Grundlage ihrer Äußerungen im Verhalten beurteilt. Da das, was wir tun und sagen, Ausdrücke innerer Zustände sind, müssen sich die Ausdrücke im Vokabular einer primitiven Sprache implizit auf solche Zustände beziehen, es gibt aber kaum Belege dafür, daß diese inneren Zustände erforscht werden, so wie es beispielsweise Schriftsteller in unserer Kultur tun, von einer psychologischen oder philosophischen Analyse des Erkennens gar nicht zu reden.

In Einklang damit zeigt sich, daß die Person nicht als eine Dualität Geist/Körper, sondern eher synthetisch aufgefaßt wird, Psychisches und Physisches zu einer Einheit verschmolzen, derart, daß die Organe und Gliedmaßen des Körpers psychische Attribute haben. Das Ergebnis ist eine physiologische Psychologie, für die wir einige Beispiele zitiert haben.

Bei Primitiven scheint ziemlich allgemein die Vorstellung verbreitet zu sein, daß die Person aus verschiedenen Entitäten zusammengesetzt ist, wie Fleisch, Leben, Lebenskraft, Seele und so fort, und diese werden nicht als Prozesse, sondern als Dinge verstanden. Mit diesem Hang Primitiver, Prozesse zu vergegenständlichen, befassen wir uns im nächsten Kapitel. Das grundsätzlich fehlende Bewußtsein der kognitiven Funktion des Geistes als Übersetzer und Vermittler scheint somit die Grundlage der weitverbreiteten Meinung zu sein, was wir als innere Zustände betrachten, habe einen äußeren Ursprung, und die Gedanken und die Gefühle hätten, in gewissen Fällen, die Macht, die Dinge, auf die sie sich richten, zu beeinflussen.

3. Realismus der Namen

In der Einleitung zu diesem Kapitel haben wir festgehalten, daß das Verständnis der Beziehungen zwischen den Wörtern und Namen auf der einen und dem, was sie bezeichnen, auf der anderen Seite einer der Grundaspekte des begrifflichen Realismus ist. Die Literatur über die Ommura zeigt klar, daß die Namen in der primitiven Gesellschaft, wie bei Kindern, als an sich mit den Dingen, die sie bezeichnen, verbunden betrachtet werden. Das ist nur eine Facette dieser primitiven Auffassung der Sprache als integrierender Bestandteil der Handlungen und sozialen Beziehungen im allgemeinen und nicht als Werkzeug der begrifflichen Analyse. Malinowski bringt diesen wesentlichen Punkt sehr klar zum Ausdruck:

Ein Wort, das ein wichtiges Werkzeug bezeichnet, wird handlungsmäßig gebraucht, nicht um etwas über seine Natur auszusagen oder über seine Eigenschaften nachzudenken, sondern um es sichtbar zu machen, es auf den Sprechenden zu übertragen oder um einen anderen Menschen beim Gebrauch zu lenken. Die Bedeutung des Dings besteht aus Erfahrungen durch aktiven Gebrauch und nicht durch intellektuelle Beschäftigung damit. Wenn ein Primitiver die Bedeutung eines Wortes kennenlernt, so geschieht das nicht durch Erklärungen, durch eine Reihe von Apperzeptionsakten, sondern indem er lernt, damit umzugehen. Ein Wort *bedeutet* für einen Eingeborenen den richtigen Gebrauch des Dings, für das es steht, genau gleich wie ein Gerät etwas *bedeutet*, wenn man damit umgehen kann, aber nichts bedeutet, wenn man keine aktive Erfahrung damit hat. Ebenso erhält ein Verb, ein Wort für eine Handlung, seine Bedeutung durch aktives Teilnehmen an dieser Handlung. Ein Wort wird gebraucht, wenn es eine Handlung auslösen kann, und nicht, um eine solche zu beschreiben, noch weniger um Gedanken zu formulieren. Das Wort hat folglich eine Kraft aus sich selbst, es ist ein Mittel, um Dinge zustande zu bringen, es ist eine Handhabe für Tätigkeiten und Gegenstände und nicht deren Umschreibung (Malinowski 1923, S. 321 f.).

Da die Leute ihre Sprache als Kinder lernen, wird sie als ein untrennbarer Bestandteil des Wachstums und einer volleren Teilnahme an sozialen Beziehungen gesehen. Kinder scheinen die Sprache nicht als solche zu lernen, sondern in sich zu haben und schrittweise zu entwickeln, eine Auffassung des Spracherwerbs, die durch das tatsächliche Verhalten von Kindern oft scheinbar gestützt wird. Ich erinnere mich gut an den kleinen Sohn eines Konso-Mannes, in dessen Haus ich mich aufhielt; das Kind war etwa zweieinhalb Jahre alt und ungewöhnlich schweigsam. Ich war sicher, daß es dennoch verstand, was die Leute sagten, und als ich nach ein paar Monaten zurückkehrte, plapperte es munter drauflos. Auch vom Anthropologen, der die Sprache seines Gastvolkes lernt, wird nicht angenommen, daß er das rein kognitiv, unabhängig von den sozialen Beziehungen tut, sondern er wird, sozial gesprochen, schrittweise einer der ihren.

Man könnte annehmen, das Phänomen der Zwei- oder Dreisprachigkeit, das man in den meisten, wenn nicht in allen primitiven

Gesellschaften antrifft, müßte das Bewußtsein der konventionellen Aspekte der Sprache schärfen und die Fähigkeit entwickeln, diese außerhalb des Kontexts einer bestimmten Aussage zu betrachten. Primitive denken jedoch über Sprachen nicht wie die Philologen mit ihren komparativen Listen[5] von verschiedenen Wörtern mit gleicher Bedeutung, die sauber in Reihen und Kolonnen angeordnet sind, so daß man auf den ersten Blick sieht, daß Wörter konventionelle und willkürliche Assoziationen zwischen bestimmten Lauten und Gegenständen sind. Wenn Primitive einer anderen Sprache begegnen, so begegnen sie auch einer anderen Menschengruppe mit anderen sozialen Beziehungen, Gebräuchen und so fort. Es ist deshalb kaum anzunehmen, daß sie unter solchen Umständen je in Form einzelner Wörter und ihrer jeweils verschiedenen Übersetzung in eine andere Sprache, die sie kennen, denken und sich beispielsweise überlegen, wenn das Wort für »Himmel« in der einen Sprache X und in einer anderen Y sei, so weise das darauf hin, daß die Wörter den Dingen nur durch soziale Konvention zugeordnet würden. Sie erfahren die Sprache nicht auf eine solche entdinglichte atomistische Weise, sondern eher als einen untrennbaren Bestandteil der sozialen Beziehungen.

Die heutige Forschung hat auch gezeigt, daß es (wie schon die griechischen und römischen Grammatiker glaubten) natürliche Beziehungen zwischen bestimmten Lauten und Wortbedeutungen gibt. Werner spricht von »physiognomischen« Eigenschaften der Sprache, bei denen der Rhythmus, die Tonhöhe des Vokals, die Lautstärke der Vokale und der Konsonanten, die Muskelanspannung, die Stellung der Zunge usw. physische Eigenschaften haben, die sich für bestimmte Bedeutungen von Wörtern, in denen diese Laute verwendet werden, besonders eignen, eine Eignung, die freilich nicht mit bloßer Lautmalerei verwechselt werden darf[6].

Jespersen hebt hervor, daß sich »der Vokal i, speziell in seiner geschlossenen Form, besonders gut dazu eignet, was klein, schwach, bedeutungslos oder auf der anderen Seite subtil oder zierlich ist, auszudrücken« (1922, S. 402), ebenso einen sehr kurzen Zeitraum und eher etwas Nahes als etwas Fernes.

Sapir (1929a) hat bei Untersuchungen an chinesisch- und englischsprechenden Versuchspersonen (von den letzteren nur wenige) eine auffällige Vorliebe für a als Symbol für »groß« und für i, e, ε oder $ä$ als Symbol für »klein« festgestellt:

Man kann sich kaum der Folgerung verschließen, ein signifikanter Anteil gewöhnlicher Leute fühle in einem gewissen Sinne, daß, wenn alles andere gleich ist, ein Wort mit dem Vokal *a* wahrscheinlich für etwas Größeres als ein ähnliches Wort mit dem Vokal *i* oder *e* oder *ɛ* oder *ä* stehe. Bestimmte Vokale und bestimmte Konsonanten »tönen größer« als andere, grob gesagt...

Möglicherweise ist das natürliche »Volumen« gewisser Vokale größer als das anderer, so daß schon allein dieser Faktor genügt, um das Ergebnis dieser Versuche zu erklären. Andererseits fühlen viele, das muß festgehalten werden, unbewußt, daß die Zungenstellung für einen bestimmten Vokal symbolisch »groß« ist, im Gegensatz zur Zungenstellung bei einem anderen Vokal. Beim *i* geht die Zunge weit nach oben in Richtung Munddach und ziemlich weit nach vorn. Mit anderen Worten, die schwingende Luftsäule geht durch eine enge Resonanzkammer hindurch. Beim *a* liegt die Zunge im Vergleich dazu merklich tiefer, und sie wird auch zurückgezogen. Mit anderen Worten, die schwingende Luftsäule geht jetzt durch eine viel breitere Resonanzkammer hindurch. Diese kinästhetische Erklärung ist ebenso einfach wie die akustische und bedeutet in Wirklichkeit nichts weiter, als daß eine räumlich weite Gebärde für ein größeres Bezugsobjekt als eine räumlich beschränkte Gebärde steht (Ibid., S. 235).

Brown, Black und Horowitz (1955) legten einen Test in Form von 21 englischen Gegensatzpaaren, die ins Chinesische, Tschechische und Hindi übersetzt worden waren, 86 amerikanischen College-Studenten vor, die keine Ahnung von diesen Sprachen hatten. Neun der 21 Paare in jeder Sprache wurden in mindestens 64 % der Fälle richtig beurteilt, und die Gegensätze stumpf/scharf, hell/dunkel, hart/weich, warm/kalt wurden besonders klar unterschieden. Nur halb soviele Ergebnisse waren in der falschen Richtung signifikant. (Weiss [1963] verwendete 20 der gleichen Gegensatzpaare auf Chinesisch und Hindi; seine Versuchspersonen hatten, mit ebenfalls signifikant vergrößerter Wahrscheinlichkeit, oft bei *anderen* Paaren Erfolg als die von Brown, Black und Horowitz.)

Slobin (1968) benutzte Wortpaare in den drei Dimensionen des im Kapitel IV diskutierten Semantischen Differentials (Bewertung, Potenz und Aktivität) in der Thai-, Kanara- und Yoruba-Sprache, und zwar sowohl mit sinnlich wahrnehmbaren als auch mit sinnlich nicht wahrnehmbaren Eigenschaften. Er kam zum Schluß, daß Größe, Helligkeit, Stärke, Schärfe und einige mit Wohlbefinden und Heiterkeit zusammenhängende Begriffe, ebenso deren Gegensätze Eigenschaften sind, die in phonetischen Symbolen ausgedrückt werden können; er betont:

... der phonetische Symbolismus in natürlichen Sprachen beschränkt sich nicht auf die Kategorie des sinnlich Wahrnehmbaren, wie Brown und Nuttall

(1959) annahmen, und sicher nicht auf die Größe und verwandte Eigenschaften. Ein phonetischer Symbolismus der Bewertung ist vielleicht ebenso eindeutig evident wie der der Potenz und der Aktivität. (Ibid., S. 304)

Klank, Huang und Johnson (1971) testeten ebenfalls acht Wortpaare aus den drei Dimensionen des Semantischen Differentials mit Gegensätzen in Tschechisch, Hindi, Chinesisch, Japanisch und Tahitisch, ebenso acht Paare, die im Hinblick auf die drei semantischen Dimensionen nicht signifikant waren. Der Versuch zeigte, daß die Versuchspersonen mit Gegensatzpaaren, die nicht aus den drei semantischen Dimensionen stammten, nur mit dem gleichen Genauigkeitsgrad richtige Antworten gaben, wie sie es im Falle von *nicht gegensätzlichen* Wortpaaren vom gleichen Ende derselben semantischen Dimension taten. Wenn jedoch die Wortpaare aus derselben semantischen Dimension gegensätzlich waren oder wenn sie zwar nicht gegensätzlich waren, aber aus *verschiedenen* semantischen Dimensionen stammten, dann lagen die richtigen Antworten weit über der Wahrscheinlichkeitsquote ($p < 0,0001$). Weitere Tests mit englisch-chinesischen Gegensätzen zeigten, daß

die hohen und die im Gaumen gebildeten Vokale bei Wörtern, die etwas Kleines bezeichnen, proportional häufiger vorkommen, die breiten und hinten im Mund gebildeten Vokale dagegen in Wörtern, die etwas Großes bedeuten...

... sowohl im Chinesischen als auch im Englischen haben langsamere Wörter am Anfang konsonantische Phoneme, die Verschlußlaute sind, während schnellere Wörter am Anfang Affrikate und Frikative haben. (Klank, Huang und Johnson 1971, S. 147)

Wenn Eigenschaften der Potenz, der Aktivität und der Bewertung neben anderen in der Sprache phonetisch ausgedrückt werden, kann dies ein weiterer Faktor für den Realismus der Namen sein.

Man könnte auch annehmen, daß sich Primitive, beispielsweise wenn sie ihren Kindern Namen geben, bewußt sein müßten, daß dieser Name einen willkürlichen konventionellen Bezug zur Person, die ihn bekommt, hat; das müßte eigentlich viele von ihnen zur Einsicht bringen, daß Wörter nur eine konventionelle Beziehung zu dem, was sie bezeichnen, haben. Offensichtlich machen jedoch Primitive keinen Unterschied zwischen Eigen- und Klassennamen, und für die Sprachen, die sie sprechen, scheint ganz allgemein die Regel zu gelten, daß derselbe Ausdruck sowohl für »Wort« als auch für »Name« verwendet wird; das wäre so zu interpretieren, daß ihr Wort für »Name« auch unser Wort für »Wort« umfaßt, nicht daß sie ein Wort für »Wort« haben, das sie auch auf »Name« übertragen. (Piaget hält fest, daß für Kinder die Vorstellung »Name« leichter verständlich ist als die Bezeichnung »Wort«.) Für uns hat selbstverständlich der Eigenname im Gegensatz zum Klassennamen weder Intension noch Bedeutung; wir können deshalb vernünftigerweise nicht fragen, welche Eigenschaften zwei Menschen mit dem Namen »Friedrich Schmid« gemeinsam haben, um die gemeinsame Bezeichnung »Friedrich Schmid« zu rechtfertigen, was jedoch einen Sinn hätte, wenn beide als »Lokomotivführer« bezeichnet würden. Ein Eigenname gehört auch nicht zu den Fällen von Klassen mit nur einem Element. Der »Schöpfer« ist eine Klasse mit nur einem Element, das ist aber logisch etwas ganz anderes als »Jahwe«, Sein Eigenname bei den alten Israeliten[7].

Namen haben somit keine Bedeutung, aber sie haben dieselben physiognomischen Eigenschaften wie gewöhnliche Wörter. Sie können ursprünglich eine Beschreibung sein, wie zahlreiche auf Ortsbezeichnungen und auf berufliche Tätigkeiten zurückzuführende Familiennamen belegen; es kann auch Regeln oder Konventionen geben, die für die Vererbung oder Verleihung von Namen maßgeblich sind, indem beispielsweise bestimmte Namen für die verschiedenen Geschlechter, Gesellschaftsklassen oder Familien usw. vorgeschrieben sind. Bei den Konso zum Beispiel werden die Vornamen (im Gegensatz zu den Familiennamen) den Kindern vom Stand des jahreszeitlich-landwirtschaftlichen Zyklus her oder aufgrund anderer Umstände zum Zeitpunkt der Geburt gegeben, wozu auch die Tätigkeit des Vaters gehört. Tabelle 20 gibt einige Beispiele dafür.

Das System der Namensvererbung bei den Konso zeigt auch, daß Eigennamen untrennbar mit sozialen Beziehungen verknüpft sind. Ein Mann hat zwei Namen, einen Vor- und einen Familiennamen, die wir zusammen mit aX abkürzen wollen (siehe Abbil-

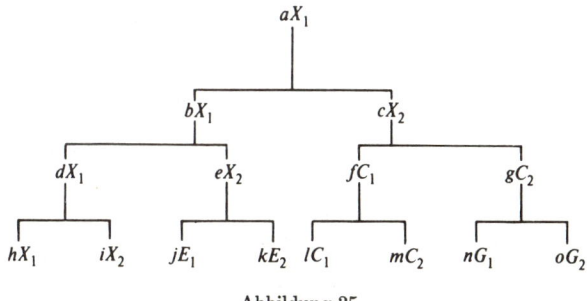

Abbildung 35

Tabelle 20

Namen männlich	weiblich	Bedeutung
Īlo	Īlido	während der Pflanzzeit geboren (*Īla* = Pflanzzeit)
Kadano	Kadana	während des ersten Regens geboren (*Kadana* = erster Regen)
Armada	Armana	während der Jätzeit geboren (*Arma* = Jäten)
Rōbo	Rōpa	während des Regens geboren (*rōba* = Regen)
Ludīdo	Ludīya	während des Verscheuchens der Vögel geboren (*lūdeda* = Vögel verscheuchen)
Kalabo	Kalle	in der Nacht geboren (*Kalabta* = Dunkelheit)
Tēgando	Tēgo	am Morgen geboren (*tēganda* = Morgen)
Urmalle	Urmala	am Markttag geboren (*urmala* = Markt)
Torīdo	Torīya	zur Zeit des Prozesses geboren (*tora* = Gerichtsverfahren)
Kapino	Kapina	im Urwald geboren (*kapina* = Urwald)
Shakido	Shakiya	schwächliches Kind (*ashaka* = klein)
Olado	Olato	spät geboren (*olada* = hinhalten)
Gařo	Garide	im Haus eines Angehörigen der Togmaleda-Sippe geboren (*gaharta*, Mutterschaf = Totem der Togmaleda)
Odīyo	Odīya	im Haus eines Angehörigen der Argamida-Sippe geboren (Odiya ist der Name einer Ritualgruppe von Sippen, deren Häuptling Argamīda ist)
Sagaro	Sagařa	geboren, als der Vater eine Dikdik-Antilope erlegte (*sagarita* = Dikdik)
Garmo	Garmōde	geboren, als der Vater einen Löwen erlegte (*garma* = Löwe)
Kudano	Kudana	geboren, als der Vater auf der Jagd war (*ǧudeda* = Jagen)
Kergito	Kergēya	geboren, als der Vater nach Boranaland ging (*Kerge* = Borana)

dung 35). Falls er ein ältester Sohn ist, tragen alle seine Söhne *X* als Familiennamen, wenn er aber ein jüngerer Sohn ist, erhalten alle seine Söhne den Familiennamen *a*.

Dieses System der Namensvererbung hat zur Folge, daß die Abstammungslinie der ältesten Söhne den Familiennamen, *X*, für immer behält, während die Abstammungsreihen der jüngeren

Söhne den Familiennamen in jeder Generation ändern, ausgenommen die Söhne des ältesten Sohnes, die den Familiennamen ihres Vaters behalten. Bei den Konso ist die Erbfolge von ältestem Sohn zu ältestem Sohn die Grundlage für die priesterlichen Funktionen innerhalb eines Geschlechterverbandes, des Opferers oder *pogalla*, der dadurch den Familiennamen des Begründers seines Geschlechterverbandes behält.

Bei den Konso wie in vielen anderen Gesellschaften werden somit die Eigennamen nicht willkürlich verliehen, sondern sie sind im Gegenteil untrennbar mit sozialen Beziehungen verbunden.

4. Die Traumdeutung

Unter allen subjektiv hervorgebrachten geistigen Phänomenen sind die Träume (die Wachträume ausgenommen) die auffälligsten. In primitiven Gesellschaften entsprechen die verbreiteten Meinungen über die Natur der Träume im allgemeinen dem Modell des begrifflichen Realismus – Träume sind Erfahrungen äußeren Ursprungs, nicht Bilderfolgen, die im Kopf des Träumers entstehen, wobei diese Phänomene von der Seele und nicht vom Körper und seinen Sinnesorganen erfahren werden. Primitive haben auch für viele wiederkehrende Traummotive eine symbolische Deutung. Darin und in ihren Erklärungen durch die Aktivitäten der Seele wird klar eine kollektive Verarbeitung von individuell erfahrenen Fakten aufgrund von realistischen Vorstellungen sichtbar, etwas, das man in den Erklärungen europäischer Kinder für ihre Träume nicht findet.

Von den Griechen sagt Dodds:

. . . es fällt auf, daß die Sprache, die von den Griechen zu allen Zeiten für die Beschreibung von Träumen verschiedenster Art verwendet wird, durch eine Art von Traum suggeriert zu werden scheint, bei dem der Träumer der passive Empfänger einer objektiven Bilderfolge ist. Die Griechen sagen nie wie wir: einen Traum *haben*, sondern immer: einen Traum *sehen* – ὄναρ ἰδεῖν, ἐνύπνιον ἰδεῖν. Der Ausdruck eignet sich nur für Träume des passiven Typs, aber er wird auch verwendet, wenn der Träumer selbst die zentrale Figur in der Traumhandlung ist. (Dodds 1951, S. 105)

[Und:] In den meisten ihrer Traumbeschreibungen behandeln die homerischen Dichter das Gesehene, als ob es eine »objektive Tatsache« wäre. Der Traum hat üblicherweise die Form eines Besuchs, der einem schlafenden Mann oder einer schlafenden Frau durch eine einzelne Traumfigur abgestattet wird (das Wort ὄνειρος bedeutet bei Homer fast immer Traumfigur und nicht Traumerfahrung). Diese Traumgestalt kann ein Gott, ein Geist, ein bereits bestehender Traumbote oder ein »Bild« (εἴδωλον) sein, das speziell für diese Gelegenheit geschaffen wurde. Was immer es auch sei, es existiert jedenfalls objektiv im Raum und ist unabhängig vom Träumer. Es kommt durch das Schlüsselloch (die homerischen Schlafräume haben weder Fenster noch Kamin); es stellt sich am Kopf des Bettes auf, um seine Botschaft zu überbringen; und sobald das getan ist, entschwindet es wieder auf demselben Weg. Der Träumer verhält sich inzwischen fast völlig passiv: Er sieht eine Gestalt, er hört eine Stimme, doch das ist praktisch alles. (Ibid., S. 104 f.)

Eine andere Traumvorstellung haben die Nupe in Nigeria, bei denen der Träumer oder dessen Seele aktiv am Traumgeschehen teilnehmen:

Wenn ich träume, wandert mein *rayi* [Lebensprinzip, nicht eine persönliche Seele] umher und sieht alle Dinge, die in meinem Traum zu mir kommen. Doch das *rayi* wandert nicht allein; es nimmt etwas mit sich, das zwar nicht ein Teil des Körpers ist, aber ein körperliches Aussehen hat; denn ich kann anderen in ihren Träumen erscheinen, so wie ich umgekehrt von anderen Personen träumen kann. Es ist selbstverständlich nicht die wirkliche, volle Person, der man in Träumen begegnet (denn die wirkliche Person kann irgendwo anders sein oder daheim schlafen), sondern nur ihr Bild oder Schatten – das *fifi'ngi*.
Fifi'ngi bedeutet Schatten, fast so wie wir dieses Wort begreifen, d. h. der Schatten, der von Menschen und Tieren geworfen wird, nicht der Schatten, der von unbelebten Dingen verursacht wird. Doch das Wort hat noch eine zweite mystische Bedeutung, die man am besten mit »Schattenseele« übersetzt; wenn eine Person stirbt und ihr Körper sich auflöst, existiert das *fifi'ngi* weiter, und es ist noch immer sichtbar (wie wenn wir von Verstorbenen träumen). (Nadel 1954, S. 22)

Piaget hat gezeigt, daß der Widerspruch zwischen dem Trauminhalt und der Wirklichkeit im Wachzustand das Kind schließlich vom subjektiven Ursprung der Träume überzeugt. Der Fall der Tikopia zeigt jedoch, wie leicht eine Gesellschaft kollektive Vorstellungen erarbeiten kann, um diese offensichtlichen Gegensätze zu beseitigen:

Die Erklärung der Tikopia für die Ursache der Träume variiert je nach der besonderen Natur der Erfahrung, beruht aber grundsätzlich auf der allgemeinen Theorie der beweglichen Seele. Jeder Mensch hat ein *mauri* oder *ora*, eine nicht faßbare Wirklichkeit, die für das wache Auge normalerweise unsichtbar ist und die man vorteilhafterweise als Geist oder Lebensprinzip bezeichnen kann – die beiden Wörter werden von den Tikopia im allgemeinen als Synonyme gebraucht – und die den Körper während des Schlafs verlassen und umherwandern kann . . . Die Tikopia haben keine klare Vorstellung von den Beziehungen zwischen Geist und Körper in dieser Zeit: Sie sind voneinander getrennt, doch die Abenteuer des Geist-Teils sind das verantwortliche Agens, werden die Eigenart des Ganzen, und ein Mensch, der einen Traum erzählt, verwendet das Pronomen »ich«. Beides zusammen, Geist und Körper, ist das Ego. Andere Personen, die man im Traum sieht, sind *prima facie* das *mauri* solcher Personen, auch wenn dazu eine wichtige Einschränkung gemacht werden muß, wie wir weiter unten sehen werden.

Träume von Besuchen an weit entfernten Orten lassen sich leicht durch die Beweglichkeit des *mauri* erklären, das sich schnellstens bewegen kann, wohin es will, völlig unabhängig vom Raum, und dieselbe Kraft ermöglicht es ihm auch, in den Himmel, *Rangi*, zu reisen und Kontakt mit vor langer Zeit verstorbenen Personen aufzunehmen. Diese werden durch ihren eigenen Geist verkörpert, der zu ihren Lebzeiten *mauri*, jetzt aber *atua* genannt wird. Das Wiedererkennen einer anderen, lebenden oder toten, Person in einer Traumbegegnung bedeutet jedoch nicht notwendigerweise, daß deren eigene Geist-Entität gegenwärtig ist. Viele Traumerfahrungen rühren vom Wirken einer anderen Art von *atua* her, Geistwesen, die nie Menschengestalt gehabt und auf der Erde gelebt hatten, sondern die zu eigenen, im allgemeinen böswilligen, Zwecken eine bekannte Form nachahmen, um den Träumer zu täuschen. (Firth 1967, S. 164)

Traumbilder aus der Vergangenheit stellen den Tikopia keine Probleme, da der Träumer mit den Seelen Verstorbener zusammentreffen kann; ein geträumter Geschlechtsakt mit einem bekannten Menschen ist das Ergebnis einer geistigen Personifikation der betreffenden Person. Da Träume eine symbolische Bedeutung haben können, können sie auch falsch sein, wenn sie nämlich etwas voraussagen, das nicht eintritt. Solche »falschen« Träume, die die Zukunft unrichtig darstellen, sollen das Werk von schädlichen *atua* sein.

Gewissen Träumen wird keine Bedeutung beigemessen. Man kann sagen, das einem Traum zuerkannte Gewicht sei von der emotionalen Intensität der persönlichen Situation zu dieser Zeit abhängig, einem Traum werde Beachtung und Glauben geschenkt, insofern er auf ein Problem bezogen werden kann, das innerhalb des gesellschaftlichen Horizonts des Träumers rasch zu lösen ist. (Ibid., S. 163)

Es gibt somit für Primitive viele Möglichkeiten, die offenkundigen Widersprüche zwischen Traumereignissen und der Realität im Wachzustand zu erklären.

In vielen primitiven Gesellschaften werden die Träume symbolisch gedeutet. Die folgenden Beispiele von den Konso sind typisch dafür:

Wenn Leute [im Traum] auf die Felder gehen, so gehen sie nicht, wie im wirklichen Leben, dorthin, um zu ernten oder zu jäten, sondern um ein Grab auszuschaufeln; wenn sie eine Mauer bauen, dann ist es keine Terrassierungsmauer, sondern eine kreisförmige Mauer um ein Grab herum. Steine in Träumen sind Steine von solchen Grabmauern, und ein 'daga 'deeruma [Erinnerungsstein an eine gewonnene Schlacht] zeigt den Tod eines starken Mannes an. Ein Loch bedeutet immer ein Grab; auch wenn ein Weber davon träumt, er stelle seinen Fuß in die kleine Vertiefung neben seinem Webstuhl, so träumt er von seinem eigenen Grab... Träume von Feuer sind immer schlecht und bedeuten Tod und Vernichtung; Asche bedeutet Armut. Rauch und Nebel sind ebenso schlecht und Zeichen von Trockenheit. Vögel sind Symbole für Hungersnöte, starke Winde bedeuten Tod... Auf einen Baum oder Hügel klettern ist ein gutes Zeichen, das in Beziehung zu Nahrung steht. Alle Träume, die mit Nahrung oder Wasser zu tun haben, sind gut, und sogar wenn ein Mann im Traum in einen Brunnen fällt, ist es gut. Träumt man von Honig, so ist das merkwürdigerweise ein Vorzeichen von Trockenheit. Wasser holen ist ein glückverheißendes Zeichen, ebenso eine Schlange, die ein Symbol für Wasser ist. Ruß ist ein gutes Omen für Frauen, und wenn man auf dem Weg Eisenstücke findet, so bedeutet das Geld. (Hallpike 1972, S. 162 f.)

Man könnte annehmen, die Deutung der Träume, zwar nicht als psychische Erfahrungen der Seele, aber doch als mit symbolischer Bedeutung versehen, stelle ein kognitiv fortgeschritteneres Stadium im Verständnis ihrer Natur dar, weil sie von ihrem sichtbaren Inhalt her als »irreal« behandelt würden. Dodds zitiert die Theorie von H. J. Rose, wonach es beim Verstehen der Träume drei vorwissenschaftliche Stadien gebe, »1. daß die Traumbilder als objektive Tatsachen begriffen werden; 2. daß angenommen wird, es werde von der Seele oder einer der Seelen, während sie zeitweilig außerhalb des Körpers ist, etwas gesehen, das in der geistigen Welt oder so geschehe; 3. daß die Träume durch einen komplizierteren Symbolismus gedeutet werden« (Rose, *Primitive Culture in Greece*, S. 151, zitiert in Dodds, 1951, S. 104). Dodds betont jedoch, diese theoretische Abfolge stimme nicht mit der historischen Entwicklung der Meinung der Griechen über die Träume überein:

Wenn man Homer betrachtet, so sieht man, daß das erste und das dritte »Stadium« von Rose in beiden Epen nebeneinander vorkommen, ohne daß anscheinend die Unvereinbarkeit bewußt wird, doch das zweite »Stadium«

fehlt vollständig (und fehlt weiter in der bekannten griechischen Literatur bis ins 5. Jahrhundert, wo es in einem Fragment von Pindar erstmals vorkommt). (Ibid., S. 104)

Dodds macht auch darauf aufmerksam, daß die homerische Vorstellung des objekten Traumbildes (εἴδωλον) noch in intellektuellen Zirkeln des späten 5. Jahrhunderts lebendig ist:

Demokrits atomistische Theorie der Träume als εἴδωλα, die fortwährend von Personen und Dingen emanieren und auf das Bewußtsein des Träumers einwirken, indem sie durch die Poren seines Körpers in ihn eindringen, ist insgesamt ein Versuch, eine mechanistische Grundlage für den objektiven Traum zu finden; sogar Homers Ausdruck für das objektive Traumbild wird beibehalten. (Ibid., S. 118)

Gleich wie die Vorstellung, die Träume seien Erfahrungen der Seele, die zugrunde liegende Annahme eines äußeren Ursprungs dieser Träume beibehält, wird diese Annahme auch durch die Deutung der Träume als Symbole nicht überwunden. Auch im Wachzustand geben viele primitive Gesellschaften einer Vielfalt von Ereignissen den symbolischen Status von Omina, z. B. »Eine bestimmte rippenartige Wolkenstruktur bedeutet für die Tikopia nicht nur eine Art von Wetter, sondern auch das Nahen eines Schiffes, das noch hinter dem Horizont verborgen ist. Ebenso kann ein Regenbogen oder ein Donnerschlag ein Zeichen für ein Schiff sein. Sogar ein Niesen kann so interpretiert werden« (Firth 1967, S. 146). Auch in unserer Gesellschaft denken die Leute, die glauben, wenn sie Elstern sehen, daß eine einzelne Kummer, ein Paar aber Freude anzeigt, nicht daran, daß die fraglichen Elstern gewissermaßen abnormale oder geistige Vögel sind. Man wird deshalb den Tatsachen eher gerecht, wenn man die Traumsymbolik primitiver Kulturen einfach als ein weiteres Beispiel von Omina ansieht; da sowohl die Träume als auch die Symbole, wie wir im Kapitel IV festgehalten haben, einen deutlich assimilatorischen Aspekt haben, ist es weiter nicht überraschend, daß die Träume reich an derartigen Omina sind.

Zur Zeit der Vorsokratiker vermochten einige Philosophen die subjektive Grundlage der Träume bereits zu erkennen, z. B. Heraklit: »Die Wachenden haben ein und dieselbe Welt gemeinsam, während sich von den Schlafenden ein jeder zu seiner eigenen abwendet« (fr. 89; K. Freeman 1971, S. 30[8]); dennoch konnten, wie wir bei Dodds gesehen haben, andere Philosophen am objektiven Ursprung der Träume festhalten.

Turner zitiert als instruktives Beispiel einen hochintelligenten Informanten, Muchona, der erkannt hatte, daß mindestens einige seiner Träume bloße Erinnerungen waren:

Muchona, der Heimatlose, hatte einen starken Hang zu Heimweh. Seinen ständig wiederkehrenden Traum zitiere ich wörtlich, damit man den Tonfall seiner Rede spürt. »Ich träume vom Land Nyamwana, wo ich geboren wurde und lange lebte. Es ist der Tag, an dem meine Mutter starb. Ich träume vom Dorf, das von einer Palisade zum Schutz gegen Bösewichte, die auf Sklavenfang aus waren, umgeben war. Ich sehe die Flüsse wieder, die es dort gibt. Es ist, wie wenn ich jetzt dort spazieren gehen würde. Ich rede, ich plaudere, ich tanze. Geht mein Schatten (*mwevulu* – das persönliche Lebensprinzip) während des Schlafs dorthin?« Hier wird Muchonas rationale Seite sichtbar, denn er fährt fort: »Der Ort ist noch der gleiche wie lange zuvor. Doch wenn ich wirklich dort gewesen wäre, hätten die Bäume größer geworden sein müssen, wäre vielleicht alles von Gras überwuchert. Würde die Palisade noch vorhanden sein? Nein, es ist nur eine Erinnerung.« Er schüttelte traurig den Kopf und sagte, jede Silbe in die Länge ziehend: »*Ākā*« (in der Bedeutung »leider«, mit einem Anflug von »eheu fugaces«!). (Turner 1967, S. 138 f.)

Das späte Auftreten von Meinungen wie der Heraklits über die Subjektivität von Träumen, die Tatsache, daß spätere Denker mit ihm in dieser Hinsicht nicht einig sind, daß Menschen wie Muchona, die die Erinnerung mindestens als Grundlage einiger ihrer Träume erkennen können, in primitiven Gesellschaften nur selten anzutreffen sind, all das zeigt, welche großen Schwierigkeiten dem Verständnis der Träume entgegenstehen und wie stark der Hang ist, die realistischen Annahmen über die geistige Tätigkeit zu zementieren. Auch andere kulturell begründete Überzeugungen über die Natur der Wirklichkeit können einen wesentlichen Anteil am Fortbestehen der Auffassung haben, Träume hätten einen objektiven Ursprung. Wenn man beispielsweise die Funktion der Seele als Erklärungsprinzip in den primitiven Traumtheorien betrachtet, so wird klar, daß diese Seele ein Mittel ist, um Widersprüche zwischen dem Traum und der wachen Wirklichkeit zu überbrücken – Besuche an weit entfernten Orten, Zusammentreffen mit Menschen, die gestorben sind, mit lebenden Menschen, die sich im Wachzustand an keine solche Begegnung erinnern können usw. Dazu kommt, daß die Träume, wie wir gesehen haben, oft nicht einfach als Erfahrungen des Träumers angesehen werden, sondern als Manifestationen von Geistern, Gottheiten, des Todes, lauter kollektive Vorstellungen, die Kindern im kulturellen Umfeld Europas als Erklärungen nicht zugänglich sind. Es ist zu vermuten, daß auch der Traumsymbolismus dazu beiträgt, ein Verständnis ihrer Subjektivität zu verhindern, denn mit dieser Form von Interpretation kann man alle Gegensätze zwischen Trauminhalt und Erfahrung überspielen.

5. Schlußfolgerungen

Piaget ist der Meinung, der Hauptfaktor für das Verschwinden des begrifflichen Realismus sei der Kontakt mit anderen in Form von Diskussionen und Zusammenarbeit, der das Kind zwinge, den Unterschied zwischen seinem eigenen Standpunkt und dem anderer Leute zu erkennen. Das gilt offensichtlich für die Entwicklung eines Bewußtseins von »inneren Zuständen«, denn das Kind sieht dadurch nicht nur ein, daß seine eigenen Gefühle und Haltungen nicht unbedingt von anderen geteilt werden, sondern auch, daß es sie vor anderen verbergen kann, so wie andere ihre Gefühle und Haltungen für sich behalten können. Ebenso wichtig für die Bewußtwerdung des kritischen Unterschieds zwischen scheinen und sein muß aber für das europäische Kind die Entfaltung des operativen Denkens sein, das es mehr und mehr nötigt, ein Urteil über das phänomenale Aussehen von Dingen abzugeben und deren Anschein zu überwinden, wobei es mit zunehmender Genauigkeit und Sicherheit zwischen diesem Anschein und der Wirklichkeit zu unterscheiden lernt.

Der begriffliche Realismus ist offensichtlich ein im Denken primitiver Völker überall anzutreffender Aspekt. Über die Gründe für dieses Beharrungsvermögen läßt sich folgendes sagen: 1. Es gibt in der primitiven Gesellschaft kaum Gelegenheiten zu operativen Korrekturen der Wahrnehmung, so wie sie unsere Umwelt ständig von uns verlangt. Wir in einer vom Menschen gemachten Umwelt mit einer Vielzahl von unvertrauten Objekten und begrifflichen Situationen lebenden Europäer müssen fortwährend zwischen »sein« und »scheinen« unterscheiden: Der große Balken aus leichtem Holz wiegt unerwarteterweise weniger als der kleinere Balken aus schwererem Holz; die Korrelation zwischen einer subjektiv erfahrenen Dauer und der mit einer Uhr gemessenen Zeit; die erstaunlich vielen Farbkübel, die man kaufen muß, um eine Wandfläche zu streichen oder die zahlreichen Tassen, die man mit

Tee aus einem bestimmten Krug füllen kann und so fort. Wir stehen deshalb fortwährend vor der Notwendigkeit, unsere Sinneseindrücke von den Dingen durch operative Methoden zu korrigieren und so eine Unterscheidung zwischen dem von den Sinnesorganen wahrgenommenen *Bild* der Welt und der durch kognitive Konstruktionen korrigierten Welt vorzunehmen.

2. Die primitive Gesellschaft kennt kaum die »Beweisführung« – Gewandtheit im deduktiven Folgern – im Gegensatz zur Rhetorik und der Fähigkeit, sich in umstrittenen Fragen durch Redegewandtheit durchzusetzen. Streitfragen gibt es überall, wo Menschen sind; sie werden aber in der primitiven Gesellschaft durch Gegenrede und Pochen auf Gebräuche ausgetragen, nicht indem man darauf hinweist, die Gegenpartei gehe von falschen Voraussetzungen aus, stütze sich auf unzutreffende Beweise und so fort. Wir haben insbesondere auch festgestellt, wie sehr sich das primitive Denken Argumenten verschließt, die auf den Fakten widersprechenden Hypothesen beruhen (siehe unter 6.).

3. In der primitiven Gesellschaft wird die individuelle Erfahrung nur in sehr beschränktem Maße zum Ausdruck gebracht. »Innere Zustände« wie Beweggründe, Gefühle und Kenntnisse sind zwar bekannt, deren Äußerungen werden jedoch vom Verhalten her beurteilt. Diese Beurteilung ist oft höchst anspruchsvoll, doch es gibt keine ausgearbeitete Terminologie, die dieses Bewußtsein zu einer Fähigkeit entwickeln könnte, einige der feineren Nuancen dieser persönlichen Erfahrung auszudrücken, so wie sie der gebildete Mensch in unserer Gesellschaft seinem Mitmenschen zugesteht (in literarischen Werken beispielsweise). Die primitive Gesellschaft hat anscheinend ein sehr viel geringer entwickeltes Bewußtsein für die Unterschiede zwischen privatem und öffentlichem Denken als wir. Der einzelne Mensch fühlt, leidet, plant und denkt wie wir; weil aber die Vorstellungen von persönlichen Erfahrungen weitgehend fehlen, ist sich der primitive Mensch zwar bewußt, daß sein Nachbar fühlt, leidet, plant und denkt, doch diese privaten Zustände werden durch diejenigen, die sie erfahren, nicht artikuliert. Die persönliche Erfahrung anderer wird deshalb in der primitiven Gesellschaft üblicherweise als geheimnisvoll und uneinsehbar angesehen. In unserer Gesellschaft ist aber eben diese Fähigkeit, eine solche Erfahrung zu formulieren, entscheidend für die Entwicklung des, wie Piaget es nennt, »sozialisierten Denkens«, indem man seinen eigenen Standpunkt an den anderer Individuen angleicht. In der primitiven Gesellschaft gibt es nur einen

Standpunkt – den der Gruppe –, und deshalb fehlt eine sehr wichtige Grundlage für die Entwicklung eines »Geist«begriffs.

4. Weil in der primitiven Gesellschaft die kollektiven Vorstellungen eng in soziale Institutionen und gewohnheitsmäßige Verhaltensweisen eingebunden sind, wird auch nicht klar zwischen Anschauungen und Tatsachen unterschieden. Eine solche Unterscheidung ist nur in einer Gesellschaft möglich, in der das Weltbild explizit verallgemeinert werden kann; nur in ihr kann man Anschauung und Handlung auseinanderhalten. Selbstverständlich gibt es in primitiven Gesellschaften Skeptiker, die überkommene Erklärungen für Magie oder Zauberei anzweifeln, ihre Skepsis wird aber genau so wenig artikuliert wie die Überzeugung der konventionell Denkenden. Systematisch zwischen dem Status von Anschauungen unterscheiden zu können, ist eine wichtige Grundlage für ein Bewußtsein der geistigen Funktion.

5. Die geistige Tätigkeit wird uns auch durch die Schule und insbesondere durch Lesen und Schreiben bewußt. Wie wir gesehen haben, ist das Lösen von Problemen außerhalb des Kontexts von »wirklichen Situationen« von großer Bedeutung für die Bewußtwerdung von lösbaren *kognitiven* Problemen, im Gegensatz zu den üblichen Schwierigkeiten bei gewöhnlichen Arbeiten, die nicht-verbal überwunden werden. Lesen und Schreiben fördern das Bewußtsein, daß die Sprache etwas anderes als Reden ist, daß sie ein Code ist, der öffentliche und private Erfahrung überträgt und der unabhängig vom Kontext einer bestimmten Aussage und von den mit einem wirklichen Gespräch verbundenen üblichen Beschränkungen untersucht werden kann.

6. Schulung und Bildung sind vor allem auch entscheidend für die Fähigkeit, hypothetisch zu denken – d. h. Annahmen aufzustellen, die nicht auf tatsächlicher Erfahrung beruhen und vielleicht sogar in Widerspruch zu ihr stehen. Vermutlich haben alle primitiven Sprachen syntaktische Mittel, um Konditionalsätze der Form »Wenn dein Schwein meine Bataten frißt, töte ich es« zu formulieren. Konditionalsätze weisen jedoch nur auf mögliche künftige Ereignisse hin und sind in dieser Hinsicht nicht dasselbe wie wirklich hypothetische Aussagen. Das hypothetische Denken ist selbstverständlich die Grundlage für das formale deduktive Denken, das von europäischen Kindern etwa im elften oder zwölften Lebensjahr erworben wird; erst von diesem Stadium an sind Kinder imstande zu begreifen, was Erwachsene mit Wörtern wie »Geist«, »Denken«, »Idee« usw. meinen.

7. Man muß sich auch unbedingt in Erinnerung rufen, daß im symbolischen Denken die subjektiven und die objektiven Aspekte von Natur aus schwieriger auseinanderzuhalten sind als in der Sprache, denn Symbole sind meistens anders begründet als die Sprache. Deshalb erzeugen die Symbole durch die mit ihnen assoziierten Eigenschaften im Geist eine affektive Reaktion, die leicht den Symbolen selbst zugeschrieben wird.

Der begriffliche Realismus der Primitiven hat unvermeidlich starke Auswirkungen auf die kausalen Vorstellungen. Der Realismus der Namen, die objektive Wirklichkeit symbolischer Beziehungen und eine ganz allgemeine Subjektivierung sinnlicher Erfahrungen sind vielleicht die offenkundigsten Beispiele dafür – im nächsten Kapitel wird sichtbar, daß der begriffliche Realismus untrennbar mit der Kausalität verquickt ist.

X. Kausalität

In der Analyse der primitiven Kausalität haben die Begriffe »Magie« und »Animismus« lange einen wichtigen Platz eingenommen. Der Animismus ist in der Zwischenzeit außer Gebrauch gekommen. Mauss glaubte, eine einzelne Vorstellung, *mana*, eine mystische Macht oder Kraft, liege allen magischen Manifestationen zugrunde, und in seiner *Allgemeinen Theorie der Magie* versucht er zu zeigen

. . . wie der magische Wert von Personen oder Gegenständen mit der relativen Stellung zusammenhängt, die sie innerhalb der Gesellschaft oder in bezug auf die Gesellschaft einnehmen. Die beiden separaten Begriffe der magischen Wirksamkeit und der sozialen Stellung fallen insofern zusammen, als der eine vom anderen abhängig ist. Die Magie ist grundsätzlich immer eine Sache der von einer Gesellschaft jeweils anerkannten Werte. Solche Werte sind faktisch nicht von den inneren Eigenschaften eines Gegenstandes oder einer Person abhängig, sondern vom Status oder dem Rang, der ihnen von der allmächtigen öffentlichen Meinung, durch deren Vorurteile zuerkannt wird. Sie sind soziale, nicht erfahrungsmäßige Fakten. Das wird durch die magische Kraft von Wörtern ausgezeichnet belegt, und auch dadurch, daß die magische Kraft eines Gegenstandes sehr oft von seinem Namen herrührt. Da die fraglichen Werte mit bestimmten Dialekten und Sprachen zusammenhängen, sind sie folglich stammes- oder volksbezogen. Ebenso sind Dinge und Seiende und Handlungen hierarchisch organisiert, sie kontrollieren sich gegenseitig, und die magischen Handlungen werden entsprechend dieser Rangordnung hervorgebracht: Sie gehen vom Magier zu einer Klasse von Geistern, von dieser Klasse zu einer anderen und so fort, bis sie ihre Wirkung vollenden. Wir schätzen Hewitts Ausdruck »magische Potenz«, mit dem er *mana* und *orenda* umschreibt, eben deshalb, weil er genau die Gegenwart von einer Art magischem Potential zum Ausdruck bringt, was faktisch exakt der Vorstellung entspricht, die wir beschrieben haben. Was wir die relative Stellung oder den jeweiligen Wert von Gegenständen nennen, könnte man auch als Potentialdifferenz bezeichnen, denn auf solche Unterschiede ist es zurückzuführen, daß sie sich gegenseitig beeinflussen können. Es genügt nicht, zu sagen, die Eigenschaft *mana* werde bestimmten Gegenständen aufgrund ihrer relativen Stellung in der Gesellschaft zugesprochen. Man muß hinzufügen, daß die Vorstellung des *mana* nichts anderes als die Vorstellung dieser relativen Werte und die Vorstellung solcher Potentialdifferenzen ist. Damit stehen wir den eigentlichen Vorstellungen, auf der die Magie beruht, ja der Magie selbst gegenüber. Es versteht sich von selbst, daß solche Ideen außerhalb der Gesellschaft keinerlei Daseinsgrund haben, daß sie, was die reine Vernunft betrifft, absurd sind und daß sie sich nur und einfach aus dem Funktionieren des kollektiven Lebens herleiten lassen (Mauss 1972, S. 120 f.).

Ich habe Mauss so ausführlich zitiert, weil diese Stelle sehr schön zeigt, wie unzulänglich die soziologischen Versuche sind, Denkweisen nur aus sozialen Institutionen und Beziehungen herzuleiten, ohne die Denkprozesse der einzelnen Menschen und die Natur der zu lösenden Probleme zu berücksichtigen. Von der Unbestimmtheit und Unzulänglichkeit der »Magie« als analytischer Kategorie abgesehen, verwechselt der Versuch von Mauss, solche Begriffe wie *mana* und *orenda* durch Unterschiede in der Rolle und im Status (etwa der Ahnen in bezug auf den König oder der Frauen in bezug auf die Männer) zu erklären, das soziale Umfeld, in dem gewisse grundlegende Vorstellungen zum Ausdruck gebracht werden, mit diesen Vorstellungen selbst. Selbstverständlich sind Opfer, Zauber, Hexerei, Verfluchen und Segnen, Wahrsagung, Priester und Magier soziale Kategorien, die untrennbar mit jeder Gesellschaft verbunden sind und als solche analysiert werden müssen. Doch die Behauptung, daß »die Vorstellung des *mana* nichts anderes als die Vorstellung dieser relativen Werte und die Vorstellung solcher Potentialdifferenzen« sei, wird der Komplexität des Kausalitätsbegriffs von Primitiven oder den Beziehungen zwischen solchen Begriffen und anderen Aspekten des primitiven Denkens nicht gerecht.

Wenn man die primitive Kausalität verstehen will, muß man soziale Kategorien und unbestimmte Ausdrücke wie Magie und *mana* fallen lassen und sich dafür auf die in diesem Buch betrachteten kognitiven Grundprozesse konzentrieren. Drei davon sind für uns besonders wichtig – der begriffliche Realismus; die Unfähigkeit, auf der Zerlegung in die Dimensionen und den Relationen zwischen Objekten basierende operative Systeme konstruieren zu können; und das allgemeine Fehlen einer taxonomischen Klassifizierung und Verallgemeinerung auf der Grundlage der logischen Klasse und nicht von Prototypen und Komplexen.

Bei der Erörterung des begrifflichen Realismus haben wir uns mit dem Ursprung des Realismus der Namen und der Annahme, daß die Wörter von Natur aus mit dem durch sie Bezeichneten verbunden seien, befaßt; diese liegen der Meinung zugrunde, die Kenntnis des Namens eines Dings oder eines Menschen sei das wesentliche Mittel, um Macht über dieses Ding oder diesen Menschen auszuüben. Dieses Thema, daß Reden Macht sei, ist in der Magie derart weit verbreitet, daß weitere ethnographische Belege dafür unnötig sein dürften.

Wir haben auch bereits festgehalten, daß der begriffliche Realismus Primitive davon abhält, symbolische Assoziationen einfach als subjektive geistige Assoziationen zu erkennen. Deshalb die weit verbreitete Auffassung, symbolische Eigenschaften seien empirisch reale Merkmale, die dazu benützt werden könnten, um Änderungen in der physischen Welt zu bewirken. Solche Meinungen liegen vielen der »Partizipationen« zugrunde, die Lévy-Bruhl und andere festgestellt haben. Für uns erzeugt das Porträt oder die Fotografie einer Person ganz einfach eine subjektive Assoziation im Geist des Betrachters. Für den Primitiven hingegen, der sich solcher geistiger Funktionen nicht bewußt ist, ist die Empfindung des Bekanntseins, die durch eine solche Abbildung hervorgerufen wird, notwendig mit der Abbildung selbst und nicht mit seinem eigenen Geist verbunden. Die Abbildung hat deshalb, seiner Auffassung nach, etwas vom Wesen des Originals an sich genommen[1].

Die fehlende operative Analyse und Koordination führt, so wie der begriffliche Realismus, zu Erklärungen durch Essenzen, zur Verdinglichung von Eigenschaften, zur Behandlung der Prozesse als Substanzen, zu einer Welt von Kräften, die in den Dingen geweckt und nicht so sehr auf sie übertragen werden. Die operative Kausalität ist ein Universum von Relationen, deren Attribute relativ sind, im Gegensatz zu einer Welt von absoluten Essenzen und Substanzen wie Wärme und Kälte, Schwere und Leichtheit, deren Assoziationen statisch und irreversibel sind.

Im Kapitel III haben wir auf die Subjektivierung der Erfahrung hingewiesen, die notwendig eintritt, wenn die Eigenschaften und Qualitäten von Dingen in erster Linie danach beurteilt werden, wie sie auf den menschlichen Körper und die Sinnesorgane einwirken und nicht nach ihren Auswirkungen auf andere Gegenstände. In einer Welt von absoluten Qualitäten, von Essenzen, von vergegenständlichten Prozessen, in der die menschlichen Sinneseindrücke nicht klar von den physischen Eigenschaften der Objekte unterschieden werden, werden psychische Zustände wie Absicht, Lebenskraft oder Offenheit gegenüber den Wünschen und dem Verhalten von Menschen leicht materiellen Gegenständen und Ereignissen zugeschrieben. Diese Tendenz wird noch verstärkt durch die Meinung, die Rede habe Kraft aus sich selbst, weil die Namen mit dem bezeichneten Ding identifiziert werden, sie beherrsche die wirkliche Welt, und ebenso durch die damit verbundene Unfähigkeit der Primitiven, die symbolischen Assoziationen als rein subjektiv zu betrachten.

Wie wir im Kapitel über die Klassifikation gesehen haben, beruhen die komplexiven Gruppierungen und prototypischen Bilder auf funktionellen, wahrnehmungsmäßigen und kontextuellen Assoziationen zwischen den Dingen untereinander im Alltagsleben und nicht auf taxonomischen Eigenschaften, die die Grundlage der logischen Klassen darstellen. Das wirkt der Abstrahierung solcher Eigenschaften und Qualitäten entgegen, auf der die operative Koordination basiert; es hemmt auch die Verallgemeinerung im Hinblick auf die materielle Welt, auf der die wissenschaftlichen Gesetzmäßigkeiten beruhen.

Der begriffliche Realismus, die fehlende operative Koordination, die komplexive Klassifizierung und das prototypische Bild sind somit eng miteinander zusammenhängende Faktoren bei der Konstruktion der primitiven Kausalität. Diese kognitiven Faktoren und nicht so sehr die bloße Projizierung persönlicher Beziehungen in den Bereich der Natur sind für den oft festgestellten Anthropomorphismus des primitiven Kausalitätsbegriffs verantwortlich. Diese primären Faktoren wollen wir nun in den Einzelheiten untersuchen.

1. Absolutismus, Essentialismus und Vergegenständlichung der Prozesse

Auf der Stufe des präoperativen Denkens hängt die fehlende Fähigkeit, zwischen den objektiven Eigenschaften der Dinge und den subjektiven Reaktionen der Sinnesorgane auf diese unterscheiden zu können, eng mit der Neigung zusammen, die Eigenschaften der Dinge als absolut und diesen Dingen inhärent, also nicht als das Ergebnis von Beziehungen zwischen den Dingen zu denken. Ein Kind im präoperativen Stadium nimmt deshalb an, eine Bewegung sei die Manifestation einer Kraft oder eines Lebensprinzips, die dem bewegten Gegenstand innewohnen, woraus sich leicht die Meinung entwickelt, diese Lebenskraft sei mit Absichten ausgestattet, zielgerichtet. Die Reaktionen der eigenen Muskeln auf die

Dinge in der physischen Umwelt werden insbesondere zur Grundlage des Kraftbegriffs, der für die Erklärung aller Bewegungen verwendet wird. Da das Kind den Widerstand, den ein Gegenstand »leistet«, wenn es ihn zu bewegen oder zu heben versucht, für eine Auswirkung der aktiven Kraft des betreffenden Gegenstandes hält, betrachtet es die Schwere nicht wie wir als passiv und träge (»totes Gewicht«, »tote Steine« usw.), sondern als eine aktive Eigenschaft, die eng mit der Stärke zusammenhängt.

Kraft wird somit als eine Lebensäußerung, als etwas Zweckhaftes angesehen; und sie wird auch als eine Substanz betrachtet. Sie ist sozusagen identisch mit Leben. Die Energie ist für das kindliche Denken nicht wie für uns etwas, das von Körper zu Körper übertragen wird, sondern ein Bestandteil *sui generis* jedes Körpers, und zwar ein nicht erworbener und nicht übertragbarer Bestandteil. Kraft wird nicht übermittelt, sondern geweckt.

Da das Kind noch nicht explizit vergleicht und mit der Relativität der Relationen noch nicht vertraut ist, kann es denselben Gegenstand *A* noch nicht als gleichzeitig schwerer in bezug auf einen anderen Gegenstand *B* und leichter in bezug auf einen dritten Gegenstand *C* begreifen; *A* wird in einem absoluten Sinne als schwer aufgefaßt. Das Gewicht eines Gegenstandes wird somit noch nicht mit dessen Volumen oder mit dem Gewicht des Mediums, das diesen Gegenstand trägt, verglichen; das Kind nimmt deshalb an, daß beispielsweise Boote auf dem Wasser schwimmen, weil sie eine innere Fähigkeit dazu haben. Piaget formuliert es so:

In den ersten Stadien wird jede Bewegung als einmalig, als Manifestation einer substantiellen und vitalen Aktivität betrachtet. Mit anderen Worten, in jeder bewegten Substanz ist eine bewegende Substanz: Die Wolken, die Himmelskörper, das Wasser, die Maschinen usw. bewegen sich aus sich selbst. Selbst wenn das Kind so weit ist, daß es einen äußeren Beweger annimmt, was bereits eine Abwendung von der Substantialität der Bewegung bedeutet, wird die innere Triebkraft noch immer als notwendig angesehen. Ein Blatt ist lebendig, auch wenn es durch den Wind bewegt wird, d. h. es behält seine Spontaneität, auch wenn der Wind notwendig ist, um es in Bewegung zu setzen. Eine Wolke oder ein Himmelskörper behalten ebenso die Verfügungsgewalt über ihre Bewegungen, auch wenn der Wind notwendig ist, um sie in Bewegung zu versetzen. Später jedoch wird die Bewegung jedes Gegenstandes von äußeren Bewegungen abhängig, die nicht mehr länger als notwendige Mitagentien, sondern als zureichende Bedingungen betrachtet werden. Die Bewegung der Wolken wird jetzt ganz durch die Bewegungen des Windes erklärt. Dann werden diese äußeren Triebkräfte als ihrerseits von äußeren Triebkräften abhängig erkannt usw. Alles Seiende wird so in ein Universum von Relationen eingebracht, welches das Universum der unabhängigen und spontanen Substanzen ablöst. (Piaget 1930, S. 249 f.)

Solche Aussagen werden durch die Gewichtsvorstellungen im präoperativen Stadium ausgezeichnet illustriert:

Die Idee des Gewichts liefert ein hervorragendes Beispiel für diesen Fortschritt in Richtung Relativität, und diese Entwicklung ist in diesem besonderen Fall eng mit dem Fortschritt in Richtung Reziprozität verbunden... In den ersten Stadien ist Gewicht gleichbedeutend mit Stärke und Aktivität. Ein im Wasser untergetauchter Stein drückt weiter auf das Wasser, auch wenn dieses unbewegt ist und löst eine Strömung in Richtung der Wasseroberfläche aus. Ein Gegenstand schwimmt, weil er, da er schwer ist, stark genug ist, um sich oben zu halten. Das Gewicht ist etwas Absolutes: Es ist eine Eigenschaft, die gewisse Körper besitzen, es ist eine Spielart dieser Lebenskraft oder substantiellen Kraft, die wir beschrieben haben. Später wird das Gewicht als relativ zum umgebenden Medium angesehen: Gegenstände schwimmen, weil sie leichter als Wasser sind, Wolken, weil sie leichter als Luft sind usw. Doch die Relation ist noch unbestimmt: Das Kind glaubt bloß, daß für das Wasser im See dieses oder jenes Boot leicht sei, aber es wird noch kein Vergleich angestellt, der zur Proportionalität des Volumens führt. Das Holz, aus dem ein Boot besteht, wird als schwerer denn ein gleiches Wasservolumen angesehen. Im Alter von 9 bis 10 Jahren schließlich beginnt »leichter als das Wasser« den Sinn zu bekommen, daß der fragliche Gegenstand auf dasselbe Volumen bezogen leichter als Wasser sei. Die Vorstellungen »Dichte« und »spezifisches Gewicht« treten auf: Das absolute Gewicht wird Schritt für Schritt vom relativen Gewicht abgelöst. (Ibid., S. 250)

Die enthnographische Literatur ist voll von Beispielen, wie Primitive geistige und körperliche Zustände und Prozesse, die Eigenschaften und Besonderheiten von physischen Gegenständen und physischen Prozessen und ebenso gesellschaftliche Zustände wie Unglück, Sünde, Krankheiten ganz allgemein als Entitäten auffassen, die auf verschiedenartigstem Wege von Menschen in die Natur, von einem natürlichen Gegenstand zum anderen und von natürlichen Gegenständen auf den Menschen übertragen werden können. Dieses kognitive Phänomen ist nicht so sehr ein Fall von Frazers homöopathischer Magie, von »Gleiches bringt Gleiches hervor«, es ist in Wirklichkeit ein Beispiel für diesen präoperativen Hang, ein spezielles Phänomen für sich zu betrachten, es als eine in sich geschlossene Entität zu behandeln, die aus ihrem physischen Kontext herausgelöst werden kann und mit absoluten Eigenschaften und einer eigenen inneren Dynamik ausgestattet ist. Die Verdinglichung von Prozessen insbesondere ist ein bemerkenswertes Beispiel für diese Neigung des Geistes. Wir wollen sie kurz in den Einzelheiten betrachten. Die folgenden Zitate stammen aus Frazers »*Golden Bough*«:

Wenn Männer oder Frauen im Westdistrikt der Insel Timor eine lange und ermüdende Reise unternehmen, fächeln sie sich Luft mit belaubten Zweigen zu, die sie später an besonderen Stellen niederlegen, wo schon ihre Vorväter dasselbe taten. Sie nehmen somit an, die Müdigkeit, die sie verspürt hatten, sei in die Blätter übergegangen, sie hätten sie also hinter sich zurückgelassen. (Frazer 1900, III, S. 3 f.)

Von einem alten Mittel gegen Bauchschmerzen berichten Plinius und Marcellus: Eine lebende Ente wurde auf den Bauch des Leidenden gesetzt; die Schmerzen gingen daraufhin vom Menschen auf das Tier über, das dann geschlachtet wurde. (Ibid., III, S. 23)

In Northamptonshire und Devonshire wird ein Husten so kuriert, daß man ein Haar vom Kopf des Patienten zwischen zwei Scheiben Butterbrot legt und dieses Sandwich einem Hund gibt. Das Tier bekommt so den Husten, der Kranke wird sein Leiden los. (Ibid., III, S. 24)

. . . alle Jahre, üblicherweise im März, schicken die Leute von Leti, Moa und Lakor alle ihre Leiden aufs Meer hinaus. Sie fertigen ein etwa sechs Fuß langes Boot an, bestücken es mit Segeln, Rudern, Steuer usw., worauf jede Familie etwas Reis, Früchte, ein Huhn, zwei Eier, Insekten, die die Äcker verwüsten und so fort hineinlegen. Dann lassen sie es auf das Meer hinausfahren, wozu sie sagen: »Nimm alle Arten von Krankheiten weg von hier, nimm sie mit auf andere Inseln, in andere Länder, verteile sie auf die Orte, die im Osten liegen, wo die Sonne aufgeht.« (Ibid., III, S. 105 f.)

In Tabor, Böhmen, wird eine Puppe des Todes aus der Stadt getragen und von einem hohen Felsen in das Wasser geworfen. Dazu singen die Leute –

Der Tod schwimmt auf dem Wasser,
Der Sommer wird bald hier sein,
Wir haben den Tod für dich weggebracht,
Wir brachten den Sommer.
Und du, heilige Marketa,
Gib uns ein gutes Jahr
Für Weizen und für Roggen.

In anderen böhmischen Gegenden wird der Tod an den Dorfrand gebracht. Dazu wird gesungen:

Wir tragen den Tod aus dem Dorf,
Und das neue Jahr in das Dorf.
Lieber Frühling, wir heißen dich willkommen,
Grünes Gras, wir heißen dich willkommen. (Ibid., II, S. 84)

Die Priesterinnen der Dyak treiben das Unglück aus einem Haus aus, indem sie die Luft in jeder seiner Ecken mit einem hölzernen Schwert zerhauen, das sie anschließend im Fluß waschen, damit das Unglück mit ihm fortfließt. Manchmal fegen sie das Unheil mit Besen aus Blättern von bestimmten Pflanzen, die mit Reiswasser und Blut besprengt wurden, aus dem Haus heraus. Sobald alle Räume sauber gefegt sind und der Unrat in ein Spielzeughaus aus Bambus gewischt wurde, setzen sie das kleine Haus mit seiner Last aus Unheil auf das Wasser des Flusses, der es wegtreibt. (Ibid., III, S. 2 f.)

Als Erklärung für den weltweit anzutreffenden Brauch, Stöcke oder Steine bei Gräbern und anderen Orten, wo angeblich böse oder feindliche Kräfte hausen, auf Haufen zu werfen, schlägt Frazer vor:

Um sich solcher Unreinheit zu entledigen, die er sich üblicherweise in einer sehr konkreten Form vorstellt, versucht der Primitive, sie in einem materiellen Winkel unterzubringen und sie hinter sich an dem gefährlichen Ort zurückzulassen, während er selbst, nachdem er sich diese Sorge vom Leib geschafft hat, leichteren Herzens wegeilt. (Ibid., III, S. 10)

... wenn in Syrien ein Baum keine Früchte trägt, sucht sich der Gärtner eine schwangere Frau, damit sie einen Stein an einem der Äste aufhängt; dann wird der Baum sicher Früchte tragen, aber die Frau nimmt das Risiko einer Fehlgeburt auf sich, weil sie ihre Fruchtbarkeit, zumindest teilweise, auf den Baum übertragen hat. Der Brauch, einen Baum, der seine Früchte verliert, mit Steinen zu beladen, wird von Maimonides erwähnt, obwohl der Rabbi den Sinn davon anscheinend nicht verstanden hat. Das Verfahren war vermutlich ein Nachahmungszauber, gewissermaßen ein Beladen des Baumes mit Früchten. In Schwaben wird gesagt, wenn ein Obstbaum keine Früchte trage, müsse man während des ganzen Sommers einen schweren Stein auf ihn legen, dann werde er im nächsten Jahr sicher Früchte bringen. (Ibid., I, S. 38)

... die Galelaresen glauben, wenn die Zähne abgefeilt würden, müsse man auf einen Stein spucken, denn das stelle eine sympathetische Verbindung zwischen dem betreffenden Menschen und dem Stein her, wodurch die Zähne hinfort so hart und dauerhaft wie ein Stein würden. Andererseits sollte man ein Kind nicht kämmen, bevor es Zähne bekommen hat, weil sonst später die Zähne auseinanderstehen wie die Zähne eines Kamms. (Ibid., I, S. 43 f.)

Und die Tauade sagen, wenn ein Mann den Namen eines bestimmten Windes ständig wiederhole, so werde er im Kampf so leichtfüßig wie der Wind.

Die bretonischen Bauern stellen sich vor, wenn Klee bei Flut gesät würde, werde er gut gedeihen, wenn aber die Pflanzen bei Ebbe oder bei zurückgehender Flut ausgesät würden, so würden sie nie reif, und die mit solchem Klee gefütterten Kühe würden gebläht. Ihre Frauen glauben, die beste Butter entstehe, wenn die Flut gerade ihren Höhepunkt erreicht habe und das Wasser wieder zu sinken beginne, Milch, die im Butterfaß schäume, werde weiterschäumen, bis der Höhepunkt der Flut vorbei sei und Wasser, das man aus dem Brunnen geholt oder Milch, die man durch Melken gewonnen habe, während die Flut noch im Steigen begriffen war, werde im Krug oder im Kochtopf aufkochen und ins Feuer fließen. (Ibid., I, S. 46)

Beispiele für ähnliche Meinungen, wonach Arbeiten, die man bei zu- oder abnehmendem Mond ausgeführt habe, entsprechend zu einem guten oder einem unguten Ende kämen, findet man in der ethnographischen Literatur in großer Fülle.

In Thüringen trägt der Mann, der Flachs aussät, das Saatgut in einer langen Tasche bei sich, die von den Schultern bis zu den Knien reicht, und er schreitet weit ausholend dahin, damit die Tasche auf seinem Rücken hin und her bewegt wird. Das soll bewirken, daß später der Flachs im Wind hin und her bewegt wird. Im Innern von Sumatra wird der Reis von Frauen ausgesät, die während des Säens ihr Haar lose den Rücken hinunter fallen lassen, damit der Reis üppig wächst und lange Halme bekommt. (Ibid., I, S. 35)

Einige Völker in Betschuanaland [Botswana] tragen ein Frettchen als Amulett; weil diese Tiere sehr zählebig sind, können die Amulettträger kaum umgebracht werden. Andere tragen ein verstümmeltes, aber noch lebendes Insekt zum gleichen Zweck. Noch andere Botswanesen-Krieger tragen Haare eines hornlosen Ochsen im eigenen Haar und die Haut eines Frosches auf ihrem Umhang, weil ein Frosch schlüpfrig ist und der Ochse, da ihm die Hörner fehlen, fast nicht eingefangen werden kann; der Mann, der mit solchen Amuletten ausgestattet ist, glaubt, er sei so schwer zu halten wie der Ochse oder der Frosch. (Ibid., I, S. 41 f.)

Das Hauptprodukt einiger Gebiete der thailändischen Provinz Laos ist Lack. Es handelt sich um ein gummiartiges Harz, das von einem roten Insekt auf jungen Baumzweigen ausgeschieden wird; die kleinen Tiere müssen von Hand auf die Zweige gesetzt werden. Alle Beteiligten an der Gummigewinnung waschen sich während dieser Zeit nicht, und vor allem der Kopf wird nicht mehr gesäubert, denn durch das Entfernen der Parasiten aus den Haaren würden sie auch die anderen Insekten dazu bringen, ihre Äste zu verlassen. (Frazer 1922, S. 21)

Die Melanesier glauben, bestimmte heilige Steine seien mit wunderbaren Kräften ausgestattet, die der Form eines Steines entsprechen. Vom Wasser abgeschliffene Korallenstücke am Strand haben oft eine verblüffende Ähnlichkeit mit Brotfrüchten. Wenn jemand eine solche Koralle findet, legt er sie zur Wurzel eines seiner Brotfruchtbäume, und er erwartet davon, daß der Baum nun viele Früchte bringt ... Ebenso verheißt ein Stein mit kleinen Scheiben darauf Geld; und wenn ein Mann einen großen Stein mit einer Anzahl kleiner Steine darunter findet, was wie ein Mutterschwein mit seinen Ferkeln aussieht, so ist er sicher, wenn er Geld darauf opfere, so werde ihm das Schweine bringen. (Frazer 1900, I, S. 45)

Wenn bei den nordamerikanischen Omaha-Indianern das Getreide infolge Wassermangels verdorrt, so füllen Angehörige der Heiligen-Bison-Gesellschaft ein großes Gefäß mit Wasser und tanzen viermal rundherum. Einer der

Männer trinkt etwas von diesem Wasser und verspritzt es in die Luft, und zwar in feinen Spritzern in Nachahmung eines nebligen Sprühregens. Dann kippt er das Gefäß um, so daß das Wasser auf den Boden fließt, worauf die Tänzer sich auf den Boden legen und das Wasser trinken, wobei das ganze Gesicht mit Schmutz verschmiert wird. Zuletzt spritzen sie das Wasser als feinen Nebel in die Luft. Damit wird das Getreide gerettet. (Ibid., I, S. 82)

Dazu kommt eine unendliche Vielfalt von symbolischen Ähnlichkeiten, die auf der Farbe, der Form, der Struktur, der Zahl und anderen Eigenschaften physischer Objekte beruhen, mit, wie wir gesehen haben, einer ihnen innewohnenden Kraft, die sie zwischen den Gegenständen übertragen können.

Daß das präoperative Denken nicht imstande ist, die Beziehungen zwischen den Dingen in seine Überlegungen einzubeziehen, und folglich die Phänomene als »Dinge« oder Essenzen behandelt, zeigt sich deutlich am Zeichen der Schatten. Bei der Untersuchung der präoperativen Raumvorstellungen haben wir gesehen, daß das Verständnis projektiver Beziehungen, das für ein wirkliches Begreifen der Natur von Schatten wesentlich ist, erst auf der Stufe der konkreten Operationen erworben wird; es setzt den Begriff der geometrischen Geraden, die projektiven Relationen und die Objektivierung des eigenen Standpunktes voraus, ohne die man sich einen Schattenwurf von der Lichtquelle her nicht bildlich vorstellen kann. Piagets Untersuchungen über das kindliche Verständnis der Schatten weisen auf enge Beziehungen zwischen der Vorstellung der Primitiven über dieses Thema und der kognitiven Ebene des präoperativen Denkens hin.

Im ersten Stadium (mit durchschnittlich fünf Jahren) werden die Schatten auf die Zusammenarbeit oder Partizipation zweier Quellen zurückgeführt, einer inneren (der Schatten emaniert vom Gegenstand) und einer äußeren (die Schatten stammen von den Bäumen, von der Nacht, von den Zimmerecken usw.). Während des zweiten Stadiums (mit durchschnittlich sechs bis sieben Jahren) glaubt das Kind, die Schatten würden allein vom Gegenstand hervorgerufen. Sie sind eine Substanz, die vom Gegenstand ausgeht, jedoch nicht in einer besonderen Richtung. In diesem Stadium ist das Kind noch nicht imstande zu sagen, auf welche Seite der Schatten fallen wird, wenn der Schirm der Lichtquelle gegenüber aufgestellt wird. Im zweiten Stadium verschwindet das Element der Partizipation, aber das Kind glaubt noch immer, der Schatten sei eine Substanz und werde in der Nacht hervorgerufen, nur sei es für uns unmöglich, ihn dann zu sehen:

(Leo, 7 Jahre alt)

Frage: Wenn es Nacht ist, gibt dann (eine Person) ebenfalls einen Schatten?

Antwort: Sie gibt dann einen, (aber) man sieht ihn nicht, weil es Nacht ist.

F.: Wie machen wir einen (Schatten)?

A.: Man macht ihn, wenn man geht, denn bei jedem Schritt, den man macht, folgt er uns hintennach.

F.: Warum folgt er uns?

A.. Weil es die Person ist, die ihn auf dem Boden macht.

F.: Wie kann aber die Person das machen?

A.: Sie geht.

F.: Woher kommt der Schatten?

A.: Er kommt aus der Person heraus, wir haben einen Schatten in uns.

(Piaget 1930, S. 187)

Im dritten Stadium (mit etwa acht Jahren) kann das Kind die Richtung von Schatten voraussagen, es glaubt aber noch immer, der Schatten sei eine Emanation des Gegenstandes, die das Licht wegnimmt, so daß er immer auf die Seite des Gegenstandes fällt, die der Lichtquelle gegenüber ist. Im vierten Stadium (um neun Jahre) wird die richtige Erklärung gefunden.

Das Kind sieht die richtige Erklärung erst ein, wenn es die perspektivischen Relationen auf seine eigenen Voraussagen über das Verhalten von Schatten anwendet; und sobald es das tut, hört es auf, die Schatten sich als Substanzen vorzustellen:

Um das Phänomen der Schatten erklären zu können, muß man sich letzten Endes auf Urteile stützen, die auf geometrischen Relationen basieren; man muß sich selbst vorstellungsmäßig hinter den Gegenstand stellen, der als Schirm fungiert, und die Tatsache begreifen, daß von dieser Stelle her das Licht verdeckt ist. Sobald man diese perspektivischen Relationen beherrscht, begreift man, weshalb die Schatten sich je nach der Stellung der Lichtquelle in Größe und Richtung verändern, und nur dadurch wird die substantialistische Erklärung überflüssig. Einen Schatten erklären besteht somit darin, durch das Mittel der Logik der räumlichen Relationen festzustellen, inwiefern man das Licht sehen oder nicht sehen kann, wenn man rund um den Gegenstand herumgeht, der als Schirm dient. Die Erklärung der Schatten ist rein geometrisch. (Piaget 1930, S. 191 f.)

Man kann deshalb in Kulturen, deren Angehörige die Gesetze der Perspektive, ja die geometrische Gerade nicht kennen, kein Verständnis für die Natur der Schatten erwarten. Primitive sind deshalb im allgemeinen nicht imstande, die Schatten durch eine Analyse der Relationen zu erklären, sondern sie betrachten sie als Substanzen oder Emanationen, die von einer Person ausgehen, und interessieren sich kaum für die von Gegenständen geworfenen Schatten.

Das Beispiel der Dobu zeigt, daß sowohl die Schatten als auch die Reflexion von Bildern in einem Spiegel als Äußerungen der Seele betrachtet werden. Das wird dadurch bewiesen, daß die Dobu eine Reihe von Vorsichtsmaßnahmen ergreifen, um ihren Schatten vor gefährlichen Assoziationen zu schützen:

Jede Person hat, so glauben die Dobu, ein körperliches und ein geistiges Ich. Dieses geistige Ich lebt fort, nachdem der Körper im Grab verwest ist und nur noch der Schädel im Haus der nächsten Verwandten aufbewahrt wird. Es ist das Spiegelbild, das man auf einer Wasserfläche – dem einzigen Spiegel, bevor der weiße Mann kam – oder in einem Spiegel sieht. Es hängt mit dem Schatten auf eine Weise zusammen, zu der sich der Eingeborene nicht klar äußern will. Bisweilen sagt er, der Schatten begebe sich nach Bwebweso, den Berg der Geister auf der Insel Normanby, ein anderes Mal sagt er, der Schatten tue das nicht, weil er an den Unterschied zwischen dem Schatten und dem Geist denkt. Alles in allem ist der Schatten eine Form, die der Geist annehmen kann; bisweilen kann sich der Eingeborene in einem Ton äußern, der keinerlei Zweifel an der geistigen Natur des Schattens aufkommen läßt, etwa als es um den großen Schatten meiner Person ging, der durch meine Lampe auf mein Moskitonetz geworfen wurde, wie ich einmal des Nachts schreibend an meinem Tisch saß. Der Eingeborene verwendet auch große Sorgfalt darauf, seinen Schatten nicht mit einem Gegenstand in Berührung kommen zu lassen, auf dem ein böser Zauber liegt. Der Geist ist Reflexion und Schatten; wichtiger und entscheidender sind jedoch die Schatten, die man im Traum sieht. (Fortune 1932, S. 180 f.)

Bei den Gnau hat »der lebende Mensch einen Schatten *(malauda)*, der von der Sonne auf den Boden geworfen wird. *Malauda* heißt auch das winzige Spiegelbild im Auge eines anderen Menschen und die Reflexion der eigenen Gestalt auf einer Wasseroberfläche. Wenn man im Traum einen anderen lebenden Menschen sieht, so ist es das eigene *malauda*, das dem entsprechenden Spiegelbild des anderen begegnet« (G. Lewis 1975, S. 156). (In anderen Fällen werden jedoch keine besonderen Vorsichtsmaßnahmen für den Schatten oder das Spiegelbild getroffen, auch wenn diese möglicherweise etymologisch mit der Seele gleichgesetzt oder sogar als Seele bezeichnet werden; bei den Orokaiva (Williams 1930, S. 261) oder den Konso (Hallpike 1972, S. 160) wird derselbe Name für Schatten, Spiegelbild und »Seele« gebraucht, doch diese Bezeichnung scheint rein metaphorisch zu sein.)

Die fehlende operative Koordination der raumzeitlichen Vorstellungen hängt eng damit zusammen, daß Vorgänge nur als eine Folge von statischen Zuständen oder als Anfangs- und Endzustand begriffen werden, etwa im Falle der »Eben-so-war-es«-Abstammungsmythen. Leben und Tod, Krankheit und Gesundheit, Konfliktauslösung und -beilegung, Dinge, die wir als Vorgänge betrachten, werden zu Entitäten vergegenständlicht: »Leben«, »Tod«, »Krieg«, »Frieden«, »Gesundheit« und so fort, die mit einem Willen, einem inneren Zusammenhang und einer Eigendynamik ausgestattet sind, die man unter Kontrolle bringen kann.

Ständig wiederkehrende Ereignisse, die im Alltagsleben eine affektive Bedeutung haben, werden ebenfalls vergegenständlicht und als Entitäten mit eigenem Willen und eigenen Absichten gesehen.

Wir würden zum Beispiel die Erklärung geben, bestimmte atmosphärische Veränderungen hätten eine Dürreperiode unterbrochen und Regen gebracht. Die Babylonier beobachteten dieselben Tatsachen, erfuhren sie jedoch als ein Eingreifen des Riesenvogels Imdugud, der ihnen zu Hilfe eilte. Dieser überdeckte den Himmel mit den schwarzen Gewitterwolken seiner Flügel und verschlang den Himmelsstier, dessen Atem die Feldfrüchte versengt hatte.

Mit dem Erzählen solcher Mythen wollten diese frühen Menschen nicht zur Unterhaltung beitragen. Sie suchten auch nicht unvoreingenommen und ohne tiefere Beweggründe nach einer einsichtigen Erklärung für natürliche Phänomene. Sie erzählten Ereignisse, in die sie mit ihrer ganzen Existenz hineinverwickelt waren. Sie erlebten unmittelbar einen Konflikt von Gewalten, die eine schädlich für die Ernte, auf die sie angewiesen waren, die andere schreckenerregend, aber nützlich: das Unwetter brachte ihnen gerade zur rechten Zeit eine Verschnaufpause, indem es die Dürre besiegte und völlig vernichtete. (H. und H. A. Frankfort 1949, S. 15)

Ein ausgezeichnetes Beispiel für diese Tendenz zur Konkretisierung ist die ursprüngliche Auffassung vom Tod. Der Tod ist nicht, wie für uns, ein Ereignis – der Akt oder das Faktum des Sterbens. Er ist irgendwie eine substantielle Wirklichkeit (. . .)

[Deshalb] . . . empfindet der Mundschenk Siduri im Epos Mitleid mit Gilgamesch:

Gilgamesch, wohin bist du unterwegs?
Das Leben, nach dem du suchst, wirst du nie finden.
Denn als die Götter den Menschen schufen, gaben sie
ihm den Tod als sein Teil, und das Leben
behielten sie in ihrer eigenen Hand.

Man stellt als erstes fest, daß das Leben im Gegensatz zum Tod steht, wodurch die Tatsache hervorgehoben wird, daß das Leben an sich als ewig betrachtet wird. Nur das Eingreifen eines anderen Phänomens, des Todes, setzt ihm ein Ende. Als zweites ist zu beachten, daß durch die Aussage, die Götter behielten das Leben in ihrer eigenen Hand, dem Leben Konkretheit zugesprochen wird. Falls jemand in diesem Satz nur eine Redewendung sehen möchte, sei daran erinnert, daß Gilgamesch und, in einem anderen Mythos, Adapa die Möglichkeit gegeben wird, ewiges Leben zu erlangen, indem sie dieses Leben als eine Substanz hätten essen können. Gilgamesch wird die »Pflanze des Lebens« gezeigt, doch eine Schlange raubt sie ihm. Adapa wird das Brot und das Wasser des Lebens angeboten, als er in den Himmel gelangte, doch er weigert sich auf Anweisung des verschlagenen Gottes Enki. In beiden Fällen hätte die Aufnahme einer konkreten Substanz den Unterschied zwischen Tod und Unsterblichkeit ausgemacht. (Ibid., S. 23)

Der primitive Mensch hat große Mühe, natürliche und soziale Prozesse zu analysieren. Er nimmt zwar einen Anfangs- und einen Endzustand wahr, aber wie der letztere erreicht wird, bleibt für ihn oft im Dunkeln. Frankfort sagt von den Ägyptern und Babyloniern:

Man muß sich vor Augen halten, daß das mythenbildende Denken keine Erklärung benötigt, um sich einen kontinuierlichen Vorgang vorzustellen. Es akzeptiert eine Anfangssituation und eine Endsituation, die nur durch die Überzeugung miteinander verbunden sind, daß die eine aus der anderen hervorgegangen ist.

Veränderungen können ganz einfach als zwei verschiedene Zustände erklärt werden, wobei der eine aus dem anderen hervorgegangen sein soll, ohne daß es eines einsichtigen Ablaufs bedarf, mit anderen Worten: als eine Transformation, eine Metamorphose. Dieser Trick wird immer und immer wieder angewandt, um Veränderungen darzustellen und ohne daß weitere Erklärungen verlangt werden. Ein Mythos erklärt, weshalb die Sonne, die als der erste König Ägyptens galt, jetzt am Himmel steht. Er erzählt, der Sonnengott Rē sei der Menschheit überdrüssig geworden und habe sich deshalb auf die Himmelsgöttin Nut gesetzt, die sich selbst in eine Riesenkuh verwandelte, die mit ihren vier Beinen in den vier Ecken der Erde steht. Seither befindet sich die Sonne am Himmel. (Ibid., S. 27)

Der Unterschied zwischen der Handlung und ihrem Ergebnis bringt die Azande dazu, die Handlung einer Seele bei vielen Vorgängen als eine kausale Erklärung zu postulieren:

Ich habe zum Zweck der Beschreibung die rituellen und empirischen Handlungen im Hinblick auf ihre objektiven Ergebnisse und die damit zusammenhängenden Begriffe definiert; gegen eine derartige Unterscheidung gibt es Einwände aus theoretischen Gründen, denn die Zahl der Schritte bei einer Handlung, die beobachtet und kontrolliert, oder auch nicht, werden können, ist der eigentliche differenzierende Faktor bei menschlichen Tätigkeiten. Sobald man einen quantitativen Unterschied akzeptiert, kann man nicht länger eine klare qualitative Scheidung in rituelle und empirische Kategorien vornehmen...

Die Azande geben dieselbe Erklärung mittels einer »Seele«, die handelt, um bestimmte Ergebnisse bei technischen Tätigkeiten hervorzubringen, bei denen ein ähnlicher Unterschied zwischen der Handlung und deren Ergebnis besteht wie bei magischen Techniken, ein Unterschied, der darauf zurückzuführen ist, daß man nicht sehen kann, was geschieht – es ist z. B. die »Seele« der Eleusine[2], die den Unterschied zwischen dem Aussäen der Körner und ihrem Keimen und Wachsen erklärt. (Evans-Pritchard 1937, S. 463 f.)

Wie wir im Kapitel III festgehalten haben, ist das Fehlen von Maschinen, die eine Analyse reversibler systematischer Prozesse erleichtern, ein wichtiger Faktor für das fehlende Verständnis der Kausalität bei Primitiven. Im vormechanistischen Stadium kann das Kind keine Reihe von Ereignissen konstruieren, die von der Ursache zur Wirkung führen. Es geht von der Ursache unmittelbar zur Wirkung über. Es stellt sich beispielsweise vor, daß das Feuer in einer stationären Dampfmaschine durch direkte Wirkung das Rad in Drehung versetzt, ohne den Übertragungsmechanismus zu beachten. Wir haben auch gesehen, daß Kinder am Anfang außerstande sind, die einzelnen Stadien beim Biegen eines Drahtstücks zu zeichnen, um nur ein Beispiel zu nennen. Die Fähigkeit des Kindes, eine Ursache-Wirkung-Beziehung in eine Reihe zu zerlegen, hängt eng mit dem Verständnis der Reversibilität zusammen. In den ersten Lebensjahren, wo das Kind noch glaubt, die Welt werde durch Willens-, Kraft- und Gehorsamsbeziehungen gelenkt, sind diese Relationen ebenfalls noch irreversibel. Im Zustand des begrifflichen Realismus

... werden der Bewußtseinsfluß, die psychologische Zeit, die Launen der Bedürfnisse und Handlungen, die nicht in einer bestimmten Reihenfolge aufeinander folgen, in ihrer Gesamtheit in die äußere Welt projiziert. Insofern das kindliche Universum mit unmittelbarer Wahrnehmung zusammenhängt, ist es dementsprechend irreversibel, denn die Wahrnehmung zeigt uns nie zweimal dieselbe Sonne, dieselbe Bahn oder dieselbe Bewegung. Ereignisse können nicht noch einmal auf gleiche Weise eintreten. Es ist der Geist, der jenseits der Wahrnehmung reversible Folgen konstruiert. Insofern das kindliche Universum solchen Konstruktionen noch fern und dem unmittelbar Gegebenen noch nahe steht, ist es irreversibel. (Piaget 1930, S. 271)

Die Erfahrung mit Maschinen und mit technischen Abläufen im allgemeinen ist grundlegend für die Entwicklung des Verständnisses der Reversibilität und der mechanischen Kausalität insgesamt. Piaget hat zeigen können, daß das Interesse an Maschinen und die Fähigkeit, richtige mechanische Erklärungen für ihr Funktionieren zu geben, der mechanistischen Erklärung natürlicher Phänomene vorausgehen, an denen die Kinder anfänglich, zumindest in unserer Kultur, nicht so stark interessiert sind:

Wenn wir einigermaßen komplexe Mechanismen betrachten, die von acht- bis zehnjährigen Kindern richtig begriffen werden, so zeigt sich immer, daß es sich um reversible Mechanismen handelt... Sobald das Kind begriffen hat, wie das Pedal eines Fahrrads das Hinterrad zum Drehen bringt, erkennt es auch, daß es die Pedale zum Drehen bringen kann, indem es das Hinterrad dreht... Diese Reversibilität schließt nicht aus, daß es eine Reihe in der Zeit gibt. Doch die fragliche Reihe ist derart beschaffen, daß sie in zwei verschiedenen Richtungen wirksam werden kann. (Piaget 1930, S. 269 f.)

[Und:] Auch wenn diese Kinder im Hinblick auf den Ursprung der Dinge noch völlig mythologisch denken, auch wenn sie noch im Animismus verhaftet sind und die Bewegung von Körpern durch bewußte und innere Kräfte erklären, haben sie in bezug auf ein Fahrrad bereits ein bewußtes Verständnis durch eine rein mechanische Erklärung erworben. (Ibid., S. 233)

Kinder können somit mechanistische Erklärungen auf Maschinen anwenden, bevor sie sie auf die Natur übertragen – »es sieht so aus, als würden Fortschritte im Bereich der Maschinen den Fortschritten bei der Erklärung natürlicher Ereignisse vorausgehen«. Piaget weist hin auf das

... offensichtliche Mißverhältnis zwischen dem Interesse, das Knaben der Natur, und dem, das sie den Maschinen entgegenbringen. Das letztere... ist höchst bemerkenswert. Interesse für die Natur ist zweifellos vorhanden, aber lange nicht so aktiv. In ihren Gesprächen erwähnen Kinder kaum die Natur, aber sie machen ständig Bemerkungen über Maschinen...

[Jedenfalls ist] die bloße Beobachtung der Natur viel zu stark von vormechanistischen Relationen geprägt, als daß sie das allmähliche Verschwinden des Artifizialismus erklären könnte. Indem es Dinge anfertigt und sieht, wie sie angefertigt werden, lernt das Kind den Widerstand der äußerlichen Gegenstände und die Notwendigkeit der mechanischen Abläufe kennen. Das Verständnis für Maschinen ist somit anscheinend der Faktor, der für die Mechanisierung der natürlichen Kausalität und das Verschwinden des Artifizialismus beim Kind verantwortlich ist. (Ibid., S. 233 f.)

Lloyd (1966) macht auf die Bedeutung technischer Verfahren in den Kausalanalysen Platons und Aristoteles' aufmerksam:

... der *Timaios* ist das früheste griechische Dokument, in dem die Formung der Welt *als Ganzes* einer Handwerker-Gottheit zugeschrieben wird. Platon verwendet in seinem Werk Bilder aus der Welt der Technik in außergewöhnlicher Vielfalt... Die Zimmerei, das Modellieren und das Weben sind einige besonders einprägsame Beispiele. Die Götter arbeiten nach dieser Vorstellung an Drehbänken (τοϱνεύεσθαι, 33B 5; πεϱιτοϱνεύειν, 69C 6, 73E 7), sie bohren

und durchstechen Löcher συντετραίνειν, 91A 6; κατακεντεῖν, 76B 1), sie ver-
kitten und verkleben mit Stiften (κολλᾶν, 75D 2; συγκολλᾶν, 43A 2; γόμφοι,
43A 3). Der Handwerker selbst wird »Bildner« κηροπλάστης, 74C 6) genannt,
und πλάττειν (formen) wird dazu verwendet, um beispielsweise die Bildung
der Wirbelsäule aus Knochen zu beschreiben. πλέκειν (flechten) und ὑφαίνειν
(weben) und ihre Komposita beschreiben, wie Seele und Körper zusammengesetzt (36E 2) und wie die Adern miteinander verflochten werden (77E 1) und so
fort. Platon stützt sich für einige seiner Bilder auch auf die Methoden der
Landwirtschaft. Die Götter säen (σπείρειν, z. B. 41C 8) und pflanzen ein (εμ-
φυτεύειν), 42A 3) verschiedene Dinge, und die Struktur der Blutgefäße wird
mit einem System von Bewässerungskanälen (77C ff.) verglichen. Und bisweilen kombiniert er Bilder aus verschiedenen Handwerken, um die Erschaffung
einer zusammengesetzten Substanz zu beschreiben, am bemerkenswertesten
in der Darstellung der Herstellung der Knochen. In 73E f. sieht der Handwer-
kergott zuerst die Erde, bis sie rein und glatt war, dann rührt er sie (φυρᾶν)
und feuchtet sie (δεύειν) mit Mark an: bis hierher ist das Bild das eines Bäk-
kers, der Mehl siebt und es zu Teig knetet (vgl. Empedokles, fr. 34 und 73).
Die Beschreibung geht damit weiter, daß die Masse ins Feuer gebracht und
sodann in Wasser eingetaucht wird, mehrmals hintereinander, bis sie für beides unschmelzbar geworden ist. Hier scheint Platon hauptsächlich an Verfahren zu denken wie das Härten von Eisen, indem es abwechslungsweise der
Hitze und der Kälte ausgesetzt wird: das Eisen bleibt freilich schmelzbar, so
oft der Vorgang auch wiederholt wird, doch Platon stellt sich vor, daß die so
behandelte Knochensubstanz die neue Eigenschaft erhält, sowohl im Feuer als
auch im Wasser unlöslich zu sein – wie beispielsweise Ton oder Lehm, wenn er
geglüht wird. (Lloyd 1966, S. 277 f.)[3]

[Und bei Aristoteles:] . . . aus dem Bereich der kunsthandwerklichen Pro-
duktion holt sich Aristoteles die meisten seiner Bilder, wenn er die Theorie der
vier Ursachen entwickelt. Bei der Unterscheidung dieser vier Ursachen, vermutlich erstmals in den vorhandenen Abhandlungen *Ph.* B3, stammen die
meisten Beispiele, auf die er sich bezieht, aus den Künsten, vor allem Bild-
hauerei, Architektur und Heilkunde. Auch in *Metaph.* Z 7–9 werden künstliche Erzeugnisse – das Haus, die Bronzekugel, die Gesundheit (das Erzeugnis
der Heilkunst) – des langen dargelegt, und wenn er sich mit den natürlichen
Ursachen befaßt, . . . sagt er, daß es »dasselbe ist mit den Dingen, die natürlich entstehen, wie mit diesen (d. h. den künstlichen Erzeugnissen); denn der
Same bringt die Dinge auf dieselbe Art hervor, wie die Dinge durch Kunstfertigkeit erzeugt werden« (1034a 33 f.). (Ibid., S. 287 f.)

Bei der Analyse von Vorgängen spielt natürlich das Experiment
eine entscheidende Rolle; es ist jedoch klar, daß angesichts der
elementaren Technologie im primitiven Milieu für Experimente,
mit denen Abläufe und Relationen untersucht werden sollen, nur
wenig Spielraum bleibt. Trivial gesprochen ist selbstverständlich
das ganze Leben ein Experiment, angefangen beim sensomotori-

schen Stadium. Wenn man einem Igel mit einem Stock einen Stoß gibt, um zu sehen, ob er noch lebendig ist, so kann man in einem sehr weiten Sinne sagen, man habe experimentiert. So gesehen experimentieren Primitive ständig, und es gelingen ihnen vielleicht auf diesem Wege wichtige Entdeckungen, etwa wie man wirksame Auslösungsmechanismen für Fallen konstruieren kann, wie man die Giftstoffe aus dem Maniok herauslöst oder wie man Salz aus Gräsern extrahiert usw.

Die Untersuchungen Piagets zeigen aber, daß das geplante Experiment, bei dem bestimmte Faktoren unverändert gelassen und die anderen systematisch als mögliche Ursachen ausgeschlossen werden, sich erst im Stadium der konkreten Operationen zu entwickeln beginnt und sich erst auf der Stufe der formalen Operationen voll entfaltet. Im präoperativen Stadium und im frühen konkret-operativen Stadium kann das Kind zwar tatsächlich kausale Assoziationen herstellen, aber auf unsystematische Weise, und auch die Beweisführung bleibt unvollständig. Das kann man zweifellos vom kausalen Denken der Angehörigen primitiver Gesellschaften nicht sagen, aber es läßt sich dennoch erkennen, daß zwar bestimmte kausale Folgerungen in bezug auf natürliche Phänomene richtig sind, daß sie aber auf verhältnismäßig elementaren Faktorenassoziationen beruhen und nicht systematisch geprüft werden – oft sicher aus Gründen des gesunden Menschenverstandes. Fälle von kontrollierten Experimenten auch auf einer so einfachen Ebene wie das folgende Beispiel sind in primitiven Gesellschaften nur selten festgestellt worden.

Im Falle von Handsome Lake führte im späten 18. Jahrhundert ein Prophet der Seneca-Indianer ein Experiment durch, um die schädlichen Folgen des Alkoholgenusses zu beweisen:

. . . gute Nahrung wird in ein schädliches Getränk verwandelt. Nun haben einige gesagt, es sei nichts Ungutes daran, vergorene Getränke zu genießen.

Darum wollen wir folgendes ausführen: Wir verteilen die Männer auf zwei Gruppen, die einen bekommen ein Festmahl mit gewohnter Nahrung, Äpfeln und Mais, die anderen Apfelwein und Whiskey. Wir wollen beide Gruppen gleich groß machen und sie ihr Festmahl gleichzeitig beginnen lassen. Wenn das Mahl zu Ende ist, werdet ihr sehen, daß diejenigen, die die vergorenen Säfte getrunken haben, einen aus ihrer eigenen Gruppe ermorden, aber bei denen, die gewöhnliche Nahrung zu sich genommen haben, geschieht nichts. (Wallace 1962, S. 356)[4]

Evans-Pritchard hebt hervor, daß die Azande innerhalb der Grenzen ihrer religiösen Überzeugungen experimentell vorgehen. Sie wissen zum Beispiel, daß das Gift, das sie für das Hühnchen-Orakel verwenden, mangelhaft sein kann; es ist jedoch wichtig, daß es nicht alle Hühner tötet oder am Leben läßt und keine widersprüchlichen Antworten gibt. Am Ende einer befriedigend verlaufenen Sitzung hat Evans-Pritchard die Gründe für die Billigung der Ergebnisse folgendermaßen dargestellt:

Das bei dieser Sitzung verwendete Gift zeigte sogleich seine unterschiedliche Wirkung. Es tötete das erste Huhn und zeigte dadurch, daß es nicht wirkungslos war, denn wenn *benge* [das Orakelgift] unwirksam ist, bleiben alle Hühner am Leben. Das zweite Huhn überlebte, was zeigte, daß es kein unzulässiges, überwirksames Gift war, denn in einem solchen Fall gehen alle Hühner zugrunde. Einige weitere Hühner überlebten, doch am Ende wurde das letzte Huhn getötet, womit bewiesen war, daß die Kraft des Giftes erhalten geblieben war. Die Azande achten jedesmal auf solche Zeichen, um festzustellen, ob das Gift gut sei. (Evans-Pritchard 1937, S. 306)

Ganz allgemein hält er fest:

Ich möchte betonen, daß die Azande innerhalb des Rahmens ihrer mystischen Vorstellungen experimentell handeln. Sie handeln so, wie wir handeln müßten, wenn wir keine chemischen und physiologischen Analysen vornehmen könnten und dasselbe Ergebnis erzielen möchten, das sie erzielen wollen. Sobald das Gift von seinem Ursprungsort im Urwald herbeigeschafft worden ist, wird es geprüft, um herauszufinden, ob unter seiner Wirkung einige Hühner am Leben bleiben und andere sterben. Es wäre unvernünftig, das Gift zu benutzen, ohne sich zuerst zu vergewissern, daß nicht alle Hühner, denen man es verabreicht, eingehen oder am Leben bleiben. Das Orakel würde so zur Farce. Jede Sitzung muß in sich experimentell folgerichtig sein. Wenn die drei ersten Hühner überleben, werden die Azande jeweils unruhig. Sie argwöhnen, das Orakel funktioniere nicht richtig. Wenn dann aber das vierte Huhn stirbt, sind sie befriedigt. Dann sagen sie etwa: »Man sieht, das Gift ist gut, es hat die drei ersten Hühner verschont, aber dieses da getötet.« Das Verhalten der Zande ist, auch wenn es rituell ist, folgerichtig, und die Gründe, die sie für ihr Verhalten geben, sind zwar mystisch, aber intellektuell kohärent. (Ibid., S. 336)

Das induktive Denken der Primitiven kann Ereignisse in Form gleichzeitiger Gegenwart, gleichzeitiger Abwesenheit und gleichzeitiger Veränderung assoziieren, aber solche induktiven Prinzipien sind für sich nicht zureichend, um eine kausale Beziehung zu beweisen; dazu müssen alle Faktoren systematisch berücksichtigt werden. Die Konso zum Beispiel glauben, daß die Moskitos die Ursache für die Malaria seien. Im trockenen Hochland, auf 5000 Fuß Höhe, ihrem herkömmlichen Lebensraum, fehlen sowohl die

Moskitos als auch die Malaria. Wer dieses Gebiet nie verläßt, zieht sich nie eine Malaria zu; Europäer fühlen sich des Nachts auch ohne Moskitonetze sicher. Doch im Tiefland unten, insbesondere in der Nähe des Sagan-Flusses, sind die Moskitos eine Plage, und wer aus dem Hochland hinuntersteigt, muß damit rechnen, die Krankheit aufzulesen.

Es muß freilich festgehalten werden, daß diese Erklärung die Grundkriterien der induktiven Logik erfüllt, daß sie aber nicht wirklich wissenschaftlich ist. Andere mögliche Erklärungen werden erstens nicht wirklich ausgeschlossen – beispielsweise die Hypothese der »schlechten Luft«, die der Malaria in Europa den Namen gegeben hat. Die Theorie kann nicht die periodisch auftretenden Fieberschübe erklären, selbst wenn der Patient seit dem letzten Anfall nie in den tieferen Regionen war. Und die Konso können schließlich auch nicht die genaue Ätiologie erklären, durch welche die Krankheit von den Moskitos auf die Menschen übertragen wird – sie geben als Begründung, die Moskitos hätten schädliche Geister in sich, die die Symptome beim Menschen auslösten.

Die Konso erklären durch denselben, grundsätzlich transduktiven Gedankengang auch die Übertragung der Rift-Valley-Enzephalitis von Bussarden auf den Menschen; sie sind davon ebenso überzeugt wie vom Zusammenhang zwischen Moskitos und Malaria, obwohl diese Theorie den Fakten in keiner Weise entspricht. Schließlich haben sie, meines Wissens, nie irgendwelche Experimente angestellt, um ihre Theorie über die Ursachen der Malaria zu prüfen, indem sie beispielsweise bei einer Kontrollgruppe im Tiefland genau darauf achteten, daß niemand von einer Mücke gestochen würde, oder umgekehrt einige Moskitos aus dem Tiefland in ihre engere Heimat hinaufbrachten und deren Wirkung auf Menschen beobachteten, die nie im Tiefland unten gewesen waren. Zweifellos würden sie auch durch praktische und ethische Gründe davon abgehalten, solche Untersuchungen anzustellen; nichtsdestoweniger kann man dennoch sagen, ihre Theorie über die Ursachen der Malaria sei richtig; die angegebenen Gründe sind nicht eigentlich falsch, aber inadäquat.

Die Grundprinzipien der induktiven Logik sind tatsächlich, werden sie nicht zusammen mit den anderen Prinzipien einer wissenschaftlichen Untersuchung angewandt, in ihrem Effekt kaum von einer einfachen, transduktiven Assoziation von Ideen verschieden. Die Konso haben eben Glück, daß die Ursache der Malaria in ihrem Fall ein einfaches Problem mit zwei Variablen ist. Ich sage »in ihrem Fall«, weil die Malariasituation im Prinzip erheblich komplizierter ist; Voraussetzungen sind genügend Feuchtigkeit, damit sich die Moskitolarven entwickeln können, und eine bereits infizierte menschliche Population, damit die Moskitos die Krankheitserreger beim Blutsaugen überhaupt aufnehmen und dadurch einen weiteren Infektionszyklus auslösen können; eine andere ökologische Situation hätte die wirklichen Ursachen für die Malaria völlig verdecken können. Wie wir gesehen haben, erklären die Konso die Rift-Valley-Enzephalitis durch eine andere Assoziation von zwei Ereignissen – der Schatten des Bussards, der auf jemanden fällt, und das Auftreten der Krankheit –, die aber überhaupt nichts miteinander zu tun haben. Dasselbe gilt für ihre Erklärung der *dodita*-Krankheit, die durch das plötzliche Auftreten von stechenden Seitenschmerzen und einen Blutsturz aus Nase und Mund charakterisiert ist und hauptsächlich auf der Ebene zwischen dem Konso- und dem Gidole-Gebiet, etwa 15 Meilen nordwärts, vorkommen soll. Diese Ebene ist ein Schlupfwinkel für böse Geister und die übelwollenden Seelen von Fremden, die fern ihrer Heimat im Konsoland gestorben und deshalb den lebenden Menschen feindlich gesinnt sind. Diese Geister sind nach Meinung der Konso die Ursache für die Krankheit, die in Wirklichkeit wahrscheinlich eine Lungenentzündung ist. Hier wie im Falle der Enzephalitis ist eine völlig falsche Assoziation zwischen zwei Faktoren – Krankheit und Örtlichkeit – die Grundlage der Erklärung. Ähnliche Beispiele für auf einem *post-hoc*-Denken basierende Transduktionen trifft man in primitiven Gesellschaften sehr oft an. Eines der schönsten Beispiele dafür ist die weit verbreitete Meinung, die Sterne, die zu einem bestimmten Zeitpunkt des Jahresablaufs am Himmel erscheinen, würden die jahreszeitlichen Ereignisse *verursachen*, mit denen sie zusammenfallen, während sie in Wirklichkeit diese Erscheinungen nur begleiten.

2. Klassifikation und Kausalität

Wie wir im Kapitel »Klassifikation« gesehen haben, klassifizieren Primitive nach konkreten und kontextuellen Assoziationen und Funktionen und nicht so sehr taxonomisch; ihre Welt besteht deshalb im Prinzip nicht nur aus Kategorien, sondern aus natürlichen

Bereichen, etwa dem Dschungel, dem Meer, dem Himmel, der Erde, der Welt der Menschen und so fort, die eine einheitliche, über die bloße Klassifizierung hinausgehende Wirklichkeit darstellen.

Weil die primitive Klassifizierung in hohem Maße vom Kontext abhängig ist, tendiert sie dahin, ein und dieselbe Entität, wenn sie in verschiedenem Zusammenhang auftritt, als zwei oder mehrere ihrer eigentlichen Natur nach voneinander verschiedene Dinge zu behandeln – Regenwasser kann in der Symbolik von Brunnenwasser verschieden sein, und beide zusammen können etwas anderes als Fluß- und Stromwasser sein, auch wenn dasselbe Wort »Wasser« für alle diese Fälle verwendet wird. Mondlicht, Sonnenlicht und Feuerschein können als voneinander verschieden betrachtet werden, so daß das Wort für »Licht« möglicherweise nicht für alle drei Erscheinungen benutzt werden darf. Eine solche kontext-abhängige und mit symbolischen Bedeutungen belastete Klassifizierungsweise verhindert selbstverständlich die Bildung eines verallgemeinerten Systems von Vorstellungen, das taxonomisch auf die physischen Attribute der Dinge unter Ausschluß des Kontexts oder spezieller Attribute der Phänomene ausgerichtet ist.

Bewegliche, reversible Transformationsrelationen setzen eine explizite Begriffsanalyse für das Verständnis natürlicher und sozialer Kausalphänomene voraus, und dies wiederum bedingt, daß man imstande ist, spezielle kontextuelle Assoziationen nicht zu berücksichtigen und alltägliche Konfigurationen von Phänomenen in die einzelnen Komponenten zu zerlegen. Unsere wissenschaftliche Auffassung von »Licht« ist ein Beispiel dafür. Im Hinblick auf das Prinzip der geradlinigen Ausbreitung des Lichts sagt Toulmin:

Vor dieser Entdeckung bedeutete das Wort »Licht« für uns Dinge wie Lampen – das »Licht« in »lösch dieses Licht aus« – und beleuchtete Flächen – das »Licht« in »der Sonnenschein im Garten«. Bis zu dieser Entdeckung bleiben Veränderungen beim Licht und beim Schatten, so wie wir diese Wörter üblicherweise gebrauchen (d. h. beleuchtete Flächen, die sich gleichzeitig mit der Sonne bewegen), ursprüngliche, nicht erklärte Dinge, die so akzeptiert werden, wie sie sind. Nach der Entdeckung sehen wir alle diese Phänomene als Wirkungen von etwas, und wir sprechen deshalb auch in einem neuen Sinne von »Licht«, nämlich von der Sonne oder von einer Lampe zu den beleuchteten Gegenständen. Ein entscheidender Teil des Schrittes, den wir untersuchen, besteht einfach darin: daß wir auf eine neue Weise über Schatten und Lichtflecken zu denken beginnen und deshalb neue Fragen stellen, Fragen wie: »Von woher?«, »Wohin?« und »Wie schnell?«, die nur verständlich sind, wenn man diese Phänomene auf diese neue Weise denkt. (Toulmin 1953, S. 21)

Eben weil der Primitive außerstande ist, das »Licht« auf diese neue Weise zu denken, gelingt es ihm nicht, den Schatten einfach als das Fehlen von »Licht« aufzufassen; und weil das Licht für ihn sich nicht von einer Energiequelle her ausbreitet, ist er nicht imstande, seine Augen grundsätzlich als Licht*empfänger* zu sehen. Er betrachtet »die Augen nicht als eine Art empfindliche Schicht, sondern als Ausgangspunkt von Fühlern oder Tentakeln, die von ihnen ausgehen und sich an die Eigenschaften der Gegenstände anheften, die von diesen Augen gemustert werden«, schreibt Toulmin (Ibid., S. 23).

Man beachte auch das folgende Protokoll von einer Befragung, die Piaget durchgeführt hat:

(Pat., 10;0)
Frage: Nenne mir die Dinge, die hell machen.
Antwort: Die Sonne, der Mond, die Sterne, die Wolken, dann der liebe Gott.
F.: Machst du auch hell?
A.: Nein . . . ja.
F.: Wie denn?
A.: Mit den Augen.
F.: Warum?
A.: Denn wenn man die Augen nicht hätte, könnte man das Licht nicht sehen.
(Piaget 1929 [1977], S. 51)

Und eine der Mitarbeiterinnen Piagets sagt aus:
Ich erinnere mich, als ich ein kleines Mädchen war, habe ich mich gefragt, wie es möglich sei, daß zwei Blicke, die sich kreuzen, nicht an einem bestimmten Punkt aufeinanderprallen. Ich stellte mir vor, dieser Punkt befinde sich halbwegs zwischen den beiden Personen. Ich habe mich auch gefragt, weshalb man den Blick eines anderen Menschen nicht spürt, auf der Wange beispielsweise, wenn man uns auf die Wange blickt. (Ibid., S. 51)

Die auf dem Kontext und auf Assoziationen zwischen den Dingen basierende Klassifizierung der Primitiven neigt deshalb von Natur aus zu einer Vergegenständlichung der Erfahrungs»bereiche«, etwa des »Busches«, des »Urwalds«, des »Dorfes«, des »Tieflands« und so fort, was dazu führt, daß diese als gewissermaßen mit einer von innen her beseelten Vitalität ausgestattet betrachtet werden.

Das Verständnis der Dinka von ihren geistigen Wesenheiten – Gottheiten und Kräfte – ist eine ausgezeichnete Illustration für diese Kombination von begrifflichem Realismus und komplexiver Klassifizierung, für diese Unfähigkeit des präoperativen Denkens, geordnete Systeme und Prozesse zu zerlegen, und für die Naivität, die hinter der Annahme steht, sie würden ganz einfach menschliche Beziehungen in ihre Erfahrung der Natur projizieren.

Wie wir gesehen haben, kennen die Dinka keinen »Geist« als Vermittler und Speicher der Erfahrungen des Ich. Sie schreiben deshalb dem, was wir »Erfahrung« nennen würden, eine äußere Wirklichkeit zu:

Es ist vielleicht bezeichnend, daß es in der englischen Umgangssprache kein Wort für das Gegenteil von »Aktion« in bezug auf das menschliche Ich gibt. Wenn das Wort »Passion«, *passio*, als Gegensatz zur »Aktion« noch immer gebräuchlich wäre, so könnte man sagen, die »Kräfte« der Dinka seien Bilder menschlicher *passiones*, wobei diese Bilder als aktive Ursachen dieser *passiones* betrachtet werden. (Lienhardt 1961, S. 151)

Dem Bewußtsein der Geordnetheit der verschiedenen Arten von Erfahrung und der affektiven Wirkung dieser Erfahrung wird somit implizit eine »objektive« Qualität zugeschrieben, während wir sagen würden, daß eine solche Ordnung der Erfahrung und die Reaktionen darauf rein subjektiv seien. Die Gottheit selbst, das allumfassende geistige »Sein«, ist deshalb ein Bild der »gelebten Erfahrung der Gemeinschaft und Eintracht, und sie steht als Abbild der weitesten Gemeinschaft, die sich die Dinka vorstellen können, auch für Wahrheit, Gerechtigkeit, Ehrlichkeit, Rechtschaffenheit und ähnliche Bedingungen für Ordnung und Frieden in den menschlichen Beziehungen« (Ibid., S. 158). Das Bild der Gottheit ersteht somit aus einer Vielfalt von konkreten Erfahrungen, die auf eine komplexive Weise miteinander verbunden werden, etwa Ordnung im Vergleich zu Unordnung, Leben im Vergleich zu Tod, Schöpferkraft und menschliche Vaterschaft, als ob die Gottheit als Haupt einer Familiengemeinschaft aufgefaßt würde, welches die Tür zu seiner Hütte gegen die nächtlichen Gefahren zusperrt.

Dazu kommen einige »freie Gottheiten«, die Abbilder spezifischerer Aspekte der Erfahrung sind. Zwischen diesen Gottheiten oder Kräften und der eigentlichen Gottheit wird zwar ein Unterschied gemacht, aber die Dinka sagen dennoch, sie »seien« göttlich, sogar im Falle von Macardit, der das Bild der Trockenheit und Unfruchtbarkeit, des sinnlosen Todes, der Dunkelheit und der Kräfte der Wildnis ist.

Da die Gottheit letzten Endes der Grund für alles ist, was Mensch und Natur ist, ist sie auch der Grund für Unfruchtbarkeit, Trockenheit und sinnlosen und scheinbar sinnlosen Tod, so wie sie auch der Grund für Schöpferkraft, Fruchtbarkeit und Wohlstand ist. (Ibid., S. 159)

[Die Kräfte]... werden nicht als aktiv einander entgegenwirkende »Seiende« aufgefaßt, so wenig Erfahrungen einander aktiv entgegengesetzt sein können. Der Unterschied zwischen ihnen ist nicht eigentlich in ihnen selbst begründet, sondern in der menschlichen Erfahrung, für die sie Bilder sind. (Ibid., S. 159)

... Die Kräfte können als Bilder begriffen werden, die den komplexen und mannigfaltigen Kombinationen von Erfahrungen der Dinka entsprechen und jeweils von der besonderen sozialen und physischen Umwelt abhängig sind. (Ibid., S. 170)

Deng, Abuk und Garang etwa stehen zueinander in einer Beziehung, die mit der innerhalb einer Familie vergleichbar ist. Deng stellt die himmlischen Phänomene dar, verbunden mit Regen und somit auch Gewitterwolken, Donner und Blitz, plötzlichem Tod; durch Assoziation auch mit Kälte, Weideland, Vieh, Milch, Zeugung, Überfluß, Leben und Licht – eine typisch komplexive Assoziation von Phänomenen. Abuk ist eine weibliche Gottheit, die über den Angelegenheiten der Frauen steht: Garten, Feldfrüchte und Nahrung, die Erde im allgemeinen; Garang stellt die Sonnenwärme und bestimmte Erregungszustände des menschlichen Körpers dar.

Diese drei Gottheiten bilden eine Familie: Garang ist der Vater, Abuk die Frau und Deng der Sohn oder der Gatte von Abuk:

Nur ein Element der durch *Deng* und *Abuk* bildlich dargestellten Erfahrung sei herausgegriffen. Die Assoziierung *Dengs* mit dem Regen spielt auch auf die saftigen Wiesen an, die sich die Dinka für ihr Vieh wünschen, und auf die reichen Ernten, aus denen ihre Frauen Brei und Bier bereiten. Das Vieh ist Männersache – Sache der Gatten und Söhne –, und *Deng* ist eine männliche Gottheit, ein Gatte und ein Sohn. Die Gärten, die zum Teil auch von Männern bestellt werden, gehören in erster Linie zum Bereich der Frauen, denen auf jeden Fall die Aufgabe zufällt, die geernteten Erzeugnisse in Nahrung umzuwandeln. *Abuk* ist ebenso eine weibliche Gottheit, die über den Angelegenheiten der Frauen steht; sie und *Deng* werden gemeinsam angerufen, oft als Mutter und Sohn, damit sie den Dinka Fruchtbarkeit und Wohlstand bringen – das »Leben« –, Dinge, die durch die vereinte Arbeit von Männern und Frauen mit dem Vieh und den Feldfrüchten geschaffen werden, falls Regen und Sonne ihren Teil dazu leisten. *Garang*, der unter anderem mit der Sonne assoziiert wird, gehört zu dieser Familie aus drei Personen. Indem *Garang*, die Kraft, und Garang, der erste Mann, *Abuk*, die Kraft, und Abuk, die erste Frau, *Deng* und Deng, ihr Sohn oder Gatte, oft miteinander assoziiert werden, wird die Gesamtheit von Erfahrungen, die sie bildlich darstellen, noch bereichert durch eine ursprüngliche Vaterschaft, Mutterschaft und Sohnschaft, die in ihnen eingeschlossen ist ... Aus der Darstellung äußerst komplexer Gesamtheiten von moralischen und physischen Erfahrungen, wobei die einzelnen Elemente nicht voneinander unterschieden werden, sondern gewissermaßen in extensive Metaphern eingebettet sind, ziehen die *Kräfte* ihre Kraft. (Lienhardt 1961, S. 160 f.)

Es muß unbedingt festgehalten werden, daß diese Kräfte nicht bloß Projektionen menschlicher Verhaltensweisen in natürliche Phänomene sind:

Deng zum Beispiel ist nicht einfach eine »Personifizierung« des Regens, des Blitzes usw. – wobei Regen und Blitz durch eine wuchernde Phantasie oder aus Unwissenheit mit Eigenschaften der menschlichen Person ausgestattet würden. Der Name *Deng* ruft für die Dinka die gesamte Erfahrung dieser natürlichen Phänomene, insofern sie sich direkt auf das menschliche Leben auswirken, in Erinnerung. Regen und die mit ihm zusammenhängenden Phänomene bedeuten für ein Volk wie die Dinka, deren wirtschaftliche Existenz direkt vom Graswuchs und von den Feldfrüchten abhängig ist, tatsächlich Leben und Überfluß, so wie ihr Fehlen oder ihr Auftreten zur falschen Zeit und am falschen Ort Tod und Elend bedeuten können. (Ibid., S. 161)

Es gibt auch Kräfte, die nicht für das Ganze stehen, sondern Bilder speziellerer Erfahrungen, solcher in der eigenen Sozialgruppe, sind – die Clan-Gottheiten:

Die Clan-Gottheiten sind ohne weiteres als eine Verkörperung eines besonders begrenzten Bereichs der Dinka-Erfahrung, nämlich der Verwandtschaftsbeziehungen väterlicherseits, zu erkennen ... Sie spiegeln die Erfahrung der dauerhaften Abstammungsreihen-Struktur der Dinka-Gesellschaft wider. Wenn die Gottheit unter anderem die Situation der Menschenwesen als Kinder eines gemeinsamen Vaters repräsentiert, sind die Clan-Gottheiten das Gegenstück zu den besonderen und selbständigen patrilinearen Abstammungsgruppen; sie sind ein Abbild der Erfahrung, der Kenntnis dieser Reihen und des Wertes, der ihnen beigemessen wird. (Ibid., S. 169)

Sie sind keine Embleme, um die einzelnen Abstammungsgruppen voneinander zu unterscheiden, und sie haben auch nicht die Rolle eines Brennpunkts für die Sippentreue:

Die Clan-Gottheiten haben ihre Bedeutung in bezug auf die Natur der Clanverbundenheit, wie die Angehörigen eines Clans sie kennen, als Mitgliedschaft in einer patrilinearen Abstammungsgruppe, die ihre Angehörigen als Individuen übersteigt und für die dennoch jede individuelle Mitgliedschaft repräsentativ ist. Sie sind das klarste Beispiel für die Struktur der durch die Kräfte verkörperten Erfahrung. (Ibid., S. 166)

Ein ähnliches Modell einer Vergegenständlichung der Erfahrung läßt sich laut Endicotts Analyse bei den Malaien finden. Im System der Dinge, das die Malaien aufgebaut haben, scheint es zwei Existenzweisen zu geben – die Dinge, die für die Sinnesorgane wahrnehmbar sind, und die Wesenheiten, die aus dem allgegenwärtigen Lebensprinzip, *sĕmangat*, bestehen. Endicott nimmt nicht ausdrücklich Bezug auf Lienhardts Analyse des Dinka-Denkens, doch der malaiische Begriff der Wesenheit oder *sĕmangat* stimmt offensichtlich grundsätzlich mit dem Dinka-Begriff des Geistes überein, denn auch *sĕmangat* ist allgegenwärtig, das Viele-Eine und »Bilder menschlicher *passiones*, wobei diese Bilder als aktive Ursachen dieser *passiones* gesehen werden«. In seiner allgemeinsten Form ist *sĕmangat* das, was in allen *organisierten* Dingen gegenwärtig ist, die ihre Existenz als koordinierte Ganzheiten behaupten und, falls das notwendig ist, deren Aktionen lenken und unter Kontrolle haben. Häuser und Boote zum Beispiel haben, obwohl sie sich nicht bewegen, dennoch *sĕmangat*, das der Erfahrung der organisierten Beziehung ihrer Teile untereinander zu entsprechen scheint und diese Teile vor dem Auseinanderfallen bewahrt. Was organisiert ist, kann desorganisiert werden:

Die Kontrolle der Aktionen der Dinge ist nur ein Aspekt der engen Interaktion zwischen dem *sĕmangat* und dem Körper, in dem es einwohnt. Alle Kraft oder Schwäche des *sĕmangat* wird dem Körper übermittelt und umgekehrt. Beide werden durch Krankheit, Kummer oder Unruhe und vor allem durch Angst geschwächt. Nur wenn das *sĕmangat* geschwächt ist, kann ein Geist in den Körper eindringen und einen gewissen Zerfall hervorrufen. (Endicott 1970, S. 50)

Die Gegenwart des *sĕmangat* in den Dingen hängt eng zusammen mit der Klarheit der Grenzen zwischen diesem Ding und der physischen Umwelt, aber auch damit, in welchem Maße dieses Ding nur als Glied einer größeren Gruppe angesehen werden kann. Im Falle des Reises etwa glauben die Malaien nicht, jedes Reiskorn habe *sĕmangat;* dieses gehört dem ganzen Feld gemeinsam. Die Pflanzen im allgemeinen teilen sich in ein einzelnes *sĕmangat* innerhalb eines bestimmten Gebietes, und nur die größten Waldbäume haben jeweils ihr eigenes *sĕmangat*. Entsprechend haben die Elemente von Dingklassen, die aus der Masse der anderen Elemente herausragen, am meisten *sĕmangat*, und aus diesem Grunde schreiben die Malaien den ungewöhnlichen Gegenständen auch ungewöhnliche Kräfte zu.

Die Gegenwart des *sĕmangat* in den Dingen hängt somit mit deren Besonderheit, sowohl was ihren Typus als auch was ihre Zahl betrifft, zusammen und ist eine veränderliche Eigenschaft. Das *sĕmangat* kommt auch in Form freier Geister, *hantu*, vor, die körperlos sind und ihre Gestalt und Manifestationsform willkürlich verändern können. Zwischen *sĕmangat* und *hantu* besteht jedoch eine grundsätzliche Ähnlichkeit:

Wenn ein *sĕmangat* allen Elementen einer Klasse zugehört, in der die Elemente unter bestimmten Umständen als diskret angesehen werden, so scheint dieses *sĕmangat*, weil es in allen diesen Elementen sichtbar wird, gewissermaßen von einem Element zum anderen zu flattern. Mit anderen Worten, eine bloße Verschiebung des Blickwinkels verwandelt ein *sĕmangat* in einen freien Geist. (Ibid., S. 52 f.)

Die klare Umschreibung der Dinge und die Grenzen zwischen ihnen und ihrer Umwelt sind von grundlegender Bedeutung für die Kraft ihrer Wesenheiten.

Die kraftvollsten Wesenheiten sind nur unscharf umschrieben, während die klarer umschriebenen Wesenheiten anfälliger für die Zwänge der materiellen Grenzen sind. Freie Geister, die vagen Ängsten entsprechen, sind viel kraftvoller als die *sĕmangat*, die an die physischen Körper gebunden sind, von denen ihre klare Umschreibung in hohem Maße herrührt. Daraus daß die bleibenden Unterschiede in der Kraft der Wesenheiten vom Grad der Definition der Begriffe abhängig sind, folgt, daß eine Veränderung im Differenzierungsgrad des Lebensprinzips, aus dem eine Wesenheit besteht, sich auf die Kraft dieser Wesenheit auswirkt ... Die Aufzählung von Informationen über die Wesenheit in einem Zauberspruch würde ich deshalb als eine Taktik interpretieren, durch die die Freiheit und die Kraft der begrifflichen Unschärfe von der Wesenheit weggenommen werden, so daß diese für Zwänge durch Abgrenzungen anfälliger und in ihrem Verhalten voraussagbarer wird. (Ibid., S. 132)

Sĕmangat ist nicht nur »Lebensprinzip«, sondern auch das Bild der Erfahrung von Ordnung und Organisation. Die Geister leiten sich von diesem Prinzip her, und ihre enge Beziehung zum *sĕmangat*, im Gegensatz zu gewissen anderen Aspekten der *menschlichen* Seele, weist darauf hin, daß sie nach ähnlichen Prinzipien wie das *sĕmangat* differenziert sind. Endicott vermutet, daß die »Körper« der Geister die Bereiche oder Kategorien darstellen, in die die Malaien ihre Umwelt unterteilen:

Meiner Meinung nach sind die Kategorien Erde, Wasser und Urwald die »Körper« von freien Geistern. Ein natürlicher Bereich ist für seine Geister verschwommen zwingend, und die Geister haben in ihrem Bereich dieselbe Funktion wie ein *sĕmangat* in seinem stärker verdichteten Körper. Sie beherrschen die Teile des Körpers, die Metalle, die Fische und die Tiere, und schützen sie vor einem Eindringen von außen, in diesem Fall nicht durch Geister, sondern durch Menschen. Es weist auch einiges darauf hin, daß die natürlichen Sphären in Analogie zu den menschlichen Bereichen gesehen werden, doch mit anderen Geschöpfen in den dominierenden Rollen. Die Städte tief im Dschungel, wo Tiger- oder Elefantengeister in menschlicher Gestalt sich bewegen, können in diesem Licht verstanden werden. (Ibid., S. 119)

Die Grundbereiche der malaiischen Welt, Wasser, Erde, Urwald und menschliche Wohnstätten, werden, insofern sie den Menschen betreffen, weiter unterteilt in grob abgegrenzte Klassen von Dingen wie Bergwerke, Fischgründe und Felder oder Äcker. Innerhalb der verschiedenen Bereiche werden spezifischere Klassen voneinander unterschieden. Die Differenzierung des *sĕmangat* entspricht dieser Kategorisierung der Erfahrung. Verschwommen definierte freie Geister, die nur mit dem Teil der Welt, in dem sie leben, identifiziert werden, schweifen weit herum. Gewisse Geister werden mit spezifischeren Klassen von Dingen assoziiert und bisweilen deren Seelen genannt. Einige, etwa die Seelen von Tieren, heben sich deutlich von anderen ab und werden besonderen Klassen von Körpern zugeschrieben. Individualisierte Teile des Lebensprinzips kommen schließlich in Verbindung mit besonderen Menschen und höheren Tieren vor. Jedes Element eines assoziierten Paars einer solchen Klasse trägt grundlegend zur Definition des anderen bei, indem es dieses von ähnlichen Klassen auf seiner Ebene abhebt und dadurch seine Existenz als eine diskrete Entität hervorhebt. Die Wesenheiten sind zum Teil durch die Kategorien der Dinge, in denen sie einwohnen, definiert und tragen umgekehrt dazu bei, diese Kategorien zu definieren. Derart gut definierte Körper scheinen gut definierte Wesenheiten viel besser im Griff zu haben als verschwommen definierte Kategorien von Dingen ihre spärlich definierten Insassen. Geister sind somit kraftvoller in bezug auf Grenzen als das *sĕmangat*, und klar definierte Körper sind kraftvoller in bezug auf Wesenheiten als Körper mit unscharf definierten Grenzen. Die kraftvollsten Geister sind deshalb mit umfassenden Kategorien von Dingen assoziiert, während schwache Wesenheiten mit begrenzten, ortsgebundenen Körpern verbunden sind.

Die Differenzierung der Geister und des *sĕmangat* variiert je nach der Art der Kategorie, an die das Lebensprinzip angepaßt wird. Materielle Körper sind am zwingendsten, doch der niedere Definitionsgrad der Kategorien, die durch die Geister verkörpert werden, gibt den Geistern die Kraft, die Grenzen von höher entwickelten Kategorien, beispielsweise der Körper, zu durchstoßen. Geister, die sich nur schwach von der Masse des Lebensprinzips unterscheiden, wahren viel von der Kraft, die von ihrer unbegrenzten Flexibilität herrührt.

Endicott faßt die Rolle des Lebensprinzips, wozu die Definition und die Differenzierung von Kategorien und der Fortbestand organisierter Ganzheiten gehört, folgendermaßen zusammen:

Im System der Vorstellungen der Malaien scheint die Kraft letzten Endes mit dem allgegenwärtigen Lebensprinzip verbunden zu sein. Die als *sěmangat* im engeren Sinne differenzierte Kraft hält die materiellen »Dinge« am Leben, und dieselbe Kraft bedroht in Form der Geister deren Existenz. Die Kraft manifestiert sich mit anderen Worten in der Fähigkeit, sowohl die Grenzen in der materiellen Welt aufrechtzuerhalten, als auch diese zu verletzen. Die Kraft der Wesenheiten in den Körpern drin ist zwar dieselbe wie die der Wesenheiten außerhalb von ihnen, aber die beiden Arten von Kräften werden nicht auf dieselbe Weise gebraucht. Weil ein *sěmangat* seine ganze Kraft dazu benutzt, um das Ding, mit dem es verbunden ist, unter Kontrolle zu halten und fortbestehen zu lassen, hat es keine Kraft aus sich selbst, keine Freiheit oder Unabhängigkeit wie ein *hantu*. Die Kraft des *sěmangat* im engeren Sinne kann einfach als die Fähigkeit der Dinge, erhalten zu bleiben, betrachtet werden, insbesondere als die Fähigkeit einer Kategorie von Dingen, das Eindringen freier Geister zu verhindern und die Aspekte der Seele, die teilweise vom Körper unabhängig sind, zu bewahren. Auf dieser analytischen Ebene sind die einander entgegengesetzten Kräfte die der Wesenheiten und die der Kategorien, die die Kultur in die Welt hineinträgt. (Ibid., S. 125)

3. Die Wahrscheinlichkeit und der Begriff des Zufalls im primitiven Denken

Die Kausalbegriffe der Primitiven sind, wie wir gesehen haben, absolutistisch, phänomenalistisch, psychologistisch, irreversibel und statisch; das wirkliche Verständnis für Abläufe geht ihnen ab. Primitive zerlegen darüber hinaus natürliche Phänomene wie »Licht«, »Flüssigkeit«, »Hebel« usw. nicht in allgemeine und diskrete Kategorien mit klar definierten Eigenschaften. Die Welt wird global wahrgenommen, jedes Phänomen wird in seinem Kontext betrachtet: Regenwasser, Brunnenwasser und Flußwasser oder Sonnenlicht, Feuerschein, Schatten und Spiegelbilder, sie alle werden als nicht miteinander zusammenhängende Entitäten behandelt, die nur im Zusammenhang mit ihren anderen physischen Assoziationen unter besonderen Umständen erkennbar sind, während Kategorien als Entitäten mit essentiellen Potenzen, proportional zu ihrer Allgemeinheit, betrachtet werden.

Daraus folgt selbstverständlich nicht, Primitive seien nicht imstande, durchaus vernünftige Folgerungen über tatsächliche, im Alltagsleben erfahrene Regelmäßigkeiten in der Natur zu ziehen. Doch die besonderen Eigenarten der primitiven Kausalität werfen die Frage auf, in welchem Maße solche Begriffe wie Zufall, Glück, Zusammentreffen, Wahrscheinlichkeit, Möglichkeit und Unmöglichkeit in ungebildeten Gesellschaften anzutreffen sind. Solche Vorstellungen sind äußerst subtil und komplex, sie haben auch bei Gebildeten in den letzten dreihundert Jahren einen durchgreifenden Wandel erfahren, wie Hacking (1975) in den Einzelheiten gezeigt hat. Damit ist angedeutet, daß wir mit wissenschaftlichen Wahrscheinlichkeitstheorien vergleichbare Begriffe bei Primitiven kaum finden werden, aber auch, daß wir darüber hinaus mit besonderer Sorgfalt genau definieren müssen, was *wir* unter den miteinander zusammenhängenden Begriffen Zufall und Wahrscheinlichkeit verstehen wollen.

Damit diese Vorstellungen voll und leichter verständlich sind, wollen wir eine Menge von Gegenständen mit einer gegebenen Permutation und Kombination von Elementen oder Zuständen eines Gegenstandes (etwa eines Würfels) postulieren; durch eine Reihe von Versuchen erhalten wir Beispiele von Möglichkeiten, oder wir manipulieren den Gegenstand auf eine nicht-absichtliche Weise. Was wir »Zufall« nennen, äußert sich im Fehlen konstanter kausaler Beziehungen derart, daß alle möglichen Relationen zwischen den Gegenständen oder Zuständen einzutreten tendieren, und zwar proportional zu deren Häufigkeit in der Menge und zur Anzahl der Versuche. Diese Auffassung von Zufall beruht auf der Annahme, wenn kein Faktor vorhanden sei, der ständig dafür sorge, daß etwas eher auf die eine als auf die andere Weise geschehe, so würde das Ereignis tatsächlich auch auf alle möglichen Weisen eintreten, und zwar eben proportional zur Häufigkeit des betreffenden Elements oder Zustands.

Nach diesem Modell ist jeder Wurf oder jede Ziehung ein Zufall, das Ergebnis einer unstrukturierten oder unkoordinierten Interaktion von Kräften; das Ergebnis jedes einzelnen Versuchs ist zwar unvoraussagbar, doch die Wahrscheinlichkeit, daß eine bestimmte Kombination von Ergebnissen eintritt, kann aufgrund der Verteilungshäufigkeiten insgesamt mathematisch berechnet werden.

Das Modell setzt schließlich voraus, daß das Ergebnis eines jeden Versuchs keinen Einfluß auf die nächsten Versuche hat. Wendet man ein solches Modell auf die Natur an, so ergeben sich daraus einige wichtige Folgerungen:

1. Daß reguläre Häufigkeiten (z. B. sechsmal sechs Augen hintereinander beim Würfeln) allein durch Zufall hervorgebracht werden können.

2. Daß man die mathematische Wahrscheinlichkeit eines Ereignisses nur durch Berechnung *aller* möglichen Kombinationen von Möglichkeiten abschätzen kann. (Ein anscheinend signifikantes Ereignis darf deshalb nicht einen hohen Grad von mathematischer Unwahrscheinlichkeit haben.)

3. Je größer die Zahl der Versuche ist, um so eher ist eine voraussagbare Häufigkeit von Ergebnissen zu erwarten – das Gesetz der großen Zahl.

Dieses Modell ist selbstverständlich von Glücksspielen abgeleitet (das oft dafür verwendete Wort »Chance« stammt aus dem Lateinischen: *cadentia*, das »Fallen« des Würfels), und solche Spiele sind bekanntlich in primitiven Gesellschaften kaum gebräuchlich. Selbst wenn es solche gäbe, wäre die Anwendung auf viele Aspekte des Alltagslebens alles andere als leicht. Im Gegensatz zur Situation des Würfels, von Kartenspielen oder der Versicherungsstatistik, die alle für die Entwicklung der Wahrscheinlichkeitstheorie von entscheidender Bedeutung waren, gibt es nämlich für gewöhnliche Situationen im Alltagsleben keine fix und fertige Methode, um die Verteilungshäufigkeiten zu quantifizieren. Keynes drückt es so aus:

. . . gewöhnliche Alltagssituationen betrachten. Wir machen einen Spaziergang – wie groß ist die Wahrscheinlichkeit, daß wir lebend nach Hause kommen? Gibt es dafür immer ein numerisches Maß? Wenn ein Gewitter über uns hereinbricht, ist die Wahrscheinlichkeit geringer als zuvor; hat sie sich aber um einen bestimmten numerischen Betrag verändert? . . .

Bei diesen Beispielen können wir vielleicht die Wahrscheinlichkeiten nach ihrer Größe ordnen und postulieren, daß die neue Tatsache das Argument verstärkt oder abschwächt, doch das ist keine Basis für eine Schätzung, um *wieviel* das neue Argument stärker oder schwächer als das alte ist. (Keynes 1921, S. 29)

Keynes führt damit einen weiteren Sinn von »Wahrscheinlichkeit« ein, den der »Zuverlässigkeit einer Voraussage«. Hacking meint zu unserem Wahrscheinlichkeitsbegriff: »Es muß festgehalten werden, daß die so plötzlich in Erscheinung getretene Wahrscheinlichkeit janusgesichtig ist. Einerseits ist sie statistisch, indem sie sich mit stochastischen Gesetzmäßigkeiten von zufälligen Prozessen befaßt. Andererseits ist sie epistemologisch, indem sie darauf abzielt, vernünftige Glaubensgrade an Proportionen ohne jeden statistischen Hintergrund festzusetzen« (Hacking 1975, S. 12).

Uns stellt sich somit die Frage, in welchem Maße Primitive eine Vorstellung von »Zufall«, »verschiedenen Wahrscheinlichkeitsgraden« und »verschiedenen Zuverlässigkeitsgraden in bezug auf Evidenz oder Voraussagbarkeit« haben. Die Antwort auf diese Frage kann durch eine Prüfung der Ergebnisse Piagets bei seinen Untersuchungen über die Entwicklung der Vorstellungen von Zufall und Wahrscheinlichkeit bei Kindern geeignet vorbereitet werden.

Piaget geht in seinem Buch (1975) von vier Grundversuchen aus, mit denen er die kognitive Entwicklung des kindlichen Verständnisses von Zufall und Wahrscheinlichkeit untersucht hat. Beim ersten Versuch wird den Kindern ein rechteckiger, neigbarer Kasten mit zwei gleichen Mengen von weißen und roten Bällen, die durch eine dünne Zwischenwand voneinander getrennt sind, vorgelegt. Verlangt wird eine Voraussage über die Interaktionen zwischen den verschiedenfarbigen Bällen, wenn der Kasten nacheinander von einer Seite zur anderen geneigt wird, so daß die Kugeln aufeinanderprallen und sich miteinander vermischen können. Beim zweiten Versuch werden einige schräg gestellte Kästen mit einem Trichter am oberen Ende präsentiert, durch den eine Kollektion von gleich großen Stahlkugeln nach unten rollt, wobei sich die Kugeln auf eine variable Anzahl von Fächern an der Unterseite verteilen; bei einer Versuchsvariante sind zwischen dem Trichter und den Fächern Nägel in einem regelmäßigen Muster eingeschoben. Das Kind muß antizipieren, wie sich die Kugeln auf die verschiedenen Fächer verteilen werden, und die Gründe für die Unterschiede darlegen. Bei einem dritten Versuch wird ein genau in der Mitte fixierter Eisenstab in Rotation versetzt, worauf er, wie ein Rouletterad, gegenüber einem von acht farbigen Sektoren auf einem runden Tuch zum Stehen kommt. Anschließend werden auf die farbigen Sektoren Zündholzschachteln gelegt, zwei davon mit Magneten im Inneren; die Schachteln mit den Magneten sind nicht die schwersten von allen, denn zwei andere enthalten Bleigewichte. Das Kind muß eine Erklärung dafür finden, weshalb der Stab, nach Hinzufügung der beiden Schachteln mit den Magneten, regelmäßig vor diesen beiden Sektoren zum Stehen kommt. Beim vierten Versuch werden den Kindern Beutel vorgelegt, die verschiedenfarbige Perlen enthalten, wobei die Häufigkeit der einzelnen Farben durch ein Muster neben dem Beutel angegeben ist; das Kind muß antizipieren, welche Farbe die Perle hat, die es aus dem Beutel nimmt. Ein ähnliches Experiment wird mit Spielmarken durchgeführt, die auf der einen Seite ein Kreuz und auf der anderen einen Kreis haben.

Die Ergebnisse bei diesen Versuchen lassen sich folgendermaßen zusammenfassen. In einem ersten Stadium, auf der Stufe des präoperativen Denkens, halten die Kinder jede ursprüngliche Ordnung (also beispielsweise beim ersten Versuch die beiden voneinander getrennten Mengen von weißen und roten Bällen oder beim vierten Versuch die verschiedenfarbigen Perlen in den Beuteln) für privilegiert, d. h. diese Ordnung hat die Tendenz, erhalten zu bleiben oder, falls sie gestört wird, sich nach erfolgter Durchmischung wieder einzustellen. Es fehlt jedes Verständnis dafür, welche Bahnen die verschiedenen Bälle beschreiben oder wie diese Bahnen durch das Aufeinanderprallen beeinflußt werden; das Kind kann sich auch noch nicht unabhängig voneinander interagierende Kausalketten vorstellen. Die Durchmischung der verschiedenfarbigen Perlen im Beutel zum Beispiel kann zwar als eine empirische Tatsache verstanden werden, aber sie wird nicht als eine Kombination von verschiedenartigen Elementen aufgefaßt. Piaget weist jedoch auf frühzeitige Anschauungen hinsichtlich der Häufigkeit oder Seltenheit eines Ereignisses hin, die bei sehr kleinen Kindern festzustellen sind, aber offensichtlich nichts mit einer wirklichen Beurteilung der Wahrscheinlichkeit oder einem Begreifen von Kombinationen zu tun haben.

Es fehlt noch das Verständnis für die Möglichkeit, daß zwar Elemente sich unregelmäßig verhalten oder unregelmäßig verteilt sein können, daß aber die Gruppe oder die Abfolge von Ereignissen als Ganzes eine Regelmäßigkeit aufweisen kann. Die kompensatorische Tendenz des rotierenden Stabes zum Beispiel, nach jeder Drehung bei einem andersfarbigen Sektor anzuhalten, wird als Wirkung einer verborgenen Ursache betrachtet, die diese Kompensationen hervorbringt. Dementsprechend glaubt das Kind, jeder Versuch beim Experiment hänge mit dem vorausgehenden und dem nachfolgenden Versuch kausal zusammen – das Rouletterad habe also ein Gedächtnis und Absichten –, so daß es an der Tatsache, daß der Stab, nachdem die Magneten heimlich in die Versuchsanordnung hineingebracht worden sind, jedesmal bei derselben Farbe anhält, nichts Befremdliches sehen kann. Da das Kind in diesem Stadium eine irreversible Kausalitätsauffassung hat, verfügt es über keine Kriterien, um zwischen den wirklich irreversiblen Zufallsrelationen und den durch einen spezifischen Kausalfaktor ausgelösten Ereignissen zu unterscheiden. Die zufälligen Regelmäßigkeiten beim rotierenden Stab ohne die Magneten sind für das Kind deshalb nicht artverschieden von den Regelmäßigkeiten, die durch die Hinzufügung der Magneten ausgelöst werden.

Dieses Stadium ist auch charakterisiert durch den Phänomenalismus, der den Schein ohne weiteres als Wirklichkeit akzeptiert, so daß beispielsweise bei einem »Kopf oder Zahl«-Spiel mit Spielmarken, bei dem falsche »Münzen« mit einem Kreuz auf beiden Seiten anstelle von richtigen »Münzen« mit einem Kreuz auf der einen und einem Kreis auf der anderen Seite ins Spiel gebracht werden, die asymmetrischen Ergebnisse diskussionslos akzeptiert werden. Kinder in diesem Stadium können auch mit Hilfe eines anschaulichen Verständnisses von Häufigkeit und Seltenheit Folgerungen ziehen und Voraussagen machen, doch ihre Induktionsmethode ist grundsätzlich passiv; im Gegensatz dazu beginnt diese bei Kindern des zweiten Stadiums aktiv und experimentell zu werden.

Im Stadium II verliert der Anfangszustand einer Reihe oder einer Anordnung seinen privilegierten, »natürlichen« Status; das Kind schreibt jetzt den aufeinanderfolgenden Zuständen einer Durchmischung denselben Status wie dem Anfangszustand zu. Es erwartet nicht mehr, daß eine Mischung die Tendenz habe, in den ursprünglichen Zustand zurückzukehren; da nun jeder Versuch als vom nachfolgenden unabhängig betrachtet wird und die Kompensationen in zunehmendem Maße als zufällig und nicht mehr als Wirkungen von verborgenen Ursachen angesehen werden, beginnt das Kind einzusehen, daß das Ganze regelmäßig und voraussagbar sein kann, auch wenn es die einzelnen Fälle nicht sind. Beim zweiten Experiment, wo die Kugeln über eine schiefe Ebene in verschiedene Fächer hinunterrollen, begreift das Kind die Bahnen der einzelnen Kugeln besser, als daß es Bewegungen von ganzen Gruppen beschreiben kann; es erkennt, daß die Kugeln gleiche Chancen haben, nach einem Zusammenprall in eine beliebige Richtung zu rollen, und daß am Ende die Verteilung bis zu einem gewissen Grade um so regelmäßiger ist, je größer die Zahl der Zusammenstöße ist. Kinder in diesem Stadium begreifen nämlich erst das Gesetz von »kleinen« großen Zahlen; weil das Kind erst in Form von konkreten Beispielen denken kann, bis zwanzig oder dreißig Versuche beispielsweise, nimmt es deshalb an, wenn man sehr viele Versuche beobachte, so würden die Unregelmäßigkeiten bei den Ergebnissen *zunehmen*.

Die bildliche Vorstellung bleibt statisch. Die Kinder konzentrieren ihr Denken auf die Bewegung jeder einzelnen Kugel (beim ersten und zweiten Experiment) und lassen die gleichzeitigen Bewegungen der anderen Kugeln unberücksichtigt. Erst die Kinder im Stadium IIb können die Zufälligkeit der Zusammenstöße erkennen, aber noch bei keinem Kind des Stadiums II stimmt die Zeichnung der Kugelbahnen mit der Zeichnung der Kugelpositionen überein. Das Kind bekundet große Mühe, eine Reihe von Transformationen als eine Folge von gleichzeitigen und zufälligen Kombinationen aufzufassen, während es sich von einer beendeten Durchmischung von Elementen ohne weiteres eine statische Vorstellung bilden kann.

Die Kinder dieses Stadiums lassen jedoch eine zunehmend aktive Induktion erkennen, während sie im Stadium I die Reihenfolge der Ereignisse noch passiv akzeptiert hatten. Bei ihren Erklärungen beginnen sie gewisse mögliche Kausalfaktoren auszuschließen und andere konstant zu halten, so daß die Tatsachen auf eine Weise miteinander in Einklang gebracht werden können, die offensichtliche Folgerichtigkeiten berücksichtigt und allgemeine und gleichbleibende Beziehungen zwischen den Faktoren abzuleiten ermöglicht. Zufällige Regelmäßigkeiten und durch wirkliche Kausalfaktoren bewirkte Regelmäßigkeiten können von jetzt an auseinandergehalten werden.

Das Kind erwirbt in diesem Stadium auch einen globalen Sinn für die Wahrscheinlichkeit einer Streuung in einer Menge von Gegenständen – z. B. wie groß die Wahrscheinlichkeit ist, daß es eine Perle von einer bestimmten Farbe aus dem Beutel zieht oder daß eine Kugel beim zweiten Experiment in ein bestimmtes Fach rollt; es ist jedoch noch nicht imstande, diese Erkenntnis genau zu quantifizieren, und sieht noch nicht ein, daß es verschiedene Grade von Wahrscheinlichkeit gibt. Bei dieser Fragestellung berücksichtigt es die Natur der proportionalen Differenzen noch nicht, so daß es die Unterschiede zwischen Verhältnissen nur absolut und nicht relativ beurteilt.

Im Stadium III wird das Verständnis der Proportionalität und der relativen, im Gegensatz zu den bloß absoluten, Differenzen erworben. Die Wahrscheinlichkeiten werden quantifiziert, denn das Kind begreift jetzt klarer die Kombinationen und Permutationen in einer experimentellen Aufgabe, so daß es die mitwirkenden Faktoren besser auseinanderhalten kann. Das Denken wird durch Implikationen zur Verallgemeinerung und Ausschließung benutzt, die Beschränkung auf konkrete Beispiele wird überwunden, so daß am Ende das Gesetz der großen Zahlen vollständig begriffen wird. In diesem Stadium kann das Kind auch die Permutationen der Endzustände mit den Zusammenstößen auf den tatsächlichen Bahnen in Einklang bringen und koordinieren, und es kann sich diese Bahnen genauer vorstellen, so daß die Abfolge der Zusammenstöße mit den Endpositionen der Kugeln synchronisiert wird.

Inwieweit haben diese Erkenntnisse für unser ethnographisches Material eine Bedeutung? Von den Schwierigkeiten der Kinder im präoperativen Stadium ausgehend, zwischen einer zufälligen und einer durch eine bestimmte Ursache ausgelösten Regelmäßigkeit zu unterscheiden, und im Hinblick auf den kindlichen Glauben an eine zugrunde liegende Ordnung und verborgene Ursachen sagt Piaget:

Da der Primitive jedes Ereignis als das Ergebnis sowohl verborgener als auch sichtbarer Ursachen betrachtete und da ihm die rationalen und experimentellen Kriterien fehlten, um auch nur die merkwürdigsten und am wenigsten voraussehbaren Verbindungen auszuschließen, konnte der vorwissenschaftliche Geist nicht dieselbe Vorstellung der Wahrscheinlichkeit wie wir haben. (Piaget 1975, S. XIV)

Hält man sich vor Augen, daß sich die Begriffe der Wahrscheinlichkeit und des Zufalls in unserer Zivilisation erst vor verhältnismäßig kurzer Zeit entwickelt haben, so wird man ohne weiteres einräumen, wie wir bereits angemerkt haben, daß wir unsere Vorstellungen von diesen Begriffen in der primitiven Gesellschaft nicht erwarten dürfen. Doch Primitive können zwischen statistischen und kategoriellen Abnormitäten unterscheiden, und sie haben auch eine gewisse Vorstellung von »Zufall« im Sinne von Ereignissen, die »einfach geschehen«, ohne daß dafür eine spezielle Erklärung benötigt wird oder auch nur verfügbar wäre.

Eine anschauliche Vorstellung von Häufigkeit und Seltenheit wird, wie bereits festgestellt, in der kognitiven Entwicklung schon früh erworben. Tiere wie Menschen gehen in ihren Überlebensstrategien von tatsächlich erfahrenen Häufigkeiten in der natürlichen Welt aus. Primitive sind sich deshalb durchaus dessen bewußt, daß gewisse Ereignisse üblicher als andere sind, daß unter bestimmten Umständen ein Ergebnis wahrscheinlicher als ein anderes ist und daß gewisse Dinge nie, andere jedoch immer eintreten. Es ist auch allgemein bekannt, daß gewisse Dinge in einer bestimmten Abfolge eintreten und/oder an einem bestimmten Ort oder einer bestimmten Art von Örtlichkeit geschehen. Der Gebrauch eines Wortes, das grob mit »wahrscheinlich« oder »vermutlich« übersetzbar ist, etwa in der Art »Gibt es in diesem Fluß Krokodile?« – »Vermutlich«, bedeutet noch nicht, daß der betreffende Eingeborene eine klare Vorstellung von den gesamten kombinatorischen Möglichkeiten einer Situation und seine Wahrscheinlichkeitsbeurteilung entsprechend quantifiziert hat; es bedeutet nur, daß er und andere zu dieser Tageszeit in diesem Fluß oft Krokodile gesehen haben, eine persönliche Erfahrung also, ein nicht quantifizierter Gebrauch von »wahrscheinlich«, so wie er uns aus unserem Alltagsleben vertraut ist und auf den auch Keynes mit der bereits zitierten Stelle aufmerksam macht. Die »Wahrscheinlichkeit« des Eingeborenen beruht somit ganz einfach auf seiner und anderer Leute Erfahrung in der Vergangenheit und hat nichts mit den kombinatorischen Möglichkeiten einer Situation zu tun. Zudem kann der Primitive, zumindest im Prinzip, zwischen einer statistischen und einer kategoriellen Abnormität unterscheiden. Er kann zum Beispiel feststellen, daß es während einer bestimmten Regenzeit ungewöhnlich wenige Gewitter gegeben hat. Das ist für ihn jedoch eine Regelabweichung ganz anderer Art als die Fähigkeit eines von einem Geist besessenen Menschen, mit bloßen Füßen über glühende Kohlen gehen zu können, ohne irgendeinen Schmerz zu verspüren, wie die Eingeborenen glauben.

Der Grund für die Unterscheidung zwischen scheinbar bedeutungslosen Anomalien wie den ausbleibenden Gewittern und kategoriellen Anomalien wie der Unempfindlichkeit gegenüber der Glut scheint damit zusammenzuhängen, wie die Leute die Welt zu Erklärungszwecken strukturieren. Jede Gesellschaft hat ein System von Überzeugungen, das bestimmte Kategorien betont und andere vernachlässigt, das bestimmten Beziehungs- und Erklärungstypen eine große Bedeutung beimißt und andere übersieht, und von solchen offiziellen Kategorien, Seinsvorstellungen, Beziehungen und Erklärungen her werden gewisse Ereignisse als relevant und andere als irrelevant erachtet. Wenn Primitive von einem bestimmten Ereignis sagen, es sei »einfach geschehen«, so meinen sie damit oft, von ihrem Weltbild her gesehen sei ein solches Ereignis, welches auch immer die Ursache dafür gewesen sein möge, bedeutungslos im Vergleich zu den Faktoren, die sie für wirklich wichtig hielten. Ein Beispiel mag das verdeutlichen. Die Konso halten Gott für die Quelle der Moral und der Gerechtigkeit; sie glauben, er bestrafe Städte, in denen zuviel Streit herrsche oder andere Sünden begangen würden, indem er den Regen von den Bewohnern und ihren Äckern fernhalte. Gewisse Gehirnkrankheiten, etwa Enzephalitis und Meningitis, oder Besessenheitszustände werden als das Werk böser Geister angesehen, Zauberei und Magie können bei Menschen, Tieren, Nahrung, Feldfrüchten und Äckern ebenfalls ziemlich spezifische Störungen auslösen. Gewisse Krankheiten wie Erkältungen und Bronchitiden werden, wenn auch etwas verschwommen, mit der Gidole-Bergkette assoziiert, die oft hinter einer Nebelwand verschwindet und während des größten Teils des Jahres kalt und feucht ist. Als ich aber Sagara Giya, einen meiner intelligentesten Informanten, fragte, woher seine Dysenterie, an der er gerade litt, komme, antwortete er mir, sie sei einfach gekommen und es gebe keine besondere Ursache dafür. Ich würde diese Art von Antwort, die in primitiven Gesellschaften für eine Vielfalt von Ereignissen außerordentlich gebräuchlich ist, so interpretieren, daß es für die Konso im Zusammenhang mit der Dysenterie nichts gibt, das dazu dienen könnte, diese Krankheit irgendeiner der konventionellen Triebkräfte in ihrem Glaubenssystem zuzuschreiben. Wenn ihnen jemand mit Hilfe eines Mikroskops oder so die Amoeben oder Bakterien hätte zeigen können, die für diese Krankheit verantwortlich sind, so hätten sie das ohne weiteres akzeptieren können, ohne ihre Erklärung dieser Krankheit oder die Kategorien ihres Glaubenssystems anpassen zu müssen.

Der Begriff des »Zufalls« bedeutet somit für den Primitiven ein Ereignis, das im Hinblick auf sein Glaubenssystem und sein Weltbild keine weitere Bedeutung hat. Wenn bei einem Volk Geisteskrankheiten häufiger vorkommen als bei einem anderen, etwa bei den Azande, so ist zu erwarten, daß diese Menschen die Bedeutung von Ereignissen zu erklären versuchen, die von anderen Völkern einfach übersehen werden. Es scheint freilich, daß bestimmte Kategorien von unangenehmen Ereignissen eher als »bedeutungslos« und »zufällig« abgetan werden als andere. Bloße Körperverletzungen, etwa wenn jemand sich die Finger verbrennt, weil er ein glühendes Holzstück aus dem Feuer genommen hat, um sich die Pfeife damit anzuzünden, oder mit dem Fuß in einen Dorn tritt, also Dinge, die immer wieder vorkommen und deren Ursachen offensichtlich und unmittelbar zu erkennen sind, scheinen oft nicht beachtet zu werden. Lewis erwähnt etwa die Reaktionen der Gnau auf Neuguinea bei krankhaften Brustabszessen:

Hin und wieder kamen Frauen zu mir, um stark eiternde Brustabszesse behandeln zu lassen; solche Abszesse traten, wie sie sagten, manchmal auf, wenn ein Säugling sehr früh gestorben war; die Milch ließ die Brust anschwellen, war blockiert und verwandelte sich in Eiter. Sie gaben keinen bestimmten Grund für die Erkrankung an. Es war einfach dazu gekommen; sie nannten andere Frauen, denen dasselbe geschehen war . . . Es gelang mir, eine junge Frau mit einem großen, schmerzhaften und langwierigen Brustabszeß zu einer Behandlung zu überreden; zu meiner Überraschung wagte niemand, auch wenn ich durch meine Fragen über Geister, Zauberei und den Tod ihres Kindes darauf drängte, eine Bemerkung, die über die ziemlich ausführliche Erklärung, die ich für den Abszeß gegeben hatte, hinausgegangen wäre.

Der Abszeß war für mich ungewöhnlich genug, so daß ich von ihnen eine besondere Erklärung dafür erwartete; ich erhielt jedoch keine. Sie betrachteten ihn als etwas Gewöhnliches, so wie sie alle infizierten Wunden für etwas Gewöhnliches halten. (G. Lewis 1975, S. 197 f.)

Laut den Erfahrungen von Lewis bei den Gnau erforderten Krankheiten gefühlsmäßig mehr als eine »einfach so«-Erklärung, wenn sie den ganzen Körper und nicht nur einen Teil davon erfaßten oder subjektiv so empfunden wurden; ebenso wenn sie schwer waren, lange dauerten und mit der früheren Lebensgeschichte des Patienten überhaupt in keinem Zusammenhang standen, oder wenn sie merklich schwerer waren, als aus den gegebenen Umständen hätte geschlossen werden können.

Mechanische Ursachen für Beschwerden sind keine Ereignisse, die nach weiteren Erklärungen vom Glaubenssystem her rufen. Dasselbe gilt für Krankheiten, die bei bestimmten Altersgruppen weit verbreitet sind, etwa Bindehautentzündungen und Kopfläuse bei Kindern oder Gicht bei älteren Leuten. Gesellschaften, die kein höchstes Wesen, sondern nur Zauberei kennen, werden Seuchen als Dinge ansehen, die »einfach geschehen«, während ein gottgläubiger Mensch von seinen Überzeugungen her eher die Möglichkeit hat, darin eine Bestrafung zu sehen, von der die ganze Gemeinschaft heimgesucht wird. Insofern für gewisse Ereignisse örtlich sehr beschränkte und/oder automatische Erklärungen vorhanden sind oder diese Ereignisse sehr allgemein oder regelmäßig eintreten, eignen sich Erklärungen, die die Ursache einem Willen zuschreiben, und solche Erklärungen sind im primitiven Denken weit verbreitet, offensichtlich nur wenig.

Die meisten Primitiven erreichen somit beim Verständnis von

Zufall und Wahrscheinlichkeit möglicherweise das Stadium II nicht. Das bedeutet jedoch nicht, daß sie nicht klare Vorstellungen von Häufigkeiten und tatsächlichen Wahrscheinlichkeiten, die auf früheren Erfahrungen beruhen und nicht quantifizierbar sind, haben können. Auch der Begriff »Zufall« ist ihnen nicht fremd; er basiert auf der fehlenden Bedeutung eines Ereignisses oder auf der sehr beschränkten Natur dieser Bedeutung. Insofern hat sich Piaget geirrt mit seiner Annahme, Primitive würden alles als möglich ansehen und seien nicht imstande, zwischen statistischen und kategoriellen Abnormitäten zu unterscheiden.

Von den Untersuchungen Piagets her stellen sich freilich noch weitere Fragen:

1. Können sich Primitive eine zufällige Mischung oder Reihe von Ereignissen vorstellen?
2. Sind sie imstande, die Möglichkeit einzusehen, daß ein anscheinend bedeutungsvolles Ereignis durch Zufall, d. h. durch bloßes Zusammentreffen von Umständen oder durch einen Glücksfall, eingetreten sein kann?
3. Sind sie der Vorstellung zugänglich, daß regelmäßige Relationen durch stochastische Prozesse ausgelöst werden können?
4. Können sie Lotterien und andere zufallsbedingte Dinge als Ereignisse ohne tieferen Sinn behandeln?

Geht man von der Voraussetzung aus, daß die von Primitiven verwendeten kausalen Erklärungen in hohem Maße strukturiert sind und sie dazu bringen, weite Erfahrungsbereiche als unwichtig oder aber als so regulär anzusehen, daß eine Erklärung sich erübrigt, so begreift man, weshalb der Zufall im statistischen Sinne völlig unbeachtet bleibt; dieser setzt dieses Bewußtsein der Häufigkeitsverteilung der kombinatorischen Möglichkeiten bei einer gegebenen Menge von Elementen voraus, das, wie wir gesehen haben, erst im Stadium III von Piaget, auf der Stufe der formalen Operationen, erworben wird. Wenn Primitive versuchen, eine Unordnung begrifflich zu erfassen, so erreichen sie das oft dadurch, daß sie die bestehende Ordnung der Dinge umkehren – die Lugbara tun dies buchstäblich, indem sie sich vorstellen, die Leute, die sozial von ihnen völlig verschieden sind, würden auf dem Kopf gehen; eine ähnliche Assoziation findet man bei den Kédang, die das Auf-dem-Kopf-Stehen mit Inzest gleichsetzen. Primitive fassen Unordnung oft als einen Zustand der Dinge auf, in dem nichts einen Namen hat. Vorstellungen eines »Naturzustandes«, in dem die Menschen noch nicht sozialisiert sind und die zu einer Zivilisation gehörenden Kunstfertigkeiten noch nicht erworben haben, werden durch ähnliche Umkehrungen beschrieben, etwa in Form von Menschen, die allein im Urwald leben, ihr Brennholz essen und dafür die Nahrungsmittel als Brennstoff verfeuern. Die Entstrukturierung des menschlichen Verhaltens führt somit zu Vorstellungen von Umkehrung und Entgegengesetztsein, nicht von statistischem Zufall, und in der physischen Welt ist das Interesse der Primitiven noch nicht so weit, daß es sich mit der Verteilung von Regentropfen auf einem Stück Boden oder mit der Bewegung von Staubteilchen in einem Sonnenstrahl befassen würde, denn solche Dinge werden in ihrer Gesamtheit wahrgenommen, nicht als individuelle Regentropfen oder Staubteilchen mit jeweils eigenen Bahnen, Zusammenstößen und einer daraus resultierenden Verteilung.

Diese Unfähigkeit der Primitiven, sich eine Vorstellung vom Zufall zu bilden, wird besonders bedeutungsvoll, wenn wir uns nun der Interpretation von so weitverbreiteten zufallsbedingten Dingen wie Losen, Würfeln oder Wahrsagungsmethoden zuwenden, bei den letzteren vor allem solchen, die auf dem Muster fallender Gegenstände wie Bohnen, Stöcken und Steinen basieren. Denkt man an das allgemein fehlende Interesse von Primitiven für Ereignisse, die nicht in den konventionellen Rahmen für Erklärungen in ihrer Kultur passen, so gibt es keinen Grund dafür, weshalb sie nicht bestimmte Beispiele einer zufallsbedingten Verteilung oder das Ziehen von Losen als »Zufall« und andere Beispiele des gleichen Verfahrens, aber in einem anderen Kontext, als mit einem bestimmten Sinn ausgestattete Wirkung verborgener Ursachen betrachten sollten.

Bei den Konso beispielsweise begutachten die Wahrsager den Magen und die Eingeweide rituell geschlachteter Tiere; sie glauben, eine bestimmte Anordnung dunkler Flecken auf der Haut dieser Organe hätte eine besondere Bedeutung. Die Mägen und Eingeweide von Tieren, die auf dem Markt geschlachtet wurden, können ihrer Meinung nach nichts Wesentliches aussagen. Man könnte nun erwarten, wenn man von dem ausgeht, was wir über die Struktur der primitiven Kausalbegriffe bereits festgestellt haben, daß es Umstände geben müßte, die entscheidend dafür sind, ob zufallsbedingte Ereignisse als potentielle Äußerungen verborgener Ursachen oder als bedeutungslos betrachtet werden. Ein weiteres Beispiel aus meiner eigenen Feldarbeit bei den Konso ist eine Auslosung, die ich beobachtet habe.

Einige Knaben und ein erwachsener Mann saßen eines Abends auf dem Weg, der zu meiner Hütte führte; einige der Gäste hatten starke Blähungen, eine Folge ihrer Körnernahrung. Nach einem besonders scheußlichen Windabgang, nach dem wir uns alle die Nase zuhielten und lauter als üblich unserer Empörung Ausdruck gaben, beschloß der anwesende Mann, Lose zu ziehen, um »Wer ist der Furzer?« herauszufinden! Er riß einige Strohhalme aus dem Dach meines Hauses, so viele wie Leute, mich eingeschlossen, anwesend waren, machte einen Halm kürzer als die anderen, nahm alle Halme in seine Faust und streckte diese der Reihe nach allen Anwesenden, auch mir, entgegen. Als einer der Knaben das kurze Stück erwischte, brüllten die anderen Knaben voller Freude los, warfen sich auf ihn und verabreichten ihm eine freundschaftliche Tracht Prügel. Es war keine Rede davon, daß man den wirklichen Sünder gefunden habe, sondern die ganze Affäre wurde als ein Spaß aufgefaßt, denn das Furzen ist bei den Konso ein beliebter Anlaß für derbe Späße.

Im Zusammenhang mit der Wahrsagung werden andererseits die zu Boden fallenden Kaffeebohnen, objektiv gesprochen ein ebenso zufallsbedingter Vorgang, als eine Manifestation verborgener Ursachen betrachtet. Ebenso können auch wir denselben Satz Spielkarten für eine Bridgepartie und anschließend für die Deutung der Zukunft benutzen. In der Bridgepartie betrachten wir eine selten vorkommende Kartenserie als eine Folge von schlechtem Mischen oder als »Glück«, doch wenn die Zukunftsdeutung auf die betreffende Person besonders gut zutrifft, so haben wir viel weniger die Neigung, dem Mischen oder dem Zufall die Schuld zu geben.

Während sich Piaget mit der Annahme, Primitive würden keinen Unterschied zwischen kausaler Bedeutung und Bedeutungslosigkeit in einer zufallsbedingten Situation machen, getäuscht hat, scheint seine grundsätzliche Behauptung, Primitive könnten die Möglichkeit eines zufälligen Zusammenwirkens von Kräften, das scheinbar sinnvolle Antworten oder Wirkungen hervorbringt, nicht begreifen, zuzutreffen. Wenn nämlich in einer zufallsbedingten oder in einer kausal strukturierten Situation den Ereignissen ein Sinn zugeschrieben wird, dann ist unser Einwand, der Zufall könnte mitgespielt haben, für den Primitiven nicht verständlich. Es gibt, mit anderen Worten, eine Vorstellung von »insignifikantem Zufall«, nicht aber von »signifikantem Zufall«. Ein Beispiel dafür liefert die Wahrsagungsmethode der Azande mit dem Hühner-Giftorakel. Hier wird der Wahrspruch auf seine Gültigkeit geprüft, aber in Form der *Folgerichtigkeit* der Antworten, nicht in bezug auf die Wahrscheinlichkeit dieser Antworten im Hinblick auf das, was der Zufall erwarten läßt, eine Vorstellung, die den Azande eher fremd ist.

Es werden zwei Kontrolltests durchgeführt, der *bambata sima* oder erste Test und der *gingo* oder zweite Test. Wenn ein Huhn bei der ersten Prüfung stirbt, muß ein zweites Huhn die andere Prüfung überleben, und wenn ein Huhn die erste Prüfung überlebt, muß ein zweites Huhn bei der anderen Prüfung sterben, damit der Wahrspruch als gültig anerkannt wird. Im allgemeinen wird die Frage so formuliert, daß das Orakel das Huhn beim ersten Test töten und ein weiteres Huhn beim Bestätigungstest verschonen muß, falls die Antwort ein Ja sein soll, oder daß es das Huhn bei der ersten Prüfung verschonen und beim Vergleichstest töten muß, falls die Antwort ein Nein sein soll; doch das ist keine bindende Vorschrift, und bisweilen werden die Fragen genau umgekehrt formuliert. Der Tod eines Huhns ist nicht an sich eine positive oder eine negative Antwort. Das hängt vielmehr von der Formulierung der Frage ab. Das übliche Verfahren sei durch ein Beispiel illustriert.

A

Erster Test: »Wenn X Ehebruch begangen hat, dann, Giftorakel, töte das Huhn. Wenn X unschuldig ist, dann, Giftorakel, verschone das Huhn.« Das Huhn stirbt.
Zweiter Test: »Das Giftorakel hat X des Ehebruchs schuldig erklärt, indem es das Huhn getötet hat. Wenn dieser Schuldspruch wahr ist, dann soll es das zweite Huhn verschonen.« Das Huhn überlebt.
Ergebnis: Ein gültiger Schuldspruch. X ist schuldig.

Ein Beispiel für einen ungültigen Schuldspruch sieht folgendermaßen aus:

C

Erster Test: »Wenn X Ehebruch begangen hat, dann, Giftorakel, töte das Huhn. Wenn X unschuldig ist, dann, Giftorakel, verschone das Huhn.« Das Huhn stirbt.
Zweiter Test: »Das Giftorakel hat X des Ehebruchs schuldig erklärt, indem es das Huhn getötet hat. Wenn dieser Schuldspruch wahr ist, dann soll es das zweite Huhn verschonen.« Das Huhn stirbt.
Ergebnis: Der Schuldspruch ist widersprüchlich und folglich ungültig. (Evans-Pritchard 1937, S. 299 f.)

Es sei festgehalten, daß die beiden Prüfungen nicht unbedingt an derselben Sitzung durchgeführt werden, es sei denn die Sache dränge und Orakelgift sei in genügender Menge vorhanden. »Oft halten die Azande einen einzigen Test für zureichend, insbesondere wenn das Orakel seine Antwort entschieden gibt, indem es das Huhn ohne zu zögern tötet.« Diese Prüfungen haben den Zweck festzustellen, ob das Gift wahllos wirkt, also alle Hühner tötet oder am Leben läßt; sie haben nicht die Aufgabe, die Wahrscheinlichkeit der Antwort zu vergrößern. Die Wahrscheinlichkeit einer richtigen Antwort auf eine Frage an das Orakelgift bei einem einzelnen Test ist natürlich ½, die Wahrscheinlichkeit derselben Antwort bei einer Umkehrung der Fragestellung im zweiten Test ¼. Doch die Folgerichtigkeit bei den Orakelantworten weist dieselbe Wahrscheinlichkeit auf, ebenfalls ¼. Geht man von der Annahme aus, daß das Orakel eine wirkliche Antwort gibt, so ist das Verfahren der Azande sinnvoll; da die Azande jedoch die Wahrscheinlichkeitsgesetze nicht kennen, kommen sie gar nicht auf die Idee, daß dasselbe Ergebnis durch irgendein Pseudo-Zufallsverfahren erzielt werden könnte.

Es ist recht interessant, wie die Azande ihre Hypothese, daß das Orakel sinnvolle Antworten, in gewissen Fällen aber auch absurde Antworten geben kann, weil das Gift unwirksam ist, weiter verfolgen.

Sie sagen, daß sie bisweilen neues Gift oder altes Gift, das, wie sie befürchten, schlecht geworden ist, weil man ihm dumme Fragen gestellt hat, prüfen. Bei Vollmond verabreichen sie dieses Gift einem Huhn, und dazu stellen sie folgende Frage:
»Giftorakel, befrage das Huhn über diese beiden Speere, die hier sind. Da ich dabei bin, zum Himmel hinaufzugehen, töte das Huhn, wenn ich den Mond heute mit meinen Speeren aufspieße. Wenn ich den Mond heute nicht aufspieße, dann, Giftorakel, verschone das Huhn.«
Wenn das Orakel das Huhn tötet, dann wissen die Leute, daß das Gift verdorben ist. (Ibid., S. 336 f.)

Ein Mann macht sich – die Azande sehen die Komik bei einer solchen Prüfung – über die Termiten lustig. Er steckt zwei Äste in die Gänge, wendet sich jedoch nicht mit der Aufforderung an die Termiten, die Zukunft vorauszusagen, indem sie den einen Ast auffressen, den anderen aber nicht anrühren, sondern er schweigt. Wenn er am folgenden Morgen sieht, daß die Termiten einen oder beide Äste abgenagt haben, so sagt er, sie hätten das getan, weil sie hungrig gewesen seien, und nicht als Antwort auf Fragen, die ihnen als Orakelträger gestellt worden seien; er wird aber die Termiten dieses Stocks nie mehr befragen. (Ibid., S. 337)

Die Azande sehen auch nicht ein, daß die bloße Tatsache, daß das Orakel eine folgerichtige Antwort auf ihre Fragen gibt, an sich noch keine Garantie dafür ist, daß diese echt ist und sich ihrer Natur nach von einem Zufallsergebnis unterscheidet.

Bei der Bewertung der kausalen Effizienz müssen neben anderen Faktoren auch das *Verhältnis* zwischen Erfolg und Mißerfolg, im Gegensatz zu *absoluten* Erfolgs- und Mißerfolgsraten, die Strenge der Bedingungen während der verschiedenen Versuche, die möglichen Beeinflussungen während der Versuche usw. berücksichtigt werden. Vermutlich dürften Primitive, von ganz offensichtlichen Fällen abgesehen, den absoluten Erfolgsraten den Vorzug vor den proportionalen geben und auch die Möglichkeiten von Beeinflussungen bei den Versuchen, falls diese nicht ebenfalls augenfällig sind, übersehen. Mit »offensichtlich« oder »augenfällig« meine ich so etwas: Bei den Tauade ist Ehebruch etwas außerordentlich Häufiges; einer ihrer Späße besteht darin, daß sie einen Käfer einer bestimmten Art in die Hand nehmen, der, wenn er zwischen den Fingern gehalten wird, mit dem Kopf nickt. Der Käfer wird gefragt »begatten die Leute einander?«, worauf er natürlich mit dem Kopf nickt – und dieses Nicken wird von den Tauade wie von uns als Zeichen der Zustimmung verstanden (es gilt aber nicht auf der ganzen Welt als solches). Der Spaß besteht, wenn ich ihn richtig verstehe, darin, daß in aller Öffentlichkeit auf das Geschlechtsleben der Leute aufmerksam gemacht wird und daß, weil der Geschlechtsverkehr in der Tauade-Gesellschaft so verbreitet ist, sogar einem Insekt diese Tatsache bekannt sein muß. Darüber hinaus geht aber aus der Art, wie diese »Wahrsagung« durchgeführt wird, auch hervor, daß sie nur als ein Scherz gemeint ist, woraus vielleicht zu schließen ist, daß eine Voraussage über etwas weit Verbreitetes in den Augen der Tauade nur einen entsprechend geringen Wert besitzt. Die Probe auf »voraussagbare Fälle« ist hier derart zugunsten des »Geschlechtsverkehrs« im Gegensatz zum »Nicht-Geschlechtsverkehr« beeinflußt, daß der Test für die Tauade offensichtlich ebenso wertlos wie für uns ist.

Ein Beispiel für das Unvermögen, solche Beeinflussungen zu berücksichtigen, und für das Denken in absoluten anstatt relativen Erfolgs- und Mißerfolgsraten ist die Art, wie die Konso den Erfolg meiner medizinischen Behandlung im Gegensatz zu der auf der Missionsstation der Lutheraner beurteilt haben.

Ich behandelte sie gegen Bindehautentzündungen, Dysenterie, Kopfschmerzen und Malaria, ebenso bei Schnitten und Verbrennungen; glücklicherweise darf ich sagen, daß ich meistens Erfolg hatte. Die Verletzungen und Krankheiten, um die es ging, waren an sich einfach zu behandeln, und da die meisten Leute nie zuvor mit modernen Antibiotica behandelt worden waren, sprachen sie auch sehr gut auf diese Medikamente an. Doch Sagara Giya (ein berühmter Wahrsager und Geschlechterverband-Priester, in dessen Haus ich lebte) zum Beispiel hätte wie viele andere Leute ohnehin nie die Klinik aufgesucht, sondern verließ sich ganz auf meine Behandlung. Ihm war nie ein Mißerfolg von mir zu Ohren gekommen, während viele Leute, die in der Klinik aufgenommen worden waren, nicht mehr lebend zurückgekehrt waren. Viele Leute hatten deswegen vor der Klinik Angst; sie sagten, das sei ein schlimmer Ort, weil die Leute dort stürben. (Nach Hallpike 1972, S. 308 f.)

Es muß jedoch auch erwähnt werden, daß man mich einmal bat, ein Mädchen zu behandeln, das vermutlich an einer Form von Enzephalitis litt; anfänglich schien es sich gut zu erholen, aber einige Wochen später starb es. Doch das konnte meinen Ruf nicht beeinträchtigen, weil der Vater glaubte, ein böser Geist sei für den Rückfall verantwortlich gewesen, und in einem solchen Fall hätte niemand helfen können. In einem anderen Fall konnte ich für einen Mann im letzten Stadium einer schweren Krankheit und mit hohem Fieber nichts mehr tun. Die Konso scheinen jedoch gedacht zu haben, da ich, absolut gesprochen, weniger Mißerfolge als die Missionsklinik aufzuweisen habe, sei bei mir folglich die Chance größer. Man mag dagegen einwenden, die Leute seien lieber zu mir gekommen, weil bei mir die medizinische Betreuung unentgeltlich war, doch damit ist nicht erklärt, weshalb einige der Leute sich ganz einfach weigerten, die Missionsklinik aufzusuchen, ob sie nun zu mir kamen oder nicht. Diese Weigerung beruhte offensichtlich auf der absoluten Zahl der Mißerfolge, d. h. der Todesfälle, in der Missionsklinik, ohne daß a) das Verhältnis zwischen diesen Todesfällen und der Zahl der Behandlungen oder b) die Möglichkeit, daß die in der Missionsklinik Verstorbenen auf alle Fälle gestorben wären, auch nur berücksichtigt worden wären. Die Gründe für meine »größere« Erfolgsrate waren faktisch, a) daß die Klinik viel mehr Patienten als ich hatte und b) daß viele ihrer Patienten viel schwerer erkrankt waren als die meinen, und einige davon unheilbar. Das sind jedoch Gründe statistischer Natur; 1. abgesehen von der Zahl der Fälle gibt es eine gewisse Risikorate, und je größer die Zahl der Erkrankten ist, um so größer ist auch die Zahl der wirklichen Risiken; 2. diese Risikorate ist offensichtlich größer, wenn die Menschen der beiden Kontrollgruppen in bezug auf dieses Risiko nicht gleich sind. Primitive denken in absoluten anstatt proportionalen Häufigkeiten, weil sie das Gesetz der großen Zah-

len nicht kennen. Insofern sie absolute Häufigkeiten als selbstver-
ständliche Manifestationen der kausalen Effizienz behandeln, ist
ihnen die Vorstellung fremd, daß solche Häufigkeiten das Ergebnis eines Irrtums bei der Beurteilung der Kontrollgruppen sind.

Die Begriffe Zufall und Wahrscheinlichkeit, die für unseren
Kausalitätsbegriff grundlegend sind, fehlen im primitiven Denken,
weil solche Vorstellungen von den operativen Koordinationen und
Kombinationen aller *möglichen*, im Gegensatz zu den tatsächlich
eintretenden, Kombinationen herrühren. Diese fehlende Koordination ist typisch für das präoperative Denken.

4. Unvereinbarkeit und das Umgehen von Konflikten zwischen Glauben und Erfahrung

Wenn man annimmt, für den Primitiven müsse es so viele Konflikte zwischen
seinem Glauben und seinen Erfahrungen geben, wie es uns scheint, so übersieht man die Tatsache, daß »Erfahrung« an sich für Leute aus verschiedenen
Kulturen nicht dasselbe ist. Konflikte zwischen Glauben und Tatsachen kann
es für Eingeborene theoretisch geben, wenn sich die Voraussagen von Orakeln
als falsch erweisen oder wenn es einem Regenmacher nicht gelingt, Regen
auszulösen, doch dafür gibt es immer Auswege in ihrem Denksystem; ...
wenn etwa bestimmte Personen aus dem Bereich der Magie und Wahrsagung
offensichtlich Mißerfolg haben, so wird das System von Überzeugungen, an
das sie und ihre Zuhörer glauben, nicht in Frage gestellt, sondern nur ihr
Erfolg oder ihr Mißerfolg von diesem Glauben her gesehen. (Hallpike 1964,
S. 243 f.)

Polanyi (1958, S. 286–292) erwähnt die folgenden Punkte als Gründe für die Widerstandskraft des Zaubereiglaubens der Azande gegenüber dem Ansturm des europäischen gesunden Menschenverstandes. Die Stabilität eines Systems von impliziten Überzeugungen ist auf mindestens drei Ursachen zurückzuführen:

1. Zirkularität – die Fähigkeit eines Systems von impliziten
Glaubenssätzen, Einwände einzeln zu widerlegen. »Solange jeder
Zweifel einzeln ausgeräumt wird, bewirkt er, daß die grundlegenden Überzeugungen, gegen die er erhoben wurde, gestärkt
werden.

2. Die zweite Ursache für die Stabilität ist die automatische
Ausweitung des Zirkels, innerhalb dessen das Interpretationssy-

stem operiert. Das heißt, es besteht eine Tendenz, sekundäre Theorien auszuarbeiten, und zwar in immer reicherer Zahl, um das zu erklären, was den primären Voraussagen nicht gelungen ist.

3. Die dritte Ursache für die Stabilität solcher Systeme

zeigt sich ... in der Art, wie jeder rivalisierenden Auffassung der Boden entzogen wird, in dem sie Wurzeln schlagen könnte. Erfahrungen, die eine neue Auffassung stützen würden, können nur einzeln, eine nach der anderen, beigebracht werden. Eine neue Auffassung z. B. der natürlichen Ursachen anstelle des Zande-Aberglaubens kann nur durch eine Reihe von relevanten Beispielen durchgesetzt werden, und eine solche Evidenz kann sich im Geist der Leute nicht anhäufen, wenn abwechselnd jedes einzelne Beispiel ignoriert wird, weil das Konzept fehlt, das ihm eine Bedeutung geben würde. (Polanyi 1958, S. 291)

Die Gültigkeit von Polanyis Behauptungen kann durch eine genauere Untersuchung der Methoden belegt werden, mit denen die Azande offensichtlichen Widersprüchen in ihren Überzeugungen über die Hexerei-Substanz und die Natur des Giftorakels aus dem Wege gehen. Evans-Pritchard hat diese Verhältnisse in den Einzelheiten analysiert.

Die Azande glauben, die Hexerei werde bei Männern von deren Vätern und bei Frauen von deren Müttern vererbt. Die eigentliche Hexerei-Substanz, von der diese Kraft ausgeht, kann durch eine Autopsie in den Eingeweiden festgestellt werden.

Wenn der Beweis erbracht ist, daß ein Mann ein Hexer ist, so wäre es für uns klar, daß alle Männer seines Clans *ipso facto* ebenfalls Hexer wären, denn der Zande-Clan besteht aus einer Gruppe von Personen, die in der männlichen Linie biologisch miteinander verwandt sind. Die Azande sehen den Sinn dieses Arguments, doch sie akzeptieren die Folgerungen, die sich daraus ergeben, nicht, und der ganze Begriff der Hexerei würde widersprüchlich, wenn sie es täten. In der Praxis halten sie nur nahe patrilineare Verwandte eines bekannten Hexers ebenfalls für Hexer. Nur theoretisch weiten sie die Unterstellung auf die ganze Sippe eines Hexers aus ...

Wenn der Beweis, daß ein Mann ein Hexer sei, zweifelsfrei erbracht ist, benützen seine Verwandten, um ihre Unschuld zu beweisen, eben gerade das biologische Prinzip, das sie anscheinend ebenfalls in Mißkredit bringen müßte. Sie geben zu, daß der Mann ein Hexer sei, aber sie leugnen, daß er zu ihrem Clan gehöre. Sie sagen, er sei ein Bastard, denn bei den Azande gehört ein Mann immer zum Clan seines *genitor*, nicht seines *pater*, und man hat mir gesagt, daß sie die Mutter des Hexers, falls sie noch lebt, zwingen, den Namen ihres Liebhabers preiszugeben, indem sie sie schlagen und fragen: »Was soll das, daß du in den Urwald gehst, um durch Ehebruch Hexerei zu erwerben?« Häufiger erklären sie einfach, der Hexer müsse ein Bastard sein, denn sie hätten keine Hexereikraft in ihren Körpern, der Hexer könne somit nicht zu ihrer Verwandtschaft gehören. Um diese Behauptung zu untermauern, erwähnen sie Beispiele von Angehörigen ihres Clans, bei denen eine Autopsie gezeigt habe, daß sie frei von Hexerei seien. Es ist nicht anzunehmen, daß andere Leute diese Ausrede akzeptieren, aber diese werden gar nicht gefragt, ob sie damit einverstanden seien oder nicht.

Laut Meinung der Zande kann ein Mann, der der Sohn eines Hexers ist und Hexerei-Substanz in seinem Körper hat, von dieser auch keinen Gebrauch machen. Die Substanz kann unwirksam, »kalt«, wie die Azande sagen, bleiben, das ganze Leben lang, und man kann einen Mann schwerlich als Hexer klassieren, wenn seine Kraft nie wirksam wird ...

Die Azande spüren den Widerspruch nicht so wie wir ihn sehen, weil sie an der Sache nicht theoretisch interessiert sind; die Situationen, in denen ihr Glaube an Hexerei zum Ausdruck kommt, zwingen sie auch nicht zu einer solchen Fragestellung. Ein Mann befragt nie die Orakel, die zu Lebzeiten allein das Vorhandensein einer solchen Hexerei-Substanz enthüllen könnten, ob ein bestimmter Mann ein Hexer sei. Er fragt nur, ob dieser Mann ihn zu diesem Zeitpunkt behext. Man versucht nur herauszufinden, ob man unter besonderen Umständen von einem solchen Mann behext wird, nicht ob er als Hexer geboren sei. Wenn die Orakel sagen, daß man in diesem Moment von einem bestimmten Mann geschädigt wird, dann weiß man, daß er ein Hexer ist; wenn die Orakel aber sagen, daß man in diesem Moment nicht von ihm geschädigt werde, so weiß man nicht, ob er ein Hexer sei oder nicht, und man geht nicht weiter auf die Sache ein. Falls er ein Hexer ist, hat das keine Bedeutung, solange man nicht sein Opfer ist. Ein Zande ist an der Hexerei nur insofern interessiert, als sie bei bestimmten Gelegenheiten wirksam wird und seine eigenen Interessen tangiert, sie kümmert ihn nicht als eine permanente Eigenschaft bestimmter Menschen. (. . .) Die Azande befassen sich nur mit der Dynamik der Hexerei in besonderen Situationen ...

Kleinere Mißgeschicke geraten rasch in Vergessenheit, und diejenigen, die sie verursacht haben, werden vom Geschädigten und seiner Sippe als Hexer bei dieser besonderen Gelegenheit und nicht als überführter Hexer betrachtet. Nur Personen, die von den Orakeln immer wieder als für Krankheit und Verluste verantwortlich bezeichnet werden, gelten als überführte Hexer, und in früheren Zeiten wurde ein Hexer nur, wenn er jemanden getötet hatte, zu einem geächteten Menschen in der Gesellschaft. (Evans-Pritchard 1937, S. 24 ff.)

Die Azande sagen außerdem, sie würden willentlich behext, denn sie verdächtigen immer ihre Feinde, wenn ihnen ein Unglück widerfährt; zuerst glauben sie jeweils, sie hätten unter der Bosheit anderer Menschen zu leiden, und sind deshalb überrascht, wenn sie selbst von einem Orakel als Hexer bezeichnet werden. In solchen Fällen versuchen sie Gründe zu finden, weshalb das Orakel sich geirrt habe, oder sie behaupten, ihre Zauberkraft wirke unbewußt. Wenn ein Mann selbst angeklagt wird, dann ist das ein Sonderfall, in dem er sich nur auf seine eigene Erfahrung stützen kann, wenn aber andere angeklagt werden, dann akzeptiert er die offizielle Meinung, alle Hexerei geschehe bewußt. Ebenso wissen Medizinmänner, daß es sich um Betrug handelt, wenn sie Gegenstände aus dem Körper von Patienten »entfernen«, sie glauben aber, daß andere Medizinmänner über wirkliche Zauberkräfte verfügen.

Wir müssen uns vor Augen halten, daß eine formelle Doktrin nicht in allen Situationen beschworen werden muß. Sie kann von einem Menschen unter bestimmten Umständen abgelehnt und unter anderen Umständen angerufen werden, oder ihr Inhalt kann zweideutig sein, so daß sie den Erfordernissen derselben Person unter verschiedenen Umständen genügt. (Ibid., S. 120)

Die Auffassungen der Zande sind derart zahlreich, vielgestaltig und plastisch, daß jemand darin immer ein Element findet, das in einer gegebenen Situation seinen Interessen dient. Er lehnt diese Auffassungen nicht ab, sondern wählt aus, was für ihn in jeder Situation von größtem Vorteil ist, und geht über alles andere hinweg. (Ibid., S. 133)

. . . jede Situation erfordert das besondere Denkmuster, das zu ihr paßt. In einer bestimmten Situation benützt ein Mensch eine Auffassung, die er in einer anderen Situation ablehnt. Die zahlreichen Überzeugungen, die ich aufgezeichnet habe, sind ebensoviele verschiedene Denkwerkzeuge, aus denen man diejenigen auswählt, die einem hauptsächlich von Nutzen sind. A konsultiert beispielsweise das Orakel, und dieses tut ihm kund, daß B Ehebruch mit seiner Frau begangen hat; B weiß, daß er unschuldig ist, oder möchte andere davon überzeugen, daß er unschuldig sei. A erklärt, das Giftorakel könne sich nicht irren und dessen Enthüllungen seien ein absoluter Beweis für die Schuld von B. B kann dagegen die folgenden Einwände vorbringen: a) daß das Orakel überhaupt nie befragt worden sei, b) daß ein Hexer seinen Namen dem Orakel unterschoben habe, um ihn anzuschwärzen oder sich selbst zu schützen, c) daß der Wahrspruch auf Zauberei zurückzuführen sei. (Ibid., S. 394 f.)

Die Azande tauschen keine Erfahrungen über den Erfolg ihrer Rache-Magie gegen Hexer aus, so daß jedermann wüßte, daß ein Mann X als Mörder durch Hexerei und dadurch als Zielscheibe für die Rache durch die Sippe seines Opfers bezeichnet wurde. Umgekehrt wird die Identität von Hexerei-»Mördern«, die durch das Orakel der Sippe seines Opfers enthüllt wurde, geheim gehalten, obwohl, bevor Rache genommen wird, das Orakel des Fürsten den Wahrspruch des Orakels der Sippe bestätigen muß. Diese Geheimhaltung in bezug auf die Zielscheibe der magischen Rache ist wesentlich:

Falls bekannt würde, daß der Tod eines Mannes X an einem Hexer Y gerächt worden ist, dann würde das ganze Verfahren absurd, denn der Tod von Y wird ebenfalls von seiner Verwandtschaft an einem Hexer Z gerächt. (Ibid., S. 27)

Die Fürsten müssen sich des Widerspruchs bewußt sein, denn sie kennen die Gründe für jeden Todesfall in ihren Provinzen. Als ich den Fürsten Gangura fragte, weshalb er den Tod eines Mannes sowohl als Folge von Rache-Magie als auch von Hexerei akzeptiere, lächelte er; er gab zu, daß am gegenwärtigen System nicht alles in Ordnung sei. Einige Fürsten sagten, sie würden es nicht zulassen, daß ein Mann gerächt werde, wenn sie wüßten, daß er durch Rache-Magie getötet worden sei, aber ich glaube, daß sie gelogen haben. Es ist nicht mit Sicherheit zu ergründen, denn selbst wenn ein Fürst der Sippe eines toten Mannes sagen würde, dieser sei durch Rache-Magie getötet worden und dürfe nicht gerächt werden, so sagt er ihr das unter dem Siegel der Verschwiegenheit, und die Sippe ihrerseits würde seine Worte geheimhalten. Sie würden ihren Nachbarn gegenüber behaupten, daß sie Rache für ihren Verwandten übten, und nach einigen Monaten das Trauerkleid aus Bast als Zeichen, daß die Rache vollzogen sei, aufhängen, weil sie nicht möchten, daß die Leute wissen, ihr Verwandter sei ein Hexer gewesen. (Ibid., S. 28 f.)

Es gibt faktisch keine Möglichkeit, durch empirische Mittel ein Versagen der Orakel nachzuweisen, denn die Kräfte, deren Wirkung sie angeblich enthüllen, sind mystischer Natur, die Voraussagen unklar, und für ein Versagen kann es auch viele andere mögliche sekundäre Gründe geben. Was die Gültigkeit der Voraussagen betrifft, schreibt Evans-Pritchard über seine eigenen Erfahrungen mit dem Reibbrett-Orakel:

Ich versuchte bei anderen Gelegenheiten, das Orakel hereinzulegen, indem ich ihm Fragen in eigener Sache stellte, so daß ich die Genauigkeit der Antworten etwas später überprüfen konnte, z. B. »Regnet es morgen?«, »Heute nachmittag statte ich Fürst Gangura einen Besuch ab; wird er zu Hause sein?«, »Morgen gehe ich auf die Jagd; werde ich ein Wild erlegen?«. Das Orakel gab die Antwort »ich weiß es nicht«. Sobald ich die Fragen auf eine allgemeinere Art stellte, so wie die Zande es tun, gab es mir unumwunden positiven oder negativen Bescheid, der im allgemeinen zutraf. (Ibid., S. 367)

Wenn ein Orakel widersprüchlich ist, so kann das auf mehrere Gründe zurückzuführen sein:

1. Es ist eine falsche Spielart des Giftes verwendet worden.
2. Derjenige, der das Orakel durchgeführt hat, hat ein Tabu verletzt.
3. Durch Hexerei ist das richtige Funktionieren des Orakels verhindert worden.
4. Der Zorn des Herrn des Waldes, in dem die Schlingpflanze, die

das Gift liefert, wächst, hat die Qualität des Giftes beeinträchtigt.
5. Das Gift war zu frisch oder zu alt, oder es war schon zu oft verwendet worden.
6. Der Zorn der Geister hat das Orakel unwirksam gemacht.
7. Zauberei hat das Orakel unwirksam gemacht.

Die verschiedenen übernatürlichen Überzeugungen, der Glaube an Orakel, Zauberei, Hexerei und an die Kraft der Medizinmänner, bilden darüber hinaus ein System von Vorstellungen, die sich gegenseitig stützen:

Da es Hexerei und Zauberei gibt, gibt es natürlich auch Medizinmänner. Irgendein Anreiz zum Agnostizismus ist nicht gegeben. Alle Überzeugungen hängen miteinander zusammen, und falls ein Zande seinen Glauben an die Zauberkraft der Medizinmänner aufgeben würde, müßte er auch auf seinen Glauben an Hexerei und Orakel verzichten. Eine Medizinmänner-Séance ist eine öffentliche Bestätigung der Hexerei als einer Tatsache. Sie ist eine der Möglichkeiten, um den Glauben an Hexerei einzuprägen und zum Ausdruck zu bringen. Die Medizinmänner sind auch ein Teil des Orakelsystems. Zusammen mit dem Reibbrett-Orakel liefern sie die Fragen für das Gift-Orakel, das ihre Enthüllungen bestätigt. In diesem Gewebe von Überzeugungen ist jeder Faden von jedem anderen Faden abhängig, und ein Zande kann aus diesen Maschen nicht ausbrechen, weil sie die einzige Welt sind, die er kennt. Das Gewebe ist keine äußere Struktur, in die er eingeschlossen wird. Es ist die Textur seines Denkens, und er kann sich nicht denken, daß dieses Denken falsch sei. Dennoch sind seine Überzeugungen nicht absolut fixiert, sondern veränderlich und schwankend, so daß sie sich auf verschiedene Situationen anwenden lassen und empirische Beobachtungen und sogar Zweifel zulassen. (Ibid., S. 194 f.)

Die Überzeugungen der Azande hinsichtlich der Natur des Orakelgiftes sind ebenso widersprüchlich, doch der Durchschnittsazande meistert diese Verwicklungen:

Benge wird aus einer wildwachsenden Schlingpflanze gewonnen; man könnte also durchaus annehmen, seine Eigenschaften rührten von dieser Schlingpflanze her, seien mit anderen Worten natürliche Eigenschaften, doch in den Augen der Azande wird das Gift nur zum *benge* für Orakel-Befragungen (und außerhalb einer solchen Situation sind sie an ihm nicht interessiert), wenn es unter Beachtung von Tabus hergestellt worden ist und auf traditionelle Weise verwendet wird. Nur derart hergestelltes *benge* ist nach Zande-Meinung, streng genommen, überhaupt *benge*. (Ibid., S. 314)
Wenn die Azande eine Substanz besitzen, die mit Gewißheit giftig ist, so ist das *benge*; täglich werden seine tödlichen Eigenschaften an Hühnern bestätigt,

und auch an Menschen sind sie schon erwiesen worden; die Azande können sich aber gar nicht vorstellen, daß man Leute töten könnte, indem man das Gift in ihre Nahrung mischt. (Ibid., S. 316)

Die Andeutung, *benge* könnte auch so gebraucht werden, wird durch die Bemerkung verworfen, es wäre für einen solchen Zweck nutzlos, weil seine Wirkung in den Augen der Azande von seinen mystischen Eigenschaften herrührt, was voraussetzt, daß es richtig angesprochen und im Namen eines Orakels verwendet werden muß. Die Vorstellung einer mystischen Kraft ist mit der Auffassung der Medizinen insgesamt verbunden:

Einige Zande-Medizinen bringen tatsächlich die erstrebte Wirkung hervor; soweit ich es aber beobachten konnte, machen die Zande keinerlei qualitativen Unterschied zwischen solchen Medizinen und anderen, die keine objektiven Folgen haben. Für sie sind alle gleichermaßen *ngua*, Medizin, und alle werden auf ziemlich dieselbe Weise mit magischen Riten hergestellt. Ein Zande hält sich an Tabus und spricht das Fischgift an, bevor er es ins Wasser wirft, so wie er den Krokodilzahn anspricht, wenn er die Stämme seiner Bananenbäume damit reibt, um deren Wachstum anzuregen. Das Fischgift lähmt tatsächlich die Fische, während der Krokodilzahn, um es gerade heraus zu sagen, keinen Einfluß auf die Bananenpflanze hat. Ebenso wird der Milchsaft einer Wolfsmilchart, *Euphorbia candelabra*, als Pfeilgift verwendet. Die Azande zapfen aber diese Fettpflanze nicht nur an. Es müssen auch Opfer dargebracht werden, und der Jäger spricht den Saft auf dieselbe Weise an, wie er eine magische Salbe anspricht, mit der er sein Handgelenk einreibt, damit der Speer durch seinen Wurf schnell und zielsicher wird. Weil die Azande von Medizinen, die wirklich giftig sind, gleich sprechen wie von solchen, die harmlos sind und beide auch gleich verwenden, würde ich zum Schluß kommen, daß sie keinen Unterschied zwischen ihnen machen. (Ibid., S. 316)

Die Auffassungen der Zande sind nicht immer leicht mit ihrem Verhalten und untereinander in Einklang zu bringen. Sie sagen, die Leute würden bisweilen die Hühner essen, nachdem sie das Gift entfernt hätten, und ein solches Handeln würde eigentlich ein Wissen um die natürlichen Eigenschaften von *benge* voraussetzen, das sie in anderen Situationen nicht zugeben wollen. Der Besitzer eines getöteten Huhns entfernt Magen und Hals und bereitet das tote Tier zu. Meine Informanten sagen, man würde versuchen, alles Gift aus dem toten Tier zu entfernen. Ich weiß nicht, ob viele Leute diese toten Hühner essen, aber einige tun es bestimmt . . .

Die Tatsache, daß aus Hühnern Gift entfernt wird, legt jedenfalls die Annahme nahe, daß die Azande bis zu einem gewissen Grade die natürlichen Eigenschaften dieses Giftes kennen. Sie verfügen tatsächlich über genügend Erfahrung, die ihnen zeigt, daß *benge* ein natürliches Gift ist, das auch ohne Tabus und Zaubersprüche wirksam ist – womit ich sagen möchte, daß ein gebildeter, von der Zande-Kultur unbeeinflußter Europäer ohne weiteres zu diesem Schluß käme, wenn er das Wissen der Zande hätte. Laut Mons. Lagae heißt die *andegi* genannte Abart der giftigen Schlingpflanze so, weil die *andegi*-Vögel zugrunde gehen, wenn sie die Blüten dieser Pflanze essen . . . Einige Azende glauben, das Gift verliere durch Alterung seine Wirkung, es werde wirksamer, wenn man es der Sonne aussetze, und weniger wirksam, wenn man es in Wasser auflöse . . .

Ohne Laborexperimente kann man unmöglich bestimmten Regelmäßigkeiten bei der Wirkung des Orakels auf die Spur kommen. Durch Beobachtung allein läßt sich nicht erklären, weshalb einige Hühner sterben und andere überleben. Es ist eine Tatsache, daß die Azande ziemlich gleich handeln, wie wir unter ähnlichen Umständen handeln würden, und daß sie die gleiche Art von Beobachtungen machen, die auch wir machen würden. Sie erkennen, daß ein bestimmtes Gift stark und ein anderes schwach wirkt und geben deshalb, je nach Giftart, kleinere oder größere Dosen. Während einer Séance hört man oft »es ist nicht stark genug«, »du hast dem Huhn genug davon gegeben« und ähnliche Ausdrücke. Doch die Azande stehen unter dem Eindruck eines alles beherrschenden Glaubens, der sie davon abhält, Experimente anzustellen, Widersprüche zwischen den einzelnen Prüfungen, zwischen den Wahrsprüchen verschiedener Orakel und zwischen den Orakeln und der Erfahrung zu verallgemeinern. Will man verstehen, weshalb die Azande aus ihren Beobachtungen nicht dieselben Schlüsse ziehen, die wir aus den gleichen Tatsachen ziehen würden, so muß man sich vor Augen halten, daß ihre Aufmerksamkeit auf die mystischen Eigenschaften des Gift-Orakels fixiert ist und daß die natürlichen Eigenschaften des Giftes für sie so wenig Bedeutung haben, daß sie sich ganz einfach nicht die Mühe machen, sie in ihre Überlegungen einzubeziehen. Für sie ist die Schlingpflanze etwas anderes als das daraus hergestellte und rituell verwendete Produkt, und die Schlingpflanze hat in ihren Orakel-Vorstellungen kaum einen Platz. Wenn der Geist der Zande nicht auf die mystischen Eigenschaften von *benge* fixiert und völlig von diesen beherrscht wäre, würde er die Bedeutung des Wissens, das er schon hat, erkennen. So aber wird der Widerspruch zwischen den Überzeugungen und den Beobachtungen der Azande erst allgemein und offenkundig, wenn alle diese Tatsachen nebeneinander in einer ethnographischen Abhandlung aufgezeichnet werden.

Ich habe alle Tatsachen, die ich durch monatelange Beobachtung und Befragung über das Gift-Orakel herausfinden konnte, gesammelt und alle diese Notizen in einem Kapitel über Zande-Orakel zusammengestellt. So lassen sich die Widersprüche im Denken der Zande ohne weiteres sehen. Doch im wirklichen Leben sind diese Wissensfragmente nicht Teile eines unteilbaren Konzepts, so daß ein Mann, wenn er über *benge* nachdenkt, alle diese Einzelheiten bedenken müßte, die ich hier aufgezeichnet habe. Diese gehören verschiedenen Systemen an und sind nicht miteinander koordiniert. Der für uns so offenkundige Widerspruch springt deshalb einem Zande nicht in die Augen. Falls er sich überhaupt eines Widerspruchs bewußt ist, so betrifft das irgendeine Einzelheit, die er leicht aus seinem eigenen Glauben heraus erklären kann. (Ibid., S. 317 ff.)

Daß Evans-Pritchards Argument stichhaltig ist, weiß jeder Ethnograph. Wenn man in einer primitiven Gesellschaft arbeitet, die ganz im Banne des Kontexts, der Konventionen und ihrer anderen Eigentümlichkeiten steht, hat man außerordentliche Mühe, alle Informationen in einen allgemeinen und vergleichenden Rahmen zu stellen. Das herkömmliche Verhalten und die üblichen Redensarten fügen sich derart gut in den Hintergrund und die Assoziationen ein, daß man nur durch eine entschlossene geistige Anstrengung in den Stand versetzt wird, den Kontext der Ereignisse zu übersteigen und die unterschwelligen Verhaltensmuster und Inkonsequenzen zu erkennen.

Es muß noch festgehalten werden, daß im Glaubenssystem der Azande Platz für Zweifel ist:

Zweifel an den Medizinmännern werden sozial nicht unterdrückt. Weil es keine formelle und zwingende Doktrin gibt, dürfen Azande sagen, daß viele, sogar die meisten Medizinmänner Schwindler seien. Solche Meinungen begegnen keinem Widerstand, aber sie schmälern in keiner Weise den grundlegenden Glauben an die prophetische und therapeutische Kraft der Medizinmänner. Skepsis ist im Medizinmänner-Glaubensmodell eingeschlossen. Glaube und Zweifel sind gleichermaßen traditionell. Zweifel erklärt die Mißerfolge von Medizinmännern, stützt aber auch den Glauben an andere, wenn sich die Leute zu bestimmten anderen Medizinmännern hingezogen fühlen. (Ibid., S. 193)

Von dieser Analyse der Glaubensvorstellungen der Azande ausgehend, würden wir die folgenden spezifischen Faktoren als besonders wichtig für die Verhinderung einer Akkommodation an die Wirklichkeit vorschlagen:

1. kein wirkliches Verständnis der Wahrscheinlichkeit;
2. die Interpretation der Ereignisse durch ihre Wirkung auf das eigene Ich;
3. eine daraus sich herleitende Indifferenz einer theoretischen Verallgemeinerung gegenüber, die auf einem objektiven Vergleich der Orakel-Voraussagen basieren würde;
4. verschiedene Interpretationen von mystischen Ereignissen je nach der eigenen sozialen Situation und persönlichen Interessen;
5. verschiedene soziale Hindernisse gegen eine Analyse der Arbeitsweise der Orakel und der Hexerei, als wichtigstes davon die Geheimhaltung;
6. die Erfahrung wird beherrscht von kontextgebundenen Assoziationen;

7. die Interdependenz der übernatürlichen Überzeugungen;
8. die zahlreichen sekundären Erklärungen, um Mißerfolge bei den Voraussagen zu rechtfertigen;
9. mystische Handlungen und Prozesse, beispielsweise Hexerei und Zauberei, sind grundsätzlich nicht verifizierbar;
10. die Voraussagen der Orakel sind so verschwommen und allgemein, daß sie durch die späteren Tatsachen nicht schlüssig widerlegt werden können;
11. die individuelle Erfahrung gilt im Vergleich zur orthodoxen Meinung als wertlos.

5. Der paranormale und der primitive Wahrscheinlichkeitsbegriff

Aufgrund dessen, was wir über die Merkmale des primitiven Kausalitätsbegriffs gesagt haben – Essentialismus, Vergegenständlichung von Prozessen, begrifflicher Realismus und das Fehlen jeglichen operativen Verständnisses der Wahrscheinlichkeit zum Beispiel –, könnte man vermuten, daß der primitive Glaube an »paranormale« Einflüsse und Phänomene als ein Produkt des präoperativen Denkens erklärt werden könnte. Es gibt darüber hinaus eine breite Vielfalt von psychologischen Phänomenen, die weltweit verbreitet sind, etwa (neben den Träumen) Halluzinationen, Autosuggestion, Bewußtseinsspaltung und Geistesgestörtheit, Trancezustände, die dem Primitiven alle als Beweis für das Wirken unsichtbarer Kräfte oder Wesen auf die Person dessen, der diese Wirkungen erfährt, erscheinen müssen, insbesondere wenn eine solche Person außergewöhnliche Kräfte, eine veränderte Stimme, unerwartete oder unerklärliche Kenntnisse oder Immunität gegen Feuer oder Verletzung zeigt. Zusammen mit dem durch das präoperative Denken hervorgebrachten Weltbild verstärken solche Phänomene, insbesondere in einem primitiven Milieu, die Vorstellungen von einer ursprünglichen Kausalität, die wir in diesem Kapitel betrachtet haben. Meiner Meinung nach wäre das jedoch eine zu simplistische Lösung für die Frage des weltweiten Glaubens an paranormale Phänomene, so simplistisch wie der Versuch, solchen Glauben rein soziologisch erklären zu wollen.

Die vorherrschende gängige Auffassung über den sozialen Ursprung geistiger Überzeugungen kommt wahrscheinlich bei Leach klar zum Ausdruck:

Aus alledem wird klar, daß die verschiedenen *nats* (Geister) in der religiösen Ideologie der Kachin, wenn man sie genau analysiert, *nichts weiter* (von mir betont) als Möglichkeiten sind, die formalen Beziehungen zu beschreiben, die in der gewöhnlichen menschlichen Gesellschaft der Kachin zwischen wirklichen Personen und wirklichen Gruppen bestehen.

Die Götter bedeuten gute Beziehungen, die Ehre und Respekt mit sich bringen, die Gespenster und Hexen schlechte Beziehungen wie Mißgunst, Böswilligkeit und Verdacht. Hexerei wird manifest, wenn die normalen Zwänge der ideal richtigen Sozialordnung ihre Kraft verlieren. (Leach 1954, S. 182)

Daß spirituelle Wesen und Kräfte in jeder Gesellschaft mit Merkmalen behaftet sind, die mit den dominierenden Themen der sozialen Beziehungen in dieser Kultur zusammenhängen, ist von Ethnographen immer und immer wieder aufgezeigt worden; zu argumentieren, die geistigen Wesen seien *nichts weiter* als Aussagen über soziale Beziehungen, ist eine unberechtigte Folgerung, denn es gibt eine in die Augen springende Ähnlichkeit zwischen »übernatürlichen« Phänomenen, die die Grenzen von Zeit und Kultur übersteigt und die mit der Annahme, übernatürliche Überzeugungen seien nur Ausdruck sozialer Beziehungen, nicht erklärt werden kann.

Andrew Lang, der erste und bis in jüngste Zeit auch der letzte Anthropologe, der paranormale Phänomene ernst nahm, hat bemerkt:

... die ungewöhnlichen Ähnlichkeiten zwischen primitiven und klassischen spiritistischen Riten und die entsprechende Ähnlichkeit mit angeblich modernen Phänomenen werfen Probleme auf, die leichter zu formulieren als zu lösen sind. Solche Vorkommnisse wie das »Klopfen«, die Bewegung von Gegenständen, die niemand berührt, die Lichterscheinungen im Séance-Zimmer zum Beispiel können leicht vorgetäuscht werden. Daß aber unwissende heutige Gauner genau dieselben Klopftöne, Lichterscheinungen und Bewegungen wie die zurückgebliebensten und unverdorbensten Barbaren und wie die gebildeten Platoniker im vierten nachchristlichen Jahrhundert vortäuschen sollen und daß viele der anderen Phänomene in allen Fällen identisch sein sollen, ist sicher bemerkenswert. (Lang 1896, S. 35)

Lang schlug vor, die weite Verbreitung von Phänomenen wie Hellseherei, Zukunftsdeutung mit Kristallen, Halluzinationen und Erscheinungen, Besessenheit durch Dämonen, Medien zur Geisterbeschwörung und Wahrsagestäben zu verschiedenen Zeiten und in verschiedenen Gesellschaftssystemen sei nicht bloß ein Trugbild, sondern ein Zeichen von echten menschlichen Fähigkeiten, die von der Wissenschaft nicht anerkannt würden:

Meiner Meinung nach stellt sich die Frage so: »Haben der Rote Indianer, der Tartar, der Hochlandseher und das Medium von Boston (dasjenige mit dem schlechtesten Namen in der ganzen Menagerie), die so oft untersucht und über die die wildesten Vermutungen angestellt wurden, die immer wieder nachgeahmt und durch Betrug in ein schiefes Licht gebracht wurden, etwas von einer wirklichen menschlichen Fähigkeit in sich, die es nicht verdient, ohne genauere Prüfung einfach abgetan zu werden?« (Lang 1900, S. 5 f.)

Diese aufgeschlossene Haltung ist leider in der späteren Geschichte der Disziplin etwas fast Einmaliges geblieben. Die Anthropologen haben ganz einfach angenommen, ohne, so weit die Dinge überblickbar sind, einen unvoreingenommenen Versuch zu machen, die vorhandenen Belege (insbesondere auch solche, die durch Forscher in unserer eigenen Gesellschaft aufgedeckt wurden) zu beurteilen, die paranormalen Phänomene seien abergläubischer Unsinn, der durch die »Wissenschaft« schlüssig widerlegt worden sei. Wir wollen uns hier auf keinen Fall mit der *Natur* des Paranormalen befassen, sondern nur mit dieser Tatsache, daß es verschiedene Arten von Phänomenen gibt – gleichgültig was über ihre wirkliche Natur noch herausgefunden werden mag –, die darauf hinweisen könnten, daß es tatsächlich Kräfte gebe, die über das rein Materielle hinausgehen, und zwar nicht nur bei Primitiven, sondern auch bei gebildeten Angehörigen unserer eigenen Gesellschaft. Damit soll nachdrücklich gesagt sein, daß Erklärungen für einen solchen Glauben an das Paranormale nicht von den Besonderheiten des präoperativen Denkens oder von kulturellen Faktoren abgeleitet werden können, obwohl die Form und das Ausmaß dieses Glaubens zweifellos von solchen Faktoren stark beeinflußt sind.

Durkheim hat in seiner Auseinandersetzung mit der Theorie Langs nicht so sehr die Möglichkeit des Paranormalen in Abrede gestellt, sondern die Meinung vertreten, »spiritistische« Erfahrungen seien nicht häufig oder auffällig genug, um als Grundlage für alle die verschiedenen religiösen Vorstellungen und Praktiken herangezogen werden zu können, die mit Seelen und Geistern zusammenhängen, doch man muß sich den Einfluß paranormaler Phänomene nicht so radikal und universell vorstellen. Es genügt schon, wenn man ihnen einen wichtigen Platz in der Entstehung des primitiven Glaubens an eine nicht-materielle Kausalität einräumt.

1894 hat zum Beispiel die »Society for Psychical Research« einen vielbeachteten Bericht über die Häufigkeit von Halluzinationen herausgegeben (*Phantasms of the Living* von Gurney, Myers und Podmore). Von rund 17 000 Personen, die alle älter als 10 Jahre waren, haben, laut Befund des Herausgeberkomitees, 9,9 % mit Ja auf die Frage geantwortet: »Haben Sie je, während Sie selbst sich für völlig wach hielten, den klaren Eindruck gehabt, Sie würden ein lebendes Wesen oder einen unbelebten Gegenstand sehen oder von solchen berührt, oder Sie würden eine Stimme hören, ohne daß dieser Eindruck, so weit Sie selbst erkennen konnten, auf irgendeine äußere Ursache zurückzuführen gewesen wäre?« Nach zusätzlichen Berechnungen, die die Tendenz zum Vergessen und die Tatsache, daß einige der Personen, die mit einem Ja geantwortet hatten, mehr als eine Halluzination erlebt hatten, berücksichtigten, ergab sich, daß bei den 17 000 befragten Personen pro Jahr 140 unmißverständliche visuelle Halluzinationen im Wachzustand vorgekommen waren – eine Häufigkeit, die in einer primitiven Gesellschaft ausreicht, um frische und lebhafte Berichte von Geistern und Erscheinungen auszulösen.

Die ganze Fragestellung wurde noch interessanter, als man bestätigte Halluzinationen vom Tod der bei dieser Halluzination gesehenen Personen untersuchte. Das Komitee beschränkte sich auf Todesfälle, weil der Tod ein klares, eindeutig beurkundetes Ereignis darstellt, das im Leben eines Individuums einmalig ist. Eine »Todes-Koinzidenz« erfüllt, laut Broad, die folgenden Bedingungen:

1. Eine bestimmte Person A hatte eine Wach-Halluzination, die sie *zu diesem Zeitpunkt* als das Erscheinen einer bestimmten anderen Person B *erkannte*.
2. Innerhalb einer Zeitspanne von 12 Stunden vor und 12 Stunden nach dieser Erfahrung von A trat bei B *tatsächlich* der *Tod* ein.
3. Zu diesem Zeitpunkt hatte A keinerlei Kenntnis durch normale Mittel vom Tod von B, und er hatte auch keinen normalen Grund, diesen Tod zu erwarten. (Broad 1962, S. 105)

Die Auswertung ergab, daß von 2093 Mitteilungen über Halluzinationen 32 zuverlässige Berichte, auf 65 somit einer, von Todes-Koinzidenzien waren. Aufgrund der Todesrate bei der Bevölkerung Englands berechnet Broad:

Da die Wahrscheinlichkeit für eine zufällig aus der Gesamtbevölkerung ausgewählte Person, die zu einem bestimmten Zeitpunkt in der betrachteten Zeitspanne am Leben ist, innerhalb von 365 Tagen zu sterben, 19/1000 beträgt, ist es klar, daß die Wahrscheinlichkeit, innerhalb von 24 Stunden zu sterben, 19/365 000 ist, aufgerundet also 1 zu 19 000. Falls die Todes-Koinzidenzien somit ein rein zufälliges Zusammentreffen von zwei Ereignissen wären, könnte man vernünftigerweise annehmen, daß 1 von 19 000 solcher Halluzinationen, wie wir sie betrachtet haben, innerhalb von 24 Stunden mit dem Tod der Person zusammenfallen würde, die bei der Halluzination gesehen wurde. Das wirkliche Verhältnis beläuft sich jedoch, wie gezeigt, auf 1 : 63. (Broad 1962, S. 109)

(Die Zählung wurde 1948 von Dr. D. J. West wiederholt; das Ergebnis zeigt Halluzinationen in vergleichbarer oder größerer Zahl als im Jahre 1890, doch der Anteil von Halluzinationen, die sich bestätigt hatten, konnte nicht untersucht werden.)

Diese Umfragen zeigen, daß paranormale Erfahrungen keineswegs zu selten sind, um eine feststellbare Wirkung auf die Überzeugungen zu haben, wie Durkheim angenommen hatte, sondern ziemlich verbreitet vorkommen. In einer Gesellschaft, die nicht wie die unsere solche Phänomene unterdrückt, dürften die Berichte über solche Ereignisse bei der Bevölkerung eine weite Verbreitung finden.

Anthropologen sind oft Phänomenen begegnet, die mit den Mitteln der konventionellen materialistischen Wissenschaft sehr schwierig zu erklären sind und die eine glaubhafte Stütze für den primitiven Glauben an übernatürliche Triebkräfte darstellen. Ich erwähne zur Illustration drei Beispiele.

Die Azande glauben, was sie *mbisimo mangu*, die Seele der Hexerei, nennen, verlasse den Körper des Hexers, um dessen Opfer anzufallen:

Es fliegt unter Ausstrahlung eines hellen Lichts durch die Luft. Während des Tages kann dieses Licht nur von Hexern oder von Medizinmännern gesehen werden, die sich mit Drogen sensibilisiert haben, aber bei Nacht kann jedermann das seltene Unglück haben, dieses Licht zu sehen. Die Azande sagen, das Hexereilicht sei wie das Licht der Leuchtkäfer, nur viel größer und heller. (Evans-Pritchard 1937, S. 33 f.)

Ich habe nur einmal solche Hexerei auf ihrem Weg gesehen. Ich saß spät abends in meiner Hütte und machte mir Notizen. Gegen Mitternacht, bevor ich mich schlafen legte, nahm ich einen Speer und machte meinen üblichen nächtlichen Spaziergang. Ich ging durch den Garten hinter meiner Hütte, zwischen Bananenbäumen, als ich ein helles Licht bemerkte, das von der Rückseite der Hütte meiner Diener zum Haus eines Mannes namens Tupoi schwebte. Die Sache schien mir untersuchungswürdig zu sein, und so verfolgte ich das schwebende Licht, bis mir eine Graswand den Blick verdeckte. Ich rannte rasch durch meine Hütte auf die andere Seite, um zu sehen, wohin das Licht gehen würde, konnte es aber nicht mehr erkennen. Ich wußte, daß nur ein Mann aus meinem Haushalt eine Lampe besaß, die ein so helles Licht hätte geben können, aber dieser Diener sagte mir am nächsten Morgen, er sei so spät in der Nacht nicht mehr aus der Hütte gegangen und habe auch seine Lampe nicht benutzt. Sofort waren auch Informanten zur Stelle, die mir sagten, was ich gesehen hätte, sei Hexerei. Kurze Zeit später, noch am gleichen Morgen, starb ein älterer Verwandter Tupois, der in dessen Haushalt lebte. Dieses Ereignis erklärte das Licht, das ich gesehen hatte, vollauf. Die wirkliche Herkunft dieses hellen Scheins konnte ich nie aufdecken. Vermutlich handelte es sich um eine Handvoll Gras, die jemand auf dem Weg zum Abort angezündet hatte, doch das Zusammentreffen der Richtung, in der sich das Licht bewegt hatte, mit dem anschließenden Todesfall war durchaus in Einklang mit den Vorstellungen der Zande. (Ibid., S. 34)

Die Erklärung, wonach das Licht von einer brennenden Handvoll Gras hätte herrühren können, das jemand auf dem Weg zum Abort mit sich trug, scheint nicht sehr plausibel zu sein; wenn das der Fall gewesen wäre, so wären sicher derart viele in der Nacht sich bewegende Lichter zu sehen, daß die Azande nicht so ohne weiteres bereit wären, wie sie es tatsächlich sind, in der Nacht sich bewegende Lichter auf Hexerei zurückzuführen. Dazu kommt, daß Evans-Pritchard das Licht mit dem einer Lampe vergleicht, vermutlich einer sehr leistungsstarken Lampe, und solches Licht läßt sich kaum mit brennendem Gras verwechseln.

Der zweite Fall ist der Bericht eines südafrikanischen Anthropologen über eine Medizinfrau:

Ndlaleni kam erstmals vor rund sechzehn Monaten in Begleitung eines Medizinmannes ins Museum, und sie war sofort damit einverstanden, daß ich ihren Geist auf die Probe stellte. Ich ließ sie zusammen mit dem Medizinmann und Miss Costello in meinem Büro warten und begab mich in das Nachbarhaus, wo ich das Fell einer Gemsantilope holte. Dieses versteckte ich unter der Segeltuchplane meines Landrovers. Anschließend rief ich sie heraus und sagte ihr, ich hätte etwas versteckt, das sie finden müßte. Unterstützt vom Medizinmann kniete sie nieder und begann leise zu singen. Im Trancezustand teilte sie mir mit, ich hätte etwas auf der anderen Seite des Hauses, dort drüben, versteckt. Sie sagte mir, der versteckte Gegenstand habe mehr als eine Farbe, stamme von einem Tier und liege über dem Erdboden. Plötzlich sprang sie auf, rannte um das Gebäude herum, genau auf die Seite, wo der Landrover stand, und kniete neben dem Fahrzeug nieder. Sie begann wieder leise zu singen, und nach fünf Minuten riß sie sich eine ihrer Halsketten vom Hals und hielt diese wie einen Zauberstab vor sich, dann ging sie um den Landrover herum, stieg auf den Hintersitz und holte das Fell heraus. (Boshier 1974, S. 282 f.)

Den dritten Fall habe ich selbst bei den Konso erlebt. Er würde bei uns als psychosomatisch taxiert, aber mir ist keine medizinische Theorie bekannt, die ihn erklären könnte, und er bestärkt zweifellos den Glauben der Konso an Besessenheit durch Geister.

Ich besuchte hin und wieder eine Wahrsagerin namens 'Gond'dina, die sich jeweils am Sonnabend als Vorbereitung für die Ratschläge, die sie am folgenden Tag erteilte, durch Tanzen in einen Trancezustand versetzte. Diese Séancen fanden in ihrer Hütte statt, auf deren Boden ein helles Holzkohlenfeuer brannte, eingefaßt von den üblichen drei Steinen. Am fraglichen Abend wurde sie während des Trancezustands von Zorn erfaßt und sagte, ihr Geist sei zornig, weil er zu einer Zeit gerufen worden sei, da jemand gestorben sei, und das war verboten. Sie tanzte weiter und stieß plötzlich mit großer Kraft einen Speer in den Türpfosten. Beim Weitertanzen trat sie mit dem rechten Fuß auf die glühenden Holzkohlen im Feuer auf dem Boden und ließ den Fuß etwa acht Sekunden lang darin. Sie befand sich etwa fünf oder sechs Fuß von mir entfernt. Sie setzte ihren Tanz fort, kehrte zum Herdfeuer zurück und trat mit dem rechten Fuß noch einmal und ungefähr gleich lang auf die Holzkohlen, ohne anscheinend zu bemerken, was sie tat. Sie hatte später keinerlei Schmerzen an ihrem Fuß, es ließen sich auch keine Verletzungen erkennen, und sie wußte nicht, was sie getan hatte. Einige Tage danach forderte ich einen Begleiter, der sich eben seine Pfeife mit einem glühenden Kohlestück angezündet hatte, auf, die Glut mit bloßen Füßen auszutreten. Obwohl er äußerst harte und schwielige Fußsohlen hatte, lehnte er entrüstet ab, weil er sich die Füße verbrennen würde. Nur Wahrsager könnten das tun, wenn sie von ihrem Geist besessen seien.

(Andere Berichte über derartige bemerkenswerte Erfahrungen in primitiven Gesellschaften findet man beispielsweise bei Smythies 1951 und Bekker 1947.)

Die psychologische Erforschung der primitiven Gesellschaft ist ein ziemlich vernachlässigter Bereich der Anthropologie. Erst wenn wir die Möglichkeit von paranormalen Phänomenen voll untersucht haben werden, können wir sagen, daß unsere Theorien über die primitive Kausalität und den Geisterglauben ganz objektiv und nicht durch modische Dogmen unserer eigenen Kultur entstellt seien.

XI. Handeln und Denken

Als ich dieses Buch zu schreiben begann, wollte ich untersuchen, ob und in welchem Umfang sich die Theorien Piagets über die geistige Entwicklung auf die kollektiven Vorstellungen primitiver Gesellschaften und auf das Denken einzelner Menschen in ihnen anwenden ließen. Wenn man das Gesagte überblickt, so darf man, würde ich meinen, vernünftigerweise behaupten, daß die Begriffe der Entwicklungspsychologie – »Akkommodation«, »Assimilation« und »Äquilibration«, Zentrierung, Reversibilität, Erhaltung und Operation – und die Grundstadien des sensomotorischen und des präoperativen Denkens, der konkreten und der formalen Operationen für die Unterscheidung zwischen »Denkweisen« von weit größerem analytischem Nutzen sind als die bis jetzt von den Anthropologen und Philosophen verwendeten Konzepte. Die Übereinstimmung zwischen den späteren Stadien des präoperativen Denkens und den Eigenarten zahlreicher primitiver Denkweisen ist besonders auffällig.

Gleichzeitig waren wir gezwungen, Piagets Theorie über den Symbolismus als etwas grundsätzlich Privates und der Sprache, die er als das wichtigste Vehikel der sozialen Interaktion ansieht, Entgegengesetztes zu modifizieren. Konkrete Operationen müssen sich keineswegs in jedem Milieu entwickeln, denn angesichts der elementareren Bedürfnisse in der primitiven Gesellschaft reicht das präoperative Denken für die Ausbildung stabiler Vorstellungen der Wirklichkeit aus; da die Kooperation mehr auf dem gemeinsamen Anpacken von Aufgaben und auf gleicher Erfahrung beruht, läßt sie sich ohne Akkommodation an die privaten Standpunkte von Individuen bewerkstelligen.

Je weiter das Buch gedieh, um so mehr wurde ich mir bewußt, daß eine der zentralen Prämissen der Entwicklungspsychologie, daß nämlich Handeln eine Art von Wissen sei und daß die Art und Weise, wie wir mit der physischen Umwelt und unseren Mitmenschen in Interaktion treten, für die von uns konstruierten Vorstellungen von Natur und Gesellschaft entscheidend sei, daß also diese Prämisse mich nötigte, die Bedeutung des Körpers bei der Konstruktion der Wirklichkeitsvorstellungen völlig neu zu überdenken: die Beziehungen zwischen dem individuellen Denken und den kollektiven Vorstellungen, die Relationen zwischen Sprache und Denken, die Determinierung durch die Umwelt und den Kulturrelativismus. Solche Implikationen führen uns weit über die bloße Lokalisierung des primitiven Denkens an einer bestimmten Stelle auf der Entwicklungsskala hinaus.

Greifen wir zuerst die Frage des Kulturrelativismus auf. Sobald die Bedeutung unserer Interaktion mit der natürlichen und sozialen Umwelt einmal erkannt ist, zeigt sich klar, daß die extremen Formen eines solchen Kulturrelativismus unhaltbar sind, denn wir alle leben in derselben physischen Welt und in einer Gesellschaft gleicher Art: Die Grundgleichheiten im primitiven Denken und dessen Verwandtschaft mit dem präoperativen Stadium sind der beste Beweis dafür. Wie Bruner sagt:

Kulturen, so sagt der Relativismus in seiner klassischen Form, sind völlig verschieden. Nimmt man eine solche Haltung bei der Analyse der Wirkungen der Kultur auf die Entwicklung ein, so muß man prüfen, was verschieden ist, falls man an verschiedenen Orten aufwächst, und das ist zweifellos ein triviales Unterfangen im Vergleich zur Untersuchung der wenigen kraftvollen gestaltenden Kräfte in der Kultur, die eine enorme Gleichförmigkeit in der Entwicklung und ein paar wenige entscheidende Unterschiede hervorbringen. (Bruner, 1966 b, S. 58 f.)

Wenn wir die Denkweisen nicht mehr relativistisch betrachten, wenn wir sie nicht mehr so sehr als durch die von Kultur zu Kultur verschiedenen sozialen Institutionen determiniert, sondern als durch die Interaktion mit der gesamten Umwelt konstruiert auffassen, dann läßt sich die Bedeutung der entwicklungspsychologischen Betrachtungsweise richtig erfassen. Ihre eigentliche Bedeutung besteht nicht darin, daß wir sagen können, die Angehörigen einer bestimmten Gesellschaft hätten topologische Raumvorstellungen oder eine verräumlichte Zeitauffassung, sondern daß wir die kognitiven Aspekte dieser Vorstellungen zu den Lebensumständen des betreffenden Volkes in Beziehung setzen können. Die Stadien der kognitiven Entwicklung sind nicht an sich so bedeutungsvoll, als Manifestation der Art und Weise, wie sich organisiertes Wissen (wie andere Formen der Organisation) in einer adaptiven Beziehung zu seiner Umwelt entwickelt. Der Begriff der Evolution[1] steht in der britischen Anthropologie in geringem Ansehen, hauptsächlich weil er anfänglich starr definierte Stadien der Gesellschaft überbetont hat; offensichtlich gehen jedoch Gesellschaften, wie andere Systeme, durch Entwicklungsstadien hindurch, und wenn man sich auf das »Wie« dieses Ablaufs anstatt auf eine verfrühte Definition der sozialen Stadien konzentriert, so läßt sich der grundsätzlich nutzlose und unwissenschaftliche Relativismus, der so lange große Mode gewesen ist, überwinden.

Ich habe bis jetzt von Menschen gesprochen, die »dieselbe physische Umwelt« bewohnen; diese Aussage muß eingeschränkt werden. In einem gewissen Sinne ist die Welt offensichtlich für alle Menschen dieselbe, nämlich in allen diesen meßbaren physischen Eigenschaften und Relationen, die wir in diesem Buch betrachtet haben; wenn es keine objektive, stabile Welt von Dingen und Beziehungen »dort draußen« gäbe, so wäre es zwecklos, sich darüber zu ereifern, in welchem Ausmaße sich die Leute an sie akkommodieren oder nicht.

Die Einschränkung besteht darin: betrachtet man diese Welt im Hinblick auf ihre *Interaktion*seigenschaften, auf ihre Eignung, durch menschliches Handeln transformiert werden zu können, oder auf die Möglichkeit, daß solche Aktionen in ihrem Ausmaß, in ihrer ausweitenden Wirkung begrenzt sind, so ist sie nicht mehr dieselbe Welt für alle. Wir wollen uns zwei Schiffbrüchige auf einer einsamen Insel vorstellen, der eine ein steriler Intellektueller, der andere ein Mann mit einem robusten gesunden Menschenverstand, der mit seinen Händen umzugehen versteht und in der Überlebenstechnik erfahren ist. Was die meßbaren physischen Eigenschaften angeht, ist die Insel natürlich für beide dieselbe, was aber die Interaktionseigenschaften betrifft, besteht ein großer Unterschied zwischen dem Intellektuellen, der schon Mühe hat, ein paar Blätter zu sammeln, um sich vor Regen und Sonne zu schützen, wilde Yamsknollen auszugraben und die heruntergefallenen Kokosnüsse zu öffnen, und dem praktisch veranlagten Mann mit seinen Messern, Meißeln und Bohrern aus Muschelschalen und Stein, seinen Matten aus Palmenblättern und Seilen aus Kokosfasern, seinen geschickt aufgestellten Fischreusen aus geflochtenen Fasern, seiner Herdstelle aus Steinen, seinem Kanu und so fort. Die *interagierende* Umwelt ist, kurz gesagt, nicht eine stabile, unveränderliche Wirklichkeit »dort draußen«, sondern sie ist ihrerseits davon abhängig, wie der Mensch sie versteht, und dieses Verständnis ist untrennbar mit dem Handeln verbunden. Insofern das Modell einer Umwelt mit fixierten, statischen Potentialitäten ersetzt werden muß durch das Modell einer Umwelt, die in verschiedener Hinsicht von den Handlungen und vom Verständnis des

Menschen abhängt, ist es sinnlos, die Umwelt als bestimmend für die menschlichen Vorstellungen zu betrachten, denn diese sind ebensosehr von der Assimilation wie von der Akkommodation abhängig, und ein deterministisches Modell ist nur von der Annahme her sinnvoll, daß das Determinierende vom Determinierten selbst nicht beeinflußt wird. Das deterministische Modell ist faktisch nur von der Annahme her plausibel, daß die Welt der Sinnestatsachen die einzige Welt sei und daß wir mit ihr auf eine Weise interagieren, die allein durch unsere Sinneswahrnehmungen diktiert sei. Wir haben gesehen, daß man sich an die physische Welt durch präoperatives Denken akkommodieren kann, daß dieses für sich allein ausreicht, um das Überleben zu gewährleisten, und daß sich konkrete und formale Operationen nicht unbedingt entwickeln müssen. Die kognitiven Fähigkeiten werden in Beziehung zu den Problemen entwickelt, und diese Probleme hängen, speziell für Primitive, eng mit den Notwendigkeiten der Umwelt zusammen; die Bedürfnisse, die für solche Probleme bestimmend sind, die Notwendigkeiten der Umwelt selbst sind nicht einfach Spiegelungen der unveränderlichen Umwelt, sondern sie werden ebensosehr durch soziale Prozesse begründet und verändert, und in diesen Prozessen spielen begriffliche Vorstellungen eine wesentliche Rolle. Wir haben zum Beispiel gesehen, daß die Steinsetzungen der Megalithiker mit der Ausbildung eines sehr hoch entwickelten geometrischen und astronomischen Wissens zusammenhingen und zu diesem Wissen führten, doch das Bedürfnis nach solchen Steinsetzungen war nicht ein Ergebnis objektiver Notwendigkeit, indem diese Kreise eine *conditio sine qua non* für das Überleben gewesen wären. Die Natur der Umwelt, mit der wir interagieren, ist somit nicht nur vom Wissen und vom Verständnis der Menschen abhängig, auch die wirklichen Probleme, deren Lösung für wesentlich gehalten wird, sind durch das gegeben, was in einer bestimmten Kultur als Bedürfnis definiert ist.

Wir haben auch gesehen, daß man, etwa in Mythen und Symbolen, durchaus Vorstellungen von der Welt haben kann, die nicht an die Wirklichkeit der objektiv meßbaren Eigenschaften und Relationen akkommodiert sind. Die Kukukuku erfahren diese Wirklichkeit so, daß sie sich die Sonne als einen Mann, den Mond als eine Frau, den Tau am frühen Morgen als den Urin dieser Frau und die Röte der Sonne am Morgen als Zeichen der Scham der Sonne über das, was ihre Frau getan hat, vorstellen können. Der Phantasie sind bei Symbolen, Mythen, Kosmologien und Klassifizierungssystemen offensichtlich kaum Grenzen gesetzt, so daß wir nie von der Kenntnis der sozialen Institutionen und der Ökologie her voraussagen können, wie diese Erfahrung in den kollektiven Vorstellungen der betreffenden Kultur organisiert ist.

Es stimmt zwar, daß wir mit einiger Genauigkeit sagen können, welche Grundeigenschaften das Denken in einer primitiven Gesellschaft hat, doch daraus folgt nicht, daß wir eine genauere Voraussage über die Einzelheiten und die Entwicklungsstufe dieses Denkens machen könnten. Ich habe immer wieder darauf hingewiesen, daß die Entwicklungspsychologie die Grundmerkmale des Denkens erklären kann, daß sie aber nichts über den Inhalt dieser Grundprozesse des Denkens voraussagen kann, weil dieser das Ergebnis für jede Kultur spezifischer sozialer Prozesse und auch ein Spiegelbild der kreativen Phantasie und der Erfahrung von deren Menschen ist.

Im Hinblick auf die Beziehung zwischen Sprache und Denken ist klar, daß der Stellenwert und die Natur der nicht-verbalen Interaktion in Gesellschaften, in denen alle an einer gemeinsamen Erfahrung und an gemeinsamen Aufgaben teilhaben, jeder jeden kennt und es keine geschriebene Kommunikation gibt, die herkömmliche Auffassung der Sprache als *der* Grundlage des Denkens unhaltbar machen, wenn man von den Erkenntnissen der Entwicklungspsychologie ausgeht. Ich habe die Meinung zu widerlegen versucht, wonach die Sprache für das Denken bestimmend sei, so daß die Leute schon nur durch den Erwerb der Sprache auch die Kategorien ihrer Kultur lernen würden. Gewisse Kategorien werden überhaupt nicht sprachlich formuliert, andere sind, selbst wenn sie einen Namen haben, in einer Vielfalt von Gebräuchen und Institutionen verstreut. Was noch wichtiger ist, die Sprache ist nicht an sich für die Klassifizierung bestimmend, denn diese basiert, wie wir gesehen haben, auf der Stufe des präoperativen Denkens auf Prototypen und Komplexen. Weil eine Idee in jeder Sprache auf unendlich viele Weisen ausgedrückt werden kann und weil das Denken auch auf der Ebene des Handelns und des Bildes geschieht, ist die Annahme, die Kategorien und die Vorstellungen würden schon nur durch den Erwerb der Sprache gelernt, wie Durkheim, Lévy-Bruhl, Whorf, Leach und andere postulieren, offensichtlich falsch. Die Sprache ist *ein* wesentliches Mittel, um die Kategorien und Vorstellungen einer Kultur zu lernen, ob es sich um ein Kind oder einen Ethnographen handelt; doch besonders in primitiven Gesellschaften, wo soviel Denken in Handlungen, Symbole und Rituale eingebettet ist, genügt die Sprache allein nicht – die Erfahrungen des Volkes in seiner Gesamtumwelt müssen unbedingt mitberücksichtigt werden; ohne dieses motorische, affektive und wahrnehmungsmäßige Bewußtsein und ohne ein allgemeines Verständnis dafür, wie die Leute mit den beispielsweise als Symbolen verwendeten Gegenständen interagieren, können die verbalen Aussagen eines Volkes über seine Kategorien und Überzeugungen nicht adäquat erklärt werden.

Weil die Sprache ein derart flexibles Werkzeug ist, kann sie durch ihre Struktur keinen grundsätzlichen Zwang auf das Denken ausüben. Missionare können in den Sprachen primitiver Gesellschaften Vorstellungen ausdrücken, wie sie die diese Sprachen Sprechenden vorher nicht einmal geahnt haben, auch wenn solche Versuche, christliche Vorstellungen zu übertragen, nur teilweise erfolgreich sind. Trotz der unvorstellbaren Vielfalt von Strukturen in den menschlichen Sprachen haben wir zahlreiche grundlegende Ähnlichkeiten zwischen den fundamentalen Denkprozessen Primitiver in der ganzen Welt und dem präoperativen Denken von Europäern feststellen können. Das wäre kaum möglich, wenn die Theorie Whorfs zuträfe.

Die wirkliche Schwierigkeit beim Verständnis des primitiven Denkens ist nicht, wie gewisse Philosophen meinen, die, daß sich dessen »übernatürliche« Überzeugungen einem rationalen Verständnis entziehen, sondern daß die Symbole nicht sprachlich erfaßt werden können und daß die Vorstellungen in Handlungen, Rituale und soziale Institutionen hineingenommen sind; das Denken geschieht somit auf einer subverbalen Ebene. Insbesondere Bruner hat darauf hingewiesen, daß die Übersetzung der Erfahrung aus einer durch Handlungen und Symbole gegebenen in eine verbale Form ein erhebliches kognitives Problem ist; sie setzt Fähigkeiten voraus, die vor allem durch Schul- und höhere Bildung gefördert werden und eng mit der Analyse, der Verallgemeinerung und der Koordination der Erfahrung zusammenhängen. Es ist ein Faktum der Humanpsychologie, daß linguistische Strukturen logische Relationen verkörpern, daß diese aber nicht ohne vieljährige geistige Anstrengung und Schulung über die Sprache hinaus ausgeweitet werden können. Insofern die grammatikalischen Strukturen der Sprache in sich geschlossen und von anderen Aspekten des menschlichen Denkens losgelöst sind, besteht keinerlei Grund für die Annahme, daß sie eine Art Prototyp für alles Denken seien, denn dieses kann, etwa im mathematischen, graphischen und mechanischen Bereich, eine hohe Stufe erreichen, ohne daß die Probleme, als eine Voraussetzung für ihre Lösung, verbalisiert werden müßten.

Es gibt deshalb auch keinen Grund für die Annahme, man müsse sich nur mit den sprachlich formulierten Kategorien und mit dem, was die Eingeborenen über ihre Gebräuche und ihre Institutionen sagen, befassen, und das sei *an sich* schon zureichend, um die volle Bedeutung dieser Kategorien und Institutionen in dieser Kultur zu erfassen, ohne daß man sich um die Besonderheiten des nicht-verbalen Denkens zu kümmern habe.

Die Philosophen, die sich mit den Fragen des primitiven Denkens auseinandergesetzt haben, mußten mit zwei Nachteilen fertig werden, nämlich daß sie weder mit der Entwicklungspsychologie noch mit den ethnographischen Fakten vertraut waren. In ihren Abhandlungen über das primitive Denken haben sie deshalb die Tatsache übersehen, daß es Denken auf der Ebene der Handlung und des Bildes gibt; sie haben sich auf einer rein verbalen Ebene mit diesem Denken auseinandergesetzt, als ob es in eine Reihe von atomistischen Aussagen zerlegt werden könnte. Wolfram zum Beispiel stellt die grundlegenden Unterschiede im Denken so dar:

[Gedanken] können auf vielerlei Weise unterteilt werden: in affirmative und negative beispielsweise, oder in solche, die sich mit klar umschriebenen Einzelheiten befassen, und solche, die das nicht tun, oder in Gedanken darüber, wie die Dinge sind, darüber, wie sie sein könnten, wie sie sein sollten, oder auch in wahre, falsche und unüberprüfbare Gedanken. (1973, S. 362)

Wenn Wolfram von »Gedanken« spricht, so meint sie damit offensichtlich »Aussagen«, die sie nach konventionellen logischen und grammatikalischen Kriterien klassifiziert; daß man leicht zeigen kann, daß solche Aussagen in allen Gesellschaften gefunden werden können, vermag kaum zu überraschen.

Philosophen befassen sich vor allem mit der Analyse expliziter Aussagen einzelner Individuen. Sie haben kaum Erfahrungen in der Analyse der sozialen Funktionen der Sprache in lebenden Gesellschaften, in der Analyse des in Handlungen und Bildern zum Ausdruck kommenden Denkens oder in der Analyse von kollektiven Vorstellungen nicht-verbaler Art. Die »Fakten«, auf die sich Philosophen in ihren Abhandlungen über das primitive Denken üblicherweise stützen, taugen primär als Munition für die Entwicklung irgendeiner philosophischen Theorie und leiten sich kaum von einem wirklichen Verständnis der Ethnographie her.

Die Erkenntnis, daß die Handlung eine Form von Wissen[2] ist, hat sicher zukunftsweisende und revolutionäre Konsequenzen für unser Verständnis des Denkens im allgemeinen und des primitiven Denkens im besonderen. Die Tatsache, daß der Primitive in einer auf den *Menschen* zentrierten Welt lebt, während wir in einer auf die *Dinge* zentrierten Welt leben, erhält zusammen damit eine neue Bedeutung. Wenn nämlich die Realität von ihrer Wirkung auf die Körper der Menschen her interpretiert wird, so resultiert daraus eine Subjektivierung der Erfahrung, wie wir sie im Symbolismus und in der Klassifizierung, beim Messen, in der Zerlegung in die Dimensionen und in der Raumvorstellung, bei der Zeit, der Kausalität und dem begrifflichen Realismus kennengelernt haben. Für uns, die wir die Wirklichkeit von da her interpretieren müssen, wie die Dinge nicht so sehr uns selbst, sondern andere Dinge beeinflussen, folgt daraus eine Objektivierung der Erfahrung und durch Analyse operativer Systeme die Konstruktion unveränderlicher Relationen, die das phänomenale Aussehen der Dinge übersteigen; eine durch und durch symbolische Auffassung der Wirklichkeit, wie sie der primitive Mensch praktiziert, wird dadurch unmöglich.

Wenn wir einen Blick auf den zurückgelegten Weg werfen, können wir die Grundmerkmale des primitiven Denkens folgendermaßen zusammenfassen:

a) Es ist eng mit starren, irreversiblen Assoziationen zwischen den phänomenalen Attributen der Dinge verquickt.

b) Es konstruiert zwar Beziehungssysteme, aber solche konkreter und affektiver Art, nicht Systeme von invarianten Relationen wie das operative Denken, die die Grundlage für die Erhaltung, die logischen Klassen und die mechanistische Kausalität sind.

c) Es ist nicht analytisch – das heißt, es abstrahiert nicht taxonomische Merkmale, um sie als Grundlage für die auf logischen Klassen basierende Verallgemeinerung zu benutzen, so daß sein wichtigster Klassifizierungstyp komplexiv ist.

d) Die Sprache wird als Mittel sozialer Interaktion und nicht so sehr als ein begriffliches Werkzeug verwendet, und man findet kaum ein oder kein Bewußtsein für die Sprache als ein von der Rede verschiedenes Phänomen.

e) Folglich findet man kein Bewußtsein für die Möglichkeit rein logischer Folgerung und Deduktion; die Wörter haben in diesem Denken oft eine Kraft aus sich selbst und die Namen eine in ihnen selbst begründete Beziehung zu dem bezeichneten Ding.

f) Das primitive Denken begreift den Geist nicht als den vermittelnden Faktor zwischen der äußeren Welt und dem erfahrenden Subjekt; entsprechend scheint der Körper nicht als ein vom Geist verschiedenes organisiertes System aufgefaßt zu werden. Dieser begriffliche Realismus ist die Grundlage für die Projektion geistiger Zustände in die äußere Welt und für die daraus resultierende Annahme, gewisse geistige Zustände hätten ihre Ursache in der äußeren Welt, was eine Reihe von Auswirkungen auf den Kausalitätsbegriff hat.

g) Die primitive Kausalität ist zudem nicht imstande, Abläufe in eine Reihe von Stadien und reversiblen Relationen zu zerlegen; das kausale Denken von Primitiven beschäftigt sich mit Metamorphosen, Essenzen, absoluten Eigenschaften und vergegenständlichten Besonderheiten, es beruht auf vitalistischen Vorstellungen und auf einem von einem Willen geleiteten Verhalten; der Begriff der Wahrscheinlichkeit ist auf die Anschauung von Häufigkeit und Seltenheit begrenzt und berücksichtigt nicht alle hypothetischen Möglichkeiten von Situationen, so daß es keine Vorstellung von signifikanten Zufällen gibt.

Es scheint eine allgemeine Gesetzmäßigkeit zu sein, daß das Denken proportional zu seiner Entwicklungshöhe stärker von verbaler Vorstellung (oder gleichwertigen Mitteln wie mathematischen Formeln und graphischen Darstellungen) und von kulturellen Hilfsmitteln wie Bildung, mathematische Formulierung, mechanische Einrichtungen, intensive und spezialisierte Ausbildung neben vielen anderen Dingen abhängig wird. Die sensomotorische Entwicklung scheint deshalb, aus den wenigen vorhandenen Belegen zu schließen, vom primitiven Milieu überhaupt nicht beeinflußt zu werden. Die Stadien des präoperativen Denkens dauern in der primitiven Gesellschaft länger als in der Industrie-Gesellschaft; konkrete Operationen werden von primitiven Völkern nur sehr fragmentarisch erworben, und die noch weiter fortgeschrittenen Operationen können unter Umständen völlig unentwickelt bleiben. Ob sich die formalen Operationen entwickeln, scheint in hohem Grade davon abhängig zu sein, daß während der Adoleszenz genügend Bildungsmöglichkeiten, und zwar in einer umfassenden Form, zur Verfügung stehen.

Ich habe im Kapitel I festgehalten, daß die Begriffe »Logik«, »Rationalität« und »Wissenschaft« zu komplex sind, als daß sie für einen brauchbaren analytischen Vergleich zwischen dem Denken der Primitiven und dem der gebildeten Industriegesellschaft benützt werden könnten. Eine genauere Überprüfung dieser Aussage soll diese Ausführungen abschließen.

Unsere Untersuchung des primitiven Denkens hat gezeigt, daß es keinen Beweis für die Annahme gibt, Primitive würden eine *andere* Logik als die in der abendländischen Philosophie anerkannte verwenden. Lévy-Bruhl hat ursprünglich geglaubt (1912, 1926), die »Partizipation« sei eine »vor-logische« Verwechslung der Spezies, etwa wenn die Trumai in Nordbrasilien von sich selbst als von Wassertieren sprechen und die Bororo behaupten, Sittiche zu sein; Lévy-Bruhl hat darin ein fehlendes Bewußtsein für das Identitätsprinzip gesehen (1926, S. 28). Wenn Menschen behaupten, sie seien *tatsächlich* ebensosehr Sittiche wie Menschen, so ist das jedoch nicht *logisch* widersprüchlich: ein logischer Widerspruch liegt vor, wenn etwas gleichzeitig *A* und non-*A* ist, was etwas ganz anderes ist als die Behauptung, etwas sei sowohl *A* als auch *B*, obwohl es physisch unmöglich ist, daß etwas gleichzeitig sowohl *A* als auch *B* sein kann. (In seinen *Carnets* [1949] hat Lévy-Bruhl das anerkannt; er räumt dort ein, daß es falsch gewesen war, was als physische Unverträglichkeit bei der Klassenzugehörigkeit hätte beschrieben werden müssen, als logischen Widerspruch zu bezeichnen.) Zudem ist gezeigt worden, daß die Identität in vielen Fällen, wenn Primitive zu behaupten scheinen, »Menschen« seien »Sittiche«, symbolisch und nicht wirklich gemeint ist, wie Evans-Pritchard in seiner bekannten Darstellung des Nuer-Glaubens, Zwillinge seien Vögel, nachgewiesen hat (Evans-Pritchard 1956, S. 128–133).

Die Bereitschaft, mangelnde Folgerichtigkeit zu tolerieren, ist ebenfalls als Beweis dafür angeführt worden, daß Primitive sich logischer Widersprüchlichkeit nicht bewußt seien. Cooper (1975) schlug als Alternative vor, sie verwendeten eine viel-wertige anstatt der traditionellen zweiwertigen Wahr-falsch-Logik, mit der wir hauptsächlich umgehen. Die einfachste Erklärung für diese Tolerierung fehlender Folgerichtigkeit haben wir im betreffenden Kapitel schon kennengelernt: In Gesellschaften, in denen das Denken in einen Kontext von Handlungen und konkreten Symbolen eingebettet ist und die sich kaum um eine explizite Koordination und Verallgemeinerung der Erfahrung bemühen, nehmen die Leute solche Inkonsequenzen ganz einfach nicht zur Kenntnis, bis sie von jemandem wie einem Anthropologen darauf aufmerksam gemacht werden. Der Symbolismus kann von Natur aus symbolischen Aussagen keinen Wahrheitswert verleihen und ist deshalb nicht imstande, sich logischer Widersprüche bewußt zu werden; der Symbolismus befaßt sich nicht mit logischen Klassen und Folgerungen, sondern mit affektiven und konkreten Assoziationen und ist deshalb eher nicht-logisch als unlogisch.

Es ist weitaus ergiebiger, das primitive Denken als auf einer unvollständigen denn auf einer anderen Logik als der unseren basierend zu betrachten; so weit mir bekannt ist, ist jedoch die Möglichkeit einer völlig anderen Logik noch nie auch nur aufgezeigt worden. Selbstverständlich gibt es verschiedene Typen von Logik, so wie es verschiedene Typen von Geometrien gibt, doch diese beruhen alle auf denselben Folgerungsprinzipien, auch wenn sie sich in einigen ihrer grundlegenden Axiomen unterscheiden, und es kann gar nicht die Rede davon sein, daß Spezialisten für einen Typ von Logik nicht auch andere Typen verstehen könnten.

Es gibt keine Belege dafür, daß in der primitiven Gesellschaft das formale logische Schließen erworben wird, und zwar weder kollektiv noch individuell. Der Grund dafür scheint zu sein, daß Primitive keine Hypothesen entwickeln, die den sichtbaren Fakten widersprechen, daß sie nicht gewohnt sind, mit der Sprache rein formal, unabhängig von irgendeinem besonderen Kontext der Aussage, umzugehen, daß das Verständnis für logische Klassen, die Inklusion von Klassen, logische Quantifikatoren wie »einige« und »alle« und der Vergleich und die Relation zwischen Klassen nur spärlich entwickelt sind und daß viele Aspekte des formalen, hypothetisch-deduktiven Denkens auf Operationen zweiter Ordnung – das heißt auf Operationen über Operationen – beruhen. Da die Angehörigen vieler primitiver Gesellschaften, wie wir gesehen haben, die höheren konkreten Operationen nicht erwerben, ist kaum anzunehmen, daß die Durchschnittsangehörigen solcher Gesellschaften mit Operationen zweiter Ordnung umzugehen verstehen.

Es ist in den Einzelheiten gezeigt worden, daß das primitive Denken auf der Stufe der kollektiven Vorstellungen im allgemeinen den Kriterien Piagets hinsichtlich der fortgeschrittenen Stadien des präoperativen Denkens entspricht. Unsere Untersuchung hat aber auch konsequent die Ansicht vertreten, daß das präoperative nicht »absurd« oder »falsch« sei, sondern daß es in seiner Allgemeingültigkeit beschränkt und stärker als unser Denken auf das phänomenale Aussehen der Dinge ausgerichtet sei. Innerhalb dieser Grenzen vermag es durchaus die praktischen Probleme im

Alltagsleben zu lösen, weil dafür die Zerlegung in die Dimensionen und die Erhaltung konstanter Relationen in koordinierten Denksystemen nicht erforderlich sind. Es ist insbesondere gut an die Besonderheiten der *sozialen* Beziehungen in kleinen Gemeinschaften angepaßt, wo jeder jeden kennt, wo die Erfahrungen in hohem Grade homogen und unveränderlich sind, wo Werte, Affekte und Zusammenarbeit im Handeln von erstrangiger Bedeutung sind und wo die explizite verbale Analyse und die Verallgemeinerung kaum eine Bedeutung haben. Es eignet sich jedoch selbstverständlich überhaupt nicht für die Analyse der Relationen zwischen Objekten und eine dynamische Vorstellung natürlicher Systeme, wofür das operative Denken benötigt wird.

Man hat oft versucht, die »Andersartigkeit« des primitiven Denkens durch seinen Mangel an »Rationalität« und sein Abweichen von der »Wissenschaftlichkeit« zu erklären. Einige Kriterien für rational begründete Überzeugungen dürften allgemein anerkannt sein: daß sie untereinander widerspruchsfrei sind, daß sie auf relevanten Beweisen beruhen, daß sie durch Reflexion erworben worden sind und nicht nur auf dogmatischen Meinungen beruhen, daß sie nicht durch die Emotionen und das Eigeninteresse derer, die sie vertreten, beeinflußt sind, daß sie sich artikulieren und auf eine Vielfalt von Zuständen verallgemeinern lassen. Das rationale Handeln ist zielgerichtet und wählt für das Erreichen solcher Ziele geeignete Mittel. Die »Wissenschaft«, offensichtlich eine spezialisierte Form des rationalen Denkens und Handelns, könnte als experimentell, als Theorien auf ihre Gültigkeit prüfend, als umfassend charakterisiert werden; sie versucht aus ihrem Selbstverständnis heraus neue Fakten zu entdecken, die bestehende Theorien belegen. Insofern das primitive Denken an Bilder und an die konkreten, phänomenalen Eigenschaften und Assoziationen der physischen Welt gebunden, von moralischen Werten und affektiven Qualitäten durchdrungen, unkoordiniert, dogmatisch, nicht durch Argumente begründet und statisch ist, sich auf wahrnehmungsmäßige Konfigurationen und Prototypen und die Verdinglichung von Vorgängen und Erfahrungsbereichen stützt, ist es nicht »rational« im Sinne dieser Kriterien. Es wäre reiner Humbug, wenn man behaupten wollte, das primitive Denken sei *in diesem Kontext* ebenso wirkungsvoll wie das formale hypothetisch-deduktive Denken, denn es ist eine Tatsache, daß diese Art von Denken kraftvoller ist, so wie ein Raupenschlepper kraftvoller als ein Pferd ist; ein Pferd mag für alle Arbeiten, die notwendig sind, genügen, es kann überdies schöner als der Raupenschlepper sein, aber es wäre absurd zu behaupten, es sei stärker.

Mit diesen Kriterien ist freilich der Inhalt des Begriffs »Rationalität« nicht erschöpfend ausgesagt: denn die Vernunft steht aufgrund anderer Aspekte einigen durchaus achtenswerten Denkformen gegenüber oder schließt bestimmte Aspekte des Denkens, etwa Werte und Gefühle, aus, die nicht an sich als »irrational« betrachtet werden können, auch wenn sie nicht-rational sind. Dieser umfassendere Bereich von Bedeutungen läßt sich am besten durch eine Reihe von Gegenüberstellungen beurteilen (Tabelle 21).

Wenn man diese Liste durchsieht, so zeigt sich, daß unter B viele Elemente zu finden sind, z. B. 1, 4, 5, 7, 8, 11, die sich mit dem Status eines gebildeten und intelligenten Angehörigen unserer Gesellschaft durchaus vereinbaren lassen, ja die sogar ein Gewinn sind. Rationalität und Wissenschaft sind somit beschränkte Aspekte der Geistestätigkeit. Selbst wenn man sagt, in diesem engen Sinne sei das primitive Denken nicht rational, und es ließe sich passender durch die Kriterien der Kolonne B umschreiben, kann es dennoch wahr, praktisch, kreativ und verständig sein. Viele der strengen Kriterien für Rationalität mögen ihm abgehen, doch zu behaupten, das primitive Denken sei irrational, würde

Tabelle 21

A rational	B nicht-rational
1 Wissenschaft	Kunst, Phantasie im allgemeinen
2 geistige Gesundheit	Ungesundheit, Absurdität
3 Weisheit	Torheit
4 Beweis	Glaube
5 Überlegung	Emotion
6 Objektivität	Subjektivität
7 System	unkoordinierte Fakten
8 Theorie	praktische Kenntnisse (nicht-artikulierter »Knowhow« im Gegensatz zu artikuliertem »wissen, daß«)
9 artikuliert	nicht-artikuliert
10 Diskussion	Gewalt
ideologisch orientierte könnten hinzufügen:	
11 Materialismus	Glaube an Übernatürliches

auch bedeuten, daß man die Kunst, die Phantasie, die praktischen Geschicklichkeiten, die Gefühle, die Werte und den religiösen Glauben verwirft, die sich als wesentliche Aspekte auch zivilisiertester Gesellschaften erwiesen haben, die aber sicher nicht direkt mit Rationalität im engen Sinne zusammenhängen.

Die Kosmologien von Primitiven können wichtige Wahrheiten in bezug auf die Stellung des Menschen und der Gesellschaft zur Natur zum Ausdruck bringen. Dazu gehören nicht nur die Beziehungen zwischen Kultur und Natur, sondern auch die sich ergänzenden Rollen von Männern und Frauen innerhalb der Sozialordnung, Macht gegen Recht, Zerstörung und Erschaffung und vieles andere in Form von Sprichwörtern, Rätseln und Mythen. Das will nicht heißen, daß wir diese Wahrheiten nicht auch in abstrakter und allgemeiner Form formulieren könnten; nur weil Primitive in verhältnismäßig einfachen kognitiven Formen denken, sollten wir jedoch nicht meinen, ihre Vorstellungen seien an sich falsch oder könnten nicht in die Tiefe gehen.

Unsere eigenen Haltungen zur Unverletzlichkeit des menschlichen Lebens, zu den Unterschieden zwischen den Geschlechtern, zur Achtung vor dem Alter und den Schwachen, zum Drogenkonsum, zum Kannibalismus, zur Päderastie, zur Sodomie können nicht rein wissenschaftlich begründet werden, auch nicht durch den zaghaften Hinweis auf Nützlichkeit. Die Wissenschaftlichkeit an sich ist nur ein Werkzeug, zum Guten wie zum Bösen, und als Grundlage eines Weltbildes ist sie ein moralisch brachliegendes Land. Sie muß in ein umfassenderes System von Weisheit einbezogen werden, das die Grenzen des formalen Denkens erkennt und weiß, daß jede Ebene des Denkens ihren je eigenen Platz im Schema der Dinge hat. Weil die Menschen von affektiver Natur sind und affektive Bedürfnisse haben und weil allen Gesellschaften ein System von Werten und eine Reihe von Überzeugungen über die Natur des Menschen zugrunde liegt, wäre eine *rein* rationale Philosophie und Kultur zur Sterilität oder zum Wahnsinn verdammt. Die Wissenschaft ist in hohem Maße kreativ; das zu leugnen und gleichzeitig das primitive Denken zu überschätzen, wäre eine romantische Illusion. Man muß aber auch die Grenzen des rationalen Denkens erkennen. Weisheit besteht darin, dem rationalen Denken in der Welt, so wie sie ist, und nicht, wie sie sein sollte, den ihm zukommenden Platz einzuräumen.

Die eigentliche Stärke des formalen Denkens ist nämlich auch die Ursache für seine augenfälligsten Schwächen – die Fähigkeit,

von der konkreten Erfahrung abzusehen und in einer Welt von
Aussagen und abstrakter Allgemeinheit zu operieren, kann zu autistischem Schwachsinn degenerieren, z. B.:

> Die radikale Alternative, die wir zur gegenwärtigen Verpflichtung der Universität suchen, muß eine nicht-vereinnahmende, vereinheitlichende Konzeptualisierung sein, die sowohl kurz- als auch langfristig politische Kohäsion für unser Programm und unsere Aktivitäten bringt; sie muß unsere revolutionäre sozialistische Rolle konkretisieren, ohne auf irgendeiner Spezifizitätsebene unser Suchen und unsere Artikulierungen der konkreten Manifestationen von Repression und Ungerechtigkeit zu begrenzen. (Zitiert bei Ingrams 1973, S. 12)

Das formale Denken sollte idealerweise imstande sein, elementarere Denkweisen zu erhellen und diese in die ihm eigenen Formen zu übertragen, so wie Piaget und andere die Struktur des kindlichen Denkens aufgeklärt haben. Im Alltag bewirkt die Fähigkeit, auf einer formalen Ebene zu denken, jedoch oft, daß zwischen dem gebildeten und dem einfachen Menschen, zwischen dem rational denkenden Wissenschaftler und den Haltungen und Überzeugungen primitiver Menschen eine Schranke errichtet wird, die zu einer neuen Art von Ethnozentrik wird:

> [Sydney Webb] pflegte davon zu erzählen, welche Angst seine Haushälterin während des Ersten Weltkrieges vor den herunterfallenden Bomben gehabt hatte. Um sie zu beruhigen, nahm er eines Tages Bleistift und Papier zur Hand; er schrieb auf, wieviele Menschen in London leben und wieviele Bomben durchschnittlich in einer Woche abgeworfen würden. Mit einer kurzen Berechnung wies er seiner Haushälterin nach, daß ihre Überlebenschance derart hoch sei, daß sie sich virtuell als vor Bomben gefeit betrachten könne. Doch sie blieb hartnäckig und unbelehrbar bei ihrer Angst vor Bomben! Sydney erzählte diese Geschichte seinen Kollegen in der Labour Party, um damit zu zeigen, welche Mühe ein rational denkender Mensch aufzuwenden habe, um den in der breiten Masse grassierenden Aberglauben zu überwinden. (Caute 1973, S. 80)

Ebenso quillt die anthropologische Literatur von Versuchen über,
den Glauben Primitiver an übernatürliche Wesen als Projektionen
sozialer Beziehungen, den Krieg als einen Trick, um die Bevölkerung im Hinblick auf die vorhandenen Ressourcen neu zu verteilen, die Magie als ein Mittel, um die inneren Spannungen in den
Menschen zu verringern, das Ritual als einen Kniff, um soziale
Solidarität hervorzubringen, zu »erklären«. Daß Primitive gültige,
wenn bisweilen auch falsche oder inadäquate Gründe für solche
Glaubensvorstellungen und Verhaltensweisen haben könnten,

wird mit der Behauptung abgetan, es sei falsch, die Erklärungen der Eingeborenen zu ihrem »Nennwert« zu nehmen. Weil solche Glaubensinhalte und Praktiken als absurd betrachtet werden, muß es einen pragmatischen, utilitaristischen Grund für sie geben, der den rational denkenden Westeuropäer zufriedenstellt, der aber außerhalb des Begriffsvermögens dieser Leute liegt. Manche funktionalistische Erklärung rührt vom Unvermögen her, die Besonderheiten des präoperativen Denkens und natürlich auch die Motive und Haltungen ungebildeter Menschen im allgemeinen verstehen zu können. Die Folge davon ist, daß man versucht, die Unwissenheit der Eingeborenen durch ökologische und soziale Faktoren zu ersetzen, die dem »Forscher« die Mühe ersparen, die tatsächlichen Denkprozesse der Angehörigen solcher Gesellschaften zu ergründen, indem man diese nach den »wirklichen« Faktoren ihres Verhaltens »hinterfragt«.

Insofern sich das formale Denken mit menschlichem Verhalten und sozialen Fakten, nicht mit technischen Problemen, Naturwissenschaften, Mathematik und Logik, befaßt, unterliegt es denselben Verzerrungen durch Emotionen und dogmatischen Absolutismus wie elementarere Denkformen, und die geringere Fähigkeit, konkrete Erfahrungen und Gefühle zu würdigen, die oft mit einer Überbewertung der rein verbalen analytischen Fertigkeiten verbunden ist, führt nicht nur zu einer akademischen Ethnozentrik, sondern auch zu phantastischen Vorstellungen über die Natur der Wirklichkeit.

Der Rationalismus[3], eine für das formale, hypothetisch-deduktive Denken charakteristische Krankheit, kann mit einem Wissen, das nicht auf Aussagen beruht, nichts anfangen und betrachtet praktische Fertigkeiten und Gebräuche als ihrer Natur nach irrational, weil sie nicht in Worten formuliert und durch Argumente begründet werden können und nicht aufgrund von expliziten Prinzipien entwickelt oder im Hinblick auf bestimmte Ziele geplant worden sind.

Der Rationalist lehnt die kollektive Erfahrung seiner Gesellschaft ab: Die wahre Quelle der Erkenntnis ist für ihn der ungebundene, offene, aus sich selbst suchende Geist, der als einzige Autorität die Vernunft akzeptiert. Niemand kann jedoch außerhalb aller Erfahrung über menschliche Belange nachdenken. In Wirklichkeit macht der Rationalist seine eigene Erfahrung zur Grundlage seiner Theorien. Unvoreingenommenheit ist aber wie Erfahrung eine notwendige Voraussetzung für die Formulierung idealer Ziele einer Gesellschaft. Solchen Zielen liegt ein Verlangen nach Sicherheit und Schlüssigkeit, ebenso auch die Annahme zugrunde, daß soziale Belange nur eine Reihe von Problemen sind, für die es jeweils eine logisch optimale Lösung gibt, die durch Anwendung einer richtigen Denk- und Verfahrenstechnik gefunden werden kann. Die rationalistische Gesellschaft basiert somit auf bestimmten Axiomen über die eigentlichen Ziele des Lebens (die Verfassung der Vereinigten Staaten ist ein hervorragendes Beispiel dafür) und betrachtet unvermeidlich die Schaffung kohärenter Strukturen und die Uniformität der Normen als das Ideal einer menschlichen Gesellschaft. Sie neigt deshalb zur Erstarrung und hat wegen ihres angeborenen Hanges zur Einfachheit und Kohärenz große Schwierigkeiten, sich an die Wirklichkeit zu akkommodieren.

Die Wechselwirkungen zwischen Ereignissen und Beweggründen, die im rationalistischen Schema der Dinge keinen Platz haben, werden deshalb als »irrational« oder »abartig« betrachtet, weil der Rationalist nicht begreifen kann, daß das Handeln selbst eine Fähigkeit ist, die man mit Recht als rational im umfassenden Sinne des Wortes bezeichnen darf. Die Starrheit der rationalistischen Philosophie löst wiederum eine ebenso absurde Reaktion aus, nämlich einen gewissen »Irrationalismus«, eine Verherrlichung der Gefühle, der Intuition, der Phantasie und die Ablehnung der Eigenverantwortung. Die einzige Lösung ist die Respektierung der praktischen Kenntnisse und die Selbsterkenntnis, daß intelligentes Leben ein nie abgeschlossener Entwicklungs- und Entdeckungsprozeß ist; andernfalls wäre es wertlos, denn die Praxis ist der Theorie immer voraus.

Weisheit ist mehr als das. Ihr Kennzeichen ist die Anerkennung der menschlichen Natur so, wie sie ist, und nicht so, wie man sie sich wünschen würde. Sie respektiert praktisches Wissen und wahrt den Sinn für die Proportionen, so daß sie jede Denkweise – Handlung, symbolische Vorstellung und formales Denken – in deren Kontext akzeptiert und unser Leben nicht durch eine einzige von ihnen, unter Vernachlässigung aller anderen, lenken will.

Insofern das primitive Denken mit Menschen und ihren Belangen zu tun hat, stehen ihm alle die Hilfsmittel des präoperativen Denkens zur Verfügung, um wichtige Wahrheiten über das Leben und die Gesellschaft auszudrücken, denn deren Wesen kann ohne konkrete oder formale Operationen formuliert werden. Wie wir gesehen haben, sind Erfahrung und sicheres Urteil wesentliche

Aspekte der Weisheit; durch sie unterscheidet sich der erwachsene Mensch in unserer wie in der primitiven Gesellschaft vom Kind. Dieser Weisheit sind Grenzen gesetzt, weil dem primitiven Denken die Verallgemeinerung fehlt, weil es nicht auf einer expliziten Ebene systematisch ist und weil es auf beschränkter Erfahrung beruht. Ein Volk, das nur über die Erfahrungen verfügt, die man in einem abgelegenen Teil von Neuguinea sammeln kann, hat offensichtlich zu vielen menschlichen Themen wenig zu sagen. Das primitive Denken ganz allgemein leidet an einer gewissen geistigen Enge. Größere Gesellschaften mit Erfahrungen in vielen Formen von religiösen Überzeugungen und sozialer Organisation sind in dieser Hinsicht nicht derart eingeschränkt.

Weil wir aber in Gesellschaften von wirklichen Menschen leben, die durch lebendige Beziehungen in Form von Gebräuchen, überlieferten Werten und praktischen Kenntnissen miteinander verbunden sind, ergibt sich daraus für die rationalistischen Tugenden des Eklektizismus und der »Objektivität« – der Bereitschaft, alternative Standpunkte zu akzeptieren und den eigenen zu relativieren –, daß sie, wenn sie zu weit vorangetrieben werden, der Lächerlichkeit anheimfallen und nur zum persönlichen Orientierungsverlust und zur Auflösung der Gesellschaft führen. Es ist durchaus vernünftig, seine eigene Gemeinschaft zu lieben, sich deren Interessen stärker als derer anderer Gesellschaften anzunehmen, die Gesellschaft von Leuten der eigenen Art der von Fremden vorzuziehen, bestimmte Werte höher als andere einzuschätzen, einem Glaubensbekenntnis mehr Vertrauen als einem anderen zu schenken, auch wenn man sich durchaus zu einem gemeinsamen, interkulturellen Verhaltensstandard bekennt. Der Versuch, eine Welt aus vereinheitlichten Menschen, aus »menschlichen Verwaltungseinheiten«, zu schaffen, die nicht mehr durch die üblichen Kriterien der Nationalität, der Klasse, der Religion, der Rasse, des Geschlechts, des Alters und sogar der körperlichen und geistigen Gesundheit voneinander verschieden sind, ist eine Absurdität. Ebenso absurd ist die Meinung, andere Leute seien keine Menschen mehr, nur weil sie von uns verschieden sind. Volles Menschsein bedeutet, zu *dieser* und nicht einer *anderen* Gesellschaft zu gehören, *diese* und nicht *andere* Pläne zu verfolgen, *dieser* Religionsgemeinschaft und nicht einer *anderen* anzugehören, denn solche verschiedenartigen Lebens- und Denkweisen sind keine Bücherweisheit, sondern gelebte Existenz, und lebendige Gemeinschaften entwickeln ihre je eigenen Verhaltensregeln und Weltanschauungen, die sich von denen anderer Gemeinschaften unterscheiden. Eine weise Ordnung der menschlichen Belange erkennt an, daß Differenzierung nicht entzweit, wie eine gewisse modische Phrasendrescherei wahrhaben möchte, sondern die Grundlage dafür bietet, daß Menschen wirklich menschlich sein können.

Anhang

Grundbegriffe der genetischen Psychologie

Alle Zitate stammen aus Schriften Piagets. Gesammelt wurden sie von A. M. Battro in einem Buch mit dem Titel *Piaget: Dictionary of Terms* (Pergamon Press, 1973).

Akkommodation
Eine Aktivität des Subjekts als Reaktion auf die Besonderheiten der Objekte, die als solche nicht durch diese Objekte aufgezwungen wird: »Der Druck der Objekte führt jeweils nicht zu einem passiven Nachgeben, sondern zu einer bloßen Veränderung der auf sie ausgeübten Handlung«.

Assimilation
Die Einverleibung der Objekte in die Verhaltensschemata oder die operativen Systeme durch die Tätigkeit des Subjekts; durch diese Assimilation werden Relationen konstruiert.

Akkommodation und Assimilation bilden zusammen den Prozeß der Aequilibration.

Zentrierung
Fixierung auf eine einzige Dimension eines Dinges oder eines Prozesses; ein von der Wahrnehmung beherrschtes, irreversibles, unkoordiniertes und deshalb starres, aber unstabiles Schema, das für das präoperative Denken typisch ist.

Kompensation
Die gegebene Relation zwischen den verschiedenen Dimensionen der Objekte oder der Systeme von Relationen, die zur Folge hat, daß eine Zu- oder Abnahme in der einen Dimension notwendigerweise eine entsprechende Ab- oder Zunahme in der anderen Dimension nach sich zieht. Das Verständnis der Kompensation ist eine der Grundlagen der Erhaltung.

Erhaltung
Die Fähigkeit, die Konstanz einer Eigenschaft trotz Veränderun-

gen bei anderen mit dieser zusammenhängenden Eigenschaften in einem Ding oder einem System von Relationen zu erkennen. Voraussetzungen dafür sind die Reversibilität, die Dezentrierung, die Beweglichkeit des Denkens und das Verständnis der Kompensation. Die Erhaltung ist eines der Kriterien für das Stadium der konkreten Operationen.

Aufschub

Entwicklungsmäßige Verzögerung im Erwerb der kognitiven Fähigkeiten. Ein »horizontaler Aufschub« tritt auf derselben Entwicklungsstufe ein, wenn beispielsweise die Erhaltung der Länge typischerweise nach der Erhaltung der Zahl erworben wird. Ein »vertikaler Aufschub« tritt zwischen verschiedenen Entwicklungsstufen ein, wenn das Kind etwa nicht imstande ist, eine Aufgabe, die es auf der sensomotorischen Stufe handlungsmäßig lösen kann, in Worten und Begriffen wiederzugeben.

Egozentrismus

Ein Zustand, in dem nicht zwischen dem bewußten Ich und der äußeren Welt, zwischen »subjektiv« und »objektiv« und zwischen dem eigenen Standpunkt und dem anderer Menschen unterschieden wird. Dazu gehört auch die Unfähigkeit, die eigenen geistigen Prozesse, insofern sie sich mit der Analyse der äußeren Welt befassen, kritisch zu überdenken. Etwas ganz anderes ist der »Egozentrismus« im moralischen Sinne der »Selbstsucht«. (Vgl. auch Realismus.)

Aequilibration

Eine dynamische Interaktion zwischen dem Subjekt und der äußeren Welt auf allen Stufen der Entwicklung, wobei stabile Denk- und Handlungsstrukturen durch eine Kombination von Akkommodation und Assimilation hervorgebracht werden. Es muß jedoch festgehalten werden, daß »ein Gleichgewichtszustand nicht ein Zustand der endgültigen Ruhe, sondern ein neuer Ausgangspunkt ist«.

Bild

»Das innere Bild ist ein Produkt der Verinnerlichung geistiger Handlungen«, es ist »nicht eine Kopie des Gegenstandes selbst, sondern der geeigneten Akkommodationen an die Handlungen, die auf das Objekt ausgeübt werden«. Es ist somit eine verinnerlichte Nachahmung, ein symbolischer Bedeutungsträger für die Handlungen, die auf den Gegenstand ausgeübt werden; ». . . es ist nicht eine neue Tatsache . . ., es ist, wie die Nachahmung selbst, eine Akkommodation der sensomotorischen Schemata, also eine aktive Kopie, und nicht eine Spur oder ein sinnlicher Überrest der wahrgenommenen Objekte«.

Anschauung
Das Erfassen von Dingen und Relationen auf der phänomenalen Ebene in Form konkreter, statischer Bilder und globaler Konfigurationen, ohne Reversibilität, Kompensation und die anderen Besonderheiten des operativen Denkens.

Beweglichkeit, Mobilität
Charakteristikum des operativen Denkens, zeichnet sich durch Dezentrierung und Reversibilität, antizipierendes Planen, ohne daß ein faktisches Hantieren mit den Objekten nach einer Versuch-Irrtum-Methode notwendig wäre, und retroaktive Anpassung der klassifikatorischen Kriterien aus.

Operationen
»Verinnerlichte oder verinnerlichbare Aktionen, die reversibel und zu Gesamtstrukturen koordiniert sind«. Eine Operation involviert die Beweglichkeit, die Reversibilität und die Dezentrierung des Denkens, ebenso das Verständnis der Kompensation bei einer Veränderung der Dimensionen. Operationen sind somit charakteristisch für die Erhaltung.

Stadium der konkreten Operationen
Das Stadium, in dem operatives Denken möglich, aber noch an den konkreten Umgang mit Objekten gebunden ist.

Stadium der formalen Operationen
Die formalen Operationen werden auch »hypothetisch-deduktive Operationen« genannt. Sie basieren auf den konkreten Operationen, »die aber in Propositionen umgesetzt sind, die also die konkreten Klassen und Relationen in ein System von durch Propositionen ausgedrückten Implikationen und Unverträglichkeiten integrieren«.

Präoperatives Denken
Das Entwicklungsstadium zwischen dem sensomotorischen Stadium und den konkreten Operationen. Es ist charakterisiert durch anschauliches Denken und Egozentrismus. Die Reversibilität, die Mobilität, die Kompensation und die Erhaltung ganz allgemein sind noch nicht erworben.

Pseudo-Erhaltung

Ein anschauliches Erfassen der Identität, das aber nicht auf einem Verständnis der Kompensation und der Reversibilität beruht. Die Pseudo-Erhaltung macht einer Nicht-Erhaltung Platz, wenn man Versuchspersonen auf die Veränderungen bei den Dimensionen aufmerksam macht.

Realismus

Die implizite Annahme, daß die Bewußtseinsinhalte dieselbe Art von realer Existenz wie die Objekte in der äußeren Welt hätten und daß Ereignisse, die in Wirklichkeit subjektiv sind, einer äußeren Wirklichkeit entstammten; geistige Prozesse werden zuerst nicht als solche erkannt und später der äußeren Welt zugeschrieben. (Vgl. auch Egozentrismus.)

Reversibilität

»Reversibilität wollen wir die Fähigkeit nennen, daß man dieselbe Aktion in beiden Richtungen ausführen kann, wobei man sich aber bewußt ist, daß man es mit derselben Aktion zu tun hat«. »Die operative Reversibilität ist ... nur der Endzustand des beweglichen Gleichgewichts, das durch wahrnehmungsmäßige und später anschauliche Regulierungen erworben wurde ...«. Die Reversibilität findet sich in unvollständiger Form auf der wahrnehmungsmäßigen Ebene als Addition und Subtraktion von Elementen; sie erhält ihre endgültige Form im Stadium der konkreten Operationen.

Sensomotorisches Stadium

Das erste Stadium der kognitiven Entwicklung vor der Erwerbung des Bildes und der Sprache.

Anmerkungen

Kapitel I

1 Da die allgemeine intellektuelle Funktion eine wichtige erbliche Komponente hat, ist sie im Prinzip der natürlichen Auslese unterworfen, so daß sie durchaus von einer Population zur anderen variieren kann. Daß gewisse Anthropologen alle genetisch bedingten Intelligenzunterschiede zwischen menschlichen Gruppen bestreiten, scheint offensichtlich mehr auf ihren Wunsch, wie die Welt sein sollte, als auf irgendeine wissenschaftliche Evidenz zurückzuführen zu sein. Ein solcher Beweis ist bekanntermaßen kaum zu erbringen. In diesem Buch befasse ich mich nur mit der Beziehung zwischen den Umweltfaktoren und der kognitiven Entwicklung. Das bedeutet nicht, ich würde glauben, die Erbfaktoren seien irrelevant. Welche erbbedingten Unterschiede in der durchschnittlichen Intelligenz bei verschiedenen Gruppen auch bestehen mögen, der Kontrast zwischen dem primitiven Denken und dem des gebildeten Menschen der Industriegesellschaft hängt dennoch sicher nicht stärker mit der Vererbung als mit den Umweltfaktoren zusammen, denn Eingeborene auf Neuguinea und Afrikaner können offensichtlich unsere Denkweisen erlernen, indem sie die Schule besuchen oder andere Bildungsmöglichkeiten ausnützen. Wenn man von den Übereinstimmungen im Denken primitiver Völker vieler verschiedener Rassen und über die ganze Erde hinweg und vom systematischen Gegensatz zwischen diesem Denken und dem in gebildeten industriellen Gesellschaften vorherrschenden Denken ausgeht, so ist es evident, daß diese Unterschiede überwiegend eine Folge der Umwelt und nicht der Vererbung sind, gleichgültig welche örtlichen Unterschiede in der Intelligenz bestehen können.

2 Zum Beispiel »erscheinen viele schriftlose (›primitive‹) Gesellschaften im Vergleich zu zivilisierten Gesellschaften keineswegs mehr als subrational. Sie erscheinen vielmehr als Gesellschaften, in denen der menschliche Geist auf einer höheren und komplexeren Ebene der Rationalität funktioniert« (Whorf, S. 128).

3 Wenn die Theorien von Durkheim und Lévy-Bruhl anscheinend Einwände gegen die Verallgemeinerungen Lurias sind, so ist das darauf zurückzuführen, daß ihr ›Geist‹modell auf den *Inhalt* des Geistes ausgerichtet ist und die psychologischen *Prozesse* virtuell überhaupt nicht berücksichtigt. Das Modell stimmt, so weit man das überhaupt sagen kann, im allgemeinen mit dem der Empiristen überein, auch wenn Durkheim und Lévy-Bruhl das »praktische Denken« als allen Menschen angeboren zu betrachten scheinen.

4 Die Entwicklungspsychologie wird in der sozialanthropologischen Literatur kaum erwähnt. Ich konnte in den wichtigeren anthropologischen Zeitschriften nur gerade die folgenden Arbeiten finden, die sich substantiell auf Piaget oder die Entwicklungspsychologie im allgemeinen berufen: Dougall 1932, Mead

1932, Werner und Kaplan 1948, Turner 1973, Levine und Price-Williams 1974, Hallpike 1976.

5 Laut Flavell (1963, S. 89) hat Piaget in den letzten Jahren dem Begriff »Periode« für die größeren Entwicklungsabschnitte den Vorzug gegeben und den Begriff »Stadium« eher für die Unterabschnitte solcher Perioden benutzt. Eine solche Unterscheidung erübrigt sich in unserem Zusammenhang, so daß ich »Periode«, »Stadium« und »Stufe« untereinander austauschbar verwende.

6 Piaget unterscheidet zwischen »schème« und »schéma«, eine Unterscheidung, die in deutscher Übersetzung kaum möglich ist. »Ein ›schème‹ ist die Struktur oder Organisation der Aktionen, so wie sie sich bei der Wiederholung dieser Aktion unter ähnlichen oder analogen Umständen übertragen oder verallgemeinern« (Piaget und Inhelder 1966 (1972), Anmerkung S. 19). Ein »schéma« hingegen ist eher eine kognitive Struktur und nicht so sehr eine Handlungsstruktur. Im sensomotorischen Stadium ist eine solche Grenze zwischen »schème« und »schéma« offensichtlich schwieriger zu ziehen als in den späteren Entwicklungsstadien.

7 Bruner (1966a, S. 4) hält jedoch fest, daß ein Ungleichgewicht zwar ein sehr wichtiger Faktor für die Stimulierung der kognitiven Entwicklung sei, daß es aber nicht immer diese Wirkung habe.

8 »Opératoire« und »préopératoire« werden außer mit »operativ« oder »operatorisch« bisweilen auch mit »operationell« übersetzt; die Wörter »operativ« oder »operatorisch« haben den Vorteil, daß sie dem französischen Original näher stehen und deutlicher als termini technici erkennbar sind; »operationell« ist zudem im Kontext mit Piaget bisweilen mißverständlich.

9 Logische Klassen unterscheiden sich von den Zahlen dadurch, daß numerisch $A + A = 2A$, logisch aber $A + A = A$; die Klasse der Säugetiere plus die Klasse der Säugetiere ist gleich der Klasse der Säugetiere (diese Relation heißt Tautologie) und ebenso ist eine Unterklasse plus ihre übergeordnete Klasse gleich dieser Klasse, zum Beispiel $A' + B = B$ (die Eigenschaft der Resorption).

10 Vgl. Manley et al. (1974), die dieses Experiment mit Schulkindern auf Neuguinea wiederholt haben, wobei sie ein System von Lampen und elektrischen Schaltern anstatt der Fläschchen mit Chemikalien verwendet haben.

11 Piaget sagt vorsichtig, das Denken der Erwachsenen bleibe in vielen primitiven Gesellschaften auf der Stufe der konkreten Operationen stehen: »Insbesondere ist es durchaus möglich (und diesen Eindruck vermittelt die bekannte ethnographische Literatur), daß das Denken der Erwachsenen in zahlreichen Kulturen nicht über die Stufe der *konkreten Operationen* hinauskommt und die der Aussage-Operationen nicht erreicht, die in unserer Kultur im Alter zwischen 12 und 15 Jahren elaboriert werden« (Piaget 1974, S. 309). Ich würde noch weiter gehen und sagen, daß in vielen primitiven Gesellschaften das Denken weitgehend präoperativ bleibt.

12 Siehe weiter hinten, Kapitel III, S. 155–161.

13 Siehe auch weiter unten die Diskussion paranormaler Phänomene, S. 547–553.

14 In einer etwas späteren Publikation behauptet Lévi-Strauss (1971, S. 560 f.)

irreführenderweise, er und Piaget stimmten in der Frage der grundlegenden Natur der kognitiven Strukturen durchaus überein. In seiner Antwort auf Piagets Kritik an seinen statischen, nicht-genetischen Auffassungen von Strukturen behauptet Lévi-Strauss er und Piaget seien sich darin einig, daß Strukturen sich zwar in der Zeit verändern könnten, etwa die geistigen Strukturen des Kindes zu denen des Erwachsenen oder denen der sozialen Organisation, daß aber die Eigenschaften der Strukturen in ihnen selbst begründet seien und nicht durch ihren Inhalt oder die Natur ihrer Interaktionen mit der Umwelt erklärt werden könnten. Lévi-Strauss versucht somit, Piaget als einen Nativisten wie er selbst hinzustellen, für den die kognitiven Strukturen notwendigerweise ein Teil des Gehirns sind und in ihren wesentlichen Eigenarten durch die Erfahrung nicht beeinflußt werden, auch wenn sie in andere Strukturen verwandelt und besondere spezialisierte Formen annehmen können. Diese jüngste Auseinandersetzung mit dem Werk Piagets läßt jedoch offen, was Lévi-Strauss zur Stichhaltigkeit von Piagets Arbeiten über die kindliche Entwicklung meint und in welchem Maße er von seiner früheren pauschalen Ablehnung abgekommen ist.

Kapitel II

1 Vgl. z. B. Cole und Scribner 1974, S. 61–97; Postman, Bruner und McGinnies 1948; Bruner und Goodman, 1947; Bruner und Postman 1949.

2 Durkheim ist wie viele andere schöpferische Menschen in seinen Theorien nicht immer völlig konsequent. Man kann bei ihm Stellen wie die folgende finden, wo eingeräumt wird, daß individuelle Denkprozesse die kollektiven Vorstellungen beeinflussen: »Kollektive Vorstellungen sind das Ergebnis einer unermeßlichen Kooperation, die nicht nur den Raum, sondern ebensosehr auch die Zeit überspannt; um sie hervorzubringen, haben zahllose Geister ihre Vorstellungen und Gefühle verbunden, vereint und kombiniert; für sie haben lange Generationen ihre Erfahrungen und ihr Wissen angesammelt« (Durkheim 1947, S. 16). Dieses kumulative Modell ist dennoch für seine grundlegende Theorie der kollektiven Vorstellungen nicht repräsentativ. Ich verweise nur darauf, um zu zeigen, daß sich Durkheim bewußt war, wie problematisch es ist, kollektive Vorstellungen und individuelle Denkprozesse in zwei verschiedenen theoretischen Fächern unterbringen zu wollen.

3 Auch wenn ich Lévy-Bruhls Sprach- und Denktheorie kritisch kommentiere, halte ich dennoch vieles von seiner Arbeit über das primitive Denken für sehr wertvoll. Leider hat er die Möglichkeiten der Entwicklungspsychologie nicht erkannt, so daß er viele Aspekte des primitiven Denkens, mit denen er sich befaßte, nur durch den untauglichen Rückgriff auf dieselbe Art von soziologischer Deutung, deren sich Durkheim bediente, erklären konnte. Er versuchte jedoch nicht, wie verschiedene Kritiker behauptet haben, zu analysieren, wie soziologische Faktoren das Denken beeinflussen können. Da das vorliegende Buch kein Lehrbuch ist, würde eine Diskussion der Verdienste von Lévy-

Bruhl zu weit von unserem Thema wegführen; es sei jedoch angemerkt, daß viele seiner Äußerungen zum primitiven Denken eine gewisse Berechtigung haben, wenn man in seinem Werk den Begriff »vorlogisch« durch »präoperativ« ersetzt.

4 Needham (1972) hat schlüssig gezeigt, daß es keine Fähigkeit des »Glaubens« gibt und daß der Begriff von verwirrender Komplexität ist. Im Bewußtsein dieser Schwierigkeiten gehe ich mit dem Begriff »Glauben« oder »Überzeugung« in diesem Buch sparsam um; wo ich ihn dennoch verwende, sollte er im Sinne von »überlieferten Vorstellungen, Dogma, Orthodoxie, allgemeinen Begriffen« gelesen werden, falls es sich um kollektive Vorstellungen handelt, und als »angenommen«, »gesetzt der Fall«, wenn er sich auf individuelle Denkprozesse bezieht (vgl. Needham 1972, S. 6).

5 Leach mag noch so »postulieren«, das Kleinkind nehme die physische Welt als ein Kontinuum wahr – woher weiß er das? Darauf kann man nur antworten, daß er es nicht weiß, daß er aber wie soviele andere Anthropologen und Philosophen seine Theorien lieber mit hausbackenen Spekulationen begründet, als daß er sich von den Entwicklungspsychologen sagen läßt, welche Tatsachen zum Thema wirklich vorliegen.

6 Eine detailliertere Kritik der Theorie von Lévi-Strauss über die Beziehung zwischen Sprache und Kultur ist bei Moore und Olmsted (1952) zu finden.

7 Sapir hat einmal geschrieben: »Die ›reale Welt‹ ist in hohem Maße unbewußt auf den Sprachgewohnheiten der Gruppe aufgebaut. Die Welten, in denen verschiedene Gesellschaften leben, sind *unterschiedliche* Welten, nicht einfach dieselbe, aber die mit einer anderen Etikette versehene Welt. Wir sehen und hören und sammeln andere Erfahrungen in hohem Maße so, wie wir es tun, weil die Sprachgewohnheiten unserer Gemeinschaft zu bestimmten Deutungsmöglichkeiten prädisponieren« (Sapir 1929a, S. 209).

Obwohl es üblich ist, den Namen Sapirs mit dem Whorfs zu verbinden und von der Sapir-Whorf-Theorie der Sprachrelativität zu sprechen, vermutet Bruner (1965b, S. 51), daß es sich dabei um eine Fehldeutung der theoretischen Haltung Sapirs handelt, denn Sapir hat auch die »Möglichkeit der Sprachentwicklung, die in hohem Grade von der Entwicklung des Denkens abhängig ist« anerkannt; er hat auch gesehen, daß die Beziehung zwischen Reden und Denken die einer Interaktion und gegenseitigen Verfeinerung und nicht so sehr die eines direkten sprachlichen Determinismus ist.

8 Fishman (1974, S. 74 f.) betont, daß sich Whorf vor allem in seinen früheren Arbeiten mit *lexikalischen* Merkmalen und ihren Wirkungen auf das Denken befaßt hat und daß »die Betonung der Sprach*struktur* als der kritischen Eigenschaft in seiner Theorie der Sprachrelativität« eigentlich »eine spätere und reifere Stufe von Whorfs eigenem Denken auf diesem Gebiet« darstelle. Unbestreitbar gibt es spezialisierte Vokabulare in gewissen Sprachen, die die Wahrnehmung eines bestimmten Phänomens erleichtern. Das haben außer Whorf aber viele andere beobachtet. Verglichen mit seiner Theorie über die Beziehung zwischen den linguistischen Strukturen und dem Denken ist diese Feststellung jedoch eher trivial, so daß wir hier nicht weiter darauf eingehen wollen.

9 Alle folgenden Verweise beziehen sich auf diese Auflage seines Werks.

10 Eine ausführliche Diskussion der philosophischen Probleme, die durch Whorfs Theorie aufgeworfen werden, findet man in Cohen 1966, § 8, »Meanings in a culture«, und § 9, »Can a language be a prison?«.

Kapitel III

1 Siehe weiter hinten, S. 506 f.

2 Es könnte sein, daß dies ein Problem für Fischer-Kulturen ist, doch mir ist keine ethnographische Behandlung dieses Themas bekannt.

3 Das Experimentieren wird im Kapitel X diskutiert.

4 Radin macht auf den oft übersehenen Unterschied zwischen dem Intellektuellen und dem Nichtintellektuellen im primitiven Denken aufmerksam: »Die Auffassung des primitiven Menschen von der Außenwelt, seine Analyse seiner selbst, der Natur der Gottheit usw. bleiben unverständlich, wenn man nicht sieht, daß es, wie bei uns, grob gesprochen zwei grundlegende Temperamente gibt: den Mann der Tat und den Denker, den Typ, der ziemlich ausschließlich auf einer, wie man sie nennen könnte, motorischen Ebene lebt, und den Typ, der Erklärungen verlangt und Freude am spekulativen Denken hat« (1957, S. 229 f.). Radin charakterisiert den Intellektuellen insbesondere als den, der sich mit dem Wesen seines eigenen Denkens und mit der Analyse von Vorgängen befaßt, beides entscheidende Aspekte höherer Entwicklungsstufen des Denkens. Leider haben weder Anthropologen noch Psychologen untersucht, inwieweit Menschen mit außergewöhnlichem Intellekt die Grenzen ihrer Kultur übersteigen können.

5 Inwieweit Selbstbewußtsein im Zusammenhang mit primitiven Vorstellungen vom Geist möglich ist, wird im Kapitel IX ausführlich diskutiert.

6 Lurias Publikation weist den gravierenden Mangel auf, daß Informationen über den kulturellen Hintergrund des Volkes fast vollständig fehlen. Es handelt sich nicht um eine Kultur ohne Bildung, sondern um eine Facette der islamischen Zivilisation, in der traditionellerweise ein Teil der Bevölkerung gebildet ist, z. B. »Die alte Hochkultur Usbekistans ist in der großartigen Architektur von Samarkand, Buchara und Khorezm erhalten geblieben. Ebenso beachtenswert sind die hervorragenden wissenschaftlichen und dichterischen Werke, die mit Namen wie Ulug-Bek, einem Mathematiker und Astronomen, der ein bemerkenswertes Observatorium bei Samarkand hinterlassen hat, dem Philosophen Al-Biruni, dem Arzt Ali Ibn Sina (Avicenna), den Dichtern Saadi, Nizami und vielen anderen verbunden sind« (Luria 1976, S. 14). Im Prinzip ist es deshalb durchaus denkbar, daß zwar das Landvolk von diesen Gelehrten nicht direkt beeinflußt worden ist, daß aber die Kultur sowohl in der Sprache als auch im Denksystem über kognitive Mittel verfügt, die eine raschere Erwerbung operativer Denkweisen als in wirklich primitiven Gesellschaften ermöglichen. Luria neigt dazu, geringschätzig und simplistisch über die traditionelle Kultur hinwegzugehen, z. B. ». . . während Jahrhunder-

ten hat [der Islam] die Entwicklung des individuellen Denkens verhindert, indem er dem Volk religiöse Dogmen und starre Verhaltensnormen aufzwang« (S. 14), eine Beurteilung, die kaum mit den Werken von Ulug-Bek, Al-Biruni und Avicenna und mit der alten usbekischen Hochkultur in Einklang zu bringen ist. Der Hinweis auf die »völlig ungeordnete, individualistische, auf Akkerbau ausgerichtete Wirtschaft« verträgt sich ebenfalls kaum mit dem Klischee von sozial aufgezwungenem Dogmatismus und starren Verhaltensnormen. (Der Dogmatismus und die starren Verhaltensnormen könnten, würde man meinen, ebensogut als wahrscheinliche Produkte des Marxismus und der kollektivisierten Landwirtschaft angesehen werden.)

Der Wechsel von präoperativen zu operativen Denkweisen bei den usbekischen Bauern nach nur zwei oder drei Jahren Schulunterricht und einigen Erfahrungen mit Landwirtschaftskollektiven hat sich im Vergleich zu den bei interkulturellen Untersuchungen beispielsweise in Afrika, Papua-Neuguinea und Australien beobachteten Verhältnissen bemerkenswert rasch vollzogen. Cole schreibt als Herausgeber der englischen Übersetzung von Lurias Werk: »Lurias Daten zeigen eine einmalig klare Veränderung bei Erwachsenen, die einem anderen Arbeitsmilieu ausgesetzt waren und eine minimale Bildungsstufe erreicht hatten...« (S. XV), und er sagt abschließend: »Meine eigene Interpretation dieser Daten weicht etwas ab, denn ich bin skeptisch, ob es sinnvoll sei, Entwicklungstheorien interkulturell anzuwenden. Was Luria als Erwerb neuer Denkweisen interpretiert, würde ich deshalb eher als Veränderungen bei der Anwendung schon vorher verfügbarer Denkweisen auf die speziellen Probleme und Gesprächszusammenhänge interpretieren, die sich aus dem experimentellen Hintergrund ergeben« (S. XV).

Eine Denkweise kann *latent* bereits vorhanden sein, haben wir festgestellt (oben, S. 81 f.), doch ihre tatsächliche Anwendung auf eine Problemlösung ist dennoch neu, sobald dies das erstemal geschieht. Eher als Coles Zweifel an der allgemeinen Anwendbarkeit der Entwicklungstheorie auf interkulturelle Untersuchungen zu teilen, sollte man skeptisch gegenüber der Anwendung dieser Theorie auf einen Kontext sein, der den ethnographischen Hintergrund nicht berücksichtigt. Trotz dieser Vorbehalte zeigt jedoch Lurias Material klar, daß die komplexive Klassifikation in dieser traditionellen, nicht gebildeten Von-Mensch-zu-Mensch-Gesellschaft überwiegt und daß die Sprache nicht vom Kontext des Alltagsgebrauchs bei der zwischenmenschlichen Interaktion gelöst werden kann. Aus diesem Grund habe ich dieses Thema so ausführlich dargestellt.

7 Siehe unten, S. 155–161.

8 Vgl. Kapitel VI, S. 294–298.

9 In neueren Publikationen haben Goody (1977) und Goody, Cole und Scribner (1977) die von der Entwicklungspsychologie aufgedeckten grundlegenden Veränderungen bei den kognitiven Prozessen, die durch Bildung ausgelöst werden, etwas stärker berücksichtigt. Doch noch im jüngsten Buch (1977) über die Auswirkungen der Bildung auf die kognitiven Prozesse wird nur von »kognitiven Prozessen« ohne jeden Bezug auf eine psychologische Theorie der kogniti-

ven Entwicklung und des Lernens gesprochen. Goody (1977) hat einen nützlichen Beitrag zum Verständnis eines besonderen Aspekts der Bildung geliefert, nämlich wie sie durch Auflistung eine komplexe und unsystematische in eine taxonomische, hierarchisch geordnete und erschöpfende Klassifikation verwandeln kann. Dieser Aspekt wird im Kapitel V über die Klassifikation ausführlich behandelt. Man muß aber hinzufügen, daß er die Kenntnis des Lesens und Schreibens als *den* für die kognitive Entwicklung verantwortlichen Faktor behandelt und übersicht, daß auch viele andere Faktoren (sogar die Schulung) von großer Bedeutung sind.

10 Siehe weiter unten, Kapitel V, S. 224–232.

Kapitel IV

1 Die hier verwendeten Definitionen dieser Begriffe unterscheiden sich stark von denen anderer Autoritäten wie beispielsweise Leach (1976). Verbindliche oder maßgebliche Definitionen gibt es nicht. Wir halten uns deshalb praktischerweise an die von Piaget (1975).

2 Was die Wortsymbole betrifft, sei auf Kapitel IX, S. 476–479, verwiesen.

3 Dieser Satz aus der englischen Übersetzung von Piagets Werk fehlt in der deutschen Übersetzung, nach der hier zitiert wird, vermutlich weil den beiden Übersetzungen nicht dieselbe französische Auflage zugrunde liegt [Anmerkung des Übersetzers].

4 »Proposition«: Für diesen im Englischen und Französischen gebräuchlichen logischen Terminus gibt es keinen allgemein anerkannten deutschen Ausdruck; die Proposition ist das durch die Aussage Bezeichnete [Anmerkung des Übersetzers].

5 Die Ommura auf Neuguinea haben eine ähnliche Vorstellung, vgl. weiter unten, S. 458 f.

6 Daraus dürfte klar hervorgehen, daß ich die Behauptung von Douglas nicht akzeptiere, »schmutzig« sei »etwas Unangebrachtes«, und zwar aus dem einfachen Grund, weil viele Gegenstände, die als schmutzig betrachtet werden, so geworden sind, weil man sie benutzt hat – Badewannen mit einem Schaumrand, verunreinigte Taschentücher, Türmatten, auf denen häufig Füße gereinigt wurden usw.: lauter Beispiele für sehr *angebrachte* Dinge. Ein Badezimmer in einer Busch-Latrine wäre zweifellos unangebracht, doch nur ein Neurotiker würde es als schmutzig bezeichnen; wir anderen würden es eher für seltsam halten. Obwohl kein Zweifel daran besteht, daß die Vorstellungen von Schmutz, Reinheit und Unreinheit durch metaphorische Assoziation leicht und zweckmäßig in Systeme der sozialen Klassifizierung Eingang finden (der klassische Fall ist natürlich das Kastensystem der Hindu-Gesellschaft), glaube ich, daß gezeigt werden kann, daß der Begriff des Schmutzes und die Systeme der sozialen Klassifizierung von Natur aus nicht zusammengehören und daß die Vorstellung des Schmutzes auf synästhetischen Prototypen wie in Tabelle II beruht – das prototypische Bild des Schmutzes dürfte das der Exkremente

sein; Meigs (1978) erwähnt das plausible Argument, daß Schmutz häufig mit Zerfallsprozessen assoziiert wird. (Zur Frage, ob Schmutz etwas Unangebrachtes sei, soll auch an Bulmers warnende Bemerkung erinnert werden: ». . . die Schwierigkeit besteht darin, daß Dinge auf so viele verschiedene Weisen, in Form von so vielen, wenn auch miteinander zusammenhängenden, Dimensionen unangebracht sein können«) (Bulmer 1967, S. 22).

7 Es ist recht interessant, daß in europäischem und amerikanischem Reklamematerial der Gegensatz zwischen Frauen und Männern oft durch freundlich zu finster betont wird.

Kapitel V

1 Vgl. Price-Williams 1962, der die Fähigkeit, alternative Klassifizierungen derselben Menge von Objekten vornehmen zu können, als *das* Kriterium des abstrakten Denkens ansieht.

2 Vgl. Lévi-Strauss. ». . . für die letzte Diskontinuität der Wirklichkeit ist das anschaulichste Bild, über das der Mensch verfügt, und die direkteste Manifestation, die er zu erfassen vermag, die Vielfalt der Arten: sie ist der sinnlich wahrnehmbare Ausdruck einer objektiven Chiffrierung« (Das wilde Denken, 1981, S. 161).

3 Nach Inhelder und Piaget 1959 (1973), S. 48, verändert.

4 Der geneigte Leser nimmt vielleicht an, diese Frage sei derart elementar, daß kein normaler Erwachsener in irgendeiner Gesellschaft mit der richtigen Antwort Mühe haben könne. Allen und seine Mitarbeiter haben bei einer Untersuchung mathematischer Fähigkeiten im Goroka-Lehrerseminar (Papua-Neuguinea) frisch diplomierten Mathematiklehrern eben diese Frage vorgelegt: 30 % der Versuchspersonen gaben keine richtige Antwort (Allen *et al.* 1975, S. 6 f.).

5 Needham hat mir mitgeteilt, daß es in der Sprache der Penan auf Borneo eindeutige Wörter für »alle« und »viele« gibt, aber kein klar erkennbares Äquivalent für »einige« als Ausdruck einer Beziehung zwischen dem Ganzen und einem Teil; die Penan haben jedoch, wie wir, ein Wort, das »einige« im elementareren Sinne von »ein wenig«, »eine gewisse Menge« bedeutet.

6 seη = »Ding«, siehe Tabelle 7 auf S. 248 f.

7 Bis 1973 war Heider der Allianzname von Eleanor Rosch.

8 Während die Nuer nicht ausdrücklich den »Baum« als Muster für ihre Geschlechterverbände nehmen, findet man diese Vorstellung bei den matrilinearen Maenge auf Neubritannien: »Von allen Sippen, die es im Gebiet der Maenge gibt, wird gesagt, sie seien durch wiederholte Spaltung auseinander hervorgegangen, wobei die erste Sippe aus einem Baumstrunk entstanden sei. Der Menschheit wird somit nicht nur ein pflanzlicher Ursprung zugeschrieben, ihre Differenzierung vollzieht sich nach landläufiger Vorstellung ebenfalls nach pflanzlichem Muster. Alle Abstammungsgruppen sind in bezug aufeinander wie die Äste, Zweige und Ruten an einem Baumstamm angeordnet. Diese

Vorstellung, die noch jedermann geläufig ist, hat eine erhebliche Bedeutung, weil sie für die Maenge ein Mittel ist, die Entstehung ihrer verschiedenen Sippen und Untersippen in einer feststehenden, von allen akzeptierten Reihenfolge zu ordnen. Obwohl die meisten Leute ihre Abstammungslinie nicht einmal bis zum Begründer ihrer untersten Gruppe, ihrer örtlichen Untersippe oder ihres örtlichen Zweigs zurückverfolgen können, wissen sie doch, aus welcher übergeordneten Gruppe ihre Linie hervorgegangen ist und umgekehrt welche untergeordneten Gruppen aus ihrer Linie entstanden sind« (Panoff 1969, S. 163). Oberflächlich gesehen könnte man das Sippensystem der Maenge für ein Klassifizierungssystem halten, das auf der Klassen-Inklusion beruht, doch eine genauere Prüfung beweist, daß es sich um einen klassischen Fall einer graphischen Darstellung nach der partitiven Zugehörigkeit handelt.

9   Diese Erörterung der Paare ist zum Teil von C. K. Ogdens Arbeit über den Gegensatz beeinflußt (Ogden 1967).

10 Dieser für das Verständnis der Bedeutung von Gegensatztabellen wie der eben erwähnten wesentliche Punkt wird in Needham 1973, S. XXIII–XXX, und 1967, S. 26, ausführlich diskutiert. Goody scheint diese Darstellung übersehen zu haben, denn er (1977, S. 65 ff.) mißversteht Needham in dem Sinne, daß er meint, die Elemente in der einen Kolonne seien als eine homogene Gesamtklasse den Elementen in der anderen Kolonne gegenübergestellt.

Die Vermutung, solche Gegensatz-Tabellen entstammten dem Geist der Strukturalisten unter den Ethnographen und würden den Tatsachen aufgezwungen, ist durch eine einfache Überlegung leicht zu widerlegen: wenn es so wäre, dann müßten sich solche Tabellen mit gleicher Leichtigkeit in allen Gesellschaften aufstellen lassen. Das stimmt jedoch nicht mit der Wirklichkeit überein. Bei den Konso habe ich die Erfahrung gesammelt, daß sie stark dazu neigen, Kategorien zu bilden, aber kaum von binären Gegensätzen Gebrauch machen, und bei den Tauade mit ihren verschwommenen und formlosen Kategorien sind noch weniger Beispiele für binäre Gegensätze zu finden.

Kapitel VI

1   Wolfers macht auf den Unterschied zwischen Zahlensystemen mit einem »Modul« und solchen mit einer »Basis« aufmerksam. Ein Modul zeichnet sich durch das wesentliche mathematische Merkmal aus, daß er nicht in die Form von Vielfachen gebracht werden kann wie eine Basis: »Der Zeiger auf einer Uhr zum Beispiel kann nie über zwölf hinausgehen. Er kann nicht angeben, ob es Tag oder Nacht ist, ebensowenig den Tag, den Monat oder das Jahr. Sobald er bei der Zahl 12 angelangt ist, beginnt er von vorne; er kann nicht angeben oder sonstwie anzeigen, wievielmal er seine Zwölferrunden gedreht hat« (Ibid., S. 219).

»Die Huli im südlichen Hochland zum Beispiel zählen in Fünfzehnern – aber nicht durch einen Verweis auf Körperteile –, bis sie bei fünfzehn mal fünfzehn, 225, angelangt sind, worauf sie von vorne beginnen. Sie können nicht das

Vielfache von 225 ausdrücken, selbst wenn mehr als 225 Einheiten eines bestimmten Gegenstandes physisch vorhanden sind. Das Zahlensystem der Huli hat somit die Basis 15 und den Modul 225, zumindest verbal« (Ibid., S. 219).

2 Die »Komposition« von Differenzen impliziert die Seriation einer Menge von ungleichen Größen, wobei die Differenzen zwischen den Größen notwendig eine Reihe bilden.

3 Piaget nimmt an, daß sich die logische Multiplikation zusammen mit der logischen Addition entwickelt, doch die Untersuchungen von de Lacey (1974) über die Klassifizierung bei australischen Aborigines haben gezeigt, daß die Versuchspersonen die logische Addition durchaus begreifen können, während die logische Multiplikation weitgehend fehlen kann.

4 Die räumlichen Begriffe, die bei der Herstellung eines Rogan mitspielen, werden auf S. 367 ff. untersucht.

5 Wir gehen nicht von der Hypothese aus, das Fehlen bestimmter Begriffe oder sprachlicher Formen beweise an sich, daß Primitive die entsprechenden Begriffe *nicht* verstehen könnten (das wäre ein Rückfall in den Whorfianismus); das Fehlen solcher Begriffe oder die Unbeholfenheit der Ausdrücke, die an ihrer Stelle gebraucht werden, sind nur ein wahrscheinlicher Hinweis darauf, daß Primitive diese Dinge normalerweise nicht oder zumindest nicht leicht begreifen.

6 Prince verwendet hier das Wort »Gewicht«; aus seinen weiteren Ausführungen geht jedoch hervor, daß er das Wort im Sinn von »Schwere«, nicht als Bezeichnung der Dimension, versteht.

7 Auf Seite 320 wird der Wert dieser Entdeckungen diskutiert.

8 »Einige [ungebildete] erwachsene Versuchspersonen und die Kinder stammten aus verschiedenen Siedlungen an der Peripherie von Algier. Die Einwohner dieser Siedlungen kommen nicht aus der Stadt selbst, sondern aus ländlichen Dörfern in 100 bis 200 km Entfernung, und sind in die Hauptstadt ausgewandert. Die restlichen Versuchspersonen stammten aus zwei Dörfern, 20 km von Algier und 50 km von Orléansville entfernt. Die beiden Dörfer bestanden aus je rund 10 Häusern« (Bovet 1974, S. 315).

Die Frauen verbringen ihre Zeit im Haushalt und verlassen ihr Haus nur selten; der Markt ist eine Domäne der Männer. Diese arbeiten im allgemeinen außerhalb des Hauses, als Händler in den Vorstädten von Algier oder als Landarbeiter.

»Die Gespräche wurden in arabischer Sprache geführt, und zwar von Psychologiestudenten an der Universität Algier, die in der Interviewtechnik trainiert worden waren und ihre Aufgabe völlig beherrschten« (Ibid., S. 315).

Kapitel VII

1 Siehe die Literatur zur Hypothese einer »carpentered world«, z. B. Segall *et al.* 1966, Cole und Scribner 1974, S. 75–77.

2 Es sei jedoch festgehalten, daß Griaule und Dieterlen nicht ausdrücklich sa-

gen, die Dogon würden diese Achsen *nicht* in anderen Kontexten als echtes Raumkoordinatensystem verwenden. Siehe weiter unten, S. 350.

3 »Mosquito-hawk«: Diese Artbezeichnung ist in der zoologischen Literatur nicht zu finden; gemeint ist ein Greifvogel aus der Familie der Falken oder der Habichte [Anm. des Übersetzers].

4 Siehe unten, S. 359–366.

5 Die Karten der Eskimos enthalten sehr viele Hinweise auf topographische Eigenarten, doch diese befinden sich bezeichnenderweise größtenteils an der Küste und nicht im Hinterland.

6 Diese werden von Gladwin leider nicht beschrieben.

7 Hallowell fügt die folgende Notiz hinzu: »Ann Fuller hat mich auf eine andere Methode der Flächenmessung hingewiesen (persönliche Mitteilung): Bei den Bauern in Palästina ist das Maß ›genügend Land, um 200 Reben anzupflanzen‹. Das ist ein geeigneteres Maß als der Ernteertrag, denn es bezieht tatsächlich den *Raum* mit ein. Einer sehr alten Methode in der Alten Welt für Flächenangaben, die bis in die jüngste Zeit verwendet wurde, lag die Korn*menge* zugrunde, die für eine Aussaat erforderlich war. Das sind die sogenannten ›Saat-Maße‹. Vgl. Edward Nicholson, *Men and Measures: A History of Weights and Measures Ancient and Modern* (London, 1912, S. 65 f., 90 ff., 256 ff.). Hallock und Wade, *Outlines of the Evolution of Weights and Measures and of the Metric System* (1906), schreiben auf S. 15: ›Die Babylonier und andere asiatische Völker haben als Landmaß auch die Saatmenge verwendet, die für die Bestellung eines Feldes notwendig war, und auf dieser Vorstellung beruhende Aussagen lassen sich in vielen alten assyrischen Dokumenten finden‹. Und auf S. 20: ›Um die Fläche zu messen, verwendeten die Hebräer ganz allgemein die Saatgutmenge, die für die Bestellung des Landes notwendig war, oder die Bodenfläche, die mit einem Joch Ochsen gepflügt werden konnte; diese Einheit hieß *zemed*, sie wird im Alten Testament mit Morgen, Juchart oder Joch übersetzt (1. Samuel XIV; Jesaja V, 10)‹.«

8 Euklidische Figuren werden in der primitiven Kunst und Ornamentik oft verwendet, sie werden aber nicht auf eine euklidische oder projektive Weise koordiniert.

9 Das Problem wird jedoch dadurch kompliziert, daß die Vorstellung der Perspektive durch Konventionen in der künstlerischen Darstellung belastet ist, die, wie die Geschichte der abendländischen Kunst zeigt, keineswegs einleuchtend sind (siehe Cole und Scribner 1974, S. 64–71). Die Vorstellung der Perspektive in der Kunst kann jedoch nicht rein konventionell sein, wie diese Autoren durchblicken lassen, denn diese selben »Konventionen« werden auch in den Perspektiven von photographischen Aufnahmen wiedergegeben.

Kapitel VIII

1 Dieselbe ursprüngliche Auffassung der Zeit als Ausdehnung scheint auch bei den alten Chinesen vorgeherrscht zu haben, die den »Raum« mit *yü* und die

»Zeit« mit *chou* bezeichnet haben: »Die ursprüngliche Bedeutung beider Wörter war ›Dach‹, eines Hauses, Karrens oder Bootes, so daß die semantische Bedeutung diejenige von etwas ist, das sich über eine Fläche erstreckt und diese bedeckt. So sagen wir auch noch heute auf Englisch, diese oder jene Ausstellung ›erstrecke‹ [to cover] sich über zehn oder fünfzehn Jahrhunderte. Das Wort für Dauer *(chiu)* wird von den Han-Lexikographen vom Zeichen *jen*, Mann, abgeleitet, ein Mann, der seine Beine ›streckt‹ und eine ›Strecke‹ geht, so wie sich ein Dach über einen Raum erstreckt und die Zeit sich von einem Ereignis zum nächsten erstreckt« (J. Needham 1965, S. 1).

2 Wenn zwei Leute, *A* und *B*, Ziegel aufschichten und *A* schneller als *B* arbeitet, so daß er mehr Ziegel aufschichtet, beide aber gleichzeitig beginnen und aufhören, so schließt eine Versuchsperson im präoperativen Stadium daraus ebenfalls, wie im Falle der Autos, *A* habe länger als *B* gearbeitet.

3 Siehe weiter unten, S. 413 f.

4 Whorf (1956, S. 63) hält fest, daß die Hopi die Zeit an verschiedenen Orten nicht als synchron betrachten, und Prince (1969) hat dieselbe Vorstellung bei Universitätsstudenten auf Neuguinea gefunden.

5 Dieses Jahr ist ein Zulassungsjahr, es handelt sich somit nicht um Studenten im üblichen Sinne.

6 Für diesen Abschnitt und die Diagramme sei auf Bovet 1975, S. 114 ff., verwiesen.

Kapitel IX

1 Die hebräischen Ausdrücke für dieses und andere Wörter, die Johnson erwähnt, sind in diesem Zitat weggelassen.

2 Ich danke Frau J. R. Mayer für diese Information und die Korrespondenz, die sie mit mir darüber geführt hat, ebenso für die Erlaubnis, diese Informationen hier zu benützen. Sie bilden einen Teil ihrer Dissertation, die sie an der Universität Sussex vorbereitet.

3 Vgl. auch Snell 1960, Kapitel I.

4 Vgl. in diesem Zusammenhang das Material von Horton (1961) über die Kalabari.

5 Dr. Barnes hat mir mitgeteilt, daß die Kédang, die zwei- und dreisprachig sind, oft Wortäquivalenzen kommentieren und identifizieren. Es wäre interessant zu wissen, wie die sich ausbreitende Bildung sich in dieser Hinsicht auf dieses Volk ausgewirkt hat.

6 Werner verweist auf die Untersuchungen Westermanns (1927), wonach ein hoher Tonfall in einigen westafrikanischen Sprachen ausdrücken kann: etwas Feines, Zartes, Kleines; etwas Schmales, Scharfes; etwas Leises, Heimliches; etwas Schnelles, Behendes; etwas Energisches, Frisches, Waches; Intensität; grelle Farben; herben oder scharfen Geschmack. Tiefer Tonfall kann umgekehrt bedeuten: etwas Großes, etwas Plumpes, Tölpelhaftes, Langsames; etwas Stumpfes; etwas Lockeres, nicht Dichtes; etwas Verworrenes, in Unord-

nung Geratenes; etwas Muffiges, Trübes, Dunkles; etwas Fades, Dummes, Blödes; etwas Geschwollenes, Krankes; etwas Schwaches, Gebrechliches, Kraftloses; etwas Farbloses, Geschmackloses; etwas langweilig Tönendes, Heiseres. Daß die semantischen Dimensionen der Bewertung, der Potenz und der Aktivität in dieser Liste vorherrschen, kann nach unserer Untersuchung der Synästhesie im Kapitel IV nicht verwundern; Westermanns Ergebnisse stimmen bemerkenswert mit denen von Karwoski und Mitarbeitern überein, die wir erwähnt haben; es sei daran erinnert, daß sie die folgenden Assoziationen für hohen und tiefen Tonfall gefunden haben:

hoch: hell, hoch (räumlich), klein, dünn, klar, kantig; tief: dunkel, tief (räumlich), groß, dick, unscharf, rund.

7 Ich bin mir bewußt, daß der Unterschied zwischen Eigen- und Klassennamen eine höchst komplexe Angelegenheit ist, die von den Logikern noch diskutiert wird; die hier skizzierte elementare Unterscheidung dürfte jedoch meiner Meinung nach für die begrenzten Zielsetzungen dieser Diskussion akzeptabel sein.

8 Deutsche Übersetzung nach Wilhelm Capelle, Die Vorsokratiker, 1953, S. 132 [Anm. des Übersetzers].

Kapitel X

1 Über die möglichen Ursprünge des erwähnten Glaubens von Primitiven, daß die Kamera ihre Seelen einfange, hat Needham an das *Times Literary Supplement* einen Brief geschrieben (Needham 1976), der eine ganze Anzahl Reaktionen ausgelöst hat. Prof. Needham hat mir diesen Briefwechsel freundlicherweise zur Verfügung gestellt. Aus diesen verschiedenen Quellen geht schlüssig hervor, daß die Frage der Photoapparate, die die Seelen einfangen, nicht nur eine Sache des begrifflichen Realismus ist; dazu gehört auch, a) daß die Linse der Kamera als ein Auge aufgefaßt wird; bei Primitiven ist aber die Auffassung weit verbreitet, daß das Auge durchdringend sei und/oder eine Art von Kraft ausstrahle, seien es Licht, Gefühle oder andere Emanationen (eine solche Interpretation wird bestärkt durch Photoapparate, die auf Augenhöhe gehalten werden, während Balgenapparate und zweiäugige Spiegelreflexkameras diesen Eindruck weniger erwecken); b) die Kamera als Kasten, in den Dinge gebracht werden können – dieser Aspekt ist bei älteren Plattenkameras mit Mattscheiben besonders wichtig, auf die das Bild (übrigens verkehrt) projiziert wird; c) das Negativbild; ebenfalls in früheren Zeiten wurden die Platten oft an Ort und Stelle entwickelt, so daß die Leute Gelegenheit hatten, sich selbst und ihre Umgebung in konkreter und verkleinerter Form abgebildet zu sehen, wobei schwarz und weiß miteinander vertauscht waren, was offensichtlich symbolische Implikationen nach sich zog; d) der weit verbreitete Glaube, daß sich die Seele im Schatten oder im Spiegelbild manifestiere, was wiederum offensichtlich Assoziationen zwischen dem Negativ und dem Positiv auslöst; e) die oft für magische Zwecke benutzten bildlichen Darstellungen, aus denen zweifellos Folgerungen hinsichtlich der Photographie gezo-

gen werden. Es gibt nicht nur zahlreiche Berichte aus aller Welt, daß Photoapparate die Seelen einfangen sollen; auch Künstler, die Primitive dargestellt haben (etwa Bowdich bei den Ashanti und Catlin bei den nordamerikanischen Indianern) sind verdächtigt worden, sie würden die Seelen oder die Lebensessenz der von ihnen gemalten Personen einfangen. Zieht man alle diese verschiedenen Aspekte der Photokamera in Betracht, so wäre es kurzsichtig anzunehmen, eine einzige Interpretation ihrer angeblichen Fähigkeit, die Seelen einzufangen, ließe sich auf alle Fälle anwenden.

2 Eleusine, eine Gräsergattung der Tropen und Subtropen [Anm. des Übersetzers].

3 Die deutsche Übersetzung stützt sich auf die Timaios-Übertragung von Franz Susemihl in Platon, Sämtliche Werke, Band III, Verlag Lambert Schneider, Stuttgart, ohne Jahresangabe [Anm. des Übersetzers].

4 Wallace erwähnt als Quelle dieser Anekdote A. C. Parker, *New York State Museum Bulletin* Nr. 163, 1913. Ich konnte die zitierte Stelle dort nicht finden, obwohl darin über das Leben von Handsome Lake berichtet wird. Trotz der falschen Stellenangabe ist das Ereignis denkwürdig genug, um hier erwähnt zu werden.

Kapitel XI

1 Wenn ich hier von Evolution rede, so meine ich damit die Tatsache einer Entwicklung, nicht eine bestimmte biologische Theorie der natürlichen Auslese oder der zufälligen Mutationen, die für die soziale Evolution irgendwie erheblich wäre, wie einige Anthropologen meinen.

2 Und selbstverständlich, daß das Wissen eine Form der Handlung sei, nämlich verinnerlichte Operationen.

3 Meine Ausführungen über den Rationalismus orientieren sich an der Behandlung dieses Themas durch Oakeshott (1962).

Bibliographie

Allen, A. L., Thomas, N. D., Patu, P. (1975) Abilities of newly trained indigenous secondary mathematics teachers in Papua New Guinea, *Papua New Guinea Journal of Education* 11(1), 1–7.

D'Alviella, G. (1911) Cross, in *Encyclopaedia of Religion and Ethics*, 4, ed. Hastings, Edinburgh, T. Clark, 324–9.

Asch, S. E. (1958) The Metaphor: A Psychological Inquiry, *Person Perception and Interpersonal Behavior*, hrsg. von R. Tagiuri und L. Petrullo, 88–93, Stanford University Press.

Barnes, J. A. (1971) Time flies like an arrow, *Man* (n.s.), 6, 537–52.

Barnes, R. H. (1974) *Kédang. A Study of the Collective Thought of an Eastern Indonesian People*, Oxford Monographs on Social Anthropology, Oxford, Clarendon Press.

Basov, M. (1929) Structural analysis in psychology from the standpoint of behaviour, *Journ. Genet. Psychol.* 36, 267–90.

Bateson, G. (1958) *Naven*, 2. Auflage, California, Stanford University Press.

Beattie, J. H. M. (1964) *Other Cultures. Aims, Methods and Achievements in Social Anthropology*, London, Cohen & West.

Beidelman, T. O. (1963) Kaguru time reckoning: an aspect of the cosmology of an East African people, *S. W. J. A.* 19, 9–20.

Bekker, J. H. (1947) Communication to Society for Psychical Research, *Journ. Soc. Psych. Res.*, 32, 80–5.

Berlin, B. und Kay, P. (1969) *Basic Color Terms: Their Universality and Evolution*, Berkeley, University of California Press.

Bernstein, B. (1971) *Class, Codes, and Control*, London, Routledge & Kegan Paul.

Black, M. (1968) Linguistic relativity: the views of Benjamin Lee Whorf, in *Theory in Anthropology. A Source Book*, hrsg. von R. A. Manners und D. Kaplan, London, Routledge & Kegan Paul.

Blackwood, B. (1978) *The Kukukuku of the Upper Watut*, mit einer Einführung von C. R. Hallpike, Oxford, Pitt Rivers Museum.

Blaut, J. M., McCleary, G. S., und Blaut. A. S. (1970) Environmental mapping in young children, *Environment and Behaviour*, 2(3), 335–49.

Blumer, R. N. H. (1967) Why is the cassowary not a bird? A problem of zoological taxonomy among the Karam of the New Guinea Highlands, *Man* (n.s.), 12(1), 5–25.

– (1970) Which came first, the chicken or the egg-head?, in *Échanges et communications. Mélanges offerts à Claude Lévi-Strauss à l'occasion de son 60ème anniversaire*, hrsg. von J. Puillon und P. Maranda, 2 Bde., Den Haag, Mouton, ii. 1069–91.

Boas, F. (1888) The Central Eskimo, *Sixth Annual Report of the Bureau of Ethnology*, Washington, D.C., 1–261.

Bohannan, P. (1967) Concepts of time among the Tiv of Nigeria, in *Myth and cosmos. Readings in Mythology and Symbolism*, ed. J. Middleton, American Museum Sourcebooks in Anthropology, New York, Natural History Press.

Boshier, A. K. (1974) African apprenticeship, in *Parapsychology and Anthropology*, Proceedings of International Conference in London, 1973, hrsg. von A. Angoff und D. Barth. New York, Parapsychology Foundation.

Bovet, M. C. (1974) Cognitive processes among illiterate children and adults, in *Culture and Cognition: Readings in Cross-Cultural Psychology*, hrsg. von J. W. Berry und P. R. Dasen, London, Methuen, 311–34.

– (1975) Étude interculturelle de processus de raisonnement. Notions de quantité et relations spatio-temporelles, Dissertation, Universität Genf.

Bright, J. O., und Bright, W. (1970) Semantic structures in North-western California and the Sapir–Whorf hypothesis, in *Cognitive Anthropology*, hrsg. von S. A. Tyler, New York, Holt, Rinehart Winston, 66–78.

Broad, C. D. (1962) *Lectures on Psychical Research*, International Library of Psychology, Philosophy, and Scientific Method, London, Routledge & Kegan Paul.

Brown, R. W., Black, A. H., und Horowitz, A. E. (1955) Phonetic symbolism in natural languages, *Journ. Abnorm. and Soc. Psychol.* 50, 388–93.

Brown, R. W. und Lenneberg, E. H. (1954) A study in language and cognition, *Journ. Abnorm. and Soc. Psychol.* 49, 454–62.

Bruner, J. S. (1965) The growth of mind, *American Psychologist*, 20(12), 1007–17.

– (1966a) On cognitive growth (I), in *Studies in Cognitive Growth*, hrsg. von J. S. Bruner, R. R. Olver, P. M. Greenfield, New York, Wiley, 1–29.

– (1966b) On cognitive growth (II), in *Studies in Cognitive Growth*, hrsg. von J. S. Bruner, R. R. Olver, und P. M. Greenfield, New York, Wiley, 30–67.

– (1966c) On the conservation of liquids, in *Studies on Cognitive Growth*, hrsg. von J. S. Bruner, R. R. Olver, und P. M. Greenfield, New York, Wiley, 183–207.

– (1966d) An overview, in *Studies in Cognitive Growth*, hrsg. von J. S. Bruner, R. R. Olver, und P. M. Greenfield, New York, Wiley, 319–26.

– und Goodman, C. C. (1947) Value and need as organising factors in perception, *Journ. Abnorm. and Soc. Psychol.* 42, 33–44.

– und Postman, L. (1949) On the perception of incongruity: a paradigm, *Journ. Personality*, 18.

Bunzel, R. (1929) *The Pueblo Potter*, New York, Columbia University Press.

Burridge, K. O. L. (1969) *Tangu Traditions. A Study of the Way of Life, Mythology, and Developing Experience of a New Guinea People*, Oxford, Clarendon Press.

Carothers, J. C. (1953) *The African Mind in Health and Disease. A Study in Ethnopsychiatry*, Geneva, WHO Monograph Series no. 17.

Carpenter, E., Varley, F., und Flaherty, R. (1959) *Eskimo* (ohne Seitenzahl), University of Toronto Press.

594

Caute, D. (1973) *The Fellow Travellers, a Postscript to the Enlightenment*, London.

Chomsky, N. (1972) *Language and Mind*, 2. Auflage, New York, Harcourt Brace Jovanovich.

– (1980) Sprache und Geist.

Cohen, L. J. (1966) *The Diversity of Meaning*, London, Methuen.

Colby, B. und Cole, M. (1973) Culture, memory and narrative, in *Modes of Thought, Essays on Thinking in Western and Non-Western Societies*, hrsg. von R. Horton, und R. Finnegan, London, Faber & Faber, 63–91.

Cole, M. (1976) Introduction to A. R. Luria *Cognitive Development. Its Cultural and Social Foundations*, Cambridge, Harvard University Press.

– Gay, J., und Glick, J. (1974) Some experimental studies of Kpelle quantitative behaviour, in J. Berry & P. R. Dasen (Hrsg.), *Culture and Cognition: Readings in Cross-Cultural Psychology*, London, Methuen 159–96.

– Gay, J., Glick, J., Sharp, D. (1971) *The Cultural Context of Learning and Thinking. An Exploration in Experimental Anthropology*, London, Methuen.

– und Scribner, S. (1974) *Culture and Thought: a Psychological Introduction*, New York, Wiley.

Collingwood, R. (1939) *An Autobiography*, Oxford University Press.

Conant, L. L. (1896) *The Number Concept. Its Origin and Development*, New York, Macmillan.

Cooper, D. E. (1975) Alternative logic in »primitive thought«, *Man* (n.s.), 10, 238–56.

Cunningham, C. (1964) Order in the Atoni house, *Bijdragen tot de Taal-, Land- en Volkenkunde*, 120, 34–68.

Dasen, P. R. (1973) Piagetian research in Central Australia, in *The Psychology of Aboriginal Australians*, Sydney, Wiley & Sons, 89–96.

– (1974) The influence of ecology, culture and European contact on cognitive development in Australian aborigines, in *Culture and Cognition: Readings in Cross-Cultural Psychology*, hrsg. von J. W. Berry und P. R. Dasen, London, Methuen, 381–408.

– (1977) Are cognitive processes universal? A contribution to crosscultural Piagetian psychology, in *Studies in Cross-Cultural Psychology*, Bd. 1, hrsg. von N. Warren, London, Academic Press, 155–201.

Dennes, W. R. (1924) *The Method and Presuppositions of Group Psychology*, Berkeley, University of California Publications in Philosophy, 6(1).

Dodds, E. R. (1951) *The Greeks and the Irrational*, Berkeley, University of California Press.

Dougall, J. W. C. (1932) Characteristics of African thought, *Africa* 5(3), 249–65.

Douglas, M. (1966) *Purity and Danger. An Analysis of Concepts of Pollution and Taboo*, London, Routledge & Kegan Paul.

– (1973) *Natural Symbols. Explorations in Cosmology*, 2. Auflage, London, Barrie & Jenkins.

Durkheim, E. (1913) Rezension von Lévy-Bruhls *Les fonctions mentales dans les sociétés inférieures*, *Année sociologique*, 12, 33–37.

– (1947) *Les formes élémentaires de la vie religieuse*, zitiert nach der englischen Übersetzung, The elementary Forms of the Religious Life, New York, Collier Books.

– (1953) *Sociologie et Philosophie*, zitiert nach der englischen Übersetzung, London, Cohen & West.

– und Mauss, M. (1963), *classification primitive*, zitiert nach der englischen Übersetzung, Primitive Classification, London, Cohen & West.

Ekman, P. (1972) in *Cognitive Development and the Acquisition of Language*, hrsg. von T. E. Moore, Nebraska, University of Nebraska Press, 207–83.

Endicott, K. (1970) *Malay Magic*, Oxford Monographs on Social Anthropology, Oxford, Clarendon Press.

Evans-Pritchard, E. E. (1937) *Witchcraft, Oracles and Magic among the Azande*, Oxford, Clarendon Press.

– (1940) *The Nuer*, Oxford, Clarendon Press.

– (1951) *Social Anthropology*, London, Cohen & West.

– (1956) *Nuer Religion*, Oxford, Clarendon Press.

– (1962) *Sanza*, a characteristic Feature of Zande language and thought, in *Essays in Social Anthropology*, London, Faber, 204–28.

– (1965) *Theories of Primitive Religion*, Oxford, Clarendon Press.

Feuer, L. S. (1968) Sociological aspects of the relation between language and culture, in *Theory in Anthropology. A Source Book*, eds. R. A. Manners and D. Kaplan, London, Routledge & Kegan Paul, 411–20.

Firth, R. (1967) The meaning of dreams, in *Tikopia Ritual and Belief*, Boston, Beacon Press, 162–73.

Fischer, N. (1968) *Negwa. Eine Papua-Gruppe im Wandel*, München, Klaus Renner.

Fishman, J. A. (1974) A systematization of the Whorfian hypothesis' in *Culture and Cognition: Readings in Cross-Cultural Psychology*, hrsg. von J. W. Berry und P. R. Dasen, London, Methuen, 61–86.

Flavell, J. H. *The Developmental Psychology of Jean Piaget*, New York, Van Nostrand Reinhold.

– und Wohlwill, J. F. (1969) Formal and functional aspects of cognitive development, in *Studies in Cognitive Development*, hrsg. von D. Elkind und J. H. Flavell, Oxford University Press.

Fortes, M. (1938) Social and psychological aspects of education in Taleland, Ergänzung zu *Africa*, 11(4), sowie Mitteilung xvii des *Int. Inst. African Languages and Cultures*, London, Oxford University Press.

Fortune, R. (1932) *Sorcerers of Dobu*, London, George Routledge.

Frankfort, H. und Frankfort, H. A. (1949) Myth and reality, in *Before Philosophy. The Intellectual Adventure of Ancient Man*, hrsg. von H. Frankfort, H. A. Frankfort, J. A. Wilson, und T. Jacobson, London, Penguin Books.

Frazer, J. G. (1900) *The Golden Bough. A Study in Magic and Religion*, 2. Auflage, 3 Bde., London, Macmillan.

– (1922) *The Golden Bough*, gekürzte Ausgabe, London, Macmillan.

Freeman, K. (1971) *Ancilla to the Pre-Socratic Philosophers*, Oxford, Blackwell.

Furth, H. (1961) The influence of language on the development of concept formation in deaf children, *Journ. Abnorm. and Soc. Psychol.* 63, 386–89.

Gay, J., and Cole, M. (1967) *The New Mathematics and an Old Culture*, New York, Holt, Rinehart Winston.

Gehlke, C. E. (1915) *Emile Durkheim's Contribution to Sociological Theory*, New York, Columbia University Studies in History, Economics, and Public Law. 63(1).

Gell, A. F. (1975) *Metamorphosis of the Cassowaries: Umeda Society, Language and Ritual*, Lond. Sch. Econ. Monogrs. Soc. Anthrop. 51, London, Athlone Press.

van Gennep, A. (1960) *The Rites of Passage*, tr. M. B. Vizedom und G. L. Caffee, London, Routledge & Kegan Paul.

Gibbon, E. (1960) *The Decline and Fall of the Roman Empire*, (abridged D. M. Low), London, Chatto & Windus.

Girard, F. (1968/69) Les notions de nombre et de temps chez les Buang de Nouvelle Guinée (District du Morobe) *Société d'Ethnographie de Paris*.

Gitin, S. R. (1970) A dimensional analysis of manual expression, *Journ. Pers. and Soc. Psychol.* 15, 271–7.

Gladwin, H. (1970) Decision Making in the Cape Coast (Fante) Fishing and Fish Marketing System, Dissertation Stanford University.

Gladwin, T. (1970) *East is a Big Bird. Navigation and Logic on Puluwat Atoll*, Cambridge, Mass., Harvard University Press.

Gluckman, M. (1949–50) Social beliefs and individual thinking in primitive society, *Memoirs and Proceedings of the Manchester Literary and Philosophical Society*, 91, 63–98.

Goodenough, W. (1951) Native astronomy in Micronesia: a rudimentary science, *Scientific Monthly*, 73, 105–10.

Goodnow, J. J. (1962) A test of milieu differences with some of Piaget's tasks, *Psychol. Monogr.* 76, no. 36, (whole of no. 555).

Goody, J. (1973) Evolution and communication, *Brit. Journ. Sociol.* 24, 1–12.

– (1977) *The Domestication of the Savage Mind*, Cambridge University Press.

– Cole, M., und Scribner, S. (1977) Writing and formal operations: a case study among the Vai, *Africa*, 47(5), 289–304.

Greenberg, J. H. (1954) Concerning inferences from linguistic to nonlinguistic data, in *Language and Culture. Conference in the Inter-relations of Language and Other Aspects of Culture*, hrsg. von H. Hoijer, University of Chicago Press, 3–19.

Greenfield, P. M. (1966) On culture and conservation, in *Studies in Cognitive Growth*, hrsg. von J. S. Bruner, R. R. Olver, P. M. Greenfield, New York, Wiley, 225–56.

– und Bruner, J. S. (1966) Culture and cognitive growth, *Intl. Journ. of Psychol.* 1(2), 89–107.

– Reich, L. C., und Olver, R. R. (1966) On culture and equivalence (II), in *Studies in Cognitive Growth*, hrsg. von J. S. Bruner, R. R. Olver, und P. M. Greenfield, New York, Wiley, 270–318.

Griaule, M., and Dieterlen, G. (1954) The Dogon of the French Sudan, in *African Worlds*, hrsg. von D. Forde, Intl. African Inst., London, Oxford University Press, 83–110.

Hacking, I. (1975) *The Emergence of Probability. A Philosophical Study of Early Ideas about Probability, Induction, and Statistical Inference*, Cambridge University Press.

Hallowell, A. I. (1937) Temporal orientation in Western civilization and in a preliterate society, *American Anthropologist*, 39, 646–70.

– (1942) Some psychological aspects of measurements among the Saulteaux, *American Anthropologist* 44, 62–77.

Hallpike, C. R. (1964) The Notion of Causation among Selected African Peoples, as Found Especially in their Beliefs in Divinities, Witches, Ancestor-Spirits, and Destiny, Dissertation Bodleian MS B.Litt. d.1036.

– (1969) Social hair, *Man* (n.s.) 4(2), 256–64.

– (1972) *The Konso of Ethiopia. A Study of the Values of a Cushitic People*, Oxford, Clarendon Press.

– (1976) Is there a primitive mentality?, *Man* (n.s.) 11, 253–70.

– (1977) *Bloodshed and Vengeance in the Papuan Mountains. The Generation of Conflict in Tauade Society*, Oxford, Clarendon Press.

Heider, E. R. (siehe auch Rosch, E.) (1972) Universals in color naming and memory, *Journ. Exper. Psychol.* 93(1), 10–20.

Hershman, P. (1974) Hair, sex and dirt, *Man* (n.s.) 9(2), 274–98.

Hertz, R. (1960) *Death and The Right Hand*, London, Cohen & West.

Hollis, A. C. (1905) *The Masai*, Oxford, Clarendon Press.

Horton, R. (1961) Destiny and the unconscious in West Africa, *Africa*, 31(2), 110–16.

– (1967) African traditional thought and Western science, *Africa*, 37, 50–71, 155–87.

Ingrams, R. (1973) *Private Eye's Book of Pseuds. A Mood Statement* ed. R. Ingrams, London, Private Eye Publications.

Inhelder, B. (1969) Discussion following The gaps in empiricism, in *Beyond Reductionism. The Alpbach Symposium*, hrsg. von A. Koestler und J. R. Smythies, London, Hutchinson [J. Piaget und B. Inhelder].

– und Piaget J. (1955) *De la logique de l'enfant à la logique de l'adolescent*; deutsche Übersetzung: Von der Logik des Kindes zur Logik des Heranwachsenden (1977), Klett-Cotta, Stuttgart.

– und Piaget J. (1959) *La genèse des structures logiques élémentaires. Classifications et Seriations.*; deutsche Übersetzung: Die Entwicklung der elementaren logischen Strukturen, 2 Bände, Schwann, Düsseldorf. (1973).

Irwin, M. H. und McLaughlin, D. H. (1970) Ability and preference in category sorting by Mano schoolchildren and adults, *Journ. of Soc. Psychol.* 82, 15–24.

Isaacs, N. (1957) The wider significance of Piaget's work, in *Some Aspects of Piaget's Work*, London, National Froebel Foundation.

Isaacs, S. (1930) *Intellectual Growth in Young Children*, London, George Routledge.

Jespersen, J. O. H. (1922) *Language: Its Nature, Development, and Origin*, London, Allen & Unwin.

Johnson, A. R. (1964) *The Vitality of the Individual in the Thought of Ancient Israel*, Cardiff, University of Wales Press.

Karwoski, T. F., Odbert, H. S., und Osgood, C. E. (1942) Studies in synesthetic thinking: II. The role of form in visual responses to music, *Journ. of General Psychol.* 26, 199–222.

Kelly, M. R. (1971) Some aspects of conservation of quantity and length in relation to language, sex, and years in school, *Papua New Guinea Journ. of Educ.* 7, 55–60.

Kenny, M. G. (ohne Jahr) The concept of the self in New Guinea, Typoscript, 15 Seiten mit Bibliographie.

Keynes, J. M. (1921) *A Treatise on Probability*, London, Macmillan.

Klank, L. J. K., Huang, Y-H., und Johnson, R. C. (1971) Determinants of success in matching word pairs in tests of phonetic symbolism, *Journ. of Verbal Learning and Behaviour*, 10, 140–48.

Kroeber, A. L. (1925) *Handbook of the Indians of California*, Bulletin 78, Bureau of American Ethnology.

de Lacey, P. R. (1974) A Cross-cultural study of classificatory ability in Australia, in *Culture and Cognition: Readings in Cross-Cultural Psychology*, hrsg. von J. W. Berry und P. R. Dasen, London, Methuen, 353–66.

Lang, A. (1896) *Cock Lane and Common Sense*, London, Longmans, Green & Co., 2. Auflage.

– (1900) *The Making of Religion*, London, Longmans, Green & Co., 2. Auflage.

Lawrence, P. (1964) *Road Belong Cargo*, Melbourne University Press.

Leach, E. R. (1954) *Political Systems of Highland Burma: a Study of Kachin social Structure*, London, Bell.

– (1961) Two essays concerning te symbolic representation of time, in *Rethinking Anthropology*, Lond. Sch. Econ. Monogrs. in Soc. Anth. 22, London, Athlone Press.

– (1964) Anthropological aspects of language: animal categories and verbal abuse, in *New Directions in the Study of Language*, hrsg. von E. H. Lenneberg, Cambridge, Mass., MIT Press.

– (1976) *Culture and Communication. The Logic by which Symbols are Communicated. An Introduction to the use of Structuralist Analysis in Social Anthropology*, Cambridge University Press.

de Lemos, M. M. (1973) The development of conservation in aboriginal children, in *The Psychology of Aboriginal Australians*, hrsg. von G. E. Kearney, P. R. de Lacey, und G. R. Davidson, Sydney, Wiley, 71–88.

– (1974) The development of spatial concepts in Zulu children, in *Culture and*

Cognition: Readings in Cross-Cultural Psychology, hrsg. von J. W. Berry, P. R. Dasen, London, Methuen, 367–80.

Lenneberg, E. H. (1964) A biological perspective of language, in *New Directions in the Study of Language*, hrsg. von F. H. Lenneberg, Cambridge, Mass., MIT press.

Lenzen, V. F. (1938) Procedures of empirical science, in *International Encyclopaedia of Unified Sciences*, 1(5).

Levine, B. B. (1963) Nyasongo, in *Six Cultures: Studies of Child Rearing*, hrsg. von B. B. Whiting, New York, Wiley.

LeVine, R. A. und Price-Williams, D. R. (1974) Children's kinship concepts: cognitive development and early experience among the Hausa, *Ethnology*, 13, 25–44.

Lévi-Strauss C. (1963) *Anthropologie structurale*.

– (1966) *La pensée sauvage*; deutsche Übersetzung: Das wilde Denken (1981), Suhrkamp, Frankfurt/M.

– (1969) *Les structures élémentaires de la parenté*.

– (1971) *Mythologiques VI: L'homme nu*, Paris, Plon.

Lévy-Bruhl, L. (1926) *Les fonctions mentales dans les sociétés inférieures*

– (1975) *Carnets*.

Lewis, D. (1976) Observations on route finding and spatial orientation among the Aboriginal peoples of the Western Desert region of Central Australia, *Oceania* 46(4), 249–82.

Lewis, G. (1975) *Knowledge of Illness in a Sepik Society. A Study of the Gnau, New Guinea*, Lond. Sch. Econ. Monogrs. Soc. Anth. no. 52, London, Athlone Press.

Lienhardt, G. (1961) *Divinity and Experience. The Religion of the Dinka*, Oxford, Clarendon Press.

Littlejohn, J. (1963) Temne space, *Anthrop. Quarterly*, 36, 1–17.

– (1967) The Temne house, in *Myth and Cosmos. Readings in Mythology and Symbolism*, hrsg. von J. Middleton, American Museum Sourcebooks in Anthropology, New York, Natural History Press, 331–48.

Lloyd, G. E. R. (1966) *Polarity and Analogy. Two Types of Argumentation in Early Greek Thought*, Cambridge University Press.

Lunzer, E. A. (1960) Some points of Piagetian theory in the light of experimental criticism, *J. Child. Psychol. and Psychiat.* 1(3), 191–202.

Luria, A. R. (1971) Towards the problem of the historical nature of psychological processes, *Int. Journ. Psychol.* 6(4), 259–72.

– (1976) *Cognitive Development. Its Cultural and Social Foundations*, hrsg. von M. Cole, Cambridge, Mass., Harvard University Press.

Lyons, J. (1977) *Semantics* (2 Bde.), Cambridge University Press.

Maegraith, B. G. (1932) The astronomy of the Aranda and Loritja tribes, Adelaide University Field Anthropology no. 10, *Transactions of the Royal Society of Australia*, 56.

Malinowski, B. (1922) *Argonauts of the Western Pacific. An Account of Native Enterprise and Adventure in the Archipelagoes of Melanesian New*

Guinea, London, Routledge & Kegan Paul.

– (1923) The problem of meaning in primitive languages in *The Meaning of Meaning. A Study of the Influence of Language upon Thought and of the Science of Symbolism*, C. K. Ogden und I. A. Richards, London, Routledge & Kegan Paul, 296–336.

Mallery, G. (1893) Picture writing of the American Indians, *Smithsonian Institution Bureau of American Ethnology*, 10, 724–25.

Manley, B. F. J., Allen, A. L., und Shannon, A. G. (1974) A analogical replication of a Piagetian experiment of New Guineans, *Malaysian Journ. of Educ.* 11, 77–82.

Mathiassen, T. (1928) Material culture of the Iglulik Eskimos, in *Report of 5th Thule Expedition 1921–4* vol. VI, Gyldendalske Boghandel Nordisk Forlag, Copenhagen.

Mauss, M (1972) *A General Theory of Magic*, tr. R. Brain, London, Routledge & Kegan Paul.

Mays, W. (1972) Introduction to *The Principles of Genetic Epistemology*, J. Piaget, London, Routledge & Kegan Paul, 1–9.

Mead, M. (1930) *Growing Up in New Guinea*, New York, New American Library.

– (1932) An investigation of the thought of primitive children, with special reference to animism, *Journ. Roy. Anthrop. Inst.* 62, 173–90.

– (1960) Discussion in *Discussions on Child Development*, hrsg. von J. M. Tanner and B. Inhelder, Geneva, Tavistock Publications, 1956–60, p. 114.

Mehrabian, A. (1972) *Nonverbal Communication*, Chicago, Aldine-Atherton.

Meigs, A. S. (1978) A Papuan perspective on pollution, Man (n.s.) 13(2), 304–18.

Middleton, J. (1960) *Lugbara Religion*, Oxford University Press.

Moore, O. K. und Olmsted, D. R. (1952) Language and Professor Lévi-Strauss, *American Anthropologist*, 54, 116–19.

Morris, B. (1976) Whither the savage mind? Notes on the natural taxonomies of a hunting and gathering people, *Man* (n.s.) 11, 542–57.

Nadel, S. F. (1954) *Nupe Religion*, London, Routledge & Kegan Paul.

Needham, J. (1965) *Time and Eastern Man*, Henry Myers Lecture 1964, London, Royal Anthropological Institute.

Needham, R. (1960) The left hand of the Mugwe: an analytical note on the structure of Meru symbolism, *Africa* 30, 20–33.

– (1963) Introduction to translation of *Primitive Classification* by E. Durkheim and M. Mauss, tr. R. Needham, London, Cohen & West, vii-xlviii.

– (1967) Right and left in Nyoro symbolic classification, *Africa* 37(4), 423–51.

– (1972) *Belief, Language, and Experience*, Oxford, Blackwell.

– (1973) Introduction to *Right and Left. Essays on Dual Symbolic Classification*, hrsg. von R. Needham, Chicago, University of Chicago Press, xi-xxxix.

– (1975) Polythetic classification: convergence and consequences, *Man* (n.s.) 10(3), 349–69.

601

- (1976a) Little black boxes, letter to *Times Literary Supplement*, May 28, 647.
- (1976b) Nyoro symbolism: the ethnographic record, *Africa*, 46, 236–46.
- (1976c) Skulls and causality *Man* (n.s.) 11, 71–88.

Nilsson, M. P. (1920) *Primitive Time-Reckoning. A Study in the Origins and First Development of the Art of Counting Time among the Primitive and Early Culture Peoples*, Skrifter Utgivna av Humanistika Vetenskapssamfundet i Lund I, Lund, C. W. K. Gleerup.

Oakeshott, M. (1962) *Rationalism in Politics and Other Essays*, London, Methuen.

Odbert, H. S., Karwoski, T. F., und Eckerson, A. B. (1942) Studies in synesthetic thinking: I musical and verbal associations of color and mood, *Journ. of General Psychology*, 26, 153–73.

Ogden, C. K. (1967) *Opposition*, Bloomington, Indiana University Press.

Oleron, P. (1957) *Recherches sur le développement mental des sourdes-muets*, Paris, Centre National de la Recherche Scientifique.

Onians, R. B. (1954) *The Origins of Modern European Thought about the Body, the Mind, the Soul, the World, Time, and Fate: New Interpretations of Greek, Roman and Kindred Evidence, also of Some Basic Jewish and Christian Beliefs*, 2. Auflage, Cambridge University Press.

Osgood, C. E. (1960) The cross-cultural generality of visual-verbal synesthetic tendencies, *Behavioral Science*, 5, 146–69.

- (1963) Language universals and psycholinguistics, in *Universals of Language*, hrsg. von J. H. Greenberg, Cambridge, Mass., MIT Press, 299–322.
- (1964) Semantic differential technique in the comparative study of cultures, *American Anthropologist*, 66, 171–200.
- May, W. H., und Miron, M. S. (1975) *Cross-Cultural Universals of Affective Meaning*, Urbana, Illinois, University of Illinois Press.

Panoff, M. (1969) The notion of time among the Maenge people of New Britain, *Ethnology*, 8, 153–66.

- Father arithmetic: numeration and counting in New Britain, *Ethnology*, 9, 358–65.

Peluffo, N. (1967) Culture and cognitive problems, *Int. Journ. Psychol.* 2(3), 187–98.

Piaget J. (1923) *Le langage et la pensée chez l'enfant*, Delachaux et Niestlé, Neuchâtel; deutsche Übersetzung: Sprechen und Denken des Kindes (1972), Schwann, Düsseldorf.

- (1924) *Le jugement et le raisonnement chez l'enfant*, Delachaux et Niestlé, Neuchâtel; deutsche Übersetzung: Urteil und Denkprozeß des Kindes (1972), Schwann, Düsseldorf.
- (1926) *La représentation du monde chez l'enfant*, Presses universitaires de France, Paris; deutsche Übersetzung: Das Weltbild des Kindes (1978), Klett-Cotta, Stuttgart.
- (1927) *La causalité physique chez l'enfant*, Alcan, Paris.
- (1932) *Le jugement moral chez l'enfant*, Alcan, Paris; deutsche Überset-

zung: Das moralische Urteil beim Kinde (1954), Klett-Cotta, Stuttgart.

– (1936) *La naissance de l'intelligence chez l'enfant*, Delachaux et Niestlé, Neuchâtel; deutsche Übersetzung: Das Erwachen der Intelligenz beim Kinde (1969), Klett-Cotta, Stuttgart.

– (1941) *La genèse du nombre chez l'enfant*, Delachaux et Niestlé, Neuchâtel; deutsche Übersetzung: Die Entwicklung des Zahlbegriffs beim Kinde (1965), Klett-Cotta, Stuttgart.

– (1945) *La formation du symbole chez l'enfant*, Delachaux et Niestlé, Neuchâtel; deutsche Übersetzung: Nachahmung, Spiel und Traum (1969), Klett-Cotta, Stuttgart.

– (1946) *Le développement de la notion de temps chez l'enfant*, Presses universitaires de France, Paris; deutsche Übersetzung: Die Bildung des Zeitbegriffs beim Kinde (1955), Klett-Cotta, Stuttgart.

– (1967) Rezension von J. S. Bruner et al., Studies in Cognitive Growth, 1966, in *Contemporary Psychology* 12(11), S. 532 f.

– (1968) *Le structuralisme*, Presses universitaires de France; deutsche Übersetzung: Der Strukturalismus (1973), Klett-Cotta, Stuttgart.

– (1970) *L'épistémologie génétique*, Presses universitaires de France, Paris; deutsche Übersetzung: Abriß der genetischen Epistemologie (1974), Klett-Cotta, Stuttgart.

– (1974) Need and significance of cross-cultural studies in genetic psychology, in *Culture and Cognition: Readings in Cross-Cultural Psychology*, hrsg. von J. W. Berry und P. R. Dasen, London, Methuen, 299–310.

Piaget, J. und Inhelder B. (1948) *La représentation de l'espace chez l'enfant*, Presses universitaires de France, Paris; deutsche Übersetzung: Die Entwicklung des räumlichen Denkens beim Kinde (1971), Klett-Cotta, Stuttgart.

– und Inhelder, B. (1951) *La genèse de l'idée de hasard chez l'enfant*, Presses universitaires de France, Paris.

– und Inhelder, B. (1966) *La psychologie de l'enfant*, Presses universitaires de France, Paris; deutsche Übersetzung: Die Psychologie des Kindes (1972), Klett-Cotta, Stuttgart.

Pocock, D. (1967) The anthropology of time-reckoning, in *Myth and Cosmos. Readings in Mythology and Symbolism*, hrsg. von J. Middleton, American Museum Sourcebooks in Anthropology, New York, Natural History Press, 303–14.

Polanyi, M. (1958) *Personal Knowledge, Towards a Post-Critical Philosophy*, London, Routledge & Kegan Paul.

Postman, L., Bruner, J. S., und McGinnies, E. (1948) Personal values as selective factors in perception, *Journ. Abnorm. and Soc. Psychol.* 43, 142–54.

Price-Williams, D. R. (1961) A study concerning concepts of conservation of quantities among primitive children, *Acta Psychologica*, 18(4), 297–305.

– (1962) Abstract and concrete modes of classification in a primitive society, *Brit. Journ. Educ. Psychol.* 32, 50–61.

Prince, J. R. (1969) *Science Concepts in a Pacific Culture*, Sydney, Angus & Robertson.

Radcliffe-Brown, A. R. (1952) *Structure and Function in Primitive Society*, London, Cohen & West.

Radin, P. (1957) *Primitive Man as Philosopher*, New York, Dover Publications.

Rasmussen, K. (1932) Intellectual culture of the Copper Eskimos, in *Report of 5th Thule Expedition 1921–4*, Gyldendalske Boghandel Nordisk Forlag, Copenhagen.

Read, K. E. (1955) Morality and the concept of the person among the Gahuku-Gama, *Oceania*, 25(4), 233–82.

Read, M. (1959) *Children of their Fathers*, London, Methuen.

Rosch, E. (s. Heider, E. R.) (1977) Human categorization, in *Studies in Cross-Cultural Psychology*, Bd. I, hrsg. von N. Warren, London, Academic Press, 1–49.

Rosenstein, J. (1960) Cognitive abilities of deaf children, *Journ. Speech Hearing Res.* 3, 108–19.

Safir, E. (1929a) The status of Linguistics as a science, *Language*, 5, 207–14.

– (1929b) A study in phonetic symbolism, *Journ. Exper. Psychol.* 12, 225–39.

Segall, M. H., Campbell, D. T., und Herskovitz, M. J. (1966) *The Influence of Culture on Visual Perception*, Chicago, Bobbs-Merrill.

Serpell, R. (1969) The influence of language, education and culture on attentional preference between colour and form, *Int. Journ. Psychol.* 4(3), 183–94.

Sinclair, H. (1967) *Acquisition du langage et développement de la pensée*, Paris, Dunod.

Slobin, D. I. (1968) Antonymic phonetic symbolism in three natural languages, *Journ. of Personality and Soc. Psychol.* 10, 301–5.

Smith, W. Robertson (1907) *Lectures on the Religion of the Semites*, 2. Auflage, London, Adam and Charles Black.

Smythies, E. A. (1951) A case of levitation in Nepal, *Journ. Soc. Psychical Res.* 36, no. 664, 415–26.

Snell, B. (1960) *The Discovery of the Mind. The Greek Origins of European Thought*, New York, Harper Torchbooks.

Sperber, D. (1975) *Rethinking Symbolism*, tr. A. Morton, Cambridge Studies in Social Anthropology, Cambridge University Press.

Suchman, R. G. (1966) Color-form preference, discriminative accuracy and learning of deaf and hearing children, *Child Development*, 37, 439–51.

Thom, A. (1967) *Megalithic Sites in Britain*, Oxford, Clarendon Press.

Thompson, F. (1948) *Lark Rise to Candleford*, London, The Reprint Society.

Toulmin, S. (1953) *The Philosophy of Science: an Introduction*, London, Hutchinson University Library.

Turner, T. (1973) Piaget's structuralism, *Am. Anthropologist*, 75, 351–73.

Turner, V. W. 1962 *Chihamba. The White Spirit. A Ritual Drama of the Ndembu*, Rhodes-Livingston Papers 33, Manchester University Press.

- (1967) *The Forest of Symbols. Aspects of Ndembu Ritual*, New York, Cornell University Press.

Tylor, E. B. (1871) *Primitive Culture: Researches into the Development of Mythology, Philosophy, Religion, Art, and Custom*, 2 Bde., London, John Murray.

Vansina, J. (1973) *Oral Tradition. A Study in Historical Methodology*, tr. H. M. Wright, London, Penguin Books.

Vernon, P. E. (1970) *Creativity*. Penguin Modern Psychology Readings, hrsg. von P. E. Vernon, Penguin Books, Harmondsworth, England.

Vygotsky, L. S. (1962) *Thought and Language*, Cambridge, Mass., MIT Press.

Wallace, A. F. C. (1962) Culture and cognition, *Science*, 132, 351–57.

Weiss, J. H. (1963) Role of »meaningfulness« versus meaning dimensions in guessing the meanings of foreign words, *Journ. of Abnorm. and Soc. Psychol.* 66, 541–46.

Werner, H. (1948) *Comparative Psychology of Mental Development*, überarbeitete Auflage, New York, International Press.

- und Kaplan, B. (1948) The developmental approach to cognition: its relevance to the psychological interpretation of anthropological and ethnolinguistic data, *American Anthropologist*, 58, 866–80.

Westermann, D. (1927) Laut, Ton und Sinn in Westafrikanischen Sprachen, *Festschrift Meinhof*.

Wexner, L. B. (1954) The degree to which colors (hues) are associated with mood-tones, *Journ. Appl. Psychol.*, 38, 432–35.

Whorf, B. L. (1956) *Language, Thought, and Reality: Selected Writings of Benjamin Lee Whorf*, hrsg. von J. B. Carroll, New York, MIT; deutsche Übersetzung: Sprache, Denken, Wirklichkeit (1982) Rowohlt, Reinbek.

Wilhelm, R. (1968) Preface to *The I Ching or Book of Changes*, Bollingen Foundation, Princeton University Press.

Williams, F. E. (1930) *Orokaiva Society*, Oxford, Clarendon Press.

- (1940) *Drama of Orokolo. The Social and Ceremonial Life of the Elema*, Oxford, Clarendon Press.

Wober, M. (1974) Towards an understanding of the Kiganda concept of intelligence, in *Culture and Cognition: Readings in Cross-Cultural Psychology*, hrsg. von J. W. Berry und P. R. Dasen, London, Methuen, 261–80.

Wolfers, E. P. (1972) Counting and numbers, in *Encyclopaedia of Papua and New Guinea*, Melbourne University Press and University of Papua New Guinea, 216–20.

Wolfram, S. (1973) Basic differences of thought, in *Modes of Thought. Essays on Thinking in Western and Non-Western Societies*, hrsg. von R. Horton und R. Finnegan, London, Faber.

Register

607

608

613